中華古籍保護計劃

ZHONG HUA GU JI BAO HU JI HUA CHENG GUO

·成 果·

武漢大學圖書館古籍普查登記目錄

全國古籍普查登記目錄

國家圖書館出版社
National Library of China Publishing House

圖書在版編目(CIP)數據

武漢大學圖書館古籍普查登記目録/武漢大學圖書館編. —北京:國家圖書館出版社，
2019.11

（全國古籍普查登記目録）

ISBN 978 – 7 – 5013 – 6807 – 5

Ⅰ.①武…　Ⅱ.①武…　Ⅲ.①院校圖書館—古籍—圖書館目録—武漢　Ⅳ.①Z838

中國版本圖書館 CIP 數據核字(2019)第 138930 號

書　　名	武漢大學圖書館古籍普查登記目録	
著　　者	武漢大學圖書館　編	
責任編輯	趙　嫄	

出版發行　國家圖書館出版社(北京市西城區文津街 7 號　　100034)
　　　　　　(原書目文獻出版社 北京圖書館出版社)

　　　　　　010 – 66114536　63802249　nlcpress@ nlc.cn(郵購)

網　　址　http://www.nlcpress.com
排　　版　凡華(北京)文化傳播有限公司
印　　裝　河北三河弘翰印務有限公司
版次印次　2019 年 11 月第 1 版　2019 年 11 月第 1 次印刷

開　　本　787×1092(毫米)　1/16
印　　張　34.5
字　　數　670 千字
書　　號　ISBN 978 – 7 – 5013 – 6807 – 5
定　　價　340.00 圓

《全國古籍普查登記目錄》
工作委員會

主　任：周和平

副主任：張永新　詹福瑞　劉小琴　李致忠　張志清

委　員（按姓氏筆畫排序）：

《全國古籍普查登記目録》

序　言

　　全國古籍普查登記工作是"中華古籍保護計劃"的首要任務,是全面開展古籍搶救、保護和利用工作的基礎,也是有史以來第一次由政府組織、參加收藏單位最多的全國性古籍普查登記工作。

　　2007年國務院辦公廳發布《關於進一步加强古籍保護工作的意見》(國辦發[2007]6號),明確了古籍保護工作的首要任務是對全國公共圖書館、博物館和教育、宗教、民族、文物等系統的古籍收藏和保護狀況進行全面普查,建立中華古籍聯合目録和古籍數字資源庫。2011年12月,文化部下發《文化部辦公廳關於加快推進全國古籍普查登記工作的通知》(文辦發[2011]518號),進一步落實了全國古籍普查登記工作。根據文化部2011年518號文件精神,國家古籍保護中心擬訂了《全國古籍普查登記工作方案》,進一步規範了古籍普查登記工作的範圍、内容、原則、步驟、辦法、成果和經費。目前進行的全國古籍普查登記工作的中心任務是通過每部古籍的身份證——"古籍普查登記編號"和相關信息,建立古籍總臺賬,全面瞭解全國古籍存藏情況,開展全國古籍保護的基礎性工作,加强各級政府對古籍的管理、保護和利用。

　　《全國古籍普查登記工作方案》規定了全國古籍普查登記工作的三個主要步驟:一、開展古籍普查登記工作;二、在古籍普查登記基礎上,編纂出版館藏古籍普查登記目録,形成《全國古籍普查登記目録》;三、在古籍普查登記工作基本完成的前提下,由省級古籍保護中心負責編纂出版本省古籍分類聯合目録《中華古籍總目》分省卷,由國家古籍保護中心負責編纂出版《中華古籍總目》統編卷。

　　在黨和政府領導下,在各地區、各有關部門和全社會共同努力下,古籍普查登記工作得以扎實推進。古籍普查已在除臺、港、澳之外的全國各省級行政區域開展,普查内容除漢文古籍外,還包括各少數民族文字古籍,特別是於2010年分別啓動了新疆古籍保護和西藏古籍保護專項,因地制宜,開展古籍普查登記工作;國家古籍保護中心研製的"全國古籍普查登記平臺"已覆蓋到全國各省級古籍保護中心,并進一步研發了"中華古籍索引庫",爲及時展現古籍普查成果提供有力支持;截至目前,已有11375部古籍進入《國家珍貴古籍名録》,浙江、江蘇、山東、河北等省公布了省級《珍貴古籍名録》，古籍分級保護機制初步形成。

　　《全國古籍普查登記目録》是古籍普查工作的階段性成果，旨在摸清家底，揭示館藏，反映古籍的基本信息。原則上每申報單位獨立成册，館藏量少不能獨立成册者，則在本省範圍内幾個館目合并成册。無論獨立成册還是合并成册，均編製獨立的書名筆畫索引附於書後。著録的必填基本項目有：古籍普查登記編號、索書號、題名卷數、著者（含著作方式）、版本、册數及存缺卷數。其他擴展項目有：分類、批校題跋、版式、裝幀形式、叢書子目、書影、破損狀況等。有條件的收藏單位多著録的一些擴展項目，也反映在《全國古籍普查登記目録》上。目録編排按古籍普查登記編號排序，内在順序給予各古籍收藏單位較大自由度，可按分類排列古籍普查登記編號，也可按排架號、按同書名等排列古籍普查登記編號，以反映各館特色。

　　此次全國古籍普查登記工作，克服了古籍數量多、普查人員少、普查難度大等各種困難，也得到了全國古籍保護工作者的極大支持。在古籍普查登記過程中，國家古籍保護中心、各省古籍保護中心爲此舉辦了多期古籍普查、古籍鑒定、古籍普查目録審校等培訓班，全國共 1600 餘家單位參加了培訓，爲古籍普查登記工作培養了大量人才。同時在古籍普查登記工作中，也鍛煉了普查員的實踐能力，爲將來古籍保護事業發展奠定了良好的基礎。

　　《全國古籍普查登記目録》的出版，將摸清我國古籍家底，爲古籍保護和利用工作提供依據，也將是古籍保護長期工作的一個里程碑。

國家古籍保護中心
2013 年 10 月

《全國古籍普查登記目録》

編纂凡例

　　一、收録範圍爲我國境内各收藏機構或個人所藏，産生於 1912 年以前，具有文物價值、學術價值和藝術價值的文獻典籍，包括漢文古籍和少數民族文字古籍以及甲骨、簡帛、敦煌遺書、碑帖拓本、古地圖等文獻。其中，部分文獻的收録年限適當延伸。

　　二、以各收藏機構爲分册依據，篇幅較小者，適當合并出版。

　　三、一部古籍一條款目，複本亦單獨著録。

　　四、著録基本要求爲客觀登記、規範描述。

　　五、著録款目包括古籍普查登記編號、索書號、題名卷數、著者、版本、册數、存缺卷等。古籍普查登記編號的組成方式是：省級行政區劃代碼—單位代碼—古籍普查登記順序號。

　　六、以古籍普查登記編號順序排序。

《武漢大學圖書館古籍普查登記目録》

前　言

　　中國傳統社會官府和民間辦學、藏書的歷史悠久，但今天人們熟知的"大學"和"圖書館"都是近代"西學東漸"的産物。因此，我們追溯大學和圖書館的起源時，不得不從近代教育和文化事業在外來思想觀念影響下的起步開始。在此方面，張之洞無疑是中國傳統官僚隊伍中較早覺醒的代表人物之一。清光緒十五年（1889），張之洞任湖廣總督，此時正是他系統的實業和教育新思想開始形成的時期，這種巧合注定了湖北將在中國近代大學史上處於領軍的位置。光緒十九年（1893），張之洞奏設含"方言、算學、格致、商務"四門的湖北自强學堂，這所學堂是武漢大學的前身，它是仿照西方大學教學方式而設的新式學堂，是中國最早的一批公立大學之一。

　　自强學堂的創辦人張之洞早在同治十三年（1874）就撰成了《書目答問》一書，儘管今天我們無從知道自强學堂的圖書管理情形，也無從確認館藏中是否還有自强學堂時期的圖書遺存，但《書目答問》對日後武漢大學的圖書分類影響甚巨。可以想見，在那個傳統和近代交匯的新式學堂中，"應讀何書"及"書以何本爲善"是極爲講究的。

　　民國二年至六年（1913—1917）國立武昌高等師範學校初創階段，圖書館應運而生。今天我們在館藏中仍能見到鈐有"1914 武昌高師"圖章的圖書，它們是目前所見最早入藏本館的書籍。而館史上公認的武漢大學圖書館成立時間則是民國六年（1917）六月。國立武昌高等師範學校之後校名幾經變易，館名也相應變化。本館的古籍資源也隨着風雲變幻的"百年校史"走過漫長而曲折的歷程。目前本館的古籍是基於湖北自强學堂、湖北方言學堂、國立武昌高等師範學校、國立武昌師範大學、國立武昌大學、國立武昌中山大學、國立武漢大學等不同階段的搜集保藏，又經中華人民共和國成立後的調整、合并，方形成今天的規模和格局。

　　據館史資料，民國十五年（1926）前後，國立武昌中山大學圖書館藏書已達到 1 萬册左右，以綫裝書爲主。後因時局和校址的變動，圖書雖有損失，但隨着民國十七年（1928）國立武漢大學的組建和民國二十四年（1935）位於獅子山頂的圖書館建築完成，國立武漢大學圖書館遷入新館舍内，面貌焕然一新，藏書數量也有了顯著增長，館藏中文圖書達到 89077 册。抗日戰争爆發後，圖書館隨學校遷往四川樂山，先將大部分書刊裝箱運往宜昌，這些古籍在西遷途中多次遭受日軍空襲，有些被炸毁，有 6

箱綫裝書受水浸漬，以致黴爛破損。來不及運走的書籍被轉移到漢口租界棧房，其中104 箱綫裝書最終不知去向。1946 年，圖書館遷回武昌珞珈山校區館舍，清點劫餘，損失圖書約 6 萬册。學校在爭取美、英等國"戰後物資援助"補充西文圖書的同時，也下撥經費購置中文圖書。當時一些社會名流也將私人收藏的中文綫裝書捐贈給圖書館，如 20 世紀 40 年代曾任湖北省政府委員、湖北省政府宜昌行署主任兼湖北省建設廳廳長及聯合勤務總司令部武漢軍運指揮部中將司令官的林逸聖先生即將所藏古籍 228 部共 1834 册捐贈給國立武漢大學圖書館。

1949 年，武漢大學圖書館的名稱因校名變更而正式確定并一直沿用至今。直到50 年代初期，本館一直保持着綫裝書多於平裝書的局面，綫裝書約 10 萬多册。1952年，因院系調整，本館接收了南昌大學、廣西大學、湖南大學的部分圖書，也有 4 萬册書刊被調出，其中綫裝古籍占有一定的比重。同時，爲適應校區分散的特點，成立了各院系圖書室、資料室，館藏部分古籍也被分配到文、史、哲等院系圖書室、資料室。

"十年動亂"期間，館藏古籍飽受蟲蛀、鼠咬、黴變等劫難和人爲破壞，部分古籍散佚，不過古籍資源的主體部分幸存下來。此後，由於退休教師葉志、劉綏松等人的大力捐贈，新增了部分古籍。同時，本館注重收集散在民間的古籍文獻，通過采購和爭取捐贈等多種渠道增加古籍館藏。2003 年，曾爭取學校專款采購家譜等古籍 400餘部 4000 多册。據 2007 年清點，當時實存古籍 12163 部 174366 册（含民國時期傳統裝幀書籍）。

自 20 世紀 30 年代遷入獅子山頂圖書館至 21 世紀前十年，本館雖經歷建設新館、合校并館等大事，但館藏古籍的主體部分一直被存放在獅子山頂圖書館的 10 個書庫中，書庫總面積 910 平方米。那些分撥到院系的古籍，其所有權則逐漸歸屬院系。獅子山頂的圖書館也隨着時代的變遷，被稱爲"老圖書館"，是武漢大學的標志性建築，也是武漢市的城市地標之一（2001 年，以老圖書館爲中心的武漢大學古建築群被評爲全國重點文物保護單位）。2000 年 8 月，分屬於教育部、國家電力公司、國家測繪局、湖北省政府的武漢大學、武漢水利電力大學、武漢測繪科技大學、湖北醫科大學，合并組建新的武漢大學，圖書館亦隨之合并，且形成了一個總館、三個分館的管理模式。三個分館均藏有一定數量的古籍，其中工學分館 8592 册、醫學分館 4915册、信息分館 1198 册。與此同時，學校加大投入力度，有計劃地擴、改建圖書館總館和分館館舍。2011 年 10 月，總建築面積 3.5 萬多平方米的總館落成啓用。在總館的布局中，D3 層爲古籍區，總面積 1400 平方米，由書庫、閱覽室、編目室、修復室、整理室等部分組成。其中書庫面積 960 平方米（善本書庫 192 平方米、普通古籍書庫768 平方米），書庫内配置全樟木書櫃，同時配備恒溫恒濕、空氣過濾、自動消防、隔熱遮光等現代化古籍保護設施。2012 年元月，古籍書庫完成了整體搬遷工作，老圖書館全部古籍入藏總館古籍書庫;2013年12月,工學、醫學和信息三個分館的1.4萬多册綫裝古籍順利地搬至總館古籍書庫。至此,本館的綫裝古籍全部收藏於總館D3古籍區。

　　武漢大學版本目録學一直在國內居於領先地位,探其根源,并非偶然。據本館所編館史資料手稿,早在圖書館正式成立之前,學校就按照張之洞《書目答問》的體例對藏書進行有序的整理:"本館中文圖書分類法原仿張之洞《書目答問》體例分經史子集叢五部,每部之下復分數類,各類之中又分若干屬。如同類之書,則依作者朝代先後而編次之。"目前能找到的最早的館藏目録是《國立武昌大學圖書目録·國學部》,這一書目編製於民國十三年至十五年(1924—1926)國立武昌大學時期,正是按照《書目答問》所確定的經史子集叢五部進行分類的。其後,本館的古籍目録以紙本目録爲主要形式,且每隔一段時間即有更新:民國十八年(1929)編成《國立武漢大學圖書館中文圖書目録》和《國立武漢大學圖書館中文圖書目録增刊》;民國二十四年(1935)編成《國立武漢大學圖書館中文圖書總目録》;民國二十五年(1936)又編成了專門的地方志目録——《國立武漢大學圖書館方志目録》。

　　隨着館藏古籍的增多,《書目答問》體例已難以適應日益增多的館藏的需要。當時的圖書委員會開始選用新的編目規則:"現本館圖書逐年增多,所有前法不甚適用。經中文圖書委員會議決,暫行參照各家目録,根據四庫體例,另製分類法以編中文書籍。"(引自本館所編館史資料手稿)這一決議是皮高品先生在擔任國立武漢大學圖書館主任期間開始醖釀并最終促成的。替代之前分類法的正是皮高品所創立的《中國十進分類法》,這一分類法後來被稱爲"皮氏分類法"。國立武漢大學圖書館古籍分類完成"皮氏分類法"對舊分類法的替代大約在20世紀30年代末至40年代從樂山返校這段時間。也正是在這段時間,卡片目録在國內圖書館逐漸流行,并取代紙本目録成爲各大圖書館目録的主要形式,這一趨勢一直持續到中華人民共和國成立後。卡片的編排和檢索方式也日益多元化,如按部類編排索引,按書名、著者的四角號碼、筆畫或者音序編排索引等。在本館古籍閱覽區至今仍竪立着新舊兩個卡片目録櫃,這些小卡片凝聚了幾代人的心血。

　　與此同時,紙本目録呈萎縮之勢。自20世紀50年代至21世紀頭十年,本館僅在1963年編有一本《武漢大學圖書館善本書目》。1982年,對此目進行了增補和完善。自20世紀80年代,計算機編目在國內出現并逐漸進入高校圖書館。本館從1984年開始利用計算機編目,這在湖北乃至全國都算是屈指可數的率先嘗試者。其後又率先參與了中國高等教育文獻保障系統(CALIS),成爲CALIS古籍聯合目録的成員館以及CALIS的特色庫項目——"學苑汲古——高校古文獻資源庫"的成員館。在館內,則采用被國際圖書館界廣爲接受的Aleph自動化集成系統對館藏古籍文獻進行編目。

從 2002 年開始,以"中華再造善本"工程爲先導,"中華古籍保護計劃"各項工程相繼實施。本館立足自身館藏,以"求是""拓新"的精神踏踏實實地推進這一計劃的每一項工作。自 2008 年至今,本館共有 66 部古籍入選第一至五批《國家珍貴古籍名録》;2017 年,湖北省人民政府公布第一批湖北省珍貴古籍 384 部,其中本館 80 部古籍入選,占總比 20.8%。2009 年,本館被國務院確定爲全國古籍重點保護單位;2014 年,被文化部評爲全國古籍保護工作先進單位。本館的古籍整理工作經過多年探索,自 2016 年起也不斷結出碩果,是年 6 月《武漢大學圖書館藏古籍善本圖録》由武漢大學出版社出版;同時,列入國家"十一五"古籍整理重點圖書出版規劃的《武漢大學圖書館藏稀見方志叢刊》和《中國古籍珍本叢刊·武漢大學圖書館卷》也於是年 8 月和 11 月由國家圖書館出版社出版發行。本館的古籍數字化工作也因此邁上新的臺階,除了爲出版項目提供古籍書影外,圖書館古籍部還積極參與"武漢大學邊海文獻服務平臺"、武漢大學中國傳統文化研究中心"教育部人文社會科學重點研究基地重大項目"數據平臺的建設和服務工作,到目前爲止,已經積纍了各類館藏古籍書目數據 8 萬餘條,首頁書影 6000 餘幅,全文影像 340 餘部,圖片存儲總容量超過5TB。在古籍的原生性保護方面,本館從 20 世紀 80 年代起就設置了古籍修復的工作崗位,并於 1990 年成立了古籍修復室;在 2011 年新館落成之際,又闢出 100 平方米新建古籍修復室,投資 50 多萬圓添置古籍修復設備,至 2017 年底,纍計修復古籍 144 部 677 册 37911 頁,訂綫換皮 3921 册,同時對 1.4 萬册善本古籍、8709 册《中華再造善本》、900 册新古籍進行了除黴殺菌,并建立了詳細的古籍修復檔案;2017—2018 年,在學校的大力支持下,又投資 200 萬圓,新添 200 平方米的空間,將古籍修復室擴建爲文獻修復中心,可以預期,更多的古籍和館藏文獻將因此舉而延續生命。

古籍普查登記是"中華古籍保護計劃"的一項基礎性工作。自 2013 年起,在國家古籍保護中心和湖北省古籍保護中心的指導下,本館古籍編目人員按照《全國古籍普查登記目録手册》及其配套的古籍著録和審校規範,將館藏古籍數據有計劃地録入全國古籍普查登記平臺,歷時多年,終於完成這本《武漢大學圖書館古籍普查登記目録》。本目録的收録範圍爲 1912 年以前刊刻、抄寫的綫裝古籍,每一部古籍在全國古籍普查登記平臺中列爲一個條目,并獲得一個普查登記目録號。至平臺數據導出之日,共登記古籍 8033 部,計 102910 册。其中善本古籍 851 部 13649 册,工學、醫學、信息三個分館的古籍 425 部 3353 册。還須向讀者説明的是,本目録中所顯示的古籍索書號編號方式不盡一致,這主要是由於多個分館分類體系不一等歷史原因形成的。

在對館藏古籍進行普查登記期間,本館古籍部參與了武漢大學中國傳統文化研究中心的教育部重大項目，爲項目提供文獻資料的支持；在對館藏資源編目和登記的同時，還分"地方志佛教金石文獻""家譜和民間文獻"等幾個專題對館藏古籍進行了分類整理。因此，本書亦是武漢大學中國傳統文化研究中心國家"十三五"規劃重大項目"明清以來中國文化的近代轉型"暨教育部人文社會科學重點研究基地重大項目"明清地方宗教文獻與漢傳佛教世俗化研究"（項目編號：16JJD730006）的階段性成果。收入本書的主要是民國以前的漢文古籍，金石拓片、碑帖、手札、輿圖等特殊類型的專類文獻暫未列入。由於時間緊、任務重，《武漢大學圖書館古籍普查登記目錄》難免疏漏，誠請各位讀者予以指正。

周　榮

2019 年 10 月

目　　録

420000－2341－0000001　0001

[光緒]順天府志一百三十卷附錄一卷　（清）萬青藜　（清）周家楣修　（清）張之洞　繆荃孫纂　清光緒十二年(1886)刻本　六十四冊

420000－2341－0000002　0002

[光緒]昌平州志十八卷　（清）吳履福修　繆荃孫纂　清光緒十二年(1886)刻本　八冊

420000－2341－0000003　0003

[光緒]昌平外志六卷　（清）麻兆慶纂　清光緒十八年(1892)刻本　四冊

420000－2341－0000004　0004

[光緒]延慶州志十二卷首一卷末一卷　（清）何道增修　（清）張惇德纂　清光緒六年(1880)刻本　十冊

420000－2341－0000005　0011

[嘉慶]松江府志八十四卷首二卷圖一卷　（清）宋如林修　（清）孫星衍　（清）莫晉纂　清嘉慶二十三年(1818)松江府學明倫堂刻本　四十冊

420000－2341－0000006　0012

[光緒]松江府續志四十卷首一卷圖一卷　（清）博潤修　（清）姚光發纂　清光緒十年(1884)刻本　二十四冊

420000－2341－0000007　0015

[同治]上海縣志三十二卷首一卷末一卷　（清）應寶時修　（清）俞樾　（清）方宗誠纂　清同治十一年(1872)刻本　十六冊

420000－2341－0000008　0017

[光緒]重修華亭縣志二十四卷首一卷末一卷　（清）楊開第修　（清）姚光發纂　清光緒五年(1879)刻本　二十

420000－2341－0000009　0018

[乾隆]婁縣志三十卷首二卷　（清）謝庭薰修　（清）陸錫熊纂　清乾隆五十三年(1788)刻本　六冊

420000－2341－0000010　0019

[光緒]婁縣續志二十卷　（清）汪坤厚

（清）程其珏修　（清）張雲望纂　清光緒五年(1879)刻本　六冊

420000－2341－0000011　0021

[光緒]川沙廳志十四卷首一卷末一卷　（清）陳方瀛修　（清）俞樾纂　清光緒五年(1879)刻本　六冊

420000－2341－0000012　0023

[光緒]重修奉賢縣志二十卷首一卷末一卷　（清）韓佩金修　（清）張文虎纂　清光緒四年(1878)刻本　六冊

420000－2341－0000013　0026

[光緒]金山縣志三十卷首一卷　（清）龔寶琦　（清）崔廷鏞修　（清）黃厚本纂　清光緒四年(1878)刻本　八冊

420000－2341－0000014　0028

[光緒]青浦縣志三十卷首二卷末一卷　（清）汪祖綬修　（清）熊其英　（清）邱式金纂　清光緒五年(1879)刻本　十二冊

420000－2341－0000015　0030

[光緒]嘉定縣志三十二卷首一卷補遺一卷　（清）程其珏修　（清）楊震福纂　清光緒八年(1882)刻本　五十三冊

420000－2341－0000016　0031

[光緒]寶山縣志十四卷首一卷　（清）梁蒲貴　（清）吳康壽修　（清）朱延射　（清）潘履祥纂　清光緒八年(1882)刻本　八冊

420000－2341－0000017　0036

[光緒]崇明縣志十八卷　（清）林達泉等修　（清）李聯琇等纂　清光緒七年(1881)刻本　十二

420000－2341－0000018　0038

[光緒]重修天津府志五十四卷首一卷末一卷　沈家本修　（清）徐宗亮纂　清光緒二十五年(1899)刻本　八冊

420000－2341－0000019　0039

[同治]續天津縣志二十卷首一卷　（清）吳惠元修　（清）蔣玉虹纂　清同治九年(1870)刻

本　八冊

420000－2341－0000020　0041

[道光]薊州志十卷首一卷　（清）沈銳纂修
清咸豐二年(1852)刻本　七冊

420000－2341－0000021　0044

[光緒]寧河縣志十六卷　（清）丁符九修
(清)談松林纂　清光緒六年(1880)刻本　十
二冊

420000－2341－0000022　0045

[同治]畿輔通志三百卷首一卷　（清）李鴻章
修　(清)黃彭年纂　清宣統二年(1910)石印
本　二百四十冊

420000－2341－0000023　0047

[光緒]正定縣志四十六卷首一卷末一卷
(清)慶之金　(清)賈孝彰修　(清)趙文濂
纂　清光緒元年(1875)刻本　十六冊

420000－2341－0000024　0048

[光緒]獲鹿縣志十四卷首一卷末一卷　（清）
俞錫綱修　(清)曹鑠纂　清光緒七年(1881)
刻本　十冊

420000－2341－0000025　0049

[嘉慶]束鹿縣志十卷　（清）李符清修
(清)裴顯相　(清)沈樂善纂　清嘉慶四年
(1799)刻本　四冊

420000－2341－0000026　0053

[光緒]直隸趙州志十六卷首一卷末一卷
(清)孫傳栻修　(清)王景美纂　清光緒二十
三年(1897)刻本　六冊

420000－2341－0000027　0054

[光緒]續修井陘縣志三十六卷　（清）常善修
　(清)趙文濂纂　清光緒元年(1875)刻本
三冊

420000－2341－0000028　0055

[乾隆]無極縣志十一卷末一卷　（清）黃可潤
纂修　清光緒十九年(1893)補刻本　四冊

420000－2341－0000029　0056

[光緒]無極縣續志十卷首一卷末一卷　（清）

曹鳳來纂修　清光緒十九年(1893)刻本
四冊

420000－2341－0000030　0057

[光緒]元氏縣志十四卷首一卷末一卷　（清）
胡嶽修　(清)趙文濂纂　清光緒元年(1875)
刻本　八冊

420000－2341－0000031　0058

[同治]欒城縣志十四卷首一卷末一卷　（清）
陳詠修　(清)張惇德纂　清同治十一年
(1872)刻本　六冊

420000－2341－0000032　0061

[乾隆]口北三廳志十六卷首一卷　（清）黃可
潤纂修　清乾隆二十三年(1758)刻本　六冊

420000－2341－0000033　0062

[乾隆]宣化府志四十二卷首一卷　（清）王者
輔修　(清)張志奇續修　清乾隆二十二年
(1757)刻本　十六冊

420000－2341－0000034　0064

[光緒]蔚州志二十卷首一卷　（清）慶之金修
　(清)楊篤纂　清光緒三年(1877)刻本
八冊

420000－2341－0000035　0066

[道光]保安州志八卷首一卷　（清）楊桂森纂
修　清道光十五年(1835)刻本　四冊

420000－2341－0000036　0066

[光緒]保安州續志四卷　（清）尋鑾晉
(清)張毓生纂修　清光緒三年(1877)刻本
四冊

420000－2341－0000037　0067

[同治]西寧新志十卷首一卷　（清）韓志超
(清)寅康修　(清)楊篤纂　清光緒元年
(1875)刻本　四冊

420000－2341－0000038　0069

[光緒]懷安縣志八卷首一卷末一卷　（清）蔭
祿修　(清)程燮奎纂　清光緒二年(1876)刻
本　八冊

420000－2341－0000039　0070

[乾隆]萬全縣志十卷首一卷　（清）左承業纂修　清乾隆十年(1745)刻本　十冊

420000－2341－0000040　0071
[道光]萬全縣志十卷首一卷　（清）左承業修　（清）施彥士續纂修　清道光十四年(1834)刻本　四冊

420000－2341－0000041　0073
[光緒]承德府志六十卷首二十六卷　（清）海忠纂修　（清）廷杰　（清）李世寅重訂　清光緒十三年(1887)廷杰、李世寅刻本　二十四冊

420000－2341－0000042　0074
[光緒]永平府志七十二卷首一卷末一卷　（清）游智開修　（清）史夢蘭纂　清光緒五年(1879)刻本　三十二冊

420000－2341－0000043　0075
[同治]遷安縣志十八卷首一卷末一卷　（清）韓耀光修　（清）史夢蘭纂　清同治十二年(1873)刻本　八冊

420000－2341－0000044　0076
[同治]昌黎縣志十卷　（清）何崧泰修　（清）馬恂　（清）何爾泰纂　清同治五年(1866)刻本　四冊

420000－2341－0000045　0079
[乾隆]臨榆縣志十四卷首一卷　（清）鍾和梅纂修　清乾隆二十一年(1756)刻本　六冊

420000－2341－0000046　0080
[光緒]臨榆縣志二十四卷首一卷　（清）趙允祐修　（清）高錫疇纂　清光緒四年(1878)刻本　十冊

420000－2341－0000047　0081
[乾隆]直隸遵化州志二十卷　（清）傅修纂修　清乾隆五十九年(1794)刻本　八冊

420000－2341－0000048　0082
[光緒]灤州志十八卷首一卷　（清）楊文鼎修　（清）王大本纂　清光緒二十四年(1898)刻本　十四冊

420000－2341－0000049　0092
[光緒]大城縣志十二卷首一卷　（清）趙炳文　（清）徐國楨修　劉鍾英　（清）鄧敏怡纂　清光緒二十三年(1897)刻本　十二冊

420000－2341－0000050　0093
[乾隆]永清縣志二十五篇　（清）周震榮修　（清）章學誠纂　清乾隆四十四年(1779)刻嘉慶十八年(1813)補刻本　十二冊

420000－2341－0000051　0094
[光緒]保定府志七十九卷首一卷　（清）李培祐　（清）朱靖旬修　（清）張豫塏纂　清光緒十二年(1886)刻本　三十二冊

420000－2341－0000052　0095
[同治]清苑縣志十八卷首一卷　（清）李逢源修　（清）諸崇儉纂　清同治十二年(1873)刻本　八冊

420000－2341－0000053　0098
[光緒]容城縣志八卷　（清）俞廷獻　（清）曹鵬修　（清）吳思忠纂　清光緒二十二年(1896)刻本　六冊

420000－2341－0000054　0099
[光緒]蠡縣志十卷　（清）韓志超　（清）何雲誥修　（清）張瑢　（清）王其衡纂　清光緒二年(1876)刻本　十冊

420000－2341－0000055　0100
[道光]直隸定州志二十二卷首一卷　（清）寶琳　（清）勞沅恩纂修　清道光三十年(1850)刻本　十二冊

420000－2341－0000056　0102
[光緒]唐縣志十二卷首一卷　（清）陳詠修　（清）張惇德纂　清光緒四年(1878)刻本　八冊

420000－2341－0000057　0107
[光緒]祁州續志四卷　（清）趙秉恒修　（清）劉學海纂　清光緒八年(1882)刻本　四冊

420000－2341－0000058　0109

[同治]鹽山縣志十六卷首一卷末一卷　（清）
王福謙　（清）江毓秀修　（清）潘震乙纂　清
同治七年(1868)京都文采齋刻本　八冊

420000－2341－0000059　0111

[光緒]吳橋縣志十二卷　（清）倪昌爕修
（清）馮慶楊纂　清光緒元年(1875)瀾陽書院
刻本　八冊

420000－2341－0000060　0112

[光緒]東光縣志十二卷首一卷　（清）周植瀛
修　（清）吳潯源纂　清光緒十四年(1888)刻
本　八冊

420000－2341－0000061　0113

[嘉慶]青縣志八卷　（清）沈聯芳修　（清）
倪鑠纂　清嘉慶八年(1803)刻本　六冊

420000－2341－0000062　0114

[光緒]重修青縣志十卷　（清）江貢琛修
（清）茹岱林纂　清光緒八年(1882)刻本
四冊

420000－2341－0000063　0117

[咸豐]初續獻縣志四卷　（清）李昌祺纂修
清咸豐七年(1857)刻本　二冊

420000－2341－0000064　0119

[嘉慶]棗強縣志二十卷　（清）任衔蕙修
（清）楊元錫纂　清嘉慶九年(1804)刻本
六冊

420000－2341－0000065　0120

[同治]棗強縣志補正五卷補遺一卷　（清）方
宗誠纂修　清光緒二年(1876)刻本　四冊

420000－2341－0000066　0122

[光緒]廣平府志六十三卷首一卷　（清）吳中
彥修　（清）胡景桂纂　清光緒二十年(1894)
刻本　二十四冊

420000－2341－0000067　0124

[乾隆]邯鄲縣志十二卷首一卷　（清）王炯纂
修　清乾隆二十一年(1756)刻本　六冊

420000－2341－0000068　0126

[光緒]永年縣志四十卷首一卷　（清）夏詒鈺

纂修　清光緒三年(1877)刻本　八冊

420000－2341－0000069　0127

[雍正]館陶縣志十二卷　（清）趙知希纂修
（清）張興宗增修　清光緒十九年(1893)刻本
四冊

420000－2341－0000070　0129

[嘉慶]涉縣志八卷　（清）戚學標纂修　清嘉
慶四年(1799)刻本　四冊

420000－2341－0000071　0131

[光緒]臨漳縣志十八卷首一卷　（清）周秉彝
修　（清）周壽梓　（清）李燿中纂　清光緒三
十年(1904)刻本　十二冊

420000－2341－0000072　0133

[乾隆]隆平縣志十卷　（清）袁文煥纂修　清
乾隆二十九年(1764)刻本　二冊　存三卷
（八至十）

420000－2341－0000073　0134

[光緒]唐山縣志十二卷首一卷末一卷　（清）
蘇玉修　（清）杜霭　（清）李飛鳴纂　清光緒
七年(1881)刻本　八冊

420000－2341－0000074　0136

[道光]南宮縣志十六卷　（清）周杕修
（清）陳桂纂　清道光十一年(1831)刻本
八冊

420000－2341－0000075　0138

[光緒]鉅鹿縣志十二卷首一卷　（清）凌爕
（清）赫慎修　（清）夏應麟纂　清光緒十二年
(1886)刻本　六冊

420000－2341－0000076　0139

[道光]續增沙河縣志二卷　（清）魯傑纂修
清道光二十五年(1845)刻本　二冊

420000－2341－0000077　0139

[乾隆]沙河縣志十卷首一卷末一卷　（清）杜
灝纂修　清乾隆二十二年(1757)刻本　四冊

420000－2341－0000078　0144

[光緒]山西通志一百八十四卷首一卷　（清）
曾國荃　（清）張煦修　（清）王軒　（清）楊

篤纂　清光緒十八年(1892)刻本　九十六冊

420000－2341－0000079　0145

[道光]陽曲縣志十六卷　(清)李培謙
(清)華典修　(清)閻士驤　(清)鄭起昌纂
清道光二十三年(1843)葛英繁刻本　十冊

420000－2341－0000080　0146

[道光]太原縣志十八卷圖一卷　(清)員佩蘭
修　(清)楊國泰纂　清道光六年(1826)刻本
六冊

420000－2341－0000081　0147

[光緒]清源鄉志十八卷首一卷　(清)王勳祥
修　(清)王效尊纂　清光緒八年(1882)梗陽
書院刻本　六冊

420000－2341－0000082　0148

[道光]大同縣志二十卷首一卷末一卷　(清)
黎中輔纂修　清道光十年(1830)刻本　八冊

420000－2341－0000083　0149

[光緒]懷仁縣新志十二卷首一卷續刻一卷
(清)李長華修　(清)姜利仁纂　(清)汪大
浣續修　清光緒九年(1883)刻三十一年
(1905)增補續刻本　四冊

420000－2341－0000084　0150

[光緒]渾源州續志十卷　(清)賀澍恩修
(清)程續纂　清光緒七年(1881)刻本　七冊

420000－2341－0000085　0151

[乾隆]甯武府志十二卷首一卷　(清)魏元樞
(清)周景柱纂修　清乾隆十五年(1750)刻
本　六冊

420000－2341－0000086　0152

[光緒]忻州志四十二卷　(清)方戊昌修
(清)方淵如纂　清光緒六年(1880)刻本
八冊

420000－2341－0000087　0153

[乾隆]直隸代州志六卷　(清)吳重光纂修
清乾隆四十九年(1784)刻本　八冊

420000－2341－0000088　0154

[光緒]代州志十二卷首一卷　(清)俞廉三修

(清)楊篤纂　清光緒八年(1882)代山書院
刻本　十八冊

420000－2341－0000089　0155

[乾隆]五臺縣志八卷　(清)王秉韜纂修　清
乾隆四十五年(1780)刻本　六冊

420000－2341－0000090　0156

[光緒]續修崞縣志八卷　(清)趙冠卿
(清)龍朝言修　(清)潘肯堂纂　清光緒八年
(1882)刻本　八冊

420000－2341－0000091　0157

[道光]繁峙縣志六卷　(清)吳其均纂修　清
道光十六年(1836)刻本　六冊

420000－2341－0000092　0158

[同治]榆次縣志十六卷首一卷末一卷　(清)
俞世銓　(清)陶良駿修　(清)王平格
(清)王序賓纂　清同治二年(1863)鳳鳴書院
刻本　八冊

420000－2341－0000093　0159

[乾隆]太谷縣志八卷　(清)郭晉修　(清)
管粵秀纂　清乾隆六十年(1795)刻本　八冊

420000－2341－0000094　0160

[咸豐]太谷縣志八卷首一卷末一卷　(清)章
青選　(清)汪和修　(清)章嗣衡纂　清咸豐
五年(1855)刻本　八冊

420000－2341－0000095　0161

[光緒]太谷縣志八卷首一卷末一卷　(清)恩
浚　(清)趙冠卿修　(清)王效尊纂　清光緒
十二年(1886)刻本　八冊

420000－2341－0000096　0162

[光緒]平遙縣志十二卷首一卷　(清)恩端修
(清)武達材　(清)王舒萼纂　清光緒八年
(1882)刻本　八冊

420000－2341－0000097　0163

[光緒]續修靈石縣志二卷　(清)謝均修
(清)白星煒纂　清光緒元年(1875)刻本
二冊

420000－2341－0000098　0163

[嘉慶]靈石縣志十二卷　（清）王志瀜修
（清）黃憲臣纂　清嘉慶二十二年(1817)刻本
六冊

420000－2341－0000099　0164

[乾隆]平定州志十卷圖一卷　（清）金明源修
（清）竇忻　（清）張佩芳纂　清乾隆五十五
年(1790)湧雲樓刻本　十冊

420000－2341－0000100　0165

[光緒]平定州志十六卷首一卷　（清）賴昌期
（清）張彬纂修　清光緒八年(1882)刻本
十六冊

420000－2341－0000101　0166

[乾隆]盂縣志十卷首一卷末一卷　（清）胡予
翼　（清）馬廷俊修　（清）吳森纂　清乾隆四
十九年(1784)刻本　八冊

420000－2341－0000102　0167

[光緒]盂縣志二十二卷首一卷末一卷　（清）
張嵐奇　（清）劉鴻逵修　（清）武纘緒
（清）劉懋功纂　清光緒七年(1881)刻本　十
一冊

420000－2341－0000103　0168

[光緒]壽陽縣志十三卷首一卷　（清）馬家鼎
（清）白昶修　（清）張嘉言　（清）祁世長
纂　清光緒八年(1882)刻本　六冊

420000－2341－0000104　0169

[光緒]祁縣志十六卷　（清）劉發岏修
（清）李芬纂　清光緒八年(1882)刻本　十冊

420000－2341－0000105　0170

[乾隆]介休縣志十四卷　（清）王謀文纂修
清乾隆三十五年(1770)刻本　八冊

420000－2341－0000106　0171

[嘉慶]介休縣志十四卷　（清）徐品山
（清）陸元鏸修　（清）熊兆占纂　清嘉慶二十
四年(1819)刻本　十六冊

420000－2341－0000107　0172

[光緒]文水縣志十二卷首一卷末一卷　（清）
范啟塈　（清）王煒修　（清）陰步霞纂　清光

緒九年(1883)刻本　六冊

420000－2341－0000108　0173

[乾隆]汾州府志三十四卷首一卷　（清）孫和
相修　（清）戴震纂　清乾隆三十六年(1771)
刻本　十六冊

420000－2341－0000109　0174

[乾隆]汾陽縣志十四卷首一卷　（清）李文起
修　（清）戴震纂　清乾隆三十七年(1772)刻
本　六冊

420000－2341－0000110　0175

[道光]汾陽縣志十四卷首一卷　（清）周貽纓
修　（清）曹樹穀纂　清咸豐元年(1851)刻本
十六冊

420000－2341－0000111　0176

[光緒]汾陽縣志十四卷首一卷　（清）方家駒
（清）慶文修　（清）王文員纂　清光緒十年
(1884)刻本　十冊

420000－2341－0000112　0177

[乾隆]孝義縣志二十卷　（清）鄧必安修
（清）鄧常纂　清乾隆三十五年(1770)刻本
八冊

420000－2341－0000113　0178

[乾隆]潞安府志四十卷首一卷　（清）張淑渠
（清）姚學瑛修　（清）姚學甲纂　清乾隆三
十五年(1770)刻本　二十四冊

420000－2341－0000114　0179

[乾隆]長治縣志二十八卷首一卷末一卷
（清）吳九齡修　（清）蔡履豫纂　清乾隆二十
八年(1763)榮暉堂刻本　十冊

420000－2341－0000115　0180

[光緒]長治縣志八卷首一卷　（清）李楨
（清）馬鑑修　（清）楊篤纂　清光緒二十年
(1894)刻本　十冊

420000－2341－0000116　0181

[光緒]襄垣縣續志二卷　（清）李汝霖纂修
清光緒六年(1880)刻本　二冊

420000－2341－0000117　0181

[乾隆]重修襄垣縣志八卷 （清）李廷芳修
（清）徐珏 （清）陳于廷纂 清乾隆四十七年
(1782)刻本 八冊

420000－2341－0000118 0183

[道光]壺關縣志十卷首一卷 （清）茹金
（清）申瑤纂修 清道光十四年(1834)刻本
六冊

420000－2341－0000119 0184

[光緒]壺關縣續志二卷 （清）胡燕昌修
（清）楊篤纂 清光緒七年(1881)刻本 二冊

420000－2341－0000120 0185

[乾隆]高平縣志二十二卷末一卷 （清）傅德
宜修 （清）戴純纂 清乾隆三十九年(1774)
刻本 六冊

420000－2341－0000121 0186

[乾隆]鳳臺縣志二十卷首一卷 （清）林荔修
（清）姚學甲纂 清乾隆四十九年(1784)刻
本 十二冊

420000－2341－0000122 0187

[光緒]鳳臺縣續志四卷首一卷 （清）張貽琯
修 （清）郭維恒纂 清光緒八年(1882)刻本
四冊

420000－2341－0000123 0188

[同治]陽城縣志十八卷首一卷 （清）賴昌期
修 （清）譚澐 （清）盧廷棻纂 清同治十三
年(1874)刻本 八冊

420000－2341－0000124 0189

[嘉慶]長子縣志二十一卷首一卷 （清）劉樾
修 （清）樊兌纂 清嘉慶二十一年(1816)刻
本 十四冊

420000－2341－0000125 0190

[乾隆]沁州志十卷首一卷 （清）葉士寬修
（清）姚學瑛續修 （清）姚學甲續纂 清乾隆
三十六年(1771)刻本 十冊

420000－2341－0000126 0191

[乾隆]武鄉縣志六卷首一卷 （清）白鶴修
（清）史傳遠纂 清乾隆五十五年(1790)刻本
六冊

420000－2341－0000127 0192

[光緒]武鄉縣續志四卷 （清）吳匡修
（清）鈕增垚纂 清光緒五年(1879)刻本
四冊

420000－2341－0000128 0193

[光緒]陵川縣志三十卷首一卷 （清）徐烇修
（清）梁寅纂 清光緒八年(1882)刻本 十
一冊

420000－2341－0000129 0194

[嘉慶]沁水縣志十二卷首一卷 （清）徐品山
修 （清）張心至纂 清嘉慶六年(1801)刻本
六冊

420000－2341－0000130 0195

[光緒]沁水縣志十二卷首一卷 （清）秦丙煃
修 （清）李疇纂 清光緒七年(1881)刻本
八冊

420000－2341－0000131 0196

[乾隆]臨汾縣志十卷首一卷末一卷 （清）高
壋 （清）吳士淳修 （清）呂淙 （清）吳克
元纂 清乾隆四十四年(1779)刻本 七冊

420000－2341－0000132 0197

[乾隆]翼城縣志二十八卷 （清）許崇楷纂修
清乾隆三十六年(1771)刻本 八冊

420000－2341－0000133 0198

[光緒]翼城縣志二十八卷 （清）王耀章
（清）龔履坦纂修 清光緒七年(1881)刻本
八冊

420000－2341－0000134 0200

[道光]新修曲沃縣志十二卷 （清）張兆衡纂
修 清道光二十二年(1842)刻本 六冊

420000－2341－0000135 0201

[光緒]續修曲沃縣志三十二卷 （清）張鴻逵
（清）茅丕熙修 （清）韓子泰纂 清光緒六
年(1880)刻本 六冊

420000－2341－0000136 0204

[道光]趙城縣志三十七卷首一卷 （清）楊延

亮纂修　清道光七年(1827)刻本　八冊

420000－2341－0000137　0205

[道光]直隸霍州志二十五卷首一卷　(清)崔
允昭修　(清)李培謙纂　清道光六年(1826)
刻本　十冊

420000－2341－0000138　0206

[同治]浮山縣志三十七卷　(清)慶鍾纂修
清同治十三年(1874)刻　八冊

420000－2341－0000139　0207

[道光]太平縣志十六卷首一卷　(清)李炳彥
修　(清)梁棲鸞纂　清道光五年(1825)刻本
八冊

420000－2341－0000140　0208

[光緒]太平縣志十四卷首一卷　(清)勞文慶
(清)朱光綬修　(清)婁道南纂　清光緒八
年(1882)刻本　十四冊

420000－2341－0000141　0209

[光緒]續修寧鄉縣志十五卷　(清)馮安瀾修
(清)崔鍾淦纂　清光緒七年(1881)刻本
二冊

420000－2341－0000142　0209

[乾隆]鄉寧縣志十五卷　(清)葛清纂修　清
乾隆四十九年(1784)刻本　四冊

420000－2341－0000143　0212

[乾隆]解州安邑縣運城志十六卷首一卷
(清)言如泗修　(清)熊名相　(清)呂瀊纂
清乾隆二十九年(1764)刻解州全志本
八冊

420000－2341－0000144　0214

[乾隆]直隸絳州志二十卷圖考一卷　(清)張
成德修　(清)李友洙纂　清乾隆三十年
(1765)刻本　十冊

420000－2341－0000145　0215

[乾隆]聞喜縣志十二卷首一卷　(清)李遵唐
纂修　清乾隆三十一年(1766)刻本　六冊

420000－2341－0000146　0217

[乾隆]絳縣志十四卷附圖考　(清)拉昌阿修

(清)王本智纂　清乾隆三十年(1765)刻本
四冊

420000－2341－0000147　0218

[光緒]絳縣志十四卷　(清)劉斌修　(清)
張于鑄纂　清光緒六年(1880)刻本　八冊

420000－2341－0000148　0219

[光緒]河津縣志十四卷首一卷　(清)茅丕熙
(清)楊漢章修　(清)程象濂　(清)韓秉
鈞纂　清光緒六年(1880)刻本　九冊

420000－2341－0000149　0220

[光緒]續修稷山縣志二卷　(清)馬家鼎纂修
清光緒十一年(1885)刻本　二冊

420000－2341－0000150　0220

[同治]稷山縣志十卷　(清)沈鳳翔修
(清)鄧嘉紳纂　清同治四年(1865)刻本
十冊

420000－2341－0000151　0221

[康熙]芮城縣志四卷首一卷　(清)畢盛讚修
(清)王舜民纂　清康熙十一年(1672)刻本
八冊

420000－2341－0000152　0222

[乾隆]解州芮城縣志十六卷首一卷　(清)言
如泗修　(清)莫溥纂　清乾隆二十九年
(1764)刻解州全志本　四冊

420000－2341－0000153　0223

[乾隆]解州夏縣志十六卷首一卷　(清)言如
泗修　(清)李遵唐纂　清乾隆二十九年
(1764)刻解州全志本　四冊

420000－2341－0000154　0224

[光緒]夏縣志十卷首一卷　(清)黃繩榮
(清)萬啓鈞修　(清)張承熊纂　清光緒六年
(1880)刻本　八冊

420000－2341－0000155　0225

[光緒]平陸縣續志二卷首一卷末一卷　(清)
劉鴻逵修　(清)沈承恩纂　清光緒六年
(1880)刻本　二冊

420000－2341－0000156　0225

[乾隆]解州平陸縣志十六卷首一卷　（清）言如泗修　（清）韓薖典　（清）杜若拙　（清）荊如棠纂　清乾隆二十九年(1764)刻解州全志本　四冊

420000－2341－0000157　0227

[乾隆]蒲州府志二十四卷圖一卷　（清）周景柱纂修　清乾隆十九年(1754)刻本　三十冊

420000－2341－0000158　0228

[光緒]永濟縣志二十四卷　（清）李榮和　（清）劉鍾麟修　（清）張元懋纂　清光緒十二年(1886)刻本　三十六冊

420000－2341－0000159　0230

[乾隆]萬泉縣志八卷　（清）畢宿燾修　（清）張史筆纂　清乾隆二十三年(1758)刻本　四冊

420000－2341－0000160　0231

[乾隆]臨晉縣志八卷　（清）王正茂纂修　清乾隆三十八年(1773)刻本　八冊

420000－2341－0000161　0233

[光緒]續猗氏縣志二卷　（清）徐浩修　（清）潘夢龍纂　清光緒六年(1880)刻本　二冊

420000－2341－0000162　0233

[同治]續猗氏縣志四卷　（清）周之楨修　（清）崔曾頤纂　清同治六年(1867)刻本　二冊

420000－2341－0000163　0235

[嘉慶]晉乘蒐略三十二卷　（清）康基田纂　清嘉慶十六年(1811)刻本　三十四冊

420000－2341－0000164　0238

[光緒]蒙古志三卷　（清）姚明輝纂　清光緒三十三年(1907)上海中國圖書公司鉛印本　二冊

420000－2341－0000165　0244

[咸豐]和林格爾廳志四卷　（清）德齡纂修　清咸豐二年(1852)木活字印本　三冊

420000－2341－0000166　0253

[乾隆]盛京通志四十八卷首一卷　（清）呂耀曾　（清）王河　（清）宋筠修　（清）魏樞纂　清咸豐二年(1852)雷以誠刻本　二十冊

420000－2341－0000167　0254

[宣統]承德縣志書不分卷　（清）都林布修　（清）李巨源　（清）徐守常纂　（清）金正元增修　（清）張子瀛　（清）聞鵬齡增纂　清宣統二年(1910)石印本　二冊

420000－2341－0000168　0259

[宣統]昌圖府志六章　（清）洪汝冲纂修　清宣統二年(1910)鉛印本　四冊

420000－2341－0000169　0276

[道光]吉林外記十卷　（清）薩英額纂　清光緒二十一年(1895)刻漸西村舍彙刻本　二冊

420000－2341－0000170　0280

[光緒]吉林通志一百二十二卷圖一卷　（清）長順　（清）訥欽修　（清）李桂林　（清）顧雲纂　清光緒十七年(1891)刻本　四十九冊

420000－2341－0000171　0282

[光緒]奉化縣志十四卷末一卷　（清）錢開震修　（清）陳文焯纂　清光緒十一年(1885)刻本　四冊

420000－2341－0000172　0283

[嘉慶]黑龍江外記八卷　（清）西清纂　清光緒二十六年(1900)廣雅書局刻廣雅書局叢書本　二冊

420000－2341－0000173　0284

[嘉慶]黑龍江外記八卷　（清）西清纂　清光緒刻漸西村舍彙刻本　二冊

420000－2341－0000174　0288

[光緒]黑龍江述略六卷　（清）徐宗亮纂　清光緒十七年(1891)刻觀自得齋叢書本　六冊

420000－2341－0000175　0300

[道光]陝西志輯要六卷首一卷　（清）王志沂纂　清道光七年(1827)朝坂謝氏賜書堂刻本　七冊

420000－2341－0000176　0301

[乾隆]西安府志八十卷首一卷　（清）舒其紳修　（清）嚴長明纂　清乾隆四十四年(1779)刻本　四十冊

420000－2341－0000177　0304

[嘉慶]長安縣志三十六卷　（清）張聰賢修（清）董曾臣纂　清嘉慶二十年(1815)刻本六冊

420000－2341－0000178　0305

[嘉慶]咸寧縣志二十六卷首一卷　（清）高廷法　（清）沈琮修　（清）陸耀通　（清）董祐誠纂　清嘉慶二十四年(1819)刻本　八冊

420000－2341－0000179　0306

[道光]續修咸陽縣志一卷　（清）陳堯書纂修　清道光十六年(1836)刻本　一冊

420000－2341－0000180　0306

[乾隆]咸陽縣志二十二卷首一卷　（清）臧應桐纂修　清乾隆十六年(1751)刻本　三冊

420000－2341－0000181　0308

[乾隆]興平縣志二十五卷　（清）顧聲雷修（清）張塤纂　清乾隆四十四年(1779)刻本六冊

420000－2341－0000182　0309

[乾隆]興平縣志二十五卷　（清）顧聲雷修（清）張塤纂　清光緒二年(1876)刻本　七冊

420000－2341－0000183　0310

[嘉靖]高陵縣志七卷　（明）呂柟纂修　清嘉慶三年(1798)刻本　二冊

420000－2341－0000184　0311

[光緒]高陵縣續志八卷　（清）程維雍修（清）白遇道纂　清光緒十年(1884)刻本四冊

420000－2341－0000185　0313

[道光]涇陽縣志三十卷　（清）胡元煐修（清）蔣湘南纂　清道光二十二年(1842)刻本八冊

420000－2341－0000186　0314

[宣統]重修涇陽縣志十六卷首一卷末一卷

（清）劉懋官修　（清）宋伯魯　（清）周斯億纂　清宣統三年(1911)天津華新印刷局鉛印本　四冊

420000－2341－0000187　0315

[乾隆]三原縣志十八卷首一卷　（清）劉紹攽纂　清乾隆四十八年(1783)刻本　十冊

420000－2341－0000188　0316

[光緒]三原縣新志八卷　（清）焦雲龍修（清）賀瑞麟纂　清光緒六年(1880)刻本四冊

420000－2341－0000189　0318

[乾隆]醴泉縣志十四卷圖一卷　（清）蔣騏昌修　（清）孫星衍纂　清乾隆四十九年(1784)刻本　四冊

420000－2341－0000190　0319

[乾隆]直隸邠州志二十五卷　（清）王朝爵（清）王灼修　（清）孫星衍纂　清乾隆四十九年(1784)刻本　十二冊

420000－2341－0000191　0320

[乾隆]淳化縣志三十卷　（清）萬廷樹修（清）洪亮吉纂　清乾隆四十九年(1784)刻本四冊

420000－2341－0000192　0321

[宣統]長武縣志十二卷　沈錫榮修　（清）王錫璋　（清）魚獻珍纂　清宣統二年(1910)鉛印本　四冊

420000－2341－0000193　0322

[光緒]乾州志稿十四卷首一卷　（清）周銘旂纂修　清光緒十年(1884)乾陽書院刻本六冊

420000－2341－0000194　0323

[乾隆]永壽縣新志十卷首一卷　（清）蔣基修　（清）王開沃纂　清乾隆五十六年(1791)刻本　四冊

420000－2341－0000195　0324

[光緒]永壽縣重修新志十卷首一卷　（清）鄭德樞修　（清）趙奇齡纂　清光緒十四年

(1888)刻本　六冊

420000－2341－0000196　0325
[光緒]新續渭南縣志十二卷　(清)嚴書麐修
(清)焦聯甲纂　清光緒十八年(1892)刻本
十冊

420000－2341－0000197　0326
[乾隆]富平縣志八卷　(清)吳六鰲修
(清)胡文銓纂　清乾隆四十三年(1778)刻本
六冊

420000－2341－0000198　0327
[光緒]富平縣志稿十卷首一卷　樊增祥
(清)劉鋘修　(清)譚麐纂　清光緒十七年
(1891)刻本　十冊

420000－2341－0000199　0328
[乾隆]臨潼縣志九卷圖一卷　(清)史傳遠纂
修　清乾隆四十一年(1776)刻本　六冊

420000－2341－0000200　0329
[光緒]臨潼縣續志二卷　(清)安守和修
(清)楊彥修纂　清光緒十六年(1890)刻本
二冊

420000－2341－0000201　0330
[光緒]藍田縣志十六卷　(清)呂懋勳修
(清)袁廷俊纂　清光緒元年(1875)刻本
六冊

420000－2341－0000202　0331
[乾隆]同州府志二十卷首一卷　(清)張奎祥
修　(清)李之蘭　(清)張德泰纂　清乾隆六
年(1741)刻本　二十冊

420000－2341－0000203　0332
[咸豐]同州府志三十四卷首二卷　(清)李恩
繼　(清)文廉修　(清)蔣湘南纂　清咸豐二
年(1852)刻本　二十四冊

420000－2341－0000204　0333
[光緒]同州府續志十六卷首一卷　(清)饒應
祺修　(清)馬先登　(清)王守恭纂　清光緒
七年(1881)刻本　六冊

420000－2341－0000205　0334

[道光]大荔縣志十六卷首一卷　(清)熊兆麟
纂修　清道光三十年(1850)刻本　六冊

420000－2341－0000206　0335
[光緒]大荔縣續志十二卷首一卷　(清)周銘
旂修　(清)李志復纂　清光緒十一年(1885)
馮翊書院刻本　六冊

420000－2341－0000207　0336
[正德]朝邑縣志二卷　(明)王道修　清同義
文會刻本　一冊

420000－2341－0000208　0340
[萬曆]續朝邑縣志八卷　(明)郭實修
(明)王學謨纂　清康熙五十一年(1712)王兆
鰲刻本　二冊

420000－2341－0000209　0341
[乾隆]朝邑縣志十一卷首一卷　(清)金嘉琰
(清)朱廷模修　(清)錢坫纂　清乾隆四十
五年(1780)刻本　四冊

420000－2341－0000210　0343
[乾隆]郃陽縣全志四卷　(清)席奉乾修
(清)孫景烈纂　清乾隆三十四年(1769)刻本
五冊

420000－2341－0000211　0344
[乾隆]澄城縣志二十卷　(清)戴治修
(清)洪亮吉　(清)孫星衍纂　清乾隆四十九
年(1784)刻本　四冊

420000－2341－0000212　0345
[咸豐]澄城縣志三十卷　(清)金玉麟修
(清)韓亞熊纂　清咸豐元年(1851)刻本
八冊

420000－2341－0000213　0346
[嘉慶]韓城縣續志五卷　(清)冀蘭泰修
(清)陸耀遹纂　清嘉慶二十三年(1818)刻本
一冊

420000－2341－0000214　0346
[乾隆]韓城縣志十六卷首一卷　(清)傅應奎
修　(清)錢坫纂　清乾隆四十九年(1784)刻
本　六冊

420000－2341－0000215　0348

[隆慶]華州志二十四卷　（明）李可久修
（明）張光孝纂　清光緒八年(1882)合刻華州
志本　四冊

420000－2341－0000216　0349

[乾隆]再續華州志十二卷　（清）汪以誠修
（清）史夢纂　清乾隆五十四年(1789)刻本
二冊

420000－2341－0000217　0351

[乾隆]蒲城縣志十五卷　（清）張心鏡修
（清）吳泰來纂　清乾隆四十七年(1782)刻本
六冊

420000－2341－0000218　0352

[光緒]蒲城縣新志十三卷首一卷　（清）李體
仁修　（清）王學禮纂　清光緒三十一年
(1905)刻本　四冊

420000－2341－0000219　0353

[嘉靖]耀州志十一卷　（明）李廷寶修
（明）喬世寧纂　清乾隆二十七年(1762)刻本
四冊

420000－2341－0000220　0354

[乾隆]續耀州志十一卷　（清）汪灝修
（清）鍾麟書纂　清乾隆二十七年(1762)刻本
四冊

420000－2341－0000221　0356

[乾隆]白水縣志四卷首一卷　（清）梁善長纂
修　清乾隆十九年(1754)刻本　四冊

420000－2341－0000222　0357

[乾隆]直隸商州志十四卷首一卷　（清）王如
玖纂修　清乾隆九年(1744)刻本　八冊

420000－2341－0000223　0358

[乾隆]續商州志十卷　（清）羅文思纂修　清
乾隆二十三年(1758)刻本　二冊

420000－2341－0000224　0359

[乾隆]鳳翔府志十二卷首一卷　（清）達靈阿
修　（清）周方炯　（清）高登科纂　清乾隆三
十一年(1766)刻本　十二冊

420000－2341－0000225　0360

[乾隆]鳳翔縣志八卷首一卷　（清）羅鰲修
（清）周方炯　（清）劉震纂　清乾隆三十二年
(1767)刻本　八冊

420000－2341－0000226　0361

[乾隆]岐山縣志八卷　（清）平世增　（清）
郭履恒修　（清）蔣兆甲纂　清乾隆四十四年
(1779)刻本　四冊

420000－2341－0000227　0362

[光緒]岐山縣志八卷　（清）胡昇猷修
（清）張殿元纂　清光緒十年(1884)刻本
四冊

420000－2341－0000228　0364

[乾隆]扶風縣志十八卷　（清）熊家振修
（清）張塤纂　清乾隆四十四年(1779)刻本
八冊

420000－2341－0000229　0365

[嘉慶]扶風縣志十八卷首一卷　（清）宋世犖
修　（清）吳鵬翱　（清）王樹棠纂　清嘉慶二
十四年(1819)刻本　四冊

420000－2341－0000230　0366

[乾隆]郿縣志十八卷首一卷　（清）李帶雙修
（清）張若纂　清嘉慶二十一年(1816)刻本
四冊

420000－2341－0000231　0367

[光緒]麟遊縣新志草十卷首一卷　（清）彭洵
纂修　清光緒九年(1883)刻本　四冊

420000－2341－0000232　0368

[道光]重修汧陽縣志十二卷首一卷　（清）羅
曰璧纂修　清道光二十一年(1841)刻本
四冊

420000－2341－0000233　0369

[光緒]增續汧陽縣志二卷　（清）焦思善修
（清）張元璧　（清）王潤纂　清光緒十三年
(1887)刻本　二冊

420000－2341－0000234　0370

[乾隆]隴州續志八卷首一卷末一卷　（清）吳

炳纂修　清乾隆三十一年(1766)刻本　六冊

420000－2341－0000235　0372

[正德]武功縣前志三卷首一卷　(明)康海纂
(清)孫景烈評註　清乾隆二十六年(1761)
瑪星阿刻本　一冊

420000－2341－0000236　0373

[正德]武功縣志三卷首一卷　(明)康海纂
(清)孫景烈評註　清同治十二年(1873)湖北
崇文書局刻本　一冊

420000－2341－0000237　0375

[光緒]鳳縣志十卷首一卷　(清)朱子春修
(清)段澍霖纂　清光緒十八年(1892)刻本
四冊

420000－2341－0000238　0376

[康熙]延綏鎮志六卷　(清)譚吉璁纂修　清
康熙十二年(1673)刻本　十六冊

420000－2341－0000239　0377

[道光]榆林府志五十卷首一卷　(清)李熙齡
纂修　清道光二十一年(1841)刻本　十二冊

420000－2341－0000240　0378

[光緒]靖邊志稿四卷　(清)丁錫奎修
(清)白翰章　(清)辛居乾纂　清光緒二十五
年(1899)刻本　三冊

420000－2341－0000241　0379

[嘉慶]葭州志二卷　(清)高珣修　(清)龔
玉麟纂　清嘉慶十五年(1810)刻本　二冊

420000－2341－0000242　0380

[光緒]葭州志一卷　(清)李壽昌修　(清)
任佺纂　清光緒二十年(1894)刻本　一冊

420000－2341－0000243　0382

[光緒]米脂縣志十二卷　(清)高照煦纂
(清)高增融校訂　清光緒三十三年(1907)鉛
印本　四冊

420000－2341－0000244　0384

[嘉慶]重修延安府志八十卷　(清)洪蕙纂修
清嘉慶七年(1802)刻本　十六冊

420000－2341－0000245　0388

[道光]鄜州志五卷首一卷　(清)吳鳴捷修
(清)譚瑀纂　清道光十三年(1833)刻本
五冊

420000－2341－0000246　0389

[嘉慶]洛川縣志二十卷首一卷　(清)劉毓秀
修　(清)賈構纂　清嘉慶十一年(1806)刻本
四冊

420000－2341－0000247　0393

[嘉慶]漢南續修郡志三十二卷首一卷　(清)
嚴如熤修　(清)鄭炳然纂　清嘉慶十九年
(1814)刻本　十五冊

420000－2341－0000248　0395

[康熙]城固縣志十卷　(清)王穆纂修　清光
緒四年(1878)徐德懷刻本　四冊

420000－2341－0000249　0398

[光緒]寧羌州志五卷　(清)馬毓華修
(清)鄭書香　(清)曹良模纂　清光緒十四年
(1888)刻本　五冊

420000－2341－0000250　0400

[光緒]沔縣新志四卷　(清)孫銘鐘　(清)
羅桂銘修　(清)彭齡纂　清光緒九年(1883)
刻本　四冊

420000－2341－0000251　0401

[道光]重修略陽縣志四卷　(清)譚瑀修
(清)黎成德纂　清道光二十六年(1846)刻本
四冊

420000－2341－0000252　0403

[光緒]新續略陽縣志一卷　(清)桂超修
(清)侯龍光纂　清光緒三十年(1904)刻本
一冊

420000－2341－0000253　0404

[光緒]定遠廳志二十六卷首一卷末一卷
(清)余修鳳纂修　清光緒五年(1879)刻本
六冊

420000－2341－0000254　0405

[道光]留壩廳志十卷　(清)賀仲瑊修
(清)蔣湘南纂　清道光二十二年(1842)漢中

友義齋刻本　四冊

420000－2341－0000255　0406

[乾隆]興安府志三十卷　（清）李國麒纂修
清道光二十八年(1848)刻本　六冊

420000－2341－0000256　0406

[嘉慶]續興安府志八卷　（清）葉世倬纂修
清道光二十八年(1848)刻本　二冊

420000－2341－0000257　0408

[嘉慶]漢陰廳志十卷首一卷　（清）錢鶴年修
（清）董詔纂　清嘉慶二十三年(1818)刻本
八冊

420000－2341－0000258　0409

[光緒]續修平利縣志十卷　（清）楊孝寬修
（清）李聯芳纂　清光緒二十三年(1897)刻本
四冊

420000－2341－0000259　0410

[乾隆]洵陽縣志十四卷　（清）鄧夢琴纂修
清同治九年(1870)刻本　四冊

420000－2341－0000260　0411

[嘉慶]白河縣志十四卷　（清）嚴一青纂修
清嘉慶六年(1801)挹漢亭刻本　四冊

420000－2341－0000261　0412

[光緒]白河縣志十三卷　（清）顧騄修
（清）王賢輔　（清）李宗麟纂　清光緒十九年
(1893)刻本　四冊

420000－2341－0000262　0413

[道光]紫陽縣志八卷首一卷　（清）陳僅
（清）吳純修　（清）楊家坤　（清）曹學易纂
清光緒八年(1882)吳世澤補刻本　四冊

420000－2341－0000263　0415

[道光]石泉縣志四卷　（清）舒鈞纂修　清道
光二十九年(1849)刻本　二冊

420000－2341－0000264　0417

[道光]寧陝廳志四卷　（清）林一銘修
（清）焦世官　（清）胡官清纂　清道光九年
(1829)刻本　四冊

420000－2341－0000265　0419

[道光]蘭州府志十二卷首一卷　（清）陳士楨
修　（清）涂鴻儀纂　清道光十三年(1833)刻
本　八冊

420000－2341－0000266　0420

[乾隆]皋蘭縣志二十卷　（清）吳鼎新修
（清）黃建中纂　清乾隆四十三年(1778)刻本
六冊

420000－2341－0000267　0422

[乾隆]平番縣誌一卷　（清）張珣美修
（清）曾鈞纂　清乾隆十四年(1749)刻五凉考
治六德集全誌本　一冊

420000－2341－0000268　0425

[乾隆]直隷秦州新志十二卷首一卷末一卷
（清）費廷珍修　（清）胡釴纂　清乾隆二十九
年(1764)刻本　十六冊

420000－2341－0000269　0426

[光緒]重纂秦州直隷州新志二十四卷首一卷
（清）余澤春修　（清）任其昌　（清）王權
纂　清光緒十五年(1889)隴南書院刻本　二
十冊

420000－2341－0000270　0427

[乾隆]清水縣志十六卷　（清）朱超纂修　清
乾隆六十年(1795)刻本　四冊

420000－2341－0000271　0428

[嘉慶]武階備志二十二卷　（清）吳鵬翔纂
清同治十二年(1873)洪惟善刻本　四冊

420000－2341－0000272　0429

[光緒]文縣志八卷首一卷末一卷　（清）長贇
修　（清）劉健纂　清光緒二年(1876)刻本
六冊

420000－2341－0000273　0430

[乾隆]成縣新志四卷　（清）黃泳修　（清）
汪于雍纂　清乾隆十七年(1752)刻本　四冊

420000－2341－0000274　0431

[乾隆]平番縣誌一卷　（清）張珣美修
（清）曾鈞纂　清乾隆十四年(1749)刻五凉考
治六德集全誌本　一冊

420000－2341－0000275　0431

[乾隆]鎮番縣誌一卷　（清）張珀美修
（清）曾鈞　（清）魏奎光纂　清乾隆十四年
(1749)刻五涼考治六德集全誌本　一冊

420000－2341－0000276　0431

[乾隆]永昌縣誌一卷　（清）張珀美修
（清）沈紹祖　（清）謝謹纂　清乾隆十四年
(1749)刻五涼考治六德集全誌本　一冊

420000－2341－0000277　0431

[乾隆]古浪縣誌一卷　（清）張珀美修
（清）趙璘　（清）郭建文纂　清乾隆十四年
(1749)刻五涼考治六德集全誌本　一冊

420000－2341－0000278　0431

[乾隆]武威縣誌一卷　（清）張珀美修
（清）曾鈞　（清）蘇暻纂　清乾隆十四年
(1749)刻五涼考治六德集全誌本　一冊

420000－2341－0000279　0435

[乾隆]甘州府志十六卷首一卷　（清）鍾賡起
纂修　清乾隆四十四年(1779)刻本　二十冊

420000－2341－0000280　0439

[道光]敦煌縣志七卷首一卷　（清）蘇履吉修
（清）曾誠纂　清道光十一年(1831)刻本
四冊

420000－2341－0000281　0442

[嘉慶]靈州志蹟四卷　（清）楊芳燦修
（清）郭楷纂　清嘉慶三年(1798)豐延泰刻本
三冊　存三卷(二至四)

420000－2341－0000282　0443

[宣統]新修固原直隸州志十卷　（清）王學伊
修　（清）錫麒纂　清宣統元年(1909)官報書
局鉛印本　十冊

420000－2341－0000283　0444

[乾隆]西寧府新志四十卷　（清）楊應琚纂修
清乾隆十二年(1747)刻本　二十二冊

420000－2341－0000284　0451

[乾隆]欽定新疆識略十二卷首一卷　（清）松
筠纂　清道光元年(1821)刻本　十冊

420000－2341－0000285　0452

[乾隆]欽定新疆識略十二卷首一卷　（清）松
筠纂　清道光元年(1821)武英殿修書處刻本
十冊

420000－2341－0000286　0467

[至元]齊乘六卷附釋音一卷　（元）于欽纂
（元）于潛釋音　清乾隆四十六年(1781)刻本
四冊

420000－2341－0000287　0469

[道光]濟南府志七十二卷首一卷　（清）王贈
芳　（清）王鎮修　（清）成瓘　（清）冷烜纂
清道光二十一年(1841)刻本　四十冊

420000－2341－0000288　0471

[乾隆]歷城縣志五十卷首一卷　（清）胡德琳
修　（清）李文藻纂　清乾隆三十八年(1773)
刻本　十六冊

420000－2341－0000289　0473

[乾隆]嶧縣志十卷首一卷　（清）忠璉纂修
清乾隆二十六年(1761)刻本　六冊

420000－2341－0000290　0474

[乾隆]德州志十二卷首一卷　（清）王道亨修
（清）張慶源纂　清乾隆五十三年(1788)刻
本　八冊

420000－2341－0000291　0475

[光緒]陵縣志二十二卷首一卷　（清）沈淮修
（清）李圖纂　（清）戴杰續纂　清光緒元年
(1875)刻本　八冊

420000－2341－0000292　0479

[光緒]德平縣志十二卷首一卷　（清）凌錫祺
修　（清）李敬熙纂　清光緒十九年(1893)刻
本　六冊

420000－2341－0000293　0480

[乾隆]濟陽縣志十四卷首一卷　（清）胡德琳
修　（清）何明禮　（清）章承茂纂　清乾隆三
十年(1765)刻本　八冊

420000－2341－0000294　0481

[嘉慶]禹城縣志十二卷　（清）董鵬翔修

（清）牟應震纂　清嘉慶十三年(1808)刻本
四冊

420000－2341－0000295　0482

[道光]臨邑縣志十六卷首一卷末一卷　（清）
沈淮纂修　清道光十七年(1837)刻本　八冊

420000－2341－0000296　0483

[同治]臨邑縣志十六卷首一卷末一卷　（清）
沈淮修　（清）陳鴻翙續修　（清）翟振慶續纂
清同治十三年(1874)刻本　八冊

420000－2341－0000297　0484

[乾隆]平原縣志十卷首一卷　（清）黃懷祖修
（清）黃兆熊纂　清乾隆十四年(1749)刻本
四冊

420000－2341－0000298　0486

[乾隆]樂陵縣志八卷首一卷末一卷　（清）王
謙益修　（清）鄭成中纂　清乾隆二十七年
(1762)刻本　八冊

420000－2341－0000299　0487

[道光]商河縣志八卷首一卷　（清）龔廷煌纂
修　清道光十六年(1836)刻本　八冊

420000－2341－0000300　0488

[道光]武城縣志續編十四卷首一卷　（清）厲
秀芳纂修　清道光二十一年(1841)刻本
八冊

420000－2341－0000301　0489

[乾隆]夏津縣志十卷首一卷　（清）方學成修
（清）梁大鯤纂　清乾隆六年(1741)刻本
二冊

420000－2341－0000302　0490

[宣統]重修恩縣志十卷首一卷　（清）汪鴻孫
修　（清）劉儒臣　（清）王金階纂　清宣統元
年(1909)刻本　四冊

420000－2341－0000303　0491

[光緒]寧津縣志十二卷首一卷　（清）祝嘉庸
修　（清）吳潯源纂　清光緒二十六年(1900)
刻本　八冊

420000－2341－0000304　0493

[乾隆]武定府志三十八卷首一卷　（清）赫達
色修　（清）莊肇奎　（清）沈中行纂　清乾隆
二十四年(1759)刻本　十七冊

420000－2341－0000305　0494

[咸豐]武定府志三十八卷首一卷　（清）李熙
齡修　（清）鄒恒纂　清咸豐九年(1859)刻本
十六冊

420000－2341－0000306　0495

[乾隆]惠民縣志十卷首一卷　（清）倭什布修
（清）劉長靈纂　清乾隆四十七年(1782)刻
本　六冊

420000－2341－0000307　0496

[光緒]惠民縣志三十卷首一卷末一卷　（清）
沈世銓修　（清）李晁纂　清光緒二十五年
(1899)柳堂刻本　六冊

420000－2341－0000308　0497

[乾隆]陽信縣志八卷首一卷　（清）王允深修
（清）沈佐清纂　清乾隆二十四年(1759)刻
本　五冊

420000－2341－0000309　0498

[咸豐]濱州志十二卷首一卷　（清）李熙齡纂
修　清咸豐十年(1860)刻本　四冊

420000－2341－0000310　0499

[康熙]利津縣新志十卷　（清）韓文焜纂修
清乾隆二十三年(1758)刻本　二冊

420000－2341－0000311　0500

[乾隆]利津縣志續編十卷　（清）劉文確修
（清）劉永祚　（清）李儼纂　清乾隆二十三年
(1758)刻本　一冊

420000－2341－0000312　0501

[乾隆]利津縣志補六卷　（清）程士範纂修
清乾隆三十五年(1770)刻本　一冊

420000－2341－0000313　0502

[光緒]利津縣志十卷　（清）盛贊熙修
（清）余朝棻纂　清光緒九年(1883)刻本
八冊

420000－2341－0000314　0503

[光緒]霑化縣志十六卷首一卷 （清）聯印修 （清）張會一 （清）耿翔儀纂 清光緒十七年(1891)刻本 四冊

420000－2341－0000315 0504

[道光]鄒平縣志十八卷 （清）羅宗瀛修 （清）成瓘纂 清道光十六年(1836)刻本 四冊 存十一卷(一至十一)

420000－2341－0000316 0506

[嘉慶]長山縣志十六卷首一卷 （清）倪企望修 （清）鍾廷瑛 （清）徐果行纂 清嘉慶六年(1801)刻本 十冊

420000－2341－0000317 0507

[道光]重修博興縣志十三卷 （清）周壬福修 （清）李同纂 清道光二十年(1840)刻本 四冊

420000－2341－0000318 0508

[乾隆]蒲臺縣志四卷首一卷 （清）嚴文典修 （清）任相纂 清乾隆二十八年(1763)刻本 四冊

420000－2341－0000319 0509

[乾隆]青城縣志十二卷 （清）方鳳修 （清）戴文熾 （清）周琡纂 清道光二十六年(1846)刻本 四冊

420000－2341－0000320 0510

[乾隆]高苑縣志十卷 （清）張耀璧纂修 清乾隆二十三年(1758)刻本 六冊

420000－2341－0000321 0511

[康熙]新城縣續志二卷 （清）孫元衡著 （清）王啟涑編 清康熙三十二年(1693)刻本 一冊

420000－2341－0000322 0511

[康熙]新城縣志十四卷首一卷 （清）崔懋修 （清）嚴濂曾纂 清康熙三十二年(1693)刻本 六冊

420000－2341－0000323 0513

[康熙]新修齊東縣志八卷 （清）余爲霖修 （清）郭國琦纂 清康熙二十四年(1685)刻本 二冊 存三卷(三至四、七)

420000－2341－0000324 0515

[咸豐]青州府志六十四卷 （清）毛永柏修 （清）李圖 （清）劉耀椿纂 清咸豐九年(1859)刻本 二十四冊 存五十一卷(一至十六、三十至六十四)

420000－2341－0000325 0516

[光緒]益都縣圖志五十四卷首一卷 （清）張承燮修 （清）法偉堂纂 清光緒三十三年(1907)刻本 十六冊

420000－2341－0000326 0518

[光緒]臨朐縣志十六卷首一卷 （清）姚延福修 （清）鄧嘉緝 （清）蔣師轍纂 清光緒十年(1884)刻本 六冊

420000－2341－0000327 0519

[乾隆]諸城縣志四十六卷 （清）宮懋讓修 （清）李文藻纂 清乾隆二十九年(1764)刻本 八冊

420000－2341－0000328 0520

[乾隆]昌邑縣志八卷 （清）周來邰纂修 清乾隆七年(1742)刻本 四冊

420000－2341－0000329 0521

[乾隆]濰縣志六卷首一卷末一卷 （清）張耀璧修 （清）王誦芬纂 清乾隆二十五年(1760)刻本 六冊

420000－2341－0000330 0522

[道光]重修膠州志四十卷 （清）張同聲修 （清）李圖纂 清道光二十五年(1845)刻本 八冊

420000－2341－0000331 0524

[道光]重修平度州志二十七卷 （清）保忠 （清）吳慈修 （清）李圖 （清）王大鏞纂 清道光二十九年(1849)刻本 八冊

420000－2341－0000332 0525

[乾隆]萊州府志十六卷首一卷 （清）嚴有禧纂修 清乾隆五年(1740)刻本 八冊

420000－2341－0000333 0526

[乾隆]掖縣志八卷首一卷 （清）張思勉修
（清）于始瞻纂 清乾隆二十三年（1758）刻本
　八冊

420000－2341－0000334　0528

[乾隆]掖縣志八卷首一卷 （清）張思勉修
（清）于始瞻纂 清光緒十九年（1893）刻掖縣
全志本 　十六冊

420000－2341－0000335　0528

[嘉慶]續掖縣志四卷首一卷 （清）張彤修
（清）張詡纂 清光緒十九年（1893）刻掖縣全
志本 　與420000－2341－0000334、336至337
合十六冊

420000－2341－0000336　0528

[道光]再續掖縣志二卷 （清）楊祖憲修
（清）侯登岸纂 清光緒十九年（1893）刻掖縣
全志本 　與420000－2341－0000334至335、
337合十六冊

420000－2341－0000337　0528

[光緒]三續掖縣志四卷首一卷 （清）魏起鵬
修 （清）王續藩纂 清光緒十九年（1893）刻
掖縣全志本 　與420000－2341－0000334至
336合十六冊

420000－2341－0000338　0531

[同治]即墨縣志十二卷首一卷 （清）林溥修
（清）周翕鑌纂 清同治十二年（1873）刻本
　八冊

420000－2341－0000339　0532

[光緒]增修登州府志六十九卷首一卷 （清）
方汝翼 （清）賈瑚修 （清）周悅讓 （清）
慕榮榦纂 清光緒七年（1881）刻本 　十四冊

420000－2341－0000340　0533

[道光]重修蓬萊縣志十四卷 （清）王文燾修
（清）張本 （清）葛元昶纂 清道光十九年
（1839）刻本 　八冊

420000－2341－0000341　0534

[光緒]蓬萊縣續志十四卷 （清）鄭錫鴻
（清）江瑞采修 （清）王爾植纂 清光緒八年
（1882）刻本 　四冊

420000－2341－0000342　0535

[同治]黃縣志稿五卷 （清）尹繼美纂修 清
同治十二年（1873）白鷺書院刻鼎吉堂全集本
　一冊

420000－2341－0000343　0537

[光緒]棲霞縣續志十卷首一卷 （清）黃麗中
修 （清）于如川纂 清光緒五年（1879）刻本
　八冊

420000－2341－0000344　0537

[乾隆]棲霞縣志十卷 （清）衛萇纂修 清乾
隆十九年（1754）刻本 　與420000－2341－
0000343合八冊

420000－2341－0000345　0539

[道光]招遠縣續志四卷 （清）陳國器
（清）邊象曾修 （清）李蔭 （清）路藻纂
清道光二十六年（1846）刻本 　六冊

420000－2341－0000346　0540

[同治]重修寧海州志二十六卷 （清）舒孔安
修 （清）王厚階纂 清同治三年（1864）刻本
　六冊

420000－2341－0000347　0541

[道光]文登縣志十卷 （清）蔡培 （清）歐
文修 （清）林汝謨纂 清道光十九年（1839）
刻本 　四冊

420000－2341－0000348　0542

[乾隆]海陽縣志八卷 （清）包桂纂修 清乾
隆七年（1742）刻本 　四冊

420000－2341－0000349　0543

[光緒]海陽縣續志十卷首一卷 （清）王敬勳
修 （清）李爾梅 （清）王兆騰纂 清光緒六
年（1880）刻本 　六冊

420000－2341－0000350　0544

[道光]榮成縣志十卷 （清）李天驚修
（清）岳廣廷纂 清道光二十年（1840）刻本
　四冊

420000－2341－0000351　0545

[乾隆]沂州府志三十六卷首一卷 （清）李希

賢修　(清)潘遇莘　(清)丁愷曾纂　清乾隆
二十五年(1760)刻本　十二冊

420000－2341－0000352　0546

[嘉慶]續修郯城縣志十卷　(清)吳堦修
(清)陸繼輅纂　清嘉慶十五年(1810)刻本
四冊

420000－2341－0000353　0547

[康熙]費縣志十卷　(清)黃學懃纂修　清康
熙二十八年(1689)刻本　四冊

420000－2341－0000354　0548

[嘉慶]莒州志十六卷首一卷　(清)許紹錦纂
修　清嘉慶元年(1796)刻本　六冊

420000－2341－0000355　0550

[道光]沂水縣志十卷　(清)張燦修　(清)
劉承謙纂　清道光七年(1827)刻本　四冊

420000－2341－0000356　0551

[光緒]日照縣志十二卷首一卷　(清)陳懋修
(清)張庭詩　(清)李堉纂　清光緒十二年
(1886)刻本　四冊

420000－2341－0000357　0553

[乾隆]泰安府志三十卷前一卷首二卷　(清)
顏希深修　(清)成城纂　清乾隆二十五年
(1760)刻本　二十冊

420000－2341－0000358　0554

[乾隆]泰安縣志十二卷首一卷末一卷　(清)
黃鈐修　(清)蕭儒林　(清)宋圻纂　清乾隆
四十七年(1782)刻本　十冊

420000－2341－0000359　0555

[道光]泰安縣志十二卷首一卷末一卷　(清)
徐宗幹修　(清)蔣大慶纂　清同治六年
(1867)刻本　十三冊

420000－2341－0000360　0557

[嘉慶]肥城縣新志十九卷首一卷　(清)曾冠
英修　(清)李基熙纂　清嘉慶二十年(1815)
刻本　六冊

420000－2341－0000361　0558

[光緒]肥城縣志十卷首一卷　(清)凌紱曾修

(清)邵承照纂　清光緒十七年(1891)刻本
六冊

420000－2341－0000362　0559

[道光]長清縣志十六卷首四卷末二卷　(清)
舒化民修　(清)徐德城纂　清道光十五年
(1835)刻本　六冊

420000－2341－0000363　0560

[乾隆]新泰縣志二十卷首一卷　(清)江乾達
修　(清)牛士瞻纂　清乾隆四十九年(1784)
刻本　六冊

420000－2341－0000364　0561

[乾隆]新泰縣志二十卷首一卷　(清)江乾達
修　(清)牛士瞻纂　清光緒十七年(1891)徐
致愉刻本　六冊

420000－2341－0000365　0562

[道光]章邱縣志十六卷首一卷末一卷　(清)
吳璋修　(清)曹楙堅纂　清道光十三年
(1833)刻本　八冊

420000－2341－0000366　0563

章邱縣鄉土志二卷　(清)楊學淵修　(清)李
洪鈺纂　清光緒三十三年(1907)石印本
二冊

420000－2341－0000367　0564

[光緒]甯陽縣志二十四卷　(清)高陞榮修
(清)黃恩彤纂　清光緒五年(1879)刻本　十
二冊

420000－2341－0000368　0565

[道光]東平州志三十卷首二卷　(清)周雲鳳
修　(清)唐鑑　(清)周兆棠纂　清道光五年
(1825)刻本　十六冊

420000－2341－0000369　0566

[光緒]東平州志二十七卷圖一卷首編四卷
(清)左宜似修　(清)盧崟纂　清光緒七年
(1881)刻本　二十冊

420000－2341－0000370　0567

[嘉慶]平陰縣志四卷　(清)喻春林修
(清)朱續孜纂　清嘉慶十三年(1808)刻本

四冊

420000－2341－0000371　0568

[乾隆]兗州府志三十二卷首一卷圖考一卷
(清)覺羅普爾泰修　(清)陳顧灤纂　清乾隆
三十五年(1770)刻本　十二冊

420000－2341－0000372　0569

[光緒]滋陽縣志十四卷　(清)莫熾修
(清)黃恩彤纂　(清)李兆霖續修　(清)黃
師闇續纂　清光緒十四年(1888)刻本　十冊

420000－2341－0000373　0570

[乾隆]曲阜縣志一百卷　(清)潘相纂修　清
乾隆三十九年(1774)刻本　十二冊

420000－2341－0000374　0572

[道光]滕縣志十四卷首一卷　(清)王政修
(清)王庸立　(清)黃來麟纂　清道光二十六
年(1846)刻本　八冊

420000－2341－0000375　0573

[乾隆]濟寧直隸州志三十四卷首一卷　(清)
胡德琳　(清)藍應桂修　(清)周永年
(清)盛百二纂　清乾隆五十年(1785)王道
亨、盛百二刻本　三十六冊

420000－2341－0000376　0574

[咸豐]濟甯直隸州續志四卷　(清)盧朝安纂
修　清咸豐九年(1859)盧朝安刻本　四冊

420000－2341－0000377　0574

[道光]濟寧直隸州志十卷首一卷末一卷圖一
卷　(清)徐宗幹修　(清)許瀚纂　清咸豐九
年(1859)盧朝安刻本　二十冊

420000－2341－0000378　0577

[咸豐]金鄉縣志略十二卷首一卷　(清)李璽
纂修　清同治元年(1862)刻本　四冊

420000－2341－0000379　0578

[乾隆]魚臺縣志十三卷首一卷末一卷　(清)
馮振鴻纂修　清乾隆二十九年(1764)刻本
十冊

420000－2341－0000380　0579

[光緒]魚臺縣志四卷首一卷末一卷　(清)趙

英祚纂修　清光緒十五年(1889)刻本　五冊

420000－2341－0000381　0580

[乾隆]曹州府志二十二卷　(清)周尚質修
(清)李登明　(清)謝冠纂　清乾隆二十一年
(1756)刻本　十二冊

420000－2341－0000382　0581

[光緒]新修菏澤縣志十八卷首一卷　(清)凌
壽柏修　(清)葉道源纂　清光緒十一年
(1885)刻本　六冊

420000－2341－0000383　0582

[乾隆]單縣志十三卷圖一卷　(清)覺羅普爾
泰修　(清)傅爾德纂　清乾隆二十四年
(1759)刻本　十三冊

420000－2341－0000384　0583

[道光]城武縣志十四卷首一卷　(清)袁章華
修　(清)劉士瀛纂　清道光十年(1830)刻本
八冊

420000－2341－0000385　0584

[道光]鉅野縣志二十四卷首一卷　(清)黃維
翰　(清)袁傳裘纂修　清道光二十六年
(1846)刻本　十六冊

420000－2341－0000386　0585

[光緒]鄆城縣志十六卷首一卷　(清)畢炳炎
(清)胡建樞修　(清)趙翰鑾　(清)李承
光纂　清光緒十九年(1893)刻本　八冊

420000－2341－0000387　0586

[光緒]曹縣志十八卷首一卷　(清)陳嗣良修
(清)孟廣來　(清)賈廼延纂　清光緒十年
(1884)刻本　十二冊

420000－2341－0000388　0587

[乾隆]定陶縣志十卷首一卷　(清)雷宏宇修
(清)劉珠纂　清乾隆十八年(1753)刻本
四冊

420000－2341－0000389　0590

[嘉慶]東昌府志五十卷首三卷　(清)嵩山修
(清)謝香開　(清)張熙先纂　清嘉慶十三
年(1808)刻本　二十四冊

420000－2341－0000390　0591

[康熙]堂邑縣志二十卷　（清）盧承琰修　（清）劉淇纂　清光緒十八年(1892)刻本　六冊

420000－2341－0000391　0592

[道光]博平縣志六卷　（清）楊祖憲修　（清）烏竹芳纂　清道光十一年(1831)刻本　六冊

420000－2341－0000392　0594

[光緒]莘縣志十卷　（清）張朝瑋修　（清）孔廣海纂　清光緒十三年(1887)刻本　六冊

420000－2341－0000393　A/411.1/7714C4　壹

汲古閣說文訂一卷　（清）段玉裁撰　清同治十一年(1872)湖北崇文書局刻本　一冊

420000－2341－0000394　0598

[道光]東阿縣志二十四卷首一卷　（清）李賢書修　（清）吳怡纂　清道光九年(1829)刻本　十二冊

420000－2341－0000395　0599

[光緒]壽張縣志十卷首一卷　（清）劉文燁修　（清）王守謙纂　清光緒二十六年(1900)刻本　六冊

420000－2341－0000396　0600

[乾隆]臨清直隸州志十一卷首一卷　（清）張度　（清）鄧希曾修　清乾隆五十年(1785)刻本　十一冊

420000－2341－0000397　0602

[乾隆]江南通志二百卷首四卷序目一卷　（清）尹繼善　（清）趙國麟修　（清）黃之雋　（清）章士鳳纂　清乾隆元年(1736)刻本　八十冊

420000－2341－0000398　0603

[嘉慶]新修江寧府志五十六卷　（清）呂燕昭修　（清）姚鼐纂　清光緒六年(1880)刻本　十二冊

420000－2341－0000399　0606

[同治]上江兩縣志二十九卷首一卷　（清）莫

祥芝　（清）甘紹盤修　（清）汪士鐸纂　清同治十三年(1874)刻本　十二冊

420000－2341－0000400　0607

[光緒]六合縣志八卷圖說一卷附錄一卷　（清）謝延庚　（清）呂憲秋修　（清）賀廷壽　（清）唐毓和纂　清光緒十年(1884)刻本　八冊

420000－2341－0000401　0610

[元豐]吳郡圖經續記三卷　（宋）朱長文纂修　清嘉慶十年(1805)刻學津討原本　二冊

420000－2341－0000402　0618

吳門補乘十卷首一卷續編一卷　（清）錢思元纂　（清）錢士鎬補輯　清道光十年(1830)刻本　六冊

420000－2341－0000403　0619

[道光]蘇州府志一百五十卷首十卷　（清）宋如林　（清）羅琦修　（清）石韞玉纂　清道光四年(1824)刻本　六十五冊

420000－2341－0000404　0620

[同治]蘇州府志一百五十卷首三卷　（清）李銘皖　（清）譚鈞培修　（清）馮桂芬纂　清光緒八年(1882)江蘇書局刻本　八十冊

420000－2341－0000405　0622

[淳祐]玉峰志三卷續志一卷　（宋）凌萬頃　（宋）邊實纂　清宣統元年(1909)刻彙刻太倉舊志五種朱印本　二冊

420000－2341－0000406　0623

周莊鎮志六卷首一卷　（清）陶煦修　清光緒八年(1882)元和陶氏儀一堂刻本　六冊

420000－2341－0000407　0624

[至正]昆山郡志六卷　（元）楊譓纂　清宣統元年(1909)刻彙刻太倉舊志五種朱印本　一冊

420000－2341－0000408　0625

[乾隆]昆山新陽合志三十八卷首一卷末一卷　（清）張予介修　（清）顧登纂　清乾隆十六年(1751)刻本　十二冊

420000－2341－0000409　0626

[光緒]昆新兩縣續修合志五十二卷首一卷末一卷　（清）金吳瀾　（清）李福沂修　（清）汪堃　（清）朱成熙纂　清光緒六年(1880)刻本　二十四冊

420000－2341－0000410　0629

[咸豐]壬癸志稿二十八卷　（清）錢寶琛纂　清光緒六年(1880)刻錢頤壽中丞全集續編本　六冊

420000－2341－0000411　0636

琴川三志補記續八卷　（清）黃廷鑑纂　清道光十四年(1834)刻本　六冊

420000－2341－0000412　0636

琴川三志補記十卷　（清）黃廷鑑纂　清道光十一年(1831)張大鏞刻本　二冊

420000－2341－0000413　0638

[光緒]常昭合志稿四十八卷首一卷末一卷　(清)鄭鍾祥　（清）張瀛修　（清）龐鴻文纂　清光緒三十年(1904)木活字印本　十七冊

420000－2341－0000414　0639

[光緒]吳江縣續志四十卷首一卷　（清）金福曾修　（清）熊其英纂　清光緒五年(1879)刻本　十六冊

420000－2341－0000415　0641

[乾隆]震澤縣志三十八卷首一卷　（清）陳和志修　（清）沈彤　（清）倪師孟纂　清光緒十九年(1893)吳郡徐元圃刻本　八冊

420000－2341－0000416　0643

黎里志十六卷首一卷　（清）徐達源纂　清嘉慶十年(1805)吳江徐氏孚遠堂刻本　四冊

420000－2341－0000417　0644

黎里續志十六卷首一卷　（清）蔡丙圻纂　清光緒二十五年(1899)禊湖書院刻本　六冊

420000－2341－0000418　0646

錫金識小錄十二卷　（清）黃印纂　清光緒二十二年(1896)王念祖活字印本　八冊

420000－2341－0000419　0647

錫金考乘十四卷首一卷　（清）周有壬纂　清同治九年(1870)世瑞堂活字印本　六冊

420000－2341－0000420　0648

[光緒]無錫金匱縣志四十卷首一卷　（清）裴大中　（清）倪咸生修　（清）秦緗業纂　清光緒七年(1881)刻本　二十冊

420000－2341－0000421　0649

[光緒]江陰縣志三十卷首一卷　（清）盧思誠　（清）馮壽鏡修　（清）季念詒　（清）夏燉如纂　清光緒四年(1878)刻本　二十冊

420000－2341－0000422　0652

[光緒]丹徒縣志六十卷首四卷　（清）何紹章　（清）馮壽鏡修　（清）呂耀斗纂　清光緒五年(1879)刻本　三十二冊

420000－2341－0000423　0654

[光緒]丹陽縣志三十六卷首一卷　（清）劉誥　（清）凌焯修　（清）徐錫麟　（清）姜璘纂　清光緒十一年(1885)鴻鳳書院刻本　十五冊

420000－2341－0000424　0657

[嘉慶]溧陽縣志十六卷　（清）李景嶧　(清)陳鴻壽修　（清）史炳　（清）史津纂　清光緒二十二年(1896)木活字印本　十二冊

420000－2341－0000425　0657

[光緒]溧陽續縣志十六卷末一卷　（清）朱畯修　馮煦纂　清光緒二十五年(1899)木活字印本　八冊

420000－2341－0000426　0658

[光緒]金壇縣志十六卷首一卷　（清）夏宗彝修　（清）汪國鳳纂　清光緒十一年(1885)木活字印本　十二冊

420000－2341－0000427　0659

[光緒]溧水縣志二十二卷首一卷　（清）傅觀光修　（清）丁維誠纂　清光緒九年(1883)刻本　十二冊

420000－2341－0000428　0661

[光緒]高淳縣志二十八卷首一卷　（清）楊福

鼎修　（清）陳嘉謀纂　清光緒七年(1881)學山書院刻本　十冊

420000－2341－0000429　0662

[光緒]續纂句容縣志二十卷首一卷末一卷（清）張紹棠修　（清）蕭穆纂　清光緒三十年(1904)刻本　二十冊

420000－2341－0000430　0663

[光緒]武進陽湖縣志三十卷首一卷　（清）王其淦　（清）吳康壽修　（清）湯成烈纂　清光緒五年(1879)刻本　二十冊

420000－2341－0000431　0664

[嘉慶]新修宜興縣志四卷首一卷　（清）阮升基修　（清）甯楷纂　清嘉慶二年(1797)刻本　二冊

420000－2341－0000432　0665

[光緒]宜興荊溪縣新志十卷首一卷末一卷（清）施惠　（清）錢志澄修　（清）吳景牆纂　清光緒八年(1882)刻宜興荊溪舊志五種本　八冊

420000－2341－0000433　0667

[嘉慶]重修揚州府志七十二卷首一卷　（清）阿克當阿修　（清）姚文田　（清）江藩纂　清嘉慶十五年(1810)刻本　四十八冊

420000－2341－0000434　0668

[同治]續纂揚州府志二十四卷　（清）方濬頤修　（清）晏端書　（清）錢振倫纂　清同治十三年(1874)刻本　八冊

420000－2341－0000435　0669

[乾隆]江都縣志三十二卷　（清）五格　（清）黃湘纂修　清乾隆八年(1743)刻本　九冊　存二十四卷(一至二十一、二十九至三十一)

420000－2341－0000436　0670

[嘉慶]江都縣續志十二卷首一卷　（清）王逢源修　（清）李保泰纂　清嘉慶二十四年(1819)刻本　四冊

420000－2341－0000437　0671

[光緒]江都縣續志三十卷首一卷　（清）謝延庚修　（清）劉壽曾纂　清光緒十年(1884)刻本　八冊

420000－2341－0000438　0672

甘棠小志四卷首一卷末一卷　（清）董醇纂　清咸豐五年(1855)甘棠董氏刻本　四冊

420000－2341－0000439　0673

[乾隆]甘泉縣志二十卷首一卷　（清）吳鶚峙修　（清）厲鶚纂　清乾隆八年(1743)刻本　九冊　缺六卷(三至六、十九至二十)

420000－2341－0000440　0674

[嘉慶]甘泉縣續志十卷首一卷　（清）陳觀國修　（清）李保泰纂　清嘉慶十五年(1810)刻本　六冊

420000－2341－0000441　0675

[光緒]增修甘泉縣志二十四卷首一卷圖一卷　（清）徐成敘修　（清）陳浩恩纂　清光緒十一年(1885)刻本　二十冊

420000－2341－0000442　0676

[嘉慶]廣陵事略七卷　（清）姚文田輯　清嘉慶歸安姚氏開封節院刻本　四冊

420000－2341－0000443　0677

[嘉慶]高郵州志十二卷首一卷　（清）楊宜崙修　（清）夏之蓉　（清）沈之本纂　（清）馮馨增修　清道光二十五年(1845)刻本　二十二冊

420000－2341－0000444　0678

[道光]續增高郵州志不分卷　（清）左輝春纂修　清道光二十三年(1843)刻本　六冊

420000－2341－0000445　0679

[光緒]再續高郵州志八卷首一卷　（清）金元烺　（清）龔定瀛修　（清）夏子鍚纂　清光緒九年(1883)刻本　八冊

420000－2341－0000446　0680

[咸豐]重修興化縣志十卷　（清）梁園棣修　（清）鄭之僑　（清）趙彥俞纂　清咸豐二年(1852)刻本　八冊

420000－2341－0000447　0682

[道光]寶應圖經六卷首二卷　（清）劉寶楠纂
　清光緒九年(1883)淮南書局刻本　四冊

420000－2341－0000448　0683

[道光]重修寶應縣志二十八卷首一卷　（清）
孟毓蘭修　（清）喬載縣纂　清道光二十年
(1840)湯氏沐華堂刻本　十冊

420000－2341－0000449　0685

[道光]泰州志三十六卷首一卷　（清）王有慶
修　（清）陳世鎔纂　清道光七年(1827)刻本
十二冊

420000－2341－0000450　0686

[道光]泰州志三十六卷首一卷　（清）王有慶
修　（清）陳世鎔纂　清道光七年(1827)刻光
緒三十四年(1908)補刻本　十三冊

420000－2341－0000451　0687

[萬曆]續修泰興縣志八卷　（清）凌坮
（清）張先甲修　（清）張福謙纂　清嘉慶十八
年(1813)刻本　八冊

420000－2341－0000452　0688

[光緒]泰興縣志二十六卷首一卷末一卷
（清）楊激雲修　（清）顧曾炟纂　清光緒十二
年(1886)刻本　十冊

420000－2341－0000453　0689

[光緒]靖江縣志十六卷首一卷　（清）葉滋森
修　（清）褚翔纂　清光緒五年(1879)刻本
八冊

420000－2341－0000454　0690

[乾隆]直隸通州志二十二卷　（清）王繼祖修
（清）夏之蓉纂　清乾隆二十年(1755)刻本
十六冊

420000－2341－0000455　0691

[光緒]通州直隸州志十六卷首一卷末一卷
(清)梁悅馨　（清）莫祥芝修　（清）季念詒
（清）沈鎤纂　清光緒元年(1875)刻本　十
六冊

420000－2341－0000456　0692

[光緒]海門廳圖志二十卷首一卷　（清）劉文
徹修　（清）周家祿纂　清光緒二十六年
(1900)刻本　四冊

420000－2341－0000457　0693

[道光]如皋縣續志十二卷　（清）范仕義修
(清)吳鎧纂　清道光十七年(1837)刻本
二冊

420000－2341－0000458　0693

[嘉慶]如皋縣志二十四卷　（清）楊受廷
(清)左元鎮修　（清）馬汝舟　（清）江大鍵
纂　清嘉慶十三年(1808)刻本　十冊

420000－2341－0000459　0695

[同治]如皋縣續志十六卷　（清）周際霖
(清)胡維蕃修　（清）周頊　（清）吳開陽纂
　清同治十二年(1873)刻本　六冊

420000－2341－0000460　0696

[光緒]淮安府志四十卷首一卷　（清）孫雲錦
修　（清）吳昆田　（清）高延第纂　清光緒十
年(1884)刻本　十六冊

420000－2341－0000461　0697

[同治]重修山陽縣志二十一卷圖一卷　（清）
張兆棟　（清）孫雲修　（清）何紹基　（清）
丁晏纂　清同治十二年(1873)刻本　八冊

420000－2341－0000462　0699

[同治]清河縣志再續編二卷　（清）劉咸修
(清)吳昆田纂　清同治十二年(1873)刻本
二冊

420000－2341－0000463　0700

[光緒]丙子清河縣志二十六卷　（清）胡裕燕
修　（清）吳昆田　（清）魯賁纂　清光緒五年
(1879)刻本　十三冊

420000－2341－0000464　0702

[光緒]安東縣志十五卷首一卷　（清）金元烺
修　（清）吳昆田　（清）魯賁纂　清光緒元年
(1875)刻本　四冊

420000－2341－0000465　0703

[同治]宿遷縣志十九卷　（清）李德溥修

（清）方駿謨纂　清同治十三年（1874）刻本
六冊

420000－2341－0000466　0705

[光緒]盱眙縣志稿十七卷首一卷　（清）王錫
元修　（清）高延第纂　清光緒十七年（1891）
刻本　十冊

420000－2341－0000467　0706

[光緒]鹽城縣志十七卷首一卷　（清）劉崇照
修　（清）陳玉樹　（清）龍繼棟纂　清光緒二
十一年（1895）刻本　八冊

420000－2341－0000468　0708

[光緒]阜寧縣志二十四卷首一卷　（清）阮本
焱修　（清）陳肇初　（清）殷自芳纂　清光緒
十二年（1886）刻本　八冊

420000－2341－0000469　0709

[嘉慶]東臺縣志四十卷　（清）周古修
（清）蔡復午纂　清道光十年（1830）刻本
十冊

420000－2341－0000470　0710

[乾隆]徐州府志三十卷首一卷　（清）石杰修
　（清）王峻纂　清乾隆七年（1742）刻本　十
六冊

420000－2341－0000471　0711

[同治]徐州府志二十五卷　（清）吳世熊
（清）朱忻修　（清）劉庠　（清）方駿謨纂
清同治十三年（1874）刻本　十一冊

420000－2341－0000472　0712

[道光]銅山縣志二十四卷首一卷　（清）崔志
元修　（清）金左泉纂　清道光十年（1830）刻
本　十六冊

420000－2341－0000473　0713

[乾隆]豐縣志十六卷首一卷　（清）盧世昌纂
修　清乾隆二十四年（1759）刻本　六冊

420000－2341－0000474　0715

[咸豐]邳州志二十卷首一卷　（清）董用威
（清）馬軼羣修　（清）魯一同纂　清咸豐元年
（1851）刻本　四冊

420000－2341－0000475　0716

[咸豐]邳州志二十卷首一卷　（清）董用威
（清）馬軼羣修　（清）魯一同纂　清咸豐元年
（1851）刻光緒十八年（1892）善化楊激雲後印
本　六冊

420000－2341－0000476　0717

[光緒]睢寧縣志稿十八卷　（清）侯紹瀛修
（清）丁顯纂　清光緒十二年（1886）刻本
六冊

420000－2341－0000477　0718

[嘉慶]海州直隸州志三十二卷首一卷　（清）
唐仲冕修　（清）汪梅鼎纂　清嘉慶十六年
（1811）刻本　十冊

420000－2341－0000478　0719

[道光]雲臺新志十八卷首一卷末一卷　（清）
謝元淮修　（清）許喬林纂　清道光十六年
（1836）郁洲書院刻本　六冊

420000－2341－0000479　0720

[光緒]贛榆縣志十八卷　（清）王豫熙修
（清）張謇纂　清光緒十四年（1888）刻本
四冊

420000－2341－0000480　0721

[雍正]浙江通志二百八十卷首三卷　（清）李
衛　（清）嵇曾筠修　（清）沈翼機　（清）傅
王露纂　清嘉慶十七年（1812）刻本　七十冊
　存一百七十六卷（四十至六十六、九十三至
二百十七、二百四十一至二百六十四）

420000－2341－0000481　0722

[雍正]浙江通志二百八十卷首三卷　（清）李
衛　（清）嵇曾筠修　（清）沈翼機　（清）傅
王露纂　清光緒二十五年（1899）浙江書局刻
本　八十九冊　存二百九卷（十一至二十四、
二十八至六十六、九十五至一百八十六、一百
九十四至二百四十、二百六十四至二百八十）

420000－2341－0000482　0847

[同治]泰順分疆錄十二卷首一卷　（清）林鶚
纂　（清）林用霖續纂　清光緒五年（1879）林
氏望山堂刻本　六冊

420000－2341－0000483　0728

[淳祐]臨安志五十二卷　(宋)施諤纂　清光緒九年(1883)刻武林掌故叢編本　六冊

420000－2341－0000484　0729

浙志便覽十卷　(清)李應玨纂　清光緒二十二年(1896)吏隱齋刻本　四冊

420000－2341－0000485　0731

咸淳臨安志一百卷　(宋)潛說友纂　清道光十年(1830)錢塘汪氏振綺堂刻本　二十四冊

420000－2341－0000486　0734

[萬曆]錢塘縣志十卷　(明)聶心湯纂修　清光緒刻武林掌故叢編本　六冊

420000－2341－0000487　0735

[嘉靖]仁和縣志十四卷　(明)沈朝宣纂修　清光緒十九年(1893)刻武林掌故叢編本　十冊

420000－2341－0000488　0737

唐棲志二十卷　(清)王同纂　清光緒十六年(1890)刻本　八冊

420000－2341－0000489　0740

[光緒]富陽縣志二十四卷首一卷　汪文炳修　蔣敬時　何鎔纂　清光緒三十二年(1906)刻本　十六冊

420000－2341－0000490　0745

[光緒]嚴州府志三十八卷首一卷　(清)吳士進修　(清)吳世榮續修　(清)鄒伯森(清)馬斯臧續纂　清光緒九年(1883)刻本　十四冊

420000－2341－0000491　0746

[乾隆]建德縣志十卷首一卷　(清)王賓修(清)應德廣纂　清乾隆十九年(1754)刻本　五冊

420000－2341－0000492　0749

[光緒]淳安縣志十六卷首一卷　(清)劉世甯修　(清)李詩續修　(清)陳中元　(清)竺士彥續纂　清光緒十年(1884)刻本　四冊存八卷(一至八)

420000－2341－0000493　0756

[道光]嘉興府志六十卷首三卷　(清)于尚齡纂修　清道光二十年(1840)刻本　三十七冊　缺五卷(十三至十四、五十三至五十五)

420000－2341－0000494　0757

[光緒]嘉興府志八十八卷首二卷　(清)許瑤光修　(清)吳仰賢纂　清光緒四年(1878)鴛湖書院刻本　四十八冊

420000－2341－0000495　0758

[光緒]嘉興縣志三十七卷首二卷末一卷　(清)趙惟崳修　(清)石中玉　吳受福纂　清光緒三十四年(1908)刻本　二十一冊

420000－2341－0000496　0761

梅里志十八卷　(清)楊謙纂　(清)李富孫補輯　(清)余懋續補　清光緒三年(1877)仁濟堂刻本　六冊

420000－2341－0000497　0762

[光緒]重修嘉善縣志三十六卷首一卷　江峰青修　(清)顧福仁纂　清光緒二十年(1894)刻本　十六冊

420000－2341－0000498　0763

[乾隆]平湖縣志十卷　(清)高國楣增修　清乾隆十年(1745)刻本　八冊

420000－2341－0000499　0764

[光緒]海鹽縣志二十二卷首一卷末一卷　(清)王彬修　(清)徐用儀纂　清光緒三年(1877)蔚文書院刻本　三十六冊

420000－2341－0000500　0766

[嘉靖]海寧縣志九卷首一卷　(明)蔡完修(明)董穀纂　清光緒二十四年(1898)許仁沐刻本　四冊

420000－2341－0000501　0768

[嘉慶]硤川續志二十卷　(清)王德浩纂(清)曹宗載重訂　清嘉慶十七年(1812)刻本　六冊

420000－2341－0000502　0769

[光緒]桐鄉縣志二十卷首四卷　(清)嚴辰

纂　清光緒十三年(1887)刻本　二十四册

420000－2341－0000503　0770

[光緒]石門縣志十一卷首一卷　(清)余麗元
纂修　清光緒五年(1879)刻本　二十册

420000－2341－0000504　0775

[同治]湖州府志九十六卷首一卷　(清)宗源
瀚　(清)郭式昌修　(清)周學濬　(清)陸
心源纂　清同治十三年(1874)愛山書院刻本
三十九册　缺三卷(四至六)

420000－2341－0000505　0776

[光緒]烏程縣志三十六卷　(清)郭式昌等主
修　(清)周學濬總纂　(清)汪曰楨纂修　清
光緒七年(1881)刻本　十六册

420000－2341－0000506　0777

[光緒]歸安縣志五十二卷首一卷　(清)李昱
修　(清)陸心源纂　清光緒八年(1882)刻本
十六册

420000－2341－0000507　0778

[光緒]菱湖鎮志四十四卷首一卷　(清)孫志
熊纂　清光緒十九年(1893)臨安孫氏刻木
六册

420000－2341－0000508　0783

[光緒]長興志拾遺二卷首一卷　朱鎮纂　清
光緒二十三年(1897)刻本　一册

420000－2341－0000509　0783

[同治]長興縣志三十二卷　(清)趙定邦修
(清)周學濬　(清)丁寶書纂　清光緒元年
(1875)刻本　三十一册

420000－2341－0000510　0784

[同治]孝豐縣志十卷首一卷　(清)劉濬修
(清)潘宅仁纂　清光緒五年(1879)刻本
十册

420000－2341－0000511　0676A

廣陵通典十卷　(清)汪中撰　清同治八年
(1869)揚州書局刻本　二册

420000－2341－0000512　0793

[雍正]寧波府志三十六卷首一卷　(清)曹秉

仁修　(清)萬經纂　清道光二十六年(1846)
刻本　十册

420000－2341－0000513　0794

[乾隆]鄞縣志三十卷首一卷　(清)錢維喬修
(清)錢大昕纂　清乾隆五十三年(1788)刻
本　三十册

420000－2341－0000514　0796

[同治]鄞縣志七十五卷　(清)戴枚修
(清)張恕　(清)董沛纂　清光緒三年
(1877)刻本　三十二册

420000－2341－0000515　0798

[光緒]奉化縣志四十卷首一卷　(清)李前泮
修　(清)張美翊纂　清光緒三十四年(1908)
刻本　十二册

420000－2341－0000516　0799

[光緒]剡源鄉志二十四卷首一卷　(清)趙霈
濤纂　清光緒二十八年(1902)奉化趙氏剡曲
草堂活字印本　七册

420000－2341－0000517　0800

[光緒]鎮海縣志四十卷　(清)于萬川修
(清)俞樾纂　清光緒五年(1879)鯤池書院刻
本　十六册

420000－2341－0000518　0803

[雍正]慈谿縣志十六卷　(清)楊正筍修
(清)馮鴻模纂　清乾隆三年(1738)刻本
八册

420000－2341－0000519　0804

[光緒]慈谿縣志五十六卷附編一卷　(清)楊
泰亨提調　(清)馮可鏞總修　清光緒二十五
年(1899)刻本　二十四册

420000－2341－0000520　0805

[光緒]餘姚縣志二十七卷首一卷末一卷
(清)周炳麟修　(清)邵友濂　(清)孫德祖
纂　清光緒二十五年(1899)刻本　十六册

420000－2341－0000521　0806

[光緒]定海廳志三十卷首一卷　(清)史致馴
修　(清)陳重威　(清)黃以周纂　清光緒十

一年(1885)黃樹藩刻本 二十冊

420000－2341－0000522 0810

[乾隆]紹興府志八十卷首一卷 (清)李亨特修 (清)平恕 (清)徐嵩纂 清乾隆五十七年(1792)刻本 八十冊

420000－2341－0000523 0811

[嘉慶]山陰縣志三十卷首一卷 (清)徐元梅修 (清)朱文翰纂 清嘉慶八年(1803)刻本 八冊

420000－2341－0000524 0813

[光緒]諸暨縣志六十卷首一卷 (清)陳遹聲修 (清)蔣鴻藻纂 清宣統二年(1910)刻本 十八冊

420000－2341－0000525 0814

[光緒]上虞縣志四十八卷首一卷末一卷 (清)唐煦春修 (清)朱士黻纂 清光緒十七年(1891)刻本 二十冊

420000－2341－0000526 0815

[光緒]上虞縣志校續五十卷首一卷末一卷 (清)儲家藻修 (清)徐致靖纂 清光緒二十五年(1899)刻本 二十冊

420000－2341－0000527 0816

[嘉定]剡錄十卷 (宋)史安之修 (宋)高似孫纂 清同治九年(1870)刻本 四冊

420000－2341－0000528 0817

[道光]嵊縣志十四卷首一卷末一卷 (清)李式圃修 (清)朱淥纂 清道光八年(1828)刻本 八冊

420000－2341－0000529 0818

[同治]嵊縣志二十六卷首一卷末一卷 (清)嚴思忠 (清)陳仲麟修 (清)蔡以瑺纂 清同治九年(1870)刻本 十二冊

420000－2341－0000530 0822

[嘉定]赤城志四十卷 (宋)黃晢 (宋)齊碩修 (宋)陳耆卿纂 清嘉慶二十三年(1818)刻台州叢書本 六冊

420000－2341－0000531 0826

[光緒]仙居志二十四卷首一卷 (清)王壽頤 (清)潘紀恩修 (清)王棻 (清)李仲昭纂 清光緒二十年(1894)木活字印本 十八冊

420000－2341－0000532 0827

[光緒]黃巖縣志四十卷首一卷 (清)陳寶善 (清)孫憙修 (清)王棻纂 (清)陳鍾英 (清)鄭錫皋續修 王詠霓續纂 清光緒三年(1877)刻本 十六冊

420000－2341－0000533 0829

[光緒]太平續志十八卷首一卷 (清)陳汝霖修 (清)王棻纂 清光緒二十二年(1896)刻本 十二冊

420000－2341－0000534 0831

[光緒]蘭谿縣志八卷首一卷附補遺一卷 (清)秦簧 (清)邵秉經修 (清)唐壬森纂 清光緒十五年(1889)刻本 十冊

420000－2341－0000535 0834

[康熙]衢州府志四十卷首一卷 (清)楊廷望纂修 清光緒八年(1882)劉國光刻本 六冊 存十八卷(一至十八)

420000－2341－0000536 0836

[康熙]龍遊縣志十二卷首一卷 (清)盧燦修 (清)余恂纂 清光緒八年(1882)刻本 五冊

420000－2341－0000537 0838

[光緒]常山縣志六十八卷首一卷末一卷 (清)李瑞鍾修 (清)朱昌泰纂 清光緒十二年(1886)刻本 六冊 存三十九卷(一至三十九)

420000－2341－0000538 0839

[乾隆]江山縣志十六卷首一卷末一卷 (清)宋成緩修 (清)陸飛纂 清乾隆四十一年(1776)刻本 八冊

420000－2341－0000539 0840

[同治]江山縣志十二卷首一卷末一卷 (清)王彬 (清)孫晉梓修 (清)朱寶慈纂 清同治十二年(1873)文溪書院刻本 八冊

420000 – 2341 – 0000540　0841

[乾隆]溫州府志三十卷首一卷　（清）李琬修　（清）齊召南　（清）汪沆纂　清乾隆二十七年(1762)刻本　十六冊　存十六卷(十一至二十三、二十八至三十)

420000 – 2341 – 0000541　0842

[光緒]永嘉縣志三十八卷首一卷　（清）張寶琳修　（清）王棻　（清）孫詒讓纂　清光緒八年(1882)溫州維新書局刻本　十七冊

420000 – 2341 – 0000542　0843

[光緒]遂昌縣志十二卷首一卷　（清）胡壽海　（清）史恩緯修　（清）褚成允纂　清光緒二十二年(1896)尊經閣刻本　十二冊

420000 – 2341 – 0000543　0844

[嘉慶]瑞安縣志十卷首一卷　（清）張德標修　（清）王殿金　（清）黃徵義纂　清嘉慶十三年(1808)刻本　八冊

420000 – 2341 – 0000544　0848

[光緒]處州府志三十卷首一卷末一卷　（清）潘紹詒修　（清）周榮椿纂　清光緒三年(1877)刻本　二十八冊

420000 – 2341 – 0000545　0850

[同治]景寧縣志十四卷首一卷末一卷　（清）周杰修　（清）嚴用光　（清）葉篤貞纂　清同治十二年(1873)刻本　八冊

420000 – 2341 – 0000546　0852

[光緒]宣平縣志二十卷首一卷　（清）皮樹棠纂修　清光緒四年(1878)刻本　八冊

420000 – 2341 – 0000547　0853

[光緒]青田縣志十八卷首一卷　（清）雷銑修　（清）王棻纂　清光緒二年(1876)刻本　十四冊

420000 – 2341 – 0000548　0855

[同治]雲和縣志十六卷首一卷　（清）伍承吉修　（清）涂冠續修　（清）王士鈖纂　清同治三年(1864)刻本　六冊

420000 – 2341 – 0000549　0856

[光緒]龍泉縣志十二卷首一卷　（清）顧國詔修　（清）張世埰纂　清光緒四年(1878)刻本　六冊

420000 – 2341 – 0000550　0857

[光緒]慶元縣志十二卷首一卷　（清）林步瀛　（清）史恩緯修　（清）史恩緒纂　清光緒三年(1877)刻本　十冊

420000 – 2341 – 0000551　0858

[光緒]重修安徽通志三百五十卷補遺十卷　（清）吳坤修修　（清）何紹基　（清）楊沂孫纂　清光緒七年(1881)刻本　一百二十冊

420000 – 2341 – 0000552　0859

[光緒]續修廬州府志一百卷首一卷末一卷　（清）黃雲修　（清）林之望　（清）汪宗沂纂　清光緒十一年(1885)刻本　四十八冊

420000 – 2341 – 0000553　0863

[道光]巢縣志二十卷首一卷　（清）舒夢齡纂修　清道光八年(1828)刻本　六冊

420000 – 2341 – 0000554　0865

[乾隆]歷陽典錄三十四卷　（清）陳廷桂纂　清同治六年(1867)刻本　十二冊

420000 – 2341 – 0000555　0869

[乾隆]望江縣志八卷　（清）鄭交泰修　（清）曹京纂　清乾隆三十三年(1768)刻本　十六冊

420000 – 2341 – 0000556　0870

[同治]太湖縣志四十六卷首一卷末一卷　（清）符兆鵬修　（清）趙繼元纂　清同治十一年(1872)熙湖書院刻本　十二冊

420000 – 2341 – 0000557　0872

[光緒]壽州志三十六卷首一卷末一卷　（清）曾道唯修　（清）葛蔭南纂　清光緒十五年(1889)木活字印本　三十六冊

420000 – 2341 – 0000558　0873

[乾隆]潁州府志十卷　（清）王歛福纂修　清乾隆十七年(1752)刻本　二十冊

420000 – 2341 – 0000559　0874

[光緒]亳州志二十卷首一卷　（清）鍾泰　宗能徵纂修　清光緒二十年(1894)木活字印本　十六册

420000－2341－0000560　0878
[同治]潁上縣志十二卷首一卷　（清）郗寵錫修　（清）李道章　（清）鄭以莊纂　清光緒四年(1878)刻本　八册

420000－2341－0000561　0879
[乾隆]太和縣志八卷　（清）成兆豫修　（清）吳中最　（清）洪朝元纂　清乾隆十六年(1751)刻本　三册　缺二卷(六至七)

420000－2341－0000562　0881
[嘉慶]蕭縣志十八卷首一卷　（清）潘鎔修　（清）沈學淵　（清）顧翰纂　清嘉慶二十年(1815)刻本　十册

420000－2341－0000563　0882
[同治]續蕭縣志十八卷首一卷　（清）顧景濂　（清）段廣瀛纂修　清光緒元年(1875)刻本　六册

420000－2341－0000564　0883
[光緒]泗虹合志十九卷　（清）方瑞蘭修　（清）江殿颺　（清）許湘甲纂　清光緒十四年(1888)刻本　八册

420000－2341－0000565　0884
[光緒]鳳陽府志二十一卷　馮煦修　魏家驊　張德霈續纂　清光緒三十四年(1908)木活字印本　二十四册

420000－2341－0000566　0885
[光緒]滁州志十卷首一卷末一卷　（清）熊祖詒纂修　清光緒二十二年(1896)木活字印本　十册

420000－2341－0000567　0889
[康熙]太平府志四十卷　（清）黃桂修　（清）宋驤　（清）郝煌纂　清光緒二十九年(1903)木活字印本　二十册

420000－2341－0000568　0892
[光緒]廣德州志六十卷首一卷末一卷　（清）

胡有誠修　（清）丁寶書纂　清光緒七年(1881)刻本　二十册

420000－2341－0000569　0897
[淳熙]新安志十卷附錄一卷　（宋）羅願纂修　清光緒十四年(1888)刻本　四册

420000－2341－0000570　0898
[道光]徽州府志十六卷首一卷　（清）馬步蟾纂修　清道光七年(1827)刻本　三十册

420000－2341－0000571　0902
[道光]祁門縣志三十六卷首一卷　（清）王讓修　（清）桂超萬纂　清道光七年(1827)刻本　八册

420000－2341－0000572　0903
[同治]祁門縣志三十六卷首一卷　（清）周溶修　（清）汪韻珊纂　清同治十二年(1873)刻本　十二册

420000－2341－0000573　0904
[道光]黟縣續志　（清）呂子珏修　（清）詹錫齡纂　清道光五年(1825)刻本　一册

420000－2341－0000574　0904
[嘉慶]黟縣志十六卷首一卷　（清）吳甸華修　（清）程汝翼　（清）俞正燮纂　清嘉慶刻道光五年(1825)重印本　十三册

420000－2341－0000575　0906
[同治]黟縣三志十六卷首一卷末一卷　（清）謝永泰修　（清）程鴻詔纂　清同治十年(1871)刻本　三十二册

420000－2341－0000576　0907
[光緒]青陽縣志十二卷圖一卷　（清）華椿修　（清）周贇纂　清光緒十七年(1891)木活字印本　十二册

420000－2341－0000577　0912
[光緒]江西通志一百八十卷首五卷　（清）劉坤一修　劉鐸　（清）趙之謙纂　清光緒七年(1881)刻本　一百二十册

420000－2341－0000578　0913
[同治]南昌府志六十六卷首一卷末一卷

(清)許應鑅 (清)王之藩修 (清)曾作舟
(清)杜防纂 清同治十二年(1873)刻本
四十册

420000－2341－0000579 0914

[道光]南昌縣志三十九卷首一卷末一卷
(清)慶雲 (清)張賦林修 (清)吳啟楠
(清)姜曾纂 清道光二十九年(1849)刻本
二十九册 缺九卷(三十二至三十九、末一
卷)

420000－2341－0000580 0915

[同治]南昌縣志三十六卷首一卷末一卷
(清)陳紀麟 (清)汪世澤修 (清)劉于潯
(清)曾作舟纂 清同治九年(1870)刻本
三十二册

420000－2341－0000581 0918

[同治]新建縣志九十九卷首一卷末一卷
(清)承霈修 (清)杜友棠 (清)楊兆崧纂
清同治十年(1871)刻本 十册 缺七十九
卷(一至九、十五至十八、二十二至五十、五十
三、五十六、六十四至九十五,首一卷)

420000－2341－0000582 0920

[同治]萍鄉縣志十卷首一卷 (清)錫榮
(清)王明璠纂修 清同治十一年(1872)尊經
堂刻本 八册

420000－2341－0000583 0922

[同治]九江府志五十四卷首一卷末一卷
(清)達春布修 (明)黃鳳樓 (清)歐陽燾
纂 清同治十三年(1874)刻本 二十四册

420000－2341－0000584 0923

[乾隆]德化縣志十六卷 (清)高植纂修
(清)沈錫三續修 (清)羅爲孝續纂 清乾隆
四十五年(1780)刻本 四册 存六卷(九至
十二、十五至十六)

420000－2341－0000585 0924

[同治]德化縣志五十四卷首一卷 (清)陳鼒
修 (清)吳彬纂 清同治十一年(1872)刻本
十六册

420000－2341－0000586 0925 壹

[同治]彭澤縣志十八卷首一卷 (清)趙宗耀
(清)陳文慶修 (清)歐陽燾纂 清同治十
二年(1873)刻本 一册 存二卷(四至五)

420000－2341－0000587 0925

[同治]彭澤縣志十八卷首一卷 (清)趙宗耀
(清)陳文慶修 (清)歐陽燾纂 清同治十
二年(1873)刻本 十六册

420000－2341－0000588 0926

[同治]星子縣志十四卷首一卷 (清)藍煦修
(清)曹徵甲纂 清同治十年(1871)刻本
十二册

420000－2341－0000589 0927

[同治]義寧州志四十卷首一卷 (清)王維新
修 (清)涂家杰纂 清同治十二年(1873)刻
本 二十册

420000－2341－0000590 0928

[乾隆]武寧縣志三十卷首一卷 (清)梁鳴岡
纂修 清乾隆四十七年(1782)刻本 七册
缺七卷(十九至二十二、二十六至二十八)

420000－2341－0000591 0929

[同治]南康府志二十四卷首一卷 (清)盛元
纂修 清同治十一年(1872)刻本 十二册

420000－2341－0000592 0930

[同治]建昌縣志十二卷首一卷 (清)陳惟清
修 (清)閔芳言 (清)王士彬纂 清同治十
年(1871)刻本 十册

420000－2341－0000593 0931

建昌縣鄉土志十二卷首一卷 (清)譚鴻基修
(清)吳士仁纂 清光緒三十三年(1907)刻
本 六册

420000－2341－0000594 0932

[同治]廣信府志十二卷首一卷 (清)蔣繼洙
纂修 清同治十二年(1873)刻本 三十册

420000－2341－0000595 0933

[同治]上饒縣志二十六卷首一卷 (清)王恩
溥 (清)邢德裕修 (清)李樹藩纂 清同治
十一年(1872)刻本 二十册

420000 – 2341 – 0000596　0934

[同治]玉山縣志十卷首一卷附補遺一卷
（清）黃壽祺修　（清）吳華辰　（清）任廷槐
纂　清同治十二年(1873)刻本　十冊

420000 – 2341 – 0000597　0935

[同治]貴溪縣志十卷首一卷　（清）楊長傑修
　（清）黃聯珏纂　清同治十年(1871)刻本
十三冊

420000 – 2341 – 0000598　0936

[道光]鉛山縣志十七卷首一卷　（明）王之道
纂修　清道光四年(1824)刻本　二冊　存四
卷(十四至十七)

420000 – 2341 – 0000599　0937

[同治]鉛山縣志三十卷首一卷　（清）張廷珩
修　（清）華祝三纂　清同治十二年(1873)刻
本　十六冊

420000 – 2341 – 0000600　0938

[道光]廣豐縣志三十二卷首一卷　（清）文炳
修　（清）徐奕溥纂　清道光三年(1823)刻本
七冊　缺九卷(一至八、首一卷)

420000 – 2341 – 0000601　0939

[同治]廣豐縣志十卷首一卷　（清）雙全
（清）王麟書修　（清）顧蘭生　（清）林廷傑
纂　清同治十一年(1872)刻本　五冊　存九
卷(一至八之七、首一卷)

420000 – 2341 – 0000602　0940

[乾隆]婺源縣志三十九卷首一卷　（清）彭家
桂修　（清）張圖南纂　清乾隆五十二年
(1787)刻本　二十四冊

420000 – 2341 – 0000603　0941

[光緒]婺源縣志六十四卷首一卷　（清）吳鶚
修　（清）汪正元纂　清光緒九年(1883)刻本
二十四冊

420000 – 2341 – 0000604　0942

[同治]饒州府志三十二卷首一卷　（清）錫德
修　（清）石景芬纂　清同治十一年(1872)刻
本　十六冊

420000 – 2341 – 0000605　0943

[同治]鄱陽縣志二十四卷首一卷末一卷
（清）陳志培修　（清）王廷鑑纂　清同治十年
(1871)刻本　十二冊

420000 – 2341 – 0000606　0944

[同治]餘干縣志二十卷首一卷末一卷　（清）
區作霖　（清）馮蘭森修　（清）曾福善纂　清
同治十一年(1872)東山書院刻本　八冊

420000 – 2341 – 0000607　0945

[同治]樂平縣志十卷首一卷　（清）董萼榮
（清）梅毓翰修　（清）汪元祥　（清）陳謨纂
清同治九年(1870)壽山書院刻本　十二冊

420000 – 2341 – 0000608　0946

[道光]德興縣志十二卷首一卷末一卷　（清）
蔣啟敂修　（清）余廷愷纂　清道光三年
(1823)刻本　八冊

420000 – 2341 – 0000609　0947

[同治]德興縣志十卷首一卷末一卷　（清）孟
慶雲修　（清）楊重雅纂　清同治十一年
(1872)興賢書院刻本　十冊

420000 – 2341 – 0000610　0948

[同治]安仁縣志三十六卷首一卷末一卷
（清）朱潼修　（清）徐彥楠　（清）劉兆傑纂
清同治十一年(1872)刻本　八冊　缺五卷
(二十七至三十、首一卷)

420000 – 2341 – 0000611　0949

[道光]萬年縣志二十二卷首一卷末一卷
（清）周履祥　（清）張宗裕纂修　清道光七年
(1827)刻本　八冊　缺五卷(十一至十二、十
七至十九)

420000 – 2341 – 0000612　0950

[同治]袁州府志十卷首一卷　（清）駱敏
（清）黃恩浩修　（清）蕭玉銓纂　清同治十三
年(1874)刻本　二十冊

420000 – 2341 – 0000613　0951

[同治]萬載縣志三十卷首一卷　（清）金第
（清）杜紹斌纂修　清同治十一年(1872)刻本
十二冊

420000－2341－0000614　0952

[同治]瑞州府志二十四卷首一卷　（清）黃廷金修　（清）蕭浚蘭　（清）熊松之纂　清同治十二年(1873)刻本　十四冊

420000－2341－0000615　0953

[同治]高安縣志二十八卷首一卷　（清）孫家鐸修　（清）熊松之纂　清同治十年(1871)刻本　二十冊

420000－2341－0000616　0954

[同治]重修上高縣志十四卷首一卷末一卷　（清）馮蘭森修　（清）陳卿雲纂　清同治九年(1870)刻本　十四冊

420000－2341－0000617　0956

[同治]臨江府志三十二卷首一卷　（清）德馨　（清）鮑孝光修　（清）朱孫詒　（清）陳錫麟纂　清同治十年(1871)刻本　六冊

420000－2341－0000618　0957

[同治]清江縣志十卷首一卷　（清）潘懿　（清）胡湛修　（清）朱孫詒纂　清同治九年(1870)刻本　十冊

420000－2341－0000619　0958

[同治]新喻縣志十六卷首一卷　（清）文聚奎　（清）祥安修　（清）吳增達纂　清同治十二年(1873)瀛洲書院刻本　十二冊

420000－2341－0000620　0959

[同治]安義縣志十六卷首一卷末一卷　（清）杜林修　（清）彭斗山　（清）熊寶善纂　清同治十年(1871)木活字印本　八冊

420000－2341－0000621　0960

[同治]奉新縣志十六卷首一卷末一卷　（清）呂懋先修　（清）帥方蔚纂　清同治十年(1871)刻本　四冊　缺五卷(一至四、首一卷)

420000－2341－0000622　0961

[同治]豐城縣志二十八卷首一卷　（清）王家傑修　（清）周文鳳　（清）李庚纂　清同治十二年(1873)刻本　五冊　存七卷(二十二至二十八)

420000－2341－0000623　0962

[光緒]撫州府志八十六卷首一卷　（清）許應鑅　（清）朱澄瀾修　（清）謝煌纂　清光緒二年(1876)刻本　三十四冊

420000－2341－0000624　0963

[同治]臨川縣志五十四卷首一卷末一卷　（清）童範儼修　（清）陳慶齡纂　清同治九年(1870)刻本　十四冊　存二十七卷(一至十六、二十二至三十二)

420000－2341－0000625　0964

[道光]金谿縣志三十六卷首一卷末一卷　（清）吳炳權修　（清）鄧應臺纂　清道光二十八年(1848)刻本　十三冊　存二十八卷(一至二、八至三十三)

420000－2341－0000626　0965

[同治]金谿縣志三十六卷首一卷末一卷　（清）程芳修　（清）鄭浴脩纂　清同治九年(1870)刻本　十六冊

420000－2341－0000627　0966

[同治]宜黃縣志五十卷首一卷　（清）張興言修　（清）謝煌纂　清同治十年(1871)刻本　二十四冊

420000－2341－0000628　0967

[同治]樂安縣志十一卷首一卷　（清）朱奎章修　（清）胡芳杏纂　清同治十年(1871)刻本　六冊　缺五卷(四至六、十至十一)

420000－2341－0000629　0969

[同治]東鄉縣志十六卷首一卷末一卷　（清）李士棻　（清）王維新修　（清）胡業恒纂　清同治八年(1869)刻本　九冊

420000－2341－0000630　0970

[同治]建昌府志十卷首一卷　（清）邵子彝修　（清）魯琪光纂　清同治十一年(1872)刻本　十六冊

420000－2341－0000631　0971

[同治]南豐縣志四十六卷首一卷末一卷　（清）柏春修　（清）魯琪光纂　清同治十年(1871)刻本　十一冊　缺十四卷(二十至二

十五、四十至四十六,末一卷)

420000－2341－0000632　0973

[同治]進賢縣志二十五卷首一卷　（清）江璧修　（清）胡景辰纂　清同治十年(1871)刻本　十六冊

420000－2341－0000633　0974

[乾隆]吉安府志七十四卷首一卷　（清）盧崧修　（清）朱承煦　（清）林有席纂　清乾隆四十一年(1776)刻本　四十冊

420000－2341－0000634　0975

[光緒]吉安府志五十三卷首一卷　（清）定祥　（清）特克紳布修　（清）劉繹　（清）周立瀛纂　清光緒二年(1876)刻本　四十冊

420000－2341－0000635　0976

[康熙]廬陵縣志二十六卷首一卷　（清）濮應台　（清）陸在新修　（清）彭殿元　（清）趙縱纂　清康熙二十八年(1689)刻本　十二冊

420000－2341－0000636　0977

[同治]廬陵縣志五十六卷首一卷附補編一卷　（清）陳汝禎修　（清）匡汝諧纂　清同治十二年(1873)刻本　三十二冊

420000－2341－0000637　0978

[同治]泰和縣志三十卷首一卷　（清）宋瑛修　（清）彭啟瑞纂　清光緒四年(1878)周之鏞刻本　十六冊

420000－2341－0000638　0979

[光緒]吉水縣志六十六卷首一卷　（清）彭際盛修　（清）胡宗元纂　清光緒元年(1875)刻本　二十二冊

420000－2341－0000639　0980

[同治]安福縣志十八卷首一卷末一卷　（清）姚濬昌修　（清）周立瀛　（清）趙廷愷纂　清同治十一年(1872)刻本　十二冊

420000－2341－0000640　0981

[同治]萬安縣志二十卷首一卷末一卷　（清）歐陽駿修　（清）周之鏞纂　清光緒三年(1877)刻本　十冊

420000－2341－0000641　0983

[同治]永新縣志二十六卷首一卷　（清）蕭玉春　（清）陳恩浩修　（清）李煒　（清）段夢龍纂　清同治十三年(1874)刻本　十冊　缺六卷(一至六)

420000－2341－0000642　0984

[同治]新淦縣志十卷首一卷　（清）王肇賜修　（清）陳錫麟纂　清同治十二年(1873)木活字印本　十六冊

420000－2341－0000643　0985

[同治]峽江縣志十卷首一卷　（清）暴大儒修　（清）廖其觀纂　清同治十年(1871)刻本　八冊

420000－2341－0000644　0986

[道光]贛州府志七十八卷首一卷　（清）李本仁修　（清）陳觀西纂　清道光二十八年(1848)刻本　三十二冊

420000－2341－0000645　0987

[同治]贛州府志七十八卷首一卷　（清）魏瀛修　（清）魯琪光　（清）鍾音鴻纂　清同治十二年(1873)刻本　二十六冊

420000－2341－0000646　0988

[同治]贛縣志五十四卷首一卷　（清）黃德溥　（清）崔國榜修　（清）褚景昕纂　清同治十一年(1872)刻本　二十冊

420000－2341－0000647　0989

[同治]雩都縣志十六卷首一卷　（清）顏壽芝　（清）王穎修　（清）何戴仁　（清）洪霖纂　清同治十三年(1874)刻本　十二冊

420000－2341－0000648　0991

[同治]安遠縣志十卷首一卷　（清）黃瑞圖修　（清）歐陽鐸纂　清同治十一年(1872)刻本　八冊

420000－2341－0000649　0993

[道光]龍南縣志八卷首一卷　（清）王所舉　（清）石家紹修　（清）徐思諫纂　清道光六年(1826)刻本　十六冊

420000－2341－0000650　0994

[同治]南安府志三十二卷首一卷　（清）黃鳴珂修　（清）石景芬　（清）徐福炘纂　清同治七年(1868)刻本　十六冊

420000－2341－0000651　0995

[光緒]南安府志補正十二卷首一卷　（清）楊錞纂修　清光緒元年(1875)刻本　六冊

420000－2341－0000652　0996

[同治]南康縣志十四卷首一卷　（清）沈恩華修　（清）盧鼎峋纂　清同治十一年(1872)刻本　十二冊

420000－2341－0000653　0998

[道光]重纂福建通志二百七十八卷首七卷　（清）孫爾準修　（清）陳壽祺纂　（清）程祖洛續修　（清）魏敬中續纂　清同治十年(1871)正誼書院刻本　一百六十冊

420000－2341－0000654　0999

[萬曆]閩都記三十三卷　（明）王應山纂　清道光十一年(1831)求放心齋刻本　六冊

420000－2341－0000655　1000

[乾隆]福州府志七十六卷首一卷　（清）徐景熹修　（清）魯曾煜　（清）施廷樞纂　清乾隆十九年(1754)刻本　六十四冊

420000－2341－0000656　1002

[道光]廈門志十六卷　（清）周凱纂修　清道光十九年(1839)玉屏書院刻本　十二冊

420000－2341－0000657　1008

[嘉慶]南平縣志三十八卷首三卷末一卷　（清）楊桂森修　（清）應丹詔纂　清同治十一年(1872)潘文鳳、徐敘模刻本　二十四冊

420000－2341－0000658　1009

[光緒]重纂光澤縣志三十卷首一卷　（清）盛朝輔修　（清）李麟瑞　（清）鈕承藩續修　（清）何秋淵續纂　清光緒二十三年(1897)增刻道光本　八冊

420000－2341－0000659　1013

[弘治]大明興化府志五十四卷　（明）陳效修　（清）周瑛　（清）黃仲昭纂　清同治十年(1871)林慶貽刻本　二十四冊

420000－2341－0000660　1015

[乾隆]僊遊縣志五十三卷首一卷　（清）胡啟植　（清）王椿修　（清）葉和侃纂　清乾隆三十五年(1770)刻本　十六冊　缺六卷(一至五、首一卷)

420000－2341－0000661　1017

[乾隆]福清縣志二十卷圖一卷　（清）饒安鼎修　（清）林昂　（明）李修卿纂　清光緒二十四年(1898)劉玉璋刻本　十二冊

420000－2341－0000662　1022

[光緒]漳州府志五十卷首一卷　（清）李維鈺修　（清）沈定均續修　（清）吳聯薰增纂　清光緒三年(1877)芝山書院刻本　三十二冊

420000－2341－0000663　1025

[乾隆]汀州府志四十五卷首一卷　（清）曾日瑛修　（清）李紱纂　清乾隆十七年(1752)刻本　二十冊

420000－2341－0000664　1027

[光緒]長汀縣志三十三卷首一卷末一卷　（清）王壂修　（清）謝昌霖續修　（清）劉國光續纂　清光緒五年(1879)刻本　十三冊

420000－2341－0000665　1029

[乾隆]延平府志四十六卷首一卷　（清）傅爾泰修　（清）陶元藻纂　清乾隆三十年(1765)刻本　一冊　存四卷(一至四)

420000－2341－0000666　1030

[康熙]寧化縣志七卷　（清）祝文郁修　（清）李世熊纂　清同治八年(1869)蔣澤沅刻本　八冊

420000－2341－0000667　1033

[乾隆]重修福建臺灣府志二十卷首一卷　（清）劉良璧纂修　清乾隆七年(1742)刻本　十二冊

420000－2341－0000668　1034

[乾隆]續修臺灣府志二十六卷首一卷　（清）

余文儀修　（清）黃佾纂　清乾隆三十九年(1774)刻本　十四冊

420000－2341－0000669　1035

[同治]淡水廳志十六卷　（清）陳培桂纂修　清同治十年(1871)刻本　八冊

420000－2341－0000670　1037

[雍正]河南通志八十卷　（清）田文鏡修　（清）孫灝纂　清道光六年(1826)刻本　三十七冊　缺七卷(五至八、二十七至二十九)

420000－2341－0000671　1040

[乾隆]鄭州志十二卷首一卷　（清）張鉞修　（清）毛如詵纂　清乾隆十三年(1748)刻本　六冊

420000－2341－0000672　1041

[乾隆]滎陽縣志十二卷　（清）李煦修　（清）李清纂　清乾隆十二年(1747)刻本　四冊

420000－2341－0000673　1042

[乾隆]滎澤縣志十四卷圖一卷　（清）崔淇修　（清）王博　（清）李維嶠纂　清乾隆十三年(1748)刻本　六冊

420000－2341－0000674　1043

[乾隆]祥符縣志二十二卷　（清）張淑載修　（清）魯曾煜纂　清乾隆四年(1739)刻本　十二冊

420000－2341－0000675　1044

[乾隆]杞縣志二十四卷　（清）周璣修　（清）朱璿纂　清乾隆五十三年(1788)刻本　十二冊

420000－2341－0000676　1045

[道光]尉氏縣志二十卷首一卷　（清）劉厚滋　（清）沈湉修　（清）王觀潮纂　清道光十一年(1831)刻本　八冊

420000－2341－0000677　1046

[嘉慶]洧川縣志八卷首一卷　（清）何文明修　（清）李紳纂　清嘉慶二十三年(1818)刻本　四冊

420000－2341－0000678　1047

[乾隆]新鄭縣志三十一卷首一卷　（清）黃本誠纂修　清乾隆四十一年(1776)刻本　十二冊

420000－2341－0000679　1048

[乾隆]登封縣志三十二卷　（清）陸繼萼修　（清）洪亮吉纂　清乾隆五十二年(1787)刻本　十四冊

420000－2341－0000680　1049

[乾隆]通許縣志十卷　（清）阮龍光修　（清）邵自祐纂　清乾隆三十五年(1770)刻本　十二冊

420000－2341－0000681　1050

[同治]中牟縣志十二卷首一卷末一卷　（清）吳若烺修　（清）焦子蕃纂　清同治九年(1870)刻本　六冊

420000－2341－0000682　1052

[嘉慶]密縣志十六卷首一卷　（清）景綸修　（清）謝增纂　清嘉慶二十二年(1817)刻本　四冊

420000－2341－0000683　1053

[嘉靖]鞏縣志二十卷首一卷　（清）李述武修　（清）張紫峴纂　清乾隆五十四年(1789)刻本　六冊

420000－2341－0000684　1054

[乾隆]汲縣志十四卷首一卷末一卷　（清）徐汝瓚修　（清）杜崐纂　清乾隆二十年(1755)刻本　十二冊

420000－2341－0000685　1056

[乾隆]獲嘉縣志十六卷首一卷　（清）吳喬齡修　（清）李棟纂　清乾隆二十一年(1756)刻本　六冊

420000－2341－0000686　1057

[乾隆]溫縣志十二卷首一卷　（清）王其華修　（清）苗于京纂　清乾隆二十四年(1759)刻本　四冊

420000－2341－0000687　1058

[乾隆]濟源縣志十六卷首一卷末一卷 （清）蕭應植修 （清）沈榪莊纂 清乾隆二十六年(1761)刻本 六冊

420000－2341－0000688 1059

[嘉慶]續濟源縣志十二卷 （清）何荇芳修 （清）劉大觀纂 清嘉慶十八年(1813)刻本 四冊

420000－2341－0000689 1060

[道光]輝縣志二十卷首一卷末一卷 （清）周際華修 （清）戴銘纂 清光緒十四年(1888)郭藻刻二十一年(1895)易釗補刻本 八冊

420000－2341－0000690 1061

[乾隆]原武縣志十卷 （清）吳文炘修 （清）何遠纂 清乾隆十二年(1747)刻本 五冊

420000－2341－0000691 1062

[乾隆]陽武縣志十二卷 （清）談諟曾修 （清）楊仲震纂 清乾隆十年(1745)刻本 六冊

420000－2341－0000692 1063

[道光]武陟縣志三十六卷 （清）王榮陛修 （清）方履籛纂 清道光九年(1829)刻本 八冊

420000－2341－0000693 1064

[乾隆]孟縣志十卷 （清）仇汝瑚修 （清）馮敏昌纂 清乾隆五十五年(1790)刻本 十冊

420000－2341－0000694 1065

[乾隆]新修懷慶府志三十二卷首一卷圖經一卷 （清）唐侍陛 （清）杜琮修 （清）洪亮吉纂 清乾隆五十四年(1789)刻本 十六冊

420000－2341－0000695 1066

[道光]河內縣志三十六卷 （清）袁通修 （清）方履籛 （清）吳育纂 清道光五年(1825)刻本 二十冊

420000－2341－0000696 1067

[道光]修武縣志十二卷首一卷 （清）馮繼照修 （清）金皋 （清）袁俊纂 清道光十九年(1839)刻本 十冊

420000－2341－0000697 1068

[乾隆]彰德府志三十二卷首一卷 （清）盧崧修 （清）江大鍵 （清）程煥纂 清乾隆五十二年(1787)刻本 二十四冊

420000－2341－0000698 1069

[嘉慶]安陽縣志二十八卷首一卷 （清）貴泰修 （清）武穆淳纂 清嘉慶二十四年(1819)刻本 十冊

420000－2341－0000699 1070

[宣統]濮州志八卷 （清）高士英修 （清）榮相鼎纂 清宣統元年(1909)刻本 八冊

420000－2341－0000700 1072

[同治]滑縣志十二卷 （清）姚錕修 （清）徐光第纂 清同治六年(1867)刻本 八冊

420000－2341－0000701 1073

[嘉慶]濬縣志二十二卷首一卷末一卷 （清）熊象階修 （清）武穆淳纂 清嘉慶七年(1802)刻本 六冊

420000－2341－0000702 1074

[乾隆]內黃縣志十八卷首一卷 （清）李湞修 （清）黃之徵纂 清乾隆四年(1739)刻本 六冊

420000－2341－0000703 1075

[光緒]內黃縣志十九卷首一卷 （清）董慶恩 （清）裘獻功修 （清）陳熙春纂 清光緒十八年(1892)刻本 八冊

420000－2341－0000704 1076

[乾隆]湯陰縣志十卷 （清）楊世達纂修 清乾隆三年(1738)刻本 六冊

420000－2341－0000705 1077

[乾隆]林縣志十卷首一卷末一卷 （清）楊潮觀纂修 清乾隆十七年(1752)黃華書院刻本 四冊

420000－2341－0000706 1079

[乾隆]歸德府志三十六卷首一卷 （清）陳錫

輅　（清）永泰修　（清）查岐昌纂　清乾隆十九年(1754)刻本　五冊

420000 – 2341 – 0000707　1080

[康熙]商丘縣志二十卷首一卷　（清）劉德昌修　（清）葉澐纂　清光緒十一年(1885)刻本　六冊

420000 – 2341 – 0000708　1081

[乾隆]柘城縣志十八卷首一卷　（清）李志魯纂修　清乾隆三十八年(1773)刻本　八冊

420000 – 2341 – 0000709　1082

[光緒]續修睢州志十二卷首一卷　（清）王枚修　（清）徐紹廉纂　清光緒十八年(1892)刻本　十二冊

420000 – 2341 – 0000710　1083

[宣統]寧陵縣志十二卷首一卷末一卷　（清）蕭濟南修　（清）呂敬直纂　清宣統三年(1911)刻本　八冊

420000 – 2341 – 0000711　1084

[乾隆]商水縣志十卷首一卷　（清）張崇樸修　（清）郭熙纂　清乾隆四十八年(1783)牛問仁刻本　八冊

420000 – 2341 – 0000712　1085

[道光]扶溝縣志十三卷　（清）王德瑛纂修　清道光十三年(1833)刻本　四冊

420000 – 2341 – 0000713　1086

[光緒]扶溝縣志十六卷　（清）熊燦修　（清）張文楷纂　清光緒十九年(1893)大程書院刻本　十二冊

420000 – 2341 – 0000714　1087

[乾隆]鹿邑縣志十二卷首一卷　（清）許葵纂修　清乾隆十八年(1753)真源書院刻本　四冊

420000 – 2341 – 0000715　1088

[光緒]鹿邑縣志十六卷首一卷　（清）于滄瀾　（清）馬家彥修　（清）蔣師轍纂　清光緒二十二年(1896)刻本　六冊

420000 – 2341 – 0000716　1089

[乾隆]陳州府志三十卷首一卷　（清）崔應階修　（清）姚之琅纂　清乾隆十一年(1746)刻本　二十冊

420000 – 2341 – 0000717　1090

[道光]淮寧縣志二十七卷　（清）永銘修（清）趙任之　（清）吳純夫纂　清道光六年(1826)刻本　十二冊

420000 – 2341 – 0000718　1092

[乾隆]沈邱縣志十二卷　（清）何源洙修（清）魯之璠纂　清乾隆十一年(1746)刻本四冊

420000 – 2341 – 0000719　1093

[乾隆]西華縣志十四卷首一卷　（清）宋恂修（清）于大猷纂　清乾隆十九年(1754)刻本六冊

420000 – 2341 – 0000720　1094

[道光]太康縣志八卷　（清）戴鳳翔修（清）高崧　（清）江練纂　清道光八年(1828)刻本　八冊

420000 – 2341 – 0000721　1095

[乾隆]項城縣志十卷首一卷　（清）韓儀修（清）張延福纂　清乾隆十一年(1746)刻本六冊

420000 – 2341 – 0000722　1096

[道光]許州志十六卷首一卷　（清）蕭元吉修（清）李堯觀纂　清道光十八年(1838)刻本十冊

420000 – 2341 – 0000723　1097

[道光]鄢陵縣志十八卷　（清）何鄂聯修（清）洪符孫纂　清道光十三年(1833)刻本八冊

420000 – 2341 – 0000724　1098

[乾隆]郾城縣志十八卷　（清）傅豫纂修　清乾隆十九年(1754)刻本　五冊　缺一卷(七)

420000 – 2341 – 0000725　1099

[乾隆]襄城縣志十卷首一卷　（清）汪運正纂修　清乾隆十一年(1746)刻本　十冊

420000－2341－0000726　1100

[同治]郟縣志十二卷　(清)姜篪修　(清)張熙瑞續修　(清)郭景泰續纂　清同治四年(1865)刻本　八冊

420000－2341－0000727　1101

[乾隆]長葛縣志十卷　(清)阮景咸修　(清)李秀生纂　清乾隆十二年(1747)刻本　八冊

420000－2341－0000728　1104

[道光]舞陽縣志十二卷　(清)王德瑛纂修　清道光十五年(1835)刻本　四冊

420000－2341－0000729　1105

[乾隆]葉縣志八卷　(清)石其灝修　(清)程沐纂　清乾隆十一年(1746)刻本　六冊

420000－2341－0000730　1106

[同治]葉縣志十卷首一卷　(清)歐陽霖(清)張佩訓修　(清)倉景恬　(清)胡廷楨纂　清光緒二十二年(1896)刻本　八冊

420000－2341－0000731　1107

[道光]寶豐縣志十六卷首一卷　(清)李彷梧修　(清)耿興宗　(清)鮑桂徵纂　清道光十七年(1837)刻本　八冊

420000－2341－0000732　1108

[同治]禹州志二十六卷增續二卷　(清)朱煒修　(清)姚椿纂　(清)宮國勳增修　(清)楊景純　(清)趙甲祥增纂　清同治九年(1870)刻本　十二冊

420000－2341－0000733　1109

[乾隆]確山縣志四卷　(清)周之瑚修　(清)嚴克嶧纂　清乾隆十一年(1746)刻本　四冊

420000－2341－0000734　1112

[嘉慶]汝寧府志三十卷首一卷　(清)德昌修　(清)王增纂　清嘉慶元年(1796)刻本　二十四冊

420000－2341－0000735　1114

[乾隆]新蔡縣志十卷　(清)莫璽章修

(清)王增纂　清乾隆六十年(1795)刻本　四冊

420000－2341－0000736　1115

[道光]泌陽縣志十二卷首一卷　(清)倪明進修　(清)栗郅纂　清道光八年(1828)刻本　六冊

420000－2341－0000737　1116

[乾隆]遂平縣志十六卷首一卷　(清)金忠濟修　(清)祝暘　(清)魏弘謨纂　清乾隆二十四年(1759)刻本　四冊

420000－2341－0000738　1117

[嘉慶]正陽縣志十卷　(清)彭良弼修　(清)呂元灝纂　(清)楊德容補修　(清)賀祥補纂　清嘉慶元年(1796)刻本　四冊

420000－2341－0000739　1118

[乾隆]信陽州志十二卷首一卷　(清)張鉞修　(清)萬侯纂　清乾隆十四年(1749)刻本　八冊

420000－2341－0000740　1120

[嘉慶]息縣志八卷首一卷　(清)劉光輝修　(清)任鎮及纂　清嘉慶四年(1799)刻本　八冊

420000－2341－0000741　1121

[乾隆]重修固始縣志二十六卷首一卷　(清)謝聘修　(清)洪亮吉纂　清乾隆五十一年(1786)刻本　十六冊

420000－2341－0000742　1122

[乾隆]光州志六十八卷　(清)高兆煌纂修　清乾隆三十五年(1770)刻本　七冊　存十九卷(一至十九)

420000－2341－0000743　1123

[光緒]光州志十二卷首一卷　(清)楊修田修　(清)馬佩玖纂　清光緒十三年(1887)刻本　十八冊

420000－2341－0000744　1124

[嘉慶]商城縣志十四卷首一卷末一卷　(清)武開吉修　(清)周之驛纂　清嘉慶八年

(1803)刻本　十二冊

420000－2341－0000745　1125

[嘉慶]南陽府志六卷圖一卷　（清）孔傳金纂
修　清嘉慶十二年(1807)刻本　十二冊

420000－2341－0000746　1126

[光緒]南陽縣志十二卷首一卷　（清）潘守廉
修　（清）張嘉謀　（清）張鳳岡纂　清光緒三
十年(1904)刻本　八冊

420000－2341－0000747　1127

[乾隆]裕州志六卷　（清）董學禮纂修
（清）宋名立續修　清乾隆五年(1740)刻本
四冊

420000－2341－0000748　1128

[乾隆]新野縣志九卷首一卷　（清）徐金位纂
修　清乾隆十九年(1754)刻本　四冊

420000－2341－0000749　1129

[乾隆]鄧州志二十四卷首一卷末一卷　（清）
蔣光祖修　（清）姚之琅纂　清乾隆二十年
(1755)刻本　六冊

420000－2341－0000750　1130

[咸豐]淅川廳志四卷　（清）徐光第纂修　清
咸豐十一年(1861)刻本　八冊

420000－2341－0000751　1131

[乾隆]南召縣志四卷　（清）陳之焜纂修　清
乾隆十一年(1746)刻本　四冊

420000－2341－0000752　1132

[乾隆]桐柏縣志八卷首一卷　（清）鞏敬緒修
（清）李南暉纂　清乾隆十八年(1753)刻本
四冊

420000－2341－0000753　1133

[乾隆]河南府志一百十六卷首四卷　（清）施
誠修　（清）童鈺　（清）裴希純纂　清乾隆四
十四年(1779)刻本　三十九冊　缺六卷(一
至四、八十七至八十八)

420000－2341－0000754　1136

[道光]汝州全志十卷首一卷　（清）白明義修
（清）趙林成纂　清道光二十年(1840)刻本

九冊　缺二卷(一、首一卷)

420000－2341－0000755　1137

[乾隆]嵩縣志三十卷首一卷　（清）康基淵纂
修　清乾隆三十二年(1767)刻本　四冊

420000－2341－0000756　1138

[道光]重修伊陽縣志六卷首一卷末一卷
（清）張道超修　（清）馬九功纂　清道光十八
年(1838)刻本　六冊

420000－2341－0000757　1139

[乾隆]重修靈寶縣志六卷　（清）周慶增修
（清）敖啟潛　（清）許宰纂　清乾隆十二年
(1747)刻本　六冊

420000－2341－0000758　1141

[光緒]閿鄉縣志十二卷首一卷末一卷　（清）
劉思恕　（清）汪鼎臣修　（清）王維國
（清）王守恭纂　清光緒二十年(1894)刻本
八冊

420000－2341－0000759　1142

[嘉慶]澠池縣志十六卷　（清）甘揚聲修
（清）劉文運纂　清嘉慶十五年(1810)刻本
八冊

420000－2341－0000760　1143

[乾隆]偃師縣志三十卷首一卷　（清）湯毓倬
修　（清）孫星衍　（清）武億纂　清乾隆五十
四年(1789)刻本　十六冊

420000－2341－0000761　1144

[光緒]重修盧氏縣志十八卷首一卷　（清）郭
光澍修　（清）李旭春纂　清光緒十八年
(1892)刻本　十冊

420000－2341－0000762　1145

[乾隆]重修直隸陝州志二十卷首一卷　（清）
龔崧林修　（清）楊建章纂　清乾隆二十一年
(1756)張學林刻本　八冊　缺十卷(三至六、
十二至十四、十六、十九至二十)

420000－2341－0000763　1146

[光緒]陝州直隸州續志十卷首一卷　（清）黃
璟修　（清）慶增　（清）李本穌纂　清光緒十

八年(1892)刻本　六冊

420000－2341－0000764　1147

[嘉慶]湖北通志一百卷首五卷　（清）吳熊光
　　（清）吳烜修　（清）陳詩　（清）張承寵纂
　　清嘉慶九年(1804)刻本　六十三冊　缺三
　　卷(三十六至三十八)

420000－2341－0000765　1152

[乾隆]湖北下荊南道志二十八卷　（清）魯之
　　裕　（清）靖道謨纂修　（清）陳廷桂補　清乾
　　隆五年(1740)刻嘉慶二十一年(1816)陳廷桂
　　補刻本　十二冊　缺七卷(十七至十九、二十
　　五至二十八)

420000－2341－0000766　1154

[乾隆]漢陽府志五十卷首一卷　（清）陶士僙
　　修　（清）劉湘煃纂　清乾隆十二年(1747)刻
　　本　五冊　缺二十六卷(一至十四、三十一至
　　三十七、四十七至五十,首一卷)

420000－2341－0000767　1157

[光緒]大冶縣志後編二卷　（清）陳黿纂　清
　　光緒二十三年(1897)刻本　一冊

420000－2341－0000768　1157

[光緒]大冶縣志續編七卷首一卷末一卷
　　（清）林佐修　（清）陳黿纂　清光緒十年
　　(1884)刻本　二冊

420000－2341－0000769　1157

[同治]大冶縣志十八卷首一卷　（清）胡復初
　　修　（清）黃昌杰纂　清同治六年(1867)刻本
　　九冊

420000－2341－0000770　1160

[光緒]孝感縣志二十四卷續補志一卷　（清）
　　朱希白修　（清）沈用增纂　清光緒八年
　　(1882)刻本　十二冊

420000－2341－0000771　1161

[同治]黃陂縣志十六卷附圖一張　（清）劉昌
　　緒修　（清）徐瀛纂　清同治十年(1871)刻本
　　十二冊

420000－2341－0000772　1162

[同治]漢川縣志二十二卷首一卷　（清）德廉
　　（清）袁鳴珂修　（清）林祥瑗纂　清同治十
　　二年(1873)刻本　十二冊

420000－2341－0000773　1163

[光緒]漢川圖記徵實六卷　（清）田宗漢纂修
　　清光緒二十一年(1895)刻本　六冊

420000－2341－0000774　1164

[道光]雲夢縣志略十二卷首一卷末一卷[光
緒]續雲夢縣志略十卷首一卷末一卷　（清）
　　呂錫麟修　（清）程懷璟纂　清道光二十年
　　(1840)刻本　十冊

420000－2341－0000775　1166

[同治]續輯漢陽縣志二十八卷　（清）黃式度
　　修　（清）王柏心纂　清同治七年(1868)刻本
　　二十冊

420000－2341－0000776　1167

[光緒]漢陽縣識十卷首一卷　（清）濮文昶修
　　（清）張行簡纂　清光緒十年(1884)景賢書
　　塾刻十五年(1889)補刻本　六冊

420000－2341－0000777　1167

同治漢陽縣志校不分卷　（清）許盛春　（清）
　　張行簡撰　清光緒十年(1884)刻本　一冊

420000－2341－0000778　1168

[光緒]應城志十四卷首一卷　（清）羅紳
　　（清）陳豪修　（清）王承禧纂　清光緒八年
　　(1882)蒲陽書院刻本　八冊

420000－2341－0000779　1169

鸚鵡洲小志四卷首一卷　（清）胡鳳丹纂　清
　　同治十三年(1874)退補齋刻本　二冊

420000－2341－0000780　1170

[光緒]德安府志二十卷首一卷補遺一卷
　　（清）廣音布修　（清）劉國光　（清）李春澤
　　纂　清光緒十四年(1888)刻本　二十冊

420000－2341－0000781　1171

[道光]安陸縣志四十卷首一卷　（清）蔣炯纂
　　修　（清）李廷錫增纂　清道光二十三年
　　(1843)刻本　十二冊

420000－2341－0000782　1173

[光緒]黃州府志四十卷首一卷　（清）英啓修
（清）鄧琛纂　清光緒十年(1884)刻本　三
十二冊

420000－2341－0000783　1174

[道光]黃岡縣志二十四卷首一卷　（清）俞昌
烈修　（清）謝葵　（清）劉秉忠纂　清道光二
十八年(1848)刻本　九冊　缺十三卷（二至
十四）

420000－2341－0000784　1175

[光緒]黃岡縣志二十四卷首一卷　（清）戴昌
言修　（清）劉恭冕纂　清光緒八年(1882)刻
本　二十四冊

420000－2341－0000785　1176

[光緒]麻城縣志四十卷首一卷末一卷　（清）
陸祐勤　（清）朱榮椿修　（清）余士珩纂　清
光緒八年(1882)刻本　二十二冊

420000－2341－0000786　1180

[光緒]羅田縣志八卷首一卷　（清）管貽葵修
（清）陳錦纂　清光緒二年(1876)刻本　十
六冊

420000－2341－0000787　1182

[光緒]蘄水縣志二十二卷首一卷末一卷
（清）多祺纂修　清光緒六年(1880)刻本　二
十二冊

420000－2341－0000788　1183

[咸豐]蘄州志二十六卷　（清）潘克溥纂修
清同治二年(1863)刻本　十二冊

420000－2341－0000789　1184

[光緒]蘄州志三十卷　（清）封蔚礽修
（清）陳廷揚纂　清光緒十年(1884)刻本　二
十冊

420000－2341－0000790　1185

[光緒]黃梅縣志四十卷首一卷　（清）覃瀚元
（清）袁璸修　（清）宛名昌　（清）余邦士
纂　清光緒二年(1876)刻本　十二冊

420000－2341－0000791　1186

[同治]廣濟縣志十六卷首一卷　（清）劉宗元
（清）朱榮實修　（清）劉燡纂　清同治十一
年(1872)活字印本　十二冊

420000－2341－0000792　1187

[同治]咸寧縣志十五卷首一卷　（清）陳怡修
（清）雷以誠纂　清同治五年(1866)刻本
八冊

420000－2341－0000793　1188

[光緒]續輯咸寧縣志八卷首一卷　（清）陳樹
楠　（清）諸可權修　（清）錢光奎　（清）余
益杞纂　清光緒八年(1882)刻本　八冊

420000－2341－0000794　1189

[光緒]興國州志三十六卷首一卷　（清）吳大
訓修　（清）陳光亨纂　（清）劉鳳綸　（清）
王鳳池續纂　清光緒十五年(1889)富川書院
刻本　十二冊

420000－2341－0000795　1190

[同治]通山縣志八卷首一卷　（清）羅登瀛
（清）胡昌銘修　（清）朱美燮　（清）樂純青
纂　清同治七年(1868)心田局木活字印本
八冊

420000－2341－0000796　1191

[同治]重修嘉魚縣志十二卷　（清）鍾傳益修
（清）俞焜纂　清同治五年(1866)刻本　十
二冊

420000－2341－0000797　1192

[同治]江夏縣志八卷首一卷　（清）王庭禎修
（清）彭崧毓纂　清同治八年(1869)刻本
九冊

420000－2341－0000798　1193

[乾隆]武昌縣志十卷首一卷　（清）邵遐齡修
（清）談有典纂　清乾隆二十八年(1763)刻
本　十九冊　缺三卷（四至六）

420000－2341－0000799　1194

[光緒]武昌縣志二十六卷首一卷末一卷
（清）鍾桐山修　（清）柯逢時纂　清光緒十一
年(1885)刻本　十冊

420000－2341－0000800　1195

[同治]崇陽縣志十二卷首一卷　（清）高佐廷修　（清）傅燮鼎纂　清同治五年(1866)木活字印本　十二冊

420000－2341－0000801　1196

[同治]蒲圻縣志八卷　（清）顧際熙纂修　清同治五年(1866)刻本　八冊

420000－2341－0000802　1198

[乾隆]荊州府志五十八卷首一卷　（清）葉仰高修　（清）施廷樞纂　清乾隆二十二年(1757)刻本　十九冊　缺三卷(五十四至五十六)

420000－2341－0000803　1199

[光緒]荊州府志八十卷首一卷　（清）倪文蔚（清）蔣銘勛修　（清）顧嘉蘅　（清）李廷鈺纂　清光緒六年(1880)刻本　三十二冊

420000－2341－0000804　1200

[乾隆]江陵縣志五十八卷首一卷　（清）崔龍見修　（清）魏耀（清）黃義尊纂　清乾隆五十九年(1794)刻本　二十冊　缺十卷(一至二、四、七、二十四、三十五、四十八、五十六至五十八)

420000－2341－0000805　1201

[光緒]續修江陵縣志六十五卷首一卷　（清）蒯正昌　（清）吳耀斗修　（清）胡九皋（清）劉長謙纂　清光緒三年(1877)賓興館刻本　二十四冊

420000－2341－0000806　1202

[嘉慶]荊門直隸州志三十六卷　（清）王樹勳修　（清）廖士琳纂　清嘉慶十四年(1809)刻本　十二冊

420000－2341－0000807　1203

[同治]荊門直隸州志十二卷首一卷　（清）恩榮修　（清）張圻纂　清同治七年(1868)明倫堂刻本　十六冊

420000－2341－0000808　1204

[乾隆]鍾祥縣志二十卷　（清）張琴修（清）杜光德纂　清乾隆六十年(1795)刻本　十冊

420000－2341－0000809　1205

[同治]鍾祥縣志二十卷補編二卷　（清）孫福海纂修　清同治六年(1867)刻本　十四冊

420000－2341－0000810　1206

[光緒]京山縣志二十三卷首一卷　（清）沈星標修　（清）曾憲德　（清）秦有鍠纂　清光緒八年(1882)刻本　十六冊

420000－2341－0000811　1207

[同治]監利縣志十二卷首一卷　（清）徐兆英（清）林瑞枝修　（清）王柏心纂　清同治十一年(1872)刻本　十冊

420000－2341－0000812　1208

[同治]石首縣志八卷　（清）朱榮實修（清）傅如筠纂　清同治五年(1866)刻本　十二冊

420000－2341－0000813　1209

[康熙]潛江縣志二十卷首一卷　（清）劉煥修（清）朱載震纂　清光緒五年(1879)傳經書院刻本　八冊

420000－2341－0000814　1210

[光緒]潛江縣志續二十卷首一卷　（清）史致謨修　（清）劉恭冕　（清）郭士元纂　清光緒五年(1879)傳經書院刻本　八冊

420000－2341－0000815　1212

[光緒]沔陽州志十二卷首一卷　（清）葛振元修　（清）楊鉅纂　清光緒二十年(1894)刻本　二十冊

420000－2341－0000816　1213

[同治]公安縣志八卷首一卷　（清）周承弼修（清）王慰纂　清同治十三年(1874)刻本　十冊

420000－2341－0000817　1214

[同治]松滋縣志十二卷首一卷　（清）呂縉雲（清）李勗修　（清）羅有文　（清）朱美燮纂　清同治八年(1869)刻本　十冊

420000－2341－0000818　1215

[同治]宜昌府志十六卷首一卷　（清）聶光鑾修　（清）王柏心　（清）雷春沼纂　清同治五年(1866)刻本　十六冊

420000－2341－0000819　1216

[同治]續修東湖縣志三十卷首一卷續補藝文一卷　（清）金大鏞修　（清）王柏心纂　清同治三年(1864)刻本　十冊

420000－2341－0000820　1219

[同治]遠安縣志八卷首一卷　（清）鄭燡林修　（清）周葆恩纂　清同治五年(1866)刻本　八冊

420000－2341－0000821　1220

[同治]當陽縣志十八卷首一卷末一卷　（清）阮恩光修　（清）王柏心纂　清同治五年(1866)刻本　十冊

420000－2341－0000822　1221

[同治]宜都縣志四卷首一卷末一卷　（清）崔培元　（清）朱甘霖修　（清）龔紹仁纂　清同治五年(1866)刻本　四冊

420000－2341－0000823　1222

[同治]枝江縣志二十卷首一卷　（清）查子庚修　（清）熊文瀾纂　清同治五年(1866)刻本　八冊

420000－2341－0000824　1223

[光緒]長樂縣志十六卷首一卷末一卷　（清）李煥春修　（清）龍兆霖增補　清光緒元年(1875)刻本　六冊　缺四卷(三至四、十六，末一卷)

420000－2341－0000825　1224

[同治]長陽縣志七卷首一卷　（清）陳惟模修　（清）譚大勳纂　清同治五年(1866)刻本　六冊

420000－2341－0000826　1225

[光緒]歸州志十卷首一卷　（清）沈雲駿修　（清）劉玉森纂　清光緒八年(1882)刻本　五冊

420000－2341－0000827　1226

[光緒]興山縣志二十二卷　（清）黃世崇纂修　清光緒十一年(1885)經心書院刻本　四冊

420000－2341－0000828　1227

[同治]增修施南府志三十卷首一卷　（清）松林　（清）周慶榕修　（清）何遠鑒　（清）廖彭齡纂　清同治十年(1871)刻本　十二冊　缺一卷(首一卷)

420000－2341－0000829　1229

[同治]恩施縣志十二卷首一卷　（清）多壽修　（清）羅凌漢纂　清同治七年(1868)朱三恪麟溪書院刻本　六冊

420000－2341－0000830　1230

[同治]建始縣志八卷首一卷　（清）熊啟詠纂修　清同治五年(1866)刻本　四冊

420000－2341－0000831　1231

[同治]巴東縣志十六卷首一卷　（清）廖恩樹修　（清）蕭佩聲纂　清光緒六年(1880)刻本　六冊

420000－2341－0000832　1232

[道光]鶴峯州志十四卷首一卷　（清）吉鍾穎修　（清）洪先燾纂　清道光二年(1822)刻本　四冊

420000－2341－0000833　1233

[同治]鶴峯州志續修十四卷首一卷　（清）徐澍楷修　（清）雷春沼纂　清光緒十一年(1885)刻本　四冊

420000－2341－0000834　1234

[光緒]鶴峯州志續修十四卷首一卷　（清）長庚　（清）厲祥官修　（清）陳鴻漸纂　清光緒十一年(1885)刻本　一冊

420000－2341－0000835　1235

[同治]來鳳縣志三十二卷首一卷末一卷　（清）李勗修　（清）何遠鑒　（清）張鈞纂　清同治五年(1866)刻本　八冊

420000－2341－0000836　1236

[同治]利川縣志稿十卷首一卷　（清）何惠馨修　（清）吳江纂　清同治四年(1865)刻本

六冊

420000－2341－0000837　1237

[同治]鄖陽志八卷首一卷　（清）吳葆儀修
（清）王嚴恭纂　清同治九年(1870)鄖山書院
刻本　十二冊

420000－2341－0000838　1238

[同治]鄖縣志十卷首一卷　（清）周瑞
（清）定熙修　（清）余瀅廷　（清）崔誥纂
清同治五年(1866)刻本　八冊

420000－2341－0000839　1239

[同治]房縣志十二卷首一卷　（清）楊延烈修
（清）郁方董　（清）劉元棟纂　清同治四年
(1865)刻本　六冊

420000－2341－0000840　1240

[同治]竹谿縣志十六卷首一卷　（清）陶壽嵩
修　（清）楊兆熊纂　清同治六年(1867)刻本
八冊

420000－2341－0000841　1241

[光緒]續輯均州志十六卷首一卷　（清）馬雲
龍修　（清）賈洪詔纂　清光緒十年(1884)均
州志局刻本　八冊

420000－2341－0000842　1242

[同治]竹山縣志二十九卷　（清）周士楨修
（清）黃子遂纂　清同治四年(1865)刻本
六冊

420000－2341－0000843　1243

[同治]鄖西縣志二十卷首一卷　（清）程光第
修　（清）葉年菜　（清）李登鰲纂　清同治五
年(1866)刻本　十二冊

420000－2341－0000844　1245

[乾隆]襄陽府志四十卷圖一卷　（清）陳鍔纂
修　清乾隆二十五年(1760)刻本　十六冊

420000－2341－0000845　1246

[光緒]襄陽府志二十六卷志餘一卷　（清）恩
聯修　（清）王萬芳纂　清光緒十一年(1885)
刻本　十六冊

420000－2341－0000846　1248

[光緒]襄陽四略二十五卷　吳慶燾纂修　清
光緒三十二年(1906)刻本　十冊

420000－2341－0000847　1250

[同治]隨州志三十二卷首一卷　（清）文齡
（清）孫文俊修　（清）史策先纂　清同治八年
(1869)刻本　十六冊

420000－2341－0000848　1251

[同治]南漳縣志集鈔二十六卷首一卷　（清）
沈兆元修　（清）胡正楷纂　（清）胡心悅增纂
清同治四年(1865)東鶴山堂刻本　八冊

420000－2341－0000849　1253

[同治]穀城縣志八卷　（清）承印修　（清）
蔣海澄　（清）黃定鏞纂　清同治六年(1867)
刻本　八冊

420000－2341－0000850　1254

[同治]棗陽縣志三十卷首一卷末一卷　（清）
張聲正修　（清）史策先纂　清同治四年
(1865)刻本　八冊

420000－2341－0000851　1256

[同治]宜城縣志十卷　（清）程啟安修
（清）張炳鐘　（清）魯裔曾纂　清同治五年
(1866)刻本　八冊

420000－2341－0000852　1257

[同治]保康縣志七卷首一卷　（清）林讓昆
（清）宋熙曾修　（清）楊世霖纂　清同治五年
(1866)刻本　二冊

420000－2341－0000853　1258

[光緒]光化縣志八卷首一卷　（清）鍾桐山修
（清）段映斗纂　清光緒十年(1884)刻本
八冊

420000－2341－0000854　1259

[乾隆]湖南通志一百七十四卷首一卷　（清）
陳宏謀修　（清）范咸　（清）歐陽正煥纂　清
乾隆二十二年(1757)刻本　八十冊

420000－2341－0000855　1260

[嘉慶]湖南通志二百十九卷首三卷末六卷
(清)巴哈布　（清）翁元圻修　（清）王煦

（清）黃本驥纂　清嘉慶二十五年(1820)刻本
六十九冊　缺四卷(二百七至二百十)

420000－2341－0000856　1261

[光緒]湖南通志二百八十八卷首八卷末十九卷　（清）卞寶第　（清）李瀚章修　（清）曾國荃　（清）郭嵩燾纂　清光緒十一年(1885)刻本　一百六十二冊

420000－2341－0000857　1262

[光緒]湖南全省掌故備考三十五卷　王先謙纂　清光緒十四年(1888)長沙刻本　十二冊

420000－2341－0000858　1263

[宣統]湖南鄉土地理教科書不分卷　（清）辜天佑編　清宣統二年(1910)石印本　五冊

420000－2341－0000859　1264

[宣統]湖南鄉土地理參考書不分卷　（清）辜天佑編　清宣統二年(1910)湖南機器印刷局鉛印本　五冊

420000－2341－0000860　1265

[乾隆]長沙府志五十卷首一卷　（清）呂肅高修　（清）張雄圖　（清）王文清纂　清乾隆十二年(1747)刻本　二十四冊　缺八卷(十九至二十六)

420000－2341－0000861　1266

[康熙]長沙縣志十卷　（清）王克莊修（清）朱奇政纂　清康熙四十二年(1703)刻本　十冊

420000－2341－0000862　1267

[嘉慶]長沙縣志二十八卷首一卷　（清）趙文在修　（清）陳光詔續修　（清）艾以清（清）熊授南續纂　清嘉慶二十二年(1817)刻本　十冊

420000－2341－0000863　1268

[同治]長沙縣志三十六卷首一卷　（清）劉采邦修　（清）張延珂　（清）袁繼翰纂　清同治十年(1871)刻本　二十冊

420000－2341－0000864　1269

[乾隆]善化縣志十二卷　（清）魏成漢修

（清）張汝潤　（清）劉大正纂　清乾隆十二年(1747)刻本　六冊　缺一卷(十)

420000－2341－0000865　1270

[嘉慶]善化縣志三十卷首一卷末一卷　（清）王勛修　（清）王餘英纂　清嘉慶二十三年(1818)刻本　十冊

420000－2341－0000866　1271

[光緒]善化縣志三十四卷首一卷　（清）吳兆熙　（清）冒沅修　（清）張先掄　（清）韓炳章纂　清光緒三年(1877)刻本　二十冊

420000－2341－0000867　1272

[乾隆]岳州府志二十四卷　（清）李遇時修（清）楊柱朝纂　（清）李壽瀚續修　（清）黃秀續纂　清乾隆元年(1736)刻本　十冊

420000－2341－0000868　1273

[嘉慶]巴陵縣志三十卷首一卷　（清）陳玉垣（清）莊繩武修　（清）唐伊盛　（清）龔立海纂　清嘉慶九年(1804)刻本　十六冊

420000－2341－0000869　1274

[同治]巴陵縣志三十卷首一卷　（清）嚴鳴琦（清）潘兆奎修　（清）吳敏樹　（清）方功渤纂　清同治十一年(1872)刻本　十冊

420000－2341－0000870　1276

[同治]臨湘縣志十三卷首一卷末一卷　（清）盛慶黻　（清）恩榮修　（清）熊興傑　（清）歐陽恩霖纂　清同治十一年(1872)刻本八冊

420000－2341－0000871　1277

[嘉慶]平江縣志二十四卷首一卷末一卷（清）陳增德修　（清）李如珪纂　清嘉慶二十一年(1816)刻本　十冊

420000－2341－0000872　1278

[同治]平江縣志五十五卷首二卷末一卷（清）張培仁　（清）麻維緒修　（清）李元度纂　清同治十三年(1874)刻本　十六冊

420000－2341－0000873　1279

[光緒]湘陰縣圖志三十四卷首一卷末一卷

（清）郭嵩燾纂修　清光緒六年(1880)縣志局刻本　十三冊

420000－2341－0000874　1281

[乾隆]湘潭縣志二十六卷首一卷　（清）白璟修　（清）狄如煥纂　清乾隆四十六年(1781)刻本　八冊

420000－2341－0000875　1282

[嘉慶]湘潭縣志四十卷　（清）張雲璈修（清）周系英纂　清嘉慶二十三年(1818)刻本　十八冊

420000－2341－0000876　1283

[光緒]湘潭縣志十二卷　（清）陳嘉榆修　王闓運纂　清光緒十五年(1889)刻本　十冊

420000－2341－0000877　1284

[嘉慶]瀏陽縣志四十卷首一卷　（清）謝希閔修　（清）王顯文纂　清嘉慶二十四年(1819)刻本　十二冊

420000－2341－0000878　1285

[同治]瀏陽縣志二十四卷　（清）王汝惺修（清）鄒煥杰纂　清同治十二年(1873)刻本十二冊

420000－2341－0000879　1286

[同治]醴陵縣志十四卷首一卷末一卷　（清）徐淦修　（清）江普光纂　清同治九年(1870)刻本　五冊　缺三卷(一至二、首一卷)

420000－2341－0000880　1288

[同治]攸縣志五十五卷首一卷　（清）趙勷（清）萬在衡修　（清）陳之驥纂　（清）王元凱續修　（清）嚴鳴琦續纂　清同治十年(1871)刻本　十一冊　缺十九卷(十七至三十五)

420000－2341－0000881　1289

[同治]茶陵州志二十四卷　（清）福昌修（清）譚鍾麟纂　清同治十年(1871)刻本八冊

420000－2341－0000882　1290

[同治]酃縣志二十卷首一卷　（清）唐榮邦修

（清）周作翰纂　清同治十二年(1873)刻本八冊

420000－2341－0000883　1291

[嘉慶]湘鄉縣志十卷首一卷　（清）翟聲煥修（清）朱祖恪纂　清嘉慶二十二年(1817)刻本　十冊

420000－2341－0000884　1292

[道光]湘鄉縣志十卷首一卷　（清）胡鈞（清）朱晉麟修　（清）張承靄纂　清道光五年(1825)刻本　十冊

420000－2341－0000885　1293

[同治]湘鄉縣志二十三卷首一卷末一卷（清）齊德五　（清）王述恩修　（清）黃楷盛纂　清同治十三年(1874)刻本　二十四冊

420000－2341－0000886　1294

[嘉慶]安仁縣志十四卷首一卷末一卷　（清）侯鈐修　（清）歐陽厚均纂　清嘉慶二十四年(1819)刻本　四冊　缺六卷(一至二、六至八,首一卷)

420000－2341－0000887　1295

永興鄉土志二卷　（清）劉朝焜修　（清）劉允嘉　（清）李培仙纂　清光緒三十二年(1906)刻本　一冊　存一卷(上)

420000－2341－0000888　1296

[嘉慶]桂東縣志二十卷首一卷　（清）林鳳儀（清）曾鈺修　（清）黃性時　（清）李克細纂　清咸豐九年(1859)章濂刻本　五冊　缺三卷(五至七)

420000－2341－0000889　1297

[同治]桂東縣志二十卷首一卷　（清）劉華邦修　（清）郭岐勳纂　清同治五年(1866)刻本八冊

420000－2341－0000890　1298

[乾隆]桂陽縣志十三卷　（清）凌魚　（清）黃文理修　（清）朱有斐　（清）李宗纂　清嘉慶七年(1802)吳乘時刻本　一冊　存一卷(十二)

420000－2341－0000891　1299

[同治]桂陽縣志二十二卷首一卷　（清）錢紹文　（清）孫光燮修　（清）朱炳元　（清）何俊纂　清同治六年(1867)刻本　九冊　缺三卷(八、十四、二十一上)

420000－2341－0000892　1300

[乾隆]湖南直隸桂陽州志二十八卷首一卷（清）張宏燧修　清乾隆三十年(1765)刻本　十三冊　缺一卷(首一卷)

420000－2341－0000893　1301

[同治]桂陽直隸州志二十七卷首一卷　（清）汪敳灝修　王闓運纂　清同治七年(1868)刻本　十三冊

420000－2341－0000894　1302

[道光]耒陽縣志二十二卷首一卷　（清）常慶　（清）陳翰修　（清）鄭優　（清）伍聲偁纂　清道光六年(1826)刻本　十六冊

420000－2341－0000895　1303

[光緒]耒陽縣志八卷首一卷　（清）李師濂　（清）於學琴修　（清）宋世煦纂　清光緒十一年(1885)刻本　十冊

420000－2341－0000896　1304

耒陽縣鄉土志二卷　（清）劉奎編　清光緒三十二年(1906)活字印本　二冊

420000－2341－0000897　1305

[乾隆]衡州府志三十三卷首一卷　（清）饒佺修　（清）曠敏本纂　清乾隆二十八年(1763)刻本　二十冊

420000－2341－0000898　1306

[乾隆]衡州府志三十三卷首一卷　（清）饒佺修　（清）曠敏本纂　清光緒元年(1875)刻本　二十冊

420000－2341－0000899　1307

[嘉慶]衡陽縣志四十卷首一卷　（清）閻肇烺修　（清）馬倚元纂　清嘉慶二十五年(1820)刻本　七冊　存十七卷(二十三至二十七、二十九至四十)

420000－2341－0000900　1308

[同治]衡陽縣志十二卷　（清）羅慶薌修　（清）彭玉麟纂　清同治十三年(1874)刻本　七冊

420000－2341－0000901　1309

[乾隆]清泉縣志三十六卷首一卷　（清）江恂修　（清）江昱纂　清乾隆二十八年(1763)刻本　十冊

420000－2341－0000902　1310

[同治]清泉縣志十卷首一卷末一卷　（清）王開運修　（清）張修府纂　清同治八年(1869)刻本　二冊

420000－2341－0000903　1313

[道光]衡山縣志五十五卷首一卷　（清）侯鈐　（清）張富業修　（清）張孝齡　（清）蕭鳳喜纂　清道光三年(1823)刻本　二十冊

420000－2341－0000904　1314

[光緒]衡山縣志四十五卷首一卷　（清）李惟丙　（清）勞銘勳修　（清）文嶽英　（清）胡伯第纂　清光緒元年(1875)刻本　二十四冊

420000－2341－0000905　1315

[同治]常寧縣志十六卷首一卷　（清）玉山修　（清）李孝經　（清）毛詩纂　清同治九年(1870)右文書局刻本　八冊

420000－2341－0000906　1316

[嘉慶]祁陽縣志二十四卷首一卷　（清）萬在衡修　（清）甘慶增纂　清嘉慶十七年(1812)刻本　十冊　缺二卷(一、首一卷)

420000－2341－0000907　1318

[道光]永州府志十八卷首一卷　（清）呂恩湛修　（清）宗績辰纂　清道光八年(1828)刻本　三十二冊

420000－2341－0000908　1320

[嘉慶]寧遠縣志十卷　（清）曾鈺纂修　清嘉慶十六年(1811)刻本　十二冊

420000－2341－0000909　1321

[光緒]寧遠縣志八卷　（清）張大煦修（清）歐陽澤闓纂　清光緒二年(1876)崇正書

院刻本　四冊

420000－2341－0000910　1323

[同治]江華縣志十二卷首一卷　（清）劉華邦修　（清）唐為煌纂　清同治九年(1870)刻本　六冊

420000－2341－0000911　1325

[嘉慶]道州志十二卷　（清）張元惠修（清）黃如穀纂　清嘉慶二十五年(1820)刻本　四冊　缺六卷(七至十二)

420000－2341－0000912　1326

[光緒]道州志十二卷首一卷　（清）李鏡蓉（清）盛賡修　（清）許清源　（清）洪廷揆纂　清光緒四年(1878)刻本　七冊　缺二卷(五至六)

420000－2341－0000913　1327

[光緒]東安縣志八卷　（清）黃心菊修（清）席寶田　（清）謝蘭階纂　清光緒元年(1875)刻本　四冊

420000－2341－0000914　1328

[道光]寶慶府志一百四十三卷首二卷末三卷　（清）黃宅中修　（清）鄧顯鶴纂　清道光二十九年(1849)刻本　七十七冊　缺四卷(一百九至一百十、一百三十五至一百三十六)

420000－2341－0000915　1330

[嘉慶]邵陽縣志四十九卷首一卷　（清）唐鳳德修　（清）黃崇光纂　清嘉慶二十五年(1820)刻本　十冊　存二十二卷(四至五、九、十一至十七、二十三至二十五、二十七至三十一、三十三至三十六)

420000－2341－0000916　1331

[光緒]邵陽縣志十卷　（清）諸垣修　（清）黃文琛纂　清光緒二年(1876)刻本　五冊　缺四卷(一至四)

420000－2341－0000917　1332

邵陽縣鄉土志四卷首一卷　（清）陳吳萃（清）上官廉修　姚炳奎纂　清光緒三十三年(1907)刻本　四冊

420000－2341－0000918　1333

[同治]武岡州志五十四卷首一卷　（清）黃維瓚　（清）潘清修　（清）鄧繹纂　清同治十二年(1873)刻本　二十一冊　缺一卷(首一卷)

420000－2341－0000919　1335

[道光]新化縣志三十四卷首一卷　（清）林聯桂纂修　清道光十二年(1832)刻本　十五冊　缺四卷(三至四、三十三至三十四)

420000－2341－0000920　1336

[同治]新化縣志三十五卷首一卷末一卷（清）甘啟運　（清）關培鈞修　（清）劉洪澤纂　清同治十一年(1872)刻本　十六冊

420000－2341－0000921　1337

[乾隆]辰州府志五十卷首一卷　（清）席紹葆修　（清）謝鳴謙　（清）謝鳴盛纂　清乾隆三十年(1765)刻本　二十冊

420000－2341－0000922　1338

[同治]黔陽縣志六十卷首一卷　（清）陳鴻作修　（清）楊大涌　（清）易燮堯纂　清同治十三年(1874)刻本　十二冊

420000－2341－0000923　1339

[同治]沅陵縣志五十卷首一卷　（清）守忠修　（清）許光曙纂　清同治十二年(1873)刻本　十二冊

420000－2341－0000924　1341

[同治]漵浦縣志二十四卷首一卷　（清）齊德五修　（清）舒其錦纂　清同治十二年(1873)刻本　八冊

420000－2341－0000925　1342

[光緒]靖州直隸州志十二卷首一卷末一卷（清）吳起鳳　（清）勞銘勳修　（清）唐際虞（清）李廷森纂　清光緒五年(1879)刻本　六冊

420000－2341－0000926　1343

靖州鄉土志四卷　金蓉鏡編　清光緒三十四年(1908)刻本　二冊

420000－2341－0000927　1344

[道光]晃州廳志四十四卷首一卷末一卷（清）俞克振修　（清）梅嶧纂　清道光五年

(1825)刻本　八冊　缺一卷(四十三)

420000－2341－0000928　1345

[同治]永順府志十二卷首一卷　(清)張天如纂修　(清)魏式曾增修　(清)郭鑑襄增纂　清同治十二年(1873)增刻乾隆本　十二冊

420000－2341－0000929　1346

[光緒]乾州廳志十六卷首一卷　(清)蔣琦溥修　(清)林書勳續修　(清)張先達續纂　清光緒三年(1877)刻本　八冊

420000－2341－0000930　1347

[道光]鳳凰廳志二十卷首一卷　(清)黃應培修　(清)孫均銓　(清)黃元復纂　清道光四年(1824)刻本　十一冊　缺二卷(一、首一卷)

420000－2341－0000931　1348

[同治]永綏直隸廳志六卷　(清)周玉衡修　(清)楊瑞珍纂　清同治七年(1868)刻本　六冊

420000－2341－0000932　1349

[宣統]永綏廳志三十卷首一卷　(清)董鴻勳纂修　清宣統元年(1909)鉛印本　十二冊

420000－2341－0000933　1350

[光緒]龍山縣志十六卷首一卷補刻一卷　(清)符爲霖修　(清)呂懋恒纂　(清)謝寶文續修　(清)劉沛續纂　清光緒四年(1878)刻本　六冊

420000－2341－0000934　1352

[嘉慶]常德府志四十八卷首一卷　(清)應先烈修　(清)陳楷禮纂　清嘉慶十八年(1813)刻本　二十二冊

420000－2341－0000935　1353

[同治]武陵縣志四十八卷　(清)惲世臨修　(清)孫翹澤修　(清)陳啟邁纂　清同治二年(1863)刻本　十四冊

420000－2341－0000936　1354

[光緒]重修龍陽縣志三十二卷首一卷　(清)黃教鎔　(清)黃文桐修　(清)陳保真

(清)彭日曉纂　清光緒元年(1875)刻本　十五冊

420000－2341－0000937　1354.1

[嘉慶]龍陽縣志八卷　(清)張在田修　(清)游鳳藻　(清)陳德沛纂　清嘉慶十八年(1813)刻本　七冊　缺一卷(二)

420000－2341－0000938　1355

[同治]直隸澧州志二十六卷首三卷　(清)何玉棻修　(清)魏式曾纂　清同治八年(1869)刻本　四十八冊

420000－2341－0000939　1356

[同治]安福縣志三十四卷首三卷　(清)姜大定修　(清)尹襲澍纂　清同治八年(1869)刻本　十冊　缺六卷(二十五至二十九、首一)

420000－2341－0000940　1357

[道光]桃源縣志二十卷首一卷　(清)譚震修　(清)方塈　(清)文運陞纂　清道光三年(1823)刻本　九冊　缺二卷(十至十一)

420000－2341－0000941　1358

[光緒]桃源縣志十七卷首一卷末一卷　(清)余良棟修　(清)劉鳳苞纂　清光緒十八年(1892)刻本　二十冊

420000－2341－0000942　1359

[嘉慶]重修慈利縣志八卷首一卷　(清)李約修　(清)皇甫如森纂　清嘉慶二十二年(1817)刻本　六冊　缺二卷(二、六)

420000－2341－0000943　1360

[光緒]慈利縣志十卷首一卷　(清)吳恭亨纂修　清光緒二十二年(1896)刻本　二冊

420000－2341－0000944　1362

[同治]石門縣志十四卷首一卷　(清)林葆元　(清)陳煊修　(清)申正颺纂　清同治七年(1868)刻本　十二冊

420000－2341－0000945　1363

[嘉慶]益陽縣志三十五卷首一卷末一卷　(清)方爲霖修　(清)符鴻纂　清嘉慶二十五年(1820)刻本　八冊

420000－2341－0000946　1364

[同治]益陽縣志二十五卷首一卷　（清）姚念楊修　（清）趙裴哲纂　清同治十三年(1874)刻本　十六冊

420000－2341－0000947　1365

[嘉慶]寧鄉縣志十二卷首一卷　（清）王餘英修　（清）袁名曜纂　清嘉慶二十一年(1816)刻本　十六冊

420000－2341－0000948　1366

[同治]續修寧鄉縣志四十四卷首一卷　（清）郭慶颺修　（清）童秀春纂　清同治六年(1867)刻本　十八冊

420000－2341－0000949　1367

[嘉慶]安化縣志二十卷首一卷　（清）周文重修　（清）雷聲　（清）陶澍纂　清嘉慶十六年(1811)刻本　十冊

420000－2341－0000950　1368

[同治]安化縣志三十四卷首五卷末一卷　（清）邱育泉修　（清）何才煥纂　清同治十年(1871)刻本　十一冊　存二十三卷(四至六、十至二十、二十五、二十七至三十一,首一、三至四)

420000－2341－0000951　1370

[道光]廣東通志三百三十四卷首一卷　（清）阮元修　（清）陳昌齊纂　清同治三年(1864)刻本　一百二十冊

420000－2341－0000952　1371

[乾隆]新修廣州府志六十卷首一卷　（清）金烈修　（清）張嗣衍　（清）沈廷芳纂　清乾隆二十四年(1759)刻本　三十冊　缺三卷(一至二、首一卷)

420000－2341－0000953　1372

[光緒]廣州府志一百六十三卷　（清）戴肇辰　（清）蘇佩訓修　（清）史澄　（清）李光廷纂　清光緒五年(1879)刻本　六十冊

420000－2341－0000954　1374

[嘉慶]增城縣志二十卷首一卷末一卷　（清）趙俊修　（清）李寶中　（清）黃應桂纂　清同

治十年(1871)刻本　十冊

420000－2341－0000955　1377

[同治]番禺縣志五十四卷首一卷附錄一卷　（清）李福泰修　（清）史澄　（清）何若瑤纂　清同治十年(1871)刻本　十六冊

420000－2341－0000956　1378

[道光]佛山忠義鄉志十四卷　（清）吳榮光纂　清道光十一年(1831)刻本　六冊

420000－2341－0000957　1379

[光緒]曲江縣志十六卷　（清）張希京修　（清）歐樾華　（清）馮翼之纂　清光緒元年(1875)刻本　五冊

420000－2341－0000958　1380

[同治]韶州府志四十卷　（清）額哲克修　（清）單興詩纂　清光緒二年(1876)刻本　十二冊　缺二十一卷(二十至四十)

420000－2341－0000959　1382

[道光]直隸南雄州志三十四卷首一卷　（清）余保純修　（清）黃其勤纂　（清）戴錫倫續纂修　清道光四年(1824)刻本　十六冊

420000－2341－0000960　1383

[同治]連州志十二卷　（清）袁泳錫　（清）覺羅祥瑞修　（清）單興詩纂　清同治九年(1870)刻本　六冊

420000－2341－0000961　1388

[乾隆]潮州府志四十二卷首一卷　（清）周碩勳纂修　清光緒十九年(1893)刻本　二十五冊

420000－2341－0000962　1389

[光緒]潮陽縣志二十二卷首一卷　（清）周恒重修　（清）張其翮等纂　清光緒十年(1884)刻本　十冊

420000－2341－0000963　1392

[道光]南海縣志四十四卷首一卷末一卷　（清）潘尚楫修　（清）鄧士憲纂　清同治八年(1869)刻本　二十二冊

420000－2341－0000964　1393

[宣統]南海縣志二十六卷末一卷　（清）張鳳喈修　（清）桂坫纂　清宣統三年(1911)刻本　十五冊

420000－2341－0000965　1394

[嘉慶]三水縣志十六卷首一卷　（清）李友榕　（清）汪雲任修　（清）鄧雲龍　（清）董思誠纂　清嘉慶二十四年(1819)刻本　八冊

420000－2341－0000966　1395

[咸豐]順德縣志三十二卷　（清）郭汝誠修　（清）馮奉初纂　清咸豐六年(1856)刻本　十六冊

420000－2341－0000967　1398

[乾隆]澳門記署二卷首一卷末一卷　（清）印光任　（清）張汝霖纂　清乾隆十六年(1751)刻本　二冊

420000－2341－0000968　1399

[道光]新會縣志十四卷首一卷　（清）林星章修　（清）黃培芳　（清）曾釗纂　清道光二十一年(1841)刻本　十四冊

420000－2341－0000969　1400

[光緒]高明縣志十六卷首一卷　（清）鄒兆麟　（清）蔡逢恩修　（清）梁廷棟　（清）區為樑纂　清光緒二十年(1894)刻本　六冊

420000－2341－0000970　1402

[光緒]新寧縣志二十六卷首一卷　（清）何福海　（清）鄭守昌修　（清）林國賡　（清）黃榮熙纂　清光緒十九年(1893)刻本　六冊

420000－2341－0000971　1403

[道光]瓊州府志四十四卷首一卷　（清）明誼修　（清）張岳崧纂　清道光二十一年(1841)刻本　二十六冊

420000－2341－0000972　1406

[咸豐]瓊山縣志三十卷首一卷　（清）李文烜修　（清）鄭文彩　（清）蔡藩纂　清咸豐七年(1857)刻本　十冊　缺二卷(十四、首一卷)

420000－2341－0000973　1413

[道光]陽江縣志八卷　（清）李澐修　（清）

區啟科纂　（清）李應均增補　（清）胡瑃續纂　清道光二年(1822)刻本　五冊

420000－2341－0000974　1414

[嘉慶]雷州府志二十卷首一卷　（清）雷學海修　（清）陳昌齊纂　清嘉慶十六年(1811)刻本　十冊

420000－2341－0000975　1415

[道光]肇慶府志二十二卷首一卷　（清）屠英修　（清）江藩纂　清光緒二年(1876)刻本　二十二冊

420000－2341－0000976　1417

[嘉慶]廣西通志二百七十九卷首一卷　（清）謝啟昆修　（清）胡虔纂　清嘉慶六年(1801)刻本　八十冊

420000－2341－0000977　1419

[光緒]廣西通志輯要十七卷首一卷　（清）蘇宗經輯　（清）羊復禮　（清）夏敬頤增輯　清光緒十六年(1890)刻本　十一冊

420000－2341－0000978　1425

[同治]象州志不分卷　（清）李世椿修　（清）鄭獻甫纂　清同治九年(1870)桂林鴻文堂刻本　二冊

420000－2341－0000979　1427

[嘉慶]臨桂縣志三十二卷　（清）蔡呈韶　（清）金毓奇修　（清）胡虔　（清）朱依真纂　清光緒六年(1880)刻本　十五冊

420000－2341－0000980　1429

[道光]西延軼志十卷首一卷附補遺一卷　（清）程慶齡修　（清）蔣崧　（清）唐元纂　清光緒二十六年(1900)西延理苗州署刻本　四冊　缺四卷(三至六)

420000－2341－0000981　1430

[嘉慶]全州志十二卷首一卷末一卷　（清）溫之誠修　（清）曹文深纂　清嘉慶四年(1799)刻本　十冊

420000－2341－0000982　1432

[乾隆]梧州府志二十四卷首一卷　（清）吳九

齡修　(清)史鳴皋纂　清同治十二年(1873)
刻本　七冊　存八卷(十二至十三、十六至二
十、二十四)

420000－2341－0000983　1433

[同治]蒼梧縣志十八卷首一卷　(清)蒯光焕
　(清)李百齡修　(清)羅勳　(清)嚴寅恭
纂　(清)黃玉柱續修　(清)王棟續纂　清同
治十三年(1874)刻本　十冊

420000－2341－0000984　1437

[光緒]鬱林州志二十卷首一卷　(清)馮德材
　(清)全文炳修　(清)文德馨　(清)牟懋
圻纂　清光緒二十年(1894)刻本　十冊

420000－2341－0000985　1438

[嘉慶]續修興業縣志十卷首一卷　(清)蘇勒
通阿修　(清)彭焜基　(清)龐錫綸纂　清嘉
慶抄本　八冊

420000－2341－0000986　1439

[同治]潯州府志三十八卷首一卷　(清)魏篤
修　(清)王俊臣纂　清同治十三年(1874)刻
本　二十冊

420000－2341－0000987　1440

[光緒]北流縣志二十四卷　(清)徐作梅修
(清)李世琨纂　清光緒六年(1880)刻本　十
二冊

420000－2341－0000988　1442

[光緒]歸順直隸州志六卷　(清)顏嗣徽纂修
　清光緒二十五年(1899)刻本　六冊

420000－2341－0000989　1444

[嘉慶]四川通志二百四卷首二十二卷　(清)
常明修　(清)楊芳燦　(清)譚光祜纂　清嘉
慶二十一年(1816)刻本　一百六十冊

420000－2341－0000990　1446

蜀典十二卷　(清)張澍纂　清光緒二年
(1876)尊經書院刻本　四冊

420000－2341－0000991　1447

[嘉慶]成都縣志六卷首一卷　(清)王泰雲修
　(清)衷以壎纂　(清)楊芳燦續纂　清嘉慶

二十一年(1816)刻本　六冊

420000－2341－0000992　1448

[同治]重修成都縣志十六卷首一卷　(清)李
玉宣修　(清)衷興鑑纂　清同治十二年
(1873)刻本　十六冊

420000－2341－0000993　1449

[光緒]雙流縣志四卷首一卷　(清)彭琬纂修
　清光緒三年(1877)刻本　八冊

420000－2341－0000994　1450

[光緒]雙流縣志二卷　(清)彭琬纂修　清光
緒二十年(1894)刻本　四冊

420000－2341－0000995　1451

華陽國志十二卷附校勘記　(晉)常璩撰　清
嘉慶十九年(1814)廖寅題襟館刻本　四冊

420000－2341－0000996　1452

[嘉慶]華陽縣志四十四卷首一卷　(清)吳鞏
　(清)董淳修　(清)潘時彤纂　清嘉慶二十
一年(1816)刻本　十六冊

420000－2341－0000997　1454

[嘉慶]金堂縣志九卷首一卷末一卷　(清)謝
惟傑修　(清)陳一津　(清)黃烈纂　清道光
二十四年(1844)楊得質刻本　八冊

420000－2341－0000998　1455

[同治]續金堂縣志八卷首一卷末一卷　(清)
王樹桐　(清)徐璞玉修　(清)米繪裳纂　清
同治六年(1867)刻本　二冊

420000－2341－0000999　1457

[道光]重慶府志九卷　(清)王夢庚修
(清)寇宗纂　清道光二十三年(1843)刻本
十二冊

420000－2341－0001000　1458

[同治]巴縣志四卷　(清)霍爲棻修　(清)
熊家彥纂　清同治六年(1867)刻本　六冊

420000－2341－0001001　1460

巴縣鄉土志二卷　(清)巴縣勸學所編　清光
緒三十三年(1907)鉛印本　一冊　存一卷
(上)

420000－2341－0001002　1461

[嘉慶]溫江縣志三十六卷首一卷　（清）李紹祖修　（清）徐文貫　（清）車酉纂　清嘉慶二十年(1815)刻本　六冊

420000－2341－0001003　1464

[乾隆]灌縣志十二卷首一卷　（清）孫天寧纂修　清乾隆五十一年(1786)刻本　六冊

420000－2341－0001004　1465

[光緒]增修灌縣志十四卷首一卷　（清）莊思恒修　（清）鄭珶山纂　清光緒十二年(1886)刻本　十冊

420000－2341－0001005　1467

[光緒]重修彭縣志十三卷首一卷末一卷附補遺一卷　（清）張龍甲修　（清）呂調陽纂　清光緒六年(1880)刻本　十冊

420000－2341－0001006　1468

[嘉慶]什邡縣志五十四卷　（清）紀大奎修　（清）林時春纂　清嘉慶十八年(1813)刻本　十六冊

420000－2341－0001007　1469

[同治]續增什邡縣志五十四卷　（清）傅華桂修　（清）王璽尊纂　清同治四年(1865)刻本　四冊

420000－2341－0001008　1470

[嘉慶]漢州志四十卷首一卷末一卷　（清）劉長庚修　（清）侯肇元　（清）張懷泗纂　清嘉慶二十二年(1817)刻本　十二冊

420000－2341－0001009　1471

[同治]續漢州志二十四卷首一卷補志一卷　（清）張超修　（清）曾履中　（清）張敏行纂　清同治八年(1869)刻本　八冊

420000－2341－0001010　1472

[道光]新都縣志十八卷首一卷　（清）張奉書修　（清）張懷泗纂　清道光二十四年(1844)刻本　十二冊

420000－2341－0001011　1474

[嘉慶]新繁縣志四十三卷首一卷　（清）顧德昌修　（清）張粹德纂　清嘉慶十九年(1814)刻本　四冊

420000－2341－0001012　1475

[同治]新繁縣志十六卷首一卷　（清）張文珍　（清）李應觀修　（清）楊益豫纂　清同治十二年(1873)刻本　八冊

420000－2341－0001013　1476

新繁縣鄉土志十卷　（清）余慎　（清）陳彦升編　清光緒三十三年(1907)鉛印本　二冊

420000－2341－0001014　1477

[嘉慶]邛州直隸州志四十六卷首一卷　（清）吳鞏修　（清）王來遴纂　清嘉慶二十三年(1818)刻本　十冊

420000－2341－0001015　1478

[同治]大邑縣志二十卷　（清）趙霈纂修　清同治六年(1867)刻本　八冊

420000－2341－0001016　1480

[光緒]增修崇慶州志十二卷首一卷　（清）沈恩培修　（清）胡麟纂　清光緒三年(1877)刻本　八冊

420000－2341－0001017　1482

[道光]龍安府志十卷　（清）鄧存詠纂修　清道光二十二年(1842)刻本　十二冊

420000－2341－0001018　1483

[光緒]新修潼川府志三十卷　（清）阿麟修　（清）王龍勳纂　清光緒二十三年(1897)刻本　十六冊

420000－2341－0001019　1484

[光緒]江油縣志二十四卷　（清）武丕文修　（清）歐培槐纂　清光緒二十九年(1903)刻本　六冊

420000－2341－0001020　1485

[乾隆]四川保寧府廣元縣志十三卷首一卷　（清）張賡謨纂修　清乾隆二十二年(1757)刻本　四冊

420000－2341－0001021　1487

[道光]重修昭化縣志四十八卷　（清）張紹齡

纂修　清同治三年(1864)曾寅光刻本　六冊

420000－2341－0001022　1488

[同治]劍州志十卷　(清)李溶　(清)余文煥修　(清)李榕纂　清同治十二年(1873)刻本　六冊

420000－2341－0001023　1490

[咸豐]重修梓潼縣志六卷　(清)張香海修　(清)楊曦纂　清咸豐八年(1858)刻本　六冊

420000－2341－0001024　1492

[乾隆]鹽亭縣志八卷首一卷　(清)張松孫修　(清)雷懋德　(清)胡光琦纂　清乾隆五十一年(1786)刻本　五冊

420000－2341－0001025　1493

[光緒]鹽亭縣志續編四卷首一卷　(清)邢錫晉修　(清)趙宗藩纂　清光緒八年(1882)刻本　三冊

420000－2341－0001026　1494

[光緒]射洪縣志十八卷首一卷　(清)黃允欽修　(清)羅錦城纂　清光緒十年(1884)刻本　八冊

420000－2341－0001027　1495

[乾隆]遂寧縣志十二卷首一卷　(清)張松孫　(清)李培峘修　(清)寇賚言纂　清乾隆五十二年(1787)刻本　十二冊

420000－2341－0001028　1496

[光緒]遂寧縣志六卷首一卷　(清)孫海修　(清)李星根纂　清光緒五年(1879)刻本　五冊

420000－2341－0001029　1498

[光緒]蓬溪縣續志十四卷首一卷　(清)周學銘修　(清)熊祥謙纂　清光緒二十五年(1899)刻本　四冊

420000－2341－0001030　1499

[道光]中江縣新志八卷首一卷　(清)楊需修　(清)李福源　(清)范泰衡纂　清道光十九年(1839)刻本　六冊

420000－2341－0001031　1500

[道光]德陽縣新志十二卷首一卷末一卷　(清)裴顯忠修　(清)劉碩輔纂　清道光十七年(1837)刻本　五冊

420000－2341－0001032　1501

[光緒]德陽縣志續編十卷首一卷末一卷　(清)鈕傳善修　(清)李炳靈　(清)楊藻纂　清光緒三十一年(1905)刻本　三冊

420000－2341－0001033　1502

[道光]綿竹縣志四十六卷　(清)劉慶遠修　(清)沈心如纂　清道光二十九年(1849)刻本　十冊

420000－2341－0001034　1504

綿竹縣鄉土志不分卷　(清)田明理　(清)黃尚毅纂修　清光緒三十四年(1908)刻本　二冊

420000－2341－0001035　1507

[嘉慶]羅江縣志十卷　(清)李調元纂修　清嘉慶七年(1802)刻本　四冊

420000－2341－0001036　1509

[嘉慶]羅江縣志三十六卷　(清)李桂林纂修　清嘉慶二十年(1815)刻本　四冊

420000－2341－0001037　1510

[同治]續修羅江縣志二十四卷　(清)馬傳業修　(清)劉正慧纂　清同治四年(1865)刻本　二冊

420000－2341－0001038　1511

[咸豐]內江縣志十五卷首一卷　(清)張揩修　(清)劉一衡纂　(清)許延祜續修　(清)黃德仁續纂　清咸豐八年(1858)刻本　八冊

420000－2341－0001039　1512

[道光]樂至縣志十六卷首一卷　(清)裴顯忠修　(清)劉碩輔纂　清道光二十年(1840)刻本　四冊

420000－2341－0001040　1513

[光緒]續增樂至縣志四卷首一卷　(清)胡書雲修　(清)李星根纂　清光緒九年(1883)刻本　四冊

420000 – 2341 – 0001041　1514

[道光]安岳縣志十六卷首一卷　（清）濮瑗修
（清）周國頤纂　清道光十六年(1836)刻本
十冊

420000 – 2341 – 0001042　1515

[光緒]續修安岳縣志四卷　（清）陳其寬修
（清）鄒宗垣纂　清光緒二十三年(1897)刻本
四冊

420000 – 2341 – 0001043　1516

安岳縣鄉土志不分卷　（清）高銘箴　（清）張
光溥編　清光緒抄本　一冊

420000 – 2341 – 0001044　1517

[乾隆]威遠縣志八卷首一卷　（清）李南暉修
（清）張翼儒纂　清乾隆四十年(1775)刻本
八冊

420000 – 2341 – 0001045　1518

[嘉慶]威遠縣志六卷　（清）陳汝秋纂修　清
嘉慶十八年(1813)刻本　六冊

420000 – 2341 – 0001046　1519

[光緒]威遠縣志三編四卷　（清）吳增輝修
(清)吳容纂　清光緒三年(1877)刻本　四冊

420000 – 2341 – 0001047　1521

[光緒]資州直隸州志三十卷首四卷　（清）劉
炯修　（清）羅廷權續修　（清）何衰續纂　清
光緒二年(1876)刻本　十八冊

420000 – 2341 – 0001048　1522

[咸豐]資陽縣志四十八卷首二卷　（清）范淶
清修　（清）何華元纂　清咸豐十年(1860)刻
本　十冊

420000 – 2341 – 0001049　1523

[咸豐]簡州志十四卷　（清）濮瑗修　（清）
黃樸纂　清咸豐三年(1853)刻本　六冊　缺
八卷(一至八)

420000 – 2341 – 0001050　1524

[光緒]簡州續志十四卷　（清）易家霖修
(清)傅爲霖纂　清光緒二十三年(1897)刻本
二冊

420000 – 2341 – 0001051　1525

[光緒]敍州府志四十三卷首一卷末一卷
（清）王麟祥修　（清）邱晉成纂　清光緒二十
二年(1896)刻本　二十八冊

420000 – 2341 – 0001052　1526

[乾隆]富順縣志五卷首一卷　（清）段玉裁
（清）李芝纂修　清光緒八年(1882)刻本
六冊

420000 – 2341 – 0001053　1528

[同治]隆昌縣志四十二卷首一卷　（清）魏元
燮　（清）花映均修　（清）耿光祜纂　清同治
十三年(1874)晏菜刻本　十冊

420000 – 2341 – 0001054　1529

[同治]南溪縣志八卷　（清）福倫修　（清）
胡元翔　（清）唐毓彤纂　清同治十三年
(1874)刻本　八冊

420000 – 2341 – 0001055　1530

[嘉慶]江安縣志六卷　（清）趙樸修　（清）
鄭存仁纂　清嘉慶十七年(1812)刻本　六冊

420000 – 2341 – 0001056　1531

[嘉慶]納谿縣志十卷　（清）趙炳然　（清）
陳廷鈺纂修　清嘉慶十八年(1813)刻本
四冊

420000 – 2341 – 0001057　1532

[嘉慶]直隸瀘州志十二卷　（清）沈昭興修
(清)余觀和纂　清嘉慶二十五年(1820)刻本
九冊

420000 – 2341 – 0001058　1533

[光緒]直隸瀘州志十二卷　（清）田秀栗修
（清）華國清　（清）施澤久纂　清光緒八年
(1882)刻本　十二冊

420000 – 2341 – 0001059　1535

[同治]合江縣志五十四卷首一卷　（清）秦湘
修　（清）楊致道　（清）鄭國楹纂　（清）瞿
樹蔭增修　（清）羅增垣增纂　清同治十年
(1871)刻本　十一冊

420000 – 2341 – 0001060　1540

[同治]嘉定府志四十八卷首一卷　（清）文良
　（清）朱慶鏞修　（清）陳堯采纂　清同治三
　年(1864)刻本　十五冊

420000－2341－0001061　1542
[嘉慶]夾江縣志十二卷首一卷　（清）王佐纂
修　清嘉慶十八年(1813)刻本　四冊

420000－2341－0001062　1545
[嘉慶]洪雅縣志二十五卷首一卷　（清）王好
音修　（清）張柱纂　清嘉慶十八年(1813)刻
本　八冊

420000－2341－0001063　1546
[光緒]洪雅縣志十二卷首一卷　（清）郭世棻
修　（清）鄧敏修纂　清光緒十年(1884)刻本
　四冊

420000－2341－0001064　1547
[光緒]丹稜縣志十卷首一卷　（清）顧汝萼修
　（清）朱文瀚纂　清光緒十八年(1892)刻本
　四冊

420000－2341－0001065　1548
[嘉慶]眉州屬志十九卷　（清）涂長發修
(清)王昌年纂　清嘉慶五年(1800)刻本　十
二冊

420000－2341－0001066　1550
[嘉慶]井研縣志十卷　（清）張寧陽修
(清)陳獻瑞　（清）胡元善纂　清嘉慶元年
(1796)刻本　六冊

420000－2341－0001067　1551
光緒井研志四十二卷首一卷　（清）葉桂年修
　（清）吳嘉謨　（清）龔煦春纂　清光緒二十
六年(1900)刻本　十二冊

420000－2341－0001068　1552
[道光]仁壽縣新志八卷　（清）馬百齡修
(清)魏崧　（清）鄭宗垣纂　清道光十八年
(1838)刻本　八冊

420000－2341－0001069　1553
[光緒]補纂仁壽縣原志六卷末一卷　（清）翁
植　（清）楊作霖修　（清）陳韶湘纂　清光緒

七年(1881)刻本　七冊

420000－2341－0001070　1554
[嘉慶]犍爲縣志十卷首一卷　（清）王夢庚纂
修　清嘉慶二十一年(1816)刻本　四冊

420000－2341－0001071　1555
[嘉慶]峨眉縣志十卷首一卷　（清）王燮修
(清)張希緝　（清）張希珝纂　清宣統三年
(1911)李錦成刻本　四冊

420000－2341－0001072　1557
[光緒]銅梁縣志十六卷首一卷　（清）韓清桂
修　（清）陳昌纂　清光緒元年(1875)刻本
八冊

420000－2341－0001073　1558
[同治]璧山縣志十卷首一卷末一卷　（清）寇
用平修　（清）陳錦堂　（清）盧有徽纂　清同
治四年(1865)刻本　十冊

420000－2341－0001074　1559
[光緒]江津縣志十二卷　（清）王煌修
(清)袁方城纂　清光緒元年(1875)刻本
八冊

420000－2341－0001075　1560
[道光]涪州志十卷　（清）德恩修　（清）石
彥恬　（清）李樹茲纂　清道光二十五年
(1845)刻本　十冊

420000－2341－0001076　1561
[同治]重修涪州志十六卷首一卷　（清）呂紹
衣修　（清）王應元　（清）傅炳墀纂　清同治
九年(1870)刻本　十冊

420000－2341－0001077　1563
[道光]墊江縣志十卷　（清）夏夢鯉修
(清)董承熙纂　清咸豐八年(1858)錢濤刻本
　十冊

420000－2341－0001078　1564
[光緒]酆都縣志四卷首一卷　（清）田秀栗
(清)徐濬鏞修　（清）徐昌緒　（清）蔣履泰
增纂　清光緒十九年(1893)刻本　六冊

420000－2341－0001079　1565

[道光]補輯石砫廳新志十二卷　(清)王槐齡纂修　清道光二十三年(1843)刻本　二册

420000－2341－0001080　1568
[乾隆]夔州府志十卷　(清)崔邑俊修　(清)楊崇　(清)焦懋熙纂　清乾隆十一年(1746)刻本　二十册

420000－2341－0001081　1569
[道光]夔州府志三十六卷首一卷　(清)恩成修　(清)劉德銓纂　清道光七年(1827)刻本　二十四册

420000－2341－0001082　1570
[同治]增修萬縣志三十六卷首一卷　(清)王玉鯨　(清)張琴修　(清)范泰衡纂　清同治五年(1866)刻本　八册

420000－2341－0001083　1571
[光緒]大寧縣志八卷首一卷　高維嶽修　(清)魏遠猷纂　清光緒十一年(1885)刻本　十二册

420000－2341－0001084　1572
[光緒]巫山縣志三十二卷首一卷　(清)連山修　(清)李友梁纂　清光緒十九年(1893)刻本　八册

420000－2341－0001085　1573
[光緒]奉節縣志三十六卷首一卷　(清)曾秀翹修　(清)楊德坤纂　清光緒十九年(1893)刻本　八册

420000－2341－0001086　1575
[道光]忠州直隸州志八卷首一卷　(清)吳友篪修　(清)熊履青纂　清道光六年(1826)刻本　四册

420000－2341－0001087　1577
[嘉慶]梁山縣志十八卷首一卷　(清)符永培纂修　清同治六年(1867)艾鉽刻本　十册

420000－2341－0001088　1578
[道光]保寧府志六十二卷　(清)黎學錦　(清)徐雙桂修　(清)史觀纂　清道光元年(1821)刻本　十一册

420000－2341－0001089　1579
[咸豐]閬中縣志八卷　(清)徐繼鏞修　(清)李惺纂　清咸豐元年(1851)刻本　四册

420000－2341－0001090　1580
[光緒]西充縣志十四卷圖一卷　(清)高培穀修　(清)劉藻纂　清光緒二年(1876)刻本　十册

420000－2341－0001091　1582
[咸豐]廣安州志八卷　(清)王兆僖修　(清)廖朝翼纂　清咸豐十年(1860)刻本　八册

420000－2341－0001092　1584
[光緒]岳池縣志二十卷首一卷　(清)何其泰修　(清)吳新德纂　清光緒元年(1875)刻本　十册

420000－2341－0001093　1586
[嘉慶]達縣志五十二卷　(清)魯鳳輝修　(清)王廷偉纂　清嘉慶二十年(1815)刻本　六册

420000－2341－0001094　1587
[光緒]太平縣志十卷首一卷　(清)楊汝偕纂修　清光緒十九年(1893)刻本　四册

420000－2341－0001095　1589
[嘉慶]東鄉縣志三十三卷　(清)徐陳謨纂修　清道光元年(1821)刻本　六册

420000－2341－0001096　1590
[道光]大竹縣志四十卷　(清)翟瑔修　(清)王懷孟纂　(清)蔡以修續修　(清)劉漢昭續纂　清道光二年(1822)刻本　五册

420000－2341－0001097　1591
[同治]渠縣志五十二卷首一卷　(清)何慶恩修　(清)賈振麟　(清)金傳培纂　清同治三年(1864)刻本　十二册

420000－2341－0001098　1592
[道光]巴州志十卷首一卷　(清)朱錫穀修　(清)陳一津纂　清道光十三年(1833)刻本　四册

420000－2341－0001099　1593

[乾隆]雅州府志十六卷　（清）曹掄彬修
（清）曹掄翰纂　清乾隆四年（1739）刻本　十
二冊

420000－2341－0001100　1595

[光緒]名山縣志十五卷　（清）趙懿纂修　清
光緒二十二年（1896）刻本　四冊

420000－2341－0001101　1599

[光緒]會理州續志二卷　（清）蔣金生修
（清）徐昱纂　清光緒三十一年（1905）刻本
一冊

420000－2341－0001102　1599

[同治]會理州志十二卷　（清）鄧仁垣修
（清）吳鍾崙纂　清同治十三年（1874）刻本
八冊

420000－2341－0001103　1602

[道光]茂州志四卷首一卷　（清）楊迦懌修
（清）劉輔廷纂　清道光十一年（1831）刻本
四冊

420000－2341－0001104　1603

[同治]直隸理番廳志六卷首一卷　（清）吳羹
梅修　（清）周祚嶧纂　清同治七年（1868）刻
本　六冊

420000－2341－0001105　1610

[光緒]越嶲廳全志十二卷　（清）馬忠良修
（清）馬湘纂　孫鏘續修　清光緒三十二年
（1906）鉛印本　六冊

420000－2341－0001106　1613

[乾隆]貴州通志四十六卷首一卷　（清）鄂爾
泰　（清）張廣泗修　（清）靖道謨　（清）杜
詮纂　清乾隆六年（1741）刻本　二十四冊

420000－2341－0001107　1614

[乾隆]黔南識略三十二卷　（清）愛必達纂修
　清道光二十七年（1847）刻本　四冊

420000－2341－0001108　1615

[道光]黔南職方紀略九卷　（清）羅繞典纂
清道光二十七年（1847）刻本　二冊

420000－2341－0001109　1616

[道光]貴陽府志八十八卷首二卷餘編二十卷
　（清）周作楫修　（清）蕭琯　（清）鄒漢勳
纂　清道光二十年（1840）刻本　三十二冊
缺十五卷（一至四、十至二十）

420000－2341－0001110　1617

[道光]遵義府志四十八卷首一卷　（清）平翰
修　（清）鄭珍　（清）莫友芝纂　清道光二十
一年（1841）刻本　四十八冊

420000－2341－0001111　1626

[咸豐]安順府志五十四卷首一卷　（清）常恩
修　（清）鄒漢勳　（清）吳寅邦纂　清光緒十
七年（1891）刻本　八冊　缺二十四卷（三十
一至五十四）

420000－2341－0001112　1633

[乾隆]雲南通志三十卷首一卷　（清）鄂爾泰
　（清）尹繼善修　（清）靖道謨纂　清乾隆元
年（1736）刻本　二十七冊

420000－2341－0001113　1634

[嘉慶]滇繫四十卷　（清）師範纂　清光緒十
三年（1887）雲南通志局刻本　四十冊

420000－2341－0001114　1636

[光緒]續雲南通志稿一百九十四卷首六卷
（清）王文韶　（清）魏光燾修　（清）唐炯纂
　清光緒二十七年（1901）四川岳池刻本　八
十冊

420000－2341－0001115　1638

[康熙]雲南府志二十六卷　（清）張毓碧修
（清）謝儼纂　清光緒刻本　二十冊

420000－2341－0001116　1639

[道光]昆明縣志十卷　（清）戴絅孫纂修　清
光緒二十七年（1901）刻本　六冊

420000－2341－0001117　1648

[乾隆]雲南騰越州志十三卷　（清）屠述濂纂
修　清光緒二十三年（1897）刻本　六冊

420000－2341－0001118　1655

[光緒]浪穹縣志略十三卷　（清）周沆纂修

清光緒二十九年(1903)刻本　六冊

420000－2341－0001119　1656

[咸豐]鄖川州志十六卷首一卷末一卷　(清)
鈕方圖修　(清)侯允欽纂　清咸豐三年
(1853)楊炳鍟刻本　八冊

420000－2341－0001120　1658

滇考二卷　(清)馮甦撰　清光緒七年(1881)
刻本　四冊

420000－2341－0001121　1662

[乾隆]西藏志不分卷　(清)允禮纂修　清乾
隆五十七年(1792)和寧刻本　二冊

420000－2341－0001122　1666

[嘉慶]衛藏通志十六卷首一卷　(清)和琳纂
清光緒二十一年(1895)刻漸西村舍彙刻本
六冊

420000－2341－0001123　0017A

[光緒]重修華亭縣志二十四卷首一卷末一卷
(清)楊開第修　(清)姚光發纂　清光緒五
年(1879)刻本　十冊

420000－2341－0001124　0030貳

[光緒]嘉定縣志三十二卷首一卷補遺一卷
(清)程其珏修　(清)楊震福纂　清光緒八年
(1882)刻本　三十二冊

420000－2341－0001125　0030壹

[光緒]嘉定縣志三十二卷首一卷補遺一卷
(清)程其珏修　(清)楊震福纂　清光緒八年
(1882)刻本　十冊　存二十一卷(一至二十、
首一卷)

420000－2341－0001126　0120壹

[同治]棗強縣志補正五卷補遺一卷　(清)方
宗誠纂修　清光緒二年(1876)刻本　二冊

420000－2341－0001127　0131壹

[光緒]臨漳縣志十八卷首一卷　(清)周秉彝
修　(清)周壽梓　(清)李燿中纂　清光緒三
十年(1904)刻本　十二冊

420000－2341－0001128　0144B

[光緒]山西疆域沿革圖譜五卷　(清)王軒纂

清光緒十三年(1887)刻本　五冊

420000－2341－0001129　0181壹

[光緒]襄垣縣續志二卷　(清)李汝霖纂修
清光緒六年(1880)刻本　二冊

420000－2341－0001130　0181壹

[乾隆]重修襄垣縣志八卷　(清)李廷芳修
(清)徐玨　(清)陳于廷纂　清乾隆四十七年
(1782)刻本　七冊　存七卷(二至八)

420000－2341－0001131　0189A

[光緒]長子縣志十二卷首一卷　(清)豫謙修
(清)楊篤纂　清光緒八年(1882)刻本
八冊

420000－2341－0001132　0288A

[光緒]黑龍江述略六卷　(清)徐宗亮纂　清
光緒十五年至三十四年(1889－1908)刻本
四冊

420000－2341－0001133　0288A壹

[光緒]黑龍江述略六卷　(清)徐宗亮纂　清
光緒十五年至三十四年(1889－1908)刻本
二冊

420000－2341－0001134　0305壹

[嘉慶]咸寧縣志二十六卷首一卷　(清)高廷
法　(清)沈琮修　(清)陸耀遹　(清)董祐
誠纂　清嘉慶二十四年(1819)刻本　八冊

420000－2341－0001135　0311壹

[光緒]高陵縣續志八卷　(清)程維雍修
(清)白遇道纂　清光緒十年(1884)刻本
二冊

420000－2341－0001136　0336壹

[正德]朝邑縣志一卷　(明)王道修　清同義
文會刻本　一冊

420000－2341－0001137　0351壹

[乾隆]蒲城縣志十五卷　(清)張心鏡修
(清)吳泰來纂　清乾隆四十七年(1782)刻本
六冊

420000－2341－0001138　0474壹

[乾隆]德州志十二卷首一卷　(清)王道亨修

（清）張慶源纂　清乾隆五十三年（1788）刻本　十二冊

420000－2341－0001139　0519　壹
[乾隆]諸城縣志四十六卷　（清）宮懋讓修（清）李文藻纂　清乾隆二十九年（1764）刻本　七冊　存四十卷（一至四十）

420000－2341－0001140　0535　壹
[同治]黃縣志十四卷首一卷末一卷　（清）尹繼美纂修　清同治十年（1871）刻本　四冊

420000－2341－0001141　0572　壹
[道光]滕縣志十四卷首一卷　（清）王政修（清）王庸立　（清）黃來麟纂　清道光二十六年（1846）刻本　八冊

420000－2341－0001142　0603A
[同治]續纂江寧府志十五卷首一卷　（清）蔣啟勳　（清）趙佑宸修　（清）汪士鐸纂　清光緒六年（1880）刻本　十二冊

420000－2341－0001143　0603A　壹
[同治]續纂江寧府志十五卷首一卷　（清）蔣啟勳　（清）趙佑宸修　（清）汪士鐸纂　清光緒六年（1880）刻本　二十四冊

420000－2341－0001144　0620　壹
[同治]蘇州府志一百五十卷首三卷　（清）李銘皖　（清）譚鈞培修　（清）馮桂芬纂　清光緒八年（1882）江蘇書局刻本　八十冊

420000－2341－0001145　0626　壹
[光緒]昆新兩縣續修合志五十二卷首一卷末一卷　（清）金吳瀾　（清）李福沂修　（清）汪堃　（清）朱成熙纂　清光緒六年（1880）刻本　二十四冊

420000－2341－0001146　0667　壹
[嘉慶]重修揚州府志七十二卷首一卷　（清）阿克當阿修　（清）姚文田　（清）江藩纂　清嘉慶十五年（1810）刻本　四十三冊

420000－2341－0001147　0669C1
[乾隆]江都縣志三十二卷　（清）五格（清）黃湘纂修　清光緒七年（1881）劉汝賢刻

本　十二冊

420000－2341－0001148　0669C1　壹
[乾隆]江都縣志三十二卷　（清）五格（清）黃湘纂修　清光緒七年（1881）劉汝賢刻本　九冊　存二十九卷（一至十九、二十三至三十二）

420000－2341－0001149　0674　貳
[嘉慶]甘泉縣續志十卷首一卷　（清）陳觀國修　（清）李保泰纂　清嘉慶十五年（1810）刻本　四冊　存七卷（四至十）

420000－2341－0001150　0674　壹
[嘉慶]甘泉縣續志十卷首一卷　（清）陳觀國修　（清）李保泰纂　清嘉慶十五年（1810）刻本　二冊　存五卷（六至十）

420000－2341－0001151　0685　壹
[道光]泰州志三十六卷首一卷　（清）王有慶修　（清）陳世鎔纂　清道光七年（1827）刻本　九冊　存二十九卷（一至十、十二至二十九、三十一）

420000－2341－0001152　0688　貳
[光緒]泰興縣志二十六卷首一卷末一卷（清）楊激雲修　（清）顧曾烜纂　清光緒十二年（1886）刻本　十冊

420000－2341－0001153　0688　壹
[光緒]泰興縣志二十六卷首一卷末一卷（清）楊激雲修　（清）顧曾烜纂　清光緒十二年（1886）刻本　十冊

420000－2341－0001154　0696　壹
[光緒]淮安府志四十卷首一卷　（清）孫雲錦修　（清）吳昆田　（清）高延第纂　清光緒十年（1884）刻本　十六冊

420000－2341－0001155　0708　壹
[光緒]阜寧縣志二十四卷首一卷　（清）阮本焱修　（清）陳肇礽　（清）殷自芳纂　清光緒十二年（1886）刻本　十冊

420000－2341－0001156　0718　貳
[嘉慶]海州直隸州志三十二卷首一卷　（清）

唐仲冕修　（清）汪梅鼎纂　清嘉慶十六年(1811)刻本　七冊　存十三卷(十至十二、十五至十八、二十一至二十二、二十六至二十九)

420000－2341－0001157　0718 壹

[嘉慶]海州直隸州志三十二卷首一卷　（清）唐仲冕修　（清）汪梅鼎纂　清嘉慶十六年(1811)刻本　五冊　存十六卷(一至十、十三至十五、二十三至二十五)

420000－2341－0001158　0721 壹

[雍正]浙江通志二百八十卷首三卷　（清）李衛　（清）嵇曾筠修　（清）沈翼機　（清）傅王露纂　清嘉慶十七年(1812)刻本　十一冊　存四十三卷(八至十、六十七至七十一、七十八至八十二、一百八十七至一百九十三、二百四十一至二百六十三)

420000－2341－0001159　0735 壹

[嘉靖]仁和縣志十四卷　（明）沈朝宣纂修　清光緒十九年(1893)刻武林掌故叢編本　十四冊

420000－2341－0001160　0745 壹

[光緒]嚴州府志三十八卷首一卷　（清）吳士進修　（清）吳世榮續修　（清）鄒伯森　（清）馬斯臧續纂　清光緒九年(1883)刻本　七冊　存八卷(十一至十八)

420000－2341－0001161　0762 壹

[光緒]重修嘉善縣志三十六卷首一卷　江峰青修　（清）顧福仁纂　清光緒二十年(1894)刻本　十六冊

420000－2341－0001162　0763A 壹

[光緒]平湖縣志二十五卷首一卷末一卷　（清）彭潤章修　（清）葉廉鍔纂　清光緒十二年(1886)刻本　十二冊

420000－2341－0001163　0769 壹

[光緒]桐鄉縣志二十四卷首四卷　（清）嚴辰纂　清光緒十三年(1887)刻本　二十四冊

420000－2341－0001164　0800 壹

[光緒]鎮海縣志四十卷　（清）于萬川修

（清）俞樾纂　清光緒五年(1879)鯤池書院刻本　十六冊

420000－2341－0001165　0810 壹

[乾隆]紹興府志八十卷首一卷　（清）李亨特修　（清）平恕　（清）徐嵩纂　清乾隆五十七年(1792)刻本　四十四冊

420000－2341－0001166　0811 壹

[嘉慶]山陰縣志三十卷首一卷　（清）徐元梅修　（清）朱文翰纂　清嘉慶八年(1803)刻本　十二冊

420000－2341－0001167　0827 壹

[光緒]黃巖縣志四十卷首一卷　（清）陳寶善　（清）孫憙修　（清）王棻纂　（清）陳鍾英　（清）鄭錫滜續修　王詠霓續纂　清光緒三年(1877)刻本　十六冊

420000－2341－0001168　0831 貳

[光緒]蘭谿縣志八卷首一卷附補遺一卷　（清）秦簧　（清）邵秉經修　（清）唐壬森纂　清光緒十五年(1889)刻本　六冊　缺四卷(六至八、補遺一卷)

420000－2341－0001169　0831 壹

[光緒]蘭谿縣志八卷首一卷附補遺一卷　（清）秦簧　（清）邵秉經修　（清）唐壬森纂　清光緒十五年(1889)刻本　十冊

420000－2341－0001170　0935 貳

[同治]貴溪縣志十卷首一卷　（清）楊長傑修　（清）黃聯珏纂　清同治十年(1871)刻本　二冊　存四卷(二至三、五至六)

420000－2341－0001171　0885 壹

[光緒]滁州志十卷首一卷末一卷　（清）熊祖詒纂修　清光緒二十二年(1896)木活字印本　十冊

420000－2341－0001172　0924 壹

[同治]德化縣志五十四卷首一卷　（清）陳鼒修　（清）吳彬纂　清同治十一年(1872)刻本　十六冊

420000－2341－0001173　0926 壹

[同治]星子縣志十四卷首一卷 （清）藍煦修
（清）曹徵甲纂 清同治十年(1871)刻本
八冊 缺五卷(五至九)

420000－2341－0001174 0929 壹
[同治]南康府志二十四卷首一卷 （清）盛元
纂修 清同治十一年(1872)刻本 十二冊

420000－2341－0001175 0933 壹
[同治]上饒縣志二十六卷首一卷 （清）王恩
溥 （清）邢德裕修 （清）李樹藩纂 清同治
十一年(1872)刻本 十六冊

420000－2341－0001176 0935 壹
[同治]貴溪縣志十卷首一卷 （清）楊長傑修
（清）黃聯珏纂 清同治十年(1871)刻本
九冊 存九卷(一之四至一之九、二至六、七
之一至七之四、八之五至八之十一、九之一至
九之五)

420000－2341－0001177 0945 壹
[同治]樂平縣志十卷首一卷 （清）董萼榮
（清）梅毓翰修 （清）汪元祥 （清）陳謨纂
清同治九年(1870)翥山書院刻本 十二冊

420000－2341－0001178 0953 貳
[同治]高安縣志二十八卷首一卷 （清）孫家
鐸修 （清）熊松之纂 清同治十年(1871)刻
本 十二冊 存二十三卷(六至二十八)

420000－2341－0001179 0953 壹
[同治]高安縣志二十八卷首一卷 （清）孫家
鐸修 （清）熊松之纂 清同治十年(1871)刻
本 二十冊

420000－2341－0001180 0954 壹
[同治]重修上高縣志十四卷首一卷末一卷
(清)馮蘭森修 （清）陳卿雲纂 清同治九年
(1870)刻本 八冊 缺六卷(九至十四)

420000－2341－0001181 0956 壹
[同治]臨江府志三十二卷首一卷 （清）德馨
（清）鮑孝光修 （清）朱孫詒 （清）陳錫
麟纂 清同治十年(1871)刻本 四冊 缺十
三卷(八至十一、二十四至三十二)

420000－2341－0001182 0959 壹
[同治]安義縣志十六卷首一卷末一卷 （清）
杜林修 （清）彭斗山 （清）熊寶善纂 清同
治十年(1871)木活字印本 六冊

420000－2341－0001183 0962 壹
[光緒]撫州府志八十六卷首一卷 （清）許應
鑅 （清）朱澄瀾修 （清）謝煌纂 清光緒二
年(1876)刻本 四冊 存十四卷(六十一至
六十二、六十六至六十九、七十二至七十九)

420000－2341－0001184 0963 壹
[同治]臨川縣志五十四卷首一卷末一卷
(清)童範儼修 （清）陳慶齡纂 清同治九年
(1870)刻本 十六冊 存三十三卷(一至八、
三十一至五十四,首一卷)

420000－2341－0001185 0965 壹
[同治]金谿縣志三十六卷首一卷末一卷
(清)程芳修 （清）鄭浴脩纂 清同治九年
(1870)刻本 十冊 缺十五卷(四至十、二十
二下至二十九之四)

420000－2341－0001186 0966 壹
[同治]宜黃縣志五十卷首一卷 （清）張興言
修 （清）謝煌纂 清同治十年(1871)刻本
十二冊 存三十七卷(一至三十七)

420000－2341－0001187 0971 貳
[同治]南豐縣志四十六卷首一卷末一卷
(清)柏春修 （清）魯琪光纂 清同治十年
(1871)刻本 十三冊 存十八卷(二十九至
四十三、四十五至四十六,末一卷)

420000－2341－0001188 0971 叁
[同治]南豐縣志四十六卷首一卷末一卷
(清)柏春修 （清）魯琪光纂 清同治十年
(1871)刻本 十冊 存七卷(四十至四十三、
四十五至四十六,末一卷)

420000－2341－0001189 0971 壹
[同治]南豐縣志四十六卷首一卷末一卷
(清)柏春修 （清）魯琪光纂 清同治十年
(1871)刻本 七冊 存二十卷(二至二十、首
一卷)

420000－2341－0001190　0984 壹

[同治]新淦縣志十卷首一卷　（清）王肇賜修
（清）陳錫麟纂　清同治十二年(1873)木活
字印本　十一冊

420000－2341－0001191　0998 貳

[道光]重纂福建通志二百七十八卷首七卷
(清)孫爾準修　（清）陳壽祺纂　（清）程祖
洛續修　（清）魏敬中續纂　清同治十年
(1871)正誼書院刻本　五十七冊

420000－2341－0001192　0998 壹

[道光]重纂福建通志二百七十八卷首七卷
(清)孫爾準修　（清）陳壽祺纂　（清）程祖
洛續修　（清）魏敬中續纂　清同治十年
(1871)正誼書院刻本　一百二十一冊

420000－2341－0001193　1002 貳

[道光]廈門志十六卷　（清）周凱纂修　清道
光十九年(1839)玉屏書院刻本　五冊　存七
卷(二至四、九至十一、十三)

420000－2341－0001194　1002 壹

[道光]廈門志十六卷　（清）周凱纂修　清道
光十九年(1839)玉屏書院刻本　六冊

420000－2341－0001195　1030 壹

[康熙]寧化縣志七卷　（清）祝文郁修
(清)李世熊纂　清同治八年(1869)蔣澤沅刻
本　八冊

420000－2341－0001196　1034 壹

[乾隆]續修臺灣府志二十六卷首一卷　（清）
余文儀修　（清）黃佾纂　清乾隆三十九年
(1774)刻本　十六冊

420000－2341－0001197　1059 壹

[嘉慶]續濟源縣志十二卷　（清）何荇芳修
(清)劉大觀纂　清嘉慶十八年(1813)刻本
八冊

420000－2341－0001198　1063 壹

[道光]武陟縣志三十六卷　（清）王榮陛修
(清)方履籛纂　清道光九年(1829)刻本　二
十冊

420000－2341－0001199　1068 壹

[乾隆]彰德府志三十二卷首一卷　（清）盧崧
修　（清）江大鍵　（清）程煥纂　清乾隆五十
二年(1787)刻本　八冊　存二十七卷(六至
三十二)

420000－2341－0001200　1069 壹

[嘉慶]安陽縣金石錄十二卷　（清）武億撰
清嘉慶二十四年(1819)刻本　四冊

420000－2341－0001201　1069 壹

[嘉慶]安陽縣志二十八卷首一卷　（清）貴泰
修　（清）武穆淳纂　清嘉慶二十四年(1819)
刻本　二十冊

420000－2341－0001202　1076 壹

[乾隆]湯陰縣志十卷　（清）楊世達纂修　清
乾隆三年(1738)刻本　二冊　缺五卷(四至
八)

420000－2341－0001203　1079A

[乾隆]歸德府志三十六卷首一卷　（清）陳錫
輅　（清）永泰修　（清）查岐昌纂　清光緒十
九年(1893)刻本　十二冊

420000－2341－0001204　1095 壹

[乾隆]項城縣志十卷首一卷　（清）韓儀修
(清)張延福纂　清乾隆十一年(1746)刻本
六冊

420000－2341－0001205　1115 壹

[道光]泌陽縣志十二卷首一卷　（清）倪明進
修　（清）栗郢纂　清道光八年(1828)刻本
六冊

420000－2341－0001206　1133 壹

[乾隆]河南府志一百十六卷首四卷　（清）施
誠修　（清）童鈺　（清）裴希純纂　清乾隆四
十四年(1779)刻本　十三冊　存四十九卷
(十七至三十五、四十三至五十四、八十七至
九十二、一百九至一百十六,首四卷)

420000－2341－0001207　1163A

[光緒]漢川圖記徵實六卷　（清）田宗漢纂修
清光緒二十一年(1895)刻朱印本　六冊

420000－2341－0001208　1171 壹

[道光]安陸縣志四十卷首一卷　（清）蔣炯纂修　（清）李廷錫增纂　清道光二十三年(1843)刻本　十一冊　缺三卷(十八至二十)

420000－2341－0001209　1173 貳

[光緒]黃州府志四十卷首一卷　（清）英啟修　（清）鄧琛纂　清光緒十年(1884)刻本　四十冊

420000－2341－0001210　1173 壹

[光緒]黃州府志四十卷首一卷　（清）英啟修　（清）鄧琛纂　清光緒十年(1884)刻本　四十冊

420000－2341－0001211　1175 壹

[光緒]黃岡縣志二十四卷首一卷　（清）戴昌言修　（清）劉恭冕纂　清光緒八年(1882)刻本　二十四冊

420000－2341－0001212　1185 壹

[光緒]黃梅縣志四十卷首一卷　（清）覃瀚元　（清）袁瓚修　（清）宛名昌　（清）余邦士纂　清光緒二年(1876)刻本　九冊　缺五卷(十五至十七、三十四至三十五)

420000－2341－0001213　1191 壹

[同治]重修嘉魚縣志十二卷　（清）鍾傳益修　（清）俞焜纂　清同治五年(1866)刻本　十冊　缺二卷(七、十)

420000－2341－0001214　1192 壹

[同治]江夏縣志八卷首一卷　（清）王庭禎修　（清）彭崧毓纂　清同治八年(1869)刻本　十冊

420000－2341－0001215　1194 壹

[光緒]武昌縣志二十六卷首一卷末一卷　(清)鍾桐山修　（清）柯逢時纂　清光緒十一年(1885)刻本　九冊　缺二卷(九至十)

420000－2341－0001216　1198 壹

[乾隆]荊州府志五十八卷首一卷　（清）葉仰高修　（清）施廷樞纂　清乾隆二十二年(1757)刻本　十二冊　缺二卷(八、四十五)

420000－2341－0001217　1201 壹

[光緒]續修江陵縣志六十五卷首一卷　（清）蒯正昌　（清）吳耀斗修　（清）胡九皋　（清）劉長謙纂　清光緒三年(1877)賓興館刻本　二十三冊　缺一卷(六十五)

420000－2341－0001218　1205 壹

[同治]鍾祥縣志二十卷　（清）孫福海纂修　清同治六年(1867)刻本　十冊

420000－2341－0001219　1241 壹

[光緒]續輯均州志十六卷首一卷　（清）馬雲龍修　（清）賈洪詔纂　清光緒十年(1884)均州志局刻本　八冊

420000－2341－0001220　1243 壹

[同治]鄖西縣志二十卷首一卷　（清）程光第修　（清）葉年菜　（清）李登鼇纂　清同治五年(1866)刻本　九冊　缺三卷(十五至十六、首一卷)

420000－2341－0001221　1251 壹

[同治]南漳縣志集鈔二十六卷首一卷　（清）沈兆元修　（清）胡正楷纂　（清）胡心悅增纂　清同治四年(1865)東鶴山堂刻本　九冊

420000－2341－0001222　1258 壹

[光緒]光化縣志八卷首一卷　（清）鍾桐山修　（清）段映斗纂　清光緒十年(1884)刻本　八冊

420000－2341－0001223　1301 貳

[同治]桂陽直隸州志二十七卷首一卷　（清）汪敩灝修　王闓運纂　清同治七年(1868)刻本　四冊　存九卷(十八至二十、二十二至二十七)

420000－2341－0001224　1301 叄

[同治]桂陽直隸州志二十七卷首一卷　（清）汪敩灝修　王闓運纂　清同治七年(1868)刻本　五冊　存五卷(九、十六至十八、二十七)

420000－2341－0001225　1301 壹

[同治]桂陽直隸州志二十七卷首一卷　（清）汪敩灝修　王闓運纂　清同治七年(1868)刻本　十三冊

420000－2341－0001226　0920 壹

[同治]萍鄉縣志十卷首一卷　（清）錫榮
（清）王明璠纂修　清同治十一年(1872)尊經
堂刻本　七冊　缺一卷(首一卷)

420000－2341－0001227　1323 壹

[同治]江華縣志十二卷首一卷　（清）劉華邦
修　（清）唐為煌纂　清同治九年(1870)刻本
五冊　缺三卷(二至三、九)

420000－2341－0001228　1326 壹

[光緒]道州志十二卷首一卷　（清）李鏡蓉
（清）盛贗修　（清）許清源　（清）洪廷揆纂
清光緒四年(1878)刻本　八冊

420000－2341－0001229　1331 壹

[光緒]邵陽縣志十卷　（清）諸垣修　（清）
黃文琛纂　清光緒二年(1876)刻本　四冊
缺四卷(一至四)

420000－2341－0001230　1336 壹

[同治]新化縣志三十五卷首一卷末一卷
（清）甘啟運　（清）關培鈞修　（清）劉洪澤
纂　清同治十一年(1872)刻本　十六冊

420000－2341－0001231　1339 壹

[同治]沅陵縣志五十卷首一卷　（清）守忠修
（清）許光曙纂　清同治十二年(1873)刻本
十冊　缺七卷(三十三至三十六、四十一至
四十三)

420000－2341－0001232　1364 壹

[同治]益陽縣志二十五卷首一卷　（清）姚念
楊修　（清）趙裝哲纂　清同治十三年(1874)
刻本　一冊　存一卷(十九)

420000－2341－0001233　1366 壹

[同治]續修寧鄉縣志四十四卷首一卷　（清）
郭慶颺修　（清）童秀春纂　清同治六年
(1867)刻本　八冊　缺三卷(一至二、首一
卷)

420000－2341－0001234　1368A

[康熙]安化縣志八卷　（清）王丕振修
（清）周啟郶纂　清康熙六年(1667)刻本　一
冊　存一卷(八)

420000－2341－0001235　1398A

[乾隆]澳門記畧二卷首一卷末一卷　（清）印
光任　（清）張汝霖纂　清光緒六年(1880)刻
本　二冊

420000－2341－0001236　1399A

[道光]新會修志條例不分卷　（清）黃培芳纂
清道光十九年(1839)刻本　二冊

420000－2341－0001237　1470 壹

[嘉慶]漢州志四十卷首一卷末一卷　（清）劉
長庚修　（清）侯肇元　（清）張懷泗纂　清嘉
慶二十二年(1817)刻本　十六冊

420000－2341－0001238　1472 壹

[道光]新都縣志十八卷首一卷　（清）張奉書
修　（清）張懷洵纂　清道光二十四年(1844)
刻本　十二冊

420000－2341－0001239　1514 壹

[道光]安岳縣志十六卷首一卷　（清）濮瑗修
（清）周國頤纂　清道光十六年(1836)刻本
八冊

420000－2341－0001240　1540 壹

[同治]嘉定府志四十八卷首一卷　（清）文良
（清）朱慶鏞修　（清）陳堯采纂　清同治三
年(1864)刻本　十六冊

420000－2341－0001241　1578 壹

[道光]保寧府志六十二卷　（清）黎學錦
（清）徐雙桂修　（清）史觀纂　清道光元年
(1821)刻本　十六冊

420000－2341－0001242　310.208/151－4

對數表不分卷　（清）賈步緯編　（清）火榮業
校述　清光緒三十年(1904)江南製造局鉛印
本暨刻本　四冊

420000－2341－0001243　311.1/200

測圓海鏡細草十二卷　（元）李冶撰　清同治
十二年(1873)長沙古荷池精舍刻本　二冊
存七卷(一至七)

420000－2341－0001244　311.1/348

少廣縋鑿一卷　（清）夏鸞翔撰　清光緒二年

(1876)長沙荷池精舍刻本　一冊

420000－2341－0001245　311.1/462

百雞術衍二卷　（清）時曰醇撰　清同治十二年(1873)長沙荷池精舍刻本　一冊　存一卷（下）

420000－2341－0001246　311.1/946

割圜八綫綴術四卷　（清）徐有壬撰　清同治十二年(1873)長沙荷池精舍刻本　一冊

420000－2341－0001247　321/907

談天十八卷首一卷附表　（英國）侯失勒撰（英國）偉烈亞力口譯　（清）李善蘭刪述（清）徐建寅續述　清同治四年(1865)至清末江南製造總局刻本　四冊

420000－2341－0001248　327.1/949

節序日考四卷　（清）徐卓撰　清嘉慶二十三年(1818)刻本　二冊

420000－2341－0001249　327.32/151

躔離引蒙不分卷　（清）賈步緯編　清光緒十八年(1892)江南機器製造總局刻本暨鉛印本　二冊

420000－2341－0001250　327.6/440

月令輯要二十四卷首一卷　（清）李光地纂　清康熙五十五年(1716)武英殿刻本　十二冊

420000－2341－0001251　328.1/377

推測易知四卷　（清）陳松錄　清光緒十三年(1887)刻本　四冊

420000－2341－0001252　430/433

測量高遠術一卷　（清）吳嘉善撰　清長沙丁取忠刻本　一冊

420000－2341－0001253　436.274/429

大清壹統輿圖中一卷南十卷北二十卷首一卷（清）胡林翼等輯　（清）嚴樹森等增輯　清同治二年(1863)刻本　三十二冊

420000－2341－0001254　436/502

測繪海圖全法八卷附一卷　（英國）華爾敦撰（英國）傅蘭雅　（清）趙元益譯　清光緒二十五年(1899)江南機器製造總局刻本　五冊

420000－2341－0001255　436/688

測地繪圖十一卷附一卷表一卷　（英國）富路瑪撰　（英國）傅蘭雅口譯　（清）徐壽筆述清同治四年(1865)至清末江南製造總局刻本　四冊

420000－2341－0001256　443.7812/394

山東運河備覽十二卷　（清）陸耀纂　清乾隆四十一年(1776)刻本　六冊

420000－2341－0001257　59.42/KWL

全體闡微六卷　（美國）柯為良譯　清光緒七年(1881)石印本　六冊

420000－2341－0001258　602.99/429

大清壹統輿圖中一卷南十卷北二十卷首一卷（清）胡林翼等輯　（清）嚴樹森等增輯　清同治二年(1863)刻本　十二冊

420000－2341－0001259　62.1/HYY

傷寒懸解十四卷首一卷　（清）黃元御撰　清咸豐十一年(1861)長沙徐樹銘刻黃氏醫書八種本　四冊

420000－2341－0001260　62.1/HYY

金匱懸解二十二卷　（清）黃元御撰　清咸豐十一年(1861)長沙徐樹銘刻黃氏醫書八種本　四冊

420000－2341－0001261　62.1/HYY

傷寒說意十卷首一卷　（清）黃元御撰　清咸豐十一年(1861)長沙徐樹銘刻黃氏醫書八種本　二冊

420000－2341－0001262　62.1/HYY

長沙藥解四卷　（清）黃元御撰　清咸豐十一年(1861)長沙徐樹銘刻黃氏醫書八種本二冊

420000－2341－0001263　62.1/HYY

玉楸藥解八卷　（清）黃元御撰　清咸豐十一年(1861)長沙徐樹銘刻黃氏醫書八種本一冊

420000－2341－0001264　62.1/HYY

四聖心源十卷　（清）黃元御撰　清咸豐十一

年(1861)長沙徐樹銘刻黃氏醫書八種本
二冊

420000－2341－0001265　62.1/HYY

素靈微蘊四卷　（清）黃元御撰　清咸豐十一
年(1861)長沙徐樹銘刻黃氏醫書八種本
二冊

420000－2341－0001266　62.1/HYY

四聖懸樞五卷　（清）黃元御撰　清咸豐十一
年(1861)至清末七曲會刻本　一冊

420000－2341－0001267　62.1/GHB

補注黃帝內經素問二十四卷　（唐）王冰注
（宋）林億校正　（宋）孫兆重改誤　黃帝內經
素問遺篇一卷　（宋）劉溫舒輯　黃帝內經靈
樞九卷　清光緒三年(1877)浙江書局刻本
十冊

420000－2341－0001268　62.1/YG

醫效秘傳三卷　（清）葉桂撰　溫熱贅言一卷
　（清）吳金壽撰　清道光十一年(1831)至清
末刻本　二冊

420000－2341－0001269　62.1/YG 壹

醫效秘傳三卷　（清）葉桂撰　溫熱贅言一卷
　（清）吳金壽撰　清道光十一年(1831)至清
末刻本　三冊

420000－2341－0001270　62.113/ZJB

類經三十二卷首一卷　（明）張介賓類註　類
經圖翼十一卷　附翼四卷　清末刻本　四
十冊

420000－2341－0001271　62.2/CZY

醫書匯參輯成二十四卷　（清）蔡宗玉輯　清
嘉慶十二年(1807)次知齋刻本　二十四冊

420000－2341－0001272　62.2/JBY

醫家四要四種四卷　（清）程曦　（清）江誠
（清）雷大震纂　清光緒十年(1884)無錫日升
山房刻本　四冊

420000－2341－0001273　62.2/LCY

醫學一得一卷　（清）呂承源述　清光緒二十
五年(1899)刻本　一冊

420000－2341－0001274　62.2/WCR

醫林改錯二卷　（清）王清任撰　清宣統元年
(1909)仁記書莊刻本　二冊

420000－2341－0001275　62.2/XDC

醫學源流論二卷　（清）徐大椿撰　清乾隆二
十二年(1757)刻本　二冊

420000－2341－0001276　62.2/ZN

醫門棒喝四卷　（清）章楠撰　（清）王孟英增
批評點　清宣統元年(1909)蠹城三友益齋石
印本　四冊

420000－2341－0001277　62.2/ZN

醫門棒喝二集傷寒論本旨九卷　（清）章楠撰
　（清）王孟英增批評點　清宣統元年(1909)
蠹城三友益齋石印本　六冊

420000－2341－0001278　62.21/LSZ

奇經八脈攷一卷　（明）李時珍撰輯　清刻本
　一冊

420000－2341－0001279　62.21/LSZC1

奇經八脈攷一卷　（明）李時珍撰　脈訣攷證
一卷　瀕湖脈學一卷　清光緒十一年(1885)
合肥張氏味古齋刻本　一冊

420000－2341－0001280　62.27/YC

醫門法律六卷　（清）喻昌撰　清光緒二十六
年(1900)上海校經山房石印本　三冊

420000－2341－0001281　62.271/HFM

鍼灸甲乙經十二卷　（晉）皇甫謐撰　清光緒
十三年(1887)行素艸堂刻本　六冊

420000－2341－0001282　62.3/DBYJ

藥治通義十二卷　（日本）丹波元堅撰　清光
緒十年(1884)楊守敬後印聿脩堂醫學叢書本
三冊

420000－2341－0001283　62.31/CXY

神農本草經讀四卷　（清）陳念祖撰　清光緒
二十一年(1895)宏道堂刻本　一冊

420000－2341－0001284　62.31/GYC

本草三家合註六卷　（清）郭汝聰集註　神農
本草經百種錄一卷　（清）徐大椿撰　清宣統

元年(1909)漢文書屋刻本　六冊

420000 – 2341 – 0001285　62.31/KZC

本草衍義二十卷附校記　(宋)寇宗奭編撰
清宣統二年(1910)武昌醫館刻本　二冊

420000 – 2341 – 0001286　62.31/TSW

經史證類大觀本草三十一卷　(宋)唐慎微纂
清光緒三十年(1904)武昌柯氏刻本　十
六冊

420000 – 2341 – 0001287　62.31/WA

本草備要不分卷　(清)汪昂撰　清道光二十
五年(1845)瓶花書屋刻本　五冊

420000 – 2341 – 0001288　62.31/WYL

本草從新六卷藥性總義一卷　(清)吳儀洛輯
清乾隆二十二年(1757)至清末善成堂刻本
六冊

420000 – 2341 – 0001289　62.31/WYLC1

本草從新六卷藥性總義一卷　(清)吳儀洛輯
清大文堂刻本　一冊　存三卷(一至三)

420000 – 2341 – 0001290　62.31/ZST

本草綱目五十二卷首一卷圖三卷　(明)李時
珍編輯　清光緒十一年(1885)合肥張氏味古
齋刻本　二十九冊

420000 – 2341 – 0001291　62.31/ZST 壹

本草綱目五十二卷首一卷圖三卷　(明)李時
珍編輯　清光緒十一年(1885)合肥張氏味古
齋刻本　二十九冊

420000 – 2341 – 0001292　62.31/ZXM

本草綱目拾遺十卷　(清)趙學敏輯　清光緒
十一年(1885)合肥張氏味古齋刻本　八冊

420000 – 2341 – 0001293　62.32/CLZ

醫學從眾八卷　(清)陳念祖撰　清光緒三十
三年(1907)巴蜀善成堂刻本　一冊　存三卷
(一至三)

420000 – 2341 – 0001294　62.32/CXY

時方妙用四卷　(清)陳念祖撰　清光緒十三
年(1887)宏道堂刻本　二冊

420000 – 2341 – 0001295　62.32/CXY.1

時方歌括二卷　(清)陳念祖撰　清嘉慶八年
(1803)至清末刻本　一冊

420000 – 2341 – 0001296　62.32/CXYC1

時方妙用四卷　(清)陳念祖撰　清光緒三十
四年(1908)巴蜀善成堂刻本　二冊

420000 – 2341 – 0001297　62.32/FG

丹溪心法附餘二十四卷首一卷　(明)方廣輯
清光緒二十五年(1899)石印本　十二冊

420000 – 2341 – 0001298　62.32/FQZ

傅青主男科二卷　(清)傅山撰　清光緒九年
(1883)刻本　一冊　存一卷(上)

420000 – 2341 – 0001299　62.32/LYK

活人心法四卷　(清)劉以仁撰　(清)王文選
輯　清道光十八年(1838)王氏刻本　三冊
存三卷(一至二、四)

420000 – 2341 – 0001300　62.32/SSM

千金翼方三十卷　(唐)孫思邈撰　(宋)林億
校正　清光緒四年(1878)上海莫繩孫刻本
七冊　缺四卷(十六至十九)

420000 – 2341 – 0001301　62.32071/CLX

本草萬方鍼線八卷　(清)蔡烈先輯　清光緒
十一年(1885)合肥張氏味古齋刻本　二冊

420000 – 2341 – 0001302　62.321/CXY

景岳新方砭四卷　(清)陳念祖撰　清光緒二
十一年(1895)刻本　一冊

420000 – 2341 – 0001303　62.33/CNZ

神授急救異痧奇方不分卷　(清)陳念祖輯
經驗百病內外不分卷　清咸豐至宣統刻本
一冊

420000 – 2341 – 0001304　62.33/DBY

救急選方二卷　(日本)丹波元簡撰　清光緒
十年(1884)楊守敬後印聿脩堂醫學叢書本
二冊

420000 – 2341 – 0001305　62.33/SWL

新刊良朋彙集五卷　(清)孫偉輯　清光緒九
年(1883)上洋校經山房刻本　五冊

420000 – 2341 – 0001306　62.33/SWL 壹

新刊良朋彙集五卷　（清）孫偉輯　清光緒九年(1883)上洋校經山房刻本　一冊　存一卷（一）

420000－2341－0001307　62.33/ZZW

急救應驗良方不分卷　（清）費山壽輯纂　清光緒二十二年(1896)刻本　一冊

420000－2341－0001308　62.361/YL

本草分經審治不分卷　（清）姚瀾編　清光緒十四年(1888)刻本　四冊

420000－2341－0001309　62.361/ZXM

本草綱目拾遺十卷　（清）趙學敏輯　清光緒十一年(1885)合肥張氏味古齋刻本　八冊

420000－2341－0001310　62.39/WZY

三家醫案合刻三卷　（清）繆遵義等撰　（清）吳金壽纂　清道光十一年(1831)刻本　三冊

420000－2341－0001311　62.391/YC

寓意草不分卷　（清）喻昌撰　清光緒三十一年(1905)經元書室刻本　二冊

420000－2341－0001312　62.392/YC

寓意草不分卷　（清）喻昌撰　清光緒二十六年(1900)老校經山房石印本　一冊

420000－2341－0001313　62.4/CZT

醫法心傳一卷　（清）程芝田撰　清光緒十一年(1885)刻本　一冊

420000－2341－0001314　62.4/CZT 壹

醫法心傳一卷　（清）程芝田撰　清光緒十一年(1885)刻本　一冊

420000－2341－0001315　62.4/LST

醫學崇正三卷　（清）羅綏堂撰　清光緒二十四年(1898)刻本　三冊

420000－2341－0001316　62.41/CXY

張仲景傷寒論原文淺註六卷　（清）陳念祖集註　清光緒三十四年(1908)寶慶經元書局刻本　三冊

420000－2341－0001317　62.41/DBYJ

傷寒廣要十二卷　（日本）丹波元堅撰　清光緒十年(1884)楊守敬後印聿脩堂醫學叢書本

四冊

420000－2341－0001318　62.41/DBYJ

傷寒論述義五卷　（日本）丹波元堅撰　清光緒十年(1884)楊守敬後印聿脩堂醫學叢書本　一冊

420000－2341－0001319　62.41/DBYJ

傷寒論輯義七卷　（日本）丹波元簡撰　清光緒十年(1884)楊守敬後印聿脩堂醫學叢書本　七冊

420000－2341－0001320　62.41/GY

仲景傷寒補亡論二十卷　（宋）郭雍撰　清宣統三年(1911)武昌醫館刻本　四冊

420000－2341－0001321　62.41/KYB

傷寒論註四卷　（漢）張機撰　（清）柯琴編註　清乾隆二十年(1755)至清末刻本　四冊

420000－2341－0001322　62.41/KYB

傷寒論翼二卷　（清）柯琴撰　清乾隆二十年(1755)至清末刻本　二冊

420000－2341－0001323　62.41/KYB

傷寒附翼二卷　（清）柯琴撰　清乾隆二十年(1755)至清末刻本　二冊

420000－2341－0001324　62.41/SZ

重訂傷寒集註十卷附錄五卷　（清）舒詔撰　清乾隆三十五年(1770)至清末渝城恒新書社刻本　四冊

420000－2341－0001325　62.41/XDC

傷寒論類方四卷　（清）徐大椿編釋　（清）潘霨增輯　清同治五年(1866)古吳潘氏刻本　四冊

420000－2341－0001326　62.41/YC

尚論篇四卷首一卷　（清）喻昌撰　清光緒三十一年(1905)經元書室刻本　四冊

420000－2341－0001327　62.41/YC

尚論後篇四卷　（清）喻昌撰　清光緒三十一年(1905)經元書室刻本　三冊

420000－2341－0001328　62.41/YC1

尚論篇四卷首一卷　（清）喻昌撰　尚論後篇

四卷　(清)喻昌撰　清光緒二十六年(1900)
上海校經山房石印本　二冊

420000－2341－0001329　62.41/YZJ

張仲景傷寒論貫珠集八卷　(清)尤怡注　清
嘉慶十五年(1810)至清末蘇州來青閣刻本
四冊

420000－2341－0001330　62.41/ZD

傷寒舌鑑一卷　(清)張登纂　(清)邵之鵬校
　清光緒十一年(1885)刻本　一冊

420000－2341－0001331　62.41/ZD 壹

傷寒舌鑑一卷　(清)張登纂　(清)邵之鵬校
　清光緒十一年(1885)刻本　一冊

420000－2341－0001332　62.41/ZZ

傷寒兼證析義一卷　(清)張倬撰　傷寒舌鑑
一卷　(清)張登撰　診宗三昧一卷　(清)張
登撰　本經逢原四卷　(清)張璐撰　清光緒
三十三年(1907)上海書局石印本　一冊

420000－2341－0001333　62.41/ZZW

御纂金鏡錄不分卷　清道光十五年(1835)宏
道堂刻本　二冊

420000－2341－0001334　62.43/DBYJ

金匱玉函要略方論輯義六卷　(日本)丹波元
簡撰　清光緒十年(1884)楊守敬後印聿脩堂
醫學叢書本　五冊　存五卷(一至四、六)

420000－2341－0001335　62.44/GTX

新鐫雲林神彀四卷　(明)龔廷賢編撰　清道
光成德堂刻本　二冊

420000－2341－0001336　62.44/ZL

張氏醫通十六卷　(清)張璐撰　清光緒三十
三年(1907)上海書局石印本　二冊

420000－2341－0001337　62.451/WT

問心堂溫病條辨六卷首一卷　(清)吳瑭撰
清光緒三十一年(1905)埽葉山房刻本　六冊

420000－2341－0001338　62.451/WT1

問心堂溫病條辨六卷首一卷　(清)吳瑭撰
清同治五年(1866)刻本　六冊

420000－2341－0001339　62.451/ZYZ

溫熱暑疫全書四卷　(清)周揚俊輯　清光緒
十五年(1889)掃葉山房刻本　二冊

420000－2341－0001340　62.452/DTZ

廣瘟疫論四卷末一卷　(清)戴天章撰　清乾
隆四十八年(1783)至清末刻本　二冊

420000－2341－0001341　62.452/WYK

瘟疫論類編五卷　(明)吳有性撰　(清)劉奎
訂正　(清)劉秉錦編釋　清道光二十年
(1840)寶慶仁記書局刻本　二冊

420000－2341－0001342　62.452/WYK.1

瘟疫論二卷　(明)吳有性撰　清同治元年
(1862)刻本　二冊

420000－2341－0001343　62.499/HXS

內科新說二卷　(英國)合信氏　(清)管茂材
撰　清光緒二十二年(1896)皖南醫學館鉛印
本　二冊

420000－2341－0001344　62.499/JHD

筆花醫鏡二卷　(清)江涵暾撰　清光緒三十
三年(1907)刻本　二冊

420000－2341－0001345　62.499/JHD 壹

筆花醫鏡二卷　(清)江涵暾撰　清光緒三十
三年(1907)刻本　二冊

420000－2341－0001346　62.499/WKT

雜症準繩八卷　(明)王肯堂輯　清光緒二十
五年(1899)西蜀善成堂刻本　十七冊

420000－2341－0001347　62.5/WSY

理瀹駢文不分卷　(清)吳師機撰　清光緒六
年(1880)褚一飛刻本　四冊

420000－2341－0001348　62.51/WKT

瘍醫準繩六卷　(明)王肯堂輯　清光緒二十
五年(1899)西蜀善成堂刻本　十三冊

420000－2341－0001349　62.51/WWT

王洪緒先生外科證治全生一卷　(清)王洪緒
撰　清光緒十一年(1885)漢口森寶齋刻本
二冊

420000－2341－0001350　62.7/HXS

婦嬰新說一卷　(英國)合信氏　(清)管茂材

撰　清光緒二十二年(1896)皖南醫學館鉛印本　一冊

420000－2341－0001351　62.7/SJA

婦科玉尺六卷　(清)沈金鰲撰　清光緒十七年(1891)蘇州交通益記圖書舘刻本　二冊

420000－2341－0001352　62.71/CXY

女科要旨四卷　(清)陳念祖撰　清光緒二十一年(1895)宏道堂刻本　一冊　存二卷(一至二)

420000－2341－0001353　62.71/FQZ

傅青主女科二卷　(清)傅山撰　清同治八年(1869)湖北崇文書局刻本　一冊

420000－2341－0001354　62.71/FQZ.1

女科良方三卷　(清)傅山撰　清光緒十八年(1892)校經山房刻本　二冊

420000－2341－0001355　62.71/WKT

女科證治準繩五卷　(明)王肯堂撰　清光緒二十五年(1899)西蜀善成堂刻本　十二冊

420000－2341－0001356　62.71/WZW

濟陰綱目十四卷　(明)武之望撰　(清)汪淇箋釋　保生碎事　(清)汪淇撰　清雍正六年(1728)至清末宏道堂刻本　八冊

420000－2341－0001357　62.74/JZ

達生編二卷　(清)亟齋居士撰　山陰倪涵初先生手定痢瘧奇方一卷　保產經驗良方一卷　加減前方種子安胎記一卷　急救咽喉各症萬應神效方一卷　秘製神驗松葱膏一卷　消散萬應外愈散一卷　清光緒二十七年(1901)刻本　一冊

420000－2341－0001358　62.77/CY

小兒藥證眞訣三卷　(宋)錢乙撰　清刻本　二冊

420000－2341－0001359　62.77/ZSY

活幼心書三卷　(元)曾世榮編　清宣統二年(1910)武昌醫館刻本　二冊

420000－2341－0001360　62.771/NJK

活幼心法大全九卷　(清)聶尚恆撰　清乾隆

四十九年(1784)近聖堂刻本　一冊　存五卷(一至五)

420000－2341－0001361　62.771/QJ

痘證寶筏六卷　(清)強健撰　清光緒十七年(1891)刻本　一冊

420000－2341－0001362　62.771/QX

繪圖引痘心法全書不分卷　(清)邱熺撰　清光緒八年(1882)校經山房刻本　二冊

420000－2341－0001363　62.771/SZY

痘疹正宗二卷　(清)宋麟祥撰　清宣統三年(1911)上海廣益書局石印本　二冊

420000－2341－0001364　62.771/SZY1

痘疹正宗三卷　(清)宋麟祥撰　清光緒十年(1884)校經山房刻本　二冊

420000－2341－0001365　62.771/SZY1 壹

痘疹正宗三卷　(清)宋麟祥撰　清光緒十年(1884)校經山房刻本　二冊

420000－2341－0001366　62.771/ZCF

痘疹集成四卷　(清)朱楚芬輯　麻疹集成二卷　清道光十七年(1837)破愚齋刻本　六冊

420000－2341－0001367　62.8/LJQ

檢驗集証不分卷　(清)郎錦騏纂輯　清道光二十七年(1847)還珠山房姜氏刻本　二冊

420000－2341－0001368　62.8/LJQ

檢驗合參一卷　(清)郎錦騏纂輯　清道光二十七年(1847)還珠山房姜氏刻本　一冊

420000－2341－0001369　62.8/WYH

重刊補註洗冤錄集證五卷　(清)王又槐增輯　清道光十七年(1837)刻本　四冊

420000－2341－0001370　62.8/XL

洗冤錄詳義四卷摭遺二卷　(清)許槤編校　清光緒二年(1876)葛氏嘯園刻本　五冊

420000－2341－0001371　62.8/XLC1

洗冤錄詳義四卷首一卷摭遺二卷摭遺補一卷　(清)許槤編校　清光緒十三年(1887)京都琉璃廠榮祿堂刻本　六冊

420000－2341－0001372　62.8/ZXT

補註洗冤錄集證四卷　（宋）宋慈撰　（清）王又槐集證　（清）阮其新補註　附刊檢骨圖格一卷　作吏要言一卷　（清）葉鎮撰　清道光二十三年(1843)鍾淮等刻三色套印本　四冊

420000－2341－0001373　62/XDC

醫貫砭二卷　（清）徐大椿撰　清光緒十八年(1892)湖北官書處刻徐氏醫書八種本　一冊

420000－2341－0001374　62/XDC

傷寒論類方一卷　（清）徐大椿編輯　清光緒十八年(1892)湖北官書處刻徐氏醫書八種本　一冊

420000－2341－0001375　62/XDC

蘭臺軌範八卷　（清）徐大椿編輯　清光緒十八年(1892)湖北官書處刻徐氏醫書八種本　四冊

420000－2341－0001376　62/XDC

愼疾芻言一卷　（清）徐大椿撰　清光緒十八年(1892)湖北官書處刻徐氏醫書八種本　一冊

420000－2341－0001377　62/XDC

難經經釋二卷　（清）徐大椿釋　清光緒十八年(1892)湖北官書處刻徐氏醫書八種本　一冊

420000－2341－0001378　62/XDC

醫學源流論二卷　（清）徐大椿釋　清光緒十八年(1892)湖北官書處刻徐氏醫書八種本　二冊

420000－2341－0001379　62/XDC

神農本草經百種錄一卷　（清）徐大椿撰　清光緒十八年(1892)湖北官書處刻徐氏醫書八種本　一冊

420000－2341－0001380　62/XDC

洄溪醫案一卷　（清）徐大椿撰　（清）王士雄編　清光緒十七年(1891)湖北官書處刻徐氏醫書八種本　一冊

420000－2341－0001381　622.5/292

歷代地理志韻編今釋二十卷　（清）李兆洛輯　清同治九年(1870)合肥李氏刻李氏五種本　七冊

420000－2341－0001382　622.5/292

皇朝輿地韻編二卷　（清）李兆洛輯　清同治九年(1870)合肥李氏刻李氏五種本　一冊

420000－2341－0001383　622.5/292

紀元編三卷末一卷　（清）六承如錄　清同治九年(1870)合肥李氏刻李氏五種本　一冊

420000－2341－0001384　622.5/292

歷代地理沿革圖不分卷　（清）李兆洛輯　清同治十一年(1872)合肥李氏刻李氏五種本　一冊

420000－2341－0001385　626.5/271

歷代輿地沿革險要圖說不分卷　楊守敬　饒敦秩撰　王尚德繪　清光緒二十四年(1898)上海文賢閣石印本　一冊

420000－2341－0001386　628.2/152

水經注圖四十卷補一卷　楊守敬撰　清光緒三十一年(1905)楊氏觀海堂刻朱墨套印本　八冊

420000－2341－0001387　63.39/HST

萬國藥方八卷　（美國）洪士提反譯　清光緒二十四年(1898)上海美華書館石印本　八冊

420000－2341－0001388　63.8/WYH

重刊補註洗冤錄集證六卷　（清）王又槐集證　（清）阮其新補註　清道光二十四年(1844)刻本　五冊

420000－2341－0001389　63.83/JS

西醫內科全書六卷　（美國）約翰校正　（清）孔慶高筆譯　清光緒八年(1882)刻本　六冊

420000－2341－0001390　64.4/ZZW

割症全書七卷　（美國）嘉約翰譯　清光緒十六年(1890)羊城博濟醫局刻本　六冊

420000－2341－0001391　64.44/HXS

全體新論一卷　（英國）合信氏　（清）陳修堂撰　清光緒二十二年(1896)皖南醫學館鉛印

本　一冊

420000－2341－0001392　64.44/HXS

西醫略論三卷　（英國）合信氏　（清）管茂材撰　清光緒二十二年（1896）皖南醫學館鉛印本　二冊

420000－2341－0001393　64.49/TZH

中西匯通醫經精義二卷　唐宗海撰　（清）鄧其章參校　清光緒二十年（1894）褒海山房書局石印本　一冊

420000－2341－0001394　64.49/TZH

本草問答二卷　唐宗海撰　清光緒二十年（1894）褒海山房書局石印本　與 420000－2341－0001393 合一冊

420000－2341－0001395　64.49/TZH

血證論八卷　唐宗海撰　（清）鄧其章參校　清光緒二十年（1894）褒海山房書局石印本　一冊

420000－2341－0001396　D/811.179/2123

潛穎文四卷　何維棣撰　清光緒二十七年（1901）何氏刻本　二冊

420000－2341－0001397　910/963

三才紀要不分卷　（清）□□撰　清同治四年（1865）至清末江南機器製造總局刻本　一冊

420000－2341－0001398　922.4/257

晉書一百三十卷　（唐）房玄齡撰　清同治十年（1871）金陵書局刻本　二十冊

420000－2341－0001399　922.77/151

北史一百卷　（唐）李延壽撰　清同治十一年（1872）金陵書局刻本　十四冊

420000－2341－0001400　A/0001

御定仿宋岳氏本相臺五經九十六卷附考證　（元）岳浚輯　清乾隆四十八年（1783）武英殿刻本　四十冊

420000－2341－0001401　A/0002

通志堂經解一千八百六十卷　（清）納蘭性德編　清康熙十九年（1680）通志堂刻本　四百冊　缺十六卷（三山拙齋林先生尚書全解三

十四、龍學孫公春秋經解十五卷）

420000－2341－0001402　A/0003

易說六卷　（宋）司馬光撰　清乾隆武英殿木活字印本　二冊

420000－2341－0001403　A/0004

周易經傳傳義二十四卷上下篇義一卷朱子圖說一卷五贊一卷筮儀一卷　（宋）程頤　（宋）朱熹撰　明嘉靖八年（1529）張祿、朱廷聲等刻五經本　六冊

420000－2341－0001404　A/0005

易學啟蒙通釋二卷圖一卷　（宋）胡方平撰　元刻明修本　二冊

420000－2341－0001405　A/0006

易經正譌一卷　（明）郭若緯撰　明崇禎四年（1631）刻本　一冊

420000－2341－0001406　A/0007

三易備遺十卷　（宋）朱元升撰　清康熙十五年（1676）通志堂刻本　六冊

420000－2341－0001407　A/0008

易占經緯四卷　（明）韓邦奇輯　明嘉靖二十七年（1548）刻本　四冊

420000－2341－0001408　A/0009

易經蒙引十二卷　（明）蔡清撰　明萬曆三十八年（1610）彭氏刻本　十二冊

420000－2341－0001409　A/0010

新刻來瞿唐先生易注十五卷首一卷末一卷　（明）來知德撰　清康熙十六年（1677）朝爽堂刻本　十冊

420000－2341－0001410　A/0011

周易函書約存十五卷首三卷約注十八卷別集十六卷附卜法詳考四卷　（清）胡煦撰　清乾隆五十九年（1794）葆璞堂刻本　三十冊

420000－2341－0001411　A/0012

周易述二十三卷　（清）惠棟撰　清乾隆二十四年至二十七年（1759－1762）雅雨堂刻本　六冊

420000－2341－0001412　A/0013

易箋八卷首一卷　（清）陳法撰　清乾隆二十七年(1762)刻本　四冊

420000 – 2341 – 0001413　A/0014

孔易釋文七卷　（清）孫承澤撰　清康熙六年(1667)孫氏城南書舍刻本　二冊

420000 – 2341 – 0001414　A/0015

尚書集注音疏十二卷末一卷外編一卷　（清）江聲撰　清乾隆五十八年(1793)近市居刻本　六冊

420000 – 2341 – 0001415　A/0016

詩傳大全二十卷綱領一卷圖一卷　（明）胡廣編　詩序辨說一卷　（宋）朱熹撰　明永樂十三年(1415)內府刻本　十二冊

420000 – 2341 – 0001416　A/0017

呂氏家塾讀詩記三十二卷　（宋）呂祖謙撰　明萬曆四十一年(1613)陳氏刻本　六冊

420000 – 2341 – 0001417　A/0018

周禮傳五卷翼傳二卷圖說二卷　（明）王應電撰　明抄本　十四冊

420000 – 2341 – 0001418　A/0019

大戴禮記十三卷　（漢）戴德撰　明末沈泰刻本　四冊

420000 – 2341 – 0001419　A/0020

禮記集說三十卷　（元）陳澔集說　明嘉靖吉澄刻本　八冊

420000 – 2341 – 0001420　A/0021

新定三禮圖二十卷　（宋）聶崇義撰　清康熙通志堂刻本　四冊

420000 – 2341 – 0001421　A/0022

董子春秋繁露十七卷　（漢）董仲舒撰　清乾隆十六年(1751)董天工刻本　二冊

420000 – 2341 – 0001422　A/0023

春秋四傳三十八卷　（明）□□撰　明嘉靖吉澄刻本　十冊

420000 – 2341 – 0001423　A/0024

春秋傳注彙約二十三卷　（明）吳一杖撰　明萬曆三十年(1602)吳有志刻本　六冊

420000 – 2341 – 0001424　A/0025

論語筆解二卷　（唐）韓愈　（唐）李翱撰　明嘉靖范氏天一閣刻范氏奇書本　一冊

420000 – 2341 – 0001425　A/0026

樂律全書四十八卷　（明）朱載堉撰　明萬曆鄭藩刻本　十九冊

420000 – 2341 – 0001426　A/0027

七經孟子考文補遺二百卷　（日本）山井鼎輯　清嘉慶二年(1797)阮氏小琅嬛仙館刻本　十四冊

420000 – 2341 – 0001427　A/0028

五雅五種七十三卷　（明）畢效欽輯　明萬曆十六年(1588)瑞桃堂刻本　十四冊

420000 – 2341 – 0001428　A/0029

說文解字十五卷　（漢）許慎撰　清初毛氏汲古閣刻本　六冊

420000 – 2341 – 0001429　A/0030

說文繫傳四十卷附錄一卷　（南唐）徐鍇撰　清乾隆四十七年(1782)汪啟淑刻本　十二冊

420000 – 2341 – 0001430　A/0031

說文解字義證五十卷　（清）桂馥撰　清咸豐二年(1852)楊氏刻本　三十二冊

420000 – 2341 – 0001431　A/0032

新加九經字樣一卷　（唐）唐玄度撰　清乾隆五年(1740)馬曰璐叢書樓刻本　一冊

420000 – 2341 – 0001432　A/0033

重校全補海篇直音十二卷首三卷　（明）李廷機輯　明萬曆二十三年(1595)鄭世豪刻本　十二冊

420000 – 2341 – 0001433　A/0034

清文彙書十二卷　（清）李延基譯注　清乾隆十六年(1751)京都打磨廠中和堂刻本　十二冊

420000 – 2341 – 0001434　A/0035

古韻標準四卷首一卷　（清）江永編　清乾隆六十年(1795)安陽縣衙刻本　三冊

420000 – 2341 – 0001435　A/0036

大明正德乙亥重刊改併五音類聚四聲篇十五卷 （金）韓道昭撰 明正德十一年（1516）刻本 五冊

420000－2341－0001436 A/0037

大明萬曆乙亥重刊改並五音類聚四聲篇十五卷 （金）韓道昭撰 明萬曆三年（1575）刻本 五冊

420000－2341－0001437 A/0038

古今韻會舉要三十卷禮部韻略七音三十六母通考一卷 （元）熊忠撰 明嘉靖十五年（1536）秦鉞、李舜臣刻十七年（1538）劉儲秀補刻本 十冊

420000－2341－0001438 A/0039

洪武正韻十六卷 （明）樂韶鳳 （明）宋濂撰 明崇禎十三年（1640）陸鳳臺刻陸孝標修補印本 五冊

420000－2341－0001439 A/0040

音學五書五種 （清）顧炎武撰 清康熙六年（1667）張弨符山堂刻本 十二冊

420000－2341－0001440 A/0041

音韻闡微十八卷 （清）李光地等撰 清雍正六年（1728）內府刻本 五冊

420000－2341－0001441 A/0042

諧聲譜摘鈔不分卷 （清）張成孫撰 清光緒十三年（1887）龍繼棟抄本 二冊

420000－2341－0001442 A/0043

康熙字典三十六卷總目一卷檢字一卷辨似一卷等韻一卷補遺一卷備考一卷 （清）張玉書 （清）蔡升元纂 清康熙五十五年（1716）內府刻本 四十冊

420000－2341－0001443 A/0044

易堂問目四卷 （清）吳鼎撰 清乾隆三十七年（1772）鄒容成刻本 二冊

420000－2341－0001444 A/0045

經史典奧六十七卷 （明）來斯行輯 明崇禎五年（1632）刻本 十六冊

420000－2341－0001445 A/0046

易解十卷 （唐）李鼎祚撰 明刻本 十一冊

420000－2341－0001446 A/0047

日講易經解義十八卷 （清）牛鈕編 清康熙二十三年（1684）內府刻本 十冊

420000－2341－0001447 A/0048

田間易學不分卷 （清）錢澄之撰 清康熙斟雉堂刻本 六冊

420000－2341－0001448 A/0049

欽定書經傳說彙纂二十一卷 （清）王頊齡 （清）張廷玉撰 清雍正八年（1730）內府刻本 十四冊

420000－2341－0001449 A/0050

詩所八卷 （清）李光地注 清雍正六年（1728）刻本 二冊

420000－2341－0001450 A/0051

四書辨疑十五卷 （元）陳天祥撰 清康熙十九年（1680）通志堂刻本 四冊

420000－2341－0001451 A/0052

六書分類十一卷首一卷 （清）傅世垚撰 清康熙四十四年（1705）聽松閣刻本 十二冊

420000－2341－0001452 A/0053

通雅五十二卷首三卷 （清）方以智輯 清康熙五年（1666）姚文燮刻本 十二冊

420000－2341－0001453 A/0054

古文集評初編四集十八卷 （清）于光華編輯 清乾隆四十年（1775）務本堂刻本 二十冊

420000－2341－0001454 A/0055

河洛精蘊九卷 （清）江永撰 清乾隆三十九年至五十年（1774－1785）黃雲甫刻本 四冊

420000－2341－0001455 A/0056

五經全註不分卷 （清）□□編 清光緒十五年（1889）還讀軒主人石印本 二冊

420000－2341－0001456 A/0057

四書人物類典串珠二卷 （清）臧志仁編輯 清光緒至清末石印本 二冊

420000－2341－0001457 A/0058

爾雅犍為文學注三卷　（漢）郭舍人撰　（清）馬國翰輯　爾雅劉氏注一卷　（漢）劉歆撰（清）馬國翰輯　爾雅樊氏注一卷　（漢）樊光撰　（清）馬國翰輯　清光緒十年(1884)楚南書局刻玉函山房輯佚書本　一冊

420000－2341－0001458　A/0058

爾雅李氏注三卷　（漢）李巡撰　（清）馬國翰輯　清光緒十年(1884)楚南書局刻玉函山房輯佚書本　一冊

420000－2341－0001459　A/0058

爾雅孫氏音一卷　（三國魏）孫炎撰　（清）馬國翰輯　爾雅孫氏注三卷　清光緒十年(1884)楚南書局刻玉函山房輯佚書本　一冊

420000－2341－0001460　A/0058

爾雅音義一卷　（晉）郭璞撰　（清）馬國翰輯　爾雅圖讚一卷　集注爾雅一卷　（南朝梁）沈旋撰　（清）馬國翰輯　爾雅施氏音一卷　（南朝陳）施乾撰　（清）馬國翰輯　爾雅謝氏音一卷　（南朝陳）謝嶠撰　（清）馬國翰輯　爾雅顧氏音一卷　（南朝陳）顧野王撰　（清）馬國翰輯　爾雅裴氏注一卷　（唐）裴瑜撰（清）馬國翰輯　清光緒十年(1884)楚南書局刻玉函山房輯佚書本　一冊

420000－2341－0001461　A/088.1/0010

古學考一卷　廖平撰　清光緒二十三年(1897)尊經書局刻本　一冊

420000－2341－0001462　A/090.01/4412

群經引詩大旨六卷　（清）黃雲鵠撰　（清）劉洪烈校　清光緒二十年(1894)刻本　一冊

420000－2341－0001463　A/090.032/3404

傳經表二卷　（清）洪亮吉撰　繆荃孫校錄　清光緒五年(1879)授經堂刻本　一冊

420000－2341－0001464　A/090.04/0010

今古學考二卷　廖平述　清光緒十二年(1886)刻本　二冊

420000－2341－0001465　A/090.04/0043

偽經考十四卷　康有爲撰　清光緒十七年(1891)萬木草堂刻本　六冊

420000－2341－0001466　A/090.04/2528

經義考二百九十八卷目錄二卷　（清）朱彝尊撰　（清）李濤校　清光緒二十三年(1897)浙江書局刻本　一百冊

420000－2341－0001467　A/090.04/2528C3

經義考二百九十八卷目錄二卷　（清）朱彝尊撰　（清）李濤校　清嘉慶二十二年(1817)刻本　四十八冊

420000－2341－0001468　A/090.04/2528 壹

經義考二百九十八卷目錄二卷　（清）朱彝尊撰　（清）李濤校　清光緒二十三年(1897)浙江書局刻本　五十冊

420000－2341－0001469　A/090.04/2644

有竹石軒經句說十卷　（清）吳英撰　清嘉慶二十年(1815)有竹石軒刻本　五冊

420000－2341－0001470　A/090.04/7543

左海經辨二卷　（清）陳壽祺撰　清道光三年(1823)福州陳氏刻本　二冊

420000－2341－0001471　A/090.04/8042

介菴經說十卷補一卷　（清）雷學淇述　清道光三年(1823)至清末刻本　一冊　存六卷（六至十、補一卷）

420000－2341－0001472　A/090.04/8043

群經平議三十五卷　（清）俞樾撰　清光緒十七年(1891)兩儀堂刻本　十八冊

420000－2341－0001473　A/090.07/2627

經學輯要二十四卷　（清）吳穎炎輯　清光緒二十三年(1897)點石齋石印本　三十二冊

420000－2341－0001474　A/090.07/8030

全謝山先生經史問答十卷　（清）全祖望撰　（清）王廷學校　清光緒八年(1882)上海王氏刻本　四冊

420000－2341－0001475　A/090.08/0010

四益館經學叢書六卷　廖平撰　清光緒十二年(1886)成都刻本　五冊

420000－2341－0001476　A/090.08/1013

經義述聞三十二卷　（清）王引之輯　清道光

七年(1827)京師西江米巷壽藤書屋刻本　二十冊

420000－2341－0001477　A/090.08/1020
皇清經解續編一千四百三十卷　王先謙編
清光緒十四年(1888)南菁書院刻本　三百二十冊

420000－2341－0001478　A/090.08/1020C1
皇清經解續編二百九卷　王先謙編　清光緒十五年(1889)上海蜚英書局石印本　三十二冊

420000－2341－0001479　A/090.08/1020C1 貳
皇清經解續編二百九卷　王先謙編　清光緒十五年(1889)上海蜚英書局石印本　十六冊　存一百七十三卷(一至一百七十三)

420000－2341－0001480　A/090.08/1020C1 壹
皇清經解續編二百九卷　王先謙編　清光緒十五年(1889)上海蜚英書局石印本　十九冊

420000－2341－0001481　A/090.08/1020 貳
皇清經解續編一千四百三十卷　王先謙編
清光緒十四年(1888)南菁書院刻本　二百七十一冊

420000－2341－0001482　A/090.08/1020 叁
皇清經解續編一千四百三十卷　王先謙編
清光緒十四年(1888)南菁書院刻本　十三冊　存三十卷(四百四十八至四百七十七)

420000－2341－0001483　A/090.08/1020.1
說文聲類十六卷　(清)嚴可均撰　清光緒十四年(1888)南菁書院刻本　一冊　存七卷(一至七)

420000－2341－0001484　A/090.08/1020.2
說文聲讀表二卷　(清)苗夔撰　清光緒十四年(1888)南菁書院刻本　一冊

420000－2341－0001485　A/090.08/1020 壹
皇清經解續編一千四百三十卷　王先謙編
清光緒十四年(1888)南菁書院刻本　三百二十冊

420000－2341－0001486　A/090.08/1104

通德遺書所見錄七十二卷　(清)孔廣林輯
清光緒十六年(1890)山東書局刻本　四冊

420000－2341－0001487　A/090.08/1148
續皇清經解目錄十七卷　蜚英書局編　清光緒二十三年(1897)上海蜚英書局石印本
四冊

420000－2341－0001488　A/090.08/2445
通志堂經解一千八百四十五卷　(清)納蘭性德編　清同治十二年(1873)粵東書局刻本
四百七十冊　缺三十一卷(周易玩辭一至十六,東谷鄭先生易翼傳一至二,學易記一至九、首,讀易私言一,周易本義通釋十一至十二)

420000－2341－0001489　A/090.08/3456
皇清經解編目十六卷　(清)凌忠照編輯　清光緒十八年(1892)上海古香閣石印本　四冊

420000－2341－0001490　A/090.08/3456C2
皇清經解縮本編目十六卷　(清)凌忠照編輯　清光緒二十二年(1896)上海鴻文書局石印本　四冊

420000－2341－0001491　A/090.08/6022
經義莛撞四卷附讀經瑣記一卷　易順鼎撰
清光緒十年(1884)刻本　二冊

420000－2341－0001492　A/090.08/7110
皇清經解一百九十卷　(清)阮元編　清光緒十一年(1885)上海點石齋石印本　二十四冊

420000－2341－0001493　A/090.08/7110C1
皇清經解一千四百卷續刻八卷首一卷　(清)阮元編　清道光九年(1829)廣東學海堂刻咸豐十一年(1861)補刻本　三百五十九冊　存一千四百七卷(一至一千四百六、首一卷)

420000－2341－0001494　A/090.08/7110C1 壹
皇清經解一千四百卷續刻八卷首一卷　(清)阮元編　清道光九年(1829)廣東學海堂刻咸豐十一年(1861)補刻本　三百二十冊

420000－2341－0001495　A/090.08/7110C3
皇清經解一百八十種　(清)阮元編　清光緒

十三年(1887)上海書局石印本　六十四冊

420000－2341－0001496　A/090.08/7426

經典釋文序錄不分卷　(唐)陸德明撰　清末
江楚書局刻本　一冊

420000－2341－0001497　A/090.08/7500

白虎通疏證十二卷　(清)陳立疏　清光緒元
年(1875)淮南書局刻本　四冊

420000－2341－0001498　A/090.08/7597

經傳釋義五十卷　(清)陳煒撰　清嘉慶九年
(1804)校字齋刻本　二十冊

420000－2341－0001499　A/090.08/8043

茶香室經說十六卷　(清)俞樾撰　清光緒十
八年(1892)廣東學院刻本　四冊

420000－2341－0001500　A/090.08/8043.2

古經解鈎沉三十卷　(清)余蕭客撰　清乾隆
六十年(1795)刻道光二十年(1840)京江魯氏
補刻本　八冊

420000－2341－0001501　A/090.08/8204

古經解彙函十六種附小學彙函十四種　(清)
鍾謙鈞輯　清同治十二年(1873)粵東書局刻
本　八冊　存五種二十九卷(鄭氏周易注三
卷補遺一卷,周易集解三至八、十二至十五,
周易口訣義六卷,春秋啖趙集傳纂例七至十,
論語集解義疏六至十)

420000－2341－0001502　A/090.08/8204C1

古經解彙函十六種附小學彙函十四種　(清)
鍾謙鈞輯　清光緒十四年(1888)上海蜚英館
石印本　二十冊

420000－2341－0001503　A/090.08/8204C1　壹

古經解彙函十六種附小學彙函十四種　(清)
鍾謙鈞輯　清光緒十四年(1888)上海蜚英館
石印本　二十冊

420000－2341－0001504　A/090.08/8204C2

古經解彙函十六種附小學彙函十四種　(清)
鍾謙鈞輯　清光緒十五年(1889)湘南書局刻
本　三十六冊　缺三種(尚書大傳、韓詩外
傳、毛詩草木鳥獸蟲魚疏)

420000－2341－0001505　A/090.08/8324

經苑二十五種二百五十四卷　(清)錢儀吉輯
清同治七年(1868)大梁書院刻本　六十冊

420000－2341－0001506　A/090.097/1013

經傳釋詞十卷　(清)王引之撰　清嘉慶二十
四年(1819)刻本　四冊

420000－2341－0001507　A/090.097/4433

明堂陰陽夏小正經傳攷釋十卷夏時等列說一
卷　(清)莊述祖撰　清光緒九年(1883)刻本
四冊

420000－2341－0001508　A/090.1/1247

古微書三十六卷　(明)孫瑴撰　清光緒十四
年(1888)對山問月樓刻本　四冊

420000－2341－0001509　A/090.1/2540

周易本義四卷詩經八卷書經六卷禮記十卷春
秋十六卷首一卷　(□)□□編　清嘉慶十年
(1805)刻本　三十六冊

420000－2341－0001510　A/090.1/2641

皇朝五經彙解二百七十卷　(清)抉經心室主
人輯　清光緒十九年(1893)上海蜚英書局石
印本　三十二冊

420000－2341－0001511　A/090.1/2641C1

皇朝五經彙解二百七十卷　(清)抉經心室主
人輯　清光緒十四年(1888)鴻文書局石印本
三十二冊

420000－2341－0001512　A/090.1/2716

增補五經備旨萃精四十五卷　(清)鄒聖脉纂
(清)鄒廷猷編　清光緒十一年(1885)星沙
韞玉山房刻本　十冊

420000－2341－0001513　A/090.1/4022

五經典要注釋五卷　(清)袁壯行纂注　清康
熙二十九年(1690)寶旭齋刻本　六冊

420000－2341－0001514　A/090.1/4433

五經小學述二卷　(清)莊述祖撰　清光緒十
六年(1890)尊經書局刻本　一冊

420000－2341－0001515　A/090.1/7211

相臺五經五種九十六卷　(元)岳浚輯　清光

緒二年(1876)江南書局刻本　三十一冊　缺
四卷(周易七至十)

420000－2341－0001516　A/090.2/7832
六經圖十二卷　(清)鄭之僑編　清乾隆八年
(1743)述堂刻本　六冊

420000－2341－0001517　A/090.3/4094
欽定七經二百九十四卷　(清)李光地等編
清光緒二十年(1894)湖北書局刻本　一百三
十八冊

420000－2341－0001518　A/090.4/7211
九經三傳沿革例一卷　(宋)岳珂撰　清光緒
元年(1875)湖北崇文書局刻本　一冊

420000－2341－0001519　A/090.5/1034
書經六卷　(宋)蔡沈集傳　清同治十一年
(1872)山東書局刻本　四冊

420000－2341－0001520　A/090.5/1034
詩經八卷　(宋)朱熹集傳　清同治十一年
(1872)山東書局刻本　四冊

420000－2341－0001521　A/090.5/1034
周禮六卷　(漢)鄭玄注　(唐)陸德明音義
清同治十一年(1872)山東書局刻本　六冊

420000－2341－0001522　A/090.5/1034
儀禮十七卷附監本正誤一卷石本正誤一卷校
刊記一卷　(清)張爾岐撰　清同治十一年
(1872)山東書局刻本　六冊

420000－2341－0001523　A/090.5/1034
禮記十卷　(元)陳澔集注　清同治十一年
(1872)山東書局刻本　十冊

420000－2341－0001524　A/090.5/1034
欽定春秋左傳讀本三十卷　(清)英和等撰
清同治十一年(1872)山東書局刻本　十六冊

420000－2341－0001525　A/090.5/1034
春秋公羊傳十一卷　(漢)何休注　(唐)陸德
明音義　清同治十一年(1872)山東書局刻本
四冊

420000－2341－0001526　A/090.5/1034
易經四卷　(□)□□編　清同治十一年

(1872)山東書局刻本　二冊

420000－2341－0001527　A/090.5/1034
春秋穀梁傳十二卷　(晉)范甯集解　(唐)陸
德明音義　清同治十一年(1872)山東書局刻
本　四冊

420000－2341－0001528　A/090.5/1034
孝經一卷　(唐)玄宗李隆基注　(唐)陸德明
音義　清同治十一年(1872)山東書局刻本
一冊

420000－2341－0001529　A/090.5/1034
爾雅三卷　(晉)郭璞注　(唐)陸德明音釋
清同治十一年(1872)山東書局刻本　三冊

420000－2341－0001530　A/090.5/4414
十一經初學讀本十一種　(清)萬廷蘭輯　清
光緒二年(1876)四川學院衙門刻本　二十
四冊

420000－2341－0001531　A/090.5/4414
壹
十一經初學讀本十一種　(清)萬廷蘭輯　清
光緒二年(1876)四川學院衙門刻本　二十
四冊

420000－2341－0001532　A/090.513/4023
十一經音訓二十六卷　(清)袁俊等編　清光
緒三年(1877)湖北崇文書局刻本　二十六冊

420000－2341－0001533　A/090.513/4023貳
十一經音訓二十六卷　(清)袁俊等編　清光
緒三年(1877)湖北崇文書局刻本　二十冊
缺六卷(書經音訓一卷、穀梁傳音訓二卷、周
禮音訓二卷、孝經音訓一卷)

420000－2341－0001534　A/090.513/4023壹
十一經音訓二十六卷　(清)袁俊等編　清光
緒三年(1877)湖北崇文書局刻本　二十六冊

420000－2341－0001535　A/090.7/0111
十三經客難六十二卷　(清)龔元玠編　清道
光二十六年(1846)南昌縣學文昌祠刻本　二
十二冊

420000－2341－0001536　A/090.7/1041
十三經拾遺十六卷　(清)王朝榘撰　清嘉慶

五年（1800）尋孔顏樂處刻本　四冊

420000－2341－0001537　A/090.7/1092
讀十三經管見草不分卷　（清）王尚絅撰　清宣統二年（1910）鉛印本　一冊

420000－2341－0001538　A/090.7/3115
十三經詁答問六卷　（清）馮登府撰　清光緒十三年（1887）朱氏槐廬家塾刻本　三冊

420000－2341－0001539　A/090.7/7110
宋本十三經注疏四百十六卷附校勘記　（清）阮元校勘　宋本十三經注疏校勘記識語四卷　（清）汪文臺撰　清光緒十三年（1887）脈望仙館石印本　三十二冊

420000－2341－0001540　A/090.7/7110C2
十三經注疏四百十六卷附校勘記　（清）阮元校勘　清同治十三年（1874）湖南書局刻本一百四十冊　缺八十二卷（尚書正義一至三、毛詩正義一至七十、孝經注疏一至九）

420000－2341－0001541　A/090.7/7110C1
重栞宋本十三經注疏四百十六卷附校勘記（清）阮元校勘　清同治十二年（1873）江西書局刻本　一百八十冊

420000－2341－0001542　A/090.7/7110C3
十三經注疏四百十六卷附校勘記　（清）阮元校勘　十三經注疏校勘記識語四卷　（清）汪文臺撰　清光緒二十三年（1897）點石齋石印本　三十二冊

420000－2341－0001543　A/090.7/7110C4
仿宋刻阮本十三經注疏四百十六卷附校勘記（清）阮元校勘　宋本十三經注疏校勘記識語四卷　（清）汪文臺撰　清光緒袖海山房石印本　三十二冊

420000－2341－0001544　A/090.7/7110C5
重栞宋本十三經注疏四百十六卷附校勘記（清）阮元校勘　十三經注疏校勘記識語四卷　（清）汪文臺撰　清同治十三年（1874）江西書局刻光緒三年（1877）補刻本　一百八十二冊

420000－2341－0001545　A/090.7/7110 貳
宋本十三經注疏四百十六卷附校勘記　（清）阮元校勘　宋本十三經注疏校勘記識語四卷　（清）汪文臺撰　清光緒十三年（1887）脈望仙館石印本　三十二冊

420000－2341－0001546　A/090.7/7110 叄
宋本十三經注疏四百十六卷附校勘記　（清）阮元校勘　宋本十三經注疏校勘記識語四卷　（清）汪文臺撰　清光緒十三年（1887）脈望仙館石印本　三十二冊

420000－2341－0001547　A/090.7/7110 肆
宋本十三經注疏四百十六卷附校勘記　（清）阮元校勘　宋本十三經注疏校勘記識語四卷　（清）汪文臺撰　清光緒十三年（1887）脈望仙館石印本　三十二冊

420000－2341－0001548　A/090.7/7110 伍
宋本十三經注疏四百十六卷附校勘記　（清）阮元校勘　宋本十三經注疏校勘記識語四卷　（清）汪文臺撰　清光緒十三年（1887）脈望仙館石印本　二十九冊

420000－2341－0001549　A/090.7/7110 壹
宋本十三經注疏四百十六卷附校勘記　（清）阮元校勘　宋本十三經注疏校勘記識語四卷　（清）汪文臺撰　清光緒十三年（1887）脈望仙館石印本　三十二冊

420000－2341－0001550　A/090.7/7757
十三經音略十二卷　（清）周春撰　清咸豐四年（1854）刻本　五冊

420000－2341－0001551　A/090.8/2111
西夏經義六種　（清）何志高撰　清光緒十四年（1888）刻本　十二冊

420000－2341－0001552　A/090.9/6614
石經考文提要十三卷　（清）彭元瑞撰　清光緒元尚居刻本　四冊

420000－2341－0001553　A/090.9/6614
唐石經校文十卷　（清）嚴可均撰　清光緒元尚居刻本　四冊

420000－2341－0001554　A/090.9/6614

石經補攷十一卷　（清）馮登府撰　清光緒元尚居刻本　四冊

420000－2341－0001555　A/090.9/6614

儀禮石經校勘記四卷　（清）阮元撰　清光緒元尚居刻本　一冊

420000－2341－0001556　A/090.9/6614

後蜀毛詩石經殘本一卷　（清）王昶撰　北宋汴學二體石經記一卷　（清）丁晏撰　清光緒元尚居刻本　一冊

420000－2341－0001557　A/090.9/7229

漢魏石經考三篇　（清）劉傳瑩撰　清光緒十二年(1886)沌城黃氏試館刻本　一冊

420000－2341－0001558　A/090.9/8002

石經殘字考一卷　（清）翁方綱撰　清光緒九年(1883)常熟後知不足齋刻本　一冊

420000－2341－0001559　A/090/0010

經話二卷　廖平撰　清光緒二十三年(1897)尊經書局刻本　二冊

420000－2341－0001560　A/091.5/1144

易經衷論二卷　（清）張英撰　清刻本　一冊

420000－2341－0001561　A/091.52/2008

焦氏易林四卷　（漢）焦贛撰　清光緒元年(1875)湖北崇文書局刻本　二冊　存二卷（一至二）

420000－2341－0001562　A/091.55/2618

周易要義十卷首一卷　（宋）魏了翁撰　清光緒十二年(1886)江蘇書局刻本　四冊

420000－2341－0001563　A/091.55/2671

周易六卷　（宋）程頤傳　晦庵先生校正周易繫辭精義二卷　（宋）呂祖謙撰　清光緒九年(1883)遵義黎氏刻本　二冊

420000－2341－0001564　A/091.55/2671.1

伊川易傳四卷　（宋）程頤撰　清光緒三十二年(1906)澹雅書局刻本　四冊

420000－2341－0001565　A/091.55/4646

誠齋易傳二十卷　（宋）楊萬里撰　清道光十一年(1831)慈溪葉氏刻本　八冊

420000－2341－0001566　A/091.55/8730

東谷鄭先生易翼傳二卷　（宋）鄭汝諧撰　清康熙通志堂刻本　二冊

420000－2341－0001567　A/091.56/1234

易經集解十卷　（清）孫星衍纂　周易口訣義六卷　（唐）史徵撰　周易口訣義補　周易集解序並注　清光緒二年(1876)廣陵雙梧書屋刻本　四冊

420000－2341－0001568　A/091.56/1262

孫氏周易集解十卷　（清）孫星衍撰　春秋穀梁傳時月日書法釋例四卷　（清）許桂林撰　清咸豐五年(1855)刻本　二冊

420000－2341－0001569　A/091.56/2044

喬氏易俟二十卷圖一卷　（清）喬萊撰　清嘉慶二年(1797)刻道光二十一年(1841)喬載縣補刻本　五冊

420000－2341－0001570　A/091.56/2677

清風易注四卷　（清）魏閬撰　清光緒十八年(1892)漢川甑山書院刻本　六冊

420000－2341－0001571　A/091.56/2677C1

清風易注四卷　（清）魏閬撰　清光緒十八年(1892)三餘草堂刻本　六冊

420000－2341－0001572　A/091.56/3432

易憲四卷圖說一卷　（明）沈泓撰　清光緒十四年(1888)刻本　三冊

420000－2341－0001573　A/091.56/3438

易說醒四卷首一卷　（明）洪守美撰　清同治十一年(1872)新豐刻本　三冊

420000－2341－0001574　A/091.56/4431

生生篇三卷說卦一卷　（清）蘇濬撰　清道光二十二年(1842)蘇廷玉刻本　四冊

420000－2341－0001575　A/091.57/0075C2

御纂周易折中二十二卷首一卷　（清）李光地等纂　清光緒十四年(1888)江南書局刻本　五冊

420000－2341－0001576　A/091.57/0075C4

御纂周易折中二十二卷首一卷　（清）李光地
等纂　清光緒十九年(1893)湖南省城漱芳閣
刻本　十二冊

420000－2341－0001577　A/091.57/0123

周易初學易知八卷　（清）譚熊沅纂　清道光
三年(1823)周會友堂刻本　八冊

420000－2341－0001578　A/091.57/1024

周易象義合參補略全書十卷　（清）王紹奎輯
著　清同治十三年(1874)洗心書屋刻本
十冊

420000－2341－0001579　A/091.57/1036

易學一卷　（宋）王湜撰　清康熙十六年
(1677)通志堂刻本　一冊

420000－2341－0001580　A/091.57/1150

周易虞氏義九卷　（清）張惠言撰　周易虞氏
消息二卷　清嘉慶八年(1803)揚州阮氏琅嬛
僊館刻本　四冊

420000－2341－0001581　A/091.57/1177

師白山房講易五卷　（清）張學尹撰　清道光
九年(1829)刻本　六冊

420000－2341－0001582　A/091.57/1290

漢魏二十一家易注二十一種三十三卷　（清）
孫堂輯　清嘉慶四年(1799)平湖孫氏映雪草
堂刻本　五冊

420000－2341－0001583　A/091.57/1734

易酌十四卷　（明）刁包撰　清道光二十三年
(1843)祁陽順積樓刻本　七冊

420000－2341－0001584　A/091.57/2132

周易經義審七卷首一卷　（清）盧浙輯　清嘉
慶五年(1800)三芝山房刻本　八冊

420000－2341－0001585　A/091.57/2233

周易洗心十卷　（清）任啟運撰　清光緒八年
(1882)宜興任氏家塾刻本　六冊

420000－2341－0001586　A/091.57/2531

周易解九卷　（清）牛運震撰　清嘉慶二十三
年(1818)刻空山堂全集本　三冊

420000－2341－0001587　A/091.57/2740

河上易注八卷圖說二卷　（清）黎世序撰　清
道光元年(1821)謙豫齋刻本　六冊

420000－2341－0001588　A/091.57/2840

周易舊注十二卷　（清）徐鼐撰　清光緒十二
年(1886)扶桑使廨刻本　六冊

420000－2341－0001589　A/091.57/3440

周易孔義集說二十卷　（清）沈起元撰　清光
緒八年(1882)江蘇書局刻本　八冊

420000－2341－0001590　A/091.57/3532

周易辨畫四十卷　（清）連斗山撰　清乾隆四
十年(1775)連氏刻本　十二冊

420000－2341－0001591　A/091.57/4082

新刻來瞿唐先生易注十五卷首一卷末一卷
（明）來知德撰　清同治十年(1871)刻本　九
冊　缺一卷(末一卷)

420000－2341－0001592　A/091.57/4094

御纂周易折中二十二卷首一卷　（清）李光地
等纂　清同治十年(1871)湖北崇文書局刻本
十二冊

420000－2341－0001593　A/091.57/4094C1

御纂周易折中二十二卷首一卷　（清）李光地
等纂　清同治十一年(1872)江西書局刻本
十二冊

420000－2341－0001594　A/091.57/4094C3

御纂周易折中二十二卷首一卷　（清）李光地
等纂　清同治六年(1867)浙江巡撫馬新貽刻
本　十二冊

420000－2341－0001595　A/091.57/4094 貳

御纂周易折中二十二卷首一卷　（清）李光地
等纂　清同治十年(1871)湖北崇文書局刻本
十二冊

420000－2341－0001596　A/091.57/4094 叄

御纂周易折中二十二卷首一卷　（清）李光地
等纂　清同治十年(1871)湖北崇文書局刻本
十二冊

420000－2341－0001597　A/091.57/4094 肆

御纂周易折中二十二卷首一卷　（清）李光地

等纂　清同治十年(1871)湖北崇文書局刻本
十二冊

420000－2341－0001598　A/091.57/4094　壹

御纂周易折中二十二卷首一卷　（清）李光地
等纂　清同治十年(1871)湖北崇文書局刻本
十二冊

420000－2341－0001599　A/091.57/4215

周易姚氏學十六卷首一卷　（清）姚配中撰
清光緒元年(1875)湖北崇文書局刻本　四冊

420000－2341－0001600　A/091.57/4310

周易經傳通解十五卷　（清）戴醇纂注　清同
治六年(1867)潭州洗心書房刻本　六冊

420000－2341－0001601　A/091.57/4412

讀易淺說代問錄十四卷　（清）黃雲鵠撰　清
光緒十四年(1888)刻本　十四冊

420000－2341－0001602　A/091.57/4441

易釋四卷　（清）黃式三撰　清光緒十四年
(1888)定海黃氏家塾刻儆居遺書本　二冊

420000－2341－0001603　A/091.57/4483

易姆八卷　（清）萬年淳撰　清道光四年
(1824)刻本　六冊

420000－2341－0001604　A/091.57/4741

易研八卷首一卷　（清）胡翹元撰　清乾隆五
十七年(1792)凝暉閣刻本　八冊

420000－2341－0001605　A/091.57/5054

易象致用說不分卷　（清）秦東來撰　清光緒
十三年(1887)陳守中刻本　一冊

420000－2341－0001606　A/091.75/2671

周易傳義音訓八卷首一卷末一卷　（宋）程頤
傳　（宋）朱熹本義　（宋）呂祖謙音訓　**易學
啟蒙一卷**　（宋）朱熹撰　清同治六年(1867)
望三益齋刻本　六冊

420000－2341－0001607　A/091.9/4479

匏瓜錄十卷　（清）芮長恤撰　清光緒十年
(1884)毘陵懷永堂惲氏刻本　六冊

420000－2341－0001608　A/091/1017

周易十卷　（三國魏）王弼注　清光緒二年

(1876)江南書局刻本　三冊

420000－2341－0001609　A/091/2540

周易四卷周易圖說一卷　（宋）朱熹本義　清
光緒元年(1875)湖北崇文書局刻本　二冊

420000－2341－0001610　A/091/2540C2

周易四卷周易圖說一卷　（宋）朱熹本義　清
光緒七年(1881)江蘇書局刻本　二冊

420000－2341－0001611　A/091/4438

周易精義四卷首一卷　（清）黃淦纂　清嘉慶
十二年(1807)至清末本立堂刻本　一冊

420000－2341－0001612　A/092.02/1231

欽定書經圖說五十卷　（清）孫家鼐纂　清光
緒三十一年(1905)石印本　十六冊

420000－2341－0001613　A/092.03/4808

尚書考異六卷　（明）梅鷟撰　清光緒十八年
(1892)浙江書局刻本　四冊

420000－2341－0001614　A/092.1/1236

尚書六卷　（漢）孔安國傳　清稽古樓刻本
四冊

420000－2341－0001615　A/092.1/4081

今文尚書考證三十卷　（清）皮錫瑞撰　清光
緒二十三年(1897)師伏堂刻本　十二冊

420000－2341－0001616　A/092.1/4081　壹

今文尚書考證三十卷　（清）皮錫瑞撰　清光
緒二十三年(1897)師伏堂刻本　六冊

420000－2341－0001617　A/092.1/7524

今文尚書經說攷三十二卷首一卷敘錄一卷
（清）陳喬樅學　清同治元年(1862)陳氏刻本
十八冊

420000－2341－0001618　A/092.1/8700

尚書大傳四卷補遺一卷　（漢）鄭玄注　**尚書
大傳考異一卷**　（清）盧文弨學　**尚書大傳續
補遺一卷**　（清）盧文弨學　清光緒三年
(1877)湖北崇文書局刻本　一冊

420000－2341－0001619　A/092.2/1020

尚書孔傳參正三十六卷　王先謙撰　清光緒
三十年(1904)虛受堂刻本　六冊

420000－2341－0001620　A/092.2/1020 壹
尚書孔傳參正三十六卷　王先謙撰　清光緒
三十年(1904)虛受堂刻本　三冊　存十三卷
(一至六、三十至三十六)

420000－2341－0001621　A/092.2/2011
尚書伸孔篇一卷　(清)焦廷琥撰　清光緒十
四年(1888)廣雅書局刻廣雅書局叢書本
一冊

420000－2341－0001622　A/092.2/2699
古文尚書正辭三十三卷　(清)吳光耀撰　清
光緒十九年(1893)刻本　十八冊

420000－2341－0001623　A/092.2/2699 壹
古文尚書正辭三十三卷　(清)吳光耀撰　清
光緒十九年(1893)刻本　九冊　存二十七卷
(七至三十三)

420000－2341－0001624　A/092.5/4434
書六卷　(宋)蔡沈集傳　清光緒益有堂刻本
四冊

420000－2341－0001625　A/092.5/4434C1
書經六卷　(宋)蔡沈集傳　清光緒元年
(1875)湖北崇文書局刻本　四冊

420000－2341－0001626　A/092.5/4434C1 壹
書經六卷　(宋)蔡沈集傳　清光緒元年
(1875)湖北崇文書局刻本　四冊

420000－2341－0001627　A/092.5/4434C2
書經六卷　(宋)蔡沈集傳　清同治七年
(1868)湖北崇文書局刻本　四冊

420000－2341－0001628　A/092.5/4434C3
書經六卷　(宋)蔡沈集傳　清光緒十二年
(1886)湖北官書處刻本　四冊

420000－2341－0001629　A/092.5/4434C6
書經六卷首一卷末一卷　(宋)蔡沈集傳　清
光緒至清末狀元閣李光明莊刻本　四冊

420000－2341－0001630　A/092.5/4434C6 捌
書經六卷首一卷末一卷　(宋)蔡沈集傳　清
光緒至清末狀元閣李光明莊刻本　四冊

420000－2341－0001631　A/092.5/4434C6 貳

書經六卷首一卷末一卷　(宋)蔡沈集傳　清
光緒至清末狀元閣李光明莊刻本　四冊

420000－2341－0001632　A/092.5/4434C6 玖
書經六卷首一卷末一卷　(宋)蔡沈集傳　清
光緒至清末狀元閣李光明莊刻本　四冊

420000－2341－0001633　A/092.5/4434C6 陸
書經六卷首一卷末一卷　(宋)蔡沈集傳　清
光緒至清末狀元閣李光明莊刻本　四冊

420000－2341－0001634　A/092.5/4434C6 柒
書經六卷首一卷末一卷　(宋)蔡沈集傳　清
光緒至清末狀元閣李光明莊刻本　四冊

420000－2341－0001635　A/092.5/4434C6 叁
書經六卷首一卷末一卷　(宋)蔡沈集傳　清
光緒至清末狀元閣李光明莊刻本　四冊

420000－2341－0001636　A/092.5/4434C6 肆
書經六卷首一卷末一卷　(宋)蔡沈集傳　清
光緒至清末狀元閣李光明莊刻本　四冊

420000－2341－0001637　A/092.5/4434C6 伍
書經六卷首一卷末一卷　(宋)蔡沈集傳　清
光緒至清末狀元閣李光明莊刻本　四冊

420000－2341－0001638　A/092.5/4434C6 壹
書經六卷首一卷末一卷　(宋)蔡沈集傳　清
光緒至清末狀元閣李光明莊刻本　四冊

420000－2341－0001639　A/092.54/1223
附釋音尚書注疏二十卷　(唐)孔穎達等撰
清光緒十八年(1892)湖南寶慶務本書局刻本
十冊

420000－2341－0001640　A/092.55/2618
尚書要義二十卷　(宋)魏了翁撰　清光緒十
年(1884)江蘇書局刻本　六冊

420000－2341－0001641　A/092.57/1012
欽定書經傳說彙纂二十一卷首一卷書序一卷
(清)王頊齡撰　清同治十年(1871)湖北崇
文書局刻本　十二冊

420000－2341－0001642　A/092.57/1012C1
書經傳說彙纂二十一卷首一卷書序一卷
(清)王頊齡撰　清光緒十四年(1888)江南書

局刻本　十二冊

420000－2341－0001643　A/092.57/1012C2

書經傳說彙纂二十一卷首一卷書序一卷
（清）王頊齡撰　清同治七年（1868）馬新貽、
李瀚章刻本　十二冊

420000－2341－0001644　A/092.57/2233

尚書約注四卷末一卷　（清）任啓運注　清光
緒十二年（1886）刻本　一冊　存二卷（一至
二）

420000－2341－0001645　A/092.57/2632

寫定尚書二十八篇　（清）吳汝綸編　清光緒
十八年（1892）桐城吳氏家塾石印本　二冊

420000－2341－0001646　A/092.6/2124.2

春秋公羊傳不分卷附攷一卷　（漢）何休注
（明）閔齊伋裁注併撰攷　清同治十二年
（1873）稽古樓刻袖珍十三經注本　四冊

420000－2341－0001647　A/093.03/1728

詩名物攷略二卷　（清）尹繼美撰　清光緒六
年（1880）鼎吉堂刻本　一冊

420000－2341－0001648　A/093.03/1728

詩地理攷略二卷附詩地理圖　（清）尹繼美撰
清同治三年（1864）鼎吉堂刻本　一冊

420000－2341－0001649　A/093.03/1728

詩管見七卷首一卷　（清）尹繼美撰　清咸豐
十一年（1861）鼎吉堂木活字印本　四冊

420000－2341－0001650　A/093.03/3404

毛詩天文考一卷　（清）洪亮吉撰　清光緒十
七年（1891）廣雅書局刻廣雅書局叢書本
一冊

420000－2341－0001651　A/093.03/4480

毛詩吲訂十卷　（清）苗夔撰　清咸豐元年
（1851）漢專亭刻本　三冊

420000－2341－0001652　A/093.03/4480 壹

毛詩吲訂十卷　（清）苗夔撰　清咸豐元年
（1851）漢專亭刻本　一冊　存二卷（三至四）

420000－2341－0001653　A/093.03/7533

毛詩稽古編三十卷　（清）陳啓源撰　**毛詩稽**

古編附攷一卷　（清）費雲倬輯　清嘉慶十八
年（1813）龐氏刻本　六冊

420000－2341－0001654　A/093.13/4466C1

韓詩外傳十卷　（漢）韓嬰撰　清光緒元年
（1875）湖北崇文書局刻本　二冊

420000－2341－0001655　A/093.2/1073

毛詩補箋二十卷　（漢）鄭玄箋　王闓運補箋
清光緒三十一年（1905）江西官書局活字印
本　八冊

420000－2341－0001656　A/093.2/1073C1

詩經補箋二十卷　（漢）鄭玄箋　王闓運補箋
清光緒二十三年（1897）刻本　五冊　存十
一卷（一至二、五至十三）

420000－2341－0001657　A/093.2/1223

附釋音毛詩注疏二十卷　（漢）毛亨傳　（漢）
鄭玄箋　（唐）孔穎達疏　清嘉慶二十年
（1815）江西南昌府學刻本　三十冊

420000－2341－0001658　A/093.2/1223C1

附釋音毛詩注疏二十卷　（漢）毛亨傳　（漢）
鄭玄箋　（唐）孔穎達疏　清光緒十八年
（1892）湖南寶慶務本書局刻本　十九冊

420000－2341－0001659　A/093.2/2618

毛詩要義二十卷　（宋）魏了翁撰　清光緒十
二年（1886）江蘇書局刻本　十二冊

420000－2341－0001660　A/093.2/2618C1

毛詩要義二十卷　（宋）魏了翁撰　清光緒八
年（1882）獨山莫氏刻本　十二冊

420000－2341－0001661　A/093.2/8700C1

毛詩二十卷　（漢）鄭玄箋　清光緒二年
（1876）江南書局仿宋刻本　六冊

420000－2341－0001662　A/093.2/8700C2

毛詩二十卷附考證　（漢）鄭玄箋　清乾隆四
十八年（1783）至清末刻本　四冊

420000－2341－0001663　A/093.2/8700C2 貳

毛詩二十卷附考證　（漢）鄭玄箋　清乾隆四
十八年（1783）至清末刻本　四冊

420000－2341－0001664　A/093.2/8700C2 叁

毛詩二十卷附考證 （漢）鄭玄箋 清乾隆四
十八年(1783)至清末刻本 四冊

420000－2341－0001665 A/093.2/8700C2 肆
毛詩二十卷附考證 （漢）鄭玄箋 清乾隆四
十八年(1783)至清末刻本 四冊

420000－2341－0001666 A/093.2/8700C2 壹
毛詩二十卷附考證 （漢）鄭玄箋 清乾隆四
十八年(1783)至清末刻本 四冊

420000－2341－0001667 A/093.517/4022
詩義旁通十二卷 （清）李允升輯 清咸豐二
年(1852)易簡堂刻本 六冊

420000－2341－0001668 A/093.517/6629
讀詩質疑三十一卷首十五卷 （清）嚴虞惇撰
清乾隆九年(1744)嚴有禧刻本 十二冊

420000－2341－0001669 A/093.55/2540
詩八卷 （宋）朱熹集傳 清同治元年至宣統
二年(1862－1910)狀元閣刻本 六冊

420000－2341－0001670 A/093.55/2540.1
詩集傳二十卷末一卷 （宋）朱熹集傳 清光
緒七年(1881)江蘇書局刻本 五冊

420000－2341－0001671 A/093.55/2540.2
詩經不分卷 （宋）朱熹集傳 清同治四年
(1865)至清末江南製造總局刻本 一冊

420000－2341－0001672 A/093.55/2540.3
詩經四卷 （清）□□編 清同治元年至宣統
二年(1862－1910)狀元閣刻本 四冊

420000－2341－0001673 A/093.55/2540C14
詩經八卷 （宋）朱熹集傳 清光緒二十年
(1894)淮南書局刻本 四冊

420000－2341－0001674 A/093.55/2540 捌
詩八卷 （宋）朱熹集傳 清同治元年至宣統
二年(1862－1910)狀元閣刻本 六冊

420000－2341－0001675 A/093.55/2540 貳
詩八卷 （宋）朱熹集傳 清同治元年至宣統
二年(1862－1910)狀元閣刻本 六冊

420000－2341－0001676 A/093.55/2540 玖

詩八卷 （宋）朱熹集傳 清同治元年至宣統
二年(1862－1910)狀元閣刻本 六冊

420000－2341－0001677 A/093.55/2540 陸
詩八卷 （宋）朱熹集傳 清同治元年至宣統
二年(1862－1910)狀元閣刻本 六冊

420000－2341－0001678 A/093.55/2540 柒
詩八卷 （宋）朱熹集傳 清同治元年至宣統
二年(1862－1910)狀元閣刻本 六冊

420000－2341－0001679 A/093.55/2540 叁
詩八卷 （宋）朱熹集傳 清同治元年至宣統
二年(1862－1910)狀元閣刻本 六冊

420000－2341－0001680 A/093.55/2540 肆
詩八卷 （宋）朱熹集傳 清同治元年至宣統
二年(1862－1910)狀元閣刻本 六冊

420000－2341－0001681 A/093.55/2540 伍
詩八卷 （宋）朱熹集傳 清同治元年至宣統
二年(1862－1910)狀元閣刻本 六冊

420000－2341－0001682 A/093.55/2540 壹
詩八卷 （宋）朱熹集傳 清同治元年至宣統
二年(1862－1910)狀元閣刻本 六冊

420000－2341－0001683 A/093.55/6030
呂氏家塾讀詩記三十二卷 （宋）呂祖謙撰
清嘉慶十六年(1811)谿上聽彝堂刻本 十
二冊

420000－2341－0001684 A/093.55/7772
毛詩本義十六卷 （宋）歐陽修撰 清道光十
四年(1834)瀛堂別墅刻本 四冊

420000－2341－0001685 A/093.57/0000
鳳儀詩經正韻旁音八卷 （清）唐廉考正 清
光緒二十九年(1903)嘉定泰源堂刻本 四冊

420000－2341－0001686 A/093.57/1032
欽定詩經傳說彙纂二十一卷首二卷詩序二卷
（清）王鴻緒等纂 清道光十八年(1838)刻
本 十四冊 缺二卷(詩序二卷)

420000－2341－0001687 A/093.57/1032C1
欽定詩經傳說彙纂二十一卷首二卷詩序二卷
（清）王鴻緒等纂 清雍正五年(1727)至清

末刻本　十六冊　存十七卷(一至八、十二至
十六,首二卷,詩序二卷)

420000－2341－0001688　A/093.57/3140

毛詩訂詁八卷附錄二卷　(清)顧棟高撰　清
光緒二十二年(1896)江蘇書局刻本　四冊

420000－2341－0001689　A/093.57/4711

毛詩後箋三十卷附天文考一卷　(清)胡承珙
撰　清光緒十六年(1890)廣雅書局刻廣雅書
局叢書本　二十四冊

420000－2341－0001690　A/093.57/5042

毛詩日箋一卷　(清)秦松齡撰　清道光二十
四年(1844)世楷堂刻昭代叢書本　一冊

420000－2341－0001691　A/093.57/7524

讀詩商二十八卷　(清)陳保真撰　清光緒二
十三年(1897)永興捕署刻讀書商齋叢書本
十二冊

420000－2341－0001692　A/093.57/7527

毛詩說一卷　(清)陳奐撰　清道光二十七年
(1847)愛日軒刻本　一冊

420000－2341－0001693　A/093.57/7527

詩毛氏傳疏三十卷　(清)陳奐撰　清道光二
十七年(1847)吳門南園掃葉山莊陳氏刻光緒
十年(1884)後印本　十冊

420000－2341－0001694　A/093.57/7527

鄭氏箋攷徵一卷　(清)陳奐撰　清咸豐八年
(1858)許文一刻本　一冊

420000－2341－0001695　A/093.57/7527

毛詩傳義類十九篇　(清)陳奐編　清咸豐九
年(1859)王載雲刻本　與 420000－2341－
0001694 合一冊

420000－2341－0001696　A/093.57/7527

釋毛詩音四卷　(清)陳奐撰　清咸豐元年
(1851)蘇州漱芳齋刻本　一冊　與 420000－
2341－0001692 合一冊

420000－2341－0001697　A/093.57/7554

詩經喈鳳詳解八卷圖說一卷　(清)陳抒孝輯
(清)汪基增訂　清雍正十三年(1735)大文

堂刻本　四冊

420000－2341－0001698　A/093.7/2391

御纂詩義折中二十卷　(清)傅恒等撰　清刻
本　四冊　存十四卷(七至二十)

420000－2341－0001699　A/093/1193

詩經圖解十二卷附詩經集字　(清)張懷浣輯
清嘉慶十七年(1812)張氏澄虛堂刻本
一冊

420000－2341－0001700　A/093/4420

**黃太史參補古今大方詩經大全十五卷綱領一
卷圖一卷**　(明)葉向高編纂　清三畏堂王氏
刻本　八冊

420000－2341－0001701　A/094.07/8717

六藝綱目二卷　(元)舒天民述　(元)舒恭注
清道光二十八年(1848)東武劉氏刻本
二冊

420000－2341－0001702　A/094.07/8717C1

六藝綱目二卷　(元)舒天民述　(元)舒恭注
(明)趙宜中附注　清光緒七年(1881)籀書
諗汪氏刻本　二冊

420000－2341－0001703　A/094.1/0044

周官析疑三十六卷　(清)方苞撰　**考工記析
疑四卷**　清康熙至嘉慶刻抗希堂十六種本
六冊

420000－2341－0001704　A/094.1/0811

周禮注疏獻疑七卷　(清)許珩撰　清嘉慶十
六年(1811)刻本　五冊

420000－2341－0001705　A/094.1/1200

周禮正義八十六卷　(清)孫詒讓撰　清光緒
三十一年(1905)瑞安孫氏玉海樓鉛印本　十
二冊

420000－2341－0001706　A/094.1/1200.2

周禮政要二卷　(清)孫詒讓撰　清光緒二十
八年(1902)瑞安普通學堂刻本　二冊

420000－2341－0001707　A/094.1/1200.2C1

周禮政要二卷　(清)孫詒讓撰　清光緒二十
九年(1903)上海書局石印本　二冊

420000－2341－0001708　A/094.1/3520

周官精義十二卷 （清）連斗山編次　清嘉慶
元年（1796）刻本　五冊

420000－2341－0001709　A/094.1/6715

欽定周官義疏四十八卷首一卷 （清）鄂爾泰
等撰　清同治十年（1871）湖北崇文書局刻本
二十八冊

420000－2341－0001710　A/094.1/6715C1

欽定周官義疏四十八卷首一卷 （清）鄂爾泰
等撰　清同治七年（1868）李瀚章刻本　二十
八冊

420000－2341－0001711　A/094.1/6715C2

欽定周官義疏四十八卷首一卷 （清）鄂爾泰
等撰　清刻本　三十二冊

420000－2341－0001712　A/094.1/6715壹

欽定周官義疏四十八卷首一卷 （清）鄂爾泰
等撰　清同治十年（1871）湖北崇文書局刻本
二十一冊

420000－2341－0001713　A/094.1/8700

周禮六卷 （漢）鄭玄注　（唐）陸德明音義
清嘉慶十一年（1806）至清末狀元閣李光明莊
刻本　六冊

420000－2341－0001714　A/094.1/8700.1

周禮十二卷 （漢）鄭玄注　（唐）陸德明音義
清光緒十二年（1886）湖北官書處刻本
六冊

420000－2341－0001715　A/094.1/8700.1C1

周禮十二卷 （漢）鄭玄注　（唐）陸德明音義
清光緒二十二年（1896）新化三昧堂刻本
六冊

420000－2341－0001716　A/094.1/8700.1壹

周禮十二卷 （漢）鄭玄注　（唐）陸德明音義
清光緒十二年（1886）湖北官書處刻本
六冊

420000－2341－0001717　A/094.1/8700.2

附釋音周禮注疏四十二卷 （漢）鄭玄注
（唐）陸德明音義　（唐）賈公彥疏　清光緒十

八年（1892）湖南寶慶務本書局刻本　十八冊

420000－2341－0001718　A/094.1/8700C1

周禮六卷首一卷 （漢）鄭玄注　清同治十二
年（1873）稽古樓刻袖珍十三經注本　七冊

420000－2341－0001719　A/094.1/8700 捌

周禮六卷 （漢）鄭玄注　（唐）陸德明音義
清嘉慶十一年（1806）至清末狀元閣李光明莊
刻本　六冊

420000－2341－0001720　A/094.1/8700 貳

周禮六卷 （漢）鄭玄注　（唐）陸德明音義
清嘉慶十一年（1806）至清末狀元閣李光明莊
刻本　五冊　存五卷（一至五）

420000－2341－0001721　A/094.1/8700 玖

周禮六卷 （漢）鄭玄注　（唐）陸德明音義
清嘉慶十一年（1806）至清末狀元閣李光明莊
刻本　六冊

420000－2341－0001722　A/094.1/8700 陸

周禮六卷 （漢）鄭玄注　（唐）陸德明音義
清嘉慶十一年（1806）至清末狀元閣李光明莊
刻本　六冊

420000－2341－0001723　A/094.1/8700 柒

周禮六卷 （漢）鄭玄注　（唐）陸德明音義
清嘉慶十一年（1806）至清末狀元閣李光明莊
刻本　六冊

420000－2341－0001724　A/094.1/8700 叄

周禮六卷 （漢）鄭玄注　（唐）陸德明音義
清嘉慶十一年（1806）至清末狀元閣李光明莊
刻本　六冊

420000－2341－0001725　A/094.1/8700 肆

周禮六卷 （漢）鄭玄注　（唐）陸德明音義
清嘉慶十一年（1806）至清末狀元閣李光明莊
刻本　六冊

420000－2341－0001726　A/094.1/8700 伍

周禮六卷 （漢）鄭玄注　（唐）陸德明音義
清嘉慶十一年（1806）至清末狀元閣李光明莊
刻本　六冊

420000－2341－0001727　A/094.1/8700 壹

周禮六卷 （漢）鄭玄注 （唐）陸德明音義
清嘉慶十一年(1806)至清末狀元閣李光明莊
刻本 六冊

420000－2341－0001728 A/094.2/0044
儀禮析疑十七卷 （清）方苞撰 喪禮或問一
卷 離騷正義一卷 清乾隆十一年(1746)至
清末刻本 七冊

420000－2341－0001729 A/094.2/1080
儀禮疏五十卷 （唐）賈公彥撰 清道光十年
(1830)藝芸書舍刻本 八冊

420000－2341－0001730 A/094.2/1080C6
儀禮疏五十卷 （唐）賈公彥疏 儀禮注疏校
勘記 （清）阮元撰 （清）盧宣旬摘錄 清光
緒十八年(1892)湖南寶慶務本書局刻本 十
六冊

420000－2341－0001731 A/094.2/1779
書儀十卷 （宋）司馬光撰 清同治七年
(1868)江蘇書局刻本 一冊

420000－2341－0001732 A/094.2/2540.1
朱子儀禮經傳通解六十九卷 （宋）朱熹撰
（清）梁萬方考訂 清乾隆十五年(1750)聚錦
堂刻本 十八冊

420000－2341－0001733 A/094.2/2618
儀禮要義五十卷 （宋）魏了翁撰 清光緒十
年(1884)江蘇書局刻本 十二冊

420000－2341－0001734 A/094.2/4438
儀禮精義一卷補編一卷 （清）黃淦纂 清本
立堂刻本 一冊

420000－2341－0001735 A/094.2/4711
儀禮古今文疏義十七卷 （清）胡承珙撰 清
光緒元年(1875)湖北崇文書局刻本 二冊

420000－2341－0001736 A/094.2/6715
欽定儀禮義疏四十八卷首二卷 （清）鄂爾泰
等撰 清光緒十九年(1893)漱芳閣刻本 二
十五冊

420000－2341－0001737 A/094.2/6715C1
欽定儀禮義疏四十八卷首二卷 （清）鄂爾泰

等撰 清同治十年(1871)湖北崇文書局刻本
三十二冊

420000－2341－0001738 A/094.2/6715C1 壹
欽定儀禮義疏四十八卷首二卷 （清）鄂爾泰
等撰 清同治十年(1871)湖北崇文書局刻本
三十二冊

420000－2341－0001739 A/094.2/6715C4
欽定儀禮義疏四十八卷首二卷 （清）鄂爾泰
等撰 清道光十八年(1838)刻本 三十八冊

420000－2341－0001740 A/094.2/8700
儀禮十七卷 （漢）鄭玄注 嚴本儀禮鄭氏注
校錄一卷 （清）黃丕烈撰 嚴本儀禮鄭氏注
續校一卷 （清）黃丕烈撰 清嘉慶十九年
(1814)刻本 二冊

420000－2341－0001741 A/094.2/8700C1
儀禮十七卷 （漢）鄭玄注 （唐）陸德明音義
清同治七年(1868)湖北崇文書局刻本
四冊

420000－2341－0001742 A/094.2/8700C2
儀禮十七卷 （漢）鄭玄注 嚴本儀禮鄭氏注
校錄一卷 （清）黃丕烈撰 嚴本儀禮鄭氏注
續校一卷 （清）黃丕烈撰 清同治九年
(1870)楚北崇文書局刻本 二冊

420000－2341－0001743 A/094.2/8700C2 貳
儀禮十七卷 （漢）鄭玄注 嚴本儀禮鄭氏注
校錄一卷 （清）黃丕烈撰 嚴本儀禮鄭氏注
續校一卷 （清）黃丕烈撰 清同治九年
(1870)楚北崇文書局刻本 二冊

420000－2341－0001744 A/094.2/8700C2 叁
儀禮十七卷 （漢）鄭玄注 嚴本儀禮鄭氏注
校錄一卷 （清）黃丕烈撰 嚴本儀禮鄭氏注
續校一卷 （清）黃丕烈撰 清同治九年
(1870)楚北崇文書局刻本 二冊

420000－2341－0001745 A/094.2/8700C2 肆
儀禮十七卷 （漢）鄭玄注 嚴本儀禮鄭氏注
校錄一卷 （清）黃丕烈撰 嚴本儀禮鄭氏注
續校一卷 （清）黃丕烈撰 清同治九年
(1870)楚北崇文書局刻本 二冊

420000－2341－0001746　A/094.2/8700C2 壹

儀禮十七卷 （漢）鄭玄注 **嚴本儀禮鄭氏注校錄一卷** （清）黃丕烈撰 **嚴本儀禮鄭氏注續校一卷** （清）黃丕烈撰　清同治九年（1870）楚北崇文書局刻本　二冊

420000－2341－0001747　A/094.2/8700C3

儀禮十七卷 （漢）鄭玄注 （唐）陸德明音義　清光緒十二年（1886）湖北官書處刻本　四冊

420000－2341－0001748　A/094.2/8700C3 貳

儀禮十七卷 （漢）鄭玄注 （唐）陸德明音義　清光緒十二年（1886）湖北官書處刻本　四冊

420000－2341－0001749　A/094.2/8700C3 壹

儀禮十七卷 （漢）鄭玄注 （唐）陸德明音義　清光緒十二年（1886）湖北官書處刻本　四冊

420000－2341－0001750　A/094.2/8700C4

儀禮十七卷 （漢）鄭玄注 （清）張爾岐句讀 **儀禮監本正誤一卷** 清乾隆八年（1743）至清末狀元閣李光明莊刻本　六冊

420000－2341－0001751　A/094.2/8700C4 捌

儀禮十七卷 （漢）鄭玄注 （清）張爾岐句讀 **儀禮監本正誤一卷** 清乾隆八年（1743）至清末狀元閣李光明莊刻本　六冊

420000－2341－0001752　A/094.2/8700C4 貳

儀禮十七卷 （漢）鄭玄注 （清）張爾岐句讀 **儀禮監本正誤一卷** 清乾隆八年（1743）至清末狀元閣李光明莊刻本　六冊

420000－2341－0001753　A/094.2/8700C4 玖

儀禮十七卷 （漢）鄭玄注 （清）張爾岐句讀 **儀禮監本正誤一卷** 清乾隆八年（1743）至清末狀元閣李光明莊刻本　六冊

420000－2341－0001754　A/094.2/8700C4 陸

儀禮十七卷 （漢）鄭玄注 （清）張爾岐句讀 **儀禮監本正誤一卷** 清乾隆八年（1743）至清末狀元閣李光明莊刻本　六冊

420000－2341－0001755　A/094.2/8700C4 柒

儀禮十七卷 （漢）鄭玄注 （清）張爾岐句讀 **儀禮監本正誤一卷** 清乾隆八年（1743）至清末狀元閣李光明莊刻本　六冊

420000－2341－0001756　A/094.2/8700C4 叁

儀禮十七卷 （漢）鄭玄注 （清）張爾岐句讀 **儀禮監本正誤一卷** 清乾隆八年（1743）至清末狀元閣李光明莊刻本　六冊

420000－2341－0001757　A/094.2/8700C4 肆

儀禮十七卷 （漢）鄭玄注 （清）張爾岐句讀 **儀禮監本正誤一卷** 清乾隆八年（1743）至清末狀元閣李光明莊刻本　六冊

420000－2341－0001758　A/094.2/8700C4 伍

儀禮十七卷 （漢）鄭玄注 （清）張爾岐句讀 **儀禮監本正誤一卷** 清乾隆八年（1743）至清末狀元閣李光明莊刻本　六冊

420000－2341－0001759　A/094.2/8700C4 壹

儀禮十七卷 （漢）鄭玄注 （清）張爾岐句讀 **儀禮監本正誤一卷** 清乾隆八年（1743）至清末狀元閣李光明莊刻本　六冊

420000－2341－0001760　A/094.2/8700C5

儀禮十七卷 （漢）鄭玄注 （唐）陸德明音義　清光緒十九年（1893）桂垣書局刻本　四冊

420000－2341－0001761　A/094.2/8700C6

儀禮十七卷首一卷 （漢）鄭玄注　清同治十二年（1873）稽古樓刻袖珍十三經注本　八冊

420000－2341－0001762　A/094.2/8718

儀禮私箋八卷 （清）鄭珍撰　清光緒十七年（1891）廣雅書局刻廣雅書局叢書本　一冊

420000－2341－0001763　A/094.202/1150

儀禮圖六卷 （清）張惠言述　清同治九年（1870）湖北崇文書局刻本　三冊

420000－2341－0001764　A/094.202/1150 壹

儀禮圖六卷 （清）張惠言述　清同治九年（1870）湖北崇文書局刻本　三冊

420000－2341－0001765　A/094.3/0044

禮記析疑四十八卷 （清）方苞撰 **喪禮或問**

一卷　考工記析疑四卷　清雍正四年(1726)
至清末刻本　九冊

420000－2341－0001766　A/094.3/1202

禮記天算釋一卷　(清)孔廣牧撰　清光緒十
五年(1889)廣雅書局刻廣雅書局叢書本
一冊

420000－2341－0001767　A/094.3/1231

檀弓二卷　(清)孫濩孫評訂　清康熙六十一
年(1722)至清末刻本　四冊

420000－2341－0001768　A/094.3/2618

禮記要義三十三卷　(宋)魏了翁撰　清光緒
十二年(1886)江蘇書局刻本　十冊

420000－2341－0001769　A/094.3/3144

禮記約編十卷　(清)汪基訂　清光緒十九年
(1893)梓衡堂刻本　二冊　存五卷(一至二、
六至八)

420000－2341－0001770　A/094.3/4271

禮記省度四卷　(清)彭頤篹　清康熙十一年
(1672)至清末金閶書業堂刻朱墨套印本
四冊

420000－2341－0001771　A/094.3/7534

禮記集說十卷　(元)陳澔集說　清同治十一
年(1872)湖南省尊經閣刻本　十冊

420000－2341－0001772　A/094.3/7534C1

禮記集說十卷　(元)陳澔集說　清光緒八年
(1882)江蘇書局刻本　十冊

420000－2341－0001773　A/094.3/7534C2

禮記十卷　(元)陳澔集注　清光緒十八年
(1892)湖南省尊經閣刻本　十冊

420000－2341－0001774　A/094.3/7534C3

禮記十卷　(元)陳澔集注　清光緒二十二年
(1896)新化三味堂刻本　九冊

420000－2341－0001775　A/094.3/7534C4

禮記十卷　(元)陳澔集注　清狀元閣李光明
莊刻本　十冊

420000－2341－0001776　A/094.3/7534C4 捌

禮記十卷　(元)陳澔集注　清狀元閣李光明
莊刻本　十冊

420000－2341－0001777　A/094.3/7534C4 貳

禮記十卷　(元)陳澔集注　清狀元閣李光明
莊刻本　十冊

420000－2341－0001778　A/094.3/7534C4 玖

禮記十卷　(元)陳澔集注　清狀元閣李光明
莊刻本　十冊

420000－2341－0001779　A/094.3/7534C4 陸

禮記十卷　(元)陳澔集注　清狀元閣李光明
莊刻本　十冊

420000－2341－0001780　A/094.3/7534C4 柒

禮記十卷　(元)陳澔集注　清狀元閣李光明
莊刻本　十冊

420000－2341－0001781　A/094.3/7534C4 叁

禮記十卷　(元)陳澔集注　清狀元閣李光明
莊刻本　十冊

420000－2341－0001782　A/094.3/7534C4 肆

禮記十卷　(元)陳澔集注　清狀元閣李光明
莊刻本　十冊

420000－2341－0001783　A/094.3/7534C4 伍

禮記十卷　(元)陳澔集注　清狀元閣李光明
莊刻本　十冊

420000－2341－0001784　A/094.3/7534C4 壹

禮記十卷　(元)陳澔集注　清狀元閣李光明
莊刻本　十冊

420000－2341－0001785　A/094.3/7534C5

禮記十卷　(元)陳澔集注　清同治七年
(1868)楚北崇文書局刻本　十冊

420000－2341－0001786　A/094.3/8700

禮記十卷首一卷　(漢)鄭玄注　清同治十二
年(1873)稽古樓刻袖珍十三經注本　十冊

420000－2341－0001787　A/094.3/8700.1

禮記二十卷　(漢)鄭玄注　**撫本禮記鄭注考
異二卷**　(清)張敦仁撰　清同治九年(1870)
楚北崇文書局刻本　八冊

420000－2341－0001788　A/094.3/8700.1 壹

禮記二十卷 （漢）鄭玄注 **撫本禮記鄭注考
異二卷** （清）張敦仁撰 清同治九年(1870)
楚北崇文書局刻本 八冊

420000－2341－0001789 A/094.3/8700.2
附釋音禮記注疏六十三卷 （漢）鄭玄注
（唐）孔穎達等正義 （清）阮元校勘 清嘉慶
二十年(1815)江西南昌府學刻本 二十五冊

420000－2341－0001790 A/094.4/1004
夏小正傳箋四卷 （清）王謨撰 **大戴禮公符
篇考一卷** 清嘉慶十八年(1813)刻本 二冊

420000－2341－0001791 A/094.4/2100
大戴禮記補注十三卷序錄一卷 （北周）盧辯
注 （清）孔廣森補 清光緒五年至十三年
(1879－1887)河北定州王氏謙德堂刻本
二冊

420000－2341－0001792 A/094/1200
九旗古義述一卷 （清）孫詒讓撰 清光緒二
十八年(1902)瑞安孫氏刻本 一冊

420000－2341－0001793 A/094/1200 壹
九旗古義述一卷 （清）孫詒讓撰 清光緒二
十八年(1902)瑞安孫氏刻本 一冊

420000－2341－0001794 A/094/4094
三禮述注七十一卷 （清）李光坡撰 清乾隆
三十二年(1767)清白堂刻本 十六冊

420000－2341－0001795 A/094/8067
求古錄禮說十六卷補遺一卷 （清）金鶚撰
校勘記三卷 （清）王士駿撰 清光緒二年
(1876)孫憙刻本 十冊

420000－2341－0001796 A/095/7566
樂書二百卷 （宋）陳暘撰 清光緒二年
(1876)廣州菊坡精舍刻本 十八冊

420000－2341－0001797 A/096.02/0010
春秋圖表二卷 廖平撰 清光緒二十七年
(1901)刻本 二冊

420000－2341－0001798 A/096.04/4428
春秋繁露義證十七卷首一卷攷證一卷 （漢）
董仲舒撰 （清）蘇輿義證 清宣統二年

(1910)刻本 四冊

420000－2341－0001799 A/096.1/0010
左氏春秋古經說十二卷 廖平撰 清光緒三
十四年(1908)成都中學堂刻本 四冊

420000－2341－0001800 A/096.1/0085C3
評點春秋綱目左傳句解彙雋六卷 （清）韓菼
重訂 清宣統元年(1909)鉛印本 七冊

420000－2341－0001801 A/096.1/3372
左通補釋三十二卷 （清）梁履繩撰 清道光
九年(1829)錢唐汪氏振綺堂刻光緒元年
(1875)補刻本 十二冊

420000－2341－0001802 A/096.1/3404
春秋左傳詁二十卷 （清）洪亮吉撰 清光緒
四年(1878)授經堂刻本 十冊

420000－2341－0001803 A/096.1/4411
春秋左傳三十卷首一卷 （晉）杜預註 （唐）
陸德明音釋 （宋）林堯叟附註 （清）馮李驊
集解 清光緒十二年(1886)湖北官書處刻本
十二冊

420000－2341－0001804 A/096.1/4411.1
春秋左傳註六十卷 （晉）杜預註 清同治十
二年(1873)稽古樓刻袖珍十三經註本 二
十冊

420000－2341－0001805 A/096.1/4411C4
春秋左傳杜注三十卷首一卷 （晉）杜預注
（清）姚培謙學 清光緒三十年(1904)寶慶勸
學書舍刻本 十二冊

420000－2341－0001806 A/096.1/4411 壹
春秋左傳三十卷首一卷 （晉）杜預註 （唐）
陸德明音釋 （宋）林堯叟附註 （清）馮李驊
集解 清光緒十二年(1886)湖北官書處刻本
十二冊

420000－2341－0001807 A/096.1/8408
列國左傳要詮八卷 （清）饒謙輯纂 清光緒
二十二年(1896)刻本 八冊

420000－2341－0001808 A/096.2/0010
公羊春秋經傳驗推補證十一卷附春秋條例圖

表 廖平撰 清光緒三十二年（1906）則柯軒刻本 十冊

420000－2341－0001809 A/096.2/2124

春秋公羊傳十一卷 （漢）何休注 （唐）陸德明音義 清光緒十二年（1886）湖北官書處刻本 四冊

420000－2341－0001810 A/096.2/2124.1

監本附音春秋公羊注疏二十八卷附校勘記 （漢）何休注 （唐）徐彥疏 （清）阮元校勘 清光緒十八年（1892）湖南寶慶務本書局刻本 十冊

420000－2341－0001811 A/096.2/2124.1C1

春秋公羊傳二十八卷 （漢）何休注 （明）金蟠訂 清同治八年（1869）浙江書局刻本 三冊

420000－2341－0001812 A/096.2/2124.3

春秋公羊經傳解詁十二卷 （漢）何休注 清狀元閣李光明莊刻本 四冊

420000－2341－0001813 A/096.2/2124.3 捌

春秋公羊經傳解詁十二卷 （漢）何休注 清狀元閣李光明莊刻本 四冊

420000－2341－0001814 A/096.2/2124.3 貳

春秋公羊經傳解詁十二卷 （漢）何休注 清狀元閣李光明莊刻本 四冊

420000－2341－0001815 A/096.2/2124.3 玖

春秋公羊經傳解詁十二卷 （漢）何休注 清狀元閣李光明莊刻本 四冊

420000－2341－0001816 A/096.2/2124.3 陸

春秋公羊經傳解詁十二卷 （漢）何休注 清狀元閣李光明莊刻本 四冊

420000－2341－0001817 A/096.2/2124.3 柒

春秋公羊經傳解詁十二卷 （漢）何休注 清狀元閣李光明莊刻本 四冊

420000－2341－0001818 A/096.2/2124.3 叁

春秋公羊經傳解詁十二卷 （漢）何休注 清狀元閣李光明莊刻本 四冊

420000－2341－0001819 A/096.2/2124.3 肆

春秋公羊經傳解詁十二卷 （漢）何休注 清狀元閣李光明莊刻本 四冊

420000－2341－0001820 A/096.2/2124.3 伍

春秋公羊經傳解詁十二卷 （漢）何休注 清狀元閣李光明莊刻本 四冊

420000－2341－0001821 A/096.2/2124.3 壹

春秋公羊經傳解詁十二卷 （漢）何休注 清狀元閣李光明莊刻本 四冊

420000－2341－0001822 A/096.2/2124C3

春秋公羊傳十一卷 （漢）何休注 （唐）陸德明音義 清光緒十九年（1893）桂垣書局刻本 四冊

420000－2341－0001823 A/096.2/2124C4

春秋公羊傳十一卷 （漢）何休注 （唐）陸德明音義 清光緒八年（1882）錦江書局刻本 四冊

420000－2341－0001824 A/096.2/2124C4 壹

春秋公羊傳十一卷 （漢）何休注 （唐）陸德明音義 清光緒八年（1882）錦江書局刻本 四冊

420000－2341－0001825 A/096.2/2124C6

春秋公羊傳十一卷 （漢）何休注 （唐）陸德明音義 清光緒二十二年（1896）星沙文昌書局刻本 六冊

420000－2341－0001826 A/096.2/2124C8

春秋公羊經傳解詁箋十一卷 （漢）何休注 王闓運箋 清光緒十一年（1885）成都尊經書局刻本 六冊

420000－2341－0001827 A/096.2/2124C8 貳

春秋公羊經傳解詁箋十一卷 （漢）何休注 王闓運箋 清光緒十一年（1885）成都尊經書局刻本 六冊

420000－2341－0001828 A/096.2/2124C8 壹

春秋公羊經傳解詁箋十一卷 （漢）何休注 王闓運箋 清光緒十一年（1885）成都尊經書局刻本 六冊

420000－2341－0001829 A/096.2/2124 貳

春秋公羊傳十一卷　（漢）何休注　（唐）陸德明音義　清光緒十二年(1886)湖北官書處刻本　四冊

420000－2341－0001830　A/096.2/2124 叁
春秋公羊傳十一卷　（漢）何休注　（唐）陸德明音義　清光緒十二年(1886)湖北官書處刻本　四冊

420000－2341－0001831　A/096.2/2124 肆
春秋公羊傳十一卷　（漢）何休注　（唐）陸德明音義　清光緒十二年(1886)湖北官書處刻本　四冊

420000－2341－0001832　A/096.2/2124 壹
春秋公羊傳十一卷　（漢）何休注　（唐）陸德明音義　清光緒十二年(1886)湖北官書處刻本　四冊

420000－2341－0001833　A/096.2/3466
春秋公羊禮疏十一卷　（清）凌曙撰　清光緒九年(1883)歸安姚氏刻咫進齋叢書本　二冊

420000－2341　0001834　A/096.3/4430
春秋穀梁傳十二卷　（晉）范甯集解　（唐）陸德明音義　清光緒十二年(1886)湖北官書處刻本　四冊

420000－2341－0001835　A/096.3/4430.1
監本附音春秋穀梁注疏二十卷附校勘記　（晉）范甯集解　（唐）陸德明音義　（唐）楊士勳疏　清光緒十八年(1892)湖南寶慶務本書局刻本　六冊

420000－2341－0001836　A/096.3/4430.1C1
春秋穀梁傳二十卷　（晉）范甯集解　（明）金蟠較訂　清同治八年(1869)浙江書局補刻永懷堂本　三冊

420000－2341－0001837　A/096.3/4430.2
春秋穀梁傳不分卷　（晉）范甯集解　（明）閔齊伋裁注　清同治十二年(1873)稽古樓刻袖珍十三經注本　四冊

420000－2341－0001838　A/096.3/4430C1
春秋穀梁傳十二卷　（晉）范甯集解　（唐）陸

德明音義　清狀元閣李光明莊刻本　四冊

420000－2341－0001839　A/096.3/4430C1 捌
春秋穀梁傳十二卷　（晉）范甯集解　（唐）陸德明音義　清狀元閣李光明莊刻本　四冊

420000－2341－0001840　A/096.3/4430C1 貳
春秋穀梁傳十二卷　（晉）范甯集解　（唐）陸德明音義　清狀元閣李光明莊刻本　四冊

420000－2341－0001841　A/096.3/4430C1 玖
春秋穀梁傳十二卷　（晉）范甯集解　（唐）陸德明音義　清狀元閣李光明莊刻本　四冊

420000－2341－0001842　A/096.3/4430C1 陸
春秋穀梁傳十二卷　（晉）范甯集解　（唐）陸德明音義　清狀元閣李光明莊刻本　四冊

420000－2341－0001843　A/096.3/4430C1 柒
春秋穀梁傳十二卷　（晉）范甯集解　（唐）陸德明音義　清狀元閣李光明莊刻本　四冊

420000－2341－0001844　A/096.3/4430C1 叁
春秋穀梁傳十二卷　（晉）范甯集解　（唐）陸德明音義　清狀元閣李光明莊刻本　四冊

420000－2341－0001845　A/096.3/4430C1 肆
春秋穀梁傳十二卷　（晉）范甯集解　（唐）陸德明音義　清狀元閣李光明莊刻本　四冊

420000－2341－0001846　A/096.3/4430C1 伍
春秋穀梁傳十二卷　（晉）范甯集解　（唐）陸德明音義　清狀元閣李光明莊刻本　四冊

420000－2341－0001847　A/096.3/4430C1 壹
春秋穀梁傳十二卷　（晉）范甯集解　（唐）陸德明音義　清狀元閣李光明莊刻本　四冊

420000－2341－0001848　A/096.3/4430C4
春秋穀梁傳十二卷　（晉）范甯集解　（唐）陸德明音義　春秋穀梁傳校刊記一卷　清同治十一年(1872)至清末山東書局刻本　四冊

420000－2341－0001849　A/096.3/4430C5
春秋穀梁傳十二卷　（晉）范甯集解　（唐）陸德明音義　清光緒十二年(1886)星沙文昌書局刻本　六冊

420000－2341－0001850　A/096.3/4430C6

春秋穀梁傳十二卷　（晉）范甯集解　（唐）陸德明音義　清同治七年（1868）湖北崇文書局刻本　四冊

420000－2341－0001851　A/096.3/4430C6 壹

春秋穀梁傳十二卷　（晉）范甯集解　（唐）陸德明音義　清同治七年（1868）湖北崇文書局刻本　四冊

420000－2341－0001852　A/096.3/4430C9

春秋穀梁傳十二卷附考異一卷　（晉）范甯集解　（唐）陸德明音義　清光緒九年（1883）遵義黎氏日本東京使署刻本　二冊

420000－2341－0001853　A/096.3/4430 貳

春秋穀梁傳十二卷　（晉）范甯集解　（唐）陸德明音義　清光緒十二年（1886）湖北官書處刻本　四冊

420000－2341－0001854　A/096.3/4430 壹

春秋穀梁傳十二卷　（晉）范甯集解　（唐）陸德明音義　清光緒十二年（1886）湖北官書處刻本　四冊

420000－2341－0001855　A/096/1059

欽定春秋傳說彙纂三十八卷首二卷　（清）王掞撰　清同治十年（1871）湖北崇文書局刻本　二十冊

420000－2341－0001856　A/096/1083

春秋四傳質十二卷　（清）王介之撰　清道光二十二年（1842）湘潭王氏守遺經書屋刻本　二冊

420000－2341－0001857　A/096/4081

春秋講義二卷　（清）皮錫瑞撰　清宣統元年（1909）鴻飛印刷局鉛印本　一冊

420000－2341－0001858　A/096/4411

春秋釋例十五卷　（晉）杜預撰　清光緒二十五年（1899）傅氏集文堂刻本　八冊

420000－2341－0001859　A/096/4411.1

春秋經傳集解三十卷考證春秋年表一卷春秋名號歸一圖二卷　（晉）杜預註　清刻本　十

三冊

420000－2341－0001860　A/096/4411 壹

春秋釋例十五卷　（晉）杜預撰　清光緒二十五年（1899）傅氏集文堂刻本　八冊

420000－2341－0001861　A/096/4422

春秋四傳詁經十五卷　（清）萬斛泉編　清光緒三十四年（1908）刻本　十四冊

420000－2341－0001862　A/096/4428

春秋繁露十七卷　（漢）董仲舒撰　清光緒二年（1876）浙江書局刻本　二冊

420000－2341－0001863　A/096/4428C1

春秋繁露十七卷　（漢）董仲舒撰　清光緒元年（1875）湖北崇文書局刻本　二冊

420000－2341－0001864　A/096/6024

春秋講義裒一二卷　（清）團維墉輯　清嘉慶十七年（1812）刻本　二冊

420000－2341－0001865　A/096/8062

春秋十二卷　（清）姜國伊撰　清光緒十一年（1885）刻本　六冊

420000－2341－0001866　A/097/1760

孝經注疏九卷附校勘記　（宋）邢昺疏　（清）阮元校勘　清光緒十八年（1892）湖南寶慶務本書局刻本　二冊

420000－2341－0001867　A/097/3436

古文孝經薈解四卷附校勘記　（清）洪良品撰　**孝經別錄四卷**　清光緒十七年（1891）鉛印本　二冊

420000－2341－0001868　A/097/4074

孝經一卷　（唐）玄宗李隆基注　（唐）陸德明音義　清光緒十六年（1890）桂垣書局刻本　一冊

420000－2341－0001869　A/097/4074C1

孝經一卷　（唐）玄宗李隆基注　（唐）陸德明音義　清光緒十二年（1886）湖北官書處刻本　一冊

420000－2341－0001870　A/097/4074C1 壹

孝經一卷　（唐）玄宗李隆基注　（唐）陸德明

音義　清光緒十二年(1886)湖北官書處刻本
　一冊

420000－2341－0001871　A/097/4074C1　壹
忠經一卷　(漢)馬融撰　(漢)鄭玄注　清光
緒元年(1875)湖北崇文書局刻本　與420000－
2341－0001870　合一冊

420000－2341－0001872　A/097/4074C2
孝經一卷　(唐)玄宗李隆基注　清狀元閣李
光明莊刻本　一冊

420000－2341－0001873　A/097/4074C2　捌
孝經一卷　(唐)玄宗李隆基注　清狀元閣李
光明莊刻本　一冊

420000－2341－0001874　A/097/4074C2　貳
孝經一卷　(唐)玄宗李隆基注　清狀元閣李
光明莊刻本　一冊

420000－2341－0001875　A/097/4074C2　玖
孝經一卷　(唐)玄宗李隆基注　清狀元閣李
光明莊刻本　一冊

420000－2341－0001876　A/097/4074C2　陸
孝經一卷　(唐)玄宗李隆基注　清狀元閣李
光明莊刻本　一冊

420000－2341－0001877　A/097/4074C2　柒
孝經一卷　(唐)玄宗李隆基注　清狀元閣李
光明莊刻本　一冊

420000－2341－0001878　A/097/4074C2　叁
孝經一卷　(唐)玄宗李隆基注　清狀元閣李
光明莊刻本　一冊

420000－2341－0001879　A/097/4074C2　肆
孝經一卷　(唐)玄宗李隆基注　清狀元閣李
光明莊刻本　一冊

420000－2341－0001880　A/097/4074C2　伍
孝經一卷　(唐)玄宗李隆基注　清狀元閣李
光明莊刻本　一冊

420000－2341－0001881　A/097/4074C2　壹
孝經一卷　(唐)玄宗李隆基注　清狀元閣李
光明莊刻本　一冊

420000－2341－0001882　A/097/4437
孝經集傳四卷　(明)黃道周集傳　清康熙三
十二年(1693)至清末刻本　四冊

420000－2341－0001883　A/097/4444
孝經衍義一百卷首二卷　(清)韓菼撰　清刻
本　三十冊

420000－2341－0001884　A/097/8700
孝經一卷　(漢)鄭玄注　(清)嚴可均輯　清
嘉慶二十年(1815)至清末抄本　一冊

420000－2341－0001885　A/097/8700
中文孝經一卷　(清)周春纂　孝經外傳一卷
　清嘉慶二十年(1815)至清末抄本　一冊

420000－2341－0001886　A/098.04/1032
四書經學考十一卷首一卷　(清)王罕皆增輯
　清嘉慶九年(1804)三槐堂刻本　二冊

420000－2341－0001887　A/098.04/4335
四書典故考辨一卷　(清)戴清撰　清道光二
十九年(1849)至清末劉文淇刻本　一冊

420000　2341－0001888　A/098.04/4647
四書改錯平十四卷　(清)楊希閔撰　清光緒
元年(1875)福州刻本　六冊

420000－2341－0001889　A/098.04/7741
校正四書釋地八卷附孟子生卒年月考一卷
(清)閻若璩撰　清嘉慶八年(1803)桐蔭書屋
刻本　四冊

420000－2341－0001890　A/098.04/7745
四書典故辨正二十卷附錄一卷　(清)周柄中
撰　清光緒十二年(1886)善化許氏刻本
六冊

420000－2341－0001891　A/098.1/2540
學庸二卷　(宋)朱熹集注　清光緒元年
(1875)湖北崇文書局刻本　一冊

420000－2341－0001892　A/098.1/2540.1
大學一卷　(宋)朱熹集注　清同治三年
(1864)浙江撫署刻本　一冊

420000－2341－0001893　A/098.2/2623
中庸直指不分卷　(明)釋德清述　清光緒十

年(1884)金陵刻經處刻本 一冊

420000－2341－0001894 A/098.2/3119

學庸指掌三卷 (清)汪瑞堂撰 (清)周際華
增訂 清道光二十一年(1841)黔陽周氏家蔭
堂刻本 三冊

420000－2341－0001895 A/098.3/0802

論語十卷 (清)□□編 清光緒三十年
(1904)學務處刻本 二冊

420000－2341－0001896 A/098.3/1073

論語訓二卷 王闓運集注 清光緒十七年
(1891)刻本 二冊

420000－2341－0001897 A/098.3/1271

論語十卷 (清)□□編 清光緒元年(1875)
湖北崇文書局刻本 二冊

420000－2341－0001898 A/098.3/2160

唐卷子本論語十卷 (三國魏)何晏集解 清
光緒十五年(1889)德清傅氏日本東京刻本
二冊

420000－2341－0001899 A/098.3/2160.1

論語注疏解經二十卷附校勘記 (三國魏)何
晏集解 (宋)邢昺疏 (清)阮元校勘 清嘉
慶二十年(1815)江西南昌府學刻本 五冊

420000－2341－0001900 A/098.3/2160C1

論語注疏解經十卷附劄記一卷 (三國魏)何
晏集解 (宋)邢昺疏 清光緒三十年至三十
三年(1904－1907)貴池劉氏玉海堂刻本
二冊

420000－2341－0001901 A/098.3/3224

論語古注集箋十卷 (清)潘維城撰 論語考
一卷 清光緒七年(1881)江蘇書局刻本
六冊

420000－2341－0001902 A/098.3/4441

論語後案二十卷 (清)黃式三撰 清光緒九
年(1883)浙江書局刻儆居叢書本 十冊

420000－2341－0001903 A/098.3/4441壹

論語後案二十卷 (清)黃式三撰 清光緒九
年(1883)浙江書局刻儆居叢書本 十冊 存

十六卷(一至十六)

420000－2341－0001904 A/098.4/1751

孟子七卷 (戰國)孟軻撰 清光緒元年
(1875)湖北崇文書局刻本 三冊

420000－2341－0001905 A/098.4/2540

孟子要略五卷 (宋)朱熹編 (清)劉傳瑩輯
清道光二十九年(1849)漢陽劉氏刻本
一冊

420000－2341－0001906 A/098.4/2540C1

孟子要略五卷 (宋)朱熹編 (清)劉傳瑩輯
清光緒十四年(1888)山東書局刻本 一冊

420000－2341－0001907 A/098.4/4924

孟子注疏解經十四卷附校勘記十四卷 (漢)
趙岐注 (宋)孫奭疏 清嘉慶二十年(1815)
江西南昌府學刻本 六冊

420000－2341－0001908 A/098.4/4982

孟子十四卷 (漢)趙岐注 清光緒三十四年
(1908)問經精舍刻本 二冊 存十卷(一至
十)

420000－2341－0001909 A/098.4/7502

孟子時事考徵四卷 (清)陳寶泉撰 清嘉慶
刻本 二冊

420000－2341－0001910 A/098/0014

集虛齋四書口義十卷 (清)方棣如撰 (清)
姚任道等訂 清乾隆五十三年(1788)至清末
芸生堂刻本 八冊

420000－2341－0001911 A/098/0040

四書徵十二卷 (明)王夢簡彙輯 清嘉慶十
三年(1808)至清末刻本 五冊

420000－2341－0001912 A/098/0098

新刻四書通典備考十二卷 (明)唐光蘷撰
(明)陳仁錫增定 清嘉慶四年(1799)至清末
陳長卿刻本 十冊

420000－2341－0001913 A/098/1037

中庸衍義十七卷 (明)夏良勝撰 清同治十
年(1871)曾國藩等刻本 十二冊

420000－2341－0001914 A/098/1744C1

新訂四書補注備旨十三卷　（明）鄧林撰　清乾隆二十年（1755）至清末刻本　五冊

420000－2341－0001915　A/098/2160

四書古注群義彙解九種　（三國魏）何晏撰　清光緒十六年（1890）珍藝書局鉛印本　十二冊

420000－2341－0001916　A/098/2160C1

論語集解義疏十卷　（三國魏）何晏集解　（南朝梁）皇侃義疏　清光緒十九年（1893）鴻寶齋石印本　二冊

420000－2341－0001917　A/098/2233

四書約旨十九卷　（清）任啟運撰　清光緒二十年（1894）浙江官書局刻本　十二冊

420000－2341－0001918　A/098/2342

四書人物類典串珠四十卷　（清）臧志仁編輯　清同治六年（1867）壽經堂刻本　十冊

420000－2341－0001919　A/098/2540

四子書四種　（宋）朱熹注　清同治四年（1865）至清末江南製造局刻本　二冊

420000－2341－0001920　A/098/2540C1

監本四書十九卷　（宋）朱熹注　清嘉慶十年（1805）刻本　六冊

420000－2341－0001921　A/098/2540C2

四書章句集注十九卷　（宋）朱熹注　清同治十三年（1874）湖南書局刻本　五冊

420000－2341－0001922　A/098/2540C3

慎怡堂四書十九卷　（宋）朱熹集註　清兩儀堂刻本　六冊

420000－2341－0001923　A/098/2540C4

正蒙四書十九卷　（宋）朱熹集注　清道光五年（1825）樹德堂刻朱墨套印本　六冊

420000－2341－0001924　A/098/2540C6

便蒙四書十九卷　（宋）朱熹撰　清光緒四年（1878）同文書屋劉氏刻本　十四冊

420000－2341－0001925　A/098/2540C7

四書集注十九卷　（宋）朱熹集注　清光緒三十二年（1906）上海商務印書館鉛印本　三冊

存十二卷（大學一、中庸一、論語一至十）

420000－2341－0001926　A/098/2553

駁呂留良四書講義六卷　（清）朱軾等撰　清雍正九年（1731）至清末刻本　八冊

420000－2341－0001927　A/098/2583

四書通旨六卷　（元）朱公遷撰　清康熙十九年（1680）通志堂刻本　四冊

420000－2341－0001928　A/098/2773

四書隨見錄四十三卷　（清）鄒鳳池　（清）陳作梅輯　清道光二十七年（1847）紅杏山房刻本　十二冊

420000－2341－0001929　A/098/4744

鄉黨義考七卷　（清）胡薰輯　清乾隆六十年（1795）中林書屋刻本　七冊

420000－2341－0001930　A/098/5532

四書摭餘說七卷　（清）曹之升輯　清嘉慶三年（1798）刻本　六冊

420000－2341－0001931　A/098/6060

學庸集說啓蒙二卷　（元）景星集說　清康熙十九年（1680）通志堂刻本　二冊

420000－2341－0001932　A/098/7474

松陽講義十二卷　（清）陸隴其撰　清光緒十三年（1887）固始張氏刻本　四冊

420000－2341－0001933　A/098/7528

增補四書精繡圖像人物備考十二卷圖一卷　（明）陳仁錫增定　清雍正二年（1724）至清末萃華堂刻本　八冊

420000－2341－0001934　A/098/7530

四書考輯要二十卷　（清）陳宏謀輯　清光緒四年（1878）岑毓英刻本　十冊

420000－2341－0001935　A/098/8028

善成堂四書遵註旁訓合講　（清）翁復編次　清雍正八年（1730）至清末文淵堂刻本　二冊

420000－2341－0001936　A/319.1/5046C1

五禮通考二百六十二卷首二卷　（清）秦蕙田撰　清光緒二十二年（1896）新化三昧堂刻本　一百二十冊

420000－2341－0001937　A/319.1/5046C2

五禮通考二百六十二卷首二卷 （清）秦蕙田撰　清光緒六年（1880）江蘇書局刻本　一百冊

420000－2341－0001938　A/319.18/4059

讀禮叢鈔十六種 （清）李輔燿輯　清光緒十七年（1891）湘西鞠園李氏刻本　六冊

420000－2341－0001939　A/319.2/0724

朱子家禮五卷 （清）郭嵩燾校訂　清光緒十七年（1891）思賢講舍刻本　一冊

420000－2341－0001940　A/319.2/2540

文公家禮儀節八卷 （宋）朱熹撰　（明）丘濬輯　清嘉慶元年（1796）登秀堂刻本　八冊

420000－2341－0001941　A/410/0192

字學舉隅不分卷 （清）龍光甸撰　（清）龍啟瑞增輯　清光緒十五年（1889）京都琉璃廠秀文齋刻本　一冊

420000－2341－0001942　A/410/0192C1

字學舉隅不分卷 （清）龍光甸撰　（清）龍啟瑞增輯　清道光二十年（1840）刻本　一冊

420000－2341－0001943　A/410/0192C2

字學舉隅不分卷 （清）龍光甸撰　（清）龍啟瑞增輯　清同治十三年（1874）湖北崇文書局刻本　一冊

420000－2341－0001944　A/410/3102

鐘鼎字源五卷 （清）汪立名編　清光緒二年（1876）洞庭秦氏麟慶堂刻本　二冊

420000－2341－0001945　A/410/8208

小學彙函十四種 （清）鍾謙鈞輯　清光緒十五年（1889）湘南書局刻本　三十九冊

420000－2341－0001946　A/410/8208C1

小學彙函十四種 （清）鍾謙鈞輯　清同治粵東書局刻本　十五冊　存九種（說文解字一至七、十二至十五，說文解字通釋十六至二十、二十八至四十，說文篆韻譜一至三，玉篇，干祿字書，五經文字一至三，九經字樣，急就篇三至四，廣韻二至五）

420000－2341－0001947　A/411.1/0894

說文解字十五卷 （漢）許慎撰　（宋）徐鉉校定　清刻本　八冊

420000－2341－0001948　A/411.1/0894C10

說文解字十五卷 （漢）許慎撰　（宋）徐鉉校定　清同治十年（1871）至清末刻本　八冊

420000－2341－0001949　A/411.1/0894C12

說文解字十五卷 （漢）許慎撰　**說文通檢十四卷首一卷末一卷** （清）黎永椿編　清同治十二年（1873）番禺陳昌治刻本　十冊

420000－2341－0001950　A/411.1/0894C4

說文解字十五卷 （漢）許慎撰　（宋）徐鉉校定　**說文檢字二卷** （清）毛謨輯　清同治十年（1871）至清末刻本　十冊

420000－2341－0001951　A/411.1/0894C4 貳

說文解字十五卷 （漢）許慎撰　（宋）徐鉉校定　**說文檢字二卷** （清）毛謨輯　清同治十年（1871）至清末刻本　十冊

420000－2341－0001952　A/411.1/0894C4 壹

說文解字十五卷 （漢）許慎撰　（宋）徐鉉校定　**說文檢字二卷** （清）毛謨輯　清同治十年（1871）至清末刻本　十冊

420000－2341－0001953　A/411.1/0894C5

說文解字十五卷 （漢）許慎撰　（宋）徐鉉校定　清同治十年（1871）至清末刻本　八冊

420000－2341－0001954　A/411.1/0894C5 壹

說文解字十五卷 （漢）許慎撰　（宋）徐鉉校定　清同治十年（1871）至清末刻本　八冊

420000－2341－0001955　A/411.1/0894C6

說文解字十五卷 （漢）許慎撰　（宋）徐鉉校定　清乾隆三十八年（1773）椒華吟舫刻本　六冊

420000－2341－0001956　A/411.1/1033

雷刻說文四種二十一卷 （清）雷浚輯　清光緒十年（1884）雷氏刻本　六冊

420000－2341－0001957　A/411.1/1714

許氏說文解字雙聲疊韻譜一卷 （清）鄧廷楨

撰　清光緒七年(1881)常熟鮑氏後知不足齋
刻本　一冊

420000－2341－0001958　A/411.1/2004
說文檢字二卷　(清)毛謨輯　清嘉慶二十一
年(1816)至清末刻本　二冊

420000－2341－0001959　A/411.1/2004 壹
說文檢字二卷　(清)毛謨輯　清嘉慶二十一
年(1816)至清末刻本　二冊

420000－2341－0001960　A/411.1/2734
說文通檢十四卷首一卷末一卷　(清)黎永椿
編　清光緒元年(1875)湖北崇文書局刻本
二冊

420000－2341－0001961　A/411.1/2734C2
說文通檢十四卷首一卷末一卷　(清)黎永椿
編　清光緒二年(1876)湖北崇文書局刻本
二冊

420000－2341－0001962　A/411.1/2734 壹
說文通檢十四卷首一卷末一卷　(清)黎永椿
編　清光緒元年(1875)湖北崇文書局刻本
二冊

420000－2341－0001963　A/411.1/2880
說文解字十五卷　(漢)許慎撰　(宋)徐鉉校
定　**汲古閣說文解字校記**　(清)張行孚撰
清光緒七年(1881)淮南書局刻本　五冊

420000－2341－0001964　A/411.1/2882
說文解字通釋四十卷　(南唐)徐鍇撰　(宋)
朱翱反切　**說文解字繫傳校勘記三卷**　(清)
祁寯藻撰　清光緒元年(1875)川東刻本
八冊

420000－2341－0001965　A/411.1/2882C2
說文解字通釋四十卷　(南唐)徐鍇撰　(宋)
朱翱反切　清光緒九年(1883)江蘇書局刻本
八冊

420000－2341－0001966　A/411.1/2882C2 壹
說文解字通釋四十卷　(南唐)徐鍇撰　(宋)
朱翱反切　清光緒九年(1883)江蘇書局刻本
八冊

420000－2341－0001967　A/411.1/2882C4
說文解字通釋四十卷　(南唐)徐鍇撰　(宋)
朱翱反切　**說文解字繫傳校勘記三卷**　(清)
祁寯藻撰　清同治十三年(1874)廣州粵東書
局刻小學彙函本　八冊

420000－2341－0001968　A/411.1/4030
小學鉤沈十九卷　(清)任大椿輯　清光緒十
年(1884)江都李氏半畝園刻本　二冊

420000－2341－0001969　A/411.1/4030
小學類編七種三十六卷　(清)李祖望輯　清
咸豐二年(1852)江都李氏半畝園刻本　八冊

420000－2341－0001970　A/411.1/4031
說文辨字正俗八卷　(清)李富孫撰　清嘉慶
二十一年(1816)至清末校經廎刻本　四冊

420000－2341－0001971　A/411.1/4041
說文逸字辨證二卷　(清)鄭珍撰　(清)李楨
辨證　清光緒十一年(1885)善化李氏畹蘭室
刻本　二冊

420000－2341－0001972　A/411.1/4428
說文解字義證五十卷　(清)桂馥撰　清同治
九年(1870)湖北崇文書局刻本　三十二冊

420000－2341－0001973　A/411.1/4428 貳
說文解字義證五十卷　(清)桂馥撰　清同治
九年(1870)湖北崇文書局刻本　三十二冊

420000－2341－0001974　A/411.1/4428 叁
說文解字義證五十卷　(清)桂馥撰　清同治
九年(1870)湖北崇文書局刻本　三十二冊

420000－2341－0001975　A/411.1/4428 肆
說文解字義證五十卷　(清)桂馥撰　清同治
九年(1870)湖北崇文書局刻本　三十二冊

420000－2341－0001976　A/411.1/4428 伍
說文解字義證五十卷　(清)桂馥撰　清同治
九年(1870)湖北崇文書局刻本　三十二冊

420000－2341－0001977　A/411.1/4428 壹
說文解字義證五十卷　(清)桂馥撰　清同治
九年(1870)湖北崇文書局刻本　三十二冊

420000－2341－0001978　A/411.1/4793

說文引經攷異十六卷　（清）柳榮宗撰　清同治六年(1867)刻本　四冊

420000 – 2341 – 0001979　A/411.1/6108

說文部首讀本一卷　（清）嘯雲主人編　清武昌嘯雲書屋刻本　一冊

420000 – 2341 – 0001980　A/411.1/7517

說文引經考證七卷附互異說一卷　（清）陳瑑撰　清同治十三年(1874)湖北崇文書局刻本　二冊

420000 – 2341 – 0001981　A/411.1/7517 壹

說文引經考證七卷附互異說一卷　（清）陳瑑撰　清同治十三年(1874)湖北崇文書局刻本　二冊

420000 – 2341 – 0001982　A/411.1/7714C1

六書音均表五卷　（清）段玉裁撰　清光緒元年(1875)湖北崇文書局刻本　二冊

420000 – 2341 – 0001983　A/411.1/7714C1

汲古閣說文訂一卷　（清）段玉裁撰　清光緒元年(1875)湖北崇文書局刻本　一冊

420000 – 2341 – 0001984　A/411.1/7714C1

說文解字三十卷　（清）段玉裁注　清光緒元年(1875)湖北崇文書局刻本　十五冊

420000 – 2341 – 0001985　A/411.1/7714C10

說文解字十五卷附說文部目分韻　（清）段玉裁撰　六書音均表五卷　清嘉慶二十年(1815)經韻樓刻本　二十四冊

420000 – 2341 – 0001986　A/411.1/7714C1 壹

汲古閣說文訂一卷　（清）段玉裁撰　清光緒元年(1875)湖北崇文書局刻本　一冊

420000 – 2341 – 0001987　A/411.1/7714C1 壹

說文解字三十卷　（清）段玉裁注　清光緒元年(1875)湖北崇文書局刻本　十五冊

420000 – 2341 – 0001988　A/411.1/7714C1 壹

六書音均表五卷　（清）段玉裁撰　清光緒元年(1875)湖北崇文書局刻本　二冊

420000 – 2341 – 0001989　A/411.1/7714C2

說文解字三十二卷　（清）段玉裁注　清光緒

三年(1877)成都尊經書院刻本　十六冊

420000 – 2341 – 0001990　A/411.1/7714C4

說文解字十五篇　（清）段玉裁注　清同治十一年(1872)湖北崇文書局刻本　十四冊　存十四篇(一至十四)

420000 – 2341 – 0001991　A/411.1/7714C4

六書音均表五卷　（清）段玉裁撰　清同治十一年(1872)湖北崇文書局刻本　二冊

420000 – 2341 – 0001992　A/411.1/7714C4

汲古閣說文訂一卷　（清）段玉裁撰　清同治十一年(1872)湖北崇文書局刻本　一冊

420000 – 2341 – 0001993　A/411.1/7714C4 貳

說文解字十五篇　（清）段玉裁注　清同治十一年(1872)湖北崇文書局刻本　十五冊

420000 – 2341 – 0001994　A/411.1/7714C4 壹

說文解字十五篇　（清）段玉裁注　清同治十一年(1872)湖北崇文書局刻本　二十一冊

420000 – 2341 – 0001995　A/411.1/7714C8

說文解字三十二卷　（清）段玉裁注　六書音均表五卷　說文通檢十四卷首一卷末一卷（清）黎永椿編　說文解字注匡謬十四卷（清）徐承慶撰　清宣統二年(1910)石印本　八冊　缺六卷(說文解字注匡謬九至十四)

420000 – 2341 – 0001996　A/411.1/7812.1

說文提要不分卷　（清）陳建侯撰　清光緒元年(1875)湖北崇文書局刻本　一冊

420000 – 2341 – 0001997　A/411.1/8741

段氏說文注訂八卷　（清）鈕樹玉撰　清同治十三年(1874)湖北崇文書局刻本　二冊

420000 – 2341 – 0001998　A/411.1/8741.1

說文新附攷六卷說文續攷一卷　（清）鈕樹玉撰　清同治十三年(1874)湖北崇文書局刻本　二冊

420000 – 2341 – 0001999　A/411.1/8741.1C1

說文新附攷六卷說文續攷一卷　（清）鈕樹玉撰　清同治七年(1868)碧螺山館刻本　一冊

420000 – 2341 – 0002000　A/411.1/8741C1

段氏說文注訂八卷　（清）鈕樹玉撰　清道光四年(1824)蘇州青霞齋吳學圃局刻本　二冊

420000－2341－0002001　A/411.11/1088

說文解字句讀三十卷　（漢）許慎撰　（清）王筠撰集　清光緒八年(1882)四川尊經書局刻本　二十八冊

420000－2341－0002002　A/411.11/1088 壹

說文解字句讀三十卷　（漢）許慎撰　（清）王筠撰集　清光緒八年(1882)四川尊經書局刻本　三十二冊

420000－2341－0002003　A/411.11/1122

說文發疑六卷　（清）張行孚撰　清光緒九年(1883)刻本　六冊

420000－2341－0002004　A/411.11/3104

說文辨疑一卷　（清）顧廣圻撰　清光緒三年(1877)湖北崇文書局刻本　一冊

420000－2341－0002005　A/411.13/0872

說文分韻易知錄五卷說文分畫易知錄一卷說文重文標目五卷　（清）許巽行撰　清光緒五年(1879)許嘉德刻本　十冊

420000－2341－0002006　A/411.13/2101

經典釋文考證三十卷　（唐）陸德明撰　（清）盧文弨考證　清乾隆五十六年(1791)至清末成都尊經書院刻本　十冊

420000－2341－0002007　A/411.13/2574

說文通訓定聲十八卷柬韻一卷說雅一卷古今韻準一卷　（清）朱駿聲紀錄　清咸豐元年(1851)臨嘯閣刻同治九年(1870)朱孔彰補刻光緒八年(1882)後印本　二十四冊

420000－2341－0002008　A/411.13/2574C1

說文通訓定聲十八卷柬韻一卷說雅一卷古今韻準一卷　（清）朱駿聲紀錄　清咸豐元年(1851)臨嘯閣刻同治九年(1870)朱孔彰補刻本　二十四冊

420000－2341－0002009　A/411.13/2574 貳

說文通訓定聲十八卷柬韻一卷說雅一卷古今韻準一卷　（清）朱駿聲紀錄　清咸豐元年

(1851)臨嘯閣刻同治九年(1870)朱孔彰補刻光緒八年(1882)後印本　二十四冊

420000－2341－0002010　A/411.13/2574 壹

說文通訓定聲十八卷柬韻一卷說雅一卷古今韻準一卷補遺一卷　（清）朱駿聲紀錄　清咸豐元年(1851)臨嘯閣刻同治九年(1870)朱孔彰補刻光緒八年(1882)後印本　十七冊

420000－2341－0002011　A/411.13/3404

六書轉注錄十卷　（清）洪亮吉撰　清光緒四年(1878)授經堂刻本　四冊

420000－2341－0002012　A/411.13/4206

說文聲系十四卷　（清）姚文田撰　清嘉慶九年(1804)粵東督學使署刻本　二冊

420000－2341－0002013　A/411.13/6033

六書通十卷　（明）閔齊伋輯　（清）畢宏述篆訂　清康熙六十年(1721)至清末刻本　十冊

420000－2341－0002014　A/411.13/7426

經典釋文三十卷　（唐）陸德明撰　經典釋文考證三十卷　（清）盧文弨撰　清同治八年(1869)湖北崇文書局刻本　十二冊

420000－2341－0002015　A/411.13/7426 壹

經典釋文三十卷　（唐）陸德明撰　經典釋文考證三十卷　（清）盧文弨撰　清同治八年(1869)湖北崇文書局刻本　十二冊

420000－2341－0002016　A/411.13/8341

說文解字斠詮十四卷　（清）錢坫撰　清嘉慶十六年(1811)琳瑯僊館刻本　十四冊

420000－2341－0002017　A/411.13/8341C1

說文解字斠詮十四卷　（清）錢坫撰　清光緒九年(1883)淮南書局刻本　六冊

420000－2341－0002018　A/411.14/4206

說文校議十五卷　（清）姚文田　（清）嚴可均撰　清同治十三年(1874)歸安姚氏刻本　四冊

420000－2341－0002019　A/411.14/4206C1

說文校議十五卷　（清）姚文田　（清）嚴可均撰　（清）孫星衍訂　清嘉慶二十三年(1818)

冶城山館刻本　三冊

420000－2341－0002020　A/411.15/1088
說文釋例二十卷　（清）王筠撰　清光緒九年(1883)成都御風樓刻本　二十冊

420000－2341－0002021　A/411.15/1088 壹
說文釋例二十卷　（清）王筠撰　清光緒九年(1883)成都御風樓刻本　四冊

420000－2341－0002022　A/411.17/2714
說文解字群經正字二十八卷　（清）邵瑛撰　清嘉慶二十一年(1816)桂隱書局刻本　八冊

420000－2341－0002023　A/411.17/4444
唐寫本說文解字木部箋異一卷　（清）莫友芝撰　清同治二年(1863)刻本　二冊

420000－2341－0002024　A/411.17/4444 壹
唐寫本說文解字木部箋異一卷　（清）莫友芝撰　清同治二年(1863)刻本　一冊

420000－2341－0002025　A/411.18/0834
讀說文雜識一卷　（清）許槤撰　清光緒七年(1881)刻本　一冊

420000－2341－0002026　A/411.18/0834 壹
讀說文雜識一卷　（清）許槤撰　清光緒七年(1881)刻本　一冊

420000－2341－0002027　A/411.18/2643
字說一卷　（清）吳大澂撰　清光緒十九年(1893)思賢講舍刻本　一冊

420000－2341－0002028　A/411.18/8232
文字通釋略四卷　（清）鍾祖綏撰　清光緒三十四年(1908)刻本　四冊

420000－2341－0002029　A/411.3/1088
文字蒙求四卷　（清）王筠纂　清道光十八年(1838)至清末刻本　一冊

420000－2341－0002030　A/411.3/1088C1
文字蒙求四卷　（清）王筠纂　清光緒五年(1879)會稽章氏刻本　一冊

420000－2341－0002031　A/411.3/1088 壹
文字蒙求四卷　（清）王筠纂　清道光十八年

(1838)至清末刻本　一冊

420000－2341－0002032　A/411.3/2680
六書類籑九卷附字學尋源三卷　（清）吳錦章撰　清光緒二十三年(1897)崇雅精舍刻本　六冊

420000－2341－0002033　A/411.3/4327
六書故三十三卷通釋一卷　（宋）戴侗撰　清乾隆四十九年(1784)至清末李鼎元刻本　十六冊

420000－2341－0002034　A/411.304/7721
六書正譌五卷　（元）周伯琦編注　清咸豐五年(1855)惜古齋刻本　三冊

420000－2341－0002035　A/411.33/4021
六書系韻二十四卷首一卷檢字二卷　（清）李貞撰　清光緒十六年(1890)刻本　二十六冊

420000－2341－0002036　A/411/4480
苗氏說文四種　（清）苗夔撰　清咸豐元年(1851)漢磚亭刻本　四冊

420000－2341－0002037　A/413.04/0028
字典考證十二集　（清）奕繪輯　清道光十一年(1831)愛日堂刻本　四冊

420000－2341－0002038　A/413.04/0028C1
字典考證十二集　（清）奕繪輯　清光緒二年(1876)湖北崇文書局刻本　六冊

420000－2341－0002039　A/413.04/8346
經典文字考異不分卷　（清）錢大昕撰　清同治十一年(1872)至清末常熟周大輔抄本　三冊

420000－2341－0002040　A/413.1/4422
音漢清文鑒二十卷　（清）董佳明鐸編　清雍正十三年(1735)至清末刻本　四冊

420000－2341－0002041　A/413.4/2147
龍龕手鑑四卷　（遼）釋行均撰　清虛竹齋刻本　六冊

420000－2341－0002042　A/413.5/4431
文選通叚字會四卷　（清）杜宗玉撰　清光緒二十二年(1896)湖北孝感學署刻本　四冊

420000－2341－0002043　A/413/1115C11

康熙字典三十六卷總目一卷檢字一卷辨似一卷等韻一卷補遺一卷備考一卷　（清）張玉書等編　（清）凌紹雯纂修　清道光七年(1827)刻本　四十冊

420000－2341－0002044　A/413/1115C14

康熙字典三十六卷總目一卷檢字一卷辨似一卷等韻一卷補遺一卷備考一卷　（清）張玉書等編　（清）凌紹雯纂修　清光緒三十四年(1908)上海集成圖書公司鉛印本　六冊　缺二十卷(十九至三十六、補遺一卷、備考一卷)

420000－2341－0002045　A/413/1115C2

康熙字典三十六卷總目一卷檢字一卷辨似一卷等韻一卷補遺一卷備考一卷　（清）張玉書等編　（清）凌紹雯纂修　清康熙五十五年(1716)至清末刻本　四十冊

420000－2341－0002046　A/413/1115C3

康熙字典三十六卷總目一卷檢字一卷辨似一卷等韻一卷補遺一卷備考一卷　（清）張玉書等編　（清）凌紹雯纂修　清光緒元年(1875)湖北崇文書局刻本　四十冊

420000－2341－0002047　A/413/1115C3 貳

康熙字典三十六卷總目一卷檢字一卷辨似一卷等韻一卷補遺一卷備考一卷　（清）張玉書等編　（清）凌紹雯纂修　清光緒元年(1875)湖北崇文書局刻本　四十冊

420000－2341－0002048　A/413/1115C3 壹

康熙字典三十六卷總目一卷檢字一卷辨似一卷等韻一卷補遺一卷備考一卷　（清）張玉書等編　（清）凌紹雯纂修　清光緒元年(1875)湖北崇文書局刻本　四十冊

420000－2341－0002049　A/413/1115C5

康熙字典三十六卷總目一卷檢字一卷辨似一卷等韻一卷補遺一卷備考一卷　（清）張玉書等編　（清）凌紹雯纂修　清光緒十八年(1892)上海同文書局石印本　六冊

420000－2341－0002050　A/413/2244

字林考逸八卷附錄一卷　（清）任大椿撰　清

光緒二十三年(1897)龔氏襃馨精舍刻本　三冊

420000－2341－0002051　A/413/2244.1

小學鉤沈十九卷　（清）任大椿撰　清光緒十年(1884)龍氏刻本　二冊

420000－2341－0002052　A/413/2244C1

字林考逸八卷附錄一卷　（清）任大椿撰　**字林考逸補本一卷附錄一卷**　（清）陶方琦輯　清光緒十六年(1890)江蘇書局刻本　四冊

420000－2341－0002053　A/413/3161

玉篇三十卷　（南朝陳）顧野王撰　**玉篇校刊札記一卷**　（清）鄧顯鶴述　清道光三十年(1850)新化鄧氏邵州東山精舍刻本　三冊

420000－2341－0002054　A/413/3161C1

玉篇三十卷　（南朝陳）顧野王撰　清同治粵東書局刻小學彙函本　三冊

420000－2341－0002055　A/413/3161 壹

玉篇三十卷　（南朝陳）顧野王撰　**玉篇校刊札記一卷**　（清）鄧顯鶴述　清道光三十年(1850)新化鄧氏邵州東山精舍刻本　四冊

420000－2341－0002056　A/413/4449

冢緉四十八卷　（清）杜大恒撰　清光緒二十二年(1896)儷峰書屋刻本　六冊

420000－2341－0002057　A/413/4803

字彙十二集首一卷末一卷　（明）梅膺祚音釋　清乾隆三十三年(1768)至清末宏道堂刻本　十四冊

420000－2341－0002058　A/414.07/8014

音義辨同七卷　（清）曾廷枚編　清嘉慶五年(1800)刻本　一冊

420000－2341－0002059　A/414.2/4477C1

五方元音二卷附韻略　（清）樊騰鳳撰　（清）年希堯增補　清雍正五年(1727)至清末善成堂刻本　四冊

420000－2341－0002060　A/414.2/4477C1 壹

五方元音二卷附韻略　（清）樊騰鳳撰　（清）年希堯增補　清雍正五年(1727)至清末善成

堂刻本　四冊

420000－2341－0002061　A/414.2/5374
漢學諧聲二十四卷附說文補考一卷說文又考一卷　(清)戚學標撰　清嘉慶九年(1804)刻本　八冊

420000－2341－0002062　A/414.2/5374 壹
漢學諧聲二十四卷附說文補考一卷說文又考一卷　(清)戚學標撰　清嘉慶九年(1804)刻本　八冊

420000－2341－0002063　A/414.2/5550
續復古編四卷　(元)曹本撰　清光緒十二年(1886)姚氏咫進齋刻本　四冊

420000－2341－0002064　A/414.2/6404
聲譜二卷　(清)時庸勱撰　清光緒十八年(1892)河南星使行臺刻本　二冊

420000－2341－0002065　A/414.2/6404.1
聲說二卷　(清)時庸勱撰　清光緒十八年(1892)河南星使行臺刻本　二冊

420000－2341－0002066　A/414.3/0051
集韻考正十卷　(清)方成珪撰　清光緒五年(1879)孫詒讓詒善祠塾刻本　十冊

420000－2341－0002067　A/414.3/0600
增訂韻辨摘要不分卷　(清)徐鄘撰　清光緒元年(1875)蘭州府署刻本　一冊

420000－2341－0002068　A/414.3/1027
音韻輯要二十一卷　(清)王鵕纂　清乾隆四十九年(1784)昆山咸德堂刻本　六冊

420000－2341－0002069　A/414.3/1061
丁西圃叢書十一卷　(清)丁顯輯　清光緒刻本　八冊

420000－2341－0002070　A/414.3/1779C1
切韻指掌圖一卷　(宋)司馬光撰　清宣統二年(1910)豐城熊氏舊補史堂刻本　一冊

420000－2341－0002071　A/414.3/2560
廣金石韻府五卷附玉篇字畧　(明)朱時望纂　(清)林尚葵增輯　(清)李根校正　(清)張鳳藻增訂　清咸豐七年(1857)巴郡張氏刻本　六冊

420000－2341－0002072　A/414.3/2560 貳
廣金石韻府五卷附玉篇字畧　(明)朱時望纂　(清)林尚葵增輯　(清)李根校正　(清)張鳳藻增訂　清咸豐七年(1857)巴郡張氏刻本　五冊

420000－2341－0002073　A/414.3/2560 壹
廣金石韻府五卷附玉篇字畧　(明)朱時望纂　(清)林尚葵增輯　(清)李根校正　(清)張鳳藻增訂　清咸豐七年(1857)巴郡張氏刻本　六冊

420000－2341－0002074　A/414.3/3160
韻歧五卷　(清)江昱輯　清光緒七年(1881)廣陵江氏刻本　二冊

420000－2341－0002075　A/414.3/3160 壹
韻歧五卷　(清)江昱輯　清光緒七年(1881)廣陵江氏刻本　二冊

420000－2341－0002076　A/414.3/3431
韻辨附文五卷　(清)沈兆霖撰　清同治十二年(1873)東川書院刻本　五冊

420000－2341－0002077　A/414.3/3603
詩韻合璧五卷　(清)湯文潞編　清光緒四年(1878)上海淞隱閣刻本　五冊

420000－2341－0002078　A/414.3/4031
李氏音鑑六卷　(清)李汝珍撰　清同治七年(1868)刻本　八冊

420000－2341－0002079　A/414.3/4239
經韻集字析解二卷　(清)彭良敞集註　清道光十年(1830)灤源書院刻本　二冊

420000－2341－0002080　A/414.3/4239C1
經韻集字析解二卷附全韻字數　(清)彭良敞集註　(清)熊守謙參訂　清道光二年(1822)開封府署刻本　二冊

420000－2341－0002081　A/414.3/4243
韻海大全角山樓類腋　(清)姚培源撰　(清)仁壽室主人輯　(清)趙克宜增輯　**韻府對偶　韻府精華五卷　詩學法程　檢韻　賦學法**

程　清光緒十二年（1886）上海文瑞樓石印本
六冊

420000 – 2341 – 0002082　A/414.3/4428C2
繆篆分韻五卷補五卷　（清）桂馥撰　清光緒
歸安姚氏咫進齋刻本　二冊

420000 – 2341 – 0002083　A/414.3/4482C2
古今韻會舉要三十卷禮部韻略七音三十六母
通考一卷　（元）黃公紹編輯　（元）熊忠舉要
清光緒九年（1883）淮南書局刻本　十冊

420000 – 2341 – 0002084　A/414.37/4013
佩文廣韻匯編五卷　（清）李元祺撰　清同治
十一年（1872）金陵書局刻本　二冊

420000 – 2341 – 0002085　A/414.415/0436
小學考五十卷　（清）謝啟昆撰　清光緒十四
年（1888）浙江書局刻本　二十冊

420000 – 2341 – 0002086　A/414.415/0436貳
小學考五十卷　（清）謝啟昆撰　清光緒十四
年（1888）浙江書局刻本　二十冊

420000 – 2341 – 0002087　A/414.415/0436壹
小學考五十卷　（清）謝啟昆撰　清光緒十四
年（1888）浙江書局刻本　二十冊

420000 – 2341 – 0002088　A/414.5/2033
集字避複一卷　（清）劉鑒編　清光緒二十九
年（1903）星沙忠襄公祠刻本　一冊

420000 – 2341 – 0002089　A/414.5/2033壹
集字避複一卷　（清）劉鑒編　清光緒二十九
年（1903）星沙忠襄公祠刻本　一冊

420000 – 2341 – 0002090　A/414.9/3404
漢魏音四卷　（清）洪亮吉撰　清光緒三年
（1877）授經堂刻本　一冊

420000 – 2341 – 0002091　A/414.94/2738
唐韻攷五卷　（清）紀容舒撰　清光緒六年
（1880）定州王氏挹齋刻朱印本　二冊

420000 – 2341 – 0002092　A/414.95/7548C2
廣韻五卷　（宋）陳彭年修　清道光三十年
（1850）新化鄧氏邵州東山精舍刻本　四冊

420000 – 2341 – 0002093　A/414.95/7548C3
廣韻五卷　（宋）陳彭年修　清康熙六年
（1667）陳上年刻本　五冊

420000 – 2341 – 0002094　A/414.95/7548C4
廣韻五卷　（宋）陳彭年修　清光緒十五年
（1889）湘南書局刻小學彙函本　四冊

420000 – 2341 – 0002095　A/414.95/7548C5
廣韻五卷　（宋）陳彭年修　清同治十二年
（1873）粵東書局刻小學彙函本　五冊

420000 – 2341 – 0002096　A/414.95/7548C5壹
廣韻五卷　（宋）陳彭年修　清同治十二年
（1873）粵東書局刻小學彙函本　五冊

420000 – 2341 – 0002097　A/414.95/7548C5貳
廣韻五卷　（宋）陳彭年修　清同治十二年
（1873）粵東書局刻小學彙函本　五冊

420000 – 2341 – 0002098　A/414.95/7548C5叄
廣韻五卷　（宋）陳彭年修　清同治十二年
（1873）粵東書局刻小學彙函本　五冊

420000 – 2341 – 0002099　A/414.96/1000
集韻十卷　（宋）丁度撰　清嘉慶十九年
（1814）金陵劉文奎等刻本　十冊

420000 – 2341 – 0002100　A/414.97/2337
欽定同文韻統六卷　（清）允祿等監纂　（清）
章嘉胡土克圖等纂修　清宣統二年（1910）理
藩部刻本　五冊

420000 – 2341 – 0002101　A/414.97/2347
古音類表九卷　（清）傅壽彤撰　清光緒二年
（1876）大梁臬署刻本　四冊

420000 – 2341 – 0002102　A/414.97/2544
佩文詩韻釋要五卷　（清）朱蘭輯　清光緒元
年（1875）湖北崇文書局刻本　一冊

420000 – 2341 – 0002103　A/414/1042
音韻字彙六集附檢字　（清）賈椿齡編　清光
緒十六年（1890）益元堂刻本　四冊

420000 – 2341 – 0002104　A/414/1135
臨文便覽不分卷附敬避字樣一卷擡頭字樣一
卷磨勘條例摘要一卷　（清）張啟泰編　清同

治十三年(1874)刻本　一冊

420000－2341－0002105　A/414/1142
澤存堂五種　(清)張士俊輯　清光緒十四年(1888)上海蜚英館石印本　八冊

420000－2341－0002106　A/414/2004
韻字略十二集　(清)毛謨撰　清光緒元年(1875)湖北崇文書局刻本　二冊

420000－2341－0002107　A/414/2004 貳
韻字略十二集　(清)毛謨撰　清光緒元年(1875)湖北崇文書局刻本　二冊

420000－2341－0002108　A/414/2004 叄
韻字略十二集　(清)毛謨撰　清光緒元年(1875)湖北崇文書局刻本　二冊

420000－2341－0002109　A/414/2004 壹
韻字略十二集　(清)毛謨撰　清光緒元年(1875)湖北崇文書局刻本　二冊

420000－2341－0002110　A/414/4069
續集漢印分韻二卷　(清)謝景卿摹錄　清嘉慶八年(1803)漱藝堂刻本　二冊

420000－2341－0002111　A/414/4069
選集漢印分韻二卷　(清)袁日省原本　(清)謝雲生摹錄　清嘉慶二年(1797)漱藝堂刻本　二冊

420000－2341－0002112　A/415.1/0712
爾雅三卷　(晉)郭璞注　(唐)陸德明音釋　清光緒十二年(1886)湖北官書處刻本　三冊

420000－2341－0002113　A/415.1/0712.1
爾雅註疏十一卷　(晉)郭璞註　(宋)邢昺疏　清寶旭齋刻本　四冊

420000－2341－0002114　A/415.1/0712.1C2
爾雅十一卷　(晉)郭璞註　清同治十二年(1873)稽古樓刻袖珍十三經註本　三冊

420000－2341－0002115　A/415.1/0712.1C3
爾雅十一卷　(晉)郭璞註　清同治十二年(1873)至清末稽古樓刻袖珍十三經註補版後印本　四冊

420000－2341－0002116　A/415.1/0712.2
爾雅疏十卷校勘記十卷　(晉)郭璞注　(宋)邢昺疏　清光緒十八年(1892)寶慶務本書局刻本　五冊

420000－2341－0002117　A/415.1/0712C1
爾雅三卷　(晉)郭璞注　(唐)陸德明音釋　清光緒至清末狀元閣李光明莊刻本　四冊

420000－2341－0002118　A/415.1/0712C1 貳
爾雅三卷　(晉)郭璞注　(唐)陸德明音釋　清光緒至清末狀元閣李光明莊刻本　四冊

420000－2341－0002119　A/415.1/0712C1 玖
爾雅三卷　(晉)郭璞注　(唐)陸德明音釋　清光緒至清末狀元閣李光明莊刻本　四冊

420000－2341－0002120　A/415.1/0712C1 陸
爾雅三卷　(晉)郭璞注　(唐)陸德明音釋　清光緒至清末狀元閣李光明莊刻本　四冊

420000－2341－0002121　A/415.1/0712C1 柒
爾雅三卷　(晉)郭璞注　(唐)陸德明音釋　清光緒至清末狀元閣李光明莊刻本　四冊

420000－2341－0002122　A/415.1/0712C1 叄
爾雅三卷　(晉)郭璞注　(唐)陸德明音釋　清光緒至清末狀元閣李光明莊刻本　四冊

420000－2341－0002123　A/415.1/0712C1 肆
爾雅三卷　(晉)郭璞注　(唐)陸德明音釋　清光緒至清末狀元閣李光明莊刻本　四冊

420000－2341－0002124　A/415.1/0712C1 伍
爾雅三卷　(晉)郭璞注　(唐)陸德明音釋　清光緒至清末狀元閣李光明莊刻本　四冊

420000－2341－0002125　A/415.1/0712C1 壹
爾雅三卷　(晉)郭璞注　(唐)陸德明音釋　清光緒至清末狀元閣李光明莊刻本　四冊

420000－2341－0002126　A/415.1/0712C2
爾雅三卷　(晉)郭璞注　清光緒十年(1884)遵義黎氏日本東京使署刻本　一冊

420000－2341－0002127　A/415.1/0712C1 捌
爾雅三卷　(晉)郭璞注　(唐)陸德明音釋　清光緒至清末狀元閣李光明莊刻本　四冊

420000－2341－0002128　A/415.1/0712 貳
爾雅三卷　（晉）郭璞注　（唐）陸德明音釋
清光緒十二年(1886)湖北官書處刻本　三冊

420000－2341－0002129　A/415.1/0712 叁
爾雅三卷　（晉）郭璞注　（唐）陸德明音釋
清光緒十二年(1886)湖北官書處刻本　三冊

420000－2341－0002130　A/415.1/0712 肆
爾雅三卷　（晉）郭璞注　（唐）陸德明音釋
清光緒十二年(1886)湖北官書處刻本　三冊

420000－2341－0002131　A/415.1/0712 壹
爾雅三卷　（晉）郭璞注　（唐）陸德明音釋
清光緒十二年(1886)湖北官書處刻本　三冊

420000－2341－0002132　A/415.1/7210
爾雅補注殘本一卷　（清）劉玉麐撰　清光緒
十四年(1888)廣雅書局刻廣雅書局叢書本
一冊

420000－2341－0002133　A/415.12/0712
爾雅音圖三卷　（晉）郭璞注　（清）姚之麟摹
圖　（清）曾燠編　清嘉慶六年(1801)曾氏藝
學軒刻光緒三年(1877)宋琪後印本　三冊

420000－2341－0002134　A/415.12/1020
釋名疏證補八卷續釋名一卷釋名補遺一卷釋
名疏證補坿一卷　（漢）劉熙撰　王先謙撰集
　清光緒二十二年(1896)長沙王氏刻本
四冊

420000－2341－0002135　A/415.12/1020 壹
釋名疏證補八卷續釋名一卷釋名補遺一卷釋
名疏證補坿一卷　（漢）劉熙撰　王先謙撰集
　清光緒二十二年(1896)長沙王氏刻本
四冊

420000－2341－0002136　A/415.13/4742
爾雅郭注義疏二十卷　（清）郝懿行撰　清光
緒十四年(1888)湖北官書處刻本　八冊

420000－2341－0002137　A/415.13/4742C2
爾雅郭注義疏二十卷　（清）郝懿行撰　清光
緒十年(1884)榮縣蜀南閣刻本　十冊

420000－2341－0002138　A/415.13/4742C2 貳

420000－2341－0002139　A/415.13/4742C2 壹
爾雅郭注義疏二十卷　（清）郝懿行撰　清光
緒十年(1884)榮縣蜀南閣刻本　十冊

420000－2341－0002140　A/415.13/4742 貳
爾雅郭注義疏二十卷　（清）郝懿行撰　清光
緒十四年(1888)湖北官書處刻本　八冊

420000－2341－0002141　A/415.13/4742 壹
爾雅郭注義疏二十卷　（清）郝懿行撰　清光
緒十四年(1888)湖北官書處刻本　八冊

420000－2341－0002142　A/415.15/1067
小爾雅疏八卷　（清）王煦撰　清光緒十一年
(1885)邵武徐氏刻本　二冊

420000－2341－0002143　A/415.2/0124
匡謬正俗八卷　（唐）顏師古撰　清同治十二
年(1873)粵東書局刻本　二冊

420000－2341－0002144　A/415.2/0124C1
匡謬正俗八卷　（唐）顏師古撰　清同治十二
年(1873)粵東書局刻小學彙函本　一冊

420000－2341－0002145　A/415.2/0124C1
急就章一卷　（漢）史游撰　（清）孫星衍考異
　清同治十二年(1873)粵東書局刻小學彙函
本　與420000－2341－0002144 合一冊

420000－2341－0002146　A/415.2/0124C2
刊謬正俗八卷　（唐）顏師古撰　清光緒元年
(1875)湖北崇文書局刻本　一冊

420000－2341－0002147　A/415.2/1069
拾雅六卷　（清）夏味堂撰　清嘉慶二十四年
(1819)高郵夏氏遂園刻本　二冊

420000－2341－0002148　A/415.2/1069.1
拾雅二十卷　（清）夏味堂撰　清道光二年
(1822)高郵夏氏遂園刻本　十冊

420000－2341－0002149　A/415.2/1081
廣雅疏證十卷　（清）王念孫撰　**博雅音十卷**
清光緒五年(1879)淮南書局刻本　八冊

420000－2341－0002150　　A/415.2/1081C1

廣雅疏證十卷　（清）王念孫撰　**博雅音十卷**
清嘉慶元年(1796)高郵王氏刻本　四冊

420000－2341－0002151　　A/415.2/1156

廣雅十卷　（三國魏）張揖撰　（隋）曹憲音
清同治十二年(1873)粵東書局刻小學彙函本
一冊

420000－2341－0002152　　A/415.2/2504

駢雅訓籑十六卷序目一卷附補遺　（明）朱謀
㙔撰　（清）魏茂林訓籑　清道光二十五年
(1845)有不為齋刻咸豐元年(1851)補刻本
八冊

420000－2341－0002153　　A/415.2/2504C1

駢雅訓籑十六卷序目一卷附補遺　（明）朱謀
㙔撰　（清）魏茂林訓籑　清光緒七年(1881)
成都瀹雅齋刻本　八冊

420000－2341－0002154　　A/415.2/2504C2

駢雅訓籑十六卷序目一卷附補遺　（明）朱謀
㙔撰　（清）魏茂林訓籑　清光緒二十年
(1894)上海積山書局石印本　七冊

420000－2341－0002155　　A/415.2/2615

別雅二卷　（清）吳玉搢撰　清道光二十九年
(1849)小蓬萊山館刻本　二冊

420000－2341－0002156　　A/415.2/2626

選雅二十卷　　程先甲編　清光緒二十八年
(1902)千一齋刻本　八冊

420000－2341－0002157　　A/415.2/3404

比雅十卷　（清）洪亮吉撰　　清光緒五年
(1879)授經堂刻本　二冊

420000－2341－0002158　　A/415.2/5044

疊雅十三卷　（清）史夢蘭撰　清同治四年
(1865)止園刻本　四冊

420000－2341－0002159　　A/415.5/0712

輶軒使者絕代語釋別國方言箋疏十三卷
（晉）郭璞撰　（清）錢繹集　清光緒十六年
(1890)紅蝠山房刻本　六冊

420000－2341－0002160　　A/415.5/4310

方言疏證十三卷　（清）戴震疏證　清光緒八
年(1882)汗青簃刻本　四冊

420000－2341－0002161　　A/415.5/8326

方言箋疏十三卷附校勘記　（清）錢繹箋
（清）何翰章校勘　清光緒十六年(1890)廣雅
書局刻本　四冊

420000－2341－0002162　　A/415.9/0712

方言十三卷續方言二卷續方言補一卷　（晉）
郭璞撰　（清）杭世駿輯　（清）程際盛補纂
清光緒十七年(1891)思賢講舍刻本　三冊

420000－2341－0002163　　A/415.9/2704

粵音指南四卷　（清）□□編　清光緒二十九
年(1903)香港聚珍書局活字印本　一冊

420000－2341－0002164　　A/415.9/4430

越諺三卷賸語二卷　（清）范寅輯　清光緒八
年(1882)谷應山房刻本　九冊

420000－2341－0002165　　A/415/7110

**經籍籑詁一百六卷首一卷附新輯經籍籑詁檢
韻**　（清）阮元撰　清光緒二十年(1894)上海
點石齋石印本　十二冊

420000－2341－0002166　　A/415/7110C1

經籍籑詁一百六卷補遺一百六卷首一卷
（清）阮元撰　清同治十二年(1873)淮南書局
刻本　四十八冊

420000－2341－0002167　　A/415/7110C2

經籍籑詁一百六卷補遺一百六卷首一卷
（清）阮元撰　清嘉慶十七年(1812)阮氏小琅
嬛仙館刻本　四十七冊

420000－2341－0002168　　A/415/7110C3

經籍籑詁一百六卷補遺一百六卷首一卷
（清）阮元撰　清光緒六年(1880)淮南書局刻
本　四十八冊

420000－2341－0002169　　A/416.9/2669

經詞衍釋十卷附補遺一卷　（清）吳昌瑩撰
清同治十二年(1873)成都書局刻本　四冊

420000－2341－0002170　　A/417/1042

音韻貫珠不分卷　（清）賈椿齡撰　清光緒十

六年(1890)寶慶經文堂刻本 七冊

420000－2341－0002171 A/417/3191
音學五書五種 （清）顧炎武撰 清光緒十六年(1890)思賢講舍刻本 十二冊

420000－2341－0002172 A/417/3191C1
音學五書五種 （清）顧炎武撰 清光緒十一年(1885)湘陰郭氏岵瞻堂刻本 十二冊

420000－2341－0002173 A/417/3191C2
音學五書五種 （清）顧炎武撰 清光緒十一年(1885)四明觀稼樓刻本 十二冊

420000－2341－0002174 A/417/3191C3
音學五書五種 （清）顧炎武撰 （清）徐乾學 （清）徐秉義 （清）徐元文參閱 （清）張弨校訂 清康熙六年(1667)山陽張弨符山堂刻本 六冊

420000－2341－0002175 A/417/4694
古音叢目五卷古音獵要五卷 （明）楊慎撰 （清）李調元校定 清乾隆綿州李氏萬卷樓刻嘉慶十四年(1809)李鼎元重校道光五年(1825)李朝夔補刻重印函海本 一冊

420000－2341－0002176 A/417/4694.2
古音略例一卷古音駢字五卷 （明）楊慎撰 （清）李調元校定 清乾隆綿州李氏萬卷樓刻嘉慶十四年(1809)李鼎元重校道光五年(1825)李朝夔補刻重印函海本 一冊 缺三卷(古音駢字三至五)

420000－2341－0002177 A/418.1/1000
小學紺珠十卷 （宋）王應麟撰 明崇禎毛氏汲古閣刻清初印本 五冊

420000－2341－0002178 A/418.1/1000C2
三字經訓詁一卷 （清）王相撰 清光緒至清末李光明莊刻本 一冊

420000－2341－0002179 A/418.1/1262
倉頡篇三卷倉頡篇續本一卷倉頡篇補本二卷 （清）孫星衍 （清）任大椿 （清）陶方琦輯 清光緒十六年(1890)江蘇書局刻本 二冊

420000－2341－0002180 A/418.1/2095
養蒙正軌十四章 （英國）秀耀春 汪振聲譯 清光緒鉛印本 一冊

420000－2341－0002181 A/418.1/2095 壹
養蒙正軌十四章 （英國）秀耀春 汪振聲譯 清光緒鉛印本 一冊

420000－2341－0002182 A/418.1/3161
千字文釋義一卷 （清）汪嘯尹纂 清狀元閣李光明莊刻本 一冊

420000－2341－0002183 A/418.1/3404
弟子職箋釋一卷 （清）洪亮吉撰 清光緒三年(1877)授經堂刻本 一冊

420000－2341－0002184 A/418.1/4434
新增龍文鞭影二卷 （明）蕭良有撰 （明）楊臣諍增定 清光緒善成堂刻本 二冊

420000－2341－0002185 A/418.1/5038
急就篇四卷 （漢）史游撰 （唐）顏師古注 （宋）王應麟補注 清光緒十五年(1889)湘南書局刻小學彙函本 一冊

420000－2341－0002186 A/418.1/6034
小學韻語一卷 （清）羅澤南撰 清光緒二十一年(1895)江南製造總局刻本 一冊

420000－2341－0002187 A/418.1/6034C3
小學韻語一卷 （清）羅澤南撰 清咸豐六年(1856)至清末浙江書局刻本 一冊

420000－2341－0002188 A/418.1/6034 壹
小學韻語一卷 （清）羅澤南撰 清光緒二十一年(1895)江南製造總局刻本 一冊

420000－2341－0002189 A/419.812/2644
攈古錄金文九卷 （清）吳式芬輯 清光緒二十一年(1895)刻本 九冊

420000－2341－0002190 A/419.812/7233
奇觚室吉金文述二十卷 （清）劉心源撰 清光緒二十八年(1902)石印本 十冊

420000－2341－0002191 A/419/0752
汗簡七卷 （宋）郭忠恕撰 （清）鄭珍箋正 清光緒十五年(1889)廣雅書局刻廣雅書局叢

書本　四冊

420000－2341－0002192　A/419/0752 貳
汗簡七卷　（宋）郭忠恕撰　（清）鄭珍箋正
清光緒十五年(1889)廣雅書局刻廣雅書局叢
書本　六冊

420000－2341－0002193　A/419/0752 壹
汗簡七卷　（宋）郭忠恕撰　（清）鄭珍箋正
清光緒十五年(1889)廣雅書局刻廣雅書局叢
書本　四冊

420000－2341－0002194　A/419/1200
古籀餘論三卷　（清）孫詒讓撰　清光緒二十
九年(1903)籀經樓刻本　二冊

420000－2341－0002195　A/419/1200.1
古籀拾遺三卷附宋政和禮器文字考一卷
（清）孫詒讓撰　清光緒十四年至十六年
(1888－1890)瑞安孫氏刻經微室著書本
二冊

420000－2341－0002196　A/419/1200.2
名原二卷　（清）孫詒讓撰　清光緒三十一年
(1905)瑞安孫氏刻本　一冊

420000－2341－0002197　A/419/1200 壹
古籀餘論三卷　（清）孫詒讓撰　清光緒二十
九年(1903)籀經樓刻本　二冊

420000－2341－0002198　A/419/2634
說文古籀補十四卷附錄一卷　（清）吳大澂撰
清光緒二十四年(1898)刻本　二冊

420000－2341－0002199　A/419/7233
古文審八卷　（清）劉心源撰　清光緒十七年
(1891)嘉魚龍江樓劉氏刻本　四冊

420000－2341－0002200　A/739.173/3144
隸辨八卷　（清）顧藹吉撰　清乾隆八年
(1743)黃晟刻本　八冊

420000－2341－0002201　A/739.173/3144C1
隸辨八卷　（清）顧藹吉撰　清同治十二年
(1873)漁古山房刻本　八冊

420000－2341－0002202　A/739.173/3144 壹
隸辨八卷　（清）顧藹吉撰　清乾隆八年

(1743)黃晟刻本　十六冊

420000－2341－0002203　A/739.173/3432C3
隸釋二十七卷　（宋）洪适撰　清同治十年
(1871)皖南洪氏晦木齋刻本　六冊

420000－2341－0002204　A/739.173/3432C3
隸續二十一卷　（宋）洪适撰　清同治十年
(1871)皖南洪氏晦木齋刻本　二冊

420000－2341－0002205　A/739.173/7213
隸韻十卷碑目一卷　（宋）劉球撰　**隸韻考證
二卷碑目考證一卷**　（清）翁方綱撰　清嘉慶
十五年(1810)上元柏氏刻本　六冊

420000－2341－0002206　A/770.025/7535
聲律通考十卷　（清）陳澧撰　清咸豐十年
(1860)刻本　二冊

420000－2341－0002207　A/770.1/0072
御製律呂正義上編二卷下編二卷續編一卷
（清）允祉撰　清康熙五十二年(1713)至清末
刻本　五冊

420000－2341－0002208　A/793.173/1193
隸法匯纂十卷　（清）項懷述編　清同治九年
(1870)古渝汪氏養和堂刻本　三冊

420000－2341－0002209　B/0001
十七史一千五百三十四卷　（明）毛晉輯　明
崇禎毛氏汲古閣刻清順治五年至十三年
(1648－1656)補刻本　三百冊

420000－2341－0002210　B/0002
十七史商榷一百卷目錄一卷　（清）王鳴盛撰
清乾隆五十二年(1787)洞涇草堂刻本　二
十冊

420000－2341－0002211　B/0003
增定二十一史韻四卷首一卷末一卷　（清）趙
南星編　（清）仲弘道增續　清康熙三十五年
(1696)蘭雪堂刻本　五冊

420000－2341－0002212　B/0003a
二十一史精義二十一卷　（清）王南珍輯　清
乾隆二十八年(1763)瓣香堂刻本　六冊

420000－2341－0002213　B/0004

二十四史三千二百五十卷　（清）高宗弘曆編
　清乾隆四年（1739）武英殿刻本　　七百十
　八冊

420000－2341－0002214　B/0005
漢書疏證二十二卷　（清）沈欽韓撰　清抄本
　十四冊

420000－2341－0002215　B/0006
漢書一百卷　（漢）班固撰　（唐）顏師古注
　明崇禎十五年（1642）毛氏汲古閣刻本　十冊

420000－2341－0002216　B/0007
後漢書九十卷　（南朝宋）范曄撰　（唐）李賢
注　**續漢志三十卷**　（晉）司馬彪撰　（南朝
梁）劉昭注補　明崇禎十六年（1643）毛氏汲
古閣刻本　十二冊

420000－2341－0002217　B/0008
後漢書九十卷　（南朝宋）范曄撰　（唐）李賢
注　**續漢志三十卷**　（晉）司馬彪撰　（南朝
梁）劉昭注補　明陳祖苞刻本　二十四冊

420000－2341－0002218　B/0009
後漢書九十卷　（南朝宋）范曄撰　（唐）李賢
注　**續漢志三十卷**　（晉）司馬彪撰　（南朝
梁）劉昭注補　明嘉靖八年至九年（1529－
1530）刻萬曆十年（1582）南京國子監修補印
本　二十冊

420000－2341－0002219　B/0010
後漢書疏證三十卷　（清）沈欽韓撰　清抄本
　十冊　存二十卷（一至二十）

420000－2341－0002220　B/0011
三國志六十五卷　（晉）陳壽撰　（南朝宋）裴
松之注　明萬曆二十四年（1596）南京國子監
刻本　十冊

420000－2341－0002221　B/0012（14－15）
南齊書五十九卷　（南朝梁）蕭子顯撰　宋刻
元明遞修本　十二冊

420000－2341－0002222　B/0012（16－18）
梁書五十六卷　（唐）姚思廉撰　宋刻元明遞
修本　十六冊　存三十八卷（一至九、二十八

至五十六）

420000－2341－0002223　B/0012（1－7）
晉書一百三十卷　（唐）房玄齡撰　**音義三卷**
　（唐）何超撰　元刻明正德十年（1515）司禮
監嘉靖、萬曆南京國子監遞修本　四十冊

420000－2341－0002224　B/0012（19－21）
陳書三十六卷　（唐）姚思廉撰　宋刻宋元明
遞修本　十六冊

420000－2341－0002225　B/0012（22－29）
魏書一百十四卷　（北齊）魏收撰　宋刻宋元
明遞修本　三十九冊　缺四卷（二十八至三
十一）

420000－2341－0002226　B/0012（30－31）
周書五十卷　（唐）令狐德棻撰　宋刻宋元明
遞修本　十一冊

420000－2341－0002227　B/0012（32－33）
北齊書五十卷　（唐）李百藥撰　宋刻宋元明
遞修本　八冊

420000－2341－0002228　B/0012（33a）
周書五十卷　（唐）令狐德棻撰　明萬曆十六
年（1588）南京國子監刻本　六冊

420000－2341－0002229　B/0012（34－37）
隋書八十五卷　（唐）魏徵撰　元大德饒州路
儒學刻明正德、嘉靖遞修本　二十冊

420000－2341－0002230　B/0012（37a）
隋書八十五卷　（唐）魏徵撰　明萬曆二十二
年至二十三年（1594－1595）南京國子監刻本
　二十冊

420000－2341－0002231　B/0012（38－41）
南史八十卷　（唐）李延壽撰　元大德十年
（1306）刻明嘉靖遞修本　二十冊

420000－2341－0002232　B/0012（42－47）
北史一百卷　（唐）李延壽撰　元大德信州路
儒學刻明嘉靖遞修本　三十二冊

420000－2341－0002233　B/0012（48－57）
唐書二百二十五卷　（宋）歐陽修　（宋）宋祁
撰　元大德九年（1305）建康路儒學刻明成

化、弘治、嘉靖南京國子監遞修本　五十冊

420000－2341－0002234　B/0012(57a)

南唐書三十卷　（宋）馬令撰　南唐書考異一卷　（清）趙泰撰　清抄本　四冊

420000－2341－0002235　B/0012(57b)

南唐書十八卷音釋一卷　（宋）陸游撰　（元）戚光音釋　清蔣國祥、馬陸刻本　七冊

420000－2341－0002236　B/0012(57c)

五代史記七十四卷　（宋）歐陽修撰　（宋）徐無黨注　明萬曆四年至五年(1576－1577)南京國子監刻清順治十五年(1658)、康熙三十九年(1700)遞修本　八冊

420000－2341－0002237　B/0012(58－77)

宋史四百九十六卷目錄三卷　（元）脫脫等修　明成化七年至十六年(1471－1480)朱英刻嘉靖南京國子監遞修本　一百十冊　存四百五十八卷(一至五、九至一百七十五、一百八十六至三百二十、三百三十至三百三十八、三百五十五至四百九十六)

420000－2341－0002238　B/0012(80－81)

遼史一百十六卷　（元）脫脫等修　明嘉靖八年(1529)南京國子監刻本　十四冊

420000－2341－0002239　B/0012(8－13)

宋書一百卷　（南朝梁）沈約撰　宋刻宋元明遞修本　二十九冊　缺四卷(六十四至六十七)

420000－2341－0002240　B/0012(82－86)

金史一百三十五卷目錄二卷　（元）脫脫等修　明嘉靖八年(1529)南京國子監刻本　二十六冊

420000－2341－0002241　B/0012(87－96)

元史二百十卷目錄二卷　（明）宋濂撰　明洪武三年(1370)內府刻嘉靖南京國子監遞修本　四十八冊

420000－2341－0002242　B/0013

元史新編不分卷　（清）魏源撰　清抄本　十七冊

420000－2341－0002243　B/0014

明史稿三百十卷　（清）王鴻緒撰　清雍正敬慎堂刻本　八十冊

420000－2341－0002244　B/0015

竹書紀年統箋十二卷前編一卷雜述一卷　（清）徐文靖撰　清乾隆十五年(1750)刻本　四冊

420000－2341－0002245　B/0017

資治通鑑綱目集說五十九卷前編二卷　（明）扶安輯　（明）晏宏校補　明嘉靖晏宏刻本　三十二冊

420000－2341－0002246　B/0018

增修附註資治通鑑節要續編三十卷　（宋）李燾編　（明）張光啟訂正　（明）劉剡編輯　明景泰三年(1452)善敬書堂刻本　十六冊

420000－2341－0002247　B/0019

增修附註資治通鑑節要續編三十卷　（宋）李燾編　明宣德九年(1434)福建朱氏尊德書堂刻本　四冊　存五卷(一至二、四至五、八)

420000－2341－0002248　B/0020

中興小紀四十卷　（宋）熊克撰　清抄本　十冊

420000－2341－0002249　B/0021

皇朝編年備要三十卷　（宋）陳均編　明抄本　十六冊

420000－2341－0002250　B/0022

大明穆宗莊皇帝實錄七十卷　（明）張溶（明）張居正纂修　明抄本　十六冊

420000－2341－0002251　B/0023

大明武宗毅皇帝實錄一百九十七卷　（明）費宏纂修　明抄本　三十一冊　存一百六十四卷(一至一百六十四)

420000－2341－0002252　B/0024

大明世宗肅皇帝實錄五百六十六卷　（明）徐階纂修　明抄本　六十冊　存四百九十五卷(二十二至二百五十六、三百七至五百六十六)

420000－2341－0002253　B/0025

通鑑紀事本末四十二卷　（宋）袁樞編輯　宋寶祐五年(1257)趙與籌刻元明遞修本　四十二冊

420000－2341－0002254　B/0026

通志二十略五十一卷　（宋）鄭樵撰　清于敏中刻本　二十四冊

420000－2341－0002255　B/0027

國語鈔評八卷　（明）穆文熙輯　明萬曆傅光宅、曾鳳儀刻本　四冊

420000－2341－0002256　B/0028

慈溪黃氏日抄分類古今紀要十九卷　（宋）黃震撰　清乾隆三十二年(1767)汪佩鍔珠樹堂刻本　二十四冊

420000－2341－0002257　B/0029

鮑氏國策十卷　（宋）鮑彪校註　明嘉靖七年(1528)龔雷刻本　四冊

420000－2341－0002258　B/0030

鮑氏國策十卷　（宋）鮑彪校註　明嘉靖七年(1528)龔雷刻本　四冊

420000－2341－0002259　B/0031

今言四卷　（明）鄭曉撰　明嘉靖四十五年(1566)項篤壽刻本　四冊

420000－2341－0002260　B/0031a

古今全史集要八卷　（清）李漁撰　清順治十八年(1661)德聚堂刻本　四冊

420000－2341－0002261　B/0032

吾學編六十九卷　（明）鄭曉撰　明萬曆二十七年(1599)鄭心材刻本　二十八冊

420000－2341－0002262　B/0033

季漢書六十卷首一卷　（明）謝陛撰　明萬曆三十二年(1604)藏懋循刻本　十二冊

420000－2341－0002263　B/0034

弇州史料前集三十卷後集七十卷　（明）王世貞撰　（明）董復表編　明萬曆四十二年(1614)刻本　二十四冊

420000－2341－0002264　B/0035

弇州史料前集三十卷後集七十卷　（明）王世貞撰　（明）董復表編　明萬曆四十二年(1614)刻本　二十四冊

420000－2341－0002265　B/0036

頌天臚筆二十四卷　（明）金日升輯　明崇禎二年(1629)刻本　十冊

420000－2341－0002266　B/0037

明季遺聞四卷　（清）鄒漪撰　清康熙至清末抄本　二冊

420000－2341－0002267　B/0038

皇明典故紀聞十八卷　（明）余繼登撰　明萬曆二十九年(1601)唐氏世德堂刻本　八冊

420000－2341－0002268　B/0039

蜀龜鑑四卷又記一卷書明忠貞侯秦良玉傳後一卷首一卷　（清）劉景伯撰　清同治十二年(1873)筱岩氏抄本　二冊

420000－2341－0002269　B/0040

援韓野紀六卷　（清）王師曾撰　清光緒二十年(1894)至清末稿本　六冊

420000－2341－0002270　B/0042

宋朱晦庵先生名臣言行錄前集十卷後集十四卷　（宋）朱熹撰　（明）張采評閱　**宋名臣言行錄續集八卷別集十三卷外集十七卷**　（宋）李幼武纂集　（明）張采評閱　明崇禎十一年(1638)德聚堂陳長卿刻本　十二冊

420000－2341－0002271　B/0043

國朝名臣事畧十五卷　（元）蘇天爵輯　清抄本　二冊

420000－2341－0002272　B/0044

藏書六十八卷　（明）李贄撰　（明）沈汝楫（明）金嘉謨重訂　明萬曆二十七年(1599)刻本　三十一冊

420000－2341－0002273　B/0045

李氏藏書六十卷　（明）李贄撰　清抄本　三十冊

420000－2341－0002274　B/0046

續藏書二十七卷　（明）李贄撰　明天啓三年

(1623)陳仁錫刻本　十七冊

420000－2341－0002275　B/0047

東林列傳二十四卷末二卷　（清）陳鼎編　清
康熙五十年(1711)山壽堂刻本　十二冊

420000－2341－0002276　B/0048

崇禎忠節錄三十二卷　（清）高承埏輯　（清）
高佑釲補　清末抄本　三十二冊

420000－2341－0002277　B/0049

魏鄭公諫續錄二卷　（元）翟思忠撰　清抄本
一冊

420000－2341－0002278　B/0050

岳鄂王金佗粹編二十卷附刻二卷續編八卷
（宋）岳珂撰　清抄本　十六冊

420000－2341－0002279　B/0051

高陽太傅孫文正公[承宗]年譜五卷　（明）孫
銓輯　清乾隆六年(1741)孫爾然師儉堂刻本
五冊

420000－2341－0002280　B/0052

漢書雋不分卷　（明）陳許廷選評　明崇禎五
年(1632)刻本　五冊

420000－2341－0002281　B/0053

舊聞證誤四卷　（宋）李心傳撰　清抄本
二冊

420000－2341－0002282　B/0054

唐宋名賢歷代確論一百卷　（□）□□撰　明
弘治十七年(1504)錢孟濬刻本　二十四冊

420000－2341－0002283　B/0055

讀史漫錄十四卷　（明）于慎行撰　明萬曆四
十二年(1614)于緯刻本　十冊

420000－2341－0002284　B/0056

漢史億二卷　（清）孫廷銓撰　清康熙十年
(1671)刻本　二冊

420000－2341－0002285　B/0057

杜氏通典二百卷　（唐）杜佑纂　明嘉靖十八
年(1539)王德溢、吳鵬刻本　六十四冊

420000－2341－0002286　B/0058

文獻通考三百四十八卷　（元）馬端臨撰　明
嘉靖三年(1524)司禮監刻本　一百冊

420000－2341－0002287　B/0059

文獻通考三百四十八卷　（元）馬端臨撰　明
末刻本　六十冊

420000－2341－0002288　B/0060

續文獻通考二百五十四卷　（明）王圻纂輯
明萬曆三十一年(1603)曹時聘、許維新等刻
本　八十冊

420000－2341－0002289　B/0061

大元聖政國朝典章六十卷　（□）□□撰　清
抄本　二十四冊

420000－2341－0002290　B/0062

大明會典二百二十八卷　（明）申時行　（明）
趙用賢纂修　明萬曆十五年(1587)內府刻本
四十六冊　存一百六十卷(一至二十二、二
十六至一百六十三)

420000－2341－0002291　B/0063

大明會典二百二十八卷　（明）申時行　（明）
趙用賢纂修　明萬曆十五年(1587)內府刻本
一百二十冊

420000－2341－0002292　B/0064

幸魯盛典五十卷　（清）孔毓圻輯　清康熙五
十年(1711)刻本　十二冊

420000－2341－0002293　B/0065

麟臺故事五卷首一卷末一卷　（宋）程俱撰
清乾隆四十一年(1776)武英殿木活字印本
三冊

420000－2341－0002294　B/0066

河東鹽法備覽十二卷　（清）蔣兆奎編　清乾
隆五十五年(1790)刻本　八冊

420000－2341－0002295　B/0068

硃批諭旨不分卷　（清）世宗胤禛批　清雍正
十年(1732)至清末活字朱墨套印本　一百十
二冊

420000－2341－0002296　B/0070

歷代名臣奏議三百十九卷　（明）張溥輯　明

崇禎八年(1635)張溥刻本　八十冊

420000－2341－0002297　B/0071

宋丞相李忠定公奏議六十九卷附錄九卷
(宋)李綱撰　明正德十一年(1516)胡文靜、
蕭洋刻天啓二年(1622)補版後印本　十冊

420000－2341－0002298　B/0072

月令廣義二十四卷首一卷統紀一卷附錄一卷
（明)馮應京纂輯　明萬曆刻本　十二冊

420000－2341－0002299　B/0073

大明一統志九十卷　(明)李賢纂　(明)萬安
纂修　明萬曆萬壽堂刻清修版後印本　三十
九冊

420000－2341－0002300　B/0074

大明一統志九十卷　(明)李賢纂　(明)萬安
纂修　明嘉靖三十八年(1559)書林楊氏歸仁
齋刻本　十八冊

420000－2341－0002301　B/0075

讀史方輿紀要□□卷　(清)顧祖禹撰　清康
熙通志堂刻本　十四冊　存十四卷(陝西省
十四卷)

420000－2341－0002302　B/0076

括地志不分卷　(唐)李泰等撰　(清)孫星衍
輯　清乾隆五十七年(1792)抄本　四冊

420000－2341－0002303　B/0077

[康熙]永年縣志十九卷首一卷　(清)朱世緯
纂修　(清)侯可大　(清)王玲補　清康熙十
一年(1672)刻雍正十一年(1733)增補乾隆十
年(1745)再增補刻本　六冊

420000－2341－0002304　B/0078

[乾隆]平定州志八卷　(清)德保　(清)王
祖庚纂修　清乾隆十四年(1749)刻本　四冊

420000－2341－0002305　B/0079

[乾隆]平定州志十卷　(清)陶易修　(清)
龔敬身纂　清乾隆三十四年(1769)刻本
十冊

420000－2341－0002306　B/0080

[乾隆]太平縣志十卷圖考一卷　(清)張鍾秀

纂修　清乾隆四十年(1775)刻本　四冊

420000－2341－0002307　B/0081

[嘉泰]會稽志二十卷　（宋)沈作賓修
(宋)施宿纂　清抄本　十六冊

420000－2341－0002308　B/0082

[景定]嚴州續志十卷　(宋)錢可則修
(宋)鄭瑤　(宋)方仁榮纂　清乾隆至清末抄
本　四冊

420000－2341－0002309　B/0083

[至元]嘉禾縣志三十二卷　(元)單慶修
(元)徐碩纂　清抄本　七冊

420000－2341－0002310　B/0084

海鹽澉水志二卷　(宋)羅叔韶修　(宋)常棠
纂　清抄本　一冊

420000－2341－0002311　B/0085

[嘉慶]鄢陵縣志十二卷首一卷　(清)吳堂纂
修　清嘉慶十三年(1808)刻本　五冊

420000－2341－0002312　B/0086

[嘉靖]大冶縣志七卷　(明)趙鼐　(明)冷
儒宗纂修　清乾隆木活字印本　一冊

420000－2341－0002313　B/0087

[嘉慶]應城縣志十二卷首一卷末一卷　(清)
奚大壯　(清)姚觀纂修　(清)熊汝弼補　清
嘉慶至清末稿本　八冊

420000－2341－0002314　B/0088

[乾隆]芷江縣志十二卷　(清)閔從隆纂修
清乾隆二十五年(1760)刻本　十冊

420000－2341－0002315　B/0089

[道光]興寧縣志六卷　(清)張偉修　(清)
孫鋌纂　清道光元年(1821)刻本　十四冊

420000－2341－0002316　B/0090

[乾隆]長沙縣續志十二卷　(清)李大本修
(清)周宣武纂　清乾隆十二年(1747)刻本
六冊

420000－2341－0002317　B/0091

[康熙]通道縣志不分卷　(清)殷道正纂修
(清)張嘉麟重修　清康熙二十三年(1684)刻

本 四冊

420000－2341－0002318　B/0092

[乾隆]會同縣志十卷首一卷　(清)于文駿修
(清)梁嘉瑜纂　清乾隆十九年(1754)刻本
六冊

420000－2341－0002319　B/0093

[嘉慶]萍鄉縣志二十卷　(清)周繼炘
(清)張彭齡修　(清)陳建勳纂　清嘉慶十六
年(1811)刻本　十二冊

420000－2341－0002320　B/0094

[雍正]平陽府志三十六卷　(清)章廷珪修
(清)范安治纂　清乾隆元年(1736)刻本　十
九冊

420000－2341－0002321　B/0095

[雍正]澤州府志五十二卷　(清)朱樟修
(清)田嘉穀纂　清雍正十三年(1735)刻本
十六冊

420000－2341－0002322　B/0096

[康熙]永州府志二十四卷首一卷　(清)姜承
基修　(清)常在纂　清康熙三十三年(1694)
刻本　二十四冊

420000－2341－0002323　B/0097

[康熙]鼎修常德府志十卷　(清)胡向華
(清)賀奇修　清康熙九年(1670)刻乾隆十七
年(1752)增刻本　十冊

420000－2341－0002324　B/0098

[康熙]淮安府志四卷　(清)高成美修
(清)胡從中纂　清康熙二十四年(1685)刻本
二冊

420000－2341－0002325　B/0099

[乾隆]大同府志三十二卷首一卷　(清)吳輔
宏修　(清)王飛藻纂　清乾隆四十七年
(1782)刻本　十六冊

420000－2341－0002326　B/010.4/4634

日本訪書志十六卷　楊守敬撰　清光緒二十
三年(1897)鄰蘇園刻本　八冊

420000－2341－0002327　B/010.4/7551

直齋書錄解題二十二卷　(宋)陳振孫撰　清
光緒九年(1883)江蘇書局刻本　六冊

420000－2341－0002328　B/010.4/7551 壹

直齋書錄解題二十二卷　(宋)陳振孫撰　清
光緒九年(1883)江蘇書局刻本　六冊

420000－2341－0002329　B/010.91/1243

文瀾閣志二卷首一卷附錄一卷　孫樹禮撰
清光緒二十四年(1898)錢塘丁氏嘉惠堂刻武
林掌故叢編本　六冊

420000－2341－0002330　B/010.91/2528

開有益齋讀書續志一卷　(清)朱緒曾撰　清
光緒六年(1880)金陵翁氏茹古閣刻本　一冊

420000－2341－0002331　B/010.91/2528

開有益齋讀書志六卷　(清)朱緒曾撰　清光
緒六年(1880)金陵翁氏茹古閣刻本　四冊

420000－2341－0002332　B/010.91/2528

開有益齋金石文字記一卷　(清)朱緒曾撰
清光緒六年(1880)金陵翁氏茹古閣刻本
一冊

420000－2341－0002333　B/010.91/2646

拜經樓藏書題跋記五卷附錄一卷　(清)吳壽
暘纂　清道光二十七年(1847)海寧蔣氏刻本
二冊

420000－2341－0002334　B/010.91/2741

藝風藏書記八卷　繆荃孫撰　清光緒二十六
年至二十七年(1900－1901)江陰繆氏刻本
二冊

420000－2341－0002335　B/010.91/3138

經籍訪古志六卷補遺一卷　(日本)澀江全善
(日本)森立之撰　清光緒十一年(1885)六
合徐氏鉛印本　四冊

420000－2341－0002336　B/010.91/4469

藏書紀事詩六卷　葉昌熾撰　清光緒二十三
年(1897)長沙學使署元和江標刻靈鶼閣叢書
本　十二冊

420000－2341－0002337　B/010.91/6081

昭德先生郡齋讀書志二十卷附志二卷目錄一

卷　（宋）晁公武撰　（宋）趙希弁附志　清光緒十年(1884)長沙王先謙刻本　十冊

420000－2341－0002338　B/010.91/6081 壹

昭德先生郡齋讀書志二十卷附志二卷目錄一卷　（宋）晁公武撰　（宋）趙希弁附志　清光緒十年(1884)長沙王先謙刻本　十冊

420000－2341－0002339　B/010.91/7433

皕宋樓藏書志一百二十卷續志四卷　（清）陸心源編　清光緒八年(1882)歸安陸氏十萬卷樓刻本　二十冊

420000－2341－0002340　B/010.97/0070

校讐通義三卷　（清）章學誠撰　清光緒二十四年(1898)長沙經文書局刻本　一冊

420000－2341－0002341　B/010.97/2101

群書拾補不分卷　（清）盧文弨撰　清光緒十三年(1887)上海蜚英館石印本　八冊

420000－2341－0002342　B/010.97/7517

天一閣書目四卷附碑目一卷　（明）范欽藏　（清）范邦甸編　清嘉慶十三年(1808)揚州阮氏文選樓刻本　十冊

420000－2341－0002343　B/010/4429

書林清話十卷　葉德輝撰　清宣統三年(1911)刻本　五冊

420000－2341－0002344　B/0100

[康熙]惠州府志二十卷首一卷　（清）呂應奎修　（清）黃挺華纂　清康熙二十七年(1688)刻本　十一冊

420000－2341－0002345　B/0101

[康熙]青州府志二十二卷　（清）陶錦修　（清）王昌學　（清）王樗纂　清康熙六十年(1721)刻本　八冊

420000－2341－0002346　B/0102

[康熙]開封府志四十卷　（清）管竭忠修　（清）張沐纂　清康熙三十四年(1695)刻本　十二冊

420000－2341－0002347　B/0103

[雍正]朔平府志十二卷　（清）劉士銘修

（清）王霈纂　清雍正十一年(1733)刻本　十冊

420000－2341－0002348　B/0104

[乾隆]直隸商州志十四卷首一卷　（清）王如玖纂修　清乾隆九年(1744)刻本　八冊

420000－2341－0002349　B/0105

[康熙]磁州志十八卷　（清）蔣擢修　（清）樂玉聲纂　清康熙四十二年(1703)刻本　四冊

420000－2341－0002350　B/0105

[同治]磁州續志六卷首一卷　（清）程光瀅纂修　清同治十三年(1874)刻本　四冊

420000－2341－0002351　B/0106

[康熙]徽州府志十八卷　（清）丁廷捷（清）盧詢修　（清）趙吉士纂　清康熙三十八年(1699)刻本　十五冊

420000－2341－0002352　B/0107

[康熙]永寧州志八卷　（清）謝汝霖　（清）朱鈴纂修　清康熙四十一年(1702)刻本　八冊

420000－2341－0002353　B/0108

[康熙]潼關廳志三卷　（清）唐咨伯修（清）楊端本纂　清康熙二十四年(1685)刻本　五冊

420000－2341－0002354　B/0109

[乾隆]祁州志八卷　（清）羅以桂　（清）王楷修　（清）張萬銓　（清）刁錦纂　清乾隆二十一年(1756)刻本　四冊

420000－2341－0002355　B/011/2310

續彙刻書目十二卷補遺一卷　（清）傅雲龍輯　清光緒二年(1876)傅氏味腴藝圃刻本　十二冊

420000－2341－0002356　B/011/2509

行素堂目睹書錄十編　（清）朱記榮輯　清光緒十年(1884)吳縣朱氏槐廬刻本　十冊

420000－2341－0002357　B/011/3127C1

彙刻書目不分卷　（清）顧脩編　清光緒元年

（1875）京都琉璃廠刻本　十冊

420000－2341－0002358　B/011/3127C3

彙刻書目不分卷　（清）顧脩編　清光緒元年（1875）長洲陳氏無夢園刻本　十一冊

420000－2341－0002359　B/011/3128C2

彙刻書目不分卷　（清）顧脩編　清光緒十二年（1886）上海福瀛書局刻本　二十冊

420000－2341－0002360　B/011/6685

江刻書目三種　（清）江標編　清光緒十四年至二十三年（1888－1897）江氏靈鶼閣刻本　四冊

420000－2341－0002361　B/0110

[康熙]沂州志八卷　（清）邵士修　（清）王壎　（清）尚天成纂　清康熙十三年（1674）刻本　八冊

420000－2341－0002362　B/0111

[乾隆]滄州志十六卷　（清）徐時作修（清）胡淦等纂　清乾隆八年（1743）刻本　六冊

420000－2341－0002363　B/0112

[乾隆]直隸易州志十八卷首一卷　（清）楊芊（清）張登高續纂修　清乾隆十二年（1747）刻本　八冊

420000－2341－0002364　B/0113

[乾隆]蔚州志補十二卷首一卷　（清）楊世昌修　（清）吳廷華　（清）楊大猷纂　清乾隆十年（1745）刻本　五冊

420000－2341－0002365　B/0114

[康熙]睢州志七卷首一卷　（清）馬世英纂　清康熙三十二年（1693）刻本　四冊

420000－2341－0002366　B/0115

[康熙]隴州志八卷首一卷　（清）羅彰彞纂修　清康熙五十二年（1713）刻本　四冊

420000－2341－0002367　B/0116

[雍正]朔州志十二卷　（清）汪嗣聖修（清）王霨纂　清雍正十三年（1735）刻本　十冊

420000－2341－0002368　B/0117

[乾隆]忻州志六卷　（清）周人龍修　（清）竇容邃增訂　清乾隆十二年（1747）刻本　六冊

420000－2341－0002369　B/0118

[康熙]文安縣志八卷　（清）楊朝麟修（清）胡泂纂　清康熙四十二年（1703）刻本　八冊

420000－2341－0002370　B/0119

[乾隆]天津縣志二十四卷　（清）朱奎揚修（清）吳廷華纂　清乾隆四年（1739）刻本　八冊

420000－2341－0002371　B/0120

[康熙]靈壽縣志十卷附錄一卷　（清）陸隴其修　（清）傅維橒纂　清康熙二十五年（1686）刻本　二冊

420000－2341－0002372　B/0121

[康熙]靈壽縣志十卷附錄一卷　（清）陸隴其修　（清）傅維橒纂　清康熙二十五年（1686）刻本　四冊

420000－2341－0002373　B/0122

[乾隆]衡水縣志十四卷　（清）陶淑纂修　清乾隆三十二年（1767）刻本　五冊

420000－2341－0002374　B/0123

[康熙]畿輔通志四十六卷　（清）于成龍修（清）郭棻纂　清康熙二十二年（1683）刻本　三十四冊

420000－2341－0002375　B/0124

[雍正]畿輔通志一百二十卷　（清）唐執玉（清）李衛修　（清）陳儀　（清）田易纂　清雍正十三年（1735）刻本　七十二冊

420000－2341－0002376　B/0125

[乾隆]獻縣志二十卷圖一卷表一卷　（清）萬廷蘭修　（清）戈濤纂　清乾隆二十六年（1761）刻本　十二冊

420000－2341－0002377　B/0126

[康熙]宛平縣志六卷　（清）王養濂修

（清）李開泰　（清）張采纂　清康熙二十四年
（1685）刻本　十冊

420000－2341－0002378　B/0127
[雍正]深澤縣志十二卷首一卷　（清）趙憲修
（清）王植纂　清雍正十三年（1735）刻本
四冊

420000－2341－0002379　B/0128
[乾隆]大名縣志四十卷首一卷　（清）張維祺
修　（清）李棠纂　清乾隆五十四年（1789）刻
本　十二冊

420000－2341－0002380　B/0129
[乾隆]柏鄉縣志十卷首一卷　（清）鍾賡華纂
修　清乾隆三十一年（1766）刻本　六冊

420000－2341－0002381　B/013.1/1111
八史經籍志十種　（日本）□□輯　清光緒八
年（1882）刻本　十二冊

420000－2341－0002382　B/013.1/4433
歷代載籍足徵録一卷　（清）莊述祖撰　清光
緒貴筑楊氏刻本　一冊

420000－2341－0002383　B/013.11/1035
天禄琳琅書目後編二十卷　（清）彭元瑞編
清光緒十年（1884）長沙王氏刻本　五冊

420000－2341－0002384　B/013.11/1035
欽定天禄琳琅書目十卷　（清）于敏中撰　清
光緒十年（1884）長沙王先謙刻本　五冊

420000－2341－0002385　B/013.11/2767.1C1
欽定四庫全書簡明目録二十卷　（清）紀昀等
纂　清同治七年（1868）廣州廣東書局刻本
十七冊

420000－2341－0002386　B/013.11/1747
四庫簡明目録標注二十卷　（清）邵懿辰撰
清宣統三年（1911）仁和邵氏刻本　六冊

420000－2341－0002387　B/013.11/2767
欽定四庫全書總目二百卷首一卷　（清）紀昀
等纂　清同治七年（1868）廣東書局刻本　一
百二十冊

420000－2341－0002388　B/013.11/2767.1

欽定四庫全書簡明目録二十卷　（清）紀昀等
纂　清末刻本　十二冊

420000－2341－0002389　B/013.11/2767.1 壹
欽定四庫全書簡明目録二十卷　（清）紀昀等
纂　清末刻本　八冊

420000－2341－0002390　B/013.11/2767C1
欽定四庫全書總目二百卷首一卷　（清）紀昀
等纂　清乾隆刻本　一百十二冊

420000－2341－0002391　B/013.11/2767C2
欽定四庫全書總目二百卷首一卷　（清）紀昀
等纂　清乾隆武英殿刻本　一百冊

420000－2341－0002392　B/013.11/2767 貳
欽定四庫全書總目二百卷首一卷　（清）紀昀
等纂　清同治七年（1868）廣東書局刻本　一
百二十冊

420000－2341－0002393　B/013.11/2767 陸
欽定四庫全書總目二百卷首一卷　（清）紀昀
等纂　清同治七年（1868）廣東書局刻本　一
百十二冊

420000－2341－0002394　B/013.11/2767 叁
欽定四庫全書總目二百卷首一卷　（清）紀昀
等纂　清同治七年（1868）廣東書局刻本　九
十冊

420000－2341－0002395　B/013.11/2767 肆
欽定四庫全書總目二百卷首一卷　（清）紀昀
等纂　清同治七年（1868）廣東書局刻本　三
十三冊

420000－2341－0002396　B/013.11/2767 伍
欽定四庫全書總目二百卷首一卷　（清）紀昀
等纂　清同治七年（1868）廣東書局刻本　一
百十二冊

420000－2341－0002397　B/013.11/2767 壹
欽定四庫全書總目二百卷首一卷　（清）紀昀
等纂　清同治七年（1868）廣東書局刻本　一
百二十冊

420000－2341－0002398　B/013.11/4721
四庫全書附存目録八卷　（清）胡虔編　清光

121

緒十四年(1888)廣東學海堂刻本　　五冊

420000－2341－0002399　B/013.11/5540

四庫書目略二十卷　（清）費莫文良編　清同
治九年(1870)費莫氏刻本　　六冊

420000－2341－0002400　B/013.12/2844

古越藏書樓書目十二卷　（清）徐樹蘭編
清光緒三十年（1904）崇實書局石印本
八冊

420000－2341－0002401　B/013.12/7749

學古堂藏書目一卷附捐藏書目一卷　（清）
□□編　清光緒十四年（1888）至清末刻本
一冊

420000－2341－0002402　B/013.16/2612

揚州吳氏測海樓藏書目錄十二卷　（清）吳引
孫編　清宣統二年（1910）揚州吳氏刻本
六冊

420000－2341－0002403　B/013.16/4429

觀古堂書目叢刻十五種　葉德輝輯　清光緒
二十八年（1902）長沙葉氏觀古堂刻本　　二
十冊

420000－2341－0002404　B/013.16/4448

萬卷樓藏書總目不分卷　（清）黃彭年等編
清光緒八年(1882)刻本　　一冊

420000－2341－0002405　B/013.192/0014

補晉書藝文志四卷　（清）文廷式纂　清宣統
元年(1909)長沙鉛印本　　六冊

420000－2341－0002406　B/013.192/0014壹

補晉書藝文志四卷　（清）文廷式纂　清宣統
元年(1909)長沙鉛印本　　六冊

420000－2341－0002407　B/013.192/1000

漢藝文志攷證十卷　（宋）王應麟撰　清光緒
九年(1883)浙江書局刻玉海本　　二冊

420000－2341－0002408　B/013.192/1000C1

漢藝文志攷證十卷　（宋）王應麟撰　清光緒
十年(1884)成都志古堂刻本　　二冊

420000－2341－0002409　B/013.199/0031

隋經籍志考證十三卷　（清）章宗源撰　清光

緒三年(1877)湖北崇文書局刻本　　四冊

420000－2341－0002410　B/013.199/0031C1

隋經籍志考證十三卷　（清）章宗源撰　清光
緒元年(1875)湖北崇文書局刻本　　四冊

420000－2341－0002411　B/013.91/7123

文選樓藏書記六卷　（清）阮元撰　（清）李慈
銘校訂　清末抄本　　十一冊

420000－2341－0002412　B/013.912/4253

漢書藝文志條理八卷　（清）姚振宗編　清光
緒十八年(1892)鉛印本　　二冊

420000－2341－0002413　B/013.912/4253.1

七略別錄佚文二卷　（清）姚振宗編　清光緒
十八年(1892)鉛印本　　一冊

420000－2341－0002414　B/0130

[乾隆]蔚縣志三十一卷　（清）王育榞修
（清)李舜臣纂　清乾隆四年(1739)刻本
四冊

420000－2341－0002415　B/0131

[乾隆]獲鹿縣志十二卷　（清）韓國瓚修
（清)石光璽纂　清乾隆元年(1736)刻本
二冊

420000－2341－0002416　B/0132

[乾隆]肅寧縣志十卷　（清）尹侃　（清）范
森修　（清)談有典纂　清乾隆二十一年
(1756)刻本　　五冊

420000－2341－0002417　B/0133

[雍正]井陘縣志八卷　（清）鍾文英纂修　清
雍正八年(1730)刻本　　四冊

420000－2341－0002418　B/0134

[萬曆]恩縣志六卷　（明）孫居相修　（明）
雷金聲纂　明萬曆二十六年(1598)刻本
五冊

420000－2341－0002419　B/0135

[康熙]臨城縣志八卷　（清）楊寬修　（清）
喬已百纂　清康熙三十年(1691)刻本　　四冊

420000－2341－0002420　B/0136

[雍正]齊河縣志十卷首一卷　（清）上官有儀

修　(清)許琰纂　清乾隆二年(1737)刻本
六冊

420000－2341－0002421　B/0137

[雍正]齊河縣志十卷首一卷　(清)上官有儀
修　(清)許琰纂　清乾隆二年(1737)刻同治
五年(1866)補刻本　四冊

420000－2341－0002422　B/0138

[康熙]聊城縣志四卷　(清)何一傑纂修　清
康熙二年(1663)刻本　四冊

420000－2341－0002423　B/0139

[雍正]樂安縣志二十卷　(清)李方膺纂修
清雍正十一年(1733)刻本　四冊

420000－2341－0002424　B/0140

[雍正]山東通志三十六卷首一卷　(清)岳濬
(清)法敏修　(清)杜詔　(清)顧瀛纂
清乾隆元年(1736)刻本　四十二冊

420000－2341－0002425　B/0141

[康熙]鄒縣志三卷　(清)婁一均修　(清)
周翼纂　清康熙五十五年(1716)刻本　四冊

420000－2341－0002426　B/0142

[康熙]鄒縣志三卷　(清)婁一均修　(清)
周翼纂　清康熙五十五年(1716)刻本　四冊

420000－2341－0002427　B/0143

[萬曆]汶上縣志八卷　(明)栗可仕修
(明)王命新纂　清康熙五十六年(1717)刻本
四冊

420000－2341－0002428　B/0144

[康熙]汶上縣志續修六卷　(清)聞元炅纂修
清康熙五十六年(1717)刻本　四冊

420000－2341－0002429　B/0145

[康熙]蓬萊縣志八卷　(清)高崗修　(清)
蔡永華纂　清康熙十二年(1673)刻本　四冊

420000－2341－0002430　B/0146

[康熙]鄆城縣志八卷　(清)張盛銘修
(清)趙肅纂　清康熙五十五年(1716)刻本
四冊

420000－2341－0002431　B/0147

[順治]泗水縣志十二卷　(清)劉桓修
(清)杜燦然纂　清康熙元年(1662)刻本
二冊

420000－2341－0002432　B/0148

[康熙]海豐縣志十二卷首一卷　(清)胡公著
修　(清)張克家纂　清康熙九年(1670)刻本
四冊

420000－2341－0002433　B/0149

[康熙]壽張縣志八卷　(清)滕永禎修
(清)馬衍纂　清康熙五十六年(1717)刻本
四冊

420000－2341－0002434　B/0150

[康熙]茌平縣志五卷　(清)王世臣修
(清)孫克緒纂　清康熙四十九年(1710)刻本
四冊

420000－2341－0002435　B/0151

[康熙]登州府萊陽縣志十卷附賦役全書
(清)萬邦維修　(清)衛元爵　(清)張重潤
纂　清康熙十七年(1678)刻本　六冊

420000－2341－0002436　B/0152

[康熙]蒙陰縣志八卷　(清)劉德芳纂修　清
康熙二十四年(1685)刻本　四冊

420000－2341－0002437　B/0153

[康熙]日照縣志十二卷　(清)楊士雄修
(清)丁愷纂　清康熙五十四年(1715)刻本
五冊

420000－2341－0002438　B/0154

[雍正]恩縣續志五卷　(清)陳學海修
(清)韓天篤纂　清雍正元年(1723)刻本
三冊

420000－2341－0002439　B/0155

[康熙]臨朐縣志四卷　(清)屠壽徵修
(清)尹所遴纂　清康熙十一年(1672)刻本
四冊

420000－2341－0002440　B/0156

[康熙]益都縣志十四卷首一卷　(清)陳食花
修　(清)鍾諤纂　清康熙十一年(1672)刻本

六冊

420000－2341－0002441　B/0157

[康熙]益都縣志十四卷首一卷　（清）陳食花修　（清）鍾諤纂　清康熙十二年（1673）刻本　六冊

420000－2341－0002442　B/0158

[康熙]西平縣志十卷　（清）沈㴻修　（清）李植續修　清康熙三十一年（1692）刻本　四冊

420000－2341－0002443　B/0159

[康熙]延津縣志十卷　（清）余心孺纂修　清康熙四十一年（1702）刻本　四冊

420000－2341－0002444　B/0160

[乾隆]武安縣志二十卷圖一卷　（清）蔣光祖修　（清）夏兆豐纂　清乾隆四年（1739）刻本　八冊

420000－2341－0002445　B/0161

[康熙]上蔡縣志十五卷　（清）楊廷望修　（清）張沐纂　清康熙二十九年（1690）刻本　八冊

420000－2341－0002446　B/0162

[順治]淇縣志十卷考一卷　（清）王謙吉　（清）王南國修　（清）白龍躍　（清）葛漢忠纂　清順治十七年（1660）刻本　二冊

420000－2341－0002447　B/0163

[康熙]考城縣志四卷　（清）陳德敏修　（清）王貫三纂　清康熙三十七年（1698）刻本　四冊

420000－2341－0002448　B/0164

[順治]封邱縣志九卷首一卷　（清）余縉修　（清）李嵩陽纂　清順治十六年（1659）刻本　五冊

420000－2341－0002449　B/0165

[康熙]封邱縣續志不分卷　（清）王賜魁修　（清）李會生　（清）宋作賓纂　清康熙十九年（1680）刻本　一冊

420000－2341－0002450　B/0166

[康熙]封邱縣續志不分卷　（清）王賜魁修　（清）李會生　（清）宋作賓纂　清康熙十九年（1680）刻本　一冊

420000－2341－0002451　B/0167

[康熙]封邱縣續志五卷　（清）孟鏐　（清）耿紘祚修　（清）李承綬纂　清康熙三十六年（1697）刻本　二冊

420000－2341－0002452　B/0168

[順治]胙城縣志四卷　（清）劉純德修　（清）郭金鼎纂　清順治十六年（1659）刻本　二冊

420000－2341－0002453　B/0169

[順治]臨潁縣志八卷首一卷　（清）吳中奇纂　清順治十七年（1660）刻本　六冊

420000－2341－0002454　B/0170

[乾隆]廣靈縣志十卷首一卷末一卷　（清）郭磊等纂修　清乾隆十九年（1754）刻本　四冊

420000－2341－0002455　B/0171

[康熙]文水縣志十卷　（清）傅星修　（清）鄭立功纂　清康熙十二年（1673）刻本　八冊

420000－2341－0002456　B/0172

[康熙]交城縣志十八卷首一卷　（清）洪璟纂修　清康熙四十八年（1709）刻本　六冊

420000－2341－0002457　B/0173

[雍正]襄陵縣志二十四卷　（清）趙懋本修　（清）盧秉純纂　清雍正十年（1732）刻本　四冊

420000－2341－0002458　B/0174

[康熙]平遙縣志八卷　（清）王綬修　（清）康乃心纂　清康熙四十五年（1706）刻本　四冊

420000－2341－0002459　B/0175

[雍正]山西通志二百三十卷　（清）覺羅石麟修　（清）儲大文纂　清雍正十二年（1734）刻本　一百冊

420000－2341－0002460　B/0176

[乾隆]山西志輯要十卷首一卷　（清）雅德修

(清)汪本直纂　清乾隆四十五年(1780)刻本　十一册

420000－2341－0002461　B/0177
[雍正]洪洞縣志九卷　(清)余世堂修 (清)蔡行仁纂　清雍正八年(1730)刻本　八册

420000－2341－0002462　B/0178
[雍正]猗氏縣志八卷　(清)潘鉞修　(清)吳啓元　(清)高紹烈纂　(清)宋之樹續修 (清)何世勳　(清)陳佃儀續纂　清雍正七年(1729)刻本　四册

420000－2341－0002463　B/0179
[康熙]麟遊縣志五卷　(清)吳汝為修 (清)范光曦續修　(清)羅魁續纂　清順治十四年(1657)刻康熙四十七年(1708)增刻本　二册

420000－2341－0002464　B/018.6/1133C2
書目答問四卷附國朝箸述諸家姓名略一卷 (清)張之洞編　清光緒刻本　二册

420000－2341－0002465　B/018.6/1133C20
書目答問四卷附國朝箸述諸家姓名略一卷 (清)張之洞編　清光緒四年(1878)四明味海閣刻本　四册

420000－2341－0002466　B/018.6/1133C3
書目答問四卷附國朝箸述諸家姓名略一卷 (清)張之洞編　清光緒刻本　二册

420000－2341－0002467　B/018.6/3734
西學書目表四卷附讀西學書法一卷　梁啓超撰　清光緒二十二年(1896)質學會刻本　一册

420000－2341－0002468　B/018.9/8380
讀書敏求記四卷　(清)錢曾撰　清道光五年(1825)阮氏小琅嬛僊館刻本　四册

420000－2341－0002469　B/0180
[順治]洛川志二卷　(清)陳爀修　(清)李楷　(清)東蔭商纂　清順治十八年(1661)刻本　二册

420000－2341－0002470　B/0181
[萬曆]華陰縣志九卷　(明)王九疇修 (明)張毓翰纂　明萬曆四十二年(1614)刻清康熙增補重印本　二册

420000－2341－0002471　B/0182
[康熙]朝邑縣後志八卷　(清)王兆鰲修 (清)王鵬翼纂　清康熙五十一年(1712)刻本　三册

420000－2341－0002472　B/0183
[雍正]陝西通志一百卷首一卷　(清)劉於義修　(清)沈青崖纂　清雍正十三年(1735)刻本　一百册

420000－2341－0002473　B/0184
[乾隆]甘肅通志五十卷首一卷　(清)許榮修 (清)李迪纂　清乾隆元年(1736)刻本　三十六册

420000－2341－0002474　B/0185
[雍正]四川通志四十七卷首一卷　(清)黃廷桂修　(清)張晉生纂　清乾隆元年(1736)刻本　四十八册

420000－2341－0002475　B/0186
[雍正]湖廣通志一百二十卷首一卷　(清)邁柱修　(清)夏力恕纂　清雍正十一年(1733)刻本　五十六册

420000－2341－0002476　B/0187
[雍正]江西通志一百六十二卷首三卷　(清)謝旻等修　(清)陶成　(清)惲鶴生纂　清雍正十年(1732)刻本　六十册

420000－2341－0002477　B/0188
京口八旗志二卷　(清)春元輯　清光緒五年(1879)刻本　一册

420000－2341－0002478　B/0189
[康熙]臨海縣志十五卷首一卷　(清)洪若皋纂　清康熙二十二年(1683)刻本　十六册

420000－2341－0002479　B/019.6/7134
歷次禁燬書目　(清)□□編　清乾隆四十七年(1782)至清末刻本　一册

420000－2341－0002480　B/019/1010

善本書室藏書志四十卷附錄一卷　（清）丁丙
輯　清光緒二十七年(1901)錢塘丁氏刻本
十六冊

420000－2341－0002481　B/019/1010 貳

善本書室藏書志四十卷附錄一卷　（清）丁丙
輯　清光緒二十七年(1901)錢塘丁氏刻本
十六冊

420000－2341－0002482　B/019/1010 壹

善本書室藏書志四十卷附錄一卷　（清）丁丙
輯　清光緒二十七年(1901)錢塘丁氏刻本
十六冊

420000－2341－0002483　B/0190

[康熙]寧洋縣志十卷　（清）沈荃修　（清）
楊新日　（清）鄧世珽纂　清康熙三十一年
(1692)刻本　一冊　存五卷(四至八)

420000－2341－0002484　B/0191

[乾隆]福建通志七十八卷首一卷　（清）郝玉
麟　（清）盧焯修　（清）謝道承　（清）劉敬
與纂　清乾隆二年(1737)刻本　七十二冊

420000－2341－0002485　B/0192

[雍正]廣東通志六十四卷　（清）郝玉麟修
（清）魯曾煜纂　清雍正九年(1731)刻本　四
十冊

420000－2341－0002486　B/0193

[康熙]平彝縣志十卷　（清）任中宜纂修　清
康熙四十四年(1705)抄本　四冊

420000－2341－0002487　B/0194

[宣統]輝南廳志二卷　（清）薛德履修
（清）張見田　（清）于龍辰纂　清宣統二年
(1910)抄本　二冊

420000－2341－0002488　B/0195

[康熙]宣化縣志三十卷　（清）陳坦纂修　清
康熙五十年(1711)刻本　六冊

420000－2341－0002489　B/0196

[康熙]懷來縣志十八卷首一卷　（清）許隆遠
纂修　清康熙五十一年(1712)刻本　六冊

420000－2341－0002490　B/0197

[康熙]建寧府志四十八卷　（清）張琦修
（清）鄒山　（清）蔡登龍纂　清康熙三十二年
(1693)刻本　三冊　存八卷(十九至二十三、
二十六至二十八)

420000－2341－0002491　B/0198

宋東京考二十卷　（清）周城輯　清乾隆三年
(1738)六有堂刻本　四冊

420000－2341－0002492　B/0199

武林靈隱寺志八卷　（清）孫治撰　清康熙十
年(1671)刻本　四冊

420000－2341－0002493　B/0200

滄浪小志二卷　（清）宋犖編　清康熙三十五
年(1696)刻本　二冊

420000－2341－0002494　B/0201

廣東新語二十八卷　（清）屈大均撰　清康熙
三十九年(1700)水天閣刻本　十冊

420000－2341－0002495　B/0202

中吳紀聞六卷　（宋）龔明之撰　**校勘記一卷**
繆荃孫撰　清光緒三十一年(1905)繆朝荃
東倉書庫刻本　二冊

420000－2341－0002496　B/0203

水經注四十卷　（北魏）酈道元撰　（明）朱謀
㙔箋　明崇禎二年(1629)嚴忍公刻本　十冊

420000－2341－0002497　B/0204

水經注箋四十卷　（漢）桑欽撰　（北魏）酈道
元注　（明）朱謀㙔箋　明萬曆四十三年
(1615)李長庚刻本　十二冊

420000－2341－0002498　B/0205

籌海圖編十三卷　（明）鄭若曾撰　明嘉靖四
十一年(1562)胡宗憲刻本　十三冊

420000－2341－0002499　B/0206

籌海圖編十三卷　（明）鄭若曾撰　明天啓四
年(1624)胡維極刻本　八冊

420000－2341－0002500　B/0207

籌海圖編十三卷　（明）鄭若曾撰　明天啓四
年(1624)胡維極刻本　八冊

420000－2341－0002501　B/0208

籌海圖編十三卷　（明）鄭若曾撰　明天啓四年(1624)胡維極刻本　六冊

420000－2341－0002502　B/0209

東西洋考十二卷　（明）張燮纂　明萬曆四十六年(1618)王起宗刻本　四冊

420000－2341－0002503　B/0210

吾妻鏡補二十八卷　（清）翁廣平纂　清嘉慶十九年(1814)抄本　十二冊

420000－2341－0002504　B/0211

古玉圖二卷　（元）朱德潤集　清乾隆十七年(1752)亦政堂刻本　一冊

420000－2341－0002505　B/0212

金薤琳琅二十卷　（明）都穆撰　金薤琳琅補一卷　（清）宋振譽撰　清乾隆四十三年(1778)汪荻洲刻本　八冊

420000－2341－0002506　B/0213

金石契不分卷　（清）張燕昌撰　清乾隆四十三年(1778)刻本　四冊

420000－2341－0002507　B/0214

兩漢金石記二十二卷　（清）翁方綱撰　清乾隆五十四年(1789)南昌使院刻本　八冊

420000－2341－0002508　B/0216

學統五十三卷　（清）熊賜履撰　清康熙二十五年(1686)刻本　十八冊

420000－2341－0002509　B/0218

四此堂稿十卷　（清）魏際瑞撰　清康熙十四年(1675)刻本　六冊

420000－2341－0002510　B/0219

日下舊聞考一百六十卷　（清）于敏中　（清）英廉編　清乾隆刻本　四十冊

420000－2341－0002511　B/0220

日下舊聞四十二卷　（清）朱彝尊編　清康熙二十七年(1688)刻本　十六冊

420000－2341－0002512　B/0221

評鑑闡要十二卷　（清）劉統勳撰　清乾隆三十二年(1767)刻本　六冊

420000－2341－0002513　B/0222

歷朝捷錄四卷　（明）顧允撰　明刻本　四冊

420000－2341－0002514　B/0227

治平略增定全書三十三卷　（明）朱健　（明）朱徽撰　清康熙三年(1664)刻本　十二冊

420000－2341－0002515　B/0228

函史上編八十一卷下編二十一卷　（明）鄧元錫撰　清乾隆十八年(1753)刻本　七十二冊

420000－2341－0002516　B/0229

尚史七十卷　（清）李鍇纂　清乾隆三十八年(1773)悅道樓刻本　二十八冊

420000－2341－0002517　B/0230

史漢合鈔十卷　（清）高塘集評　清乾隆五十三年(1788)善成堂刻本　十冊

420000－2341－0002518　B/0231

華陽國志十二卷　（晉）常璩撰　清乾隆四十六年(1781)李氏刻本　四冊

420000－2341－0002519　B/0232

四字鑑引八卷　（清）李中正編釋　清嘉慶五年(1800)抄本　八冊

420000－2341－0002520　B/0233

讀史提要錄十二卷　（清）夏之蓉輯　清乾隆三十七年(1772)刻本　六冊

420000－2341－0002521　B/0234

史記論文一百三十卷　（清）吳見思評點　清乾隆四十五年(1780)刻本　十二冊

420000－2341－0002522　B/0235

讀史論略詳注不分卷　（清）杜詔撰　（清）唐桂注　清乾隆四十一年(1776)刻本　一冊

420000－2341－0002523　B/0236

春秋大事表五十卷　（清）顧棟高輯　清乾隆十三年(1748)刻本　十九冊

420000－2341－0002524　B/0237

春秋輿圖不分卷　（清）顧棟高撰　清乾隆十四年(1749)萬卷樓刻本　一冊

420000－2341－0002525　B/0238

班馬異同三十五卷　（宋）倪思輯　明刻本
六冊

420000－2341－0002526　B/0239

歐陽文忠公五代史鈔二十卷　（明）茅坤輯
明刻本　四冊

420000－2341－0002527　B/0240

宋朝事實二十卷　（宋）李攸撰　清乾隆四十
一年（1776）刻本　八冊

420000－2341－0002528　B/0241

日涉編十二卷　（明）陳堦輯　明萬曆三十九
年（1611）徐養量刻清康熙二十七年（1688）紀
元補修本　十二冊

420000－2341－0002529　B/0242

平叛記二卷　（清）毛霖編　清康熙五十五年
（1716）刻本　二冊

420000－2341－0002530　B/0243

八旗滿洲氏族通譜八十卷目錄二卷　（清）鄂
爾泰等纂　清乾隆九年（1744）內府刻本　二
十六冊

420000－2341－0002531　B/0244

衡岳志八卷　（清）朱袞重修　清康熙刻本
八冊

420000－2341－0002532　B/0245

洛陽伽藍記五卷　（北魏）楊衒之撰　明末毛
氏綠君亭刻本　四冊

420000－2341－0002533　B/0246

讀書引十二卷　（清）王謨輯　清乾隆四十八
年（1783）刻本　六冊

420000－2341－0002534　B/0247

西巡盛典二十四卷首一卷　（清）董誥撰　清
嘉慶十七年（1812）武英殿木活字印本　十
二冊

420000－2341－0002535　B/0249

重訂路史全本四十七卷　（宋）羅泌輯　（宋）
羅苹注　（清）羅大振重輯　清乾隆元年
（1736）進修書院刻本　十六冊

420000－2341－0002536　B/0251

至聖編年世紀二十四卷　（清）李灼　（清）黃
晟輯　清乾隆十六年（1751）亦政堂刻本
十冊

420000－2341－0002537　B/040.08/0273.1

丙午新民叢報彙編不分卷　（清）文會書社編
清光緒三十三年（1907）文會書社石印本
十二冊

420000－2341－0002538　B/040.08/2828

湘學新報　（清）江標主編　清光緒二十三年
（1897）刻本　十六冊

420000－2341－0002539　B/040.08/3147

滙報不分卷　（清）□□編　清光緒二十六年
（1900）至清末鉛印本　四冊

420000－2341－0002540　B/040.08/3674

湘學報類編　（清）湘學報館編　清光緒二十
三年（1897）至清末刻本　十二冊

420000－2341－0002541　B/040.08/3734

時務報三十卷附書八種　梁啟超等編　清光
緒石印本　六冊

420000－2341－0002542　B/040.08/6417

時務通攷三十一卷首一卷　（清）王奇英等編
清光緒二十三年（1897）點石齋石印本　二
十冊

420000－2341－0002543　B/040.08/3674C1

湘學報類編　（清）湘學報館編　清光緒二十
八年（1902）至清末石印本　十冊

420000－2341－0002544　B/071/6097

國粹學報不分卷　（清）上海國粹學報館編
清光緒三十一年（1905）上海國粹學報館鉛印
本　七冊

420000－2341－0002545　B/071/6097.1

國粹學報不分卷　（清）上海國粹學報館編
清光緒三十二年（1906）上海國粹學報館鉛印
本　七冊

420000－2341－0002546　B/071/6097.2

國粹學報不分卷　（清）上海國粹學報館編
清光緒三十三年（1907）上海國粹學報館鉛印

本　八冊

420000－2341－0002547　B/071/6097.3
國粹學報不分卷　（清）上海國粹學報館編
清光緒三十四年(1908)上海國粹學報館鉛印
本　八冊

420000－2341－0002548　B/071/6097.3 壹
國粹學報不分卷　（清）上海國粹學報館編
清光緒三十四年(1908)上海國粹學報館鉛印
本　六冊

420000－2341－0002549　B/071/6097.4
國粹學報不分卷　（清）上海國粹學報館編
清宣統元年(1909)上海國粹學報館鉛印本
八冊

420000－2341－0002550　B/071/6097.4 壹
國粹學報不分卷　（清）上海國粹學報館編
清宣統元年(1909)上海國粹學報館鉛印本
六冊

420000－2341－0002551　B/071/6097.5
國粹學報不分卷　（清）上海國粹學報館編
清宣統二年(1910)上海國粹學報館鉛印本
八冊

420000－2341－0002552　B/071/6097.5 壹
國粹學報不分卷　（清）上海國粹學報館編
清宣統二年(1910)上海國粹學報館鉛印本
七冊

420000－2341－0002553　B/071/6097.6
國粹學報不分卷　（清）上海國粹學報館編
清宣統三年(1911)上海國粹學報館鉛印本
七冊

420000－2341－0002554　B/071/6097.7
國粹學報不分卷　（清）上海國粹學報館編
清光緒三十一年(1905)上海國粹學報館鉛印
本　五冊

420000－2341－0002555　B/087.1/4433
自西徂東五卷　（德國）花之安撰　清光緒二
十八年(1902)上海華美書館刻本　五冊

420000－2341－0002556　B/088.1/2632.1

國語二十一卷　（清）吳汝綸點勘　清宣統二
年(1910)鉛印本　二冊

420000－2341－0002557　B/088.1/2632
桐城吳先生點勘戰國策三十三卷　（清）吳汝
綸點勘　清光緒十年(1884)鉛印本　二冊

420000－2341－0002558　B/090.97/7430
各省選拔同年明經通譜(同治癸酉科)　（清）
□□編　清同治十三年(1874)京都琉璃廠文
錦齋、龍文齋、元會齋、精華齋、律古齋、近文
齋刻本　四冊

420000－2341－0002559　B/110.097/3603
洛學編五卷　（清）湯斌輯　清同治九年
(1870)湯定祥刻本　一冊

420000－2341－0002560　B/110.097/8064
宗聖志二十卷　（清）王定安編　清光緒十六
年(1890)金陵刻本　六冊

420000－2341－0002561　B/111.1104/1243
理學宗傳辨正十六卷　（清）劉廷詔撰　清同
治十一年(1872)六安涂氏求我齋刻本　八冊

420000－2341－0002562　B/111.111/1223
闕里文獻考一百卷首一卷末一卷　（清）孔繼
汾輯　清乾隆二十七年(1762)至清末刻本
八冊

420000－2341－0002563　B/111.111/1223C2
闕里文獻考一百卷首一卷末一卷　（清）孔繼
汾輯　清光緒十七年(1891)湘陰李氏刻本
十二冊

420000－2341－0002564　B/111.111/7580
闕里廣誌二十卷　（清）宋際　（清）宋慶長撰
清同治九年(1870)刻本　十二冊

420000－2341－0002565　B/111.114/1717
重纂三遷志十卷首一卷　（清）孟廣均　（清）
陳錦纂　（清）孫葆田重纂　清光緒十三年
(1887)山東書局刻本　六冊

420000－2341－0002566　B/111.5/4438C2
宋元學案一百卷首一卷　（清）黃宗羲撰
（清）黃百家纂輯　（清）全祖望修定　清光緒

五年(1879)長沙寄廬刻本　四十册

420000－2341－0002567　B/111.5/4438C2 貳
宋元學案一百卷首一卷　（清）黃宗羲撰
（清）黃百家纂輯　（清）全祖望修定　清光緒
五年(1879)長沙寄廬刻本　四十册

420000－2341－0002568　B/111.5/4438C2 叄
宋元學案一百卷首一卷　（清）黃宗羲撰
（清）黃百家纂輯　（清）全祖望修定　清光緒
五年(1879)長沙寄廬刻本　四十册

420000－2341－0002569　B/111.5/4438C2 肆
宋元學案一百卷首一卷　（清）黃宗羲撰
（清）黃百家纂輯　（清）全祖望修定　清光緒
五年(1879)長沙寄廬刻本　三十四册　存九
十卷(十一至一百)

420000－2341－0002570　B/111.5/4438C2 伍
宋元學案一百卷首一卷　（清）黃宗羲撰
（清）黃百家纂輯　（清）全祖望修定　清光緒
五年(1879)長沙寄廬刻本　四册　存七卷
(九至十二、十五至十七)

420000－2341－0002571　B/111.5/4438C2 壹
宋元學案一百卷首一卷　（清）黃宗羲撰
（清）黃百家纂輯　（清）全祖望修定　清光緒
五年(1879)長沙寄廬刻本　四十册

420000－2341－0002572　B/111.6/4438
明儒學案六十二卷　（清）黃宗羲纂　清光緒
十四年(1888)南昌縣學刻本　三十六册

420000－2341－0002573　B/111.6/4438C4
明儒學案六十二卷附明儒學案師說一卷明儒
學案總評一卷　（清）黃宗羲撰　清康熙三十
二年(1693)賈樸刻雍正十三年(1735)賈念祖
補刻本　十六册

420000－2341－0002574　B/111.6/4438 貳
明儒學案六十二卷　（清）黃宗羲纂　清光緒
十四年(1888)南昌縣學刻本　三十二册

420000－2341－0002575　B/111.6/4438 壹
明儒學案六十二卷　（清）黃宗羲纂　清光緒
十四年(1888)南昌縣學刻本　三十六册

420000－2341－0002576　B/111.71/0082C2
學案小識十四卷首一卷末一卷　（清）唐鑑撰
清光緒十年(1884)刻本　十二册

420000－2341－0002577　B/111.71/0082C2 壹
學案小識十四卷首一卷末一卷　（清）唐鑑撰
清光緒十年(1884)刻本　十二册

420000－2341－0002578　B/185.3/0043
平平言四卷　（清）方大湜撰　清光緒十六年
(1890)鄂省藩署鉛印本　四册

420000－2341－0002579　B/221.227/3416
洪文襄公奏對二卷　（清）洪承疇撰　清光緒
十九年(1893)榮錄堂刻本　一册

420000－2341－0002580　B/270.94/7286
天方至聖實錄二十卷首一卷　（清）劉智撰
清道光七年(1827)漢南還淳堂刻本　十册

420000－2341－0002581　B/311.2/1133
欽定學堂章程不分卷　（清）張百熙編　清光
緒三十二年(1906)會文學社鉛印本　一册

420000－2341－0002582　B/316.06/8033
得一錄十六卷　（清）余治輯　清同治八年
(1869)蘇州得見齋刻本　八册

420000－2341－0002583　B/316.3/3833
江甯府重建普育堂志八卷　（清）涂宗瀛撰
清同治十年(1871)刻本　十册

420000－2341－0002584　B/316.4/1123
岳州救生局志八卷　（清）岳州救生局編　清
光緒元年(1875)岳州救生局刻本　五册

420000－2341－0002585　B/316.4/4496
救荒活民書十二卷　（宋）董煟撰　清道光十
六年(1836)苕溪江氏刻本　四册

420000－2341－0002586　B/316.4/4496.1
重刊救荒補遺書二卷　（宋）董煟編　（元）張
光大新增　（明）朱熊補遺　（明）王崇慶釋斷
清同治八年(1869)楚北崇文書局刻本
二册

420000－2341－0002587　B/316.4/4662
籌濟編三十二卷首一卷　（清）楊景仁輯　清

光緒五年(1879)江蘇書局刻本　八冊

420000－2341－0002588　B/316.41/4622
峽江救生船志二卷　(清)賀緇紳纂　**峽江圖**
攷不分卷　**行川必要一卷**　清光緒三年
(1877)水師新副中營刻本　四冊

420000－2341－0002589　B/316/0038
欽定康濟錄四卷　(清)倪國璉輯　清同治八
年(1869)楚北崇文書局刻本　四冊

420000－2341－0002590　B/316/0038 貳
欽定康濟錄四卷　(清)倪國璉輯　清同治八
年(1869)楚北崇文書局刻本　四冊

420000－2341－0002591　B/316/0038 壹
欽定康濟錄四卷　(清)倪國璉輯　清同治八
年(1869)楚北崇文書局刻本　三冊

420000－2341－0002592　B/316/3272
康濟譜二十五卷　(清)潘游龍輯撰　(清)金
俊明評　清道光七年(1827)安康張鵬飛刻本
十六冊

420000－2341－0002593　B/318.01/5520
各國交涉公法論十六卷　(英國)費利摩羅巴
德撰　(英國)傅蘭雅口譯　(清)俞世爵筆述
清光緒二十四年(1898)上海江南機器製造
總局鉛印本　十六冊

420000－2341－0002594　B/318.01/5520 壹
各國交涉公法論十六卷　(英國)費利摩羅巴
德撰　(英國)傅蘭雅口譯　(清)俞世爵筆述
清光緒二十四年(1898)上海江南機器製造
總局鉛印本　十六冊

420000－2341－0002595　B/319.1/2280
盛京典制備考八卷首一卷　(清)崇厚輯　清
光緒二十五年(1899)盛京瀋陽太和山坊刻本
六冊

420000－2341－0002596　B/319.1/2413
欽定禮部則例二百二卷　(清)長秀纂　清道
光二十四年(1844)刻本　二十四冊

420000－2341－0002597　B/319.1/4026
大清通禮五十四卷　(清)來保修　(清)李玉

鳴纂　(清)穆克登額等續修　(清)恒泰等續
纂　清光緒九年(1883)江蘇書局刻本　十
二冊

420000－2341－0002598　B/319.1/4026 壹
大清通禮五十四卷　(清)來保修　(清)李玉
鳴纂　(清)穆克登額等續修　(清)恒泰等續
纂　清光緒九年(1883)江蘇書局刻本　十
二冊

420000－2341－0002599　B/319.11/4092
直省釋奠禮樂記六卷首一卷　(清)應寶時編
清光緒十七年(1891)廣東藩署刻本　四冊

420000－2341－0002600　B/319.11/6644
皇朝祭器樂舞錄二卷　(清)徐暢達輯　清同
治十年(1871)楚北崇文書局刻本　二冊

420000－2341－0002601　B/319.116/7181
文廟祀典考五十卷首一卷　(清)龐鍾璐纂
清光緒四年(1878)刻本　十冊

420000－2341－0002602　B/319.116/7181 壹
文廟祀典考五十卷首一卷　(清)龐鍾璐纂
清光緒四年(1878)刻本　十冊

420000－2341－0002603　B/319.2/4447
三禮從今三卷　(清)黃本驥編　清道光二十
四年(1844)刻本　二冊

420000－2341－0002604　B/319/3021
宦鄉要則八卷首一卷　(清)張鑒瀛撰　清光
緒二十一年(1895)至清末石印本　四冊

420000－2341－0002605　B/319/3130
鄉黨圖考十卷　(清)江永撰　清嘉慶二十年
(1815)吳郡山淵堂刻本　七冊

420000－2341－0002606　B/330.61/7705
學部奏咨輯要三編　(清)學部總務司案牘科
編　清宣統二年至三年(1910－1911)鉛印本
一冊

420000－2341－0002607　B/330.92/6786
日本學校源流不分卷　(美國)路義思撰
(美國)衛理口譯　(清)范熙庸筆述　清光緒
二十五年(1899)上海江南製造局刻本　一冊

420000－2341－0002608　B/331.1/1133

奏定學堂章程不分卷　（清）張之洞撰　清光
緒二十九年(1903)鉛印本　五冊

420000－2341－0002609　B/331.1/1790

欽定國子監則例四十四卷首六卷　（清）承光
纂　清嘉慶二年(1797)至清末刻本　八冊

420000－2341－0002610　B/331.12/6040

日本教育法令十九編　（日本）文部省編　清
宣統二年(1910)上海商務印書館鉛印本
四冊

420000－2341－0002611　B/331.2/1133

欽定學堂章程不分卷　（清）張之洞等纂　清
光緒二十九年(1903)鉛印本　一冊

420000－2341－0002612　B/331.3/0014

欽定學政全書八十六卷首一卷　（清）童璜纂
　清嘉慶十七年(1812)至清末刻本　二十
四冊

420000－2341－0002613　B/331.91/3763

欽定國子監志八十二卷首二卷　（清）文慶修
　（清）富明阿　（清）沈學誠纂　清道光十二
年(1832)刻本　十冊

420000－2341－0002614　B/331/3147

江蘇學務文牘不分卷　（清）江蘇學務公所編
　清宣統鉛印本　一冊

420000－2341－0002615　B/334.5/4424

明貢舉考畧二卷　（清）黃崇蘭輯　國朝貢舉
考畧三卷　（清）黃崇蘭輯　（清）趙學曾續編
　清道光十二年(1832)至清末金閶經義堂刻
本　四冊

420000－2341－0002616　B/338.72/6055

日本東京大學規制攷畧　（□）□□撰　清光
緒鉛印本　一冊

420000－2341－0002617　B/338.81/3144

國朝漢學師承記八卷　（清）江藩纂　國朝經
師經義一卷　國朝宋學淵源記二卷附記一卷
　清光緒二十二年至三十四年(1896－1908)
寶慶勸學書社刻本　四冊

420000－2341－0002618　B/349/4742

補宋書食貨志一卷　（清）郝懿行撰　清光緒
十七年(1891)廣雅書局刻廣雅書局叢書本
一冊

420000－2341－0002619　B/351.35/3450

國政貿易相關書二卷　（英國）法拉撰　（英
國）傅蘭雅口譯　徐家寶筆述　清光緒九年
(1883)江南製造局刻本　二冊

420000－2341－0002620　B/351.35/3450 壹

國政貿易相關書二卷　（英國）法拉撰　（英
國）傅蘭雅口譯　徐家寶筆述　清光緒九年
(1883)江南製造局刻本　二冊

420000－2341－0002621　B/358/3440

九卿議定物料價值八卷　（清）邁柱纂　清乾
隆至清末刻本　八冊

420000－2341－0002622　B/361.6/3438

泉志十五卷附譜雙五卷　（宋）洪遵撰　清同
治十三年至光緒元年(1874－1875)隸釋齋刻
本　二冊

420000－2341－0002623　B/369.022/4476

蘇屬財政說明書不分卷　（清）江蘇省蘇屬清
理財政局編　清宣統三年(1911)江蘇省蘇屬
清理財政局鉛印本　九冊

420000－2341－0002624　B/369.06/4438

英國稅則不分卷　（清）□□編　英國條款不
分卷　英國照會不分卷　法國稅則條款附照
會不分卷　美國稅則條款附照會不分卷　清
咸豐八年(1858)至清末刻本　一冊

420000－2341－0002625　B/369.1/4448

光緒財政通纂五十四卷　（清）杜翰藩編　清
光緒三十一年(1905)蓉城文倫書局鉛印本
二十

420000－2341－0002626　B/369.121/1299

古今法制表十六卷　（清）孫榮編箸　清光緒
三十二年(1906)刻本　九冊

420000－2341－0002627　B/369.126/7221

光緒會計表四卷　劉嶽雲編　清光緒二十七

年(1901)教育世界社石印本　二冊　存二卷
(二至三)

420000－2341－0002628　B/369.146/4039
籌餉事例不分卷　（清）戶部編　清同治五年
(1866)至清末刻本　一冊

420000－2341－0002629　B/369.146/4039
增修籌餉事例條款不分卷　（清）□□編　清
同治五年(1866)至清末刻本　二冊

420000－2341－0002630　B/369.146/4039
增修現行常例不分卷　（清）□□編　清同治
五年(1866)至清末刻本　一冊

420000－2341－0002631　B/369.15/4327
東甌記署一卷　（清）戴槃撰　清同治七年
(1868)刻本　二冊

420000－2341－0002632　B/369.15/4327
嚴陵記署一卷裁嚴郡九姓漁課錄一卷　（清）
戴槃撰　清同治七年(1868)刻本　二冊

420000－2341－0002633　B/369.15/4327
桐溪記署一卷　（清）戴槃撰　**桐溪記署題辭
一卷**　（清）朱緒曾等撰　清同治七年(1868)
刻本　二冊

420000－2341－0002634　B/369.15/4327
杭嘉湖三府減漕記署一卷奏稿一卷　（清）戴
槃撰　清同治七年(1868)刻本　二冊

420000－2341－0002635　B/369.151/4237
江西賦役經制全書不分卷　（清）□□編　清
同治三年(1864)刻本　五十八冊

420000－2341－0002636　B/369.151/7416
陝西賦役全書　（清）□□編　清道光二十四
年(1844)刻本　一百二十五冊

420000－2341－0002637　B/369.152/0030
淮北票鹽志略十五卷　（清）童濂編　清同治
七年(1868)刻本　六冊

420000－2341－0002638　B/369.152/0037
淮南鹽法紀略十卷　（清）方濬頤撰　清同治
十二年(1873)揚州淮南書局刻本　十一冊

420000－2341－0002639　B/369.152/0097
四川官運鹽案類編二十七卷首一卷　（清）唐
炯編　清光緒七年(1881)成都總局刻本
十冊

420000－2341－0002640　B/369.152/0097
四川官運鹽案續編三十八卷　（清）□□編
清光緒十八年(1892)刻本　十冊

420000－2341－0002641　B/369.152/0097　壹
四川官運鹽案類編二十七卷首一卷　（清）唐
炯編　清光緒七年(1881)成都總局刻本
十冊

420000－2341－0002642　B/369.152/1009
勑修河東鹽法志十二卷圖考一卷　（清）覺羅
石麟編　（清）朱一鳳纂　清雍正五年(1727)
河東陝西都轉運鹽使司刻本　八冊

420000－2341－0002643　B/369.152/1034
四川鹽法志四十卷首一卷　（清）丁寶楨總纂
（清）羅文彬編輯　清光緒八年(1882)刻本
二十冊

420000－2341－0002644　B/369.152/1034　貳
四川鹽法志四十卷首一卷　（清）丁寶楨總纂
（清）羅文彬編輯　清光緒八年(1882)刻本
二十冊

420000－2341－0002645　B/369.152/1034　壹
四川鹽法志四十卷首一卷　（清）丁寶楨總纂
（清）羅文彬編輯　清光緒八年(1882)刻本
二十冊

420000－2341－0002646　B/369.152/1114
淮北票鹽續略十卷　（清）項晉蕃纂　清光緒
十六年(1890)刻本　八冊

420000－2341－0002647　B/369.152/2231
增訂淮北票鹽志略十五卷　（清）童濂編　清
同治七年(1868)刻本　六冊

420000－2341－0002648　B/369.152/2422
兩淮鹽法志五十六卷　（清）佶山修　（清）單
渠纂　清同治九年(1870)揚州書局刻本　二
十四冊

420000－2341－0002649　B/369.152/3117

福建鹽法志二十二卷首一卷　（清）福建鹽署
編　清道光十年(1830)刻本　八冊

420000－2341－0002650　B/369.152/4032

淮鹺備要十卷　（清）李澄輯　清道光三年
(1823)揚州文樞堂刻本　四冊

420000－2341－0002651　B/369.152/4420

新修長蘆鹽法志十六卷　（清）莽鵠立修
（清）魯之裕編纂　清雍正五年(1727)至清末
刻本　十二冊

420000－2341－0002652　B/369.152/7749

增修河東鹽法備覽八卷　（清）江人鏡修
（清）張元鼎纂　清光緒八年(1882)刻本
十冊

420000－2341－0002653　B/369.152/8046

清查餘岱曬鹽案署不分卷　（□）□□編　清
光緒六年(1880)至清末刻本　二冊

420000－2341－0002654　B/369.153/0835

淮北票鹽續略十二卷　（清）許寶書編　清同
治九年(1870)刻本　四冊

420000－2341－0002655　B/369.16/4414

續纂淮關統志十四卷首一卷　（清）杜琳修
（清）伊齡阿　（清）李如枚重修　（清）元成
續纂　清嘉慶二十一年(1816)刻本　六冊

420000－2341－0002656　B/369.16/4414C1

續纂淮關統志十四卷首一卷　（清）杜琳修
（清）伊齡阿　（清）李如枚重修　（清）元成
續纂　清嘉慶二十一年(1816)刻光緒三十二
年(1906)補刻本　六冊

420000－2341－0002657　B/369.1974/3746

湖南省財政欵目說明書二十卷　（清）湖南清
理財政局編　**湖南海常各關財政欵目說明書
四卷**　（清）湖南清理財政局編　清宣統三年
(1911)湖南清理財政局鉛印本　六冊

420000－2341－0002658　B/369.1974/3746C1

湖南省財政欵目說明書二十卷　（清）湖南清
理財政局編　清宣統三年(1911)湖南清理財

政局石印本　二冊　存十卷(一至十)

420000－2341－0002659　B/369.1974/3746壹

湖南省財政欵目說明書二十卷　（清）湖南清
理財政局編　**湖南海常各關財政欵目說明書
四卷**　（清）湖南清理財政局編　清宣統三年
(1911)湖南清理財政局鉛印本　五冊

420000－2341－0002660　B/369.314/4013

列國歲計政要十二卷首一卷　（英國）麥丁富
得力纂　（美國）林樂知口譯　（清）鄭昌棪筆
述　清光緒元年(1875)江南製造總局刻本
六冊

420000－2341－0002661　B/369.314/4013壹

列國歲計政要十二卷首一卷　（英國）麥丁富
得力纂　（美國）林樂知口譯　（清）鄭昌棪筆
述　清光緒元年(1875)江南製造總局刻本
六冊

420000－2341－0002662　B/370.4/4487

時務摭言四卷　（清）蔡鈞撰　清光緒二十三
年(1897)六先書局石印本　二冊

420000－2341－0002663　B/370.8/1844.1

政藝通報二十五號目錄一卷　（清）政藝通報
社編　清光緒二十九年(1903)政藝通報社鉛
印本　二十六冊

420000－2341－0002664　B/370.8/1844.2

政藝通報二篇附錄六卷　（清）政藝通報社編
清光緒三十年(1904)政藝通報社鉛印本
十八冊

420000－2341－0002665　B/370.8/2138

新政真詮六編　（清）何啟　胡禮垣編　清光
緒二十七年(1901)廣譯書局鉛印本　八冊

420000－2341－0002666　B/373.01/8730

欽定重修六部處分則例五十二卷　（清）沈賢
書　（清）孫爾耆編校　清光緒十三年(1887)
上海圖書集成書局石印本　八冊

420000－2341－0002667　B/373.01/8730壹

欽定重修六部處分則例五十二卷　（清）沈賢
書　（清）孫爾耆編校　清光緒十三年(1887)

上海圖書集成書局石印本　八冊

420000－2341－0002668　B/373.011/3031
欽定宗人府則例三十一卷　（清）宗人府修
清光緒二十四年（1898）刻本　十六冊

420000－2341－0002669　B/373.012/2847
牧令書輯要十卷　（清）徐棟原編　（清）丁日
昌重編　清同治八年（1869）湖北崇文書局刻
本　十冊

420000－2341－0002670　B/373.012/4450
欽定總管內務府現行則例四卷　（清）內務府
編　清道光二十五年（1845）至清末刻本
四冊

420000－2341－0002671　B/373.012/4450C1
欽定總管內務府現行則例四卷　（清）內務府
編　清光緒十年（1884）至清末刻本　八冊

420000－2341－0002672　B/373.012/6008
牧令書輯要十卷　（清）徐棟編　（清）丁日昌
選評　清同治七年（1868）江蘇書局刻本
十冊

420000－2341－0002673　B/373.012/6008
保甲書輯要四卷　（清）徐棟編　（清）丁日昌
重校　清同治七年（1868）江蘇書局刻本
一冊

420000－2341－0002674　B/373.012/6008
劉簾舫先生吏治三書六卷　（清）劉衡撰　清
同治七年（1868）江蘇書局刻本　一冊

420000－2341－0002675　B/373.012/6008
欽頒州縣事宜不分卷　（清）田文鏡編　清同
治七年（1868）江蘇書局刻本　一冊

420000－2341－0002676　B/373.013/3708
樞垣記略二十八卷　（清）梁章鉅輯　（清）朱
智補　清光緒元年（1875）鉛印本　六冊

420000－2341－0002677　B/373.014/1111
欽定吏部銓選滿官則例五卷　（清）張廷玉纂
　清乾隆七年（1742）至清末刻本　一冊

420000－2341－0002678　B/373.014/1111
欽定吏部處分則例四十七卷　（清）張廷玉纂

清乾隆至清末刻本　十二冊

420000－2341－0002679　B/373.014/1111
欽定吏部漢官品級考四卷　（清）張廷玉纂
清乾隆至清末刻本　二冊

420000－2341－0002680　B/373.014/1111
欽定吏部滿官品級考二卷　（清）張廷玉纂
清乾隆至清末刻本　一冊

420000－2341－0002681　B/373.014/1111
欽定吏部銓選漢官則例八卷　（清）張廷玉纂
　清乾隆至清末刻本　二冊

420000－2341－0002682　B/373.014/3021
職官錄不分卷　（清）□□編　清宣統三年
（1911）鉛印本　八冊

420000－2341－0002683　B/373.017/2360
吏部例章揭要六卷　（清）林之望輯　清光緒
元年（1875）湖北藩署清查局刻本　六冊

420000－2341－0002684　B/373.017/5002
欽定吏部處分則例五十二卷　（清）張廷玉纂
　清同治至清末鉛印本　二十冊

420000－2341－0002685　B/373.0561/2600
欽定工部續增則例一百五十三卷　（清）保亮
編纂　清嘉慶二十四年（1819）刻本　三十
二冊

420000－2341－0002686　B/373.0561/2777
欽定工部則例九十八卷　（清）多隆阿纂　清
嘉慶三年（1798）刻本　十六冊

420000－2341－0002687　B/373.071/4431
欽定科場條例六十卷首一卷　（清）英匯纂修
　清咸豐二年（1852）至清末刻本　二十四冊

420000－2341－0002688　B/373.075/4875
欽定吏部銓選漢官品級考四卷吏部銓選漢官
則例八卷　（清）吏部編　清同治十年（1871）
至清末刻本　十二冊　存八卷（銓選漢官品
級考四卷、銓選漢官五至八）

420000－2341－0002689　B/373.075/5008
欽定吏部文選司章程三十二卷　（清）吏部文
選司纂　清同治十二年（1873）刻本　十二冊

135

420000－2341－0002690　B/373.08/4403

福惠全書三十二卷　（清）黃六鴻撰　清康熙種書堂刻本　十二冊

420000－2341－0002691　B/373.08/5038

欽定戶部則例一百卷首一卷　（清）惠祥纂修　清同治十三年(1874)刻本　六十冊

420000－2341－0002692　B/373.08/5038壹

欽定戶部則例一百卷首一卷　（清）惠祥纂修　清同治十三年(1874)刻本　五十九冊

420000－2341－0002693　B/373.08/6045

實政錄七卷　（明）呂坤編　清同治七年(1868)湖北崇文書局刻本　六冊

420000－2341－0002694　B/373.08/6045C1

實政錄七卷　（明）呂坤編　清同治十一年(1872)江蘇書局刻本　六冊

420000－2341－0002695　B/373.08/6045壹

實政錄七卷　（明）呂坤編　清同治七年(1868)湖北崇文書局刻本　四冊

420000－2341－0002696　B/373.08/9022

省例四十卷　（清）□□撰　清光緒五年(1879)至清末刻本　二十五冊

420000－2341－0002697　B/373.081/2846

東三省政略十二卷　徐世昌編　清宣統三年(1911)鉛印本　四十冊

420000－2341－0002698　B/373.081/2846.1

軍隊營房圖二十五種　徐世昌編　清宣統三年(1911)鉛印本　十冊

420000－2341－0002699　B/373.081/2846壹

東三省政略十二卷　徐世昌編　清宣統三年(1911)鉛印本　四十冊

420000－2341－0002700　B/373.083/2130

三邑治略六卷　（清）熊賓撰　清光緒三十一年(1905)刻本　六冊

420000－2341－0002701　B/373.083/2621

前守寶錄五卷後守寶錄二十卷　（清）魁聯編　清咸豐三年(1853)寶慶府署刻本　十冊

420000－2341－0002702　B/373.083/3142

荒政輯要九卷　（清）汪志伊纂　清嘉慶十一年(1806)刻本　二冊

420000－2341－0002703　B/373.083/6008

宦海指南五種　（清）許乃普輯　清咸豐九年(1859)刻本　七冊

420000－2341－0002704　B/373.083/7221

庸吏庸言二卷　（清）劉衡撰　清同治七年(1868)湖北崇文書局刻本　二冊

420000－2341－0002705　B/373.084/0818

鄉守外編輯要十卷附救命書一卷　（清）許乃釗編　清咸豐三年(1853)福州團練局刻本　二冊

420000－2341－0002706　B/373.096/3631

湖北省清釐逆產條款諮案不分卷　（清）□□編　清嘉慶二年(1797)至清末抄本　一冊

420000－2341－0002707　B/373.113/1111

詞林典故八卷　（清）張廷玉撰　清乾隆十三年(1748)武英殿刻本　四冊

420000－2341－0002708　B/373.113/2514

皇朝詞林典故六十四卷　（清）朱珪總裁（清）陳希曾等纂修　清光緒十三年(1887)翰林院刻本　三十四冊

420000－2341－0002709　B/373.18/3710.2

湖北諮議局第二次常會議案三卷　（清）湖北諮議局編　清宣統公益印書館鉛印本　一冊

420000－2341－0002710　B/373.18/3710.4

湖北諮議局第二次常會速記錄不分卷　（清）湖北諮議局編　清宣統公益印書館鉛印本　一冊

420000－2341－0002711　B/373.18/3710.5

湖北諮議局第一次常年會議決案報告書三卷　（清）湖北諮議局編　清宣統鉛印本　四冊

420000－2341－0002712　B/373.18/4090

直省諮議局議員聯合會奏稿匯刊不分卷　（清）湖北諮議局編　清宣統湖北諮議局鉛印本　一冊

420000－2341－0002713　B/373.3/4338

列國政要一百三十二卷首一卷附譯名對照表
（清）戴鴻慈　（清）端方輯　清光緒三十三
年（1907）上海商務印書館石印本　三十四冊

420000－2341－0002714　B/373.3/4338.2

列國政要續編九十四卷首一卷　（清）戴鴻慈
（清）端方輯　清宣統三年（1911）上海商務
印書館石印本　三十二冊

420000－2341－0002715　B/373.3/8397

五洲各國政治攷八卷附五洲圖攷　錢恂輯
清光緒二十七年（1901）石印本　六冊

420000－2341－0002716　B/379.3/0038

卞制軍政書四卷　（清）卞寶第撰　清末刻本
四冊

420000－2341－0002717　B/379.31/2609

欽定兵部處分則例七十六卷　（清）伯麟
（清）慶源纂修　**欽定兵部續纂處分則例四卷**
（清）長齡　（清）慶源纂修　清道光兵部刻
本　三十六冊

420000－2341－0002718　B/379.32/7523

歷代兵制八卷　（宋）陳傅良撰　清光緒二十
九年（1903）尚志齋刻本　二冊

420000－2341－0002719　B/379.37/4404

欽定軍器則例二十四卷　（清）董誥編　（清）
特通保纂　清嘉慶十九年（1814）至清末刻本
二十四冊

420000－2341－0002720　B/379.372/7123

鄂省營制驛傳彙編四卷　（清）陳仲衡編　清
光緒十五年（1889）刻本　四冊

420000－2341－0002721　B/379.4/1122

張公襄理軍務紀略六卷　（清）丁運樞編　清
宣統元年（1909）石印本　六冊

420000－2341－0002722　B/379.4/4021

西寧軍務節略　（清）奎順等撰　清末石印本
一冊

420000－2341－0002723　B/379.5/1267

列國陸軍制不分卷　（美國）歐潑登撰　（美

國）林樂知　（清）瞿昂來譯　清同治四年
（1865）至清末江南製造局刻本　三冊

420000－2341－0002724　B/379.5/7767

德國陸軍考四卷　（法國）歐盟輯撰　吳宗濂
譯文　（清）潘元善執筆　清光緒二十七年
（1901）江南製造局鉛印本　四冊

420000－2341－0002725　B/379.5/7767 壹

德國陸軍考四卷　（法國）歐盟輯撰　吳宗濂
譯文　（清）潘元善執筆　清光緒二十七年
（1901）江南製造局鉛印本　四冊

420000－2341－0002726　B/379.62/4428

水師章程十四卷續編六卷　（英國）水師兵部
撰　（美國）林樂知口譯　（清）鄭昌棪筆述
清同治四年（1865）至清末江南製造總局鉛印
本　十六冊

420000－2341－0002727　B/379.62/4428 壹

水師章程十四卷續編六卷　（英國）水師兵部
撰　（美國）林樂知口譯　（清）鄭昌棪筆述
清同治四年（1865）至清末江南製造總局鉛印
本　十六冊

420000－2341－0002728　B/379.62/4462

法國水師考四章　（美國）杜默能撰　（英國）
羅亨利　（清）瞿昂來譯　（清）鍾天緯參校
清光緒十四年（1888）至清末江南製造總局鉛
印本　一冊

420000－2341－0002729　B/379.62/4462 壹

法國水師考四章　（美國）杜默能撰　（英國）
羅亨利　（清）瞿昂來譯　（清）鍾天緯參校
清光緒十四年（1888）至清末江南製造總局鉛
印本　一冊

420000－2341－0002730　B/379.621/2409

英國水師律例四卷　（英國）德麟　（英國）極
福德纂　舒高第　（清）鄭昌棪譯　清光緒三
年（1877）江南製造總局鉛印本　二冊

420000－2341－0002731　B/379.621/2409 壹

英國水師律例四卷　（英國）德麟　（英國）極
福德纂　舒高第　（清）鄭昌棪譯　清光緒三
年（1877）江南製造總局鉛印本　二冊

420000－2341－0002732　B/379.64/1051
俄國水師考不分卷　（英國）百拉西撰　（英國）傅少蘭　（清）李嶽蘅譯　清光緒二十二年(1896)至清末江南製造總局鉛印本　一冊

420000－2341－0002733　B/379.64/1051 壹
俄國水師考不分卷　（英國）百拉西撰　（英國）傅少蘭　（清）李嶽蘅譯　清光緒二十二年(1896)至清末江南製造總局鉛印本　一冊

420000－2341－0002734　B/379.64/7712
美國水師考一卷　（英國）巴那比　（美國）克理撰　（英國）傅蘭雅　（清）鍾天緯譯　清同治四年(1865)至清末江南製造總局鉛印本　一冊

420000－2341－0002735　B/379.64/7712.1
英國水師攷不分卷　（英國）巴那比　（美國）克理撰　（英國）傅蘭雅　（清）鍾天緯譯　清光緒十一年(1885)至清末江南製造總局鉛印本　二冊

420000－2341－0002736　B/379.64/7712.1 壹
英國水師攷不分卷　（英國）巴那比　（美國）克理撰　（英國）傅蘭雅　（清）鍾天緯譯　清光緒十一年(1885)至清末江南製造總局鉛印本　二冊

420000－2341－0002737　B/379.64/7712 壹
美國水師考一卷　（英國）巴那比　（美國）克理撰　（英國）傅蘭雅　（清）鍾天緯譯　清光緒十二年(1886)至清末江南製造總局鉛印本　一冊

420000－2341－0002738　B/381.092/1063
萬國公法四卷　（美國）丁韙良譯　清同治三年(1864)鉛印本　四冊

420000－2341－0002739　B/381.092/1063.1
公法便覽四卷續一卷　（美國）吳爾璽撰　（美國）丁韙良編譯　清光緒三年(1877)同文館鉛印本　六冊

420000－2341－0002740　B/381.092/1063.2
公法會通十卷　（美國）丁韙良譯　清光緒六年(1880)上海美華書館鉛印本　五冊

420000－2341－0002741　B/381.092/1063.2C1
公法會通十卷　（美國）丁韙良譯　清光緒二十四年(1898)北洋書局石印本　五冊

420000－2341－0002742　B/381.092/1063C1
萬國公法四卷　（美國）丁韙良譯　清同治三年(1864)至清末石印本　三冊

420000－2341－0002743　B/381.33/1112
中俄界務沿革記略不分卷附圖　（清）張弢輯　清光緒十年(1884)至清末鉛印本　一冊

420000－2341－0002744　B/381.33/2728
中俄界記二卷　（清）鄒代鈞撰　清宣統三年(1911)湖北武昌亞新地學社鉛印本　二冊

420000－2341－0002745　B/381.33/2728 壹
中俄界記二卷　（清）鄒代鈞撰　清宣統三年(1911)湖北武昌亞新地學社鉛印本　二冊

420000－2341－0002746　B/381.33/8397
中俄界約斠注七卷首一卷　錢恂撰　清光緒二十年(1894)刻本　四冊

420000－2341－0002747　B/381.33/8397C1
中俄界約斠注七卷首一卷　錢恂撰　清光緒二十年(1894)上海醉六堂刻本　二冊

420000－2341－0002748　B/381.33/8397C1 壹
中俄界約斠注七卷首一卷　錢恂撰　清光緒二十年(1894)上海醉六堂刻本　二冊

420000－2341－0002749　B/381.801/5520
各國交涉便法論六卷　（英國）費利摩羅巴德撰　（英國）傅蘭雅譯　（清）錢國祥校　清同治四年(1865)至清末江南製造總局鉛印本　六冊

420000－2341－0002750　B/381.801/5520C1
各國交涉便法論六卷　（英國）費利摩羅巴德撰　（英國）傅蘭雅譯　（清）錢國祥校　清末鉛印本　六冊

420000－2341－0002751　B/381.801/5520C2
各國交涉便法論六卷　（英國）費利摩羅巴德撰　（英國）傅蘭雅譯　（清）錢國祥校　清同治至清末石印本　三冊　存四卷(三至六)

420000 – 2341 – 0002752　B/381/6044

公法總論　（英國）羅柏村撰　（英國）傅蘭雅
（清）汪振聲譯　清同治四年(1865)至清末
江南製造局鉛印本　一冊

420000 – 2341 – 0002753　B/381/6044 壹

公法總論　（英國）羅柏村撰　（英國）傅蘭雅
（清）汪振聲譯　清同治四年(1865)至清末
江南製造局鉛印本　一冊

420000 – 2341 – 0002754　B/386.091/2266

出使美日秘崔日記十六卷（清光緒十五年九
月初一至十九年八月初四）　（清）崔國因撰
清光緒二十年(1894)鉛印本　十二冊

420000 – 2341 – 0002755　B/386.091/2266 壹

出使美日秘崔日記十六卷（清光緒十五年九
月初一至十九年八月初四）　（清）崔國因撰
清光緒二十年(1894)鉛印本　十二冊

420000 – 2341 – 0002756　B/386.2/6244

星軺指掌三卷續一卷　（清）聯芳　（清）慶常
譯　清光緒二年(1876)北京同文館鉛印本
四冊

420000 – 2341 – 0002757　B/386.22/2706

西洋雜志八卷　（清）黎庶昌撰　清光緒二十
六年(1900)遵義黎氏刻本　四冊

420000 – 2341 – 0002758　B/386.22/7100

英俄印度交涉書一卷續編一卷　（英國）馬文
撰　（英國）羅亨利　（清）瞿昂來譯　清光緒
八年(1882)江南製造局刻本　一冊

420000 – 2341 – 0002759　B/386.22/7100 壹

英俄印度交涉書一卷續編一卷　（英國）馬文
撰　（英國）羅亨利　（清）瞿昂來譯　清光緒
八年(1882)江南製造局刻本　一冊

420000 – 2341 – 0002760　B/386.9/1062

十九世紀外交史十七章　（日本）平田久撰
張相譯　清光緒二十八年(1902)史學齋刻本
四冊

420000 – 2341 – 0002761　B/387.1/2694

續通商條約章程成案彙編八卷　（清）李有棻

纂　清光緒二十五年(1899)秦中書局鉛印本
四冊

420000 – 2341 – 0002762　B/387.1/2830

通商約章類纂三十五卷首一卷　（清）徐宗亮
編　清光緒十二年(1886)天津官書局刻本
二十冊

420000 – 2341 – 0002763　B/387.1/3108.2

宣統條約不分卷　（清）汪毅纂　清宣統三年
(1911)北京外交部鉛印本　二冊

420000 – 2341 – 0002764　B/387.1/3707

通商各國條約不分卷　（清）外務部編　清光
緒鉛印本　二十一冊

420000 – 2341 – 0002765　B/387.1/4030.1

通商章程成案彙編三十卷　（清）李鴻章編
清光緒十二年(1886)廣百宋齋鉛印本　十
二冊

420000 – 2341 – 0002766　B/387.912/5022

中俄約章會要三卷續編一卷　（清）總理各國
事務衙門編　清光緒八年至三十四年(1882 –
1908)同文館鉛印本　四冊

420000 – 2341 – 0002767　B/387.912/5022 壹

中俄約章會要三卷續編一卷　（清）總理各國
事務衙門編　清光緒八年至三十四年(1882 –
1908)同文館鉛印本　四冊

420000 – 2341 – 0002768　B/387/0143

約章成案匯覽甲篇十卷乙篇四十二卷　（清）
顏世清輯　清光緒三十一年(1905)上海點石
齋石印本　四十六冊

420000 – 2341 – 0002769　B/387/0143 貳

約章成案匯覽甲篇十卷乙篇四十二卷　（清）
顏世清輯　清光緒三十一年(1905)上海點石
齋石印本　四十六冊

420000 – 2341 – 0002770　B/387/0143 壹

約章成案匯覽甲篇十卷乙篇四十二卷　（清）
顏世清輯　清光緒三十一年(1905)上海點石
齋石印本　四十六冊

420000 – 2341 – 0002771　B/387/4419

約章分類輯要三十八卷首一卷　蔡乃煌纂
清光緒二十六年(1900)湖南商務局刻本　三
十冊

420000－2341－0002772　B/387/4419 壹
約章分類輯要三十八卷首一卷　蔡乃煌纂
清光緒二十六年(1900)湖南商務局刻本　三
十冊

420000－2341－0002773　B/387/8741
新纂約章大全七十三卷　(清)陸鳳石纂　清
宣統元年(1909)上海崇義堂石印本　五十冊

420000－2341－0002774　B/387/9913
各國約章纂要八卷　勞乃宣纂　清光緒十七
年(1891)吳橋官廨刻本　四冊

420000－2341－0002775　B/388.11/4001
歐洲東方交涉記十二卷　(英國)麥高爾撰
(美國)林樂知　(清)瞿昂來譯　清同治四年
(1865)至清末江南機器製造總局刻本　二冊

420000－2341－0002776　B/388.11/4001 壹
歐洲東方交涉記十二卷　(英國)麥高爾撰
(美國)林樂知　(清)瞿昂來譯　清同治四年
(1865)至清末江南機器製造總局刻本　二冊

420000－2341－0002777　B/390.02/1135
大清律例根源四十七卷　(清)張澧中輯　清
道光二十七年(1847)活字印本　六十冊

420000－2341－0002778　B/390.03/7752
大清律例增修彙纂大成四十卷　(清)刑部纂
修　清光緒二十四年(1898)石印本　二十
四冊

420000－2341－0002779　B/390.07/4422
讀例存疑五十四卷　(清)薛允升撰　清光緒
三十一年(1905)北京琉璃廠翰茂齋刻本　四
十冊

420000－2341－0002780　B/390.08/0017
大清光緒新法令不分卷　(清)商務印書館編
譯所編　清宣統元年(1909)上海商務印書館
鉛印本　二十冊

420000－2341－0002781　B/390.08/0017.1

大清宣統新法令不分卷　(清)商務印書館編
譯所編　清宣統三年(1911)商務印書館鉛印
本　三十二冊

420000－2341－0002782　B/390.08/0017.2
大清宣統新法令不分卷　(清)商務印書館編
譯所編　清宣統二年(1910)上海商務印書館
鉛印本　二十冊

420000－2341－0002783　B/390.08/0023
大清律例四十七卷　(清)刑部纂修　清乾隆
三十三年(1768)至清末刻本　二十冊

420000－2341－0002784　B/390.08/1753
讀法圖存四卷　(清)邵繩青編　清道光十六
年(1836)虞氏刻本　四冊

420000－2341－0002785　B/390.08/4032
大清律例彙輯便覽四十卷督捕則例二卷五軍
道里表不分卷三流道里表不分卷秋審實緩比
較條款一卷　(清)刑部纂修　清光緒二年
(1876)至清末刻本　三十四冊

420000－2341－0002786　B/390.08/4424
律例圖說辨譌十卷　(清)萬維翰纂　清乾隆
三十六年(1771)芸暉堂刻三十八年(1773)增
刻本　六冊

420000－2341－0002787　B/390.08/4467
大清律例按語一百四卷　(清)□□編　清道
光二十七年(1847)番禺潘仕成海山仙館刻本
六十冊

420000－2341－0002788　B/390.08/4467C1
大清律例按語不分卷　(清)□□編　清抄本
七十四冊

420000－2341－0002789　B/390.08/7752.1
大清律例增修統纂集成二十八卷　(清)姚潤
輯　(清)胡熙增輯　清光緒元年(1875)刻本
十六冊

420000－2341－0002790　B/390.08/7752C1
大清律例增修統纂集成四十卷督捕則例二卷
(清)姚潤纂輯　清光緒二十四年(1898)刻
本　三十二冊

420000－2341－0002791　B/390.08/7752C2
大清律例增修統纂集成四十卷督捕則例二卷
　（清）姚潤纂　清光緒十五年（1889）杭州聚文堂書坊刻本　二十二冊

420000－2341－0002792　B/390.08/8083
文官考試應用科十八卷　北京公益法學社編輯　清宣統石印本　十一冊

420000－2341－0002793　B/390.1/2648
明刑管見錄一卷　（清）穆翰撰　清光緒六年（1880）葛元煦刻嘯園叢書本　一冊

420000－2341－0002794　B/390.1/2648C1
明刑管見錄一卷　（清）穆翰撰　清光緒二十八年（1902）京都榮錄堂刻本　一冊

420000－2341－0002795　B/390.912/4454
漢律輯證六卷　（清）杜貴墀輯　清光緒二十三年（1897）修訂法律館鉛印本　一冊

420000－2341－0002796　B/390.914/1287
故唐律疏議三十卷附律音義一卷洗冤集錄五卷　（唐）長孫無忌撰　清光緒十七年（1891）刻本　八冊

420000－2341－0002797　B/390.914/1287壹
故唐律疏議三十卷附律音義一卷洗冤集錄五卷　（唐）長孫無忌撰　清光緒十七年（1891）刻本　八冊

420000－2341－0002798　B/391.4/3812
美國憲法纂釋二十一卷　（美國）海麗生撰（清）鄭昌棪筆述　舒高第口譯　清光緒三十三年（1907）江南製造局刻本　二冊

420000－2341－0002799　B/391.4/3812壹
美國憲法纂釋二十一卷　（美國）海麗生撰（清）鄭昌棪筆述　舒高第口譯　清光緒三十三年（1907）江南製造局刻本　二冊

420000－2341－0002800　B/393.13/2831
重修名法指掌圖四卷　（清）徐灝撰　清同治九年（1870）湖北崇文書局刻本　四冊

420000－2341－0002801　B/394.1/2112
學治一得編一卷　（清）何耿繩輯　清同治十

三年（1874）湖北崇文書局刻本　一冊

420000－2341－0002802　B/394.2/3434
大清現行刑律案語不分卷　沈家本編　清宣統元年（1909）北京法律館鉛印本　二十冊

420000－2341－0002803　B/394.25/8043C1
駁案新編三十二卷　（清）全士潮纂輯　清光緒九年（1883）圖書集成局鉛印本　八冊

420000－2341－0002804　B/394.25/8043C1
駁案續編七卷　（清）□□編　清光緒九年（1883）圖書集成局鉛印本　三冊

420000－2341－0002805　B/394.25/8043C1
秋審實緩比較彙案新編二卷　（清）桑春榮纂　清光緒九年（1883）圖書集成局鉛印本　一冊

420000－2341－0002806　B/394.25/8043C2
秋審實緩比較彙案新編二卷　（清）桑春榮纂　清光緒九年（1883）擷華書局刻本　二冊

420000－2341－0002807　B/394.25/8043C2
駁案續編七卷　（清）□□編　清光緒十年（1884）刻本　七冊

420000－2341－0002808　B/394.25/8043C2
駁案新編三十二卷　（清）全士潮纂輯　清光緒十年（1884）至清末刻本　二十二冊

420000－2341－0002809　B/394.25/8043C3
駁案續編七卷　（清）□□編　清嘉慶二十二年至二十五年（1817－1820）刻本　六冊

420000－2341－0002810　B/394.25/8043C3
駁案新編三十二卷　（清）全士潮纂輯　清乾隆五十二年（1787）至清末刻本　十八冊

420000－2341－0002811　B/394.5/1031
刑部通行章程八卷　（清）王汝礪編　清光緒二十四年（1898）京都琉璃廠刻本　六冊

420000－2341－0002812　B/394.5/1031.1
通行章程五卷　（清）王汝礪編　清光緒三十二年（1906）京都琉璃廠榮錄堂刻本　五冊

420000－2341－0002813　B/394.5/1621

核訂現行刑律不分卷　沈家本纂　清宣統元年(1909)修訂法律館鉛印本　二冊

420000 – 2341 – 0002814　B/394.5/2197

元刑法志四卷　(明)侯恪　(明)謝德溥修補　清光緒至清末法律館鉛印本　一冊

420000 – 2341 – 0002815　B/394.5/3434

遵議滿漢通行刑律不分卷　沈家本修訂　清光緒三十三年(1907)法律館鉛印本　一冊

420000 – 2341 – 0002816　B/394.5/4424

律例圖說正編十卷　(清)萬維翰纂　清乾隆三十九年(1774)芸暉堂刻本　十冊

420000 – 2341 – 0002817　B/394.5/4438

律例便覽八卷　(清)蔡嵩年　(清)蔡逢年編　清同治九年(1870)江蘇書局刻本　六冊

420000 – 2341 – 0002818　B/394.5/5532

律表三十六卷　(清)曹沂編　清嘉慶二十一年(1816)京都金東書行刻本　八冊

420000 – 2341 – 0002819　B/394.5/7221

讀律心得三卷　(清)劉衡纂輯　蜀僚問答二卷　(清)劉衡撰　手鏡一卷　代直隸總督勸諭牧文一卷　(清)黃輔辰撰　清同治七年(1868)楚北崇文書局刻本　一冊

420000 – 2341 – 0002820　B/394.5/7221 壹

讀律心得三卷　(清)劉衡纂輯　蜀僚問答二卷　(清)劉衡撰　手鏡一卷　代直隸總督勸諭牧文一卷　(清)黃輔辰撰　清同治七年(1868)楚北崇文書局刻本　一冊

420000 – 2341 – 0002821　B/394.5/7241

刑案匯覽六十卷　(清)祝慶祺編　清道光十四年(1834)棠樾慎思堂刻本　八十冊

420000 – 2341 – 0002822　B/394.511/3434

刺字集四卷　沈家本編　清光緒二十四年(1898)江蘇書局刻本　一冊

420000 – 2341 – 0002823　B/394.55/0845

刑部比照加減成案三十二卷　(清)許槤(清)熊莪編　清道光十四年(1834)刻本　十六冊

420000 – 2341 – 0002824　B/394.917/8740

折獄龜鑑八卷　(宋)鄭克撰　清光緒八年(1882)刻本　一冊

420000 – 2341 – 0002825　B/394/0074

修正現行刑律不分卷　奕劻編　清宣統二年(1910)鉛印本　一冊

420000 – 2341 – 0002826　B/394/3722

讀律琯朗一卷　(清)梁他山撰　清光緒五年(1879)仁和葛氏嘯園刻本　一冊

420000 – 2341 – 0002827　B/394/4078

大清現行刑律講義八卷　吉同鈞纂　清宣統二年(1910)法部律學館石印本　八冊

420000 – 2341 – 0002828　B/394/4301

說帖類編三十六卷　(清)律例館編　清道光十五年(1835)刻本　二十冊

420000 – 2341 – 0002829　B/395.03/0845C1

洗冤錄詳義四卷首一卷　(清)許槤編校　清光緒十六年(1890)湖北官書處刻本　六冊

420000 – 2341 – 0002830　B/395.03/0845C1

洗冤錄摭遺二卷摭遺補一卷　(清)葛元煦撰　清光緒十六年(1890)湖北官書處刻本　一冊

420000 – 2341 – 0002831　B/395.03/0845C1 壹

洗冤錄詳義四卷首一卷　(清)許槤編校　清光緒十六年(1890)湖北官書處刻本　四冊

420000 – 2341 – 0002832　B/395.03/0845C1 壹

洗冤錄摭遺二卷摭遺補一卷　(清)葛元煦撰　清光緒十六年(1890)湖北官書處刻本　二冊

420000 – 2341 – 0002833　B/395.03/0845C2

洗冤錄詳義四卷首一卷　(清)許槤編校　清光緒五年(1879)刻本　五冊

420000 – 2341 – 0002834　B/395.03/0845C2

洗冤錄摭遺二卷　(清)葛元煦撰　清光緒五年(1879)刻本　一冊

420000 – 2341 – 0002835　B/395.03/0845C3

洗冤錄詳義四卷首一卷　(清)許槤編校　清

光緒二十二年(1896)湖北藩署刻本　三冊

420000－2341－0002836　B/395.03/0845C3
洗冤錄撮遺二卷撮遺補一卷　(清)葛元煕撰
　清光緒二十二年（1896）湖北藩署刻本
二冊

420000－2341－0002837　B/395.03/1184
重刊補註洗冤錄集證六卷　(宋)宋慈撰
(清)王又槐增輯　清光緒三十年(1904)北直
文昌會刻四色套印本　六冊

420000－2341－0002838　B/395.03/1184C1
重刊補註洗冤錄集證六卷　(宋)宋慈撰
(清)王又槐　(清)李觀瀾補輯　清光緒三十
年(1904)石印本　二冊

420000－2341－0002839　B/395.03/3435
秋審條款案語　沈家本編　清宣統二年
(1910)鉛印本　一冊

420000－2341－0002840　B/395.03/3435 壹
秋審條款案語　沈家本編　清宣統二年
(1910)鉛印本　一冊

420000－2341－0002841　B/395.03/8230
補註洗冤錄集證四卷　(宋)宋慈撰　(清)王
又槐集證　(清)阮其新補註　**附刊檢骨圖格
一卷　作吏要言一卷**　(清)葉鎮撰　清道光
二十三年(1843)鍾准等刻三色套印本　三冊

420000－2341－0002842　B/395.09/2905
秋讞輯要六卷首一卷　(清)剛毅編　清光緒
十五年(1889)江蘇書局刻本　八冊

420000－2341－0002843　B/395.09/4224
吳中判牘一卷　(清)蒯德模撰　清光緒四年
(1878)仁和葛氏刻本　一冊

420000－2341－0002844　B/395.1/3434
民事訴訟律草案四編　沈家本編　清宣統二
年(1910)修訂法律館鉛印本　十二冊

420000－2341－0002845　B/395.1/3435
大清民事訴訟律草案不分卷　沈家本編纂　清
宣統二年(1910)上海政學社鉛印本　十二冊

420000－2341－0002846　B/395.2/3434.2

大清刑事訴訟律草案不分卷　沈家本編　清
宣統二年(1910)修訂法律館鉛印本　一冊

420000－2341－0002847　B/395.2/3435
修正刑律案語　沈家本編　清宣統上海政學
社鉛印本　二冊

420000－2341－0002848　B/528.6/0177
歷代甲子編年全圖　(明)夏洪基編定　清康
熙四十八年(1709)范瑤刻本　一冊

420000－2341－0002849　B/528.6/4414
歷代甲子紀元表不分卷　(清)董醇編　清咸
豐五年(1855)東阜書堂刻本　一冊

420000－2341－0002850　B/581.9/7786
新刻北戶錄二卷　(唐)段公路撰　明萬曆胡
文煥刻格致叢書本　一冊

420000－2341－0002851　B/611/2347
農務要書簡明目錄一卷　(英國)傅蘭雅口譯
　(清)王樹善筆述　清光緒二十七年(1901)
上海製造局刻本　一冊

420000－2341－0002852　B/611/2347 壹
農務要書簡明目錄一卷　(英國)傅蘭雅口譯
　(清)王樹善筆述　清光緒二十七年(1901)
上海製造局刻本　一冊

420000－2341－0002853　B/631/0043
六櫃運道冊不分卷　(清)史傑編　清咸豐七
年(1857)刻本　四冊

420000－2341－0002854　B/634.1/2720
郵傳部第一次統計表（清光緒三十三年分）
(清)郵傳部統計處編輯　清宣統二年(1910)
鉛印本　六冊

420000－2341－0002855　B/634.1/2720.1
**郵傳部第二次交通統計表（清光緒三十四年
分）**　(清)郵傳部統計處編輯　清宣統三年
(1911)鉛印本　八冊

420000－2341－0002856　B/634.1/4497
江北運程四十卷首一卷　(清)董恂輯　清咸
豐十年(1860)甘泉董氏北京刻本　四十

420000－2341－0002857　B/634.6/3530

漕運議單十四卷 （□）□□撰 清康熙三十一年（1692）至清末抄本 六冊

420000－2341－0002858 B/634.6/4410

欽定戶部漕運全書九十二卷首一卷 （清）潘世恩主修 （清）董醇總纂 清道光二十四年（1844）刻本 四十六冊

420000－2341－0002859 B/634.6/4430

鄂省丁漕指掌十卷 （清）林之望輯 （清）王大經纂 （清）潘霨重編 清光緒元年（1875）武昌湖北藩署刻本 十冊

420000－2341－0002860 B/634.6/4430 壹

鄂省丁漕指掌十卷 （清）林之望輯 （清）王大經纂 （清）潘霨重編 清光緒元年（1875）武昌湖北藩署刻本 十冊

420000－2341－0002861 B/634.6/4497

楚漕江程十六卷 （清）董恂輯 清咸豐四年（1854）刻本 十六冊

420000－2341－0002862 B/634.6/4682

漕運則例纂二十卷 （清）楊錫紱纂 清乾隆三十四年（1769）刻本 二十冊

420000－2341－0002863 B/634.7/4433

浙江海運漕糧全案初編八卷續編四卷新編八卷 （清）馬新貽纂 清同治六年（1867）糧儲道庫刻本 十二冊

420000－2341－0002864 B/634.7/4672

江蘇海運全案十二卷 （清）琦善總閱 （清）賀長齡等纂輯 （清）陳鑾等編次 清道光六年（1826）刻本 十二冊

420000－2341－0002865 B/634/0044

南河成案五十四卷總目一卷 （清）□□編 清乾隆五十七年（1792）至清末刻本 二十八冊

420000－2341－0002866 B/651/8099

新鐫工師雕斲正式魯班木經匠家鏡三卷 （明）午榮彙編 （明）章嚴集 清刻本 一冊 存一卷（一）

420000－2341－0002867 B/654.2/0041

海塘新志六卷續四卷 （清）琅玕撰 清道光刻本 八冊

420000－2341－0002868 B/654.2/0041

海寧念汛大口門二限三限石塘圖說不分卷 （清）袁鎮嵩編 清光緒七年（1881）刻本 一冊

420000－2341－0002869 B/654.2/0041.2

勅修兩浙海塘通志二十卷首一卷 （清）方觀承修 （清）查祥 （清）杭世駿纂輯 清乾隆十六年（1751）刻本 十二冊

420000－2341－0002870 B/654.2/4014

海塘輯要十卷首一卷 （英國）韋更斯撰 （英國）傅蘭雅口譯 （清）趙元益筆述 清同治六年（1867）上海江南機器製造總局刻本 二冊

420000－2341－0002871 B/654.2/8024

海道圖說十五卷附一卷 （英國）金約翰輯 （英國）傅蘭雅口譯 （清）王德均筆述 清同治四年（1865）至清末江南製造總局刻本 十冊

420000－2341－0002872 B/654.2/8024 壹

海道圖說十五卷附一卷 （英國）金約翰輯 （英國）傅蘭雅口譯 （清）王德均筆述 清同治四年（1865）至清末江南製造總局刻本 十冊

420000－2341－0002873 B/654.6/1312

湖北安襄鄖道水利集案二卷 （清）王概輯 清乾隆至清末刻本 二冊

420000－2341－0002874 B/654.6/2413

浙西水利備考不分卷 （清）王鳳生撰 清光緒四年（1878）浙江書局刻本 八冊

420000－2341－0002875 B/654.6/2413 壹

浙西水利備考不分卷 （清）王鳳生撰 清光緒四年（1878）浙江書局刻本 四冊

420000－2341－0002876 B/654.6/2540

永定河續志十六卷首一卷 （清）朱其詔纂修 清光緒八年（1882）刻本 十二冊

420000 – 2341 – 0002877　B/654.6/2802

迴瀾紀要二卷 （清）徐端撰　清光緒十三年（1887）刻本　二冊

420000 – 2341 – 0002878　B/654.6/3130

淮揚水利圖說一卷 （清）馮道立撰　清道光十九年（1839）刻本　一冊

420000 – 2341 – 0002879　B/654.6/3286

畿輔水利四案四卷附錄一卷 （清）潘錫恩輯　清道光三年（1823）北京潘氏求是齋刻本　六冊

420000 – 2341 – 0002880　B/654.6/4030

永定河志三十二卷 （清）李逢亨纂　清嘉慶十九年至二十五年（1814 – 1820）刻本　十六冊

420000 – 2341 – 0002881　B/654.6/4253

治河方略十卷首一卷圖一卷 （清）靳輔撰　清嘉慶四年（1799）安瀾堂刻本　十冊

420000 – 2341 – 0002882　B/654.6/7528

畿輔河道水利叢書九種 （清）吳邦慶編　清道光四年（1824）刻本　十冊

420000 – 2341 – 0002883　B/654.6/7734

重濬孟瀆等三河全案二卷 （清）陶澍纂　清道光刻本　一冊

420000 – 2341 – 0002884　B/654.6/7734

重濬白茆河全案三卷 （清）陶澍纂　清道光刻本　一冊

420000 – 2341 – 0002885　B/654.6/7734

重濬劉河全案三卷 （清）陶澍纂　清道光刻本　一冊

420000 – 2341 – 0002886　B/654.6/7734

重濬七浦河全案一卷 （清）李正鼎纂　清道光刻本　一冊

420000 – 2341 – 0002887　B/654.6/7734

重濬吳淞江全案五卷 （清）陶澍纂　清道光刻本　二冊

420000 – 2341 – 0002888　B/654.6/7734 壹

重濬吳淞江全案五卷 （清）陶澍纂　清道光刻本　二冊

420000 – 2341 – 0002889　B/654.6/7734 壹

重濬白茆河全案三卷 （清）陶澍纂　清道光刻本　一冊

420000 – 2341 – 0002890　B/654.6/7734 壹

重濬劉河全案三卷 （清）陶澍纂　清道光刻本　一冊

420000 – 2341 – 0002891　B/654.6/7734 壹

重濬七浦河全案一卷 （清）李正鼎纂　清道光刻本　一冊

420000 – 2341 – 0002892　B/654.6/7734 壹

重濬孟瀆等三河全案二卷 （清）陶澍纂　清道光刻本　一冊

420000 – 2341 – 0002893　B/654.62/1142

嘉魚縣續修隄志四卷 （清）方瀚修　清光緒十一年（1885）嘉魚孔氏活字印本　三冊

420000 – 2341 – 0002894　B/654.62/2604

荊州萬城隄續志十卷首一卷末一卷 （清）倪文蔚撰　清光緒二十年（1894）荊州刻本　四冊

420000 – 2341 – 0002895　B/654.62/2604

荊州萬城隄志十卷首一卷末一卷 （清）倪文蔚撰　清光緒二十一年（1895）荊州刻本　六冊

420000 – 2341 – 0002896　B/654.62/3142

楚北水利隄防紀要二卷 （清）俞昌烈纂　清同治四年（1865）湖北藩署刻本　一冊

420000 – 2341 – 0002897　B/654.62/3227

河防一覽十四卷 （明）潘季馴撰　清乾隆十三年（1748）刻本　十冊

420000 – 2341 – 0002898　B/654.62/7500

襄隄成案四卷 （清）陳廣文纂　清光緒二十年（1894）竟陵閣邑活字印本　八冊

420000 – 2341 – 0002899　B/655.25/8022

汽機發軔九卷 （英國）美以納　（英國）白勞那撰　（英國）偉烈口譯　（清）徐壽筆述　清同治四年（1865）至清末上海江南製造總局刻

本　四冊

420000－2341－0002900　B/659.3/2623

江南製造局記十卷　（清）魏允恭輯　清光緒
三十一年(1905)上海文寶書局石印本　十冊

420000－2341－0002901　B/659.3/2623　貳

江南製造局記十卷　（清）魏允恭輯　清光緒
三十一年(1905)上海文寶書局石印本　十冊

420000－2341－0002902　B/659.3/2623　叁

江南製造局記十卷　（清）魏允恭輯　清光緒
三十一年(1905)上海文寶書局石印本　十冊

420000－2341－0002903　B/659.3/2623　壹

江南製造局記十卷　（清）魏允恭輯　清光緒
三十一年(1905)上海文寶書局石印本　十冊

420000－2341－0002904　B/659.3/4016

防海新論十八卷　（德國）希理哈撰　（英國）
傅蘭雅口譯　（清）華蘅芳筆述　清同治七年
(1868)江南製造局刻本　十二冊

420000－2341－0002905　B/659.3/7243

欽定工部軍器則例六十卷　（清）劉權之等修
（清）宋道勳等纂　清光緒刻本　四十冊

420000－2341－0002906　B/659.33/4435

浙東籌防錄四卷　（清）薛福成輯　清光緒十
三年(1887)無錫薛氏刻本　四冊

420000－2341－0002907　B/810.09/0070

文史通義八卷　（清）章學誠撰　清光緒二十
四年(1898)長沙經文書局刻本　七冊

420000－2341－0002908　B/810.09/0070.1

文史通義三卷附校讎通義三卷　（清）章學誠
撰　清光緒二十八年(1902)湖南勸學書舍刻
本　九冊

420000－2341－0002909　B/810.09/0070.3

校讎通義三卷　（清）章學誠撰　清道光十三
年(1833)刻章氏遺書本　一冊

420000－2341－0002910　B/810.09/0070C3

文史通義八卷　（清）章學誠撰　清道光十二
年(1832)刻章氏遺書本　四冊

420000－2341－0002911　B/810.097/2553

歷代名臣傳三十五卷首一卷　（清）朱軾
（清）蔡世遠訂　（清）李清植纂　歷代名儒傳
八卷首一卷　歷代循吏傳八卷　清道光至光
緒朱氏刻本　二十六冊

420000－2341－0002912　B/810.097/4647

余師錄前集十二卷後集十卷續集八卷　（清）
楊希閔纂　清光緒四年(1878)刻本　十六冊

420000－2341－0002913　B/818.7/8324

衍石齋記事槀十卷　（清）錢儀吉撰　清道光
十四年(1834)刻本　一冊　存二卷(一至二)

420000－2341－0002914　B/900.18/4949

萬國通鑑四卷附圖　（美國）謝衛樓撰　（清）
趙如光筆述　清光緒八年(1882)刻本　六冊

420000－2341－0002915　B/900.98/4422

埏紘外乘二十五卷補遺一卷　（美國）林樂知
（清）嚴良勳譯　清光緒二十七年(1901)上
海江南製造局刻本　八冊

420000－2341－0002916　B/900.98/4422　壹

埏紘外乘二十五卷補遺一卷　（美國）林樂知
（清）嚴良勳譯　清光緒二十七年(1901)上
海江南製造局刻本　八冊

420000－2341－0002917　B/900/3111

萬國歷史彙編一百卷　（清）江子雲編　清光
緒二十九年(1903)上海官書局石印本　十
六冊

420000－2341－0002918　B/900/4062

萬國通史前編十卷　（英國）李思倫白輯譯
蔡爾康紀述　清光緒二十六年(1900)上海廣
學書會鉛印本　十冊

420000－2341－0002919　B/900/4062.1

萬國通史三編十卷　（英國）李思倫白輯譯
（清）曹曾涵纂述　清光緒三十一年(1905)上
海廣學書會鉛印本　十冊

420000－2341－0002920　B/900/7575

萬國史記二十卷　（日本）岡本監輔撰　清光
緒二十三年(1897)上海六先書局鉛印本

八冊

420000－2341－0002921　B/900/7575C1

萬國史記二十卷　（日本）岡本監輔撰　清光
緒刻本　六冊

420000－2341－0002922　B/901.201/1120

黔州官牘四卷續錄一卷　（清）張修府撰　清
同治四年（1865）長沙嘉定張氏刻本　四冊

420000－2341－0002923　B/901.2117/2337

上諭内閣一百五十九卷　（清）允祿輯　（清）
弘晝續輯　清嘉慶至清末刻本　三十二冊

420000－2341－0002924　B/901.2117/5857.1

大清穆宗毅皇帝聖訓一百六十卷　清光緒五
年（1879）刻本　一百六十冊

420000－2341－0002925　B/901.2117/5857C1

九朝聖訓七百六十二卷　清光緒五年（1879）
總理各國事務衙門鉛印本　四百四十八
冊

420000－2341－0002926　B/901.2117/5857C1 壹

九朝聖訓七百六十二卷　清光緒五年（1879）
總理各國事務衙門鉛印木　四百四十八
冊

420000－2341－0002927　B/901.2117/5857C2

九朝聖訓七百六十二卷　清同治至清末刻本
二百二冊

420000－2341－0002928　B/901.2117/7530

培遠堂偶存稿四十八卷　（清）陳宏謀撰　清
光緒二十二年（1896）鄂藩署鉛印本　二十
四冊

420000－2341－0002929　B/901.23/1127

皇清奏議六十八卷首一卷　（清）琴川居士編
輯　清刻本　六十二冊

420000－2341－0002930　B/901.23/2010

水流雲在館奏議二卷　（清）宋晉撰　清光緒
十三年（1887）溧陽宋氏刻本　二冊

420000－2341－0002931　B/901.23/3012

竹坡侍郎奏議二卷　（清）寶廷撰　清光緒二
十七年（1901）刻本　二冊

420000－2341－0002932　B/901.23/3444

沈文肅公政書七卷首一卷　（清）沈葆楨撰
清光緒六年（1880）吳門節署刻本　十冊

420000－2341－0002933　B/901.23/3444C1

沈文肅公政書七卷首一卷　（清）沈葆楨撰
清光緒七年（1881）精一閣鉛印本　八冊

420000－2341－0002934　B/901.23/3444C2

沈文肅公政書七卷首一卷　（清）沈葆楨撰
清光緒十八年（1892）烏石山祠刻本　八冊

420000－2341－0002935　B/901.23/3444 壹

沈文肅公政書七卷首一卷　（清）沈葆楨撰
清光緒六年（1880）吳門節署刻本　十冊

420000－2341－0002936　B/901.23/4039

**左恪靖侯奏稿初編三十八卷續編七十六卷三
編六卷**　（清）左宗棠撰　清光緒十二年
（1886）刻本　六十四冊

420000－2341－0002937　B/901.23/4049

合肥李勤恪公政書十卷　（清）李瀚章撰　清
光緒三十二年（1906）石印本　十冊

420000－2341－0002938　B/901.23/4435.1

出使公牘十卷　（清）薛福成撰　清光緒二十
三年（1897）薛氏刻本　四冊

420000－2341－0002939　B/901.23/4435.2

出使奏疏二卷　（清）薛福成撰　清光緒二十
年（1894）無錫薛氏刻本　二冊

420000－2341－0002940　B/901.23/4462

林文忠公政書三十七卷　（清）林則徐撰　清
光緒二十四年（1898）天津文德堂石印本
六冊

420000－2341－0002941　B/901.23/4462C1

林文忠公政書三十七卷　（清）林則徐撰　清
咸豐侯官林氏刻本　十二冊

420000－2341－0002942　B/901.23/4462C2

林文忠公政書三十七卷　（清）林則徐撰　清
光緒十一年（1885）刻本　十六冊

420000－2341－0002943　B/901.23/4916

歷代名臣奏議選三十卷　（清）趙承恩編　清

同治十三年(1874)紅杏山房刻本　二十六冊

420000－2341－0002944　B/901.23/7108

馬端敏公奏議八卷　(清)馬新貽撰　清光緒二十年(1894)閩浙督署刻本　八冊

420000－2341－0002945　B/901.23/7512

同治中興京外奏議約編八卷　(清)陳弢輯清光緒元年(1875)籙劍囊琴之室刻本　四冊

420000－2341－0002946　B/901.23/7512C1

同治中興京外奏議約編八卷　(清)陳弢輯清光緒刻本　八冊

420000－2341－0002947　B/901.23/7512C2

同治光緒中興奏議選八卷　(清)陳弢輯　清光緒京都小酉山房刻本　四冊

420000－2341－0002948　B/901.23/7512C2壹

同治光緒中興奏議選八卷　(清)陳弢輯　清光緒京都小酉山房刻本　一冊　存一卷(一)

420000－2341－0002949　B/901.23/8064

曾文正公奏議十卷　(清)曾國藩撰　(清)薛福成編　清同治十二年(1873)蘇郡刻本十冊

420000－2341－0002950　B/901.2316/1000

夏桂洲奏議二十一卷　(明)夏言撰　清光緒十七年(1891)江西書局刻本　十二冊

420000－2341－0002951　B/901.2316/1242

明臣奏議十二卷　(清)孫桐生輯　清光緒十七年(1891)四影閣刻本　十二冊

420000－2341－0002952　B/901.2317/0033

卞制軍奏議十二卷　(清)卞寶第撰　清光緒二十年(1894)儀徵卞氏刻本　十二冊

420000－2341－0002953　B/901.2317/0043

南海先生戊戌奏稿不分卷　康有爲撰　清宣統三年(1911)麥仲華鉛印本　一冊

420000－2341－0002954　B/901.2317/0043壹

南海先生戊戌奏稿不分卷　康有爲撰　清宣統三年(1911)麥仲華鉛印本　一冊

420000－2341－0002955　B/901.2317/0124

龔端毅公奏疏八卷附一卷　(清)龔鼎孳撰清光緒九年(1883)聽彝書屋刻本　五冊

420000－2341－0002956　B/901.2317/0180

譚文勤公奏稿二十卷首一卷　(清)譚鍾麟撰清宣統二年(1910)刻本　十冊

420000－2341－0002957　B/901.2317/0724

郭侍郎奏疏十二卷　(清)郭嵩燾撰　清光緒十八年(1892)刻本　十二冊

420000－2341－0002958　B/901.2317/0724壹

郭侍郎奏疏十二卷　(清)郭嵩燾撰　清光緒十八年(1892)刻本　十二冊

420000－2341－0002959　B/901.2317/0827

督河奏疏十卷　(清)許振禕撰　清光緒元年(1875)廣州刻本　四冊

420000－2341－0002960　B/901.2317/1021

貞石山房詩抄三卷　(清)王邦璽撰　清光緒十九年(1893)刻本　一冊

420000－2341－0002961　B/901.2317/1021

貞石山房奏議四卷　(清)王邦璽撰　清光緒十九年(1893)刻本　二冊

420000－2341－0002962　B/901.2317/1034.2

丁文誠公奏稿二十六卷首一卷　(清)丁寶楨撰　清光緒二十二年(1896)成都南海羅氏刻本　二十七冊

420000－2341－0002963　B/901.2317/1034.2C1

丁文誠公奏稿二十六卷首一卷　(清)丁寶楨撰　清光緒十九年(1893)貴陽陳氏刻本　二十六冊

420000－2341－0002964　B/901.2317/1034.2貳

丁文誠公奏稿二十六卷首一卷　(清)丁寶楨撰　清光緒二十二年(1896)成都南海羅氏刻本　十冊　存二十卷(一至二十)

420000－2341－0002965　B/901.2317/1034.2壹

丁文誠公奏稿二十六卷首一卷　(清)丁寶楨撰　清光緒二十二年(1896)成都南海羅氏刻本　二十七冊

420000－2341－0002966　B/901.2317/1044

王侍郎奏議十卷 （清）王茂蔭撰 清同治至清末刻本 四冊

420000－2341－0002967 B/901.2317/1133
南皮張宮保政書奏議初編十二卷 （清）張之洞撰 清光緒二十七年(1901)上海圖書集成書局鉛印本 六冊

420000－2341－0002968 B/901.2317/1133 壹
南皮張宮保政書奏議初編十二卷 （清）張之洞撰 清光緒二十七年(1901)上海圖書集成書局鉛印本 六冊

420000－2341－0002969 B/901.2317/2102
上諭條奏不分卷 清光緒刻本 六十八冊

420000－2341－0002970 B/901.2317/2284
岑襄勤公奏稿三十卷 （清）岑毓英撰 清光緒二十三年(1897)武昌督糧官署刻本 三十一冊

420000－2341－0002971 B/901.2317/2624
寒松堂全集五卷 （清）魏象樞撰 清光緒二十五年(1899)浙江官書局刻本 五冊

420000－2341－0002972 B/901.2317/4034
總督奏議六卷 （清）李祖蔭撰 清康熙刻本 六冊

420000－2341－0002973 B/901.2317/4210
彭剛直奏稿八卷 （清）彭玉麟撰 清光緒鉛印本 四冊

420000－2341－0002974 B/901.2317/4210 壹
彭剛直奏稿八卷 （清）彭玉麟撰 清光緒鉛印本 四冊

420000－2341－0002975 B/901.2317/4402
恭壽堂奏議十二卷 （清）韓文綺撰 （清）魏源編 清道光刻本 十二冊

420000－2341－0002976 B/901.2317/4414
石林奏議十五卷 （宋）葉夢得撰 清光緒十一年(1885)吳興陸氏皕宋樓刻本 二冊

420000－2341－0002977 B/901.2317/4625
楊中丞遺稿不分卷 （清）楊健撰 清光緒二十七年(1901)蔬香別墅刻本 二冊

420000－2341－0002978 B/901.2317/6233
教案奏議彙編八卷 （清）程宗裕編 清光緒二十七年(1901)上海書局石印本 六冊

420000－2341－0002979 B/901.2317/7226
滇黔奏議十卷 （清）劉嶽昭撰 清光緒十四年(1888)湘鄉劉氏刻本 六冊

420000－2341－0002980 B/901.2317/7241
江楚會奏變法摺三摺 （清）劉坤一 （清）張之洞撰 清光緒二十七年(1901)兩湖書院刻本 三冊

420000－2341－0002981 B/901.2317/7241 壹
江楚會奏變法摺三摺 （清）劉坤一 （清）張之洞撰 清光緒二十七年(1901)兩湖書院刻本 一冊

420000－2341－0002982 B/901.2317/7244
劉中丞奏議二十卷 （清）劉蓉撰 清光緒十一年(1885)思賢講舍刻本 二十冊

420000－2341－0002983 B/901.2317/7244 壹
劉中丞奏議二十卷 （清）劉蓉撰 清光緒十一年(1885)思賢講舍刻本 八冊

420000－2341－0002984 B/901.2317/7536
陳侍郎奏稿八卷 （清）陳士傑撰 清光緒三十二年(1906)刻本 四冊

420000－2341－0002985 B/901.2317/7720
駱大司馬奏稿十六卷 （清）駱秉章撰 清咸豐十年(1860)至清末刻本 十六冊

420000－2341－0002986 B/901.2317/7720.1
駱文忠公奏議二十七卷 （清）駱秉章撰 清光緒刻本 二十四冊

420000－2341－0002987 B/901.2317/7720.1 貳
駱文忠公奏議二十七卷 （清）駱秉章撰 清光緒刻本 二十六冊

420000－2341－0002988 B/901.2317/7720.1 壹
駱文忠公奏議二十七卷 （清）駱秉章撰 清光緒刻本 二十四冊

420000－2341－0002989 B/901.2317/7744
周中丞撫江奏稿四卷 周樹模撰 清宣統二

149

年(1910)鉛印本　八冊

420000－2341－0002990　B/901.2317/7744 壹
周中丞撫江奏稿四卷　周樹模撰　清宣統二
年(1910)鉛印本　一冊　存一卷(三下)

420000－2341－0002991　B/901.2317/8328
錢敏肅公奏疏七卷　(清)錢鼎銘撰　清光緒
六年(1880)存素堂刻本　四冊

420000－2341－0002992　B/901.2317/8328 壹
錢敏肅公奏疏七卷　(清)錢鼎銘撰　清光緒
六年(1880)存素堂刻本　四冊

420000－2341－0002993　B/901.2317/8423
饒崧生先生摺譜一卷　(清)饒句宣纂　清光
緒十九年(1893)刻本　一冊

420000－2341－0002994　B/901.2417/0857
諭摺彙存不分卷　清光緒活字印本　三百十
八冊

420000－2341－0002995　B/901.2417/0857.1
諭摺彙存不分卷　清光緒活字印本　一百四
十六冊

420000－2341－0002996　B/901.27/2538
東三省蒙務公牘彙編五卷　朱啟鈐輯　清宣
統元年(1909)鉛印本　二冊

420000－2341－0002997　B/901.27/4420
盧鄉公牘四卷　(清)莊綸裔撰　清宣統二年
(1910)鉛印本　四冊

420000－2341－0002998　B/901.27/4478
北洋公牘類纂二十五卷　(清)甘厚慈輯　清
光緒三十三年(1907)北平益森公司鉛印本
二十冊

420000－2341－0002999　B/901.27/4478.2
北洋公牘類纂續編二十四卷　(清)甘厚慈輯
　清宣統二年(1910)天津絳雪齋書局鉛印本
　二十冊

420000－2341－0003000　B/902.3/8041.1
西國近事彙編四卷　(美國)金楷理　(清)姚
棻譯　清同治十二年(1873)上海機器製造局
刻本　四冊

420000－2341－0003001　B/902.3/8041.10
西國近事彙編四卷　(清)鍾天緯編輯　清光
緒八年(1882)上海機器製造局鉛印本　四冊

420000－2341－0003002　B/902.3/8041.10 貳
西國近事彙編四卷　(清)鍾天緯編輯　清光
緒八年(1882)上海機器製造局鉛印本　四冊

420000－2341－0003003　B/902.3/8041.10 壹
西國近事彙編四卷　(清)鍾天緯編輯　清光
緒八年(1882)上海機器製造局鉛印本　四冊

420000－2341－0003004　B/902.3/8041.11
西國近事彙編四卷　(清)鍾天緯編輯　清光
緒九年(1883)上海機器製造局鉛印本　四冊

420000－2341－0003005　B/902.3/8041.11 壹
西國近事彙編四卷　(清)鍾天緯編輯　清光
緒九年(1883)上海機器製造局鉛印本　四冊

420000－2341－0003006　B/902.3/8041.12
西國近事彙編四卷　(清)鍾天緯編輯　清光
緒十年(1884)上海機器製造局鉛印本　四冊

420000－2341－0003007　B/902.3/8041.12 壹
西國近事彙編四卷　(清)鍾天緯編輯　清光
緒十年(1884)上海機器製造局鉛印本　四冊

420000－2341－0003008　B/902.3/8041.13
西國近事彙編四卷　(清)鄭昌棪編輯　清光
緒十一年(1885)上海機器製造局鉛印本
四冊

420000－2341－0003009　B/902.3/8041.13 壹
西國近事彙編四卷　(清)鄭昌棪編輯　清光
緒十一年(1885)上海機器製造局鉛印本
四冊

420000－2341－0003010　B/902.3/8041.14
西國近事彙編四卷　(清)鄭昌棪編輯　清光
緒十二年(1886)上海機器製造局鉛印本
四冊

420000－2341－0003011　B/902.3/8041.14 壹
西國近事彙編四卷　(清)鄭昌棪編輯　清光
緒十二年(1886)上海機器製造局鉛印本
四冊

420000－2341－0003012　B/902.3/8041.15
西國近事彙編四卷　（清）李嶽蘅編輯　清光緒十三年（1887）上海機器製造局鉛印本
四冊

420000－2341－0003013　B/902.3/8041.15 壹
西國近事彙編四卷　（清）李嶽蘅編輯　清光緒十三年（1887）上海機器製造局鉛印本
四冊

420000－2341－0003014　B/902.3/8041.16
西國近事彙編四卷　（清）李嶽蘅編輯　清光緒十四年（1888）上海機器製造局鉛印本
四冊

420000－2341－0003015　B/902.3/8041.16 壹
西國近事彙編四卷　（清）李嶽蘅編輯　清光緒十四年（1888）上海機器製造局鉛印本
四冊

420000－2341－0003016　B/902.3/8041.17
西國近事彙編四卷　（清）李嶽蘅編輯　清光緒十五年（1889）上海機器製造局鉛印本
四冊

420000－2341－0003017　B/902.3/8041.17 壹
西國近事彙編四卷　（清）李嶽蘅編輯　清光緒十五年（1889）上海機器製造局鉛印本
四冊

420000－2341－0003018　B/902.3/8041.18
西國近事彙編四卷　（清）張通煜編輯　清光緒十六年（1890）上海機器製造局鉛印本
四冊

420000－2341－0003019　B/902.3/8041.18 壹
西國近事彙編四卷　（清）張通煜編輯　清光緒十六年（1890）上海機器製造局鉛印本
四冊

420000－2341－0003020　B/902.3/8041.19
西國近事彙編四卷　（清）蔡祚來編輯　清光緒十七年（1891）上海機器製造局鉛印本
四冊

420000－2341－0003021　B/902.3/8041.19 壹
西國近事彙編四卷　（清）蔡祚來編輯　清光緒十七年（1891）上海機器製造局鉛印本
四冊

420000－2341－0003022　B/902.3/8041.2
西國近事彙編四卷　（美國）金楷理　（清）蔡錫齡譯　清同治十三年（1874）上海機器製造局刻本　四冊

420000－2341－0003023　B/902.3/8041.20
西國近事彙編四卷　（清）蔡祚來編輯　清光緒十八年（1892）上海機器製造局鉛印本
四冊

420000－2341－0003024　B/902.3/8041.20 壹
西國近事彙編四卷　（清）蔡祚來編輯　清光緒十八年（1892）上海機器製造局鉛印本
四冊

420000－2341－0003025　B/902.3/8041.21
西國近事彙編四卷　（清）蔡祚來編輯　清光緒十九年（1893）上海機器製造局鉛印本
四冊

420000－2341－0003026　B/902.3/8041.21 壹
西國近事彙編四卷　（清）蔡祚來編輯　清光緒十九年（1893）上海機器製造局鉛印本
四冊

420000－2341－0003027　B/902.3/8041.22
西國近事彙編四卷　（清）王汝騂編輯　清光緒二十年（1894）上海機器製造局鉛印本
四冊

420000－2341－0003028　B/902.3/8041.22 壹
西國近事彙編四卷　（清）王汝騂編輯　清光緒二十年（1894）上海機器製造局鉛印本
四冊

420000－2341－0003029　B/902.3/8041.23
西國近事彙編四卷　（清）王汝騂編輯　清光緒二十一年（1895）上海機器製造局鉛印本
四冊

420000－2341－0003030　B/902.3/8041.23 壹
西國近事彙編四卷　（清）王汝騂編輯　清光

緒二十一年（1895）上海機器製造局鉛印本
四冊

420000－2341－0003031　B/902.3/8041.24
西國近事彙編四卷　（清）王汝驤編輯　清光
緒二十二年（1896）上海機器製造局鉛印本
四冊

420000－2341－0003032　B/902.3/8041.24 壹
西國近事彙編四卷　（清）王汝驤編輯　清光
緒二十二年（1896）上海機器製造局鉛印本
四冊

420000－2341－0003033　B/902.3/8041.25
西國近事彙編四卷　（清）鳳儀譯　汪振聲編
清光緒二十三年（1897）上海機器製造局鉛
印本　四冊

420000－2341－0003034　B/902.3/8041.25 壹
西國近事彙編四卷　（清）鳳儀譯　汪振聲編
清光緒二十三年（1897）上海機器製造局鉛
印本　四冊

420000－2341－0003035　B/902.3/8041.26
西國近事彙編四卷　（清）楊召芬譯　汪振聲
編　清光緒二十四年（1898）上海機器製造局
鉛印本　四冊

420000－2341－0003036　B/902.3/8041.26 壹
西國近事彙編四卷　（清）楊召芬譯　汪振聲
編　清光緒二十四年（1898）上海機器製造局
鉛印本　四冊

420000－2341－0003037　B/902.3/8041.27
西國近事彙編四卷　（清）范熙庸輯　清光緒
二十五年（1899）上海機器製造局鉛印本
四冊

420000－2341－0003038　B/902.3/8041.27 壹
西國近事彙編四卷　（清）范熙庸輯　清光緒
二十五年（1899）上海機器製造局鉛印本
四冊

420000－2341－0003039　B/902.3/8041.3
西國近事彙編四卷　（美國）金楷理　（清）蔡
錫齡譯　清光緒元年（1875）上海機器製造局

刻本　四冊

420000－2341－0003040　B/902.3/8041.4
西國近事彙編四卷　（美國）金楷理　（清）蔡
錫齡譯　清光緒二年（1876）上海機器製造局
鉛印本　四冊

420000－2341－0003041　B/902.3/8041.4 壹
西國近事彙編四卷　（美國）金楷理　（清）蔡
錫齡譯　清光緒二年（1876）上海機器製造局
鉛印本　四冊

420000－2341－0003042　B/902.3/8041.5
西國近事彙編四卷　（美國）金楷理　（清）蔡
錫齡譯　清光緒三年（1877）上海機器製造局
鉛印本　四冊

420000－2341－0003043　B/902.3/8041.5 壹
西國近事彙編四卷　（美國）金楷理　（清）蔡
錫齡譯　清光緒三年（1877）上海機器製造局
鉛印本　四冊

420000－2341－0003044　B/902.3/8041.6
西國近事彙編四卷　（美國）林樂知　（清）蔡
錫齡譯　清光緒四年（1878）上海機器製造局
鉛印本　四冊

420000－2341－0003045　B/902.3/8041.6 壹
西國近事彙編四卷　（美國）林樂知　（清）蔡
錫齡譯　清光緒四年（1878）上海機器製造局
鉛印本　四冊

420000－2341－0003046　B/902.3/8041.7
西國近事彙編四卷　（美國）林樂知　（清）蔡
錫齡譯　清光緒五年（1879）上海機器製造局
鉛印本　四冊

420000－2341－0003047　B/902.3/8041.7 壹
西國近事彙編四卷　（美國）林樂知　（清）蔡
錫齡譯　清光緒五年（1879）上海機器製造局
鉛印本　四冊

420000－2341－0003048　B/902.3/8041.8
西國近事彙編四卷　（美國）林樂知　（清）蔡
錫齡譯　清光緒六年（1880）上海機器製造局
鉛印本　四冊

420000－2341－0003049　B/902.3/8041.8 壹

西國近事彙編四卷　（美國）林樂知　（清）蔡
錫齡譯　清光緒六年（1880）上海機器製造局
鉛印本　四冊

420000－2341－0003050　B/902.3/8041.9

西國近事彙編四卷　（美國）林樂知　（清）蔡
錫齡譯　清光緒七年（1881）上海機器製造局
鉛印本　四冊

420000－2341－0003051　B/902.3/8041.9 壹

西國近事彙編四卷　（美國）林樂知　（清）蔡
錫齡譯　清光緒七年（1881）上海機器製造局
鉛印本　四冊

420000－2341－0003052　B/902.7/1194

海國公餘輯錄六卷雜著三卷　（清）張煜南輯
　清光緒二十七年（1901）嘉應張氏刻本
十冊

420000－2341－0003053　B/902.8/4422

一八九八年之西美戰史十六章　（法國）勃利
德撰　（清）李景鎬譯　清光緒三十年（1904）
上海江南機器製造總局鉛印本　二冊

420000－2341－0003054　B/902.8/4422 壹

一八九八年之西美戰史十六章　（法國）勃利
德撰　（清）李景鎬譯　清光緒三十年（1904）
上海江南機器製造總局鉛印本　二冊

420000－2341－0003055　B/902/8034

西被攻略六卷　（清）金永森撰　清光緒二十
九年（1903）武昌刻本　五冊

420000－2341－0003056　B/902/8034 壹

西被攻略六卷　（清）金永森撰　清光緒二十
九年（1903）武昌刻本　五冊

420000－2341－0003057　B/909/4493

東洋史要二卷　（日本）桑原隲藏撰　樊炳清
譯　清光緒二十五年（1899）東文學社石印本
　四冊

420000－2341－0003058　B/909/7777

增補東洋史要四卷　（日本）桑原隲藏撰　屠
長春　樊炳清譯　清光緒二十五年（1899）石

印本　四冊

420000－2341－0003059　B/909/9028

增補東洋史要補四卷　（日本）小川銀次郎編
　屠長春　樊炳清譯　清光緒二十五年
（1899）文學圖書公司石印本　二冊

420000－2341－0003060　B/910.01/1126

史微內篇四卷　（清）張采田撰　清光緒三十
四年（1908）鉛印本　二冊

420000－2341－0003061　B/910.032/3404

史目表二卷　（清）洪飴孫撰　清光緒三年
（1877）洪用懃授經堂刻本　一冊

420000－2341－0003062　B/910.04/0442

史林測義三十八卷　（清）計大受撰　清嘉慶
十九年（1814）楓溪別墅刻本　六冊

420000－2341－0003063　B/910.04/0855

論史拾遺不分卷　（清）□□撰　清光緒五年
（1879）枕湖樓刻本　一冊

420000－2341－0003064　B/910.04/1042

三才紀要不分卷　（清）□□撰　清同治四年
（1865）至清末江南機器製造總局刻本　一冊

420000－2341－0003065　B/910.04/2427

史記評林一百三十卷　（明）凌稚隆輯　清光
緒十年（1884）刻本　二十四冊

420000－2341－0003066　B/910.04/2427C1

史記評林一百三十卷　（明）凌稚隆輯　清同
治十三年（1874）長沙養翮書屋刻本　二十
八冊

420000－2341－0003067　B/910.04/2632

史案二十卷　（清）吳裕垂撰　清道光四年
（1824）至清末刻本　六冊

420000－2341－0003068　B/910.04/2767

史通削繁四卷　（清）紀昀編　清光緒元年
（1875）湖北崇文書局刻本　四冊

420000－2341－0003069　B/910.04/2767C1

史通削繁四卷　（唐）劉知幾撰　（清）紀昀刪
評　清光緒二十二年（1896）新化三味堂刻本
　四冊

420000－2341－0003070　B/910.04/2767C1 壹

史通削繁四卷 （唐）劉知幾撰　（清）紀昀刪評　清光緒二十二年(1896)新化三味堂刻本　四冊

420000－2341－0003071　B/910.04/2767C2

史通削繁四卷 （清）紀昀編　清道光十三年(1833)廣州兩廣節署刻朱墨套印本　四冊

420000－2341－0003072　B/910.04/2767 壹

史通削繁四卷 （清）紀昀編　清光緒元年(1875)湖北崇文書局刻本　四冊

420000－2341－0003073　B/910.04/3100

歷代史論二卷 （明）顧充撰　清刻本　一冊 存一卷（上）

420000－2341－0003074　B/910.04/3100C1

歷代史論二卷 （明）顧充撰　清善餘堂刻本　二冊

420000－2341－0003075　B/910.04/3340

史通通釋二十卷 （清）浦起龍撰　清翰墨園汪氏刻本　六冊

420000－2341－0003076　B/910.04/3340C1

史通通釋二十卷 （清）浦起龍撰　清光緒二十八年(1902)益友書局刻本　八冊

420000－2341－0003077　B/910.04/4037

史論五種附邁堂文略一卷 （清）李祖陶撰　清同治十年(1871)敖陽李氏尚友樓刻本　五冊

420000－2341－0003078　B/910.04/4284

史記菁華錄六卷 （清）姚祖恩編　清同治十二年(1873)紅杏山房刻朱墨套印本　六冊

420000－2341－0003079　B/910.04/4284C2

史記菁華錄六卷 （清）姚祖恩編　清道光四年(1824)吳興姚氏扶荔山房刻朱墨套印本　六冊

420000－2341－0003080　B/910.04/4411

吹網錄六卷 （清）葉廷琯輯　清同治八年(1869)刻本　三冊

420000－2341－0003081　B/910.04/6018

日下尊聞錄五卷 （清）□□編　清咸豐二年(1852)安和軒刻本　一冊

420000－2341－0003082　B/910.04/8044

歷代史事政治論三百八卷目錄二卷 （清）金詠榴等編　清光緒二十九年(1903)上海點石齋書局石印本　二十八冊

420000－2341－0003083　B/910.07/4428

史學提要十三卷 （清）朱紹禧撰　清光緒五年(1879)北京雲谷堂刻本　十冊

420000－2341－0003084　B/910.08/0020

前漢書菁華錄四卷後漢書菁華錄二卷附蜀漢一卷 （清）高嵣撰　清光緒二十六年(1900)上海書局石印本　六冊

420000－2341－0003085　B/910.086/3246

讀史鏡古編三十二卷 （清）潘世恩輯　清同治十三年(1874)冶城飛霞閣刻本　六冊

420000－2341－0003086　B/910.09/4428

史學提要箋釋五卷 （宋）黃繼善撰　（清）楊錫祐釋　清康熙五十五年(1716)刻本　五冊

420000－2341－0003087　B/910.09/5073

史學叢書初集十四種二集二十九種 （清）□□輯　清光緒二十五年(1899)上海文瀾書局石印本　三十二冊

420000－2341－0003088　B/910.09/6085

鑑撮四卷 （清）曠敏本編　清光緒刻本　十一冊

420000－2341－0003089　B/910.092/0014

中外紀年通表不分卷 （清）著易堂編　清光緒二十三年(1897)上海著易堂石印本　八冊

420000－2341－0003090　B/910.092/4422C1

四裔編年表四卷 （美國）林樂知　（清）嚴良勳譯　（清）李鳳苞彙編　清同治四年(1865)至清末上海江南製造總局刻本　四冊

420000－2341－0003091　B/910.092/4422C1 壹

四裔編年表四卷 （美國）林樂知　（清）嚴良勳譯　（清）李鳳苞彙編　清同治四年(1865)至清末上海江南製造總局刻本　四冊

420000－2341－0003092　B/910.092/4444

歷代帝王年表不分卷　黃大華編　清光緒二十六年(1900)武昌黃氏夢紅豆邨刻本　一冊

420000－2341－0003093　B/910.092/4444

歷代紀元同異攷略不分卷　黃大華編　清光緒二十六年(1900)武昌黃氏夢紅豆邨刻本　一冊

420000－2341－0003094　B/910.098/2712

神州古史考不分卷　(清)倪璠撰　清光緒十五年(1889)錢塘丁氏嘉惠堂刻本　四冊

420000－2341－0003095　B/910.1/2011

庚子教會受難記二卷　(英國)季理斐譯　清光緒二十九年(1903)上海廣學會鉛印本　二冊

420000－2341－0003096　B/910.1/4427

臣鑒錄二十卷　(清)蔣伊編輯　清咸豐九年(1859)退思軒刻本　二十冊

420000－2341－0003097　B/910.1/4475

莊氏史案一卷　(清)傅以禮輯　秋思草堂遺集一卷　清宣統三年(1911)上海商務印書館鉛印本　一冊

420000－2341－0003098　B/910.1/6042

國朝先正學規彙鈔不分卷　(清)黃舒昺輯　清光緒二十六年(1900)求實書院刻本　一冊

420000－2341－0003099　B/910.2/4465

道學淵源錄一百卷　(清)黃嗣東輯　清光緒三十四年(1908)鳳山學舍刻本　三十冊

420000－2341－0003100　B/910.2/4465　壹

道學淵源錄一百卷　(清)黃嗣東輯　清光緒三十四年(1908)鳳山學舍刻本　三十冊

420000－2341－0003101　B/910.2317/3044

皇清奏議六十八卷首一卷　(清)琴川居士編輯　清光緒二十八年(1902)雲間麗澤學會石印本　八冊

420000－2341－0003102　B/910.27/0033

六通訂誤六卷　席裕福編　清光緒二十七年(1901)上海圖書集成局鉛印本　二冊

420000－2341－0003103　B/910.27/0033　壹

六通訂誤六卷　席裕福編　清光緒二十七年(1901)上海圖書集成局鉛印本　二冊

420000－2341－0003104　B/910.27/1037

皇朝續文獻通考三百二十卷　(清)劉錦藻編　清光緒三十一年(1905)堅匏盦鉛印本　八十八冊

420000－2341－0003105　B/910.27/1099

中西紀事二十四卷　(清)夏燮撰　清光緒刻本　八冊

420000－2341－0003106　B/910.27/3181

九通分類總纂二百四十卷　(清)汪鍾霖纂　清光緒二十八年(1902)上海文瀾書局石印本　八十冊

420000－2341－0003107　B/910.27/3181　壹

九通分類總纂二百四十卷　(清)汪鍾霖纂　清光緒二十八年(1902)上海文瀾書局石印本　二十七冊　存二百二十一卷(四至二百二十四)

420000－2341－0003108　B/910.27/3643

三通考輯要七十六卷　湯壽潛編輯　清光緒二十五年(1899)圖書集成局鉛印本　三十冊

420000－2341－0003109　B/910.27/3643　壹

三通考輯要七十六卷　湯壽潛編輯　清光緒二十五年(1899)圖書集成局鉛印本　三十冊

420000－2341－0003110　B/910.27/4038C10

欽定續文獻通考二百五十卷　(清)嵇璜纂　清光緒十三年(1887)浙江書局刻本　一百二十冊

420000－2341－0003111　B/910.27/4038C12

皇朝通典一百卷　(清)嵇璜纂　清光緒八年(1882)浙江書局刻本　一百冊

420000－2341－0003112　B/910.27/4038C13

皇朝通志一百二十六卷　(清)嵇璜纂　清光緒八年(1882)浙江書局刻本　四十冊

420000－2341－0003113　B/910.27/4038C14

皇朝文獻通考三百卷　(清)嵇璜纂　清光緒

八年(1882)浙江書局刻本　一百六十冊

420000－2341－0003114　B/910.27/4038C2
通典二百卷　（唐）杜佑纂　清光緒二十七年(1901)上海圖書集成局鉛印本　十六冊

420000－2341－0003115　B/910.27/4038C2
通志二百卷　（宋）鄭樵撰　清光緒二十七年(1901)上海圖書集成局鉛印本　六十冊

420000－2341－0003116　B/910.27/4038C2
文獻通考三百四十八卷　（元）馬端臨撰　清光緒二十七年(1901)上海圖書集成局鉛印本　四十四冊

420000－2341－0003117　B/910.27/4038C2
欽定續通典一百五十卷　（清）嵇璜纂　清光緒二十七年(1901)上海圖書集成局鉛印本　十二冊

420000－2341－0003118　B/910.27/4038C2
欽定續通志六百四十卷　（清）嵇璜纂　清光緒二十七年(1901)上海圖書集成局鉛印本　六十冊

420000－2341－0003119　B/910.27/4038C2
欽定續文獻通考二百五十卷　（清）嵇璜纂　清光緒二十七年(1901)上海圖書集成局鉛印本　三十六冊

420000－2341－0003120　B/910.27/4038C2
皇朝通典一百卷　（清）嵇璜纂　清光緒二十七年(1901)上海圖書集成局鉛印本　十冊

420000－2341－0003121　B/910.27/4038C2
皇朝通志一百二十六卷　（清）嵇璜纂　清光緒二十七年(1901)上海圖書集成局鉛印本　十二冊

420000－2341－0003122　B/910.27/4038C2
皇朝文獻通考三百卷　（清）嵇璜纂　清光緒二十七年(1901)上海圖書集成局鉛印本　四十八冊

420000－2341－0003123　B/910.27/4038C2 貳
欽定續文獻通考二百五十卷　（清）嵇璜纂　清光緒二十七年(1901)上海圖書集成局鉛印本　六十六冊

420000－2341－0003124　B/910.27/4038C2 貳
欽定續通志六百四十卷　（清）嵇璜纂　清光緒二十七年(1901)上海圖書集成局鉛印本　六十冊

420000－2341－0003125　B/910.27/4038C2 貳
欽定續通典一百五十卷　（清）嵇璜纂　清光緒二十七年(1901)上海圖書集成局鉛印本　十一冊

420000－2341－0003126　B/910.27/4038C2 貳
通典二百卷　（唐）杜佑纂　清光緒二十七年(1901)上海圖書集成局鉛印本　十六冊

420000－2341－0003127　B/910.27/4038C2 貳
通志二百卷　（宋）鄭樵撰　清光緒二十七年(1901)上海圖書集成局鉛印本　三十一冊

420000－2341－0003128　B/910.27/4038C2 貳
文獻通考三百四十八卷　（元）馬端臨撰　清光緒二十七年(1901)上海圖書集成局鉛印本　四十四冊

420000－2341－0003129　B/910.27/4038C2 叁
文獻通考三百四十八卷　（元）馬端臨撰　清光緒二十七年(1901)上海圖書集成局鉛印本　四十四冊

420000－2341－0003130　B/910.27/4038C2 壹
通典二百卷　（唐）杜佑纂　清光緒二十七年(1901)上海圖書集成局鉛印本　十六冊

420000－2341－0003131　B/910.27/4038C2 壹
通志二百卷　（宋）鄭樵撰　清光緒二十七年(1901)上海圖書集成局鉛印本　六十冊

420000－2341－0003132　B/910.27/4038C2 壹
文獻通考三百四十八卷　（元）馬端臨撰　清光緒二十七年(1901)上海圖書集成局鉛印本　四十四冊

420000－2341－0003133　B/910.27/4038C2 壹
欽定續通典一百五十卷　（清）嵇璜纂　清光緒二十七年(1901)上海圖書集成局鉛印本　十二冊

420000 – 2341 – 0003134　B/910.27/4038C2 壹
欽定續通志六百四十卷　（清）嵇璜纂　清光
緒二十七年（1901）上海圖書集成局鉛印本
六十冊

420000 – 2341 – 0003135　B/910.27/4038C2 壹
欽定續文獻通考二百五十卷　（清）嵇璜纂
清光緒二十七年（1901）上海圖書集成局鉛印
本　三十六冊

420000 – 2341 – 0003136　B/910.27/4038C2 壹
皇朝通典一百卷　（清）嵇璜纂　清光緒二十
七年（1901）上海圖書集成局鉛印本　十冊

420000 – 2341 – 0003137　B/910.27/4038C2 壹
皇朝通志一百二十六卷　（清）嵇璜纂　清光
緒二十七年（1901）上海圖書集成局鉛印本
十二冊

420000 – 2341 – 0003138　B/910.27/4038C2 壹
皇朝文獻通考三百卷　（清）嵇璜纂　清光緒
二十七年（1901）上海圖書集成局鉛印本　四
十八冊

420000 – 2341 – 0003139　B/910.27/4038C5
通典二百卷　（唐）杜佑纂　清光緒二十二年
（1896）浙江書局刻本　五十冊

420000 – 2341 – 0003140　B/910.27/4038C6
通志二百卷　（宋）鄭樵撰　清光緒二十二年
（1896）浙江書局刻本　二百冊

420000 – 2341 – 0003141　B/910.27/4038C7
文獻通考三百四十八卷　（元）馬端臨撰　清
光緒二十二年（1896）浙江書局刻本　一百五
十冊

420000 – 2341 – 0003142　B/910.27/4038C8
欽定續通典一百五十卷　（清）嵇璜纂　清光
緒十二年（1886）浙江書局刻本　四十冊

420000 – 2341 – 0003143　B/910.27/4038C9
欽定續通志六百四十卷　（清）嵇璜纂　清光
緒十二年（1886）浙江書局刻本　三百冊

420000 – 2341 – 0003144　B/910.27/4424
華制存考不分卷　（清）□□撰　清光緒三十

四年至宣統二年（1908 – 1910）擷華書局鉛印
本　四十六冊

420000 – 2341 – 0003145　B/910.27/7107.2
文獻通考詳節二十四卷　（清）嚴虞惇錄　清
光緒二十五年（1899）上海著易堂書局石印本
四冊

420000 – 2341 – 0003146　B/910.27/7210
九通通二百四十八卷首一卷　（清）劉可毅輯
清光緒二十八年（1902）武進劉氏石印本
六十冊

420000 – 2341 – 0003147　B/910.27/7781
六典通考二百卷　（清）閻鎮珩輯　清光緒二
十九年（1903）北嶽山房刻本　一百冊

420000 – 2341 – 0003148　B/910.27/8028
金軺籌筆四卷　（清）曾紀澤輯　清光緒十三
年（1887）刻本　四冊

420000 – 2341 – 0003149　B/910.27/8740
盛世危言續編三卷外編二卷　鄭觀應輯著
清光緒二十一年（1895）上海賜書堂石印本
四冊

420000 – 2341 – 0003150　B/910.27/8740
盛世危言正編六卷續編四卷　鄭觀應輯撰
清光緒十九年（1893）石印本　十冊

420000 – 2341 – 0003151　B/910.27/8740.1
盛世危言三編六卷　鄭觀應輯撰　清光緒二
十三年（1897）石印本　六冊

420000 – 2341 – 0003152　B/910.27/8740C1
盛世危言正編六卷續編四卷　鄭觀應輯撰
清光緒刻本　五冊

420000 – 2341 – 0003153　B/910.28/3497
皇朝政典類纂五百卷　（清）沈惟賢編　清光
緒二十八年（1902）圖書集成局鉛印本　一百
二十冊

420000 – 2341 – 0003154　B/910.28/4422
中東戰紀本末三編四卷　（美國）林樂知審訂
蔡爾康錄　清光緒二十六年（1900）廣學會
鉛印本　四冊

420000－2341－0003155　　B/910.28/4422

中東戰紀本末續編四卷　（美國）林樂知撰譯
蔡爾康輯　清光緒二十三年(1897)上海廣
學會鉛印本　四冊

420000－2341－0003156　　B/910.28/4422

中東戰紀本末八卷　（美國）林樂知撰譯　蔡
爾康輯　清光緒二十三年(1897)上海圖書集
成局鉛印本　八冊

420000－2341－0003157　　B/910.28/4422 貳

中東戰紀本末八卷　（美國）林樂知撰譯　蔡
爾康輯　清光緒二十三年(1897)上海圖書集
成局鉛印本　八冊

420000－2341－0003158　　B/910.28/4422 壹

中東戰紀本末八卷　（美國）林樂知撰譯　蔡
爾康輯　清光緒二十三年(1897)上海圖書集
成局鉛印本　八冊

420000－2341－0003159　　B/910.28/4861

皇朝政典挈要八卷　（日本）增田貢撰　（清）
毛澂編　清光緒二十八年(1902)鉛印本
四冊

420000－2341－0003160　　B/910.282/4023

洋泉平猺述略一卷　（清）李德驤撰　清道光
十三年(1833)刻本　一冊

420000－2341－0003161　　B/910.282/4023

洋泉平猺紀略一卷　（清）李德驤撰　清道光
十四年(1834)刻本　一冊

420000－2341－0003162　　B/910.4/1043

湖南陽秋十六卷續編十三卷　（清）王萬澍撰
清同治九年(1870)唐訓方刻本　十二冊

420000－2341－0003163　　B/910.4/1181

史表功比說一卷　（清）張錫瑜撰　清光緒十
四年(1888)廣雅書局刻廣雅書局叢書本
一冊

420000－2341－0003164　　B/910.4/2500

史略八十七卷　（清）朱堃輯　清同治六年
(1867)皖南朱氏刻本　十六冊

420000－2341－0003165　　B/910.4/2840

小腆紀年坿攷二十卷　（清）徐鼒撰　清咸豐
十一年(1861)六合徐氏刻本　十二冊

420000－2341－0003166　　B/910.4/2841

寰宇分合志讀本八卷增輯一卷　（明）徐樞編
（清）鄭元慶輯　清光緒二十八年(1902)湘
潭楊氏家塾刻本　八冊

420000－2341－0003167　　B/910.4/4022

新刻世史類編四十五卷首一卷　（明）李純卿
撰　（明）謝遷補遺　明萬曆三十四年(1606)
至清末刻本　二十四冊

420000－2341－0003168　　B/910.4/4081

尚史七十卷　（清）李鍇纂　清嘉慶十九年
(1814)晚香草堂刻本　二十八冊

420000－2341－0003169　　B/910.4/4082

欽定古今儲貳金鑒六卷　（清）錢榮修　清乾
隆四十九年(1784)至清末刻本　四冊

420000－2341－0003170　　B/910.4/4709

讀史碎金注八十卷　（清）胡文炳撰　清光緒
元年(1875)蘭石齋刻本　七十六冊

420000－2341－0003171　　B/910.4/6033C1

**路史前紀九卷後紀十三卷餘論十卷發揮六卷
國名記八卷**　（宋）羅泌撰　清光緒二年
(1876)繡谷趙氏紅杏山房刻本　十六冊

420000－2341－0003172　　B/910.4/6033C2

**路史前紀二卷後紀四卷餘論三卷發揮三卷國
名記四卷**　（宋）羅泌纂　清光緒二十年
(1894)上海文瑞樓石印本　六冊

420000－2341－0003173　　B/910.4/8346

三史拾遺五卷　（清）錢大昕撰　清光緒十七
年(1891)廣雅書局刻本　一冊

420000－2341－0003174　　B/910.49/2553

古品節錄六卷　（清）松筠撰　清嘉慶四年
(1799)關中書院刻本　六冊

420000－2341－0003175　　B/910.5/0002

戰國策三十三篇札記三卷　（漢）高誘注　清
同治八年(1869)湖北崇文書局刻本　五冊

420000－2341－0003176　　B/910.5/1004C1

石渠餘紀六卷　（清）王慶雲撰　清光緒十四年(1888)寧鄉黃氏刻本　六冊

420000－2341－0003177　B/910.5/1004C2

石渠餘紀六卷　（清）王慶雲撰　清光緒刻本　六冊

420000－2341－0003178　B/910.5/3131

國語明道本攷異四卷　（清）汪遠孫撰　清乾隆五十四年(1789)至清末刻本　一冊

420000－2341－0003179　B/910.5/3431

篷窗隨錄十四卷附錄二卷續錄二卷　（清）沈兆澐輯　清咸豐七年(1857)刻本　十四冊

420000－2341－0003180　B/910.5/4067

國語二十一卷　（三國吳）韋昭解　清同治八年(1869)湖北崇文書局刻本　四冊

420000－2341－0003181　B/910.5/7540

鑑古齋日記四卷　（清）陳紹箕撰　（清）皮錫瑞評　清光緒二十八年(1902)長沙刻本　四冊

420000－2341－0003182　B/910.6/1252

常州八邑藝文志十卷　（清）盧文弨纂　清咸豐九年(1859)刻本　十六冊

420000－2341－0003183　B/910.6/2584

江城舊事十六卷　（清）朱樂纂　清道光九年(1829)朱氏刻本　八冊

420000－2341－0003184　B/910.6/4456

啟東錄六卷　（清）林壽圖撰　清光緒二十八年(1902)刻本　二冊

420000－2341－0003185　B/910.6/4694

全蜀藝文志六十四卷　（明）楊慎輯　清光緒三十一年(1905)刻本　十二冊

420000－2341－0003186　B/910.6/4820

淮安藝文志十卷　（清）王琛撰　清同治十二年(1873)淮安王氏刻本　八冊

420000－2341－0003187　B/910.6/9011

華陽國志十二卷　（晉）常璩撰　清嘉慶十九年(1814)廖寅題襟館刻本　四冊

420000－2341－0003188　B/910.692/4447

歷代史表五十九卷　（清）萬斯同撰　清光緒十五年(1889)廣雅書局刻廣雅書局叢書本　六冊

420000－2341－0003189　B/910.7/1647

欽定理藩院則例六十三卷總目二卷通例二卷　（清）理藩院纂修　清道光至清末刻本　五十二冊

420000－2341－0003190　B/910.7/2444

邊事續鈔六卷　（清）朱克敬輯　清光緒六年(1880)刻本　三冊

420000－2341－0003191　B/910.7/6033

庚子海外紀事四卷　呂海寰撰　清光緒二十七年(1901)上海辦理商約行轅鉛印本　四冊

420000－2341－0003192　B/910.7/6033 壹

庚子海外紀事四卷　呂海寰撰　清光緒二十七年(1901)上海辦理商約行轅鉛印本　四冊

420000－2341－0003193　B/910.7/8280

西疆交涉志要六卷　（清）鍾鏞撰　清宣統三年(1911)鉛印本　二冊

420000－2341－0003194　B/910.72/4289

籌蒙芻議二卷　姚錫光撰　清光緒三十四年(1908)京師廎齋鉛印本　二冊

420000－2341－0003195　B/910.72/7717

蒙古史二卷　（日本）河野元三撰　（清）歐陽瑞驊譯　清宣統三年(1911)江南圖書館鉛印本　二冊

420000－2341－0003196　B/910.74/2440

升恭勤公藏印邊務錄二卷　（清）升泰撰　清光緒鉛印本　二冊

420000－2341－0003197　B/910.77/2633

湖南苗防屯政考十五卷首一卷　（清）但湘良纂　清光緒九年(1883)蒲圻但氏刻本　十六冊

420000－2341－0003198　B/910.8/4040

環遊地球新錄四卷　（清）李圭撰　清光緒四年(1878)刻本　四冊

420000－2341－0003199　B/910.9/2756

史鑑節要便讀六卷　（清）鮑東里編　清光緒二十八年(1902)經元書局刻本　二冊

420000－2341－0003200　B/910.9/2756C1

史鑑節要便讀六卷　（清）鮑東里編　清光緒元年(1875)湖北崇文書局刻本　二冊

420000－2341－0003201　B/910.9/2756C2

史鑑節要便讀六卷　（清）鮑東里編　清同治十三年(1874)江蘇書局刻本　二冊

420000－2341－0003202　B/910.9/4015

四字鑑引八卷　（清）李中正編釋　清嘉慶五年(1800)刻本　八冊

420000－2341－0003203　B/910.9/5080

續支那通史二卷　（日本）山峰峻藏撰　（清）漢陽青年編譯　清光緒三十二年(1906)會文堂書局石印本　三冊

420000－2341－0003204　B/910.911/1773

史記一百三十卷　（漢）司馬遷撰　（南朝宋）裴駰集解　（唐）司馬貞索隱　（唐）張守節正義　清光緒二十八年(1902)武林竹簡齋石印二十四史本　八冊

420000－2341－0003205　B/910.911/1773C1

史記一百三十卷　（漢）司馬遷撰　（南朝宋）裴駰集解　清光緒四年(1878)金陵書局刻本　十九冊

420000－2341－0003206　B/910.911/1773C13

史記一百三十卷　（漢）司馬遷撰　（南朝宋）裴駰集解　（唐）司馬貞索隱　（唐）張守節正義　清光緒十八年(1892)武林竹簡齋石印二十四史本　八冊

420000－2341－0003207　B/910.911/1773C15

史記一百三十卷　（漢）司馬遷撰　（明）歸有光　（清）方苞評點　清光緒二年(1876)武昌張氏刻本　二十三冊

420000－2341－0003208　B/910.911/1773C1 貳

史記一百三十卷　（漢）司馬遷撰　（南朝宋）裴駰集解　清光緒四年(1878)金陵書局刻本二十六冊

420000－2341－0003209　B/910.911/1773C1 叁

史記一百三十卷　（漢）司馬遷撰　（南朝宋）裴駰集解　清光緒四年(1878)金陵書局刻本二十六冊

420000－2341－0003210　B/910.911/1773C1 壹

史記一百三十卷　（漢）司馬遷撰　（南朝宋）裴駰集解　清光緒四年(1878)金陵書局刻本十六冊

420000－2341－0003211　B/910.911/1773C4

史記一百三十卷　（漢）司馬遷撰　（南朝宋）裴駰集解　（唐）司馬貞索隱　（唐）張守節正義　清同治十一年(1872)成都書局刻本　二十六冊

420000－2341－0003212　B/910.911/1773C4 壹

史記一百三十卷　（漢）司馬遷撰　（南朝宋）裴駰集解　（唐）司馬貞索隱　（唐）張守節正義　清同治十一年(1872)成都書局刻本　二十六冊

420000－2341－0003213　B/910.911/1773C5

史記一百三十卷　（漢）司馬遷撰　（南朝宋）裴駰集解　（唐）司馬貞索隱　（唐）張守節正義　清同治五年至九年(1866－1870)金陵書局刻本　二十冊

420000－2341－0003214　B/910.911/1773C5 貳

史記一百三十卷　（漢）司馬遷撰　（南朝宋）裴駰集解　（唐）司馬貞索隱　（唐）張守節正義　清同治五年至九年(1866－1870)金陵書局刻本　十八冊

420000－2341－0003215　B/910.911/1773C5 壹

史記一百三十卷　（漢）司馬遷撰　（南朝宋）裴駰集解　（唐）司馬貞索隱　（唐）張守節正義　清同治五年至九年(1866－1870)金陵書局刻本　二十冊

420000－2341－0003216　B/910.911/1773C7

史記一百三十卷　（漢）司馬遷撰　（南朝宋）裴駰集解　（唐）司馬貞索隱　（唐）張守節正義　清光緒三十一年(1905)武林竹簡齋石印

二十四史本　　八冊

420000－2341－0003217　　B/910.911/1773C9
史記一百三十卷　（漢）司馬遷撰　（南朝宋）裴駰集解　（唐）司馬貞索隱　（唐）張守節正義　清光緒元年(1875)湖北崇文書局刻本二十四冊

420000－2341－0003218　　B/910.911/1773C9 壹
史記一百三十卷　（漢）司馬遷撰　（南朝宋）裴駰集解　（唐）司馬貞索隱　（唐）張守節正義　清光緒元年(1875)湖北崇文書局刻本四十八冊

420000－2341－0003219　　B/910.911/2645
史記一百三十卷　（漢）司馬遷撰　（清）吳汝綸點勘　清宣統元年(1909)南宮邢氏刻本二十冊

420000－2341－0003220　　B/910.911036/1772
史記索隱三十卷　（唐）司馬貞撰　明崇禎至清順治刻本　　二冊

420000－2341－0003221　　B/910.9111/1102
校刊史記集解索隱正義札記五卷　（清）張文虎撰　清同治十一年(1872)金陵書局刻本二冊

420000－2341－0003222　　B/910.9114/4427
讀史論略一卷　（清）杜詔撰　清刻本　一冊

420000－2341－0003223　　B/910.9117/0021
史略六卷　（宋）高似孫撰　清光緒九年(1883)虞山鮑氏刻本　二冊

420000－2341－0003224　　B/910.9118/1773
史記別鈔二卷　（清）吳敏樹輯　清同治十一年(1872)刻本　　二冊

420000－2341－0003225　　B/910.9118/1773 壹
史記別鈔二卷　（清）吳敏樹輯　清同治十一年(1872)刻本　　二冊

420000－2341－0003226　　B/910.913/1779
司馬溫公稽古錄二十卷　（宋）司馬光撰　清同治十一年(1872)湖北崇文書局刻本　　四冊

420000－2341－0003227　　B/910.913/1779C2

420000－2341－0003228　　B/910.913/1779C2 壹
司馬溫公稽古錄二十卷　（宋）司馬光撰　清光緒五年(1879)浙江書局刻本　二冊　存十卷(十一至二十)

420000－2341－0003229　　B/910.913/1779 壹
司馬溫公稽古錄二十卷　（宋）司馬光撰　清同治十一年(1872)湖北崇文書局刻本　　四冊

420000－2341－0003230　　B/910.913/2712
紀元編三卷末一卷　（清）李兆洛編　清咸豐五年(1855)南海伍氏刻本　　三冊

420000－2341－0003231　　B/910.913/2800C1
竹書紀年統箋十二卷　（南朝梁）沈約附注（清）徐文靖統箋　清光緒三年(1877)浙江書局刻本　　四冊

420000－2341－0003232　　B/910.913/3312
讀史大略六十卷　（清）沙張白撰　清道光二十五年(1845)刻本　十二冊

420000－2341－0003233　　B/910.913/3312C2
讀史大略六十卷首一卷　（清）沙張白撰　清光緒二十六年(1900)刻本　十二冊

420000－2341－0003234　　B/910.913/7532
竹書紀年集證五十卷　（清）陳逢衡撰　清嘉慶十八年(1813)裛露軒刻本　二十一冊

420000－2341－0003235　　B/910.913/7581
歷代紀年便覽一卷　（清）陳鍾珂輯　清道光二十七年(1847)湘西黃世杰刻本　一冊

420000－2341－0003236　　B/910.915/1042
鼎鋟鍾伯敬訂正資治綱鑑正史大全七十四卷　（明）鍾惺訂正　清刻本　四十冊

420000－2341－0003237　　B/910.915/1053C1
讀通鑑論三十卷　（清）王夫之撰　清光緒二十五年(1899)武昌刻本　二十冊

420000－2341－0003238　　B/910.915/1053C2
讀通鑑論十卷　（清）王夫之撰　清光緒二十四年(1898)上海書局鉛印船山遺書本　八冊

420000－2341－0003239　　B/910.915/1073

重訂王鳳洲先生綱鑑會纂四十六卷　　（明）王
世貞纂　　（明）陳仁錫訂　　清光緒九年（1883）
汝東寶仁堂刻本　　四十八冊

420000－2341－0003240　　B/910.915/1073C1

重訂王鳳洲先生綱鑑會纂四十六卷　　（明）王
世貞纂　　（明）陳仁錫訂　　清同文堂刻本　　四
十冊

420000－2341－0003241　　B/910.915/1114

通鑑宋本校勘記五卷　　（清）張瑛撰　　**通鑑元
本校勘記二卷**　　清光緒八年（1882）江蘇書局
刻本　　二冊

420000－2341－0003242　　B/910.915/1143

嚴永思先生通鑑補正略三卷　　（明）嚴衍撰
（清）張敦仁彙鈔　　清道光八年（1828）江寧獨
抱廬刻本　　二冊

420000－2341－0003243　　B/910.915/1779

資治通鑑補二百九十四卷　　（宋）司馬光撰
（元）胡三省音注　　（明）嚴衍補　　清光緒二年
（1876）思補樓刻本　　八十冊

420000－2341－0003244　　B/910.915/1779C1

資治通鑑二百九十四卷附釋文辨誤十二卷
（宋）司馬光編　　（元）胡三省音註　　清同治十
年（1871）湖北崇文書局刻本　　一百六冊

420000－2341－0003245　　B/910.915/1779C2

資治通鑑二百九十四卷附釋文辨誤十二卷
（宋）司馬光編　　（元）胡三省音註　　清同治八
年（1869）蘇州江蘇書局刻本　　一百四冊

420000－2341－0003246　　B/910.915/1779C3

資治通鑑二百九十四卷　　（宋）司馬光編　　明
崇禎元年至清順治十八年（1628－1661）刻本
一百冊

420000－2341－0003247　　B/910.915/1779C4

資治通鑑二百九十四卷附釋文辨誤十二卷
（宋）司馬光編　　（元）胡三省音註　　清光緒元
年（1875）湖北崇文書局刻本　　一百四冊

420000－2341－0003248　　B/910.915/2391

御批歷代通鑑輯覽一百二十卷　　（清）傅恒等
編　　清光緒二十五年（1899）北洋石印官書局
石印本　　十九冊

420000－2341－0003249　　B/910.915/2624

尺木堂綱鑑易知錄五十四卷　　（清）吳乘權
（清）周之炯　　（清）周之燦輯　　清光緒十七年
（1891）上海廣百宋齋鉛印本　　八冊

420000－2341－0003250　　B/910.915/2847

資治通鑑後編一百八十四卷　　（清）徐乾學編
集　　清光緒二十四年（1898）富陽夏氏刻本
四十八冊

420000－2341－0003251　　B/910.915/3438

通鑑總類二十卷　　（宋）沈樞輯　　清光緒三十
二年（1906）富學堂刻本　　二十冊

420000－2341－0003252　　B/910.915/4040

續資治通鑑長編五百二十卷　　（宋）李燾撰
清光緒七年（1881）浙江書局刻本　　一百二
十冊

420000－2341－0003253　　B/910.915/4040.1

續資治通鑑長編拾補六十卷　　（清）黃以周輯
清光緒九年（1883）浙江書局刻本　　十六冊

420000－2341－0003254　　B/910.915/4040.1壹

續資治通鑑長編拾補六十卷　　（清）黃以周輯
清光緒九年（1883）浙江書局刻本　　六十冊

420000－2341－0003255　　B/910.915/4040壹

續資治通鑑長編五百二十卷　　（宋）李燾撰
清光緒七年（1881）浙江書局刻本　　三十冊
存一百二十九卷（一百三十二至一百七十四、
三百九十二至四百三十五、四百七十九至五
百二十）

420000－2341－0003256　　B/910.915/4044

**鼎鍥趙田了凡袁先生編纂古本歷史大方綱鑑
補三十九卷首一卷**　　（明）袁黃編纂　　清刻本
二十七冊

420000－2341－0003257　　B/910.915/4638

御批歷代通鑑輯覽一百二十卷　　（清）傅恒等
編　　清光緒二十八年（1902）萃文齋石印本

二十冊

420000－2341－0003258　B/910.915/4638C2
御批歷代通鑑輯覽一百二十卷　（清）傅恒等
編　清同治十三年(1874)湖南書局刻本　六
十冊

420000－2341－0003259　B/910.915/4638C3
御批歷代通鑑輯覽一百二十卷　（清）傅恒等
編　清同治十一年(1872)湖北崇文書局刻本
六十冊

420000－2341－0003260　B/910.915/4638C3 貳
御批歷代通鑑輯覽一百二十卷　（清）傅恒等
編　清同治十一年(1872)湖北崇文書局刻本
六十冊

420000－2341－0003261　B/910.915/4638C3 壹
御批歷代通鑑輯覽一百二十卷　（清）傅恒等
編　清同治十一年(1872)湖北崇文書局刻本
六十冊

420000－2341－0003262　B/910.915/4638C4
御批歷代通鑑輯覽一百二十卷　（清）傅恒等
編　清光緒二十五年(1899)新化三昧堂刻本
六十冊

420000－2341－0003263　B/910.915/4638C4 壹
御批歷代通鑑輯覽一百二十卷　（清）傅恒等
編　清光緒二十五年(1899)新化三昧堂刻本
六十冊

420000－2341－0003264　B/910.915/4638C5
御批歷代通鑑輯覽一百二十卷　（清）傅恒等
編　清刻本　六十冊

420000－2341－0003265　B/910.915/4638C6
御批歷代通鑑輯覽一百二十卷　（清）傅恒等
編　清刻本　一冊　存二卷(四十四至四十
五)

420000－2341－0003266　B/910.915/4638C8
御批歷代通鑑輯覽一百二十卷　（清）傅恒等
編　清光緒九年(1883)同文書局石印本　十
六冊

420000－2341－0003267　B/910.915/4638C9

御批歷代通鑑輯覽一百二十卷　（清）傅恒等
編　清刻本　四冊　存九卷(二十二至二十
六、四十二至四十五)

420000－2341－0003268　B/910.915/4878
御批歷代通鑑輯覽一百二十卷　（清）傅恒等
編　清光緒三十一年(1905)上海商務印書館
鉛印本　二十三冊

420000－2341－0003269　B/910.915/6031C2
續資治通鑑二百二十卷　（清）畢沅編　清同
治六年(1867)刻本　六十冊

420000－2341－0003270　B/910.915/6031C3
續資治通鑑二百二十卷　（清）畢沅編　清嘉
慶二年(1797)邵晉涵刻六年(1801)馮集梧後
印本　六十四冊

420000－2341－0003271　B/910.915/6031C3 壹
續資治通鑑二百二十卷　（清）畢沅編　清嘉
慶二年(1797)邵晉涵刻六年(1801)馮集梧後
印本　六十冊

420000－2341－0003272　B/910.915/7123
御批歷代通鑑輯覽一百二十卷　（清）傅恒等
編　清光緒至清末石印本　十五冊

420000－2341－0003273　B/910.915/7530
綱鑑正史約三十六卷　（明）顧錫疇編　（清）
陳宏謀增訂　清同治八年(1869)浙江書局刻
本　二十冊

420000－2341－0003274　B/910.915/7586
分類歷代通鑑輯覽六十四卷　（清）陳善編
清光緒二十九年(1903)上海文瀾書局石印本
二十四冊

420000－2341－0003275　B/910.91507/1779
御批資治通鑑綱目前編舉要三卷　（宋）金履
祥撰　御批資治通鑑綱目前編十八卷外紀一
卷　（宋）金履祥撰　御批資治通鑑綱目五十
九卷首一卷　（宋）朱熹撰　御批續資治通鑑
綱目二十七卷　（明）商輅撰　清康熙四十六
年至四十九年(1707－1710)揚州詩局刻本
四十冊

420000－2341－0003276　B/910.91507/1779C1
資治通鑑目錄三十卷　（宋）司馬光編　清同治八年(1869)江蘇書局刻本　十冊

420000－2341－0003277　B/910.91507/1779C1 壹
資治通鑑目錄三十卷　（宋）司馬光編　清同治八年(1869)江蘇書局刻本　十冊

420000－2341－0003278　B/910.91507/2540
御批通鑑綱目五十九卷　（宋）朱熹撰　清光緒五年(1879)山東書局刻本　七十八冊

420000－2341－0003279　B/910.91507/2540C3
御批資治通鑑綱目一百九卷　（宋）朱熹撰（清）聖祖玄燁批　清光緒十三年(1887)上海同文書局石印本　二十四冊

420000－2341－0003280　B/910.91507/2540C3 壹
御批資治通鑑綱目一百九卷　（宋）朱熹撰（清）聖祖玄燁批　清光緒十三年(1887)上海同文書局石印本　八冊　存二十卷(前編一至八、十四至十八,正編三至五、十至十三)

420000－2341－0003281　B/910.91507/7528
續資治通鑑綱目二十七卷　（明）商輅撰（明）陳仁錫評閱　清乾隆十一年(1746)至清末春明堂刻本　二十七冊

420000－2341－0003282　B/910.91507/7562
資治通鑑綱目前編二十五卷正編五十九卷續編二十七卷三編二十卷　（宋）朱熹撰　（明）陳仁錫評閱　清嘉慶八年(1803)敬書堂刻本　一百十八冊

420000－2341－0003283　B/910.91507/8022
資治通鑑綱目前編十八卷　（宋）金履祥撰　清光緒七年(1881)山東書局刻本　十六冊

420000－2341－0003284　B/910.91507/8022C2
資治通鑑綱目續編二十七卷　（明）商輅撰　清光緒七年(1881)山東書局刻本　二十八冊

420000－2341－0003285　B/910.91507/8022C3
御撰資治通鑑綱目三編四十卷　（清）朱珪纂修　清同治十一年(1872)江西書局刻本　十二冊

420000－2341－0003286　B/910.91519/2674C1
資治通鑑地理今釋十六卷　（清）吳熙載撰　清光緒二十三年(1897)廣東經史閣刻本　二冊

420000－2341－0003287　B/910.91519/2674C1 壹
資治通鑑地理今釋十六卷　（清）吳熙載撰　清光緒二十三年(1897)廣東經史閣刻本　二冊

420000－2341－0003288　B/910.91519/2674C2
資治通鑑地理今釋十六卷　（清）吳熙載撰　清光緒八年(1882)江蘇書局刻本　三冊

420000－2341－0003289　B/910.918/0044
歷朝紀事本末五百六十六卷　（清）朱記榮編　清光緒二十四年(1898)上海慎記書莊石印本　五十冊

420000－2341－0003290　B/910.918/0044
左傳紀事本末五十三卷　（清）高士奇撰　清同治十二年(1873)江西書局刻本　十二冊

420000－2341－0003291　B/910.918/0044C1
歷朝紀事本末五百六十六卷　（清）朱記榮編　清光緒二十二年(1896)上海慎記書莊石印本　五十冊

420000－2341－0003292　B/910.918/1185
西夏紀事本末三十六卷　（清）張鑑撰　清光緒十年(1884)江蘇書局刻本　四冊

420000－2341－0003293　B/910.918/4041
金史紀事本末五十二卷　（清）李有棠編　清光緒二十八年(1902)上海捷記書局石印本　二冊

420000－2341－0003294　B/910.918/4041
遼史紀事本末四十卷　（清）李有棠編　清光緒二十八年(1902)上海捷記書局石印本　二冊

420000－2341－0003295　B/910.918/4041
明史紀事本末八十卷　（清）谷應泰編輯　清光緒二十八年(1902)上海捷記書局石印本　四冊

420000 – 2341 – 0003296　B/910.918/4041
三藩紀事本末二十二卷　（清）楊陸榮編輯
清光緒二十八年（1902）上海捷記書局石印本
　一冊

420000 – 2341 – 0003297　B/910.918/4041
宋史紀事本末一百九卷　（明）陳邦瞻編　清
光緒二十八年（1902）上海捷記書局石印本
　七冊

420000 – 2341 – 0003298　B/910.918/4041
通鑑紀事本末二百三十九卷　（宋）袁樞編輯
　清光緒二十八年（1902）上海捷記書局石印
本　十九冊

420000 – 2341 – 0003299　B/910.918/4041
西夏紀事本末三十六卷　（清）張鑑撰　清光
緒二十八年（1902）上海捷記書局石印本
　一冊

420000 – 2341 – 0003300　B/910.918/4041
元史紀事本末二十七卷　（明）陳邦瞻編輯
清光緒二十八年（1902）上海捷記書局石印本
　一冊

420000 – 2341 – 0003301　B/910.918/4041
左傳紀事本末五十三卷　（清）高士奇編　清
光緒二十八年（1902）上海捷記書局石印本
　四冊

420000 – 2341 – 0003302　B/910.918/4041C1
明史紀事本末八十卷　（清）谷應泰編輯　清
光緒二十四年（1898）湖南思賢書局刻本　二
十冊

420000 – 2341 – 0003303　B/910.918/4041C1
宋史紀事本末一百九卷　（明）馮琦編　（明）
陳邦瞻增訂　（明）張溥論正　清光緒二十四
年（1898）湖南思賢書局刻本　二十冊

420000 – 2341 – 0003304　B/910.918/4041C1
通鑑紀事本末二百三十九卷　（宋）袁樞編輯
　清光緒二十四年（1898）湖南思賢書局刻本
　五十八冊

420000 – 2341 – 0003305　B/910.918/4041C1

元史紀事本末二十七卷　（明）陳邦瞻編輯
（明）張溥論正　清光緒二十四年（1898）湖南
思賢書局刻本　四冊

420000 – 2341 – 0003306　B/910.918/4041C2
通鑑紀事本末二百三十九卷　（宋）袁樞編輯
　清同治十二年（1873）江西書局刻本　八
十冊

420000 – 2341 – 0003307　B/910.918/4041C2
宋史紀事本末一百九卷　（明）馮琦編　（明）
陳邦瞻增訂　清同治十三年（1874）江西書局
刻本　三十九冊

420000 – 2341 – 0003308　B/910.918/4041C2
元史紀事本末二十七卷　（明）陳邦瞻編　清
同治十三年（1874）江西書局刻本　四冊

420000 – 2341 – 0003309　B/910.918/4041C2
明史紀事本末八十卷　（清）谷應泰編輯　清
同治十三年（1874）江西書局刻本　二十冊

420000 – 2341 – 0003310　B/910.918/4041C3
通鑑紀事本末前編十二卷　（明）沈朝陽纂編
　（明）焦竑校正　明崇禎十五年至清康熙六
十一年（1642－1722）鬱岡山房刻本　八冊

420000 – 2341 – 0003311　B/910.918/4041C3
宋史紀事本末十卷　（明）馮琦編　（明）陳邦
瞻纂輯　明萬曆三十四年（1606）黃吉士刻清
初鬱岡山房補刻本　十四冊

420000 – 2341 – 0003312　B/910.918/4041C3
元史紀事本末四卷　（明）陳邦瞻編　（明）臧
懋循補　明萬曆三十四年（1606）黃吉士刻清
初鬱岡山房補刻本　二冊

420000 – 2341 – 0003313　B/910.918/4041C3
通鑑紀事本末四十二卷　（宋）袁樞編輯　清
鬱岡山房刻本　七十二冊

420000 – 2341 – 0003314　B/910.918/4049
遼史紀事本末四十卷首一卷末一卷　（清）李
有棠編　清光緒二十九年（1903）李杙鄂樓刻
本　八冊

420000 – 2341 – 0003315　B/910.918/4049.1

金史紀事本末五十二卷首一卷末一卷 （清）李有棠編 清光緒二十九年（1903）李楊鄂樓刻本 十二冊

420000－2341－0003316　B/910.918/4049C1
遼史紀事本末四十卷 （清）李有棠編 清光緒十九年（1893）李楊鄂樓刻本 四冊

420000－2341－0003317　B/910.918/4049C1
金史紀事本末五十二卷 （清）李有棠編纂 清光緒十九年（1893）李楊鄂樓刻本 六冊

420000－2341－0003318　B/910.918/4049C2
遼史紀事本末四十卷 （清）李有棠編纂 清光緒十九年（1893）同文書局石印本 四冊

420000－2341－0003319　B/910.918/4049C2
金史紀事本末五十二卷首一卷 （清）李有棠編纂 清光緒十九年（1893）同文書局石印本 六冊

420000－2341－0003320　B/910.918/4083
續通鑑紀事本末一百十卷 （清）李銘漢編輯 清光緒二十九年至三十二年（1903－1906）武威李氏刻本 三十二冊

420000－2341－0003321　B/910.918/4403
江南北大營紀事本末二卷 （清）杜文瀾編 清同治八年（1869）上海鉛印本 一冊 存一卷（上）

420000－2341－0003322　B/910.918/7121
繹史一百六十卷 （清）馬驌撰 清光緒二十三年（1897）武林尚友齋石印本 二十四冊

420000－2341－0003323　B/910.918/7121C1
繹史一百六十卷 （清）馬驌撰 清光緒十五年（1889）金匱浦氏刻本 三十二冊

420000－2341－0003324　B/910.918/7121C1 壹
繹史一百六十卷 （清）馬驌撰 清光緒十五年（1889）金匱浦氏刻本 三十二冊

420000－2341－0003325　B/910.918/7121 捌
繹史一百六十卷 （清）馬驌撰 清光緒二十三年（1897）武林尚友齋石印本 二十四冊

420000－2341－0003326　B/910.918/7121 貳
繹史一百六十卷 （清）馬驌撰 清光緒二十三年（1897）武林尚友齋石印本 二十二冊

420000－2341－0003327　B/910.918/7121 陸
繹史一百六十卷 （清）馬驌撰 清光緒二十三年（1897）武林尚友齋石印本 二十四冊

420000－2341－0003328　B/910.918/7121 柒
繹史一百六十卷 （清）馬驌撰 清光緒二十三年（1897）武林尚友齋石印本 二十四冊

420000－2341－0003329　B/910.918/7121 叁
繹史一百六十卷 （清）馬驌撰 清光緒二十三年（1897）武林尚友齋石印本 二十四冊

420000－2341－0003330　B/910.918/7121 肆
繹史一百六十卷 （清）馬驌撰 清光緒二十三年（1897）武林尚友齋石印本 二十四冊

420000－2341－0003331　B/910.918/7121 伍
繹史一百六十卷 （清）馬驌撰 清光緒二十三年（1897）武林尚友齋石印本 二十四冊

420000－2341－0003332　B/910.918/7121 壹
繹史一百六十卷 （清）馬驌撰 清光緒二十三年（1897）武林尚友齋石印本 二十四冊

420000－2341－0003333　B/910.919/2129
九通提要十二卷 （清）柴紹炳纂 清光緒二十八年（1902）上海泰東時務譯印局鉛印本 六冊

420000－2341－0003334　B/910.919/2129 壹
九通提要十二卷 （清）柴紹炳纂 清光緒二十八年（1902）上海泰東時務譯印局鉛印本 六冊

420000－2341－0003335　B/910.919/9037
九通序錄四卷 （□）□□撰 清光緒二十八年（1902）石印本 四冊

420000－2341－0003336　B/910.94/7543
十七史商榷一百卷目錄一卷 （清）王鳴盛撰 清乾隆五十二年（1787）洞涇草堂刻本 二十四冊

420000－2341－0003337　B/910.94/7543 壹

十七史商榷一百卷目錄一卷　（清）王鳴盛撰
清乾隆五十二年(1787)洞涇草堂刻本　二十四冊

420000 – 2341 – 0003338　B/910.96/4694
廿一史彈詞註十卷　（明）楊慎編撰　**明紀彈詞註二卷**　（清）張三異增訂　清道光十二年(1832)楊浚刻本　八冊

420000 – 2341 – 0003339　B/910.96/8710
廿一史約編不分卷　（清）鄭元慶述　（清）陳瞿石鑒定　清光緒九年(1883)校經山房石印本　八冊

420000 – 2341 – 0003340　B/910.96/8710C2
廿一史約編不分卷　（清）鄭元慶述　（清）陳瞿石鑒定　清光緒至清末刻本　八冊

420000 – 2341 – 0003341　B/910.96/8710C3
廿一史約編不分卷　（清）鄭元慶述　（清）陳瞿石鑒定　清光緒至清末上洋江左書林刻本　八冊

420000 – 2341 – 0003342　B/910.96091/3491
廿一史四譜五十四卷　（清）沈炳震編　清同治十年(1871)吳氏清來堂刻本　二十冊

420000 – 2341 – 0003343　B/910.97/1034
讀史提要錄七卷　（清）夏之蓉編　清道光二年(1822)刻本　四冊

420000 – 2341 – 0003344　B/910.97/3716
二十二史言行略四十二卷　（清）過元旼輯（清）錢大昕校　清嘉慶十五年(1810)刻本　十二冊

420000 – 2341 – 0003345　B/910.97/4243
二十二史感應錄二卷　（清）彭希涑輯　清宣統元年(1909)成都榮恒江寧刻本　二冊

420000 – 2341 – 0003346　B/910.97/4917
廿二史劄記三十六卷　（清）趙翼撰　清光緒二十八年(1902)文淵山房石印本　六冊

420000 – 2341 – 0003347　B/910.97/4917C1
廿二史劄記三十六卷　（清）趙翼撰　清嘉慶五年(1800)湛貽堂刻本　十六冊

420000 – 2341 – 0003348　B/910.97/4917C1 壹
廿二史劄記三十六卷　（清）趙翼撰　清嘉慶五年(1800)湛貽堂刻本　十二冊

420000 – 2341 – 0003349　B/910.97/4917C3
廿二史劄記三十六卷　（清）趙翼撰　清光緒二十六年(1900)新化西畬山館刻本　十四冊

420000 – 2341 – 0003350　B/910.97/4917C3 貳
廿二史劄記三十六卷　（清）趙翼撰　清光緒二十六年(1900)新化西畬山館刻本　十二冊

420000 – 2341 – 0003351　B/910.97/4917C3 壹
廿二史劄記三十六卷　（清）趙翼撰　清光緒二十六年(1900)新化西畬山館刻本　十二冊

420000 – 2341 – 0003352　B/910.97/4917C6
廿二史劄記三十六卷　（清）趙翼撰　清光緒二十五年(1899)湖南書局刻本　十六冊

420000 – 2341 – 0003353　B/910.97/4917C7
廿二史劄記三十六卷　（清）趙翼撰　清光緒二十年(1894)廣雅書局刻廣雅書局叢書本十二冊

420000 – 2341 – 0003354　B/910.97/8346
廿二史考異一百卷　（清）錢大昕撰　清刻本　十四冊

420000 – 2341 – 0003355　B/910.98/1046C3
欽定二十四史二十四種　（清）高宗弘曆編清光緒二十八年(1902)上海文瀾書局石印本　一百二十四冊

420000 – 2341 – 0003356　B/910.98/1098
明史三百三十二卷　（清）張廷玉撰　清光緒三年(1877)湖北崇文書局刻五年(1879)湖北崇文書局彙印五省合刻二十四史本　八十冊

420000 – 2341 – 0003357　B/910.98/1098
史記一百三十卷　（漢）司馬遷撰　（南朝宋）裴駰集解　清光緒四年(1878)金陵書局刻五年(1879)湖北崇文書局彙印五省合刻二十四史本　十二冊

420000 – 2341 – 0003358　B/910.98/1098
宋史四百九十六卷　（元）脫脫等修　清光緒

元年(1875)浙江書局刻五年(1879)湖北崇文書局彙印五省合刻二十四史本　九十六冊

420000－2341－0003359　B/910.98/1098

漢書一百二十卷　(漢)班固撰　(唐)顏師古注　清同治八年(1869)金陵書局刻光緒五年(1879)湖北崇文書局彙印五省合刻二十四史本　十五冊

420000－2341－0003360　B/910.98/1098

後漢書九十卷　(南朝宋)范曄撰　(唐)李賢注　**續漢志三十卷**　(晉)司馬彪撰　(南朝梁)劉昭注補　清同治八年(1869)金陵書局刻光緒五年(1879)湖北崇文書局彙印五省合刻二十四史本　十六冊

420000－2341－0003361　B/910.98/1098

三國志六十五卷　(晉)陳壽撰　(南朝宋)裴松之注　清同治九年(1870)金陵書局刻光緒五年(1879)湖北崇文書局彙印五省合刻二十四史本　八冊

420000－2341－0003362　B/910.98/1098

遼史一百十六卷　(元)脫脫等修　清同治十二年(1873)江蘇書局刻光緒五年(1879)湖北崇文書局彙印五省合刻二十四史本　十二冊

420000－2341－0003363　B/910.98/1098

唐書二百七十三卷　(宋)歐陽修　(宋)宋祁撰　清同治十二年(1873)浙江書局刻光緒五年(1879)湖北崇文書局彙印五省合刻二十四史本　四十冊

420000－2341－0003364　B/910.98/1098

隋書八十五卷　(唐)魏徵撰　清同治十年(1871)淮南書局刻光緒五年(1879)湖北崇文書局彙印五省合刻二十四史本　八十五冊

420000－2341－0003365　B/910.98/1098

晉書一百三十卷　(唐)房玄齡撰　清同治十年(1871)金陵書局刻光緒五年(1879)湖北崇文書局彙印五省合刻二十四史本　二十冊

420000－2341－0003366　B/910.98/1098

金史一百三十五卷　(元)脫脫等修　清同治十三年(1874)江蘇書局刻光緒五年(1879)湖

北崇文書局彙印五省合刻二十四史本　二十四冊

420000－2341－0003367　B/910.98/1098

元史二百十卷　(明)宋濂撰　清同治十三年(1874)江蘇書局刻光緒五年(1879)湖北崇文書局彙印五省合刻二十四史本　四十冊

420000－2341－0003368　B/910.98/1098

南齊書五十九卷　(南朝梁)蕭子顯撰　清同治十三年(1874)金陵書局刻光緒五年(1879)湖北崇文書局彙印五省合刻二十四史本　六冊

420000－2341－0003369　B/910.98/1098

梁書五十六卷　(唐)姚思廉撰　清同治十三年(1874)金陵書局刻光緒五年(1879)湖北崇文書局彙印五省合刻二十四史本　六冊

420000－2341－0003370　B/910.98/1098

北齊書五十卷　(唐)李百藥撰　清同治十三年(1874)金陵書局刻光緒五年(1879)湖北崇文書局彙印五省合刻二十四史本　五十冊

420000－2341－0003371　B/910.98/1098

周書五十卷　(唐)令狐德棻撰　清同治十三年(1874)金陵書局刻光緒五年(1879)湖北崇文書局彙印五省合刻二十四史本　六冊

420000－2341－0003372　B/910.98/1098

舊五代史一百五十卷目錄二卷　(宋)薛居正撰　清同治十一年(1872)湖北崇文書局刻光緒五年(1879)湖北崇文書局彙印五省合刻二十四史本　十六冊

420000－2341－0003373　B/910.98/1098

五代史七十四卷　(宋)歐陽修撰　(宋)徐無黨注　清同治十一年(1872)湖北崇文書局刻光緒五年(1879)湖北崇文書局彙印五省合刻二十四史本　八冊

420000－2341－0003374　B/910.98/1098

北史一百卷　(唐)李延壽撰　清同治十一年(1872)金陵書局刻光緒五年(1879)湖北崇文書局彙印五省合刻二十四史本　二十冊

420000－2341－0003375　B/910.98/1098

宋書一百卷　（南朝梁）沈約撰　清同治十一年(1872)金陵書局刻光緒五年(1879)湖北崇文書局彙印五省合刻二十四史本　十六冊

420000－2341－0003376　B/910.98/1098

陳書三十六卷　（唐）姚思廉撰　清同治十一年(1872)金陵書局刻光緒五年(1879)湖北崇文書局彙印五省合刻二十四史本　四冊

420000－2341－0003377　B/910.98/1098

魏書一百十四卷　（北齊）魏收撰　清同治十一年(1872)金陵書局刻光緒五年(1879)湖北崇文書局彙印五省合刻二十四史本　二十冊

420000－2341－0003378　B/910.98/1098

南史八十卷　（唐）李延壽撰　清同治十一年(1872)金陵書局刻光緒五年(1879)湖北崇文書局彙印五省合刻二十四史本　十二冊

420000－2341－0003379　B/910.98/1098

舊唐書二百十四卷　（後晉）劉昫撰　清同治十一年(1872)浙江書局刻光緒五年(1879)湖北崇文書局彙印五省合刻二十四史木　四十冊

420000－2341－0003380　B/910.98/1098　壹

三國志六十五卷　（晉）陳壽撰　（南朝宋）裴松之注　清同治九年(1870)金陵書局刻本　四冊　缺二十四卷(一至二十四)

420000－2341－0003381　B/910.98/3423.3

金史一百三十五卷　（元）脫脫等修　清光緒十四年(1888)上海圖書集成書局鉛印本　三十二冊

420000－2341－0003382　B/910.98/3423.3

晉書一百三十卷　（唐）房玄齡撰　清光緒十四年(1888)上海圖書集成書局鉛印本　十六冊

420000－2341－0003383　B/910.98/3423.3

舊唐書二百卷　（後晉）劉昫撰　清光緒十四年(1888)上海圖書集成書局鉛印本　六十冊

420000－2341－0003384　B/910.98/3423.3

舊五代史一百五十卷　（宋）薛居正撰　清光緒十四年(1888)上海圖書集成書局鉛印本　二十四冊

420000－2341－0003385　B/910.98/3423.3

梁書五十六卷　（唐）姚思廉撰　清光緒十四年(1888)上海圖書集成書局鉛印本　八冊

420000－2341－0003386　B/910.98/3423.3

遼史一百十六卷　（元）脫脫等修　清光緒十四年(1888)上海圖書集成書局鉛印本　十六冊

420000－2341－0003387　B/910.98/3423.3

明史三百三十二卷　（清）張廷玉撰　清光緒十四年(1888)上海圖書集成書局鉛印本　七十八冊

420000－2341－0003388　B/910.98/3423.3

南史八十卷　（唐）李延壽撰　清光緒十四年(1888)上海圖書集成書局鉛印本　二十四冊

420000－2341－0003389　B/910.98/3423.3

三國志六十五卷　（晉）陳壽撰　清光緒十四年(1888)上海圖書集成書局鉛印本　八冊

420000－2341－0003390　B/910.98/3423.3

南齊書五十九卷　（南朝梁）蕭子顯撰　清光緒十四年(1888)上海圖書集成書局鉛印本　十二冊

420000－2341－0003391　B/910.98/3423.3

前漢書一百二十卷　（漢）班固撰　（唐）顏師古注　清光緒十四年(1888)上海圖書集成書局鉛印本　六十冊

420000－2341－0003392　B/910.98/3423.3

史記一百三十卷　（漢）司馬遷撰　（南朝宋）裴駰集解　（唐）司馬貞索隱　（唐）張守節正義　清光緒十四年(1888)上海圖書集成書局鉛印本　三十二冊

420000－2341－0003393　B/910.98/3423.3

宋史四百九十六卷　（元）脫脫等修　清光緒十四年(1888)上海圖書集成書局鉛印本　一百十八冊

420000－2341－0003394　B/910.98/3423.3

宋書一百卷　（南朝梁）沈約撰　清光緒十四年(1888)上海圖書集成書局鉛印本　二十四冊

420000－2341－0003395　B/910.98/3423.3

隋書八十五卷　（唐）魏徵撰　清光緒十四年(1888)上海圖書集成書局鉛印本　二十五冊

420000－2341－0003396　B/910.98/3423.3

魏書一百十四卷　（北齊）魏收撰　清光緒十四年(1888)上海圖書集成書局鉛印本　三十二冊

420000－2341－0003397　B/910.98/3423.3

新唐書二百二十五卷　（宋）歐陽修撰　清光緒十四年(1888)上海圖書集成書局鉛印本　三十二冊

420000－2341－0003398　B/910.98/3423.3

五代史七十四卷　（宋）歐陽修撰　清光緒十四年(1888)上海圖書集成書局鉛印本　十二冊

420000－2341－0003399　B/910.98/3423.3

元史二百十卷　（明）宋濂撰　清光緒十四年(1888)上海圖書集成書局鉛印本　四十八冊

420000－2341－0003400　B/910.98/3423.3

周書五十卷　（唐）令狐德棻撰　清光緒十四年(1888)上海圖書集成書局鉛印本　八冊

420000－2341－0003401　B/910.98/3423.3

北齊書五十卷　（唐）李百藥撰　清光緒十四年(1888)上海圖書集成印書局鉛印本　十二冊

420000－2341－0003402　B/910.98/3423.3

北史一百卷　（唐）李延壽撰　清光緒十四年(1888)上海圖書集成印書局鉛印本　三十二冊

420000－2341－0003403　B/910.98/3423.3

陳書三十六卷　（唐）姚思廉撰　清光緒十四年(1888)上海圖書集成印書局鉛印本　八冊

420000－2341－0003404　B/910.98/3423.3

後漢書一百二十卷　（南朝宋）范曄撰　（南朝梁）劉昭補志　（唐）李賢注　清光緒十四年(1888)上海圖書集成印書局鉛印本　三十六冊

420000－2341－0003405　B/910.98/3423.3壹

周書五十卷　（唐）令狐德棻撰　清光緒十四年(1888)上海圖書集成書局鉛印本　八冊

420000－2341－0003406　B/910.98/3423.3壹

南齊書五十九卷　（南朝梁）蕭子顯撰　清光緒十四年(1888)上海圖書集成書局鉛印本　十二冊

420000－2341－0003407　B/910.98/3423.3壹

前漢書一百二十卷　（漢）班固撰　（唐）顏師古注　清光緒十四年(1888)上海圖書集成書局鉛印本　六十冊

420000－2341－0003408　B/910.98/3423.3壹

史記一百三十卷　（漢）司馬遷撰　（南朝宋）裴駰集解　（唐）司馬貞索隱　（唐）張守節正義　清光緒十四年(1888)上海圖書集成書局鉛印本　三十二冊

420000－2341－0003409　B/910.98/3423.3壹

宋史四百九十六卷　（元）脫脫等修　清光緒十四年(1888)上海圖書集成書局鉛印本　一百十八冊

420000－2341－0003410　B/910.98/3423.3壹

宋書一百卷　（南朝梁）沈約撰　清光緒十四年(1888)上海圖書集成書局鉛印本　二十四冊

420000－2341－0003411　B/910.98/3423.3壹

隋書八十五卷　（唐）魏徵撰　清光緒十四年(1888)上海圖書集成書局鉛印本　二十五冊

420000－2341－0003412　B/910.98/3423.3壹

魏書一百十四卷　（北齊）魏收撰　清光緒十四年(1888)上海圖書集成書局鉛印本　三十二冊

420000－2341－0003413　B/910.98/3423.3壹

新唐書二百二十五卷　（宋）歐陽修撰　清光

緒十四年(1888)上海圖書集成書局鉛印本
三十二冊

420000－2341－0003414　B/910.98/3423.3壹
五代史七十四卷　（宋）歐陽修撰　清光緒十
四年(1888)上海圖書集成書局鉛印本　十
二冊

420000－2341－0003415　B/910.98/3423.3壹
元史二百十卷　（明）宋濂撰　清光緒十四年
(1888)上海圖書集成書局鉛印本　四十八冊

420000－2341－0003416　B/910.98/3423.3壹
後漢書九十卷　（南朝宋）范曄撰　（唐）李賢
注　續漢志三十卷　（晉）司馬彪撰　（南朝
梁）劉昭注補　清光緒十四年(1888)上海圖
書集成書局鉛印本　三十六冊

420000－2341－0003417　B/910.98/3423.3壹
金史一百三十五卷　（元）脫脫等修　清光緒
十四年(1888)上海圖書集成書局鉛印本　三
十二冊

420000－2341－0003418　B/910.98/3423.3壹
舊唐書二百卷　（後晉）劉昫撰　清光緒十四
年(1888)上海圖書集成書局鉛印本　六十冊

420000－2341－0003419　B/910.98/3423.3壹
舊五代史一百五十卷　（宋）薛居正撰　清光
緒十四年(1888)上海圖書集成書局鉛印本
二十四冊

420000－2341－0003420　B/910.98/3423.3壹
梁書五十六卷　（唐）姚思廉撰　清光緒十四
年(1888)上海圖書集成書局鉛印本　八冊

420000－2341－0003421　B/910.98/3423.3壹
遼史一百十六卷　（元）脫脫等修　清光緒十
四年(1888)上海圖書集成書局鉛印本　十
六冊

420000－2341－0003422　B/910.98/3423.3壹
明史三百三十二卷　（清）張廷玉撰　清光緒
十四年(1888)上海圖書集成書局鉛印本　七
十八冊

420000－2341－0003423　B/910.98/3423.3壹

南史八十卷　（唐）李延壽撰　清光緒十四年
(1888)上海圖書集成書局鉛印本　二十四冊

420000－2341－0003424　B/910.98/3423.3壹
三國志六十五卷　（晉）陳壽撰　清光緒十四
年(1888)上海圖書集成書局鉛印本　八冊

420000－2341－0003425　B/910.98/3423.3壹
晉書一百三十卷　（唐）房玄齡撰　清光緒十
四年(1888)上海圖書集成書局鉛印本　十
六冊

420000－2341－0003426　B/910.98/3423.3壹
北齊書五十卷　（唐）李百藥撰　清光緒十四
年(1888)上海圖書集成印書局鉛印本　十
二冊

420000－2341－0003427　B/910.98/3423.3壹
北史一百卷　（唐）李延壽撰　清光緒十四年
(1888)上海圖書集成印書局鉛印本　三十
二冊

420000－2341－0003428　B/910.98/3423.3壹
陳書三十六卷　（唐）姚思廉撰　清光緒十四
年(1888)上海圖書集成印書局鉛印本　八冊

420000－2341－0003429　B/910.98/3423.5
北齊書五十卷　（唐）李百藥撰　清光緒十年
(1884)上海同文書局石印本　十六冊

420000－2341－0003430　B/910.98/3423.5
舊唐書二百卷　（後晉）劉昫撰　清光緒十年
(1884)上海同文書局石印本　九十六冊

420000－2341－0003431　B/910.98/3423.5
舊五代史一百五十卷　（宋）薛居正撰　清光
緒十年(1884)上海同文書局石印本　四十
八冊

420000－2341－0003432　B/910.98/3423.5
梁書五十六卷　（唐）姚思廉撰　清光緒十年
(1884)上海同文書局石印本　十六冊

420000－2341－0003433　B/910.98/3423.5
遼史一百十六卷　（元）脫脫等修　清光緒十
年(1884)上海同文書局石印本　十六冊

420000－2341－0003434　B/910.98/3423.5

明史三百三十二卷 （清）張廷玉撰 清光緒十年(1884)上海同文書局石印本 二百二十四冊

420000－2341－0003435 B/910.98/3423.5
南齊書五十九卷 （南朝梁）蕭子顯撰 清光緒十年(1884)上海同文書局石印本 十六冊

420000－2341－0003436 B/910.98/3423.5
南史八十卷 （唐）李延壽撰 清光緒十年(1884)上海同文書局石印本 四十冊

420000－2341－0003437 B/910.98/3423.5
前漢書一百二十卷 （漢）班固撰 （唐）顏師古注 清光緒十年(1884)上海同文書局石印本 六十四冊

420000－2341－0003438 B/910.98/3423.5
三國志六十五卷 （晉）陳壽撰 （南朝宋）裴松之注 清光緒十年(1884)上海同文書局石印本 二十八冊

420000－2341－0003439 B/910.98/3423.5
史記一百三十卷 （漢）司馬遷撰 （南朝宋）裴駰集解 （唐）司馬貞索隱 （唐）張守節正義 清光緒十年(1884)上海同文書局石印本 四十八冊

420000－2341－0003440 B/910.98/3423.5
宋史四百九十六卷 （元）脫脫等修 清光緒十年(1884)上海同文書局石印本 二百冊

420000－2341－0003441 B/910.98/3423.5
宋書一百卷 （南朝梁）沈約撰 清光緒十年(1884)上海同文書局石印本 四十八冊

420000－2341－0003442 B/910.98/3423.5
隋書八十五卷 （唐）魏徵撰 清光緒十年(1884)上海同文書局石印本 四十八冊

420000－2341－0003443 B/910.98/3423.5
唐書二百二十五卷 （宋）歐陽修 （宋）宋祁撰 清光緒十年(1884)上海同文書局石印本 一百冊

420000－2341－0003444 B/910.98/3423.5
魏書一百十四卷 （北齊）魏收撰 清光緒十

年(1884)上海同文書局石印本 四十八冊

420000－2341－0003445 B/910.98/3423.5
五代史七十四卷 （宋）歐陽修撰 清光緒十年(1884)上海同文書局石印本 二十冊

420000－2341－0003446 B/910.98/3423.5
元史二百十卷 （明）宋濂撰 清光緒十年(1884)上海同文書局石印本 一百一冊

420000－2341－0003447 B/910.98/3423.5
周書五十卷 （唐）令狐德棻撰 清光緒十年(1884)上海同文書局石印本 十六冊

420000－2341－0003448 B/910.98/3423.5
陳書三十六卷 （唐）姚思廉撰 清光緒十年(1884)上海同文書局石印本 十二冊

420000－2341－0003449 B/910.98/3423.5
後漢書一百二十卷 （南朝宋）范曄撰 清光緒十年(1884)上海同文書局石印本 五十六冊

420000－2341－0003450 B/910.98/3423.5
金史一百三十五卷 （元）脫脫等修 清光緒十年(1884)上海同文書局石印本 四十八冊

420000－2341－0003451 B/910.98/3423.5
晉書一百三十卷 （唐）房玄齡撰 清光緒十年(1884)上海同文書局石印本 六十冊

420000－2341－0003452 B/910.98/3423.5
北史一百卷 （唐）李延壽撰 清光緒十年(1884)上海同文書局石印本 四十八冊

420000－2341－0003453 B/910.98/4451
二十四史九通政典類要合編三百二十卷 （清）黃書霖輯 清光緒二十八年(1902)石印本 六十冊

420000－2341－0003454 B/910.98036/3193
史姓韻編六十四卷 （清）汪輝祖輯 清光緒十年(1884)慈谿耕餘樓鉛印本 十六冊

420000－2341－0003455 B/910.98092/2774
歷代統紀表二十卷 （清）段長基編 清光緒三年(1877)味古山房刻本 二十四冊

420000 – 2341 – 0003456　B/910/3163

最近支那史二卷　（日本）河野通之　（日本）
石村貞一輯　清光緒二十四年（1898）至清末
上海振東室學社影印本　二冊　存一卷（二）

420000 – 2341 – 0003457　B/911.09/7231

史存三十卷　（清）劉沅輯　清咸豐十年
（1860）虛受齋刻本　十六冊

420000 – 2341 – 0003458　B/911.4/3404

四史發伏十卷　（清）洪亮吉撰　清光緒八年
（1882）小石山房刻本　四冊

420000 – 2341 – 0003459　B/911.6/1200

周書斠補四卷　（清）孫詒讓撰　清光緒二十
六年（1900）刻本　一冊

420000 – 2341 – 0003460　B/911.6/2722

戰國策十卷　（宋）鮑彪注　清武林二餘堂刻
本　六冊　存七卷（一至七）

420000 – 2341 – 0003461　B/911.63/4441

周季編略九卷　（清）黃式三撰　清同治十二
年（1873）杭州浙江書局刻儆居遺書本　四冊

420000 – 2341 – 0003462　B/911.63/6030

大事記十二卷通釋三卷解題十二卷　（宋）呂
祖謙撰　清乾隆五十一年（1786）至清末刻本
十二冊

420000 – 2341 – 0003463　B/911.65/2683

戰國策補注三十三卷　吳曾祺補注　清宣統
二年（1910）上海商務印書館鉛印本　四冊

420000 – 2341 – 0003464　B/912/7746

漢書注校補五十六卷　（清）周壽昌撰　清光
緒十年（1884）小對竹軒刻本　十六冊

420000 – 2341 – 0003465　B/912/8346

漢書辨疑二十二卷　（清）錢大昭撰　清光緒
十三年（1887）廣雅書局刻廣雅書局叢書本
八冊

420000 – 2341 – 0003466　B/912.04/2141

前漢書注考證一卷海陀華館文集一卷　（清）
何若瑤撰　清光緒八年（1882）番禺何雲旭刻
本　一冊

420000 – 2341 – 0003467　B/912.04/2622

兩漢刊誤補遺十卷　（宋）吳仁傑撰　清刻本
三冊

420000 – 2341 – 0003468　B/912.04/3427

漢書評林一百卷　（明）凌稚隆輯校　清光緒
十年（1884）佩蘭堂刻本　二十六冊

420000 – 2341 – 0003469　B/912.04/3427C1

漢書評林一百卷　（明）凌稚隆輯校　清同治
十三年（1874）長沙魏氏養翻書屋刻本　三十
二冊

420000 – 2341 – 0003470　B/912.04/3484

漢書疏證三十六卷　（清）沈欽韓撰　清光緒
二十六年（1900）浙江官書局刻本　四十冊

420000 – 2341 – 0003471　B/912.1/1020

漢書補注一百卷首一卷　王先謙補注　清光
緒二十九年（1903）長沙王氏刻本　三十二冊

420000 – 2341 – 0003472　B/912.1/1020 壹

漢書補注一百卷首一卷　王先謙補注　清光
緒二十九年（1903）長沙王氏刻本　三十二冊

420000 – 2341 – 0003473　B/912.1/1160/C3

漢書補注一百卷首一卷　王先謙補注　清光
緒二十六年（1900）長沙王氏虛受堂刻本　三
十八冊　存九十一卷（一至六十四、七十四至
一百）

420000 – 2341 – 0003474　B/912.1/1160/C3 貳

漢書補注一百卷首一卷　王先謙補注　清光
緒二十六年（1900）長沙王氏虛受堂刻本　二
十冊　存六十卷（三十一至四十二、四十七至
七十、七十五至九十六、九十九至一百）

420000 – 2341 – 0003475　B/912.1/1160/C3 壹

漢書補注一百卷首一卷　王先謙補注　清光
緒二十六年（1900）長沙王氏虛受堂刻本　三
十二冊

420000 – 2341 – 0003476　B/912.1/1160C11

前漢書一百二十卷　（漢）班固撰　（唐）顏師
古注　清光緒十八年（1892）武林竹簡齋石印
二十四史本　十二冊

420000－2341－0003477　B/912.1/1160C12

前漢書一百二十卷　（漢）班固撰　（唐）顏師古注　清光緒十年(1884)上海同文書局石印本　三十二冊

420000－2341－0003478　B/912.1/1160C13

前漢書一百二十卷　（漢）班固撰　（唐）顏師古注　清光緒二十九年(1903)五洲同文局石印本　三十二冊

420000－2341－0003479　B/912.1/1160C2

漢書一百二十卷　（漢）班固撰　（唐）顏師古注　清光緒十三年(1887)金陵書局刻本　二十冊

420000－2341－0003480　B/912.1/1160C4

前漢書一百二十卷　（漢）班固撰　（唐）顏師古注　清同治十年(1871)成都書局刻本　三十二冊

420000－2341－0003481　B/912.1/1160C4 貳

前漢書一百二十卷　（漢）班固撰　（唐）顏師古注　清同治十年(1871)成都書局刻本　三十二冊

420000－2341－0003482　B/912.1/1160C4 壹

前漢書一百二十卷　（漢）班固撰　（唐）顏師古注　清同治十年(1871)成都書局刻本　三十二冊

420000－2341－0003483　B/912.1/1160C5

前漢書一百二十卷　（漢）班固撰　（唐）顏師古注　清光緒石印本　十三冊

420000－2341－0003484　B/912.1/1160C5 壹

前漢書一百二十卷　（漢）班固撰　（唐）顏師古注　清光緒石印本　八冊

420000－2341－0003485　B/912.1/1160C7

前漢書一百二十卷　（漢）班固撰　（唐）顏師古注　清光緒三十一年(1905)武林竹簡齋石印二十四史本　十冊

420000－2341－0003486　B/912.1/4619

史漢求是五十五卷　（清）楊琪光撰　清光緒十八年(1892)刻本　十二冊

420000－2341－0003487　B/912.1092/1033

前漢書表八卷　（清）夏燮撰　清光緒十六年(1890)當塗夏氏江城公所刻本　六冊

420000－2341－0003488　B/912.113/4498

前漢紀三十卷　（漢）荀悅編　**後漢紀三十卷**　（晉）袁宏撰　清光緒二年(1876)嶺南述古堂刻本　十二冊

420000－2341－0003489　B/912.3/2622

後漢書注補正八卷　（清）周壽昌撰　清光緒十七年(1891)廣雅書局刻廣雅書局叢書本　一冊

420000－2341－0003490　B/912.3/4464C11

後漢書一百二十卷　（南朝宋）范曄撰　（唐）李賢注　清光緒十八年(1892)武林竹簡齋石印二十四史本　八冊

420000－2341－0003491　B/912.3/4464C3

後漢書九十卷　（南朝宋）范曄撰　（唐）李賢注　**續漢志三十卷**　（晉）司馬彪撰　（南朝梁）劉昭注補　清光緒十三年(1887)金陵書局刻本　十六冊

420000－2341－0003492　B/912.3/4464C4

後漢書九十卷　（南朝宋）范曄撰　（唐）李賢注　**續漢志三十卷**　（晉）司馬彪撰　（南朝梁）劉昭注補　清光緒二十九年(1903)五洲同文局石印本　二十八冊

420000－2341－0003493　B/912.3/4464C6

後漢書一百二十卷　（南朝宋）范曄撰　（唐）李賢注　清同治十年(1871)成都書局刻本　五十六冊

420000－2341－0003494　B/912.3/4464C8

後漢書一百二十卷　（南朝宋）范曄撰　（唐）李賢注　清刻本　十八冊

420000－2341－0003495　B/912.3/4464C9

後漢書一百二十卷　（南朝宋）范曄撰　（唐）李賢注　清光緒三十一年(1905)武林竹簡齋石印二十四史本　十冊

420000－2341－0003496　B/912.3/4490

續後漢書四十二卷首一卷附義例一卷音義四卷 （宋）蕭常撰 （清）尹繼美注 清光緒十一年(1885)鼎吉堂刻本 十一冊

420000－2341－0003497 B/912.3/4490C1

續後漢書四十二卷首一卷附義例一卷音義四卷 （宋）蕭常撰 清同治八年(1869)廬陵胡芳秋、杜邦浚刻本 一冊 存九卷（七至十五）

420000－2341－0003498 B/912.3/7200

南漢春秋十三卷 （清）劉應麟編輯 清道光三十年(1850)含章書屋刻本 四冊

420000－2341－0003499 B/912.3/7482

東觀漢記二十四卷 （漢）劉珍撰 清道光十年(1830)福建刻本 四冊

420000－2341－0003500 B/912.3092/4436

後漢三公年表一卷 （清）華湛恩撰 三國紀年表一卷 （清）周嘉猷撰 清光緒十七年(1891)廣雅書局刻廣雅書局叢書本 一冊

420000－2341－0003501 B/912.3092/8346

後漢書補表八卷 （清）錢大昭撰 清光緒十七年(1891)廣雅書局刻本 三冊

420000－2341－0003502 B/912.327/2810

東漢會要四十卷 （宋）徐天麟撰 清道光二十七年(1847)刻本 八冊

420000－2341－0003503 B/912.327/2810C1

東漢會要四十卷 （宋）徐天麟撰 清光緒十年(1884)江蘇書局刻本 八冊

420000－2341－0003504 B/912.327/2810.1

西漢會要七十卷 （宋）徐天麟撰 清光緒十年(1884)江蘇書局刻本 十冊

420000－2341－0003505 B/912.4/0403

大臣法則八卷 （清）謝文洊纂 清道光三十年(1850)劉煜刻本 二冊 存四卷（一至四）

420000－2341－0003506 B/912.4/7540

三國志六十五卷 （晉）陳壽撰 清光緒十八年(1892)武林竹簡齋石印二十四史本 四冊

420000－2341－0003507 B/912.4/7540C1

三國志六十五卷 （晉）陳壽撰 清同治六年(1867)金陵書局活字印本 二十冊

420000－2341－0003508 B/912.4/7540C4

三國志六十五卷 （晉）陳壽撰 （南朝宋）裴松之注 清光緒三十一年(1905)武林竹簡齋石印二十四史本 四冊

420000－2341－0003509 B/912.4/7540C6

三國志六十五卷 （晉）陳壽撰 （南朝宋）裴松之注 清同治十年(1871)成都書局刻本 二十八冊

420000－2341－0003510 B/912.4/7540C8

三國志六十五卷 （晉）陳壽撰 （南朝宋）裴松之注 清光緒十三年(1887)江南書局刻本 八冊

420000－2341－0003511 B/912.404/8324

三國志證聞二卷 （清）錢儀吉撰 清光緒十一年(1885)江蘇書局刻本 二冊

420000－2341－0003512 B/912.431/3404

補三國疆域志二卷 （清）洪亮吉撰 清光緒十七年(1891)廣雅書局刻廣雅書局叢書本 一冊

420000－2341－0003513 B/912.431/3404C1

補三國疆域志二卷 （清）洪亮吉撰 清光緒四年(1878)洪用懃授經堂刻本 一冊

420000－2341－0003514 B/912.457/2642

三國郡縣表補正八卷 （清）吳增僅撰 楊守敬補正 清光緒三十三年(1907)湖北鄂城刻本 四冊

420000－2341－0003515 B/913.2/4042

晉書載記三十卷 （唐）房玄齡撰 明鍾人傑刻本 六冊

420000－2341－0003516 B/913.2/7724

晉略六十五卷 （清）周濟撰 清光緒二年(1876)味雋齋刻本 十冊

420000－2341－0003517 B/913.227/3071

晉政輯要四十卷 （清）安頤纂 清光緒十五年(1889)山西刻本 三十一冊

420000－2341－0003518　B/913.3/4047C2

晉書一百三十卷附考證　（唐）房玄齡撰　清光緒二十九年(1903)五洲同文局石印本　三十冊

420000－2341－0003519　B/913.4/3404

東晉畺域志四卷　（清）洪亮吉撰　清光緒四年(1878)洪用懃授經堂刻本　一冊　存二卷（一至二）

420000－2341－0003520　B/913.58/3404

十六國疆域志十六卷　（清）洪亮吉撰　清光緒四年(1878)洪用懃授經堂刻本　六冊

420000－2341－0003521　B/913.6/3148

南北史補志十四卷　（清）汪士鐸撰　清光緒四年(1878)淮南書局刻本　六冊

420000－2341－0003522　B/913.6/8323

南北史纂二十四卷　（明）錢岱纂　明萬曆錢岱刻清掃葉山房後印本　十冊

420000－2341－0003523　B/913.64/3434

南史識小錄十四卷北史識小錄十四卷　（清）沈名蓀　（清）朱昆田輯　清同治十年(1871)武林吳氏清來堂刻本　十二冊

420000－2341－0003524　B/913.7/4014C1

南史八十卷　（唐）李延壽撰　清光緒二十九年(1903)五洲同文局石印本　二十冊

420000－2341－0003525　B/913.7/4014C3

南史八十卷　（唐）李延壽撰　清光緒二十八年(1902)武林竹簡齋石印二十四史本　六冊

420000－2341－0003526　B/913.71/3427C1

宋書一百卷　（南朝梁）沈約撰　清光緒二十八年(1902)武林竹簡齋石印二十四史本　六冊

420000－2341－0003527　B/913.71/3427C2

宋書一百卷　（南朝梁）沈約撰　清光緒二十九年(1903)五洲同文局石印本　二十四冊

420000－2341－0003528　B/913.73/4260C1

梁書五十六卷附考證　（唐）姚思廉撰　清光緒二十九年(1903)五洲同文局石印本　八冊

420000－2341－0003529　B/913.74/4260C2

陳書三十六卷　（唐）姚思廉撰　清光緒二十九年(1903)五洲同文局石印本　六冊

420000－2341－0003530　B/913.74/4260C3

陳書三十六卷　（唐）姚思廉撰　明崇禎四年(1631)毛氏汲古閣刻本　四冊

420000－2341－0003531　B/913.8/4014C1

北史一百卷　（唐）李延壽撰　清光緒二十八年(1902)武林竹簡齋石印二十四史本　八冊

420000－2341－0003532　B/913.8/4014C2

北史一百卷　（唐）李延壽撰　清光緒二十九年(1903)五洲同文局石印本　二十四冊

420000－2341－0003533　B/913.8/4014C3

北史一百卷　（唐）李延壽撰　清同治十二年(1873)南京金陵書局刻本　二十冊

420000－2341－0003534　B/913.82/2728C1

魏書一百十四卷　（北齊）魏收撰　清光緒二十八年(1902)武林竹簡齋石印二十四史本　八冊

420000－2341－0003535　B/913.82/2728C2

魏書一百十四卷　（北齊）魏收撰　清光緒二十九年(1903)五洲同文局石印本　二十四冊

420000－2341－0003536　B/913.83/0436

西魏書二十四卷　（清）謝啟昆撰　清乾隆六十年(1795)謝氏樹經堂刻本　六冊

420000－2341－0003537　B/913.85/4014C1

北齊書五十卷　（唐）李百藥撰　清光緒二十九年(1903)五洲同文局石印本　八冊

420000－2341－0003538　B/913.85/4014C2

北齊書五十卷　（唐）李百藥撰　清光緒二十八年(1902)武林竹簡齋石印二十四史本　二冊

420000－2341－0003539　B/913.86/8042C1

周書五十卷　（唐）令狐德棻撰　清光緒二十八年(1902)武林竹簡齋石印二十四史本　二冊

420000－2341－0003540　B/913.9/2628C2

隋書八十五卷　（唐）魏徵撰　清光緒二十八
年(1902)武林竹簡齋石印二十四史本　五冊

420000－2341－0003541　B/913.98/4634
隋書地理志攷證九卷　楊守敬撰　清光緒二
十二年(1896)鄰蘇園刻本　六冊

420000－2341－0003542　B/914.04/1253
唐史論斷三卷　（宋）孫甫撰　清光緒二十年
(1894)刻本　二冊

420000－2341－0003543　B/914.1/1033
唐會要一百卷　（宋）王溥撰　清光緒十年
(1884)江蘇書局刻本　二十四冊

420000－2341－0003544　B/914.1/2211.1
舊唐書校勘記六十六卷　（清）羅士琳　（清）
劉文淇校勘　清道光二十八年(1848)刻本
三十六冊

420000－2341－0003545　B/914.1/2211.2
舊唐書逸文十二卷　（清）岑建功輯　清道光
二十九年(1849)江蘇揚州岑淦、岑鎔刻本
二冊

420000－2341－0003546　B/914.1/3455
新舊唐書合鈔二百六十卷　（清）沈炳震編
清同治十年(1871)武林吳氏清來堂刻本　一
百冊

420000－2341－0003547　B/914.1/7267C1
舊唐書二百卷　（後晉）劉昫撰　清同治十一
年(1872)杭州浙江書局刻本　三十九冊

420000－2341－0003548　B/914.1/7267C2
舊唐書二百卷校勘記六十六卷逸文十二卷
（後晉）劉昫撰　清道光二十三年至二十九年
(1843－1849)懼盈齋刻本　五十冊

420000－2341－0003549　B/914.1/7772
唐書二百二十五卷　（宋）歐陽修　（宋）宋祁
撰　清光緒二十八年(1902)武林竹簡齋石印
二十四史本　十六冊

420000－2341－0003550　B/914.27/0003
唐六典三十卷　（唐）玄宗李隆基撰　（唐）李
林甫注　清嘉慶五年(1800)掃葉山房刻本

六冊

420000－2341－0003551　B/914.27/0003C1
唐六典三十卷　（唐）玄宗李隆基撰　清光緒
二十一年(1895)廣雅書局刻本　八冊

420000－2341－0003552　B/914.3/1033
五代會要三十卷　（宋）王溥撰　清刻本
六冊

420000－2341－0003553　B/914.3/1033C1
五代會要三十卷　（宋）王溥撰　清光緒十二
年(1886)江蘇書局刻本　六冊

420000－2341－0003554　B/914.3/2699
五代史記纂誤續補六卷　（清）吳光耀撰　清
光緒十四年(1888)江夏吳氏刻本　十二冊

420000－2341－0003555　B/914.3/4471C2
舊五代史一百五十卷　（宋）薛居正撰　清刻
本　十六冊

420000－2341－0003556　B/914.3/4471C3
舊五代史一百五十卷目錄二卷　（宋）薛居正
撰　清同治十一年(1872)湖北崇文書局刻本
十五冊

420000－2341－0003557　B/914.3/7772
五代史七十四卷　（宋）歐陽修撰　（宋）徐無
黨注　清同治十一年(1872)湖北崇文書局刻
本　八冊

420000－2341－0003558　B/914.3/7772C1
五代史記七十四卷　（宋）歐陽修撰　（宋）徐
無黨注　清宣統元年(1909)貴池劉氏刻本
十二冊

420000－2341－0003559　B/914.3/7772C2
五代史七十四卷　（宋）歐陽修撰　清光緒元
年(1875)成都書局刻本　二十冊

420000－2341－0003560　B/914.3/7772C4
五代史記注七十四卷　（宋）歐陽修撰　（宋）
徐無黨　（清）彭元瑞注　（清）劉鳳誥編　清
道光八年(1828)南昌彭氏刻本　八冊

420000－2341－0003561　B/914.3/7772 貳
五代史七十四卷　（宋）歐陽修撰　（宋）徐無

177

黨注　清同治十一年（1872）湖北崇文書局刻本　七冊　缺十卷（一至十）

420000－2341－0003562　B/914.3/7772　壹
五代史七十四卷　（宋）歐陽修撰　（宋）徐無黨注　清同治十一年（1872）湖北崇文書局刻本　十冊

420000－2341－0003563　B/914.9/2627
十國春秋一百十六卷　（清）吳任臣撰　清乾隆五十三年（1788）周昂刻海虞戴氏漱石山房後印本　十八冊

420000－2341－0003564　B/914.9/2627C2
十國春秋一百十六卷　（清）吳任臣撰　清乾隆五十三年（1788）周昂刻海虞戴氏漱石山房後印本　十六冊

420000－2341－0003565　B/914.9/2627　壹
十國春秋一百十六卷　（清）吳任臣撰　清乾隆五十三年（1788）周昂刻海虞戴氏漱石山房後印本　十九冊

420000－2341－0003566　B/914.94/4964
吳越春秋六卷　（漢）趙曄撰　（宋）徐天祐注　清康熙七年（1668）新安汪氏刻本　二冊

420000－2341－0003567　B/915.1/1053
宋論五卷　（清）王夫之撰　清光緒二十四年（1898）上海公興書局鉛印船山遺書本　一冊　存二卷（一至二）

420000－2341－0003568　B/915.1/1779
涑水紀聞十六卷補遺一卷　（宋）司馬光撰　清光緒元年（1875）湖北崇文書局刻本　四冊

420000－2341－0003569　B/915.1/1779　壹
涑水紀聞十六卷補遺一卷　（宋）司馬光撰　清光緒元年（1875）湖北崇文書局刻本　二冊

420000－2341－0003570　B/915.1/4027
建炎進退志四卷　（宋）李綱撰　清光緒十年（1884）邵武徐氏刻本　一冊

420000－2341－0003571　B/915.1/5245C1
宋史四百九十六卷　（元）脫脫等修　清光緒元年（1875）浙江書局刻本　一百冊

420000－2341－0003572　B/915.2/1021
東都事畧一百三十卷　（宋）王偁撰　清乾隆六十年（1795）掃葉山房刻本　十二冊

420000－2341－0003573　B/915.28/2844
三朝北盟會編二百五十卷附校勘記一卷校勘記補遺一卷　（宋）徐夢莘撰　清光緒四年（1878）鉛印本　四十冊

420000－2341－0003574　B/915.3/8382
南宋書六十八卷　（明）錢士升撰　清嘉慶二年（1797）上海掃葉山房刻本　十二冊

420000－2341－0003575　B/915.31/7211
鄂國金佗粹編二十八卷續編三十卷　（宋）岳珂撰　清光緒九年（1883）浙江書局刻本　十一冊

420000－2341－0003576　B/915.313/4032C8
建炎以來繫年要錄二百卷　（宋）李心傳撰　清光緒五年（1879）仁壽蕭氏刻本　六十冊

420000－2341－0003577　B/915.313/4032C8　壹
建炎以來繫年要錄二百卷　（宋）李心傳撰　清光緒五年（1879）仁壽蕭氏刻本　八十冊

420000－2341－0003578　B/915.35/2849
爐餘錄二編　（元）徐大焯撰　清光緒吳縣謝氏刻本　一冊

420000－2341－0003579　B/915.35/4032
建炎以來朝野雜記甲集二十卷附校勘記二卷乙集二十卷附校勘記三卷　（宋）李心傳撰　清光緒二十年（1894）刻本　十二冊

420000－2341－0003580　B/915.35/7213
錢塘遺事十卷　（元）劉一清編　清光緒十三年（1887）丁氏八千卷樓刻本　四冊

420000－2341－0003581　B/915.4/4624C1
遼史拾遺補五卷　（清）楊復吉輯　清光緒二十六年（1900）廣雅書局刻廣雅書局叢書本　二冊

420000－2341－0003582　B/915.4/4875
欽定金史語解十二卷　清光緒四年（1878）江蘇書局刻本　二冊

420000－2341－0003583　B/915.4/4875
欽定元史語解二十四卷　清光緒四年（1878）
江蘇書局刻本　六冊

420000－2341－0003584　B/915.4/4875
欽定遼史語解十卷　清光緒四年（1878）江蘇
書局刻本　二冊

420000－2341－0003585　B/915.4/5245
遼史一百十六卷　（元）脫脫等修　清光緒二
十八年（1902）武林竹簡齋石印二十四史本
三冊

420000－2341－0003586　B/915.4/5245C2
遼史一百十六卷　（元）脫脫等修　清光緒二
十九年（1903）上海點石齋石印本　十二冊

420000－2341－0003587　B/915.4/5245C3
遼史一百十六卷　（元）脫脫等修　清刻本
二十冊

420000－2341－0003588　B/915.4/5245C4
遼史一百十六卷　（元）脫脫等修　清同治十
二年（1873）江蘇書局刻本　十二冊

420000－2341－0003589　B/915.4/7167
遼史拾遺二十四卷　（清）厲鶚撰　清光緒元
年（1875）江蘇書局刻本　八冊

420000－2341－0003590　B/915.7/0863
金史詳校十卷附史論五苔一卷　（清）施國祁
撰　清光緒六年（1880）會稽章氏刻本　十冊

420000－2341－0003591　B/915.7/0863 壹
金史詳校十卷附史論五苔一卷　（清）施國祁
撰　清光緒六年（1880）會稽章氏刻本　十冊

420000－2341－0003592　B/915.7/5245
金史一百三十五卷　（元）脫脫等修　清同治
十三年（1874）江蘇書局刻本　二十冊

420000－2341－0003593　B/915.7/5245C2
金史一百三十五卷　（元）脫脫等修　清光緒
二十九年（1903）上海點石齋石印本　十五冊

420000－2341－0003594　B/915.7/5245C3
金史一百三十五卷　（元）脫脫等修　清光緒
二十八年（1902）武林竹簡齋石印二十四史本

八冊

420000－2341－0003595　B/915.9/1213
元朝典故編年攷十卷　（清）孫承澤撰　清光
緒二十七年（1901）順德龍氏刻本　四冊

420000－2341－0003596　B/915.9/3030
元史二百十卷　（明）宋濂撰　清同治十三年
（1874）江蘇書局刻本　四十冊

420000－2341－0003597　B/915.9/3030C2
元史二百十卷　（明）宋濂撰　清光緒二十八
年（1902）武林竹簡齋石印二十四史本　十
四冊

420000－2341－0003598　B/915.9/3030C3
元史二百十卷　（明）宋濂撰　清光緒十四年
（1888）上海圖書集成書局鉛印本　四十八冊

420000－2341－0003599　B/915.9/3030C4
元史二百十卷　（明）宋濂撰　清光緒二十九
年（1903）上海點石齋石印本　二十七冊

420000－2341－0003600　B/915.9/8000
元書一百二卷首一卷　曾廉撰　清宣統三年
（1911）邵陽曾氏刻本　二十冊

420000－2341－0003601　B/915.904/3487
元史譯文證補三十卷　（清）洪鈞撰　清光緒
二十三年（1897）刻本　四冊

420000－2341－0003602　B/915.904/3487 壹
元史譯文證補三十卷　（清）洪鈞撰　清光緒
二十三年（1897）刻本　四冊

420000－2341－0003603　B/915.9092/8346
元史氏族表三卷　（清）錢大昕撰　清光緒二
十年（1894）廣雅書局刻廣雅書局叢書本
二冊

420000－2341－0003604　B/915.94/2631
元史新編九十五卷　（清）魏源撰　清光緒三
十一年（1905）魏氏慎微堂刻本　三十二冊

420000－2341－0003605　B/915.94/2731
元史類編四十二卷　（清）邵遠平撰　清乾隆
六十年（1795）掃葉山房刻本　十六冊

420000－2341－0003606　B/915.95/7833

元朝秘史注十五卷　（清）脫察安撰　（清）李文田注　清光緒二十九年(1903)石印本　四冊

420000－2341－0003607　B/915.95/7833C1

元朝秘史十卷續集二卷　（清）脫察安撰　清光緒三十四年(1908)長沙葉氏觀古堂刻本　六冊

420000－2341－0003608　B/915.95/7833C2

元朝秘史注十五卷　（清）脫察安撰　（清）李文田注　清光緒二十二年(1896)通隱堂刻本　四冊

420000－2341－0003609　B/916.085/1032

明史稿三百十卷　（清）王鴻緒撰　清雍正敬慎堂刻本　八十冊

420000－2341－0003610　B/916.092/0014

歷代帝王年表八卷　（清）齊召南編　清光緒二十九年(1903)寶慶勸孝書舍刻本　四冊

420000－2341－0003611　B/916.092/0014C2

歷代帝王年表三卷　（清）齊召南編　清光緒二十九年(1903)方亭知不足齋刻本　三冊

420000－2341－0003612　B/916.1/0104

明會要八十卷　（清）龍文彬纂　清光緒十三年(1887)永懷堂刻本　二十冊

420000－2341－0003613　B/916.1/1237

二申野錄八卷　（清）孫之騄輯　清同治六年(1867)吟香館刻本　三冊

420000－2341－0003614　B/916.1/2609

兩朝剝復錄六卷附校證　（明）吳應箕輯　清同治二年(1863)江西省廔刻本　四冊

420000－2341－0003615　B/916.1/7262

蜀龜鑑七卷首一卷　（清）劉景伯輯　清宣統三年(1911)刻本　四冊

420000－2341－0003616　B/916.13/7537C2

明紀六十卷　（清）陳鶴纂　清同治十年(1871)江蘇書局刻本　二十冊

420000－2341－0003617　B/916.15/1099

明通鑑九十卷首一卷前編四卷坿編六卷　（清）夏燮編　清光緒二十三年(1897)湖北官書處刻本　四十冊

420000－2341－0003618　B/916.15/1099C2

明通鑑一百卷　（清）夏燮輯　清光緒二十九年(1903)上海點石齋石印本　十六冊

420000－2341－0003619　B/916.15/4748

欽定明鑑二十四卷首一卷　（清）托津撰　清同治九年(1870)湖北崇文書局刻本　二十冊

420000－2341－0003620　B/916.1507/6738

明通鑑目錄二十卷　（清）夏燮編　清刻本　八冊

420000－2341－0003621　B/916.18/0404

明季北略二十四卷　（清）計六奇編輯　清北京琉璃廠半松居士刻本　二十冊

420000－2341－0003622　B/916.18/0404.1

明季南略十八卷　（清）計六奇編輯　清北京琉璃廠半松居士刻本　二十二冊

420000－2341－0003623　B/916.18/0404C1

明季北略二十四卷　（清）計六奇編輯　清光緒十三年(1887)上海圖書集成印書局鉛印本　六冊

420000－2341－0003624　B/916.18/0404C2

明季南略十八卷　（清）計六奇編輯　清光緒十三年(1887)上海圖書集成書局鉛印本　四冊

420000－2341－0003625　B/916.18/1088

明末紀事補遺十卷　（清）□□輯　清刻本　十冊

420000－2341－0003626　B/916.27/0146

明大政纂要六十三卷　（明）譚希思編輯　清光緒湖南刻本　二十四冊

420000－2341－0003627　B/916.282/2623

綏寇紀略十二卷補遺三卷　（清）吳偉業撰　清嘉慶九年(1804)昭文張海鵬照曠閣刻本　三十四冊

420000－2341－0003628　B/916.4/1284

蜀破鏡三卷　（清）孫鍖撰　清道光二十四年(1844)古棠書屋刻本　一冊

420000－2341－0003629　B/916.4/4012

南疆繹史三十卷首二卷　（清）溫睿臨撰　清道光十年(1830)北京琉璃廠半松居士刻本　十六冊

420000－2341－0003630　B/916.4/4012 貳

南疆繹史三十卷首二卷　（清）溫睿臨撰　清道光十年(1830)北京琉璃廠半松居士刻本　十六冊

420000－2341－0003631　B/916.4/4012 壹

南疆繹史三十卷首二卷　（清）溫睿臨撰　清道光十年(1830)北京琉璃廠半松居士刻本　十六冊

420000－2341－0003632　B/916.5/0049

先撥志始二卷　（清）文秉撰　清同治二年(1863)江西夏燮刻本　二冊

420000－2341－0003633　B/916.5/3192

明季續聞一卷　（清）汪光復撰　清宣統三年(1911)上海商務印書館鉛印本　一冊

420000－2341－0003634　B/916.5/3410

南天痕二十六卷　（清）凌雪纂修　清宣統二年(1910)復古社鉛印本　六冊

420000－2341－0003635　B/916.5/6022

明季稗史彙編十六種　（清）留雲居士輯　清北京琉璃廠刻本　三十二冊

420000－2341－0003636　B/916.5/6022 壹

明季稗史彙編十六種　（清）留雲居士輯　清北京琉璃廠刻本　二十冊

420000－2341－0003637　B/916/1121C1

明史三百三十二卷　（清）張廷玉撰　清光緒二十八年(1902)武林竹簡齋石印二十四史本　二十四冊

420000－2341－0003638　B/916/1121C2

明史三百三十二卷　（清）張廷玉撰　清光緒三年(1877)湖北崇文書局刻本　八十冊

420000－2341－0003639　B/916/1121C2 壹

明史三百三十二卷　（清）張廷玉撰　清光緒三年(1877)湖北崇文書局刻本　八十冊

420000－2341－0003640　B/917/2772

普天忠憤集十四卷首一卷　（清）孔廣德編　清光緒二十四年(1898)經濟書莊石印本　十冊

420000－2341－0003641　B/917.1/1144

三洲日記八卷（清光緒十二年二月初八至十六年十一月十三日）　（清）張蔭桓撰　清光緒二十二年(1896)北京刻本　八冊

420000－2341－0003642　B/917.1/2602C1

教務紀略四卷首一卷　（清）李剛己輯　清光緒三十一年(1905)南洋官報局刻本　八冊

420000－2341－0003643　B/917.1/2633

隨軺筆記四卷　吳宗濂撰　清光緒二十八年(1902)上海著易堂鉛印本　四冊

420000－2341－0003644　B/917.1/4012

榆塞紀行錄四卷　（清）李嘉績纂　清光緒十二年(1886)潞河李氏代耕堂刻本　一冊

420000－2341－0003645　B/917.1/4026

大清通禮五十卷　（清）來保纂輯　清乾隆二十一年(1756)至清末刻本　八冊

420000－2341－0003646　B/917.1/4233

蜀碧四卷　（清）彭遵泗編　清成都筆經堂刻本　二冊

420000－2341－0003647　B/917.1/4444

印度劄記二卷　（清）黃楙材撰　清光緒二十二年(1896)桐城江召棠刻得一齋雜著本　一冊

420000－2341－0003648　B/917.1/4444

西徼水道一卷　（清）黃楙材撰　清光緒二十二年(1896)桐城江召棠刻得一齋雜著本　四冊

420000－2341－0003649　B/917.1/4444

西輶日記四卷（清光緒四年七月至六年正月）　（清）黃楙材撰　清光緒二十二年(1896)桐城江召棠刻得一齋雜著本　一冊

420000－2341－0003650　B/917.1/4444

遊歷芻言一卷　（清）黃楙材撰　清光緒二十二年（1896）桐城江召棠刻得一齋雜著本　一冊

420000－2341－0003651　B/917.1/4462

滇軺紀程一卷　（清）林則徐撰　荷戈紀程一卷　（清）林則徐撰　清光緒三年（1877）宣武刻本　一冊

420000－2341－0003652　B/917.1/6020

東征紀略十二卷　（清）羅壬撰　清光緒十八年（1892）刻本　二冊

420000－2341－0003653　B/917.1/8073

國朝事略三卷　（清）金陵江楚編譯官書局編輯　清光緒三十二年（1906）金陵江楚編譯官書局石印本　一冊

420000－2341－0003654　B/917.13/1020

東華錄六百三十六卷（天命至同治）　王先謙編　清光緒十三年（1887）上海廣百宋齋鉛印本　一百二十三冊

420000－2341－0003655　B/917.13/1020.1

十一朝東華錄分類輯要二十四卷　（清）何良棟輯　清光緒二十九年（1903）鴻寶書局石印本　五冊　存五卷（二十至二十四）

420000－2341－0003656　B/917.13/1020.2

東華錄一百二十卷（康熙至道光）　王先謙編　清光緒十年（1884）至清末石印本　六十冊

420000－2341－0003657　B/917.13/1020.3

東華續錄一百卷（同治）　王先謙編　清光緒二十四年（1898）文瀾書局石印本　二十四冊

420000－2341－0003658　B/917.13/1020.6

東華續錄一百卷（咸豐）　王先謙編　清光緒至清末刻朱印本　五十冊

420000－2341－0003659　B/917.13/1020.7

東華錄六百二十四卷（天命至雍正）　王先謙編　清光緒十七年（1891）上海廣百宋齋鉛印本　三十二冊

420000－2341－0003660　B/917.13/1020 貳

東華錄六百三十六卷（天命至同治）　王先謙編　清光緒十三年（1887）上海廣百宋齋鉛印本　一百二十四冊

420000－2341－0003661　B/917.13/1020 叄

東華錄六百三十六卷（天命至同治）　王先謙編　清光緒十三年（1887）上海廣百宋齋鉛印本　一百二十四冊

420000－2341－0003662　B/917.13/1020 壹

東華錄六百三十六卷（天命至同治）　王先謙編　清光緒十三年（1887）上海廣百宋齋鉛印本　一百二十四冊

420000－2341－0003663　B/917.13/2547C1

東華續錄二百二十卷（同治至光緒）　（清）朱壽朋編　清宣統元年（1909）上海集成圖書公司鉛印本　六十四冊

420000－2341－0003664　B/917.13/2547C1 壹

東華續錄二百二十卷（同治至光緒）　（清）朱壽朋編　清宣統元年（1909）上海集成圖書公司鉛印本　四十八冊

420000－2341－0003665　B/917.18/1035

中外通商始末記二十卷　（清）王之春編　清光緒二十一年（1895）寶善書局石印本　六冊

420000－2341－0003666　B/917.27/0047

康熙政要二十四卷　（清）章梫纂　清宣統二年（1910）鉛印本　十二冊

420000－2341－0003667　B/917.27/0143

光緒乙巳交涉要覽上篇二卷下篇三卷　（清）北洋洋務局纂輯　清光緒三十三年（1907）北洋官報局鉛印本　五冊

420000－2341－0003668　B/917.27/0143.1

光緒丙午交涉要覽三篇　（清）北洋洋務局纂輯　清光緒三十四年（1908）鉛印本　六冊

420000－2341－0003669　B/917.27/1001

熙朝紀政八卷　（清）王慶雲撰　清光緒二十八年（1902）上海書局鉛印本　四冊

420000－2341－0003670　B/917.27/1005.2C1

國朝柔遠記二十卷　（清）彭玉麟定　（清）王

之春編　清光緒二十二年(1896)湖北書局刻本　六冊

420000－2341－0003671　B/917.27/1005.2C2
國朝柔遠記二十卷　(清)彭玉麟定　(清)王之春編　清光緒十七年(1891)廣雅書局刻本　十五冊

420000－2341－0003672　B/917.27/10351
使俄草八卷　(清)王之春撰　清光緒二十一年(1895)上海文藝齋石印本　四冊

420000－2341－0003673　B/917.27/1040C2
欽定大清會典事例一千二百二十卷　(清)李鴻章纂修　清光緒三十四年(1908)商務印書館石印本　九十八冊

420000－2341－0003674　B/917.27/1040C2 壹
欽定大清會典事例一千二百二十卷　(清)李鴻章纂修　清光緒三十四年(1908)商務印書館石印本　一百五十冊

420000－2341－0003675　B/917.27/1099
中西紀事二十四卷　(清)夏燮撰　清光緒十三年(1887)鉛印本　八冊

420000－2341－0003676　B/917.27/1099.1
中西紀事二十四卷　(清)夏燮撰　清同治七年(1868)刻本　十六冊

420000－2341－0003677　B/917.27/1103
會典簡明錄一卷　(清)張祥河輯　清道光六年(1826)刻本　一冊

420000－2341－0003678　B/917.27/2277
欽定大清會典一百卷　(清)崑岡纂　清光緒三十四年(1908)商務印書館石印本　十冊

420000－2341－0003679　B/917.27/2277C2
欽定大清會典一百卷　(清)崑岡纂　清光緒二十五年(1899)清會典館石印本　三十冊

420000－2341－0003680　B/917.27/2277C3
欽定大清會典一百卷首一卷　(清)崑岡纂　清光緒二十五年(1899)京師官書局石印本　二十四冊

420000－2341－0003681　B/917.27/2277C4

欽定大清會典一百卷　(清)崑岡纂　清光緒十九年(1893)上海圖書集成書局鉛印本　十六冊

420000－2341－0003682　B/917.27/2445
欽定中樞政考三十二卷續纂四卷　(清)納蘇泰纂修　清道光五年(1825)刻本　三十六冊

420000－2341－0003683　B/917.27/2699C1
吾學錄初編二十四卷　(清)吳榮光撰　清同治九年(1870)江蘇書局刻本　六冊

420000－2341－0003684　B/917.27/2699C2
吾學錄初編二十四卷　(清)吳榮光撰　清道光十二年(1832)南海吳氏筠清館刻本　八冊

420000－2341－0003685　B/917.27/2722
條例不分卷　(清)□□編　清光緒十一年(1885)至清末刻本　五十五冊

420000－2341－0003686　B/917.27/2730
欽定大清會典圖二百七十卷　(清)崑岡纂修　清光緒二十五年(1899)至清末石印本　七十三冊

420000－2341－0003687　B/917.27/3442
光緒政要三十四卷　沈桐生輯　清宣統元年(1909)上海崇義堂石印本　三十冊

420000－2341－0003688　B/917.27/4000
大清會典四卷　(清)托津等修　清同治十一年(1872)湖北崇文書局刻本　四冊

420000－2341－0003689　B/917.27/4035
大清搢紳全書不分卷　(清)□□編　清光緒三十二年(1906)北京榮寶齋刻本　六冊

420000－2341－0003690　B/917.27/4088
資治新書初集十四卷二集二十卷　(清)李漁輯　清光緒八年(1882)湖南邵陽經綸堂刻本　十五冊

420000－2341－0003691　B/917.27/4888
欽定臺規四十卷　(清)松筠修　清道光七年(1827)刻本　十六冊

420000－2341－0003692　B/917.27/5325
欽定大清會典八十卷　(清)托津纂修　清嘉

慶二十三年(1818)清會典館刻後印本　四十冊

420000－2341－0003693　B/917.27/6734

欽定中樞政考三十二卷　(清)明達纂修　清嘉慶十三年(1808)刻本　三十二冊

420000－2341－0003694　B/917.27/7751

閣抄彙編不分卷　(清)□□編　清光緒三十四年(1908)至清末北京琉璃廠華北書局鉛印本　一百六十九冊

420000－2341－0003695　B/917.28/2123

朔方備乘六十八卷首十二卷　(清)何秋濤撰　清咸豐十年(1860)至清末刻本　十六冊

420000－2341－0003696　B/917.28/2123C2

朔方備乘六十八卷首十二卷　(清)何秋濤撰　清光緒七年(1881)石印本　八冊

420000－2341－0003697　B/917.282/0061

平苗紀略一卷　(清)方顯撰　清同治十二年(1873)武昌方大湜刻本　一冊

420000－2341－0003698　B/917.282/0819

平浙紀略十六卷　(清)秦緗業輯　清同治十二年(1873)浙江書局刻本　四冊

420000－2341－0003699　B/917.282/0819 貳

平浙紀略十六卷　(清)秦緗業輯　清同治十二年(1873)浙江書局刻本　四冊

420000－2341－0003700　B/917.282/0819 壹

平浙紀略十六卷　(清)秦緗業輯　清同治十二年(1873)浙江書局刻本　四冊

420000－2341－0003701　B/917.282/1033

湘軍記二十卷　(清)王定安撰　清光緒十五年(1889)江南書局刻本　十二冊

420000－2341－0003702　B/917.282/1033C2

湘軍志十六篇　王闓運撰　清光緒十一年(1885)成都墨香書屋刻本　四冊

420000－2341－0003703　B/917.282/1033C3

湘軍記二十卷　(清)王定安撰　清光緒十五年(1889)上海書局石印本　四冊

420000－2341－0003704　B/917.282/1146

杭州八旗駐防營志略二十五卷　(清)張大昌輯　清光緒十九年(1893)浙江書局刻本　六冊

420000－2341－0003705　B/917.282/1317

湘軍志十六篇　王闓運撰　清光緒二十八年(1902)富記書局刻本　三冊

420000－2341－0003706　B/917.282/1751

豫軍紀略十二卷　(清)尹耕雲纂　清同治十一年(1872)刻本　十二冊

420000－2341－0003707　B/917.282/2478

拳匪紀略八卷前編二卷後編二卷　(日本)佐原篤介輯　清光緒二十七年(1901)香港書局石印本　六冊

420000－2341－0003708　B/917.282/2478.1

拳匪紀事六卷　(日本)佐原篤介　(清)漚隱輯　清光緒二十七年(1901)鉛印本　六冊

420000－2341－0003709　B/917.282/2478 壹

拳匪紀略八卷前編二卷後編二卷　(日本)佐原篤介輯　清光緒二十七年(1901)香港書局石印本　六冊

420000－2341－0003710　B/917.282/4403

平定粵匪紀略十八卷附記四卷　(清)杜文瀾纂輯　清同治八年(1869)羣玉齋木活字印本　二十冊

420000－2341－0003711　B/917.282/6016

平定關隴紀略十二卷　(清)易孔昭輯　清光緒十三年(1887)湘鄉楊昌濬刻本　十二冊

420000－2341－0003712　B/917.282/7743

淮軍平捻記十二卷　(清)周世澄輯　清同治刻本　六冊

420000－2341－0003713　B/917.4/2444

清朝史略十一卷　(日本)佐藤楚材編　清光緒二十八年(1902)上海書局石印本　八冊

420000－2341－0003714　B/917.5/0010

南巡盛典一百二十卷　(清)高晉纂　清光緒八年(1882)上海點石齋石印本　十一冊

420000－2341－0003715　B/917.5/1148

皇朝掌故彙編內編六十卷首一卷外編四十卷
首一卷　（清）張壽鏞編　清光緒二十八年
(1902)求實書社鉛印本　五十七冊

420000－2341－0003716　B/917.5/2654

養吉齋叢録二十六卷餘録十卷　（清）吳振棫
纂　清光緒二十二年(1896)刻本　八冊

420000－2341－0003717　B/917.5/3144

校邠廬抗議二卷　（清）馮桂芬撰　清光緒十
八年(1892)潘氏敏德堂刻本　四冊

420000－2341－0003718　B/917.5/3144C1

校邠廬抗議二卷　（清）馮桂芬撰　清光緒十
年(1884)豫章刻本　一冊

420000－2341－0003719　B/917.5/3193

病榻夢痕録二卷　（清）汪輝祖撰　清嘉慶元
年(1796)刻本　二冊

420000－2341－0003720　B/917.5/3448

槐廳載筆二十卷　（清）法式善編　清嘉慶刻
本　四冊

420000－2341－0003721　B/917.5/4410

度隴記四卷　（清）董醇撰　清咸豐元年
(1851)刻隨軺載筆本　四冊

420000－2341－0003722　B/917.5/4604

西巡迴鑾始末記六卷　（日本）吉田良太郎譯
　清光緒二十八年(1902)石印本　六冊

420000－2341－0003723　B/917.5/5092

夢餘偶抄四卷　（清）史策先編　清同治四年
(1865)刻本　四冊

420000－2341－0003724　B/917.7/1130

十一朝聖武記二十卷　（清）張謇編輯　清光
緒二十九年(1903)上海鴻寶齋石印本　六冊

420000－2341－0003725　B/917.7/2631

聖武記十四卷　（清）魏源撰　清道光二十二
年(1842)古微堂刻本　十二冊

420000－2341－0003726　B/917.7/2631C2

聖武記十四卷　（清）魏源撰　清光緒二十八
年(1902)上海書局石印本　六冊

420000－2341－0003727　B/917.7/2631C3

聖武記十四卷　（清）魏源撰　清道光二十二
年(1842)刻本　十冊

420000－2341－0003728　B/917.7/2631C3　壹

聖武記十四卷　（清）魏源撰　清道光二十二
年(1842)刻本　十二冊

420000－2341－0003729　B/917.7/2631C4

聖武記十四卷　（清）魏源撰　清道光二十四
年(1844)古微堂刻本　十二冊

420000－2341－0003730　B/917.7/4422

彝軍紀略一卷　（清）彭洵纂　清光緒十二年
(1886)刻本　二冊

420000－2341－0003731　B/917.7/7720

辛卯侍行記六卷　（清）陶保廉撰　清光緒二
十三年(1897)養樹山房刻本　六冊

420000－2341－0003732　B/917.72/3704

皇朝藩部要略十八卷附皇朝藩部世系表四卷
　（清）祁韻士纂　（清）毛嶽生編　清光緒十
年(1884)浙江書局刻本　九冊

420000－2341－0003733　B/917.9/1062

治臺必告録八卷　（清）丁日健輯　清同治六
年(1867)知足知止園刻本　八冊

420000－2341－0003734　B/917.9/3408

臺灣戰記二卷　（清）洪棄父纂　清光緒三十
二年(1906)鉛印本　一冊

420000－2341－0003735　B/917.991/0031

庚子北京事變紀略一卷　（清）鹿完天撰　清
光緒二十七年(1901)刻本　一冊

420000－2341－0003736　B/917.991/9913

拳教析疑說一卷　勞乃宣撰　清光緒二十六
年(1900)至清末刻本　一冊

420000－2341－0003737　B/917/0020

本朝史講義第一編　（清）京師譯學館編　清
光緒三十二年(1906)至清末湖北陸軍特別小
學堂鉛印本　二冊

420000－2341－0003738　B/917/0020.1

本朝史講義第二編　（清）京師譯學館編　清

光緒三十二年(1906)至清末湖北公立工業傳習所鉛印本　一冊

420000－2341－0003739　B/917/7144
皇清開國方略三十二卷首一卷　(清)阿桂纂修　清乾隆五十一年(1786)武英殿刻本　十六冊

420000－2341－0003740　B/917/7144C1
皇清開國方略三十二卷首一卷　(清)阿桂纂修　清光緒十五年(1889)上海廣百宋齋鉛印本　六冊

420000－2341－0003741　B/918.1/4427
廣東鄉土史教科書二卷　(清)黃映奎編　清光緒三十二年(1906)時中學校刻本　一冊

420000－2341－0003742　B/918.8/1044
海客日譚六卷首一卷　(清)王芝撰　清光緒二年(1876)石城王含刻本　四冊

420000－2341－0003743　B/921.04/1020
日本源流考二十二卷　王先謙撰　清光緒二十八年(1902)湖南思賢書局刻本　十二冊

420000－2341－0003744　B/921.2/2722
日本法規大全不分卷　劉崇傑等譯　清宣統三年(1911)上海商務印書館鉛印本　八十一冊

420000－2341－0003745　B/921.2/4433
日本國志四十卷首一卷　(清)黃遵憲編纂　清光緒二十八年(1902)蔚華書局刻本　十一冊　存三十九卷(一至三十一、三十四至四十,首一卷)

420000－2341－0003746　B/921.2/4433C1
日本國志四十卷首一卷　(清)黃遵憲編纂　清光緒二十四年(1898)上海圖書集成印書局鉛印本　八冊

420000－2341－0003747　B/921.2/4433C2
日本國志四十卷首一卷　(清)黃遵憲編纂　清光緒二十四年(1898)匯文書局刻本　十六冊

420000－2341－0003748　B/921.86/5004

日本維新三十年史十二編　(日本)東京博文館編輯　清光緒二十八年(1902)上海廣智書局刻本　六冊

420000－2341－0003749　B/921.9/4902
續琉球國志略二卷首一卷　(清)趙新撰　清光緒八年(1882)刻本　二冊

420000－2341－0003750　B/921/1042
日本新史攬要七卷　(日本)石村貞一編輯　(清)游瀛主人譯　清光緒二十五年(1899)石印本　七冊

420000－2341－0003751　B/921/1042 壹
日本新史攬要七卷　(日本)石村貞一編輯　(清)游瀛主人譯　清光緒二十五年(1899)石印本　十四冊

420000－2341－0003752　B/922.27/1787
東方時局論略三章　(清)鄧鏗撰　清光緒十五年(1889)鉛印本　二冊

420000－2341－0003753　B/922.83/4455
朝鮮近世史二卷　(日本)林泰輔編　劉世珩譯校　清光緒二十九年(1903)鴻寶書局刻本　六冊

420000－2341－0003754　B/922/4634
東國史略六卷　(朝鮮)□□撰　清光緒十九年(1893)楊氏景蘇園刻本　四冊

420000－2341－0003755　B/924.3/2023
安南史四卷　(日本)引田利章撰　(清)王乃庸譯　清光緒二十九年(1903)教育世界社石印本　四冊

420000－2341－0003756　B/930.6/7121
泰西新史攬要二十三卷附一卷　(英國)馬懇西撰　(英國)李提摩太　蔡爾康譯　清光緒二十八年(1902)美華書館鉛印本　八冊

420000－2341－0003757　B/934.87/0191
重訂普法戰記四卷　(清)李光廷纂　清光緒二十四年(1898)中華印務總局鉛印本　二冊

420000－2341－0003758　B/938/7042
俄國通志八卷　(英國)陔勒低撰　(英國)傅

蘭雅 （清）潘松譯 清光緒二十七年（1901）
上海書局石印本 四冊

420000－2341－0003759 B/970.4/2700
皇朝諡法考五卷 （清）鮑康輯 清同治三年
（1864）刻本 一冊

420000－2341－0003760 B/970.7/3674
江陰忠義錄不分卷 （清）季念詒輯 清光緒
四年（1878）木活字印本 十四冊

420000－2341－0003761 B/970.7/4483C1
歷代名賢列女氏姓譜一百五十七卷 （清）蕭
智漢輯 清乾隆五十七年（1792）聽濤山房刻
嘉慶二十年（1815）後印本 一百二十冊

420000－2341－0003762 B/970.7/4483C1 壹
歷代名賢列女氏姓譜一百五十七卷 （清）蕭
智漢輯 清乾隆五十七年（1792）聽濤山房刻
嘉慶二十年（1815）後印本 九十六冊

420000－2341－0003763 B/970/2643
海國尚友錄八卷 （清）吳佐清撰 清光緒二
十九年（1903）上海奎章書局石印本 四冊

420000－2341－0003764 B/971.1/2541C1
歷代名臣言行錄二十四卷 （清）朱桓輯 清
光緒二十六年（1900）湖南書局刻本 二十
八冊

420000－2341－0003765 B/971.1/2541C1 壹
歷代名臣言行錄二十四卷 （清）朱桓輯 清
光緒二十六年（1900）湖南書局刻本 二十
八冊

420000－2341－0003766 B/971.1/2541C3
歷代名臣言行錄二十四卷 （清）朱桓編輯
清光緒三十年（1904）上海商務印書館鉛印本
八冊

420000－2341－0003767 B/971.1/2541C1 貳
歷代名臣言行錄二十四卷 （清）朱桓輯 清
光緒二十六年（1900）湖南書局刻本 二十
四冊

420000－2341－0003768 B/971.1/2541C5
歷代名臣言行錄二十四卷 （清）朱桓編輯

清光緒十七年（1891）上海廣百宋齋鉛印本
十二冊

420000－2341－0003769 B/971.17/2510
國朝先正事略續編六卷 朱孔彰撰 清光緒
二十八年（1902）廣益書局石印本 一冊

420000－2341－0003770 B/971.17/2510C1
國朝先正事略續編六卷 朱孔彰撰 清光緒
二十七年（1901）文盛書局石印本 四冊

420000－2341－0003771 B/971.17/2741C1
續碑傳集八十六卷首二卷 繆荃孫纂 清宣
統二年（1910）江楚編譯書局刻本 二十四冊

420000－2341－0003772 B/971.17/2741C1 壹
續碑傳集八十六卷首二卷 繆荃孫纂 清宣
統二年（1910）江楚編譯書局刻本 四冊

420000－2341－0003773 B/971.17/4010
國朝先正事略六十卷 （清）李元度纂 清光
緒二十八年（1902）益元書局刻本 二十四冊

420000－2341－0003774 B/971.17/4010C3
國朝先正事略六十卷 （清）李元度纂 清同
治五年（1866）循陔草堂刻本 四十八冊

420000－2341－0003775 B/971.17/4010C4
國朝先正事略六十卷 （清）李元度纂 清光
緒二十二年（1896）上海文盛書局石印本
八冊

420000－2341－0003776 B/971.17/4010C5
國朝先正事略六十卷 （清）李元度纂 清光
緒二十一年（1895）上海文盛書局石印本
八冊

420000－2341－0003777 B/971.17/4010C6
國朝先正事略六十卷 （清）李元度纂 清光
緒二十五年（1899）上海圖書集成書局鉛印本
八冊

420000－2341－0003778 B/971.17/4010C7
國朝先正事略六十卷 （清）李元度纂 清光
緒十二年（1886）鉛印本 十冊

420000－2341－0003779 B/971.17/4010C8
國朝先正事略六十卷 （清）李元度纂 清光

緒十三年(1887)上海廣百宋齋鉛印本　十冊

420000－2341－0003780　B/971.17/4010 壹
國朝先正事略六十卷　(清)李元度纂　清光緒二十八年(1902)益元書局刻本　二十四冊

420000－2341－0003781　B/971.17/4412
元朝名臣事略十五卷　(元)蘇天爵撰　清刻本　四冊

420000－2341－0003782　B/971.17/4416
國朝御史題名不分卷　(清)黃叔璥編　(清)翟伯恒續編　清光緒十三年(1887)京畿道刻本　四冊

420000－2341－0003783　B/971.17/4443
國朝名臣言行錄三十卷　(清)董壽纂輯　清光緒二十九年(1903)上海順成書局石印本　八冊

420000－2341－0003784　B/971.17/8324
碑傳集一百六十卷首二卷末二卷　(清)錢儀吉纂　清光緒十九年(1893)江蘇書局刻本　六十冊

420000－2341－0003785　B/971.17/8324 貳
碑傳集一百六十卷首二卷末二卷　(清)錢儀吉纂　清光緒十九年(1893)江蘇書局刻本　六十冊

420000－2341－0003786　B/971.17/8324 壹
碑傳集一百六十卷首二卷末二卷　(清)錢儀吉纂　清光緒十九年(1893)江蘇書局刻本　六十冊

420000－2341－0003787　B/971.3/0027C2
尚友錄二十二卷　(明)廖用賢編纂　(清)張伯琮補輯　清光緒十四年(1888)上海點石齋石印本　四冊

420000－2341－0003788　B/971.3/0027C3
尚友錄二十二卷補遺一卷　(明)廖用賢編纂　(清)張伯琮補輯　清刻本　十二冊

420000－2341－0003789　B/971.3/0038
增廣尚友錄統編二十二卷　應祖錫編輯　清光緒二十八年(1902)鴻寶齋石印本　十六冊

420000－2341－0003790　B/971.3/1122
錦里新編十六卷　(清)張邦伸纂　清嘉慶五年(1800)敦彝堂刻本　六冊

420000－2341－0003791　B/971.4/2500
歷代循良能吏列傳彙鈔二十卷　(清)喬用遷編　清道光二十四年(1844)至清末抄本　八冊

420000－2341－0003792　B/971.4/3104
七家後漢書二十卷附失氏名後漢書一卷　(清)汪文臺輯　清光緒二十八年(1902)黟縣孫氏古香閣刻本　六冊

420000－2341－0003793　B/971.4/3603
潛菴先生擬明史稿二十卷　(清)湯斌編　清康熙二十七年(1688)至清末刻本　八冊

420000－2341－0003794　B/971.4/3872
逆臣傳四卷　(清)國史館編　清乾隆四十五年至四十八年(1780－1783)抄本　四冊

420000－2341－0003795　B/971.4/4407
堂匪總錄十二卷　(清)蘇鳳文纂　清光緒十五年(1889)刻本　二冊

420000－2341－0003796　B/971.4/4407
廣西道里表一卷　(清)蘇鳳文纂　清光緒十五年（1889）刻本　與 420000－2341－0003795 合二冊

420000－2341－0003797　B/971.4/4407
股匪總錄三卷　(清)蘇鳳文纂　清光緒十五年(1889)刻本　一冊

420000－2341－0003798　B/971.4/4407
平桂紀畧四卷　(清)蘇鳳文纂　清光緒十五年(1889)刻本　一冊

420000－2341－0003799　B/971.4/4407
廣西昭忠錄八卷　(清)蘇鳳文纂　清光緒十五年(1889)刻本　四冊

420000－2341－0003800　B/971.4/6012
湖南褒忠錄初藁不分卷　(清)郭嵩燾編　清同治十二年(1873)活字印本　十六冊

420000－2341－0003801　B/971.4/7433

元祐黨人傳十卷　（清）陸心源纂　清光緒十五年(1889)刻本　三冊

420000－2341－0003802　B/971.4/7511

湖北節義錄十二卷補遺一卷　（清）黃昌輔編　（清）陳瑞珍纂　清同治九年(1870)湖北崇文書局刻本　十三冊

420000－2341－0003803　B/971.4/7714

楚寶四十卷外篇五卷　（明）周聖楷輯　清道光九年(1829)新化鄧氏刻本　三十二冊

420000－2341－0003804　B/971.4/7714 壹

楚寶四十卷外篇五卷　（明）周聖楷輯　清道光九年(1829)新化鄧氏刻本　三十二冊

420000－2341－0003805　B/971.404/4004

李氏三忠事蹟考證不分卷　（清）李慶來編　清光緒十年(1884)李榦刻本　二冊

420000－2341－0003806　B/971.412/6058

漢名臣傳三十二卷　（清）國史館編　清北京琉璃廠榮錦書屋刻本　三十二冊

420000－2341－0003807　B/971.412/6058 壹

漢名臣傳三十二卷　（清）國史館編　清北京琉璃廠榮錦書屋刻本　三十二冊

420000－2341－0003808　B/971.416/1042

嘉靖以來首輔傳八卷　（明）王世貞撰　清光緒順德龍氏刻本　三冊

420000－2341－0003809　B/971.471/6058

滿洲名臣傳四十八卷　（清）國史館編　清北京琉璃廠榮錦書屋刻本　四十八冊

420000－2341－0003810　B/971.471/6058 壹

滿洲名臣傳四十八卷　（清）國史館編　清北京琉璃廠榮錦書屋刻本　四十八冊

420000－2341－0003811　B/971.7/0062

湘潭縣節孝志四卷　（清）唐昭儉編輯　清同治十三年(1874)刻本　四冊

420000－2341－0003812　B/971.7/2604

杭女表微錄十六卷首一卷　孫樹禮編　清光緒三十二年(1906)甯城刻本　八冊

420000－2341－0003813　B/971.7/4041

國朝賢媛類徵初編十二卷　（清）李桓輯　清光緒十七年(1891)湘陰李氏刻本　六冊

420000－2341－0003814　B/971.7/4483

歷代名賢列女氏姓譜一百五十七卷　（清）蕭智漢纂輯　清乾隆五十七年(1792)聽濤山房刻本　一百二十冊

420000－2341－0003815　B/971.7/7227

列女傳八卷　（漢）劉向編撰　（清）梁端校注　清道光十七年(1837)錢唐汪氏振綺堂刻本　四冊

420000－2341－0003816　B/971.7/7227C1

列女傳八卷　（漢）劉向撰　清光緒元年(1875)湖北崇文書局刻本　二冊

420000－2341－0003817　B/971/1063

玉照新志六卷　（宋）王明清撰　明萬曆至清順治刻本　四冊

420000－2341－0003818　B/971/2510

中興將帥別傳三十卷　朱孔彰撰　清光緒二十五年(1899)掃葉山房石印本　四冊

420000－2341－0003819　B/971/2510.1

中興名臣事略八卷　朱孔彰撰　清光緒二十四年(1898)上海書局石印本　四冊

420000－2341－0003820　B/971/2510.1C1

中興名臣事略八卷　朱孔彰撰　清光緒二十五年(1899)上海圖書集成印書局鉛印本　四冊

420000－2341－0003821　B/971/2540C2

宋名臣言行錄前集十卷後集十四卷續集八卷外集十七卷別集二十六卷　（宋）朱熹輯　（明）張采評閱　清道光十年(1830)南豐劉斯嵋刻本　二十冊

420000－2341－0003822　B/971/2625

安危注四卷　（明）吳甡撰　清康熙三十九年至六十一年(1700－1722)吳元復刻本　四冊

420000－2341－0003823　B/971/2650

高士傳二卷　（晉）皇甫謐撰　清光緒元年

（1875）湖北崇文書局刻本　一冊

420000－2341－0003824　B/971/2764

道齊正軌二十卷　（清）鄒鳴鶴纂　（清）蘇源
生編校　清道光三十年（1850）蘇源生刻本
十六冊

420000－2341－0003825　B/971/2840

小腆紀傳六十五卷附補遺　（清）徐鼒撰　清
光緒十三年至十四年（1887－1888）金陵刻本
十六冊

420000－2341－0003826　B/971/2848

五臺徐氏本支敘傳不分卷　（清）徐繼畬撰
清咸豐十年（1860）刻本　二冊

420000－2341－0003827　B/971/3145

史外八卷　（清）汪有典撰　清同治三年
（1864）廬陵尋樂山房刻本　八冊

420000－2341－0003828　B/971/3145

史外八卷　（清）汪有典撰　清同治四年
（1865）陝甘公所刻本　八冊

420000－2341－0003829　B/971/3145C1

史外八卷　（清）汪有典撰　清同治三年
（1864）吉安府刻本　七冊

420000－2341－0003830　B/971/4003

湖北漢陽府忠節錄不分卷　（清）李國賓撰
清光緒五年（1879）刻本　八冊

420000－2341－0003831　B/971/4003 壹

湖北漢陽府忠節錄不分卷　（清）李國賓撰
清光緒五年（1879）刻本　四冊

420000－2341－0003832　B/971/4041

國朝耆獻類徵初編七百二十卷總目二十卷國
朝賢媛類徵初編十二卷　（清）李桓輯　清光
緒十七年（1891）湘陰李氏刻本　三百冊

420000－2341－0003833　B/971/4068

古品節錄六卷　（清）松筠撰　清宣統二年
（1910）守政書局活字印本　六冊

420000－2341－0003834　B/971/4418

政譜五卷　（清）藍煦編注　清同治九年
（1870）忠恕堂刻本　四冊

420000－2341－0003835　B/971/7110

疇人傳四十六卷續六卷　（清）阮元撰　清光
緒八年（1882）刻本　十二冊

420000－2341－0003836　B/971/7110C4

疇人傳四十六卷續六卷　（清）阮元撰　清嘉
慶四年（1799）至清末蛟川張氏花雨樓刻本
十六冊

420000－2341－0003837　B/971/7110 貳

疇人傳四十六卷續六卷　（清）阮元撰　清光
緒八年（1882）海鹽張氏常惺齋刻本　十二冊

420000－2341－0003838　B/971/7110 壹

疇人傳四十六卷續六卷　（清）阮元撰　清光
緒八年（1882）海鹽張氏常惺齋刻本　十二冊

420000－2341－0003839　B/971/7233

中州道學存真錄四卷　（清）劉宗泗輯　清乾
隆、嘉慶刻本　二冊

420000－2341－0003840　B/971/7234

勝朝殉揚錄二卷　（清）劉寶楠輯　清同治十
年（1871）淮南書局刻本　一冊

420000－2341－0003841　B/971/7237

貳臣傳十二卷　（清）國史館編　清乾隆三十
二年至四十八年（1767－1783）抄本　十二冊

420000－2341－0003842　B/971/7244

桑梓潛德錄六卷　（清）劉芳纂修　清光緒六
年（1880）活字印本　六冊

420000－2341－0003843　B/971/7534

全閩道學總纂三十八卷　（清）陳祚康述　清
同治十二年（1873）盟石山房刻本　九冊

420000－2341－0003844　B/977.1/0043

元和姓纂十卷　（唐）林寶纂　（清）孫星衍
（清）洪瑩校　清光緒六年（1880）金陵書局刻
本　四冊

420000－2341－0003845　B/977.1/0043 壹

元和姓纂十卷　（唐）林寶纂　（清）孫星衍
（清）洪瑩校　清光緒六年（1880）金陵書局刻
本　四冊

420000－2341－0003846　B/977.1/1182

姓氏尋源四十五卷 （清）張澍撰 清道光十八年(1838)棗華書屋刻本 十二冊

420000－2341－0003847 B/977.3/8346
疑年錄四卷 （清）錢大昕撰 清嘉慶十八年(1813)刻本 一冊

420000－2341－0003848 B/977.3/8346
續疑年錄四卷 （清）吳修撰 清嘉慶十八年(1813)刻本 一冊

420000－2341－0003849 B/977.3/8346C1
三續疑年錄十卷 （清）陸心源編 清光緒刻本 四冊

420000－2341－0003850 B/977.3/8346C1
疑年錄四卷 （清）錢大昕撰 清光緒刻本 一冊

420000－2341－0003851 B/977.3/8346C1
續疑年錄四卷 （清）吳修撰 清光緒刻本 一冊

420000－2341－0003852 B/977.3/8346C1
補疑年錄四卷 （清）錢椒撰 清光緒刻本 二冊

420000－2341－0003853 B/977.3/8346C1
疑年賡錄四卷 （清）張鳴珂撰 清光緒刻本 二冊

420000－2341－0003854 B/977.5/00227g.2
[四川]資陽高氏五修族譜□□卷首□□卷末□□卷 （清）□□修 清光緒三十四年(1908)渤海堂活字印本 二十四冊 存二十四卷(二、六、八、十一至十二、十四、十六至十七、二十二至二十三、二十七、二十九至三十、三十二至三十四、三十九至四十,首三卷,末三卷)

420000－2341－0003855 B/977.5/00406
[浙江杭州]遂陽章氏宗譜二十卷 （清）章祐槐總理 （清）章廷鎬 （清）章平編輯 清同治十一年(1872)大本堂刻本 二十冊

420000－2341－0003856 B/977.5/0164
譚氏宗譜不分卷 （清）□□修 清同治十三

年(1874)抄本 一冊

420000－2341－0003857 B/977.5/0742.1
[江西萬載]郭氏續修族譜十七卷首一卷 （清）郭炳英纂修 清光緒二十六年(1900)江西萬載大原堂活字印本 十二冊 缺七卷(二、五至六、十二、十六至十七,首一卷)

420000－2341－0003858 B/977.5/0742.2
[湖北黃岡]郭氏宗譜十卷 （清）郭萬峻 （清）郭宗禮纂修 清咸豐九年(1859)湖北黃岡汾陽堂活字印本 六冊

420000－2341－0003859 B/977.5/0742.4
[湖南瀏陽]楚湘郭氏續修族譜□□卷首一卷 （清）□□修 清光緒二十八年(1902)湖南汾陽堂活字印本 一冊 存一卷(十)

420000－2341－0003860 B/977.5/0742.6
[湖北黃岡]郭氏續修宗譜四十四卷首二卷 （清）郭存怡纂修 （清）郭在鳳總理 清同治八年(1869)湖北黃岡敦本堂刻本 三十三冊 存三十四卷(一、二殘、四、六殘、七至十一、十五至十七、二十至二十一、二十三至二十五、二十七、二十九至三十七、三十九、四十一至四十四,首二卷)

420000－2341－0003861 B/977.5/0742.7
[湖北黃岡]郭氏續修宗譜三十二卷 （清）郭存怡 （清）郭存愷纂修 清道光四年至七年(1824－1827)湖北黃岡敦本堂刻本 十五冊 存十五卷(二、四、六至七、十一、十三至十四、十六至十七、十九、二十二至二十四、三十、三十二)

420000－2341－0003862 B/977.5/0864.1
[湖北]黃岡許氏宗譜□□卷 （清）□□修 清光緒敦睦堂刻本 四冊 存五卷(四、十一至十二、十五、十八)

420000－2341－0003863 B/977.5/1010.10
[湖北]王氏宗譜□□卷首□□卷 （清）□□修 清光緒二十三年(1897)三槐堂刻本 六冊 存六卷(一至五、首一卷)

420000－2341－0003864 B/977.5/1010.8

[湖南益陽]王氏續修族譜八卷首一卷　（清）王哲義主　（清）王世華主修　（清）王佐龍總理兼編輯　清咸豐十一年(1861)三槐堂刻本　九冊

420000－2341－0003865　B/977.5/1010.9

王氏三修族譜十五卷首一卷　（清）王政旦　（清）王政璨總理　（清）王政永編輯　清光緒三十三年(1907)三槐堂活字印本　十三冊

420000－2341－0003866　B/977.5/1046

百家姓考略一卷　（清）王相箋注　清狀元閣李光明莊刻本　一冊

420000－2341－0003867　B/977.5/10601.1

[湖北黃岡]雷氏宗譜七卷首一卷　（清）雷名恒經理　雷錫芹纂輯　清光緒二十二年(1896)敦敘堂活字印本　八冊

420000－2341－0003868　B/977.5/1249

[湖南邵陽]孫氏四修族譜□□卷首□□卷　(清)□□修　清光緒三十三年(1907)映雪堂四修活字印本　二十三冊　存二十三卷(十一至三十二、首一卷)

420000－2341－0003869　B/977.5/2121

[湖北麻城]盧氏宗譜七卷首二卷　（清）盧春芳　（清）盧春恆編纂　清宣統元年(1909)敦本堂活字印本　九冊

420000－2341－0003870　B/977.5/2122

[湖北羅田]何氏宗譜六卷　清光緒二十九年(1903)本源堂活字印本　六冊

420000－2341－0003871　B/977.5/2680.6

[江西西河]吳氏宗譜　（清）吳德徵纂修　(清)吳勝先總理　清道光九年(1829)盰江文秀堂刻本　一冊　存一卷(一)

420000－2341－0003872　B/977.5/2726.1

[浙江遂安]西源詹氏宗譜八卷首一卷末一卷　（清）詹學禹　（清）詹尚約主修總理　(清)詹尚驕　（清）詹志忠副修謄寫校對　清光緒二十二年(1896)活字印本　八冊

420000－2341－0003873　B/977.5/3390.1

[江西]上銅湖梁氏族譜□□卷首□□卷末

□□卷　（清）梁定彩纂修　（清）梁恒興輔修　清光緒元年(1875)篤本堂刻本　十冊　存十卷(一至八、首一卷、末一卷)

420000－2341－0003874　B/977.5/4010

[湖北黃岡]左氏宗譜四卷　（清）左國寅督修　（清）左長朋編修　清乾隆四十六年(1781)湖北黃岡裕後堂刻本　四冊

420000－2341－0003875　B/977.5/4010.1

[湖北黃岡]左氏重修宗譜四卷首一卷　（清）左長傑督修　（清）左長幸總理　清嘉慶二十三年(1818)湖北黃岡裕後堂刻本　八冊

420000－2341－0003876　B/977.5/4010.3

[湖北黃岡]左氏四修宗譜四卷首一卷　（清）左發元總督賬　（清）左發祿總督費　清光緒八年(1882)湖北黃岡裕後堂刻本　十二冊

420000－2341－0003877　B/977.5/4212

[湖北羅田]彭氏三修族譜三十九卷首一卷　(清)彭述傳總修兼總閱兼謄真　清光緒二十年(1894)宗壽堂活字印本　十一冊　存十一卷(十一、十三、十五、十七至十八、二十、二十二、二十八至二十九、三十一,首一卷)

420000－2341－0003878　B/977.5/4241.1

[湖南安化]姚氏族譜　（清）姚大昌輯　(清)姚浩林主修　清咸豐十年(1860)錦江書屋活字印本　十冊　存十卷(一至三、六至七、十、十二至十五)

420000－2341－0003879　B/977.5/4241.2

[湖南弋陽]姚氏宗譜　（清）□□修　清同治四年(1865)重修刻本　三十冊

420000－2341－0003880　B/977.5/4411

[湖北]范氏宗譜六卷　（清）范世長纂　（清）范際遇纂修　（清）范昌豪　（清）范昌言校對　清宣統元年(1909)守先堂活字印本　六冊

420000－2341－0003881　B/977.5/4424

[湖南長沙]甯鄉道林蔣氏九修族譜二十卷首一卷末一卷　（清）蔣本曦　（清）蔣本璞編輯　（清）蔣本暄參校　清光緒十四年(1888)忠雅堂活字印本　九冊

420000－2341－0003882　B/977.5/4439

蘇氏族譜□□卷　（清）□□修　清道光武功堂活字印本　二冊　存二卷(三、六)

420000－2341－0003883　B/977.5/44806.1

[湖北]黃氏宗譜□□卷首□□卷　（清）□□修　清光緒二十九年(1903)雙井堂活字印本　十四冊　存十五卷(一至十四、首下)

420000－2341－0003884　B/977.5/44806.2

[湖北漢川]芙蓉溪黃氏族譜□□卷首□□卷　（清）□□修　清光緒三十三年(1907)江夏堂活字印本　十冊　存八卷(一至六、八,首一卷)

420000－2341－0003885　B/977.5/44806.5

湖南黃氏祠館紀略□□卷　（清）□□撰　清光緒至清末刻本　二冊　存二卷(二至三)

420000－2341－0003886　B/977.5/4490.1

[湖北黃岡]蔡氏宗譜不分卷　（清）□□修　清光緒元年(1875)九思堂刻本　十五冊　存墓圖、第一世至二十一世

420000－2341－0003887　B/977.5/4490.1 壹

[湖北黃岡]蔡氏宗譜不分卷　（清）□□修　清光緒元年(1875)九思堂刻本　二冊　存墓圖、第一世至十一世

420000－2341－0003888　B/977.5/4499

[福建]林氏家譜不分卷　（清）□□修　清光緒十三年(1887)抄本　一冊

420000－2341－0003889　B/977.5/4499.1

[江西]袁郡學前林氏族譜　（清）□□修　清道光至清末濟南堂活字印本　三冊　存二卷(一、九)

420000－2341－0003890　B/977.5/4692.1

宏農楊氏族譜□□卷　（清）□□修　清光緒五年(1879)關西堂活字印本　十四冊　存十四卷(四至七、九、十一、十三、十八、二十、二十三、二十六至二十九)

420000－2341－0003891　B/977.5/4692.5

[山西忻州]楊氏族譜十二卷　（清）楊茂林總理　清道光二十七年(1847)鹿蹄澗祠堂刻本　六冊

420000－2341－0003892　B/977.5/4762.2

花洲胡氏宗譜六卷　（清）□□修　清光緒三十四年(1908)惠宗堂活字印本　六冊

420000－2341－0003893　B/977.5/4762.8

[湖北麻城]胡氏宗譜□□卷　（清）□□修　清光緒八年(1882)經義堂活字印本　六冊　存六卷(二、四、七至八、十二、十四)

420000－2341－0003894　B/977.5/4895

[湖北黃岡]梅氏宗譜□□卷首□□卷　（清）□□修　清光緒五年(1879)樂道堂刻本　十二冊　存九卷(一至八、首一卷)

420000－2341－0003895　B/977.5/4980.2

[山東濰坊]趙氏族譜不分卷　（清）趙鳴盛(清)趙蘭金修　清咸豐五年(1855)刻本　四冊

420000－2341－0003896　B/977.5/5560.1

[湖北黃岡]曹梁宗譜□□卷末□□卷　（清）□□修　清嘉慶八年(1803)刻本　二冊　存十卷(一、三至十,末一卷)

420000－2341－0003897　B/977.5/6091.3

[福建]羅氏支譜□□卷首□□卷　（清）□□修　清光緒二十年(1894)至清末慎修堂活字印本　六冊　存八卷(一至二、五至六、八至十,首一卷)

420000－2341－0003898　B/977.5/6802

[湖北黃岡]喻氏宗譜　（清）喻錫職總理(清)喻大勳編纂　清光緒元年(1875)春蔭堂續修刻本　四冊　存四卷(一至二、八、十一)

420000－2341－0003899　B/977.5/6802.1

[湖北黃岡]喻氏宗譜　（清）□□修　清光緒二十九年(1903)春蔭堂活字印本　三冊　存三卷(五至七)

420000－2341－0003900　B/977.5/6802.1C1

[湖北黃岡]喻氏宗譜　（清）□□修　清光緒二十九年(1903)春蔭堂刻本　一冊　存一卷(六)

420000－2341－0003901　B/977.5/7210.10

[湖南寧鄉]寧邑北城劉氏芳萼兩房續修家譜六卷　（清）劉家芝修　（清）劉克巋　（清）

劉克用纂　清道光二十二年(1842)湖南寧鄉
劉氏天祿堂活字印本　七冊

420000－2341－0003902　B/977.5/7210.11
[湖南寧鄉]北城劉氏四修族譜十卷　劉炎昌
修　清宣統元年(1909)湖南寧鄉劉氏天祿堂
活字印本　五冊　存五卷(三、七至十)

420000－2341－0003903　B/977.5/7210.12
[湖南]瀏陽鍾甲塘劉氏三修宗譜十四卷首一
卷末□卷　(清)劉景忠纂修　清宣統元年
(1909)湖南瀏陽親睦堂活字印本　二冊　存
二卷(九、末三之下)

420000－2341－0003904　B/977.5/7210.16
[湖南]瀕陽劉氏族譜六卷首一卷末一卷
(清)劉繩章　(清)劉華縉纂修　清咸豐四年
(1854)湖南瀕陽沙頭活字印本　四冊　存四
卷(三至四、首一卷、末一卷)

420000－2341－0003905　B/977.5/7210.5
[湖南益陽]劉氏族譜　(清)□□修　清咸豐
十一年(1861)至清末湖南劉氏藜照堂活字印
本　四冊　存五卷(四至八)

420000－2341－0003906　B/977.5/7712.3
[湖南岳陽]邱氏族譜□□卷首二卷提綱二卷
(清)邱潭卿總理督修　清光緒三十四年
(1908)河南堂活字印本　二十七冊　存二十
六卷(一至十、十二至十六、十九、二十一至二
十四、二十六、二十八、三十、首上、提綱二卷)

420000－2341－0003907　B/977.5/7722
陶氏二甲譜六卷　(清)陶應塑督修　(清)陶
登高謄錄兼校對　清光緒二十五年(1899)敦
睦堂活字印本　二冊　存二卷(一至二)

420000－2341－0003908　B/977.5/77220.2
[湖南]益陽弍里周氏合修宗譜六卷首一卷末
一卷　(清)周鑑文督修　(清)周鑑明纂修
清同治十一年(1872)蓮花坪祠堂活字印本
二十

420000－2341－0003909　B/977.5/7736
[江西九江]駱氏宗譜□□卷首□□卷　(清)
□□修　清光緒十二年(1886)餘慶堂活字印

本　一冊　存一卷(首二)

420000－2341－0003910　B/977.5/7744
[湖北]段氏宗譜　(清)□□修　清光緒三十
年(1904)立本堂活字印本　二冊　存二卷
(三至四)

420000－2341－0003911　B/979/8009
汪雙池先生[紱]年譜四卷　(清)余龍光編
清光緒二十二年(1896)刻本　二冊

420000－2341－0003912　B/977.5/8040
[山東濰坊]昌邑姜氏族譜前譜二卷續譜二卷
(清)姜鏷主修　(清)姜欽參考　清嘉慶二
十二年(1817)慎餘堂刻本　四冊

420000－2341－0003913　B/977.5/8060
[湖南]武城曾氏重修族譜　(清)□□修　清
光緒三十一年(1905)活字印本　四十六冊
存四十七卷(五至七、十一至十二、十五至十
八、二十一至二十二、二十七、三十三至三十
六、三十八至四十一、四十四至五十六、六十
二至六十三、六十五至六十八、七十一至七十
三、七十六至八十)

420000－2341－0003914　B/977.5/8060.1
[湖南]武城曾氏族譜　(清)□□修　清光緒三
十四年(1908)活字印本　一冊　存一卷(十六)

420000－2341－0003915　B/977.5/8090.2
余氏族譜　(清)□□修　清光緒二十三年
(1897)碧潭活字印本　二冊　存二卷(九至
十)

420000－2341－0003916　B/971/2699
歷代名人年譜十卷附一卷　(清)吳榮光撰
清咸豐刻本　八冊

420000－2341－0003917　B/979/1053
先船山公[王夫之]年譜二編　(清)王之春輯
清光緒十九年(1893)湖北鄂藩使署刻本
二冊

420000－2341－0003918　B/979/1053 壹
先船山公[王夫之]年譜二編　(清)王之春輯
清光緒十九年(1893)湖北鄂藩使署刻本

一冊　存一編（先船山公年譜後編）

420000－2341－0003919　B/979/4914
孔子編年四卷　（清）狄子奇編　清光緒十三
年(1887)浙江書局刻本　一冊

420000－2341－0003920　B/979/4914.1
孟子編年四卷　（清）狄子奇編　清光緒十三
年(1887)浙江書局刻本　一冊

420000－2341－0003921　B/980.032/7237
各國鐵路圖考四卷　（清）劉啟彤譯　清光緒
二十四年(1898)上海書局石印本　八冊

420000－2341－0003922　B/980.19/3131C1
漢書地理志校本二卷　（清）汪遠孫撰　清道
光二十七年(1847)刻本　一冊

420000－2341－0003923　B/980.19/3131C1 壹
漢書地理志校本二卷　（清）汪遠孫撰　清道
光二十八年(1848)錢塘汪氏振綺堂刻本
四冊

420000－2341－0003924　B/980.19/3131C2
漢書地理志校本二卷　（清）汪遠孫撰　清同
治十年(1871)退補齋刻本　　冊

420000－2341－0003925　B/980.19/3191
天下郡國利病書一百二十卷　（清）顧炎武輯
　清道光龍萬育敷文閣刻本　二十冊

420000－2341－0003926　B/980.19/3191C1
天下郡國利病書一百二十卷　（清）顧炎武輯
　清光緒二十七年(1901)上海圖書集成印書
局鉛印本　二十八冊

420000－2341－0003927　B/980.19/3191C1 壹
天下郡國利病書一百二十卷　（清）顧炎武輯
　清光緒二十七年(1901)上海圖書集成印書
局鉛印本　二十八冊

420000－2341－0003928　B/980.19/3191C3
天下郡國利病書一百二十卷　（清）顧炎武輯
　清光緒慎記書莊石印本　二十四冊

420000－2341－0003929　B/980.3/2631C1
海國圖志五十卷　（清）魏源撰　清道光二十
四年(1844)揚州古微堂木活字印本　二十

四冊

420000－2341－0003930　B/980.3/2631C2
海國圖志一百卷　（清）魏源撰　清光緒二年
(1876)平慶涇固道署刻本　四十冊

420000－2341－0003931　B/980.3/2631C2 壹
海國圖志一百卷　（清）魏源撰　清光緒二年
(1876)平慶涇固道署刻本　三十二冊

420000－2341－0003932　B/980.3/2631C4
海國圖志一百卷　（清）魏源撰　清光緒六年
(1880)邵陽急當務齋刻本　二十四冊

420000－2341－0003933　B/980.3/2631C5
海國圖志一百卷　（清）魏源撰　清光緒二十
八年(1902)文賢閣石印本　十六冊

420000－2341－0003934　B/980.5/0014
皇朝輿地畧一卷　（清）六承如輯　（清）馮焌
光增輯　清同治二年(1863)廣州寶華坊刻本
　二冊

420000－2341－0003935　B/980.5/1020
五洲地理志略三十六卷首一卷　王先謙撰
清宣統二年(1910)湖南學務公所刻本　十
二冊

420000－2341－0003936　B/980.5/1020 壹
五洲地理志略三十六卷首一卷　王先謙撰
清宣統二年(1910)湖南學務公所刻本　十
二冊

420000－2341－0003937　B/980.5/2310
遊歷圖經餘記十五卷　（清）傅雲龍述　清光
緒十五年(1889)鉛印本　九冊

420000－2341－0003938　B/980.5/2828
瀛環志略十卷　（清）徐繼畬撰　清光緒二十
一年(1895)上海寶文局石印本　八冊

420000－2341－0003939　B/980.5/2828C1
瀛環志略十卷　（清）徐繼畬撰　清光緒六年
(1880)楚南周鯤刻本　六冊

420000－2341－0003940　B/980.5/2828C2
瀛環志略十卷　（清）徐繼畬撰　清道光三十
年(1850)刻本　六冊

420000－2341－0003941　B/980.5/2828C3
瀛環志略十卷附瀛環志略辨正不分卷　（清）
徐繼畬撰　清光緒二十四年(1898)新化三味
書室刻本　十冊

420000－2341－0003942　B/980.5/4420
地理全志不分卷　（英國）慕維廉撰　清光緒
二十五年(1899)宏道堂刻本　二冊

420000－2341－0003943　B/980.7/4081
新嘉坡風土記一卷　（清）李鍾珏撰　清光緒
二十一年(1895)元和江氏湖南使院刻本
一冊

420000－2341－0003944　B/981.031/4612
輿地沿革表四十卷　（清）楊丕復撰　清光緒
十四年(1888)武陵楊氏刻本　二十四冊

420000－2341－0003945　B/981.031/7542
歷代地理沿革表四十七卷　（清）陳芳績撰
清光緒二十一年(1895)廣雅書局刻廣雅書局
叢書本　十七冊

420000－2341－0003946　B/981.09/7542
歷代地理沿革表四十七卷　（清）陳芳績撰
清光緒二十一年(1895)廣雅書局刻廣雅書局
叢書本　十八冊

420000－2341－0003947　B/981.09/7542C1
歷代地理沿革表四十七卷　（清）陳芳績撰
清道光十三年(1833)虞山張氏萬卷樓刻本
二十四冊

420000－2341－0003948　B/981.13/4730
圖史提綱二卷　（清）胡宣慶編　清同治九年
(1870)松桂園刻本　一冊

420000－2341－0003949　B/981.17/2391
[乾隆]欽定皇輿西域圖志四十八卷　（清）傅
恒修　（清）褚廷璋　（清）英廉增纂　清光緒
鉛印本　二十四冊

420000－2341－0003950　B/981.175/6649
三省邊防備覽十四卷　（清）嚴如熤編　清道
光二年(1822)刻本　八冊

420000－2341－0003951　B/981.175/6649.1

洋防輯要二十四卷　（清）嚴如熤輯　清道光
十八年(1838)安康張鵬飛來鹿堂刻本　十
二冊

420000－2341－0003952　B/981.175/6649.1C1
洋防輯要二十四卷　（清）嚴如熤輯　清刻本
十八冊

420000－2341－0003953　B/981.175/6649壹
三省邊防備覽十四卷　（清）嚴如熤編　清道
光二年(1822)刻本　六冊

420000－2341－0003954　B/981.175/9050
欽定五軍道里表十八卷　（清）常泰修　清嘉
慶十四年(1809)武英殿刻本　十冊

420000－2341－0003955　B/981.2/2663
地圖綜要三卷　（清）吳學儼撰　清順治二年
(1645)刻本　四冊

420000－2341－0003956　B/981.2/2724
皇輿全圖一卷　（清）鄒伯奇繪　清同治刻本
一冊

420000－2341－0003957　B/981.2/4634
歷代輿地沿革險要圖不分卷　楊守敬編繪
清光緒三十二年(1906)至清末楊氏觀海堂刻
朱墨套印本　一冊

420000－2341－0003958　B/981.2/4634.1
歷代輿地圖四十四種　楊守敬撰　熊會貞繪
清光緒三十二年(1906)至清末刻套印本
二十冊

420000－2341－0003959　B/981.2/4634.1壹
歷代輿地圖四十四種　楊守敬撰　熊會貞繪
清光緒三十二年(1906)至清末刻套印本
二十冊

420000－2341－0003960　B/981.2/4634C1
歷代輿地沿革險要圖不分卷　楊守敬　饒敦
秩撰　清光緒五年(1879)饒氏刻朱墨套印本
六十八冊

420000－2341－0003961　B/981.2/4634C2
歷代輿地沿革險要圖說不分卷　楊守敬　饒
敦秩撰　王尚德繪　清光緒二十四年(1898)

石印本　一冊

420000－2341－0003962　B/981.2/6626
皇朝內府輿地圖縮摹本一卷　（清）六嚴
繪　清光緒十年(1884)湖北省官書處刻本
一冊

420000－2341－0003963　B/981.2/6644
大清一統輿圖三十卷　（清）嚴樹森輯　清同
治二年(1863)刻本　十四冊

420000－2341－0003964　B/981.2/6644 壹
大清一統輿圖三十卷　（清）嚴樹森輯　清同
治二年(1863)刻本　十四冊

420000－2341－0003965　B/981.262/2238
山東郡縣圖考一卷　（清）葉圭綬撰　清光緒
八年(1882)刻本　一冊

420000－2341－0003966　B/981.273/3748
湖南全省輿地圖表不分卷　（清）陳寶箴輯
清光緒二十一年(1895)石印本　十四冊

420000－2341－0003967　B/981.275/8064C1
江西全省輿圖十四卷首一卷　（清）劉坤一編
繪　清同治七年(1868)刻本　十五冊

420000－2341－0003968　B/981.275/8064C2
江西全省輿圖十四卷　（清）朱兆麟校　清光
緒二十二年(1896)石印本　十四冊

420000－2341－0003969　B/981.277/8064
蘇省輿地圖說不分卷　（清）丁日昌修　（清）
褚成績纂　清同治刻本　四冊

420000－2341－0003970　B/981.278/3033
浙江全省輿圖並水陸道里記不分卷　（清）輿
圖總局編輯　清光緒二十年(1894)石印本
二十冊

420000－2341－0003971　B/981.283/0026
廣東輿地全圖不分卷　張人駿編　清光緒二
十三年(1897)廣州石經堂石印本　二冊

420000－2341－0003972　B/981.283/0056
廣東圖說二十三卷　（清）□□編　清同治五
年(1866)刻本　三冊

420000－2341－0003973　B/981.298/4434
西藏圖考八卷首一卷　（清）黃沛翹纂　清光
緒十二年(1886)滇南李培榮刻本　四冊

420000－2341－0003974　B/981.3/1140
津門雜記三卷　（清）張燾輯　清光緒十年
(1884)天津刻本　三冊

420000－2341－0003975　B/981.3/4497
永寧祇謁筆記不分卷　（清）董恂撰　清同治
十一年(1872)荻芬書屋刻本　一冊

420000－2341－0003976　B/981.3/4497.1
鳳臺祇謁筆記不分卷　（清）董恂撰　清同治
九年(1870)刻本　一冊

420000－2341－0003977　A/411.1/7714C4 貳
六書音均表五卷　（清）段玉裁撰　清同治十
一年(1872)湖北崇文書局刻本　二冊

420000－2341－0003978　B/981.3/6649
苗防備覽二十二卷　（清）嚴如熤撰　清嘉慶
二十五年(1820)溆浦嚴氏刻本　八冊

420000－2341－0003979　B/981.31/0045
雲南勘界籌邊記二卷　姚文棟撰　清光緒刻
本　一冊

420000－2341－0003980　B/981.31/1040
元豐九域志十卷　（宋）王存撰　清光緒八年
(1882)金陵書局刻本　五冊

420000－2341－0003981　B/981.31/1040C3
元豐九域志十卷　（宋）王存撰　清福建刻本
六冊

420000－2341－0003982　B/981.31/1040 壹
元豐九域志十卷　（宋）王存撰　清光緒八年
(1882)金陵書局刻本　五冊

420000－2341－0003983　B/981.31/1714
西域水道記五卷　（清）徐松撰　清光緒十九
年(1893)寶善書局石印本　六冊

420000－2341－0003984　B/981.31/1714.1
新疆賦一卷　（清）徐松撰　清光緒十九年
(1893)寶善書局石印本　二冊

420000－2341－0003985　　B/981.31/1714.2

漢書西域傳補注二卷　（清）徐松撰　清光緒十九年（1893）寶善書局石印本　二冊

420000－2341－0003986　　B/981.31/1714.3

漢西域圖考七卷首一卷　（清）李光廷撰　清光緒十九年（1893）寶善書局石印本　八冊

420000－2341－0003987　　B/981.31/1714 壹

西域水道記五卷　（清）徐松撰　清光緒十九年（1893）寶善書局石印本　六冊

420000－2341－0003988　　B/981.31/1714.2 壹

漢書西域傳補注二卷　（清）徐松撰　清光緒十九年（1893）寶善書局石印本　二冊

420000－2341－0003989　　B/981.31/1714.1 壹

新疆賦一卷　（清）徐松撰　清光緒十九年（1893）寶善書局石印本　二冊

420000－2341－0003990　　B/981.31/1714.3 壹

漢西域圖考七卷首一卷　（清）李光廷撰　清光緒十九年（1893）寶善書局石印本　八冊

420000－2341－0003991　　B/981.32/7544

中國江海險要圖志二十二卷補編五卷圖五卷　陳壽彭譯　清光緒二十七年（1901）經世文社石印本　十五冊

420000－2341－0003992　　B/981.32/7714

籌海初集四卷　（清）關天培編　清道光十六年（1836）刻本　四冊

420000－2341－0003993　　B/981.32/8068

防海輯要十八卷　（清）俞昌會撰　清道光二十二年（1842）百甓山房刻本　十六冊

420000－2341－0003994　　B/981.33/4632

湄洲嶼志略四卷首一卷　（清）楊浚輯　**天上聖母真經一卷**　**天上聖母籤譜一卷**　清光緒十四年（1888）溫陵冠悔堂刻本　二冊

420000－2341－0003995　　B/981.34/0014C1

水道提綱二十八卷　（清）齊召南編　清光緒四年（1878）徐士鑾霞城精舍刻本　八冊

420000－2341－0003996　　B/981.34/0014C2

水道提綱二十八卷　（清）齊召南編　清光緒二十三年（1897）上海古香閣書局石印本　四冊

420000－2341－0003997　　B/981.34/0014C3

水道提綱二十八卷　（清）齊召南編　清光緒十七年（1891）湖南船山書局刻本　六冊

420000－2341－0003998　　B/981.34/0023

三流道里表不分卷　（清）阿桂纂修　清嘉慶十六年（1811）武英殿刻本　四冊

420000－2341－0003999　　B/981.34/3148

水經注圖一卷附錄一卷　（清）汪士鐸撰　清咸豐十一年（1861）刻本　二冊

420000－2341－0004000　　B/981.34/3431

禹貢滙解六卷　（清）洪兆雲纂輯　清光緒二十八年（1902）成都洪良猷刻本　四冊

420000－2341－0004001　　B/981.34/4634

水經注疏要刪補遺四十卷　楊守敬撰　清宣統元年（1909）刻本　六冊

420000－2341－0004002　　B/981.34/4634.1

水經注圖四十卷補一卷　楊守敬撰　清光緒三十一年（1905）楊氏觀海堂刻朱墨套印本　十冊

420000－2341－0004003　　B/981.34/4634C2

水經注疏要刪四十卷　楊守敬撰　清光緒三十一年（1905）楊氏觀海堂刻本　八冊

420000－2341－0004004　　B/981.34/4731

荊楚修疏指要七卷　（清）胡祖翮撰　清同治十一年（1872）湖北崇文書局刻本　二冊

420000－2341－0004005　　B/981.34/4731 壹

荊楚修疏指要七卷　（清）胡祖翮撰　清同治十一年（1872）湖北崇文書局刻本　二冊

420000－2341－0004006　　B/981.34/4913

水經注釋四十卷首一卷附錄二卷刊誤十二卷　（清）趙一清撰　清光緒六年（1880）蛟川張氏花雨樓刻本　二十四冊

420000－2341－0004007　　B/981.34/7510

蜀水攷四卷　（清）陳登龍撰　清道光五年（1825）刻本　二冊

420000－2341－0004008　　B/981.34/7787

水經注四十卷　（漢）桑欽撰　（北魏）酈道元注　清乾隆天都黃氏槐蔭艸堂刻同治二年(1863)長沙余氏明辨齋補版重印本　十二冊

420000－2341－0004009　　B/981.34/7787C2

水經注四十卷　（漢）桑欽撰　（北魏）酈道元注　清乾隆天都黃氏槐蔭艸堂刻本　十二冊

420000－2341－0004010　　B/981.34/7787C1

水經注四十卷　（漢）桑欽撰　（北魏）酈道元注　清乾隆張氏勵志書屋刻本　十一冊　缺三卷(三十至三十二)

420000－2341－0004011　　B/981.34/7787C3

水經注四十卷補遺一卷附錄二卷　（漢）桑欽撰　（北魏）酈道元注　（清）全祖望校　清光緒十四年(1888)薛福成寧波崇實書院刻本　十二冊

420000－2341－0004012　　B/981.341/7182

長江圖說十二卷首一卷　（清）馬徵麟撰　清同治十年(1871)湖北崇文書局刻本　五冊

420000－2341－0004013　　B/981.341/7182壹

長江圖說十二卷首一卷　（清）馬徵麟撰　清同治十年(1871)湖北崇文書局刻本　五冊

420000－2341－0004014　　B/981.347/7203

揚州水道記四卷　（清）劉文淇撰　清道光至同治刻本　四冊

420000－2341－0004015　　B/981.35/7146

莫愁湖志六卷首一卷　（清）馬士圖撰　清光緒十七年(1891)刻本　二冊

420000－2341－0004016　　B/981.351/4444

洞庭湖志十四卷　（清）蔡世基撰　清道光五年(1825)刻本　八冊

420000－2341－0004017　　B/981.354/3701

御覽西湖志纂十五卷首一卷末一卷　（清）沈德潛　（清）傅王露撰　清乾隆二十年(1755)賜經堂刻二十七年(1762)增刻本　八冊

420000－2341－0004018　　B/981.354/4021

西湖志四十八卷　（清）李衛　（清）程元章總裁　（清）傅王露纂修　清光緒四年(1878)浙江書局刻本　二十冊

420000－2341－0004019　　B/981.354/4021壹

西湖志四十八卷　（清）李衛　（清）程元章總裁　（清）傅王露纂修　清光緒四年(1878)浙江書局刻本　二十冊

420000－2341－0004020　　B/981.354/6035

西湖遊覽志二十四卷志餘二十六卷　（明）田汝成撰　清光緒二十二年(1896)錢塘丁氏嘉惠堂刻本　八冊

420000－2341－0004021　　B/981.36/0137

虎丘山志十卷　（清）顧湄撰　清宣統三年(1911)集群圖書館鉛印本　二冊

420000－2341－0004022　　B/981.36/0744

烏石山志九卷首一卷　（清）郭柏蒼　（清）劉永松纂　清光緒九年(1883)刻本　六冊

420000－2341－0004023　　B/981.36/1268

金山志十卷　（清）盧見曾撰　續金山志二卷　（清）釋秋涯撰　清光緒二十六年(1900)刻本　六冊

420000－2341－0004024　　B/981.36/2610

焦山志二十六卷　（清）吳雲輯　清同治四年(1865)刻本　十冊

420000－2341－0004025　　B/981.36/2846

九疑山志四卷　（清）徐旭旦纂修　虞陵紀要一卷　（清）葉于梅撰　清康熙四十八年(1709)刻乾隆二十九年(1764)補修本　二冊

420000－2341－0004026　　B/981.36/3052

廣雁蕩山志二十八卷首一卷末一卷　（清）曾唯輯　清乾隆五十五年(1790)曾唯依綠園刻本　八冊

420000－2341－0004027　　B/981.36/4003

萬山綱目賸稿二十一卷　（清）李誠纂　清光緒二十六年(1900)長沙刻本　十冊

420000－2341－0004028　　B/981.36/4033

金蓋山志四卷首一卷　（清）李宗蓮輯　金蓋山志略一卷　（清）閔苕敷撰　清光緒二十二

年(1896)古書隱樓刻本　二冊

420000－2341－0004029　B/981.36/4050
石鐘山志十六卷首一卷　（清）李成謀　（清）
丁義方輯　清光緒九年（1883）聽濤眺雨軒刻
本　八冊

420000－2341－0004030　B/981.36/4077
纂集通覽湘山志二卷附一卷　（清）張澹煙撰
　清光緒二十年（1894）刻本　二冊

420000－2341－0004031　B/981.36/4411
武夷山志二十四卷首一卷　（清）董天工編
清道光二十六年（1846）五夫尺木軒刻本
八冊

420000－2341－0004032　B/981.36/4437
重刊麻姑山志十二卷首一卷　（清）黃家駒纂
　清同治五年（1866）湖北武漢黃家駒刻本
六冊

420000－2341－0004033　B/981.36/4628
京口山水志十八卷首一卷末一卷　（清）楊棨
撰　清道光二十四年（1844）鎮江善化書局刻
本　八冊

420000－2341－0004034　B/981.36/4774
黃鵠山志十二卷首一卷　（清）胡鳳丹編　清
同治十三年（1874）退補齋刻本　六冊

420000－2341－0004035　B/981.36/4774壹
黃鵠山志十二卷首一卷　（清）胡鳳丹編　清
同治十三年（1874）退補齋刻本　六冊

420000－2341－0004036　B/981.36/4777
大別山志十卷首一卷　（清）胡鳳丹纂　清同
治十三年（1874）退補齋刻本　四冊

420000－2341－0004037　B/981.36/4940
嶽麓續志補編一卷　（清）劉崐纂　清同治十
二年（1873）半學齋刻本　一冊

420000－2341－0004038　B/981.36/4940
長沙府嶽麓志八卷首一卷　（清）趙寧輯　清
咸豐十一年（1861）半學齋刻本　四冊

420000－2341－0004039　B/981.36/5014
清涼山志十卷　（明）釋鎮澄撰　（清）釋阿王

老藏補　清乾隆二十年（1755）釋聚用刻光緒
十三年（1887）重修本　六冊

420000－2341－0004040　B/981.36/5034
龍虎山志十六卷　（清）婁近垣輯　清道光十
二年（1832）刻本　六冊

420000－2341－0004041　B/981.36/5098
普陀山志二十卷首一卷　（清）秦耀曾輯　清
道光十二年（1832）刻本　四冊

420000－2341－0004042　B/981.36/6074
鼎湖山慶雲寺志八卷首一卷　（清）丁易總修
　（清）釋成鷲纂述　清乾隆刻本　六冊

420000－2341－0004043　B/981.36/7224
寶華山志十五卷首一卷　（清）劉名芳纂修
清刻本　四冊

420000－2341－0004044　B/981.36/7544
齊山巖洞志二十六卷首一卷　（清）陳蔚纂輯
　清光緒二十七年（1901）貴池劉氏唐石簃刻
本　八冊

420000－2341－0004045　B/981.36/7545
羅浮志十卷　（明）陳槤撰　清道光三十年
（1850）南海伍氏粵雅堂刻本　二冊

420000－2341－0004046　B/981.36/7582
華銀山志十八卷首一卷　（清）釋虎溪纂
（清）釋益謙增　清同治四年（1865）刻本
四冊

420000－2341－0004047　B/981.36/8644
盤山志十卷首一卷補遺四卷　（清）釋智朴纂
輯　（清）王士禎　（清）朱彝尊校訂　清康熙
三十五年（1696）刻同治十一年（1872）修補本
　四冊

420000－2341－0004048　B/981.361/0026
岱覽三十二卷首編七卷附錄一卷　（清）唐仲
冕輯　清嘉慶十二年（1807）果克山房刻本
十二冊

420000－2341－0004049　B/981.362/4043
華嶽志八卷首一卷　（清）李榕纂輯　清道光
十一年（1831）楊翼武清白別墅刻光緒九年

（1883）重修本　六冊

420000－2341－0004050　B/981.363/0022
南嶽志八卷　（清）高自位編　（清）曠敏本輯
清乾隆十八年(1753)開雲樓刻本　六冊

420000－2341－0004051　B/981.363/4010
重修南嶽志二十六卷　（清）李元度重修　清
光緒六年至九年(1880－1883)朱陵洞天精舍
刻本　十二冊

420000－2341－0004052　B/981.365/6066
說嵩三十二卷　（清）景日昣撰　清康熙六十
年(1721)嶽生堂刻本　十冊

420000－2341－0004053　B/981.365/6066 壹
說嵩三十二卷　（清）景日昣撰　清康熙六十
年(1721)嶽生堂刻本　十冊

420000－2341－0004054　B/981.366/2634C2
廬山志十五卷首一卷　（清）毛德琦撰　清康
熙五十九年(1720)順德堂刻乾隆五十八年
(1793)龔琰重修本　十六冊

420000－2341－0004055　B/981.368/0427
九華山志十卷首一卷末一卷　（清）謝維喈重
修　清光緒二十六年(1900)刻本　八冊

420000－2341－0004056　B/981.38/0070
桃花源志略十三卷　（清）唐開韶輯　（清）胡
焯同編　清道光二十六年(1846)刻本　八冊

420000－2341－0004057　B/981.38/0070 壹
桃花源志略十三卷　（清）唐開韶輯　（清）胡
焯同編　清道光二十六年(1846)刻本　四冊

420000－2341－0004058　B/981.38/1000
金陵古今圖考一卷　（明）陳沂撰　金陵圖詠
一卷　（明）朱之蕃撰　金陵雅游編一卷
（明）余夢麟撰　明刻本　一冊

420000－2341－0004059　B/981.38/1060
石亭記事一卷續編一卷　（清）丁晏撰　清道
光二十八年(1848)頤志齋刻本　一冊

420000－2341－0004060　B/981.38/1138
潻墅關志十七卷　（清）張裕纂輯　清抄本
二冊

420000－2341－0004061　B/981.38/1731
湖山便覽十二卷　（清）翟灝　（清）翟瀚輯
清光緒元年(1875)杭州王氏槐蔭堂刻本
六冊

420000－2341－0004062　B/981.38/2834
清波小志二卷　（清）徐逢吉輯　清光緒七年
(1881)錢塘丁氏竹書堂刻本　二冊

420000－2341－0004063　B/981.38/3118
龍井見聞錄十卷附宋僧元淨外傳二卷　（清）
汪孟鋗纂　清乾隆刻本　二冊

420000－2341－0004064　B/981.38/3688
濂溪志七卷附濂溪遺芳集一卷　（清）周誥輯
清道光十九年(1839)道州周氏愛蓮堂刻本
四冊

420000－2341－0004065　B/981.38/4034
揚州畫舫錄十八卷　（清）李斗撰　清嘉慶二
年(1797)自然盦刻同治十一年(1872)方氏修
版印本　四冊

420000－2341－0004066　B/981.38/4034C1
揚州畫舫錄十八卷　（清）李斗撰　清嘉慶二
年(1797)自然盦刻本　六冊

420000－2341－0004067　B/981.38/4777
馬鬼志十六卷首一卷　（清）胡鳳丹纂修　清
光緒三年(1877)浙江永康胡氏退補齋刻本
六冊

420000－2341－0004068　B/981.38/4844
問津院志六卷首一卷　（清）王會釐纂　清光
緒三十一年(1905)刻本　五冊

420000－2341－0004069　B/981.38/4907
平山堂圖志十卷首一卷　（清）趙之壁編　清
光緒二十一年(1895)刻本　四冊

420000－2341－0004070　B/981.38/5572
蜀中名勝記三十卷　（明）曹學佺撰　清宣統
二年(1910)成都茹古書局刻本　十冊

420000－2341－0004071　B/981.38/7521
鳳麓小志四卷　陳作霖編　清光緒二十五年
(1899)刻本　二冊

420000－2341－0004072　B/981.38/7521

東城志略一卷　陳作霖編　清光緒二十五年
(1899)刻本　一冊

420000－2341－0004073　B/981.38/7521

運瀆橋道小志一卷　陳作霖編　清光緒十一
年(1885)刻本　一冊

420000－2341－0004074　B/981.38/7568

清波三志三卷　(清)陳景鍾輯　(清)莫杙續
訂　清光緒二十二年(1896)刻本　十冊

420000－2341－0004075　B/981.382/0022

東林書院志二十二卷　(清)高烓輯　清光緒
七年(1881)刻本　八冊

420000－2341－0004076　B/981.382/2030

白鹿書院志十九卷　(清)毛德琦纂　清康熙
刻本　六冊

420000－2341－0004077　B/981.382/2848

約園志不分卷　(清)徐樹銘撰　清光緒二十
三年(1897)刻本　四冊

420000－2341－0004078　B/981.383/1023

長沙定王台志二卷　(清)夏獻雲輯　清光緒
七年(1881)長沙刻本　二冊

420000－2341－0004079　B/981.384/1024

玉泉寺志六卷首一卷　(清)李元才修　(清)
陶賡唐纂　清光緒十一年(1885)刻本　一冊

420000－2341－0004080　B/981.384/1115

湯陰精忠廟志十卷　(清)張應登　(清)鄭懋
洵輯　清刻本　六冊

420000－2341－0004081　B/981.384/1184

關帝志四卷　(清)張鎮輯　清光緒十年
(1884)刻本　四冊

420000－2341－0004082　B/981.384/3463

澤宮序次舉要二卷　(清)洪恩波編　清光緒
二十三年(1897)刻本　二冊

420000－2341－0004083　B/981.384/4064

武林理安寺志八卷　(清)釋實月撰　清光緒
四年(1878)刻本　八冊

420000－2341－0004084　B/981.384/4712

逍遙山萬壽宮通志二十二卷　(清)金桂馨纂
清光緒四年(1878)江右鐵柱宮刻本　十冊

420000－2341－0004085　B/981.384/4912

國朝文廟崇祀錄十七卷補遺一卷　(清)趙玉
山　(清)閻萬涵鑒定　(清)熊汝弼輯　清道
光二十四年至二十五年(1844－1845)刻本
八冊

420000－2341－0004086　B/981.384/5044

文廟通考六卷　(清)牛樹梅撰　清同治十一
年(1872)浙江書局刻本　二冊

420000－2341－0004087　B/981.384/6022

東野志二卷　(明)呂化舜輯　清刻本　六冊

420000－2341－0004089　B/981.384/7110

曹江孝女廟志八卷首一卷末一卷　(清)阮元
鑒定　(清)金廷棟編　清光緒八年(1882)五
社公所刻本　二冊

420000－2341－0004090　B/981.384/7164

增修雲林寺志八卷　(清)厲鶚撰　清乾隆九
年(1744)刻本　二冊

420000－2341－0004090　B/981.384/7238

淨慈寺志二十八卷首二卷末一卷　(清)釋際
祥纂輯　清光緒十四年(1888)丁氏嘉惠堂刻
本　八冊

420000－2341－0004091　B/981.384/7701

關帝聖跡圖志全集十卷首一卷　(清)盧湛輯
清道光十六年(1836)湖北荊宜施道署刻本
四冊

420000－2341－0004092　B/981.384/7710

長沙縣學宮志八卷首一卷　(清)余正煥輯
(清)周玉麒續輯　清咸豐元年(1851)刻同治
六年(1867)續修本　八冊

420000－2341－0004093　B/981.384/7736

學宮圖考四卷聖蹟圖一卷　(清)寇宗撰　菊
逸山房天學一卷　(清)寇宗撰　菊逸山房易
學一卷　(清)寇宗撰　清同治十二年(1873)
京都琉璃廠刻本　六冊

420000－2341－0004094　B/981.384/8040

吳山伍公廟志六卷首一卷附一卷　（清）金文淳纂修　（清）沈永青增輯　清光緒二年（1876）刻本　一冊

420000－2341－0004095　B/981.385/1727

南岳二賢祠志八卷　（清）尹繼隆編輯　清咸豐三年（1853）遺經堂刻本　四冊

420000－2341－0004096　B/981.385/3144

平湖陸氏景賢祠志四卷　（清）陸龍光增輯　清光緒六年（1880）刻本　六冊

420000－2341－0004097　B/981.385/4330

西湖三祠名賢考略三卷首一卷　（清）戴啟文纂輯　清光緒三十年（1904）刻本　二冊

420000－2341－0004098　B/981.386/2123

忠武祠墓志七卷首一卷末一卷　（清）李復心編　清同治五年（1866）刻六年（1867）增刻光緒續增刻本　四冊

420000－2341－0004099　B/981.39/2654

黔語二卷　（清）吳振棫纂　清光緒貴陽陳氏刻靈峰草堂叢書本　一冊

420000－2341－0004100　B/981.4/1126

蒙古遊牧記十六卷　（清）張穆撰　（清）何秋濤補　清同治六年（1867）壽陽祁氏刻本　四冊

420000－2341－0004101　B/981.4/1127

花甲閒談十六卷附圖　（清）張維屏撰　（清）葉夢草繪　清道光十九年（1839）刻本　四冊

420000－2341－0004102　B/981.5/3025

太平寰宇記二百卷目錄二卷　（宋）樂史撰　清光緒八年（1882）金陵書局刻本　十八冊

420000－2341－0004103　B/981.5/3025 壹

太平寰宇記二百卷目錄二卷　（宋）樂史撰　清光緒八年（1882）金陵書局刻本　十八冊

420000－2341－0004104　B/981.5/3132

方輿紀要簡覽三十四卷　（清）潘鐸輯　清咸豐八年（1858）紅杏書屋刻本　十六冊

420000－2341－0004105　B/981.5/3441

漢地理志詳釋四卷　（清）呂調陽撰　清光緒十四年（1888）葉長高刻本　四冊

420000－2341－0004106　B/981.5/4394

輿地學課程不分卷　姚炳奎撰　清光緒二十九年（1903）經心書院刻本　八冊

420000－2341－0004107　B/981.5/4409

廣輿記二十四卷　（明）陸應陽撰　（清）蔡方炳增輯　清嘉慶七年（1802）聚文堂刻本　十二冊

420000－2341－0004108　B/981.5/4409C1

廣輿記二十四卷首一卷圖一卷　（明）陸應陽撰　（清）蔡方炳增輯　清大文堂刻本　十二冊

420000－2341－0004109　B/981.5/4409 壹

廣輿記二十四卷　（明）陸應陽撰　（清）蔡方炳增輯　清嘉慶七年（1802）聚文堂刻本　六冊　存十五卷（十至二十四）

420000－2341－0004110　B/981.5/4449

大清一統志表不分卷　（清）萬芝堂撰　清刻本　十八冊

420000－2341－0004111　B/981.5/4449 壹

大清一統志表不分卷　（清）萬芝堂撰　清刻本　十八冊

420000－2341－0004112　B/981.5/8342

新斠注地理志十六卷　（清）錢坫撰　（清）徐松集釋　清同治十三年（1874）會稽章氏刻本　十六冊

420000－2341－0004113　B/981.5/8342 壹

新斠注地理志十六卷　（清）錢坫撰　（清）徐松集釋　清同治十三年（1874）會稽章氏刻本　十六冊

420000－2341－0004114　B/981.51/3191

歷代帝王宅京記二十卷　（清）顧炎武撰　清光緒十四年（1888）槐廬刻本　六冊

420000－2341－0004115　B/981.55/2641

皇朝一統直省府廳州縣全圖　（清）□□繪　清刻本　十二冊

420000－2341－0004116　B/981.55/3132

讀史方輿紀要一百三十卷　（清）顧祖禹撰
清光緒二十七年（1901）圖書集成局鉛印本
六十四冊

420000－2341－0004117　B/981.55/3132C1

讀史方輿紀要一百三十卷輿圖要覽四卷
（清）顧祖禹撰　（清）彭元瑞校定　清道光龍
萬育敷文閣刻本　八十冊

420000－2341－0004118　B/981.55/3132C2

讀史方輿紀要一百三十卷輿圖要覽四卷
（清）顧祖禹撰　（清）彭元瑞校定　清嘉慶十
七年（1812）成都龍氏敷文閣刻光緒五年
（1879）蜀南桐華書屋重修本　八十冊

420000－2341－0004119　B/981.55/3132C3

讀史方輿紀要一百三十卷輿圖要覽四卷
（清）顧祖禹撰　（清）彭元瑞校定　清嘉慶十
七年（1812）成都龍氏敷文閣刻道光三年
（1823）宏道堂重修本　八十冊

420000－2341－0004120　B/981.56/0041

宋州郡志校勘記一卷　（清）成孺撰　清光緒
十四年（1888）廣雅書局刻廣雅書局叢書本
一冊

420000－2341－0004121　B/981.56/1023C1

輿地紀勝二百卷校勘記五十二卷補闕十卷
（宋）王象之編　清道光二十九年（1849）懼盈
齋刻本　五十冊

420000－2341－0004122　B/981.56/1023C2

輿地紀勝二百卷校勘記五十二卷補闕十卷
（宋）王象之編　清咸豐五年（1855）廣東南海
粵雅堂刻本　二十四冊

420000－2341－0004123　B/981.56/7770

輿地廣記三十八卷　（宋）歐陽忞撰　**校勘記**
二卷　清光緒二十一年（1895）刻本　七冊

420000－2341－0004124　B/981.57/4045

元和郡縣志四十卷補志九卷　（唐）李吉甫撰
清光緒六年（1880）金陵書局刻本　八冊

420000－2341－0004125　B/981.57/4045C3

元和郡縣志四十卷　（唐）李吉甫撰　清刻本
十六冊

420000－2341－0004126　B/981.57/4045 壹

元和郡縣志四十卷補志九卷　（唐）李吉甫撰
清光緒六年（1880）金陵書局刻本　八冊

420000－2341－0004127　B/981.57/4447

郡縣分韻考十卷　（清）黃本驥編輯　清道光
二十七年（1847）刻本　二冊

420000－2341－0004128　B/981.597/2694

勘定新疆記八卷　（清）魏光燾撰　清光緒二
十五年（1899）鉛印本　四冊

420000－2341－0004129　B/981.85/0018

廣西全省地輿圖說不分卷　（清）蘇鳳文編
清同治六年（1867）刻本　四冊

420000－2341－0004130　B/981.9/2644

皇朝藩屬輿地叢書二十八種　（清）浦口輯
清光緒二十九年（1903）金匱浦氏靜寄東軒石
印本　九十六冊

420000－2341－0004131　B/981/4033

歷代地理志韻編今釋二十卷　（清）李兆洛輯
清同治九年（1870）合肥李氏刻李氏五種本
七冊

420000－2341－0004132　B/981/4033

皇朝輿地韻編二卷　（清）李兆洛輯　清同治
九年（1870）合肥李氏刻李氏五種本　一冊

420000－2341－0004133　B/981/4033

紀元編三卷末一卷　（清）六承如錄　清同治
九年（1870）合肥李氏刻李氏五種本　三冊

420000－2341－0004134　B/981/4033

歷代地理沿革圖不分卷　（清）李兆洛輯　清
同治十一年（1872）合肥李氏刻李氏五種本
一冊

420000－2341－0004135　B/981/4033

皇朝一統輿圖一卷　（清）李兆洛撰　清同治
十一年（1872）合肥李氏刻李氏五種本　與
420000－2341－0004134 合一冊

420000－2341－0004136　B/981/4033C2

歷代地理沿革圖不分卷　（清）李兆洛輯　清光緒二十二年（1896）金陵書局刻本　一冊

420000－2341－0004137　B/981/4033C2

皇朝一統輿圖一卷　（清）李兆洛撰　清光緒二十二年（1896）金陵書局刻本　與420000－2341－0004136合一冊

420000－2341－0004138　B/981/4033C2

皇朝輿地韻編二卷　（清）李兆洛輯　清光緒十八年（1892）金陵書局刻本　一冊

420000－2341－0004139　B/981/4033C2

紀元編三卷末一卷　（清）六承如錄　清光緒十八年（1892）金陵書局刻本　三冊

420000－2341－0004140　B/981/4033C2

歷代地理志韻編今釋二十卷　（清）李兆洛輯　清光緒十八年（1892）金陵書局刻本　十一冊

420000－2341－0004141　B/981/4033　壹

歷代地理志韻編今釋二十卷　（清）李兆洛輯　清同治九年（1870）合肥李氏刻李氏五種本　七冊

420000－2341－0004142　B/982.15/2310

遊歷日本圖經三十卷　（清）傅雲龍撰　清光緒十五年（1889）日本東京德清傅氏鉛印本　十五冊

420000－2341－0004143　B/982.15/4204

日本地理兵要十卷　姚文棟撰　日本會計錄四卷　姚文棟輯　日本師船考一卷　沈敦和輯譯　清光緒二十年（1894）寶善書局石印本　六冊

420000－2341－0004144　B/982.15/4433

日本國志四十卷首一卷　（清）黃遵憲編纂　清光緒二十七年（1901）上海書局石印本　十冊

420000－2341－0004145　B/982.41/2814

越南輯略二卷　（清）徐延旭編　清光緒三年（1877）梧州府署刻本　八冊

420000－2341－0004146　B/982.41/5302

越南地輿圖說六卷首一卷　（清）盛慶紱纂　清光緒九年（1883）求忠堂刻本　二冊

420000－2341－0004147　B/982.41/5302　壹

越南地輿圖說六卷首一卷　（清）盛慶紱纂　清光緒九年（1883）刻本　二冊

420000－2341－0004148　B/983.4/7042C1

法國新志四卷　（英國）陝勒低輯　（英國）傅紹蘭口譯　（清）潘松譯　清光緒二十四年（1898）上海製造局刻本　二冊

420000－2341－0004149　B/983.4/7042C1　壹

法國新志四卷　（英國）陝勒低輯　（英國）傅紹蘭口譯　（清）潘松譯　清光緒二十四年（1898）上海製造局刻本　二冊

420000－2341－0004150　B/983.4/7042C3

法國新志四卷　（英國）陝勒低輯　（英國）傅紹蘭口譯　（清）潘松譯　清光緒二十七年（1901）上海書局石印本　四冊

420000－2341－0004151　B/983.55/4420

大英國志八卷　（英國）慕維廉譯　清光緒七年（1881）刻本　四冊

420000－2341－0004152　B/983.85/7042

俄國新志八卷　（英國）陝勒低撰　（英國）傅蘭雅　（清）潘松譯　清光緒二十四年（1898）上海製造總局刻本　四冊

420000－2341－0004153　B/984.032/4116

美國鐵路匯考十三卷　（美國）柯理撰　（英國）傅蘭雅口譯　（清）潘松筆述　清光緒二十五年（1899）江南製造局刻本　二冊

420000－2341－0004154　B/990.075/1042

西學輯存六種　（清）王韜輯撰　清光緒十五年至十六年（1889－1890）王韜鉛印本　二冊

420000－2341－0004155　B/990.075/1113

清儀閣題跋　（清）張廷濟撰　清光緒十九年（1893）丁立誠刻本　四冊

420000－2341－0004156　B/990.81/2832

隨軒金石文字九種　（清）徐渭仁輯　清道光十七年至二十四年（1837－1844）春暉堂刻本

四冊

420000 – 2341 – 0004157　B/990.812/2615
金石存十五卷　（清）吳玉搢纂　清嘉慶二十
四年(1819)文妙香室刻本　四冊

420000 – 2341 – 0004158　B/990.812/2699
筠清館金石文字五卷　（清）吳榮光撰　清道
光二十二年(1842)南海吳氏刻本　十冊

420000 – 2341 – 0004159　B/990.812/3423
金石圖說四卷　（清）褚峻摹圖　（清）牛運震
集說　清光緒二十年（1894）劉世珩刻本
四冊

420000 – 2341 – 0004160　B/990.812/3743
東巡金石錄八卷　（清）崔應階　（清）梁鼐鴻
輯　清乾隆刻本　二冊

420000 – 2341 – 0004161　B/990.812/4491
歷代鐘鼎彝器款識法帖二十卷　（宋）薛尚功
撰　清嘉慶二年(1797)儀徵阮元小嫏嬛仙館
刻本　四冊

420000 – 2341 – 0004162　B/990.812/7110
積古齋鐘鼎款識十卷　（清）阮元藏　（清）朱
為弼編　清光緒五年(1879)武昌華亭林長慶
刻本　十二冊

420000 – 2341 – 0004163　B/990.813/1123
二銘草堂金石聚十六卷　（清）張德容輯　清
同治十一年(1872)衢州張氏二銘草堂刻本
十六冊

420000 – 2341 – 0004164　B/990.813/3441
石鼓文定本十卷　（清）沈梧撰　清光緒十六
年(1890)古華山館刻本　四冊

420000 – 2341 – 0004165　B/990.813/4428
小蓬萊閣金石文字不分卷　（清）黃易編　清
嘉慶五年(1800)刻本　五冊

420000 – 2341 – 0004166　B/990.813/4713
山右石刻叢編四十卷　（清）胡聘之撰　清光
緒二十七年(1901)刻本　二十四冊

420000 – 2341 – 0004167　B/991.08/7493
金石萃編補正四卷　（清）方履籛編　清光緒

二十年(1894)上海醉六堂刻本　二冊

420000 – 2341 – 0004168　B/991.2/0200
陶齋吉金續錄二卷　（清）端方撰　清宣統元
年(1909)石印本　二冊

420000 – 2341 – 0004169　B/991.2/0200.2
陶齋吉金錄八卷　（清）端方撰　清光緒三十
四年(1908)有正書局石印本　四冊

420000 – 2341 – 0004170　B/991.2/3117
金石索十二卷首一卷　（清）馮雲鵬　（清）馮
雲鵷輯　清道光元年至十五年(1821–1835)
山東滋陽馮氏邃古齋刻本　十二冊

420000 – 2341 – 0004171　B/991.2/3301
西清古鑑四十卷　（清）梁詩正編　清光緒十
四年(1888)上海鴻文書局石印本　一冊　存
二卷(二十六至二十七)

420000 – 2341 – 0004172　B/991.2/3301 壹
西清古鑑四十卷　（清）梁詩正編　清光緒十
四年(1888)上海鴻文書局石印本　二十四冊

420000 – 2341 – 0004173　B/991.2/4462
亦政堂重修宣和博古圖錄三十卷　（宋）王黼
撰　明萬曆二十八年至三十年(1600–1602)
吳萬化刻清乾隆十七年(1752)天都黃氏亦政
堂重印本　三十冊

420000 – 2341 – 0004174　B/991.2/7243
海東金石苑四卷首一卷　（清）劉喜海撰　清
光緒七年(1881)張德容二銘草堂刻本　四冊

420000 – 2341 – 0004175　B/991.24/0018
大錢圖錄一卷　（清）鮑康撰　清光緒二年
(1876)歙縣鮑氏刻觀古閣叢刻本　二冊

420000 – 2341 – 0004176　B/991.24/0018
觀古閣叢稿三編二卷　（清）鮑康撰　清光緒
二年(1876)歙縣鮑氏刻觀古閣叢刻本　一冊

420000 – 2341 – 0004177　B/991.24/0018
觀古閣叢稿二卷　（清）鮑康撰　清同治十二
年(1873)歙縣鮑氏刻觀古閣叢刻本　一冊

420000 – 2341 – 0004178　B/991.24/0018
觀古閣泉說一卷　（清）鮑康撰　清同治十二

年(1873)歙縣鮑氏刻觀古閣叢刻本　一冊

420000－2341－0004179　B/991.24/0018

海東金石苑一卷　（清）劉喜海撰　清同治十
二年(1873)歙縣鮑氏刻觀古閣叢刻本　一冊

420000－2341－0004180　B/991.24/0018

嘉蔭簃論泉絕句二卷　（清）劉喜海撰　清同
治十二年(1873)歙縣鮑氏刻觀古閣叢刻本
一冊

420000－2341－0004181　B/991.24/0018

虞夏贖金釋文一卷　（清）劉師陸撰　清同治
十二年(1873)歙縣鮑氏刻觀古閣叢刻本　與
420000－2341－0004179　合一冊

420000－2341－0004182　B/991.24/0018

李竹朋續泉說一卷　（清）李佐賢撰　清同治
十二年(1873)歙縣鮑氏刻觀古閣叢刻本
一冊

420000－2341－0004183　B/991.24/0018

續叢稿一卷　（清）鮑康著　清同治十二年
(1873)歙縣鮑氏刻觀古閣叢刻本　與420000－
2341－0004182　合一冊

420000－2341－0004184　B/991.24/0090

癖泉臆說六卷　（清）高煥文撰　清宣統三年
(1911)石印本　一冊

420000－2341－0004185　B/991.24/1737

泉布統志九卷首一卷附錄一卷　（清）孟麟輯
　清道光十三年(1833)志古堂刻本　三十
二冊

420000－2341－0004186　B/991.24/2700

續泉匯十四卷補遺二卷　（清）鮑康　（清）李
佐賢撰　清光緒元年(1875)利津李氏石泉書
屋刻本　五冊

420000－2341－0004187　B/991.24/2744

古今錢略三十二卷首一卷末一卷　（清）倪模
撰　清光緒五年(1879)望江倪氏兩彊勉齋刻
本　十冊

420000－2341－0004188　B/991.24/4027

古泉匯首集四卷元集十四卷亨集十四卷利集

十八卷貞集十四卷　（清）李佐賢撰　清同治
三年(1864)利津李氏刻本　十五冊

420000－2341－0004189　B/991.3/0200

陶齋藏石記四十四卷　（清）端方撰　清宣統
元年(1909)石印本　十二冊

420000－2341－0004190　B/991.3/4467

語石十卷　葉昌熾撰　清宣統元年(1909)長
洲葉氏刻本　四冊

420000－2341－0004191　B/991.31/2643

古玉圖考不分卷　（清）吳大澂編　清光緒十
五年(1889)上海同文書局石印本　四冊

420000－2341－0004192　B/991.34/1041

碑版文廣例十卷　（清）王芑孫輯　清道光二
十一年(1841)刻本　四冊

420000－2341－0004193　B/991.34/1185

墨妙亭碑目考二卷附考一卷　（清）張鑑撰
清光緒十年(1884)江蘇書局刻本　二冊

420000－2341－0004194　B/991.34/1262

寰宇訪碑錄十二卷　（清）孫星衍　（清）邢澍
撰　清光緒十一年(1885)吳縣朱氏刻本
六冊

420000－2341－0004195　B/991.34/3479

平津讀碑記八卷續記一卷　（清）洪頤煊撰
清光緒十二年(1886)吳縣朱氏槐廬家塾刻本
四冊

420000－2341－0004196　B/991.34/4081

漢碑引經考六卷附漢碑引緯考一卷　（清）皮
錫瑞撰　清光緒三十年(1904)刻師伏堂叢書
本　五冊

420000－2341－0004197　B/991.34/4960

金石錄三十卷　（宋）趙明誠撰　清乾隆二十
七年(1762)盧見曾雅雨堂刻本　六冊

420000－2341－0004198　B/991.34/7254

金石續錄四卷　（清）劉青藜撰　清光緒崇川
葛氏學古齋刻本　一冊

420000－2341－0004199　B/991.34/7772

集古錄跋尾十卷　（宋）歐陽修撰　清道光二

十四年(1844)刻三長物齋叢書本　四冊

420000－2341－0004200　B/991.34/7772

集古錄目五卷　（宋）歐陽棐撰　清道光二十四年(1844)刻三長物齋叢書本　二冊

420000－2341－0004201　B/991.34/7772 壹

集古錄目五卷　（宋）歐陽棐撰　清道光二十四年(1844)刻三長物齋叢書本　二冊

420000－2341－0004202　B/991.34/7772 壹

集古錄跋尾十卷　（宋）歐陽修撰　清道光二十四年(1844)刻三長物齋叢書本　四冊

420000－2341－0004203　B/991.41/7433

千甓亭古磚圖釋二十卷　（清）陸心源輯　清光緒十七年(1891)吳興陸氏石印本　四冊

420000－2341－0004204　B/991.8/2542

南宋古跡考二卷　（清）朱彭輯　清光緒七年(1881)錢塘丁氏嘉惠堂刻本　四冊

420000－2341－0004205　B/991.8/4096

觀妙齋藏金石文考略十六卷　（清）李光暎撰　清雍正七年(1729)李光暎刻本　六冊

420000－2341－0004206　B/991.81/7282

潞城考古錄二卷　（清）劉錫信撰　清光緒五年(1879)定州王氏謙德堂刻本　三冊

420000－2341－0004207　B/991.81/7282

歷代諱名考一卷　（清）劉錫信撰　清光緒五年(1879)定州王氏謙德堂刻本　一冊

420000－2341－0004208　B/991.86/4457

隋唐石刻拾遺二卷　（清）黃本驥撰　清道光二年(1822)關中碑林刻本　二冊

420000－2341－0004209　B/991.912/8002

兩漢金石記二十二卷　（清）翁方綱編　清乾隆五十四年(1789)南昌使院刻蘇齋叢書本　十四冊

420000－2341－0004210　B/991.962/3191

山東考古錄一卷　（清）顧炎武撰　清光緒八年(1882)山東書局刻本　一冊

420000－2341－0004211　B/991.962/4412

續山東考古錄三十二卷首一卷　（清）葉圭綬撰　清光緒八年(1882)山東書局刻本　十二冊

420000－2341－0004212　B/991.973/3718

湖北金石志十四卷　楊守敬撰　清光緒湖北通志局刻朱印本　十四冊

420000－2341－0004213　B/991.978/4452

越中金石記十卷目錄二卷　（清）杜春生編　清道光十年(1830)詹波館刻本　六冊

420000－2341－0004214　B/991.978/7110

兩浙金石志十八卷補遺一卷　（清）阮元編錄　清光緒十六年(1890)浙江書局刻本　十二冊

420000－2341－0004215　B/991/7584

金石摘十卷　（清）陳善埰輯　清同治十二年(1873)瀏陽縣學不求甚解齋刻本　十冊

420000－2341－0004216　B/991/8544

金石存十五卷　（清）吳玉搢撰　清道光五年(1825)李朝夔補刻本　四冊

420000－2341－0004217　B221.11/G1

管子二十四卷　（唐）房玄齡註　清光緒五年(1879)刻本　四冊

420000－2341－0004218　B222.17/Y1

四書釋地補一卷續補一卷又續補一卷三續補一卷　（清）閻若璩撰　（清）樊廷枚校補　清嘉慶二十一年(1816)梅陽海涵堂刻本　五冊

420000－2341－0004219　BB/0011

宦遊紀略二卷　（清）高廷瑤撰　清光緒九年(1883)資中官廨刻本　一冊

420000－2341－0004220　BB/0045

唐公友耕年譜不分卷　（清）唐鴻學撰　清光緒三十四年(1908)刻本　一冊

420000－2341－0004221　BB/0074

阿文成公[桂]年譜三十四卷　（清）那彥成纂　清嘉慶十八年(1813)刻本　三十二冊

420000－2341－0004222　BB/0097

成山老人[唐炯]年譜六卷　（清）唐炯撰　清

宣統二年(1910)北京鉛印本　一冊

420000－2341－0004223　BB/1053

船山公[王夫之]年譜前編一卷後編一卷
(清)王之春編　清光緒十九年(1893)刻本
二冊

420000－2341－0004224　BB/1111

澂懷主人自訂年譜六卷　(清)張廷玉撰
(清)張紹文重校　清光緒六年(1880)刻本
二冊

420000－2341－0004225　BB/2238

豐清敏公遺事一卷附錄一卷　(宋)李樸撰
清光緒四年(1878)金山錢氏刻本　一冊

420000－2341－0004226　BB/2540

朱子[熹]年譜四卷考異四卷附錄二卷　(清)
王懋竑纂訂　清光緒杭州浙江書局補刻本
四冊

420000－2341－0004227　BB/2637

**忠節吳次尾先生[應箕]年譜一卷樓山遺事一
卷**　(清)夏燮編　清同治當塗夏氏刻本
一冊

420000－2341－0004228　BB/2644

吳梅村先生[偉業]年譜四卷世系一卷　(清)
顧師軾編　清光緒三年(1877)太倉吳守元刻
本　一冊

420000－2341－0004229　BB/3850

**太子太傅先莊毅公東巗府君[裕泰]年譜不分
卷**　(清)長啟撰　清同治九年(1870)廣州刻
本　二冊

420000－2341－0004230　BB/4003

建文[朱允炆]年譜四卷　(清)趙士喆纂修
清道光二十九年(1849)味塵軒木活字印本
四冊

420000－2341－0004231　BB/4030

李鴻章十二章　梁啟超撰　清光緒二十七年
(1901)石印本　一冊

420000－2341－0004232　BB/4076

露桐先生[李殿圖]年譜前編四卷續編二卷

(清)錢景星編　(清)李轍通續　清嘉慶八年
(1803)刻本　六冊

420000－2341－0004233　BB/4644

宮傅楊果勇侯自編年譜五卷　(清)楊芳撰
清道光二十年(1840)廣東傅寶和堂刻本
五冊

420000－2341－0004234　BB/4647

豫章先賢九家年譜不分卷　(清)楊希閔編
清光緒四年(1878)刻本　十二冊

420000－2341－0004235　BB/4933

先儒趙子言行錄二卷　(清)陳廷鈞纂述　清
同治九年(1870)湖北崇文書局刻本　二冊

420000－2341－0004236　BB/5007

惠烈錄六卷　(清)青宗益　(清)青宗堯編
清乾隆大寧青氏刻本　四冊

420000－2341－0004237　BB/7212

駱文忠公自訂年譜二卷　(清)駱秉章撰　清
光緒二十一年(1895)湖南思賢書局刻本
二冊

420000－2341－0004238　BB/8014

金正希先生[聲]年譜一卷　(清)程錫類編
清光緒二十三年(1897)武漢兩湖書院木活字
印本　一冊

420000－2341－0004239　BB/8064

求闕齋弟子記三十二卷　(清)王定安撰　清
光緒二年(1876)刻本　十六冊

420000－2341－0004240　C/0001

千古斯文子集三卷　(明)徐奮鵬輯評　明萬
曆四十六年(1618)世慶堂刻本　三冊

420000－2341－0004241　C/0002

荀子注二十卷　(唐)楊倞注　(清)謝墉輯補
　校勘補遺一卷**　(清)謝墉撰　清乾隆五十
一年(1786)謝墉安雅堂刻本　四冊

420000－2341－0004242　C/0003

劉氏二書三十卷　(漢)劉向撰　明嘉靖十四
年(1535)楚藩崇本書院刻本　八冊　存二十
卷(說苑二十卷)

420000 – 2341 – 0004243　C/0004

鹽鐵論十二卷　（漢）桓寬撰　明嘉靖三十二年(1553)張之象刻萬曆程榮後印本　六冊

420000 – 2341 – 0004244　C/0005

鹽鐵論十卷　（漢）桓寬撰　**鹽鐵論考證一卷**　（清）張敦仁撰　清嘉慶十二年(1807)張敦仁刻本　六冊

420000 – 2341 – 0004245　C/0006

纂圖互註揚子法言十卷　（漢）揚雄撰　（晉）李軌　（唐）柳宗元　（宋）宋咸　（宋）吳祕　（宋）司馬光註　明刻本　四冊

420000 – 2341 – 0004246　C/0007

明本釋三卷　（宋）劉荀撰　清道光至清末抄本　一冊

420000 – 2341 – 0004247　C/0008

類編標注文公朱先生經濟文衡前集二十五卷後集二十五卷續集二十五卷　（宋）滕珙輯　明萬曆三十四年(1606)朱崇沐刻本　十二冊

420000 – 2341 – 0004248　C/0009

性理大全書七十卷　（明）胡廣撰　明永樂十三年(1415)內府刻清康熙十二年(1673)內府補版後印本　十六冊

420000 – 2341 – 0004249　C/0010

御纂性理精義十二卷　（清）李光地纂修　清康熙五十四年(1715)武英殿刻本　八冊

420000 – 2341 – 0004250　C/0011

薛文清公讀書全錄類編二十卷　（明）薛瑄撰　（明）侯鶴齡編　明萬曆二十四年(1596)大雅堂刻本　八冊

420000 – 2341 – 0004251　C/0012

汪子中詮六卷　（明）汪應蛟撰　明萬曆四十六年(1618)敬思堂刻本　六冊

420000 – 2341 – 0004252　C/0013

莊子南華真經四卷　（戰國）莊周撰　（晉）郭象注　明閔齊伋刻朱墨套印本　一冊

420000 – 2341 – 0004253　C/0014

莊子因六卷附莊子雜說一卷　（清）林雲銘撰　清康熙二十七年(1688)刻本　五冊

420000 – 2341 – 0004254　C/0015

管子二十四卷　（唐）房玄齡注　明萬曆十年(1582)趙用賢刻本　六冊

420000 – 2341 – 0004255　C/0016

管子文評二十四卷首一卷　（唐）房玄齡注　（明）劉績增注　（明）朱養和評　清梅霖書屋抄本　八冊

420000 – 2341 – 0004256　C/0017

韓子二十卷　（戰國）韓非撰　**附錄一卷**　明天啓五年(1625)趙如源、王道焜刻本　四冊

420000 – 2341 – 0004257　C/0018

讀律佩觿七卷洗冤錄補二卷讀律八法一卷　（清）王明德撰　清康熙十五年(1676)冷然閣刻本　八冊

420000 – 2341 – 0004258　C/0019

唐荊川先生纂輯武編十卷　（明）唐順之撰　清道光至清末抄本　六冊　存六卷(一至六)

420000 – 2341 – 0004259　C/0020

武備志二百四十卷　（明）茅元儀輯　明天啓元年(1621)刻本　八十冊

420000 – 2341 – 0004260　C/0021

登壇必究四十卷　（明）王鳴鶴編　明萬曆二十七年(1599)刻本　三十二冊

420000 – 2341 – 0004261　C/0023

重廣補註黃帝內經素問二十四卷　（唐）王冰注　（宋）林億校正　**新刊黃帝內經靈樞二十四卷**　（宋）史崧音釋　明萬曆繡谷書林周曰校刻本　十二冊

420000 – 2341 – 0004262　C/0026

新刊銅人鍼灸經七卷　（□）□□撰　元明間刻本　三冊

420000 – 2341 – 0004263　C/0026

新編西方子明堂灸經八卷　（□）□□撰　元明間刻本　二冊

420000 – 2341 – 0004264　C/0027

外科症治全生集四卷　（清）王洪緒纂輯　清

抄本　二冊

420000－2341－0004265　C/0028
陳氏抄選珍本醫方論證不分卷　（清）陳賓于
抄輯　清光緒十五年(1889)陳賓于抄本　十
六冊

420000－2341－0004266　C/0029
恒星曆指三卷　（德國）湯若望撰　明崇禎刻
本　二冊

420000－2341－0004267　C/0029
日躔曆指一卷　（意大利）羅雅谷撰　明崇禎
刻本　一冊

420000－2341－0004268　C/0029
月離曆指四卷　（意大利）羅雅谷撰　明崇禎
刻本　四冊

420000－2341－0004269　C/0029
月離表三卷　（意大利）羅雅谷撰　清順治刻
本　三冊

420000－2341－0004270　C/0031
至大重修宣和博古圖錄三十卷　（宋）王黼撰
明嘉靖七年(1528)蔣暘刻本　三十冊

420000－2341－0004271　C/0033
考古圖十卷　（宋）呂大臨撰　清乾隆十八年
(1753)亦政堂刻本　五冊

420000－2341－0004272　C/0034
古玉圖譜一百卷　（宋）龍大淵撰　清乾隆四
十四年(1779)康山草堂刻本　三十二冊

420000－2341－0004273　C/0035
曹氏墨林二卷　（清）曹素功編　清康熙二十
七年(1688)刻本　二冊

420000－2341－0004274　C/0036
墨子十五卷　（戰國）墨翟撰　明嘉靖江藩刻
本　八冊

420000－2341－0004275　C/0037
墨子十五卷目錄一卷附篇目考　（戰國）墨翟
撰　（清）畢沅校注　清乾隆四十九年(1784)
靈巖山館刻本　三冊

420000－2341－0004276　C/0038
論衡三十卷　（漢）王充撰　明嘉靖十四年
(1535)蘇獻可通津草堂刻本　十六冊

420000－2341－0004277　C/0039
風俗通義十卷　（漢）應劭撰　明刻本　四冊

420000－2341－0004278　C/0040
東觀餘論二卷附錄一卷　（宋）黃伯思撰　明
崇禎毛氏汲古閣刻津逮秘書本　二冊

420000－2341－0004279　C/0041
猗覺寮雜記二卷　（宋）朱翌撰　清抄本
二冊

420000－2341－0004280　C/0043
草木子八卷　（明）葉子奇撰　明嘉靖二十二
年(1543)刻萬曆八年(1580)林大黼後印本
二冊

420000－2341－0004281　C/0044
郁離子二卷　（明）劉基撰　明崇禎十七年
(1644)刻本　二冊

420000－2341－0004282　C/0045
古言二卷　（明）鄭曉撰　明嘉靖四十四年
(1565)項篤壽刻本　二冊

420000－2341－0004283　C/0046
丹鉛總錄二十七卷　（明）楊慎撰　明萬曆刻
本　十冊

420000－2341－0004284　C/0047
雅俗稽言四十卷　（明）張存紳撰　清康熙楚
頌堂刻本　八冊

420000－2341－0004285　C/0048
湧幢小品三十二卷　（明）朱國禎輯　明天啓
二年(1622)清美堂刻本　十六冊

420000－2341－0004286　C/0049
世說新語補二十卷　（明）王世懋批釋　（明）
何良俊增　（明）王世貞刪定　明萬曆刻本
十冊

420000－2341－0004287　C/0050
世說新語補二十卷附釋名　（南朝宋）劉義慶
撰　明萬曆十三年(1585)刻本　五冊

420000－2341－0004288　C/0052

宗鏡錄一百卷　(宋)釋延壽撰　明萬曆三十年(1602)刻本　十冊　存五十卷(一至五十)

420000－2341－0004289　C/0053

宗鏡錄一百卷　(宋)釋延壽撰　清雍正十三年(1735)武英殿刻本　二十冊

420000－2341－0004290　C/0055

景德傳燈錄三十卷　(宋)釋道原撰　明萬曆三十四年(1606)徑山寂照庵刻本　八冊

420000－2341－0004291　C/0056

宋文憲公護法錄十卷　(明)宋濂撰　明天啓元年(1621)刻本　四冊

420000－2341－0004292　C/0057

諸佛世尊如來菩薩尊者名稱歌曲不分卷　(明)成祖朱棣撰　明永樂十八年(1420)內府刻本　四冊

420000－2341－0004293　C/0058

諸佛世尊如來菩薩尊者神僧名經不分卷　(明)成祖朱棣撰　明永樂十五年(1417)內府刻本　四冊

420000－2341－0004294　C/0059

藝文類聚一百卷　(唐)歐陽詢輯　明嘉靖六年至七年(1527－1528)胡纘宗、陸采刻本　二十四冊

420000－2341－0004295　C/0060

初學記三十卷　(唐)徐堅輯　明嘉靖十三年(1534)晉府虛益堂刻本　十二冊

420000－2341－0004296　C/0061

唐宋白孔六帖一百卷　(唐)白居易　(宋)孔傳輯　明刻本　五十冊

420000－2341－0004297　C/0062

文選類林十八卷　(宋)劉攽輯　明隆慶六年(1572)傅駕祥、高尚鈺刻本　六冊

420000－2341－0004298　C/0063

事類賦三十卷　(宋)吳淑撰　明嘉靖十三年(1534)白坪刻本　十冊

420000－2341－0004299　C/0064

太平御覽一千卷目錄二卷　(宋)李昉纂　明抄本　九十九冊

420000－2341－0004300　C/0065

冊府元龜一千卷目錄十卷　(宋)王欽若撰　明崇禎黃國琦刻本　二百四十冊

420000－2341－0004301　C/0066

玉海二百卷辭學指南四卷詩考一卷詩地理考六卷漢藝文志考證十卷通鑑地理通釋十四卷周書王會補註一卷漢制考四卷踐阼篇集解一卷急就篇補註四卷小學紺珠十卷姓氏急就篇二卷六經天文篇二卷周易鄭康成註一卷通鑑答問五卷　(宋)王應麟撰　明嘉靖、萬曆、崇禎刻清康熙、乾隆遞修本　一百冊

420000－2341－0004302　C/0067

玉海二百卷辭學指南四卷詩考一卷詩地理考六卷漢藝文志考證十卷通鑑地理通釋十四卷周書王會補註一卷漢制考四卷踐阼篇集解一卷急就篇補註四卷小學紺珠十卷姓氏急就篇二卷六經天文篇二卷周易鄭康成註一卷通鑑答問五卷　(宋)王應麟撰　明嘉靖、萬曆、崇禎刻清康熙、乾隆遞修本　一百十八冊

420000－2341－0004303　C/0068

群書考索前集六十六卷後集六十五卷續集五十六卷別集二十五卷目錄一卷　(元)章如愚輯　明正德三年至十三年(1508－1518)劉洪慎獨書齋刻十六年(1521)重修本　三十六冊

420000－2341－0004304　C/0069

古今合璧事類備要前集六十九卷後集八十一卷續集五十六卷別集九十四卷外集六十六卷　(宋)謝維新輯　(宋)虞載編　明抄本　六十八冊　缺六十一卷(前集一至五、續集五十六卷)

420000－2341－0004305　C/0070

古今合璧事類備要前集六十九卷後集八十一卷續集五十六卷別集九十四卷外集六十六卷　(宋)謝維新輯　(宋)虞載編　明嘉靖三十一年至三十五年(1552－1556)夏相刻本　一百冊

420000－2341－0004306　C/0071

新鍥簪纓必用增補秘笈新書十三卷別集三卷
（宋）謝枋得編　（明）吳道南增補　明萬曆
三十六年(1608)萃慶堂刻本　十二冊

420000－2341－0004307　C/0072

韻府續編四十卷　（明）包瑜撰　清抄本　二
十四冊

420000－2341－0004308　C/0073

文林綺繡五種五十九卷　（明）凌迪知輯　明
萬曆五年(1577)凌氏桂芝館刻本　四十八冊

420000－2341－0004309　C/0074

文選錦字錄二十一卷　（明）凌迪知輯　明萬
曆五年(1577)凌氏桂芝館刻本　十六冊

420000－2341－0004310　C/0075

新刊唐荊川先生稗編一百二十卷目錄三卷
（明）唐順之撰　明萬曆九年(1581)茅一相文
霞閣刻本　八十冊

420000－2341－0004311　C/0076

喻林八十卷　（明）徐元太編　明萬曆十七年
(1589)何氏刻本　四十冊

420000－2341－0004312　C/0077

喻林一百二十卷目錄一卷　（明）徐元太編
明萬曆四十三年(1615)徐氏刻本　十八冊

420000－2341－0004313　C/0078

天中記六十卷　（明）陳耀文輯　明萬曆二十
三年(1595)屠隆刻本　三十冊

420000－2341－0004314　C/0079

山堂肆考二百二十八卷補遺十二卷　（明）彭
大翼輯　（明）張幼學編　明萬曆四十七年
(1619)京都文錦堂刻本　六十冊

420000－2341－0004315　C/0080

唐類函二百卷目錄一卷　（明）俞安期撰　明
萬曆刻本　四十一冊

420000－2341－0004316　C/0081

**錦繡萬花谷前集四十卷後集四十卷續集四十
卷別集三十卷**　（宋）□□撰　明嘉靖十五年
(1536)秦汴繡石書堂刻本　六十冊

420000－2341－0004317　C/0082

詩雋類函一百五十卷　（明）俞安期撰　明萬
曆十三年(1585)刻本　三十冊

420000－2341－0004318　C/0083

鐫五侯鯖十二卷　（明）彭儼撰　明萬曆三十
一年(1603)吳勉學刻本　十冊

420000－2341－0004319　C/0084

經濟類編一百卷　（明）馮琦纂　明萬曆三十
二年(1604)尹應元、周家棟等刻本　四十
八冊

420000－2341－0004320　C/0085

文苑匯雋二十四卷　（明）孫丕顯輯　明萬曆
三十六年(1608)刻本　十冊

420000－2341－0004321　C/0086

廣韻藻六卷　（明）方夏編　明崇禎十五年
(1642)方來家塾刻本　四冊

420000－2341－0004322　C/0087

**八編類纂二百八十五卷地類圖二卷六經圖六
卷**　（明）陳仁錫纂　明天啓六年(1626)刻本
一百四冊

420000－2341－0004323　C/0088

潛確居類書一百二十卷　（明）陳仁錫輯　明
崇禎刻本　四十冊

420000－2341－0004324　C/0089

省軒考古類編十二卷　（清）柴紹炳撰　清雍
正澹成堂刻本　四冊

420000－2341－0004325　C/0090

分類字錦六十四卷　（清）何焯輯　清康熙六
十一年(1722)刻本　六十四冊

420000－2341－0004326　C/0091

唐詩金粉十卷　（清）沈炳震輯　清雍正冬讀
書齋刻本　二冊

420000－2341－0004327　C/0092

編珠二卷補二卷續二卷　（隋）杜公瞻撰
（清）高士奇續編　清嘉慶十九年至二十三年
(1814－1818)楊超仁抄本　三冊

420000－2341－0004328　C/0093

新刻重校增補圓機活法詩學全書二十四卷
(明)王世貞校正　(明)楊淙參閱　明萬曆二
十年(1592)唐謙聚秀堂刻本　二十冊

420000－2341－0004329　C/0094

新增說文韻府羣玉二十卷　(元)陰時夫輯
(元)陰中夫注　明刻本　十冊

420000－2341－0004330　C/0095

古今類傳四卷　(清)董穀士　(清)董炳文輯
清康熙三十一年(1692)未學齋刻本　四冊

420000－2341－0004331　C/0096

蘭雪堂古事苑十二卷　(明)鄧志謨輯　清康
熙二十五年(1686)蘭雪堂刻本　八冊

420000－2341－0004332　C/0097

讀書紀數略五十四卷　(清)宮夢仁輯　清康
熙五十年(1711)武英殿刻本　十二冊

420000－2341－0004333　C/0098

新編古今事文類聚遺集十五卷　(元)祝淵輯
明萬曆三十二年(1604)唐富春德壽堂刻本
八冊

420000－2341－0004334　C/0099

博物典匯二十卷　(明)黃道周纂　明崇禎刻
本　八冊

420000－2341－0004335　C/010.97/4434

斠補隅錄十四卷　(清)蔣光熙編　清光緒九
年(1883)蔣氏刻本　六冊

420000－2341－0004336　C/0100

十科策略箋釋十卷　(明)劉定之撰　(清)劉
作樑注釋　呆齋公年譜　(清)劉作樑撰　清
雍正四年(1726)刻本　六冊

420000－2341－0004337　C/0101

新鍥評註歷子品粹十八卷　(明)湯賓尹編
明萬曆二十四年(1596)余象斗刻本　八冊

420000－2341－0004338　C/0102

宋五子書二十八卷訓子詩解一卷　(清)李文
炤撰　清雍正十二年(1734)四為堂刻本
六冊

420000－2341－0004339　C/0103

權衡一書四十一卷　(清)王植輯　清乾隆元
年(1736)崇雅堂刻本　二十四冊

420000－2341－0004340　C/0104

讀書錄十一卷續錄十二卷薛文清公策目一卷
(明)薛瑄撰　清康熙六十一年(1722)寶文
堂、養心堂、英松堂刻道光十三年(1833)日本
林鍾補刻本　六冊

420000－2341－0004341　C/0105

北溪先生字義二卷補遺一卷附嚴陵講義一卷
(宋)陳淳撰　清康熙五十二年(1713)戴嘉
禧愛荊堂刻本　一冊

420000－2341－0004342　C/0106

陸子學譜二十卷　(清)李紱編　(清)萬承蒼
訂　清雍正十年(1732)無怒軒刻本　十冊

420000－2341－0004343　C/0107

太乙統宗寶鑒二十二卷附續編十二卷　(元)
曉山老人編　清道光六年(1826)翽堂羅氏抄
本　十四冊

420000－2341－0004344　C/0108

武備秘書二種　(清)施永圖輯　清康熙刻本
六冊　存五卷(武備火攻一卷、武備地利一
至四)

420000－2341－0004345　C/0109

名句文身表異錄二十卷　(明)王志堅輯　清
康熙四十七年(1708)刻本　二冊

420000－2341－0004346　C/0110

物理小識十二卷　(清)方以智集　清康熙三
年(1664)于藻刻本　四冊

420000－2341－0004347　C/0111

御製數理精蘊上編五卷下編四十卷表八卷
(清)聖祖玄燁撰　清雍正二年(1724)內府刻
本　三十六冊

420000－2341－0004348　C/0112

管窺輯要八十卷　(明)黃鼎纂　清順治刻本
四十冊

420000－2341－0004349　C/0113

欽定儀象考成三十卷首二卷　(清)允祿撰

清乾隆十九年(1754)武英殿刻本 十二冊

420000－2341－0004350 C/0114

洪範合徵四集十四卷 (清)鄒颺廷輯 清抄本 六冊

420000－2341－0004351 C/0115

御製曆象考成上編十六卷下編十卷表十六卷 (清)允祉 (清)允祿纂修 清雍正二年(1724)內府刻本 三十二冊

420000－2341－0004352 C/0116

天文曆理全書十二卷首一卷 (清)徐發撰輯 清康熙刻本 六冊

420000－2341－0004353 C/0117

萬密齋醫學全書十種 (明)萬全撰 清雍正二年(1724)同仁堂刻本 二十四冊

420000－2341－0004354 C/0118

本草綱目五十二卷首一卷圖三卷附奇經八脈考一卷 (明)李時珍撰 清順治十二年(1655)同文堂刻本 四十冊

420000－2341－0004355 C/0119

農書二十二卷 (元)工禎撰 清乾隆武英殿木活字印本 十二冊

420000－2341－0004356 C/0120

二如亭群芳譜二十八卷首一卷 (明)王象晉纂輯 (明)毛晉校 (清)王與齡詮次 明末刻本 二十四冊

420000－2341－0004357 C/0121

佩文齋廣群芳譜一百卷目錄二卷 (清)汪灝輯 清康熙四十七年(1708)內府刻本 二十四冊

420000－2341－0004358 C/0122

秘傳花鏡六卷 (清)陳淏子訂輯 清康熙二十七年(1688)刻本 六冊

420000－2341－0004359 C/0123

飛鴻堂印譜五集四十卷 (清)汪啟淑藏並輯 清乾隆汪氏飛鴻堂精刻鈐印本 二十冊

420000－2341－0004360 C/0124

谷園印譜四卷 (清)許容篆 (清)胡介祉輯

清乾隆十四年(1749)馬國瑛抄本 四冊

420000－2341－0004361 C/0125

圖繪寶鑑八卷 (元)夏文彥纂 清康熙借綠草堂刻本 二冊

420000－2341－0004362 C/0126

蘭譜二卷 (清)王槩 (清)王蓍 (清)王臬輯 清康熙四十年(1701)刻文光堂後印本 一冊

420000－2341－0004363 C/0127

江邨銷夏錄三卷 (清)高士奇輯 清康熙三十二年(1693)刻本 六冊

420000－2341－0004364 C/0128

庚子消夏記八卷閒者軒帖考一卷 (清)孫承澤撰 清乾隆二十六年(1761)鮑廷博刻本 二冊

420000－2341－0004365 C/0129

淳化秘閣法帖考正十卷附二卷 (清)王澍撰 清雍正八年(1730)詩鼎齋劉茂生刻本 六冊

420000－2341－0004366 C/0130

琴譜合璧大全六卷 (明)楊表正撰 明萬曆元年(1573)世榮堂刻本 六冊

420000－2341－0004367 C/0131

官子譜三卷 (清)陶式玉評輯 清康熙三十三年(1694)刻本 十冊

420000－2341－0004368 C/0132

玉芝堂談薈三十六卷 (明)徐應秋編 明崇禎蒨園刻本 二十二冊

420000－2341－0004369 C/0133

鶴林玉露十六卷 (宋)羅大經撰 清康熙刻本 四冊

420000－2341－0004370 C/0134

香祖筆記十二卷 (清)王士禎撰 清雍正刻本 四冊

420000－2341－0004371 C/0135

居易錄三十四卷 (清)王士禎撰 清雍正刻本 八冊

420000－2341－0004372　　C/0136

鴻逸堂稿不分卷　（清）王燁撰　清康熙刻本
八冊

420000－2341－0004373　　C/0137

新刻戴氏鼠璞二卷　（宋）戴埴撰　明刻本
一冊

420000－2341－0004374　　C/0138

因樹屋書影十卷　（清）周亮工撰　清雍正三
年（1725）周在延刻本　四冊

420000－2341－0004375　　C/0139

輟耕錄三十卷　（明）陶宗儀撰　明刻本　十
六冊

420000－2341－0004376　　C/0142

增訂二三場羣書備考四卷　（明）袁黃撰
（明）袁儼註　（明）沈昌世增　（明）徐行敏
訂　明崇禎十五年（1642）刻本　八冊

420000－2341－0004377　　C/0143

述記二卷　（清）任兆麟撰　清乾隆忠敏家塾
刻本　六冊

420000－2341－0004378　　C/0144

庸行編八卷　（清）史典輯　（清）牟允中補
清康熙三十年（1691）尚朝柱澹寧堂刻本
四冊

420000－2341－0004379　　C/0145

弘道錄二十五卷　（明）邵經邦學　（清）邵遠
平補案　清康熙四十年（1701）邵遠平刻本
十六冊

420000－2341－0004380　　C/0146

荀子二十卷　（戰國）荀況撰　（唐）楊倞註
明刻本　四冊

420000－2341－0004381　　C/0147

荀子二十卷　（戰國）荀況撰　（唐）楊倞註
明末刻本　三冊

420000－2341－0004382　　C/0148

刪定管子不分卷　（清）方苞刪訂　（清）顧琮
參校　清乾隆元年（1736）刻本　二冊

420000－2341－0004383　　C/0149

鬼谷子一卷　（戰國）鬼谷子撰　明萬曆至清
順治刻本　一冊

420000－2341－0004384　　C/0150

容齋隨筆十六卷續筆十六卷三筆十六卷四筆
十六卷五筆十卷　（宋）洪邁撰　清乾隆五十
九年（1794）掃葉山房刻本　二十冊

420000－2341－0004385　　C/0151

數術記遺一卷　（漢）徐岳撰　（北周）甄鸞注
清乾隆三十七年至四十六年（1772－1781）
抄本　一冊

420000－2341－0004386　　C/018.6/1133

輶軒語不分卷　（清）張之洞撰　清光緒二十
一年（1895）湖北官書處刻本　一冊

420000－2341－0004387　　C/018.6/1133C1

輶軒語不分卷　（清）張之洞撰　清光緒三年
（1877）刻本　一冊

420000－2341－0004388　　C/030/4321

皇朝經濟文編一百二十八卷　（清）求自彊齋
主人輯　清光緒二十七年（1901）慎記書莊石
印本　四十八冊

420000－2341－0004389　　C/031.2/3042

讀書紀數略五十四卷　（清）宮夢仁編纂　清
光緒六年（1880）懺花盦刻本　十冊

420000－2341－0004390　　C/031.3/1115

佩文韻府一百六卷拾遺一百六卷　（清）張玉
書　（清）蔡升元纂　清道光潘氏海山仙館刻
本　一百八十冊

420000－2341－0004391　　C/031.3/1115C2

佩文韻府一百六卷拾遺一百六卷　（清）張玉
書　（清）蔡升元纂　清光緒十五年（1889）點
石齋石印本　二十四冊

420000－2341－0004392　　C/031.3/1115 壹

佩文韻府一百六卷拾遺一百六卷　（清）張玉
書　（清）蔡升元纂　清道光潘氏海山仙館刻
本　二百二十四冊

420000－2341－0004393　　C/031.3/7865.1

新增說文韻府羣玉二十卷　（元）陰時夫編輯

（元）陰中夫編註　（明）王元貞校正　清康熙五十五年(1716)萃華堂刻本　二十冊

420000－2341－0004394　C/031.4/4240
類腋四部五十五卷地部補遺一卷　（清）姚培謙　（清）張卿雲　（清）張隆孫輯　清乾隆三十年(1765)檢香齋聚業堂刻本　十二冊

420000－2341－0004395　C/031.4/5064
月令粹編二十一卷圖説一卷　（清）秦嘉謨編　清嘉慶十七年(1812)至清末刻本　六冊

420000－2341－0004396　C/031.7/4218
格致鏡原一百卷　（清）陳元龍撰　清雍正十三年(1735)刻本　二十四冊　存七十一卷（三十至一百）

420000－2341－0004397　C/031.8/0075.2
御定駢字類編二百四十卷　（清）張廷玉編　清光緒十三年(1887)同文書局石印本　四十八冊

420000－2341－0004398　C/031.8/0075C1
子史精華一百六十卷　（清）吳襄纂修　清雍正五年(1727)武英殿刻本　三十六冊

420000－2341－0004399　C/031.8/0075C2
子史精華一百六十卷目錄一卷　（清）吳襄纂修　清雍正五年(1727)至清末刻本　四十八冊

420000－2341－0004400　C/031.8/0075C4
子史精華三十卷　（清）吳襄纂修　清光緒九年(1883)上海點石齋石印本　二冊

420000－2341－0004401　C/031.8/0524
古事比五十二卷　（清）方中德輯撰　清光緒二十一年(1895)寶善局石印本　六冊

420000－2341－0004402　C/031.8/1000C1
玉海二百卷辭學指南四卷詩考一卷詩地理考六卷漢藝文志考證十卷通鑑地理通釋十四卷周書王會補註一卷漢制考四卷踐阼篇集解一卷急就篇補註四卷小學紺珠十卷姓氏急就篇二卷六經天文篇二卷周易鄭康成註一卷通鑑答問五卷　（宋）王應麟撰　清光緒十年(1884)志古堂刻本　一百二十冊

420000－2341－0004403　C/031.8/1000C1 壹
玉海二百卷辭學指南四卷詩考一卷詩地理考六卷漢藝文志考證十卷通鑑地理通釋十四卷周書王會補註一卷漢制考四卷踐阼篇集解一卷急就篇補註四卷小學紺珠十卷姓氏急就篇二卷六經天文篇二卷周易鄭康成註一卷通鑑答問五卷　（宋）王應麟撰　清光緒十年(1884)志古堂刻本　一百二十冊

420000－2341－0004404　C/031.8/1044
詞林海錯類選四卷　（明）夏樹芳輯　（清）福申類次　清道光十年(1830)陳榮春鶴鳴書屋刻本　四冊

420000－2341－0004405　C/031.8/1046
三才略三卷　（清）杜詔撰　蔣德鈞輯　清光緒二十年(1894)漢文書局刻本　一冊

420000－2341－0004406　C/031.8/1120C1
記事珠十卷　（清）張以謙撰　（清）王燮廷原校　（清）王剛重訂　清嘉慶二十年(1815)至清末刻本　十冊

420000－2341－0004407　C/031.8/1120C2
記事珠十卷　（清）張以謙撰　（清）王燮廷原校　（清）王剛重訂　清道光七年(1827)同安堂刻本　十冊

420000－2341－0004408　C/031.8/1133
勸學篇二卷　（清）張之洞撰　清光緒二十四年(1898)兩湖書院刻本　二冊

420000－2341－0004409　C/031.8/1144
淵鑑類函不分卷　（清）張英纂　清光緒九年(1883)點石齋石印本　十冊

420000－2341－0004410　C/031.8/1157
遣愁集十二卷　（清）張貴勝纂輯　清刻本　四冊

420000－2341－0004411　C/031.8/1270
新義錄一百卷首一卷目錄一卷　（清）孫璧文輯　清光緒二十七年(1901)兩湖書院刻本　四十七冊

420000－2341－0004412　C/031.8/2115

餘冬錄六十一卷　（明）何孟春輯　清同治三
年(1864)邵綬名恭壽堂刻本　十冊

420000－2341－0004413　C/031.8/2144

北堂書鈔一百六十卷首一卷　（隋）虞世南撰
　（清）孔廣陶校註　清光緒十四年(1888)富
文齋刻本　二十冊

420000－2341－0004414　C/031.8/2619

策學備纂三十二卷首一卷　（清）蔡啟盛
（清）吳穎炎輯　清光緒二十三年(1897)點石
齋石印本　四十八冊

420000－2341－0004415　C/031.8/2622

寄傲山房塾課新增幼學故事瓊林四卷　（清）
程允升撰　（清）鄒聖脉增補　清光緒二十九
年(1903)大和書室刻本　四冊

420000－2341－0004416　C/031.8/2622.3

重訂幼學須知句解四卷　（清）程登吉撰
（清）黃汪若注　清光緒十一年(1885)掃葉山
房刻本　四冊

420000－2341－0004417　C/031.8/2622.5

人壽金鑑二十二卷　（清）程得齡輯　清嘉慶
二十五年(1820)程氏刻本　六冊

420000－2341－0004418　C/031.8/2634

人鏡類纂四十六卷　（清）程之楨輯　清同治
十二年(1873)江夏程氏刻本　十六冊

420000－2341－0004419　C/031.8/3021

策學備纂續集四卷首一卷　（清）宋徵獻輯
清光緒二十年(1894)點石齋石印本　十二冊

420000－2341－0004420　C/031.8/3137

事物原會四十卷　（清）汪汲輯　清嘉慶二年
(1797)至清末古愚山房刻本　六冊

420000－2341－0004421　C/031.8/3723

七修類藁五十一卷七修續藁七卷　（明）郎瑛
撰述　清光緒六年(1880)翰墨園刻本　十
二冊

420000－2341－0004422　C/031.8/4060

太平御覽一千卷引書目一卷目錄十五卷

（宋）李昉纂　清嘉慶二十三年(1818)鮑崇城
刻本　一百二十冊

420000－2341－0004423　C/031.8/4418C1

欽定古今圖書集成一萬卷目錄三十二卷
（清）陳夢雷　（清）蔣廷錫編　清光緒十年
(1884)圖書集成鉛版印書局鉛印本　一千六
百二十八冊

420000－2341－0004424　C/031.8/4418C1 壹

欽定古今圖書集成一萬卷目錄三十二卷
（清）陳夢雷　（清）蔣廷錫編　清光緒十年
(1884)圖書集成鉛版印書局鉛印本　一千五
百九十九冊

420000－2341－0004425　C/031.8/4421

典籍便覽八卷　（明）范泓輯　明萬曆三十一
年(1603)玉田齋刻本　六冊

420000－2341－0004426　C/031.8/4437

羣書典彙十四卷　（明）黃道周評輯　明崇禎
十六年(1643)敦古齋刻本　十五冊

420000－2341－0004427　C/031.8/4441C1

增補事類統編九十三卷首一卷　（清）黃葆真
輯　清光緒十四年(1888)積山書局石印本
十二冊　缺八卷(四十三至五十)

420000－2341－0004428　C/031.8/4441C2

廣博物志五十卷　（明）董斯張纂　（明）楊鶴
訂　清光緒五年(1879)學海堂刻本　二十
四冊

420000－2341－0004429　C/031.8/4441C2 貳

廣博物志五十卷　（明）董斯張纂　（明）楊鶴
訂　清光緒五年(1879)學海堂刻本　三十
二冊

420000－2341－0004430　C/031.8/4441C2 壹

廣博物志五十卷　（明）董斯張纂　（明）楊鶴
訂　清光緒五年(1879)學海堂刻本　二十
六冊

420000－2341－0004431　C/031.8/4441C4

廣博物志五十卷　（明）董斯張纂　（明）楊鶴
訂　清光緒五年(1879)高暉堂刻本　三十

二冊

420000－2341－0004432　C/031.8/4444

增補事類統編九十三卷首一卷　（清）黃葆真輯　清光緒十一年（1885）文奎堂刻本　四十冊

420000－2341－0004433　C/031.8/4453

策學總纂大全四十六卷目錄二卷　（清）蔡壽祺輯　清光緒八年（1882）上海文瑞樓刻本　十六冊

420000－2341－0004434　C/031.8/4483

新增月日紀古十二卷　（清）蕭智漢重訂　清道光十四年（1834）蕭氏聽濤山房刻本　二十六冊

420000－2341－0004435　C/031.8/4949

角山樓增補類腋六十七卷　（清）姚培謙輯　（清）趙克宜增輯　清咸豐九年（1859）趙克宜角山樓刻本　二十冊

420000－2341－0004436　C/031.8/6413

時務通攷續編三十一卷　（清）點石齋主人輯　清光緒二十七年（1901）上海點石齋石印本　十六冊

420000－2341－0004437　C/031.8/7590C2

天中記六十卷　（明）陳耀文纂　（明）屠隆校　清光緒四年（1878）閩侯林氏聽雨山房刻本　六十冊

420000－2341－0004438　C/031.8/7770

藝文類聚一百卷　（唐）歐陽詢撰　（明）王元貞校　清光緒五年（1879）華陽宏達堂刻本　四十冊

420000－2341－0004439　C/031/0028C1

通雅五十二卷首三卷　（清）方以智撰　清光緒六年（1880）桐城方氏刻本　十六冊

420000－2341－0004440　C/031/0028C1 壹

通雅五十二卷首三卷　（清）方以智撰　清光緒六年（1880）桐城方氏刻本　二十冊

420000－2341－0004441　C/033/1073

西學通攷三十六卷　（清）胡兆鸞輯　清光緒二十七年（1901）上海書局石印本　十冊

420000－2341－0004442　C/033/1074

西學大成十二編五十六種　（清）王西清輯　清光緒二十一年（1895）醉六堂書坊石印本　十二冊

420000－2341－0004443　C/033/1074.2

富國精言不分卷　（清）孫家鼐編　**富國養民策不分卷**　（英國）艾約瑟譯　**富國理財說不分卷**　（清）孫家鼐編　清光緒二十三年（1897）飛鴻閣書林石印本　一冊

420000－2341－0004444　C/033/1074.2

化學要晷不分卷　（清）孫家鼐編　**氣球攷不分卷**　**礦學要領不分卷**　**礦產興利論不分卷**　**礦石圖說不分卷**　**鍊鋼新說不分卷**　清光緒二十三年（1897）飛鴻閣書林石印本　一冊

420000－2341－0004445　C/033/1074.2

繪地法原一卷附表附圖　（美國）金楷理口譯　（清）王德均筆述　**繪圖理法不分卷**　（清）孫家鼐編　**測繪器說不分卷**　清光緒二十三年（1897）飛鴻閣書林石印本　一冊

420000－2341－0004446　C/033/1074.2

電學攷不分卷　（清）孫家鼐編　**電學新理不分卷**　**光學入門不分卷**　**光學新理不分卷**　**光學新法圖論不分卷**　**光學釋器遠鏡說不分卷**　**光學釋器顯微鏡說不分卷**　清光緒二十三年（1897）飛鴻閣書林石印本　一冊

420000－2341－0004447　C/033/1074.2

聲學條論不分卷　（清）孫家鼐編　**聲學精理不分卷**　**聲學新理不分卷**　**行軍鐵路工程二卷附圖一卷**　（英國）傅蘭雅　汪振聲譯　清光緒二十三年（1897）飛鴻閣書林石印本　一冊

420000－2341－0004448　C/033/1074.2

畫器體用不分卷　（清）孫家鼐編　**行軍測繪十卷首一卷附圖**　（英國）連提撰　（英國）傅蘭雅口譯　（清）趙元益筆述　**丈田繪圖章程不分卷**　（清）孫家鼐編　清光緒二十三年（1897）飛鴻閣書林石印本　一冊

420000－2341－0004449　C/033/1074.2

數學啟蒙二卷附對數表一卷　（英國）偉烈亞力撰　清光緒二十三年(1897)飛鴻閣書林石印本　一冊

420000－2341－0004450　C/033/1074.2

天文西說不分卷　（清）孫家鼐編　**西法天算求原不分卷**　**天文捷算不分卷**　**日月測算不分卷**　清光緒二十三年(1897)飛鴻閣書林石印本　一冊

420000－2341－0004451　C/033/1074.2

鐵路利益論不分卷附說醫　（清）孫家鼐編　**製造述畧不分卷**　**鍊石編三卷附圖一卷**　(英國)亨利黎特撰　舒高第　（清）鄭昌棪譯　清光緒二十三年(1897)飛鴻閣書林石印本　一冊

420000－2341－0004452　C/033/1074.2

西法練兵說不分卷　（清）孫家鼐編　**英國水師律例四卷**　（英國）德麟　（英國）極福德纂　舒高第　（清）鄭昌棪譯　**德國軍制述要不分卷**　（德國）來春石泰撰　沈敦和譯　（德國）錫樂巴譯　**養民新說不分卷**　（清）孫家鼐編　**化學農務不分卷**　（清）孫家鼐編　**染布西法不分卷**　（清）孫家鼐編　**蔗糖西法不分卷**　（清）孫家鼐編　清光緒二十三年(1897)飛鴻閣書林石印本　一冊

420000－2341－0004453　C/033/1074.2

西國學校不分卷　（德國）花之安譯述　**泰西實學精義不分卷**　（清）孫家鼐編　**新學𥳑言不分卷**　（清）孫家鼐編　**西學淵源記不分卷**　（清）孫家鼐編　**心智畧論不分卷**　（清）孫家鼐編　**思辨學不分卷**　（清）孫家鼐編　**心學公理不分卷**　（清）孫家鼐編　**心才實用不分卷**　（清）孫家鼐編　**西國行教考不分卷**　（清）孫家鼐編　**格物啟蒙不分卷**　（英國）司都𩜁纂　（美國）林樂知　（清）鄭昌棪譯　**格致總論不分卷**　（清）孫家鼐編　**格致小引不分卷**　（英國）赫施賚撰　（英國）亨利　（清）瞿昂來譯　**高厚求原不分卷**　（清）孫家鼐編　清光緒二十三年(1897)飛鴻閣書林石印本　一冊

420000－2341－0004454　C/033/1074.2

西算新法直解八卷　（清）馮桂芬　（清）陳瑒撰　**曲線數理不分卷**　（清）孫家鼐編　**曲線發明不分卷**　**微積數理不分卷**　清光緒二十三年(1897)飛鴻閣書林石印本　一冊

420000－2341－0004455　C/033/1074.2

中西紀載不分卷　（清）孫家鼐編　**中西大局論不分卷**　**中西通商原始記不分卷**　**中國籌防記不分卷**　**西域回教考畧不分卷**　**中國新政錄要不分卷**　清光緒二十三年(1897)飛鴻閣書林石印本　一冊

420000－2341－0004456　C/033/1074.2

中西交涉通論不分卷　（清）孫家鼐編　**中西近事圖說不分卷**　**交涉通商表不分卷**　清光緒二十三年(1897)飛鴻閣書林石印本　一冊

420000－2341－0004457　C/033/1074.2

重學數理不分卷　（清）孫家鼐編　**重學探原**　（清）孫家鼐編　**靜重學**　（清）孫家鼐編　**動重學**　（清）孫家鼐編　**重學說器**　（清）孫家鼐編　**氣學條論**　（清）孫家鼐編　**水學要端**　（清）孫家鼐編　清光緒二十三年(1897)飛鴻閣書林石印本　一冊

420000－2341－0004458　C/033/1074.2

諸星測算不分卷　（清）孫家鼐編　**天文設問列表不分卷**　**地學總論不分卷**　**地質全志不分卷**　清光緒二十三年(1897)飛鴻閣書林石印本　一冊

420000－2341－0004459　C/070/1000

校訂困學紀聞三箋二十卷　（宋）王應麟撰　（清）閻若璩　（清）何焯　（清）全祖望箋　（清）屠繼序校補　清嘉慶九年(1804)刻本　八冊

420000－2341－0004460　C/070/1000C1

校訂困學紀聞集證二十卷　（宋）王應麟撰　（清）閻若璩　（清）屠繼序校補　清嘉慶十八年(1813)山壽齋胡氏刻本　十二冊

420000－2341－0004461　C/070/1000C2

困學紀聞注二十卷　（宋）王應麟撰　（清）翁

元圻輯注　清道光五年(1825)餘姚守福堂刻本　十二冊

420000－2341－0004462　C/088.1/1712

五經歲徧齋校書三種　(清)翟云升輯　清道光十二年至二十八年(1832－1848)東萊翟云升五經歲徧齋刻本　十冊

420000－2341－0004463　C/088.1/2192

義門讀書記五十八卷附行狀　(清)何焯撰　清光緒六年(1880)刻本　十六冊

420000－2341－0004464　C/088.1/3040

巾經纂二十卷　(清)宋宗元撰　清同治十年(1871)李廷樟刻本　五冊

420000－2341－0004465　C/088.1/4414

草木子四卷　(明)葉子奇撰　清乾隆二十七年(1762)浙江龍泉縣蘇遇龍刻本　一冊　存二卷(一至二)

420000－2341－0004466　C/088/4600

金壺精粹四部附疊文　(清)郝在田　(清)張仰山編　清光緒二年(1876)至清末松竹齋刻本　二冊

420000－2341－0004467　C/100.1/3002

經術公理學四卷　宋育仁撰　清光緒三十年(1904)同文社鉛印本　二冊

420000－2341－0004468　C/110.097/8064

曾子家語六卷　(清)王定安輯　清光緒十六年(1890)金陵刻本　二冊

420000－2341－0004469　C/111.05/1081

讀書雜志八十二卷餘編二卷　(清)王念孫撰　清刻本　二十四冊

420000－2341－0004470　C/111.08/0724

新鐫分類評註文武合編百子金丹十卷　(明)郭偉選註　(明)王星聚校訂　(明)郭中吉編次　清經國堂刻本　十二冊

420000－2341－0004471　C/111.08/0724C1

新鐫校正詳註分類百子金丹全書十卷　(明)郭偉選註　(明)郭中吉編次　(明)王星聚校訂　清光緒二十四年(1898)上海書局石印本

六冊

420000－2341－0004472　C/111.08/2230

心齋述記八卷　(清)任兆麟撰　清嘉慶十一年(1806)釣臺家塾刻本　四冊

420000－2341－0004473　C/111.08/2230C2

任兆麟述記三卷　(清)任兆麟撰　清光緒二十四年(1898)上海書局石印本　三冊

420000－2341－0004474　C/111.08/8019

癸巳類稿十五卷　(清)俞正燮撰　清道光十三年(1833)刻本　十冊

420000－2341－0004475　C/111.1/2540

朱子語類一百四十卷　(宋)朱熹撰　清同治十一年(1872)應元書院刻本　四十八冊

420000－2341－0004476　C/111.1/2540C1

朱子語類一百四十卷　(宋)朱熹撰　清康熙刻本　四十八冊

420000－2341－0004477　C/111.1/3130

近思錄八卷　(宋)朱熹　(宋)呂祖謙輯　(清)江永集註　清咸豐三年(1853)刻本　四冊

420000－2341－0004478　C/111.1/8349

經餘必讀八卷續編八卷三編四卷　(清)雷琳　(清)錢樹立輯　清光緒二年(1876)退補齋刻本　十冊

420000－2341－0004479　C/111.104/2632

桐城吳先生點勘諸子不分卷　(清)吳汝綸點勘　清宣統元年(1909)吳氏鉛印本　十二冊

420000－2341－0004480　C/111.104/2632壹

桐城吳先生點勘諸子不分卷　(清)吳汝綸點勘　清宣統元年(1909)吳氏鉛印本　七冊

420000－2341－0004481　C/111.11/0432

上蔡謝先生語錄三卷　(宋)謝良佐撰　(清)韓杲校　(清)魏標重校　清光緒十八年(1892)江夏陳氏刻本　二冊

420000－2341－0004482　C/111.11/0474

約書十二卷　(清)謝階樹撰　清道光二十四年(1844)宜黃謝氏刻本　四冊

420000－2341－0004483　　C/111.11/1220

蔡氏九儒書九卷首一卷　（明）蔡有鶤輯
（清）蔡重增輯　清道光二十四年(1844)至清
末蔡從龍刻本　八冊

420000－2341－0004484　　C/111.11/1608

聖諭廣訓直解十六條　（清）聖祖玄燁撰
（清）世宗胤禛廣訓　（清）□□直解　清道光
三十年(1850)刻本　二冊

420000－2341－0004485　　C/111.11/2540C1

淵鑒齋御纂朱子全書六十六卷　（宋）朱熹撰
（清）李光地編　清康熙五十三年(1714)至
清末刻本　四十八冊

420000－2341－0004486　　C/111.11/2540C2

淵鑒齋御纂朱子全書六十六卷　（宋）朱熹撰
（清）李光地編　清康熙五十三年(1714)至
清末刻本　三十二冊

420000－2341－0004487　　C/111.11/2540C3

淵鑒齋御纂朱子全書六十六卷　（宋）朱熹撰
（清）李光地編　清康熙五十三年(1714)至
清末江西書局刻本　四十冊

420000－2341－0004488　　C/111.11/4022

大學衍義四十三卷　（宋）真德秀撰　清乾隆
二年(1737)刻本　十冊

420000－2341－0004489　　C/111.11/4022C1

大學衍義四十三卷大學衍義補一百六十卷
（宋）真德秀彙輯　清同治十三年(1874)郭氏
家塾刻本　六十四冊

420000－2341－0004490　　C/111.11/4022C2

大學衍義四十三卷　（宋）真德秀撰　清光緒
二十年(1894)桂垣書局刻本　八冊

420000－2341－0004491　　C/111.11/4022C2

大學衍義補一百六十卷首一卷目錄一卷
（明）邱濬進呈　（明）陳仁錫評閱　清光緒二
十一年(1895)桂垣書局刻本　三十一冊

420000－2341－0004492　　C/111.11/4022C4

大學衍義四十三卷　（宋）真德秀彙輯　清光
緒二十二年(1896)三味堂刻本　十冊

420000－2341－0004493　　C/111.11/4022C5

大學衍義體要十六卷　（宋）真德秀編　（清）
徐桐輯　清末刻本　八冊

420000－2341－0004494　　C/111.11/4027

合刻延平四先生年譜四種　（清）毛念恃訂
清光緒五年(1879)延平府署刻本　二冊

420000－2341－0004495　　C/111.11/4027

延平李先生答問二卷　（宋）朱熹編　清光緒
五年(1879)延平府署刻本　二冊

420000－2341－0004496　　C/111.11/4062

內則衍義十六卷　（清）世祖福臨撰　清順治
十三年(1656)至清末刻本　八冊

420000－2341－0004497　　C/111.11/4062 壹

內則衍義十六卷　（清）世祖福臨撰　清順治
十三年(1656)至清末刻本　八冊

420000－2341－0004498　　C/111.11/4234

儒門法語不分卷　（清）彭定求編　（清）湯金
釗輯要　清光緒元年(1875)江蘇學政署刻本
一冊

420000－2341－0004499　　C/111.11/4433

弟子職集解一卷句讀一卷考證一卷補音一卷
（清）莊述祖輯　清光緒十四年(1888)江蘇
書局刻本　一冊

420000－2341－0004500　　C/111.11/4710

繹志十九卷　（清）胡承諾撰　清同治十一年
(1872)浙江書局刻本　八冊

420000－2341－0004501　　C/111.11/7442

思辨錄輯要前集二十二卷後集十三卷　（明）
陸世儀撰　清光緒三年(1877)江蘇書局刻本
八冊

420000－2341－0004502　　C/111.11/7535

東塾讀書記二十五卷　（清）陳澧撰　清光緒
二十七年(1901)勸學書館刻本　四冊

420000－2341－0004503　　C/111.11/7535C1

東塾讀書記二十五卷　（清）陳澧撰　清光緒
刻本　五冊

420000－2341－0004504　　C/111.11/7535C2

東塾讀書記二十五卷　（清）陳澧撰　清光緒
二十七年(1901)翎蘭書館刻本　六冊

420000－2341－0004505　C/111.11/7535C2 壹
東塾讀書記二十五卷　（清）陳澧撰　清光緒
二十七年(1901)翎蘭書館刻本　六冊

420000－2341－0004506　C/111.11/7535 壹
東塾讀書記二十五卷　（清）陳澧撰　清光緒
二十七年(1901)勸學書館刻本　六冊

420000－2341－0004507　C/111.11097/1243C1
理學宗傳二十六卷　（清）孫奇逢輯　清光緒
六年(1880)浙江書局刻本　十二冊

420000－2341－0004508　C/111.111/1050
孔子家語十卷　（三國魏）王肅注　清光緒元
年(1875)湖北崇文書局刻本　二冊

420000－2341－0004509　C/111.111/1050C2
孔子家語十卷札記一卷　（三國魏）王肅注
清光緒二十四年(1898)陶子霖刻本　四冊

420000－2341－0004510　C/111.111/1050C4
孔子家語十卷　（三國魏）王肅注　清末同文
書局石印本　五冊

420000－2341－0004511　C/111.111/1050C5
孔子家語十卷　（三國魏）王肅注　清光緒十
八年(1892)掃葉山房石印本　五冊

420000－2341－0004512　C/111.111/1050 貳
孔子家語十卷　（三國魏）王肅注　清光緒元
年(1875)湖北崇文書局刻本　二冊

420000－2341－0004513　C/111.111/1050 壹
孔子家語十卷　（三國魏）王肅注　清光緒元
年(1875)湖北崇文書局刻本　二冊

420000－2341－0004514　C/111.111/1262
孔子集語十七卷　（清）孫星衍撰　清光緒三
年(1877)浙江書局刻二十二子本　四冊

420000－2341－0004515　C/111.111/1262 壹
孔子集語十七卷　（清）孫星衍撰　清光緒三
年(1877)浙江書局刻二十二子本　四冊

420000－2341－0004516　C/111.1124/8700

子思子七卷　（漢）鄭玄注　（清）黃以周輯解
清光緒二十三年(1897)江陰南菁書院刻本
二冊

420000－2341－0004517　C/111.117/4436C12
荀子二十卷附荀子校勘補遺一卷　（唐）楊倞
注　（清）盧文弨　（清）謝墉校　清嘉慶九年
(1804)聚文堂刻本　五冊

420000－2341－0004518　C/111.117/4436C16
荀子二十卷首一卷　（唐）楊倞注　王先謙集
解　清光緒十七年(1891)刻本　六冊

420000－2341－0004519　C/111.117/4436C16 貳
荀子二十卷首一卷　（唐）楊倞注　王先謙集
解　清光緒十七年(1891)刻本　六冊

420000－2341－0004520　C/111.117/4436C16 叁
荀子二十卷首一卷　（唐）楊倞注　王先謙集
解　清光緒十七年(1891)刻本　六冊

420000－2341－0004521　C/111.117/4436C16 肆
荀子二十卷首一卷　（唐）楊倞注　王先謙集
解　清光緒十七年(1891)刻本　六冊

420000－2341－0004522　C/111.117/4436C16 伍
荀子二十卷首一卷　（唐）楊倞注　王先謙集
解　清光緒十七年(1891)刻本　六冊

420000－2341－0004523　C/111.117/4436C16 壹
荀子二十卷首一卷　（唐）楊倞注　王先謙集
解　清光緒十七年(1891)刻本　六冊

420000－2341－0004524　C/111.117/4436C18
荀子二十卷　（唐）楊倞注　（清）謝墉輯補
清光緒二十三年(1897)三味書室刻本　六冊

420000－2341－0004525　C/111.117/4436C18 壹
荀子二十卷　（唐）楊倞注　（清）謝墉輯補
清光緒二十三年(1897)三味書室刻本　六冊

420000－2341－0004526　C/111.117/4436C2
荀子二十卷　（唐）楊倞注　（清）謝墉輯補
清光緒二年(1876)浙江書局刻本　六冊

420000－2341－0004527　C/111.117/4436C2 貳
荀子二十卷　（唐）楊倞注　（清）謝墉輯補
清光緒二年(1876)浙江書局刻本　六冊

223

420000－2341－0004528　C/111.117/4436C2 叁
荀子二十卷　（唐）楊倞注　（清）謝墉輯補
清光緒二年(1876)浙江書局刻本　六冊

420000－2341－0004529　C/111.117/4436C2 肆
荀子二十卷　（唐）楊倞注　（清）謝墉輯補
清光緒二年(1876)浙江書局刻本　六冊

420000－2341－0004530　C/111.117/4436C2 壹
荀子二十卷　（唐）楊倞注　（清）謝墉輯補
清光緒二年(1876)浙江書局刻本　六冊

420000－2341－0004531　C/111.119/1014
蛾術編八十二卷　（清）王鳴盛撰　清道光二
十一年(1841)世楷堂刻本　二十二冊

420000－2341－0004532　C/111.119/1111
澄懷園語四卷　（清）張廷玉撰　清同治十一
年(1872)守素堂刻本　一冊

420000－2341－0004533　C/111.119/1243
讀書脞錄七卷目錄一卷　（清）孫志祖撰　清
嘉慶四年(1799)孫氏刻本　四冊

420000－2341－0004534　C/111.119/2227
援鶉堂筆記五十卷刊誤一卷刊誤補遺一卷
（清）姚範撰　清道光十五年(1835)姚瑩刻本
十六冊

420000－2341－0004535　C/111.119/2300
傅子一卷　（晉）傅玄撰　**續孟子二卷**　（唐）
林慎思撰　清光緒元年(1875)湖北崇文書局
刻本　一冊

420000－2341－0004536　C/111.119/2300 壹
傅子一卷　（晉）傅玄撰　**續孟子二卷**　（唐）
林慎思撰　清光緒元年(1875)湖北崇文書局
刻本　一冊

420000－2341－0004537　C/111.119/2603
程氏家塾讀書分年日程三卷　（元）程端禮編
清同治七年(1868)湖北崇文書局刻本
二冊

420000－2341－0004538　C/111.119/2603 壹
程氏家塾讀書分年日程三卷　（元）程端禮編
清同治七年(1868)湖北崇文書局刻本

二冊

420000－2341－0004539　C/111.119/2840
讀書雜釋十四卷　（清）徐鼒撰　清咸豐十一
年(1861)福寧郡齋刻本　四冊

420000－2341－0004540　C/111.119/3479
讀書叢錄二十四卷　（清）洪頤煊撰　清道光
二年(1822)富文齋刻本　六冊

420000－2341－0004541　C/111.119/4012
西山先生真文忠公讀書記四十卷　（宋）真德
秀撰　清同治三年(1864)刻本　三十冊

420000－2341－0004542　C/111.119/4427
萬世玉衡錄四卷　（清）蔣伊編輯　清嘉慶刻
本　四冊

420000－2341－0004543　C/111.119/4427.2
經訓比義三卷　（清）黃以周撰　清光緒二十
二年(1896)南菁講舍刻本　三冊

420000－2341－0004544　C/111.119/4496
伸蒙子三卷　（唐）林慎思撰　**素履子三卷**
（唐）張弧撰　清光緒元年(1875)湖北崇文書
局刻本　一冊

420000－2341－0004545　C/111.119/4710
讀書說四卷年譜一卷　（清）胡承諾撰　清道
光二十五年(1845)尊經閣刻本　六冊

420000－2341－0004546　C/111.119/4730
胡子知言六卷疑義一卷附錄一卷　（宋）胡宏
撰　**薛子道論三卷**　（明）薛瑄撰　**海樵子一
卷**　（明）王崇慶撰　清光緒元年(1875)湖北
崇文書局刻本　一冊

420000－2341－0004547　C/111.119/7227
說苑二十卷　（漢）劉向撰　清光緒元年
(1875)湖北崇文書局刻本　四冊

420000－2341－0004548　C/111.119/7227.2
新序十卷　（漢）劉向撰　清光緒元年(1875)
湖北崇文書局刻本　二冊

420000－2341－0004549　C/111.119/7227.2 壹
新序十卷　（漢）劉向撰　清光緒元年(1875)
湖北崇文書局刻本　一冊　存五卷(一至五)

420000－2341－0004550　C/111.119/7227 壹
說苑二十卷　（漢）劉向撰　清光緒元年
(1875)湖北崇文書局刻本　四冊

420000－2341－0004551　C/111.119/7234
愈愚錄六卷　（清）劉寶楠撰　清光緒十五年
(1889)廣雅書局刻本　二冊

420000－2341－0004552　C/111.119/7237
人譜不分卷　（明）劉宗周撰　清光緒元年
(1875)湖北崇文書局刻本　一冊

420000－2341－0004553　C/111.119/7242
人譜三卷　（明）劉宗周撰　（清）洪正治校編
清道光八年(1828)教忠堂刻本　二冊

420000－2341－0004554　C/111.119/7425
合肥學舍札記十二卷　（清）陸繼輅撰　清光
緒四年(1878)興國州署刻本　四冊

420000－2341－0004555　C/111.119/7510
學仕遺規四卷　（清）陳宏謀輯　清光緒五年
(1879)江蘇書局刻本　四冊

420000－2341－0004556　C/111.119/7510
學仕遺規補四卷　（清）陳宏謀輯　清光緒五
年(1879)江蘇書局刻本　一冊

420000－2341－0004557　C/111.119/7510.6
從政遺規二卷　（清）陳宏謀編輯　清光緒三
十四年(1908)學部圖書局石印本　二冊

420000－2341－0004558　C/111.119/7510.8
在官法戒錄四卷　（清）陳宏謀編輯　清道光
二十九年(1849)龍文齋張永清刻字舖刻本
二冊

420000－2341－0004559　C/111.119/7510C1
從政遺規摘鈔二卷　（清）陳宏謀原編　清同
治七年(1868)湖北崇文書局刻本　一冊

420000－2341－0004560　C/111.119/7510C1
教女遺規摘鈔不分卷　（清）陳宏謀原編　清
同治七年(1868)湖北崇文書局刻本　一冊

420000－2341－0004561　C/111.119/7510C1
訓俗遺規摘鈔四卷　（清）陳宏謀原編　清同
治七年(1868)湖北崇文書局刻本　二冊

420000－2341－0004562　C/111.119/7510C1
養正遺規摘鈔不分卷　（清）陳宏謀原編　清
同治七年(1868)湖北崇文書局刻本　一冊

420000－2341－0004563　C/111.119/7510C1
在官法戒錄摘鈔四卷　（清）陳宏謀編輯　清
同治七年(1868)湖北崇文書局刻本　二冊

420000－2341－0004564　C/111.119/7510C2
從政遺規二卷　（清）陳宏謀編輯　清光緒六
年(1880)江西書局刻本　二冊

420000－2341－0004565　C/111.119/7510C2
教女遺規三卷　（清）陳宏謀編輯　清光緒六
年(1880)江西書局刻本　二冊

420000－2341－0004566　C/111.119/7510C2
訓俗遺規四卷補編一卷　（清）陳宏謀編輯
清光緒六年(1880)江西書局刻本　四冊

420000－2341－0004567　C/111.119/7510C2
養正遺規二卷補編一卷　（清）陳宏謀編輯
清光緒六年(1880)江西書局刻本　二冊

420000－2341－0004568　C/111.119/7510C2
在官法戒錄四卷　（清）陳宏謀編輯　清光緒
六年(1880)江西書局刻本　二冊

420000－2341－0004569　C/111.119/7535
漢儒通義七卷　（清）陳澧撰集　清光緒二十
五年(1899)蔭立堂刻本　二冊

420000－2341－0004570　C/111.12/7216
會心內集二卷　（清）劉一明撰　清嘉慶二十
三年(1818)夏復恆刻道書十二種本　一冊

420000－2341－0004571　C/111.12/7216
悟道錄二卷　（清）劉一明撰　清嘉慶二十一
年(1816)張志遠刻道書十二種本　一冊

420000－2341－0004572　C/111.12/7216
修真辨難二卷　（清）劉一明撰　清嘉慶三年
(1798)夏復恆刻道書十二種本　一冊

420000－2341－0004573　C/111.12/7216
象言破疑二卷　（清）劉一明撰　清嘉慶十六
年(1811)熊來忠刻道書十二種本　一冊

420000－2341－0004574　C/111.12/7216

周易闡真四卷首一卷　（清）劉一明述註
（清）張陽全校閱　清嘉慶五年(1800)刻道書
十二種本　四冊

420000－2341－0004575　C/111.12/7216

參同契經文直指三篇　（漢）魏伯陽撰　（清）
劉一明解　清嘉慶夏復恆刻道書十二種本
一冊

420000－2341－0004576　C/111.12/7545

玉堂校傳如崗陳先生二經精解全編九卷
（明）陳懿典撰　（明）焦竑考定　明萬曆二十
二年(1594)熊雲濱刻本　五冊

420000－2341－0004577　C/111.121/1017

老子道德經二卷　（三國魏）王弼注　清光緒
元年(1875)浙江書局刻本　一冊

420000－2341－0004578　C/111.121/1017C1

老子道德經二卷　（三國魏）王弼注　清光緒
元年(1875)湖北崇文書局刻本　一冊

420000－2341－0004579　C/111.1211/7562

關尹子二卷　（宋）陳顯微註　（明）朱錫綸閱
　清光緒七年(1881)刻本　一冊

420000－2341－0004580　C/111.1222/4437

文子纘義十二卷　（宋）杜道堅撰　清光緒三
年(1877)浙江書局刻本　一冊

420000－2341－0004581　C/111.1222/4437 壹

文子纘義十二卷　（宋）杜道堅撰　清光緒三
年(1877)浙江書局刻本　二冊

420000－2341－0004582　C/111.125/1223.2

列子八卷　（晉）張湛注　（唐）殷敬順釋文
清光緒二年(1876)浙江書局刻二十二子本
二冊

420000－2341－0004583　C/111.125/1223.2 壹

列子八卷　（晉）張湛注　（唐）殷敬順釋文
清光緒二年(1876)浙江書局刻二十二子本
二冊

420000－2341－0004584　C/111.125/1223.3

列子二卷　（戰國）列禦寇撰　清光緒元年

(1875)湖北崇文書局刻子書百家本　一冊

420000－2341－0004585　C/111.127/0704

莊子集釋十卷　（清）郭慶藩輯　清光緒二十
年(1894)湖南思賢講舍刻本　八冊

420000－2341－0004586　C/111.127/0727.3

莊子十卷　（戰國）莊周撰　（晉）郭象注
（唐）陸德明音義　清光緒二年(1876)浙江書
局刻二十二子本　四冊

420000－2341－0004587　C/111.127/1020C4

莊子集解八卷　王先謙撰　清宣統元年
(1909)湖南思賢書局刻本　四冊

420000－2341－0004588　C/111.127/1020C4 壹

莊子集解八卷　王先謙撰　清宣統元年
(1909)湖南思賢書局刻本　四冊

420000－2341－0004589　C/111.127/3021

南華經解三十三卷　（清）宣穎撰　清同治五
年(1866)吳坤修刻本　六冊

420000－2341－0004590　C/111.127/4477.1

莊子南華真經三卷　（戰國）莊周撰　清光緒
元年(1875)湖北崇文書局刻子書百家本
二冊

420000－2341－0004591　C/111.127/7103

莊子內篇註　（明）釋德清註　清光緒十四年
(1888)金陵刻經處刻本　二冊

420000－2341－0004592　C/111.127/7235

莊子約解四卷　（清）劉鴻典輯注　清同治五
年(1866)刻本　四冊

420000－2341－0004593　C/111.128/0081

亢倉子一卷　（戰國）庚桑楚撰　**玄真子一卷**
（唐）張志和撰　**天隱子一卷　無能子三卷**
胎息經一卷　（□）幻眞先生注　清光緒元
年(1875)湖北崇文書局刻本　一冊

420000－2341－0004594　C/111.129/2315

牟子一卷　（漢）牟融撰　**古今注三卷**　（晉）
崔豹撰　清光緒元年(1875)湖北崇文書局刻
本　一冊

420000－2341－0004595　C/111.129/4434C1

抱朴子内篇四卷外篇四卷 （晉）葛洪撰 清光緒元年(1875)湖北崇文書局刻本 四冊

420000－2341－0004596 C/111.129/4434C2
抱朴子内篇四卷 （晉）葛洪撰 清光緒二十年(1894)經綸元記刻本 四冊

420000－2341－0004597 C/111.129/7216
指南針十二卷 （清）劉一明註 清嘉慶二十四年(1819)梁本中、白玉峯刻本 一冊

420000－2341－0004598 C/111.131/1068
墨商三卷補遺一卷 王景羲撰 清宣統二年(1910)王景羲刻本 二冊

420000－2341－0004599 C/111.131/5593
墨子箋十五卷附校勘表 （清）曹耀湘箋 清光緒三十二年(1906)湖南官書報局鉛印本 一冊

420000－2341－0004600 C/111.151/1742
鄧子不分卷 （春秋）鄧析撰 尸子二卷 （戰國）尸佼撰 （清）孫星衍校集 清光緒元年(1875)湖北崇文書局刻本 一冊

420000－2341－0004601 C/111.171/8825C1
管子二十四卷 （唐）房玄齡注 清光緒二年(1876)浙江書局刻二十二子本 八冊

420000－2341－0004602 C/111.171/8825C13
管子二十四卷 （唐）房玄齡註 清光緒五年(1879)刻本 四冊

420000－2341－0004603 C/111.171/8825C1 貳
管子二十四卷 （唐）房玄齡注 清光緒二年(1876)浙江書局刻二十二子本 六冊

420000－2341－0004604 C/111.171/8825C1 壹
管子二十四卷 （唐）房玄齡注 清光緒二年(1876)浙江書局刻二十二子本 六冊

420000－2341－0004605 C/111.171/8825C3
管子二十四卷 （唐）房玄齡注 （明）劉績補 清光緒二十三年(1897)三味書局刻本 八冊

420000－2341－0004606 C/111.171/8825C4
管子二十四卷 （唐）房玄齡註釋 （明）朱養

和輯訂 清嘉慶九年(1804)聚文堂刻本 六冊

420000－2341－0004607 C/111.171/8825C8
管子二十四卷 （唐）房玄齡注 清光緒元年(1875)湖北崇文書局刻子書百家本 四冊

420000－2341－0004608 C/111.177/7720
尸子二卷附尸子存疑 （清）汪繼培輯 清光緒三年(1877)浙江書局刻二十二子本 一冊

420000－2341－0004609 C/111.178/4411C2
韓非子集解二十卷首一卷 （戰國）韓非撰 （清）王先慎集解 清光緒二十二年(1896)長沙王氏刻本 六冊

420000－2341－0004610 C/111.178/4411C3
韓非子二十卷 （戰國）韓非撰 清光緒元年(1875)湖北崇文書局刻本 四冊

420000－2341－0004611 C/111.178/4411C4
韓非子二十卷附識誤三卷 （戰國）韓非撰 （清）顧廣圻校並撰 清光緒元年(1875)浙江書局刻二十二子本 三冊 存十二卷(九至二十)

420000－2341－0004612 C/111.19/3632
浮邱子十二卷 （清）湯鵬撰 清同治四年(1865)刻本 四冊

420000－2341－0004613 C/111.19/3632 壹
浮邱子十二卷 （清）湯鵬撰 清同治四年(1865)刻本 四冊

420000－2341－0004614 C/111.19/4464
聱隅子歔欷瑣微論二卷 （宋）黄晞撰 嬾眞子五卷 （宋）馬永卿撰 廣成子解一卷 （宋）蘇軾纂 清光緒元年(1875)湖北崇文書局刻子書百家本 一冊

420000－2341－0004615 C/111.19/4464 壹
聱隅子歔欷瑣微論二卷 （宋）黄晞撰 嬾眞子五卷 （宋）馬永卿撰 廣成子解一卷 （宋）蘇軾纂 清光緒元年(1875)湖北崇文書局刻子書百家本 一冊

420000－2341－0004616 C/111.19/4661

激書二卷 （清）賀貽孫撰 清道光四年(1824)養雲吟榭刻本 二冊

420000－2341－0004617 C/111.19/7244

郁離子一卷 （明）劉基撰 空同子一卷 （明）李夢陽撰 海沂子一卷 （明）王文祿撰 清光緒元年(1875)湖北崇文書局刻子書百家本 一冊

420000－2341－0004618 C/111.191/1721

鬻子一卷 （唐）逢行珪注 計倪子一卷 （戰國）計然撰 於陵子一卷 （戰國）田仲撰 子華子二卷 清光緒元年(1875)湖北崇文書局刻本 一冊

420000－2341－0004619 C/111.193/1262

晏子春秋七卷 （清）孫星衍校 清光緒元年(1875)浙江書局刻本 四冊

420000－2341－0004620 C/111.193/1262 壹

晏子春秋七卷 （清）孫星衍校 清光緒元年(1875)浙江書局刻本 四冊

420000－2341－0004621 C/111.193/6066

晏子春秋八卷 （清）顧廣圻校 清光緒元年(1875)湖北崇文書局刻本 二冊

420000－2341－0004622 C/111.197/6014C1

呂氏春秋二十六卷附攷一卷 （戰國）□□撰 （漢）高誘訓解 （清）畢沅輯校 清乾隆五十三年至五十四年(1788－1789)靈巖山館刻本 四冊

420000－2341－0004623 C/111.197/6014C2

呂氏春秋二十六卷 （戰國）□□撰 清光緒元年(1875)湖北崇文書局刻本 四冊

420000－2341－0004624 C/111.197/6014C2 壹

呂氏春秋二十六卷 （戰國）□□撰 清光緒元年(1875)湖北崇文書局刻本 四冊

420000－2341－0004625 C/111.197/6014C3

呂氏春秋二十六卷附攷一卷 （戰國）□□撰 （漢）高誘訓解 （清）畢沅校 清光緒元年(1875)浙江書局刻二十二子本 六冊

420000－2341－0004626 C/111.197/6014C3 壹

呂氏春秋二十六卷附攷一卷 （戰國）□□撰 （漢）高誘訓解 （清）畢沅校 清光緒元年(1875)浙江書局刻二十二子本 八冊

420000－2341－0004627 C/111.199/1023

宷湫子十五卷 （清）王繩祖撰 清光緒二十二年(1896)正學莊刻本 十冊

420000－2341－0004628 C/111.199/3191

日知錄集釋三十二卷栞誤二卷續栞誤二卷 （清）顧炎武撰 （清）黃汝成集釋 清同治八年(1869)述古堂刻本 十八冊

420000－2341－0004629 C/111.199/3191.5

日知錄栞誤二卷 （清）黃汝成撰 清道光十五年(1835)袖海樓刻本 一冊

420000－2341－0004630 C/111.199/3191C1

日知錄集釋三十二卷栞誤二卷續栞誤二卷 （清）顧炎武撰 （清）黃汝成集釋 清同治七年(1868)朝宗書室活字印本 二十二冊

420000－2341－0004631 C/111.199/3191C2

日知錄集釋三十二卷栞誤二卷續栞誤二卷 （清）顧炎武撰 （清）黃汝成集釋 清同治十一年(1872)湖北崇文書局刻本 十五冊

420000－2341－0004632 C/111.199/3191C2 壹

日知錄集釋三十二卷栞誤二卷續栞誤二卷 （清）顧炎武撰 （清）黃汝成集釋 清同治十一年(1872)湖北崇文書局刻本 十六冊

420000－2341－0004633 C/111.199/3191C3

日知錄集釋三十二卷栞誤二卷續栞誤二卷 （清）顧炎武撰 （清）黃汝成集釋 清光緒二十年(1894)琉璃廠刻本 二十冊

420000－2341－0004634 C/111.199/3191C3 壹

日知錄集釋三十二卷栞誤二卷續栞誤二卷 （清）顧炎武撰 （清）黃汝成集釋 清光緒二十年(1894)琉璃廠刻本 三冊 存六卷(七至十、十五至十六)

420000－2341－0004635 C/111.199/3191C4

日知錄集釋三十二卷栞誤二卷續栞誤二卷 （清）顧炎武撰 （清）黃汝成集釋 清光緒元

年(1875)湖北崇文書局刻本　十六冊

420000－2341－0004636　C/111.199/3191C4 壹
日知錄集釋三十二卷栞誤二卷續栞誤二卷
（清）顧炎武撰　（清）黄汝成集釋　清光緒元
年(1875)湖北崇文書局刻本　十六冊

420000－2341－0004637　C/111.199/3191C5
日知錄集釋三十二卷　（清）顧炎武撰　（清）
黄汝成集釋　清道光十四年(1834)黄氏西谿
草廬刻本　十一冊

420000－2341－0004638　C/111.199/3191C8
日知錄三十二卷　（清）顧炎武撰　清道光十
二年(1832)鄂山刻本　十四冊

420000－2341－0004639　C/111.199/3444
容齋三筆十六卷　（宋）洪邁撰　清光緒二十
年(1894)洪氏見山草堂刻本　四冊

420000－2341－0004640　C/111.199/3444
容齋四筆十六卷　（宋）洪邁撰　清光緒二十
年(1894)洪氏見山草堂刻本　四冊

420000－2341－0004641　C/111.199/3444
容齋隨筆十六卷　（宋）洪邁撰　清光緒二十
年(1894)洪氏見山草堂刻本　四冊

420000－2341－0004642　C/111.199/3444
容齋五筆十卷　（宋）洪邁撰　清光緒二十年
(1894)洪氏見山草堂刻本　四冊

420000－2341－0004643　C/111.199/3444
容齋續筆十六卷　（宋）洪邁撰　清光緒二十
年(1894)洪氏見山草堂刻本　四冊

420000－2341－0004644　C/111.199/4013
冰言十卷　（清）李惺編　清光緒三十三年
(1907)江蘇提學署刻本　一冊

420000－2341－0004645　C/111.199/4013
冰言補錄十卷　（清）李惺編　清光緒三十三
年(1907)江蘇提學署刻本　一冊

420000－2341－0004646　C/111.199/4426
金樓子六卷　（南朝梁）元帝蕭繹撰　清光緒
元年(1875)湖北崇文書局刻子書百家本
二冊

420000－2341－0004647　C/111.199/4426 壹
金樓子六卷　（南朝梁）元帝蕭繹撰　清光緒
元年(1875)湖北崇文書局刻子書百家本
二冊

420000－2341－0004648　C/111.199/7250
劉子二卷　（北齊）劉晝撰　清光緒元年
(1875)湖北崇文書局刻子書百家本　一冊

420000－2341－0004649　C/111.213/1003
新書十卷　（漢）賈誼撰　清光緒元年(1875)
浙江書局刻本　二冊

420000－2341－0004650　C/111.23/0002C1
淮南鴻烈解二十一卷　（漢）劉安撰　清光緒
元年(1875)湖北崇文書局刻本　四冊

420000－2341－0004651　C/111.23/0002C1
淮南天文訓補注二卷　（清）錢塘綴述　清光
緒元年(1875)湖北崇文書局刻本　二冊

420000－2341－0004652　C/111.23/0002C3
淮南子二十一卷　（漢）劉安撰　（漢）高誘注
　清光緒二年(1876)浙江書局刻二十二子本
　六冊

420000－2341－0004653　C/111.23/0002C3
文中子中說十卷　（隋）王通撰　（宋）阮逸註
　清光緒二年(1876)浙江書局刻二十二子本
二冊

420000－2341－0004654　C/111.23/0002C3 壹
淮南子二十一卷　（漢）劉安撰　（漢）高誘注
　清光緒二年(1876)浙江書局刻二十二子本
　六冊

420000－2341－0004655　C/111.23/0002C3 壹
文中子中說十卷　（隋）王通撰　（宋）阮逸註
　清光緒二年(1876)浙江書局刻二十二子本
二冊

420000－2341－0004656　C/111.23/7230C2
淮南子刪評二卷　（漢）劉安撰　（明）汪明際
刪評　明末讀書坊刻本　三冊

420000－2341－0004657　C/111.24/4130
鹽鐵論二卷　（漢）桓寬撰　清光緒元年

（1875）湖北崇文書局刻子書百家本　二冊

420000－2341－0004658　C/111.25/5640
揚子法言十三卷　（漢）揚雄撰　（晉）李軌注　（清）黃以周校　清光緒二年(1876)浙江書局刻二十二子本　一冊

420000－2341－0004659　C/111.27/1000
論衡三十卷　（漢）王充撰　清光緒元年(1875)湖北崇文書局刻子書百家本　六冊

420000－2341－0004660　C/111.27/1000 貳
論衡三十卷　（漢）王充撰　清光緒元年(1875)湖北崇文書局刻子書百家本　六冊

420000－2341－0004661　C/111.27/1000 壹
論衡三十卷　（漢）王充撰　清光緒元年(1875)湖北崇文書局刻子書百家本　六冊

420000－2341－0004662　C/111.283/4498
申鑒五卷　（漢）荀悅撰　**中論二卷**　（漢）徐幹撰　清光緒元年(1875)湖北崇文書局刻子書百家本　一冊

420000－2341－0004663　C/111.37/1037
文中子中說不分卷　（隋）王通撰　清光緒元年(1875)湖北崇文書局刻子書百家本　一冊

420000－2341－0004664　C/111.5/3214
忘筌書十卷　（宋）潘殖撰　清嘉慶十六年(1811)祝昌泰留香室刻本　一冊

420000－2341－0004665　C/111.52/1700
皇極經世緒言九卷首二卷　（宋）邵雍撰　（明）黃畿注釋　（清）劉斯組述　清嘉慶四年(1799)徐樹堂刻本　十二冊

420000－2341－0004666　C/111.53/1143C1
張子全書十五卷　（宋）張載撰　（宋）朱熹注　清康熙五十八年(1719)朱軾刻本　四冊

420000－2341－0004667　C/111.53/1143C2
張子全書十五卷　（宋）張載撰　（宋）朱熹注　清道光二十三年(1843)刻本　六冊

420000－2341－0004668　C/111.56/0814
五子近思錄發明十四卷　（宋）朱熹撰　（清）施璜纂注　清光緒十四年(1888)沈錫周刻本

八冊

420000－2341－0004669　C/111.56/2540.1
朱子原訂近思錄十四卷　（宋）朱熹　（宋）呂祖謙輯　（清）江永集注　（清）王鼎校次　清同治七年(1868)湖北崇文書局刻本　四冊

420000－2341－0004670　C/111.56/2540.1C2
近思錄十四卷　（宋）朱熹　（宋）呂祖謙輯　（清）江永集註　清同治八年(1869)江蘇書局刻本　四冊

420000－2341－0004671　C/111.56/2540.1C4
近思錄十四卷　（宋）朱熹　（宋）呂祖謙輯　（清）江永集註　清光緒十五年(1889)金陵書局刻本　四冊

420000－2341－0004672　C/111.56/2540.1 貳
朱子原訂近思錄十四卷　（宋）朱熹　（宋）呂祖謙輯　（清）江永集注　（清）王鼎校次　清同治七年(1868)湖北崇文書局刻本　四冊

420000－2341－0004673　C/111.56/2540.1 叁
朱子原訂近思錄十四卷　（宋）朱熹　（宋）呂祖謙輯　（清）江永集注　（清）王鼎校次　清同治七年(1868)湖北崇文書局刻本　一冊　存一卷(一)

420000－2341－0004674　C/111.56/2540.1 壹
朱子原訂近思錄十四卷　（宋）朱熹　（宋）呂祖謙輯　（清）江永集注　（清）王鼎校次　清同治七年(1868)湖北崇文書局刻本　四冊

420000－2341－0004675　C/111.56/2540.2
小學集註六卷　（宋）朱熹撰　清光緒十五年(1889)山東書局刻本　二冊

420000－2341－0004676　C/111.56/2540.3
小學六卷　（宋）朱熹撰　（清）高愈纂注　清同治八年(1869)江蘇書局刻本　二冊

420000－2341－0004677　C/111.56/2540C1
小學集解六卷　（清）張伯行輯注　清光緒元年(1875)湖北崇文書局刻本　三冊

420000－2341－0004678　C/111.56/2540C2
小學集解六卷　（清）張伯行輯注　清同治六

年（1867）湖北崇文書局刻本　三冊

420000－2341－0004679　C/111.56/2540C2　壹
小學集解六卷　（清）張伯行輯注　清同治六年（1867）湖北崇文書局刻本　四冊

420000－2341－0004680　C/111.6/6045
呻吟語六卷附呻吟語疑　（明）呂坤撰　清道光八年（1828）至清末南海羅氏刻本　六冊

420000－2341－0004681　C/111.6/6045C2
呻吟語六卷　（明）呂坤撰　清道光八年（1828）開封府署刻本　三冊

420000－2341－0004682　C/111.69/4417
叔苴子內篇六卷外篇二卷　（明）莊元臣撰　清光緒元年（1875）湖北崇文書局刻子書百家本　二冊

420000－2341－0004683　C/111.7/0044
學案小識十四卷首一卷末一卷　（清）唐鑑撰　清光緒十年（1884）至清末文瑞樓石印本　六冊

420000－2341－0004684　C/111.7/0044　貳
學案小識十四卷首一卷末一卷　（清）唐鑑撰　清光緒十年（1884）至清末文瑞樓石印本　六冊

420000－2341－0004685　C/111.7/0044　壹
學案小識十四卷首一卷末一卷　（清）唐鑑撰　清光緒十年（1884）至清末文瑞樓石印本　六冊

420000－2341－0004686　C/111.71/0011C1
潛書四卷　（清）唐甄撰　（清）王聞遠編　清光緒九年（1883）中江李氏刻本　四冊

420000－2341－0004687　C/124.3/2143
路索民約論四編　（法國）路索撰　楊廷棟譯　清光緒二十九年（1903）吳縣楊廷棟鉛印本　一冊

420000－2341－0004688　C/157.1/4754
易占經緯四卷附錄一卷　（明）韓邦奇輯　清嘉慶七年（1802）謝正原刻本　四冊

420000－2341－0004689　C/157.11/4767

卜法詳考四卷　（清）胡煦撰　清乾隆三十七年（1772）至清末葆璞堂刻本　二冊

420000－2341－0004690　C/157.15/2042
緯攟十四卷首一卷　（清）喬松年輯　（清）喬廷楸彙訂　清光緒三年（1877）喬廷楸強恕堂刻本　四冊

420000－2341－0004691　C/157.15/4036
六壬摘要六卷　（清）李泗纂　清光緒二十年（1894）刻本　四冊

420000－2341－0004692　C/157.3/2633
太玄十卷　（漢）揚雄撰　（宋）司馬光集注　（清）吳汝綸點勘　清宣統二年（1910）衍星社鉛印本　一冊

420000－2341－0004693　C/157.3/2633C1
太玄十卷　（漢）揚雄撰　（宋）司馬光集注　清光緒元年（1875）湖北崇文書局刻子書百家本　一冊　存六卷（五至十）

420000－2341－0004694　C/157.4/1112
官板地理天機會元三十五卷　（明）顧乃德集　（明）徐之鏌刪補　明萬曆四十三年（1615）至清順治刻本　八冊

420000－2341－0004695　C/157/1137
諏吉述正二十五卷首一卷　（清）張祖同輯　清光緒二十三年（1897）湖南思賢書局刻本　十二冊

420000－2341－0004696　C/180.017/6645C1
媿林漫錄不分卷　（明）瞿式耜撰　清光緒十六年（1890）江蘇書局刻本　一冊

420000－2341－0004697　C/180.017/6645C1　壹
媿林漫錄不分卷　（明）瞿式耜撰　清光緒十六年（1890）江蘇書局刻本　二冊

420000－2341－0004698　C/182/3049
史鑑彙編二卷　（清）守真堂主人纂　清光緒四年（1878）守真堂主人抄本　二冊

420000－2341－0004699　C/182/4418
素書一卷　（宋）張商英注　清光緒元年（1875）湖北崇文書局刻本　一冊

420000 – 2341 – 0004700　C/182/6045

四禮翼不分卷　（明）呂坤撰　清光緒二十一年(1895)湖北官書處刻本　一冊

420000 – 2341 – 0004701　C/182/6045 壹

四禮翼不分卷　（明）呂坤撰　清光緒二十一年(1895)湖北官書處刻本　一冊

420000 – 2341 – 0004702　C/185.3/3040

公門果報錄一卷續錄一卷附錄一卷　（清）宋楚望編　清光緒十九年(1893)江西書局刻本　一冊

420000 – 2341 – 0004703　C/185.3/4033

圖民錄四卷　（清）袁守定撰　清光緒五年(1879)江蘇書局刻本　二冊

420000 – 2341 – 0004704　C/185/2347

佐治芻言　（英國）傅蘭雅口譯　應祖錫筆述　清同治四年(1865)至清末上海江南製造局鉛印本　三冊

420000 – 2341 – 0004705　C/185/3193

佐治藥言一卷續一卷　（清）汪輝祖纂　清同治五年(1866)刻本　一冊

420000 – 2341 – 0004706　C/185/3193C1

佐治藥言一卷續一卷　（清）汪輝祖纂　清同治七年(1868)湖北崇文書局刻本　一冊

420000 – 2341 – 0004707　C/188.3/0135C1

顏氏家訓二卷　（北齊）顏之推撰　清光緒元年(1875)湖北崇文書局刻子書百家本　一冊

420000 – 2341 – 0004708　C/188.3/1124C1

課子隨筆鈔六卷首一卷　（清）張又渠輯　清光緒二十一年(1895)湖南官書局刻本　三冊

420000 – 2341 – 0004709　C/188.3/4044

了凡四訓不分卷　（明）袁黃撰　清光緒十五年(1889)湖北官書處刻本　一冊

420000 – 2341 – 0004710　C/188.4/4433

養蒙金鑑二卷　（清）林之望編輯　清光緒元年(1875)瞿廷韶刻本　一冊

420000 – 2341 – 0004711　C/188.5/1046

狀元閣女四書二卷　（清）王相箋　清光緒十

八年(1892)善成堂刻本　一冊

420000 – 2341 – 0004712　C/188.5/6001

呂新吾先生閨範圖說四卷　（明）呂坤註　清呂應菊刻本　一冊　存一卷(三)

420000 – 2341 – 0004713　C/200.9/4464

燕京開教畧三卷　（法國）樊國樑撰　清光緒三十一年(1905)救世堂鉛印本　三冊

420000 – 2341 – 0004714　C/200.97/1144

西藏宗教源流考不分卷　（清）張其勤編輯　清宣統二年(1910)四川官印刷局活字印本　一冊

420000 – 2341 – 0004715　C/210/4043

續玹文廟祀位不分卷　（□）□□撰　清光緒知縣李觀濤刻本　一冊

420000 – 2341 – 0004716　C/210/7203

儒釋道平心論二卷　（宋）劉謐撰　清同治二年(1863)淨蓮江北刻經處刻本　一冊

420000 – 2341 – 0004717　C/220/2627

道統大成不分卷　（清）汪啟濩輯　清光緒二十六年(1900)刻本　十冊

420000 – 2341 – 0004718　C/221.11/8041

太上刪正玉皇尊經善本三卷　（□）□□撰　清光緒三十二年(1906)刻本　一冊

420000 – 2341 – 0004719　C/221.2/7274

文帝全書內函三十一卷外函七卷　（清）劉體恕輯　清道光二十七年(1847)刻本　十六冊

420000 – 2341 – 0004720　C/221/0014

度世天橋十卷　（清）□□撰　清光緒二十八年(1902)向氏宗祠刻本　八冊

420000 – 2341 – 0004721　C/221/0014

聖教法懺四卷　（□）□□撰　清光緒二十八年(1902)向氏宗祠刻本　四冊

420000 – 2341 – 0004722　C/221/0148

迪吉錄八卷首一卷　（明）顏茂猷編輯　（明）顧錫疇評定　清光緒八年(1882)退齡精舍刻本　八冊

420000－2341－0004723　C/221/4716

武帝全書十八卷首一卷目錄一卷　（清）韓瑞圖輯　清光緒十五年（1889）韓瑞圖等刻本　十二冊

420000－2341－0004724　C/222/6022

江壇集二卷　易順鼎撰　清光緒二十五年（1899）刻本　一冊

420000－2341－0004725　C/222/7274

南華雪心編八卷　（清）劉鳳苞註釋　（清）李泰開刊訂　清光緒二十三年（1897）刻本　八冊

420000－2341－0004726　C/222/9537

南華發覆八卷　（戰國）莊周撰　（明）釋性通注　清乾隆十四年（1749）雲林懷德堂刻本　四冊

420000－2341－0004727　C/223.1/3710

慈悲梁皇寶懺十卷　（南朝梁）武帝蕭衍集　清光緒十五年（1889）金陵刻經處刻本　三冊

420000－2341－0004728　C/223.1/3710 壹

慈悲梁皇寶懺十卷　（南朝梁）武帝蕭衍集　清光緒十五年（1889）金陵刻經處刻本　三冊

420000－2341－0004729　C/223.1/4134

慈悲水懺法三卷　（唐）釋智玄撰　清同治十二年（1873）江北刻經處刻本　一冊

420000－2341－0004730　C/223.1/4134 壹

慈悲水懺法三卷　（唐）釋智玄撰　清同治十二年（1873）江北刻經處刻本　一冊

420000－2341－0004731　C/223.5/3530

戒殺放生文一卷　（明）釋祩宏撰并注　清光緒二十三年（1897）金陵刻經處刻本　一冊

420000－2341－0004732　C/230.07/1122

五燈會元五十七卷目錄三卷首一卷　（宋）釋普濟纂　清光緒三十二年至三十四年（1906－1908）長沙刻經處刻本　二十冊

420000－2341－0004733　C/230.08/2634

法苑珠林一百卷　（唐）釋道世撰　清道光七年（1827）燕園蔣氏刻本　二十四冊

420000－2341－0004734　C/230.08/2634C1

法苑珠林一百卷　（唐）釋道世撰　清宣統二年（1910）天寧寺刻本　三十冊

420000－2341－0004735　C/230.08/3844

諸經要集二十卷附音釋　（唐）釋道世撰　清刻本　十冊

420000－2341－0004736　C/230.087/2684

文殊師利所說不思議佛境界經二卷　（唐）菩提留志譯　**得無垢女經一卷**　（北魏）般若流支譯　清光緒六年（1880）常熟刻經處刻本　一冊

420000－2341－0004737　C/230.81/0074

大唐西域記十二卷　（唐）釋玄奘譯　（唐）釋辯機撰　清宣統元年（1909）天寧寺刻本　四冊

420000－2341－0004738　C/230.81/3530

雲棲大師遺稿三卷補遺一卷　（明）釋祩宏撰　清光緒二十五年（1899）金陵刻經處刻本　二冊

420000－2341－0004739　C/230.81/7772

禪修詩歌偈頌選輯　（清）□□編　清光緒十一年（1885）金陵刻經處刻本　一冊

420000－2341－0004740　C/230.84/9110

西遊原旨二十四卷一百回　（明）吳承恩撰　（清）劉一明解　清嘉慶二十四年（1819）護國庵刻本　二十冊

420000－2341－0004741　C/230.88/3530

竹窗隨筆一卷二筆一卷三筆一卷　（明）釋祩宏撰　清光緒二十四年（1898）金陵刻經處刻本　三冊

420000－2341－0004742　C/230.88/8646

選佛譜六卷　（清）釋智旭撰　清光緒十七年（1891）南京金陵刻經處刻本　二冊

420000－2341－0004743　C/230.89/2234

御選語錄十九卷　（清）世宗胤禛選　清同治六年（1867）譚文鑾刻本　十四冊

420000－2341－0004744　C/230.89/2234C1

御選語録十九卷 （清）世宗胤禎選 清光緒
四年(1878)金陵刻經處刻本 十四冊

420000 – 2341 – 0004745 C/230.97/2430

高僧傳三集三十卷 （宋）釋贊寧撰 清光緒
十三年(1887)江北刻經處刻本 八冊

420000 – 2341 – 0004746 C/230.97/2633

高僧傳二集四十卷 （唐）釋道宣撰 清光緒
十六年(1890)江北刻經處刻本 十冊

420000 – 2341 – 0004747 C/230.97/2633 壹

高僧傳二集四十卷 （唐）釋道宣撰 清光緒
十六年(1890)江北刻經處刻本 十冊

420000 – 2341 – 0004748 C/230.97/2649

高僧傳四集六卷 （明）釋如惺識 清光緒十
八年(1892)江北刻經處刻本 二冊

420000 – 2341 – 0004749 C/230.97/5034

禪林僧寶傳三十卷附續補一卷附一卷 （宋）
釋惠洪撰 清光緒五年(1879)常熟刻經處刻
本 三冊

420000 – 2341 – 0004750 C/231.2/2000

修西輯要一卷 （清）釋信庵輯 清光緒十年
(1884)江北刻經處刻本 一冊

420000 – 2341 – 0004751 C/231.24/1031C1

佛說觀無量壽佛經一卷 （南朝宋）畺良耶舍
譯 佛說阿彌陀經一卷 （後秦）鳩摩羅什譯
稱讚淨土佛攝受經一卷 （唐）釋玄奘譯
阿彌陀經不思議神力傳一卷 拔一切業障根
本得生淨土神咒一卷 （南朝宋）求那跋陀羅
譯 後出阿彌陀佛偈經一卷 阿彌陀鼓音聲
王陀羅尼經一卷 觀世音菩薩得大勢菩薩受
記經一卷 （南朝宋）釋曇無竭譯 無量壽經
優波提舍一卷 （北魏）菩提畱支譯 佛說阿
彌陀經疏一卷 （唐）釋元曉述 清光緒七年
(1881)金陵刻經處刻本 一冊

420000 – 2341 – 0004752 C/231.24/2882

無量壽如來會二卷 （唐）菩提流志譯 清光
緒二十二年(1896)金陵刻經處刻本 一冊

420000 – 2341 – 0004753 C/231.24/2882

佛說無量壽經二卷 （三國魏）康僧鎧譯 清
同治十三年(1874)金陵刻經處刻本 與

420000 – 2341 – 0004752 合一冊

420000 – 2341 – 0004754 C/231.28/9177

念佛百問不分卷 （清）釋悟開撰 清同治五
年(1866)刻本 一冊

420000 – 2341 – 0004755 C/231.29/1244

兜率龜鏡集三卷 （清）釋弘贊輯 清宣統三
年(1911)常州天甯寺刻本 一冊

420000 – 2341 – 0004756 C/231.29/8174

無隱禪師略錄一卷 （清）普願居士校 清光
緒二十七年(1901)金陵刻經處刻本 一冊

420000 – 2341 – 0004757 C/231.291/5310

博山和尚參禪警語一卷 （清）釋成正集 清
光緒三十四年(1908)刻本 一冊

420000 – 2341 – 0004758 C/231.296/1780

三劫三千佛緣起三卷 （南朝宋）畺良耶舍譯
清光緒元年(1875)金陵刻經處刻本 一冊

420000 – 2341 – 0004759 C/231.297/1444

佛說造像量度經一卷圖樣一卷解一卷續補一
卷 （清）工布查布譯解述 清同治十三年
(1874)金陵刻經處刻本 一冊

420000 – 2341 – 0004760 C/231.5/2683

集神州塔寺三寶感通錄四卷 （唐）釋道宣撰
清宣統元年(1909)揚州藏經院刻本 一冊

420000 – 2341 – 0004761 C/231.79/4536

佛說無量清淨平等覺經二卷 （漢）支婁迦讖
譯 清光緒五年(1879)常熟刻經處刻本
一冊

420000 – 2341 – 0004762 C/231.81/7734

欲海回狂集三卷 （清）周思仁撰 附省庵法
師不淨觀頌四念處頌一卷 （清）熊秉選 附
典字義譯注一卷 清同治三年(1864)邗江熊
氏刻本 一冊

420000 – 2341 – 0004763 C/232.01/2631

佛本行經七卷 （宋）釋寶雲譯 清宣統三年
(1911)江北刻經處刻本 一冊 存四卷（一

至四)

420000－2341－0004764　C/232.04/2623

林間錄二卷　（宋）釋德洪集　**林間錄後集一卷**　（宋）釋惠洪撰　清光緒二十七年（1901）刻本　二冊

420000－2341－0004765　C/232.04/4273

重訂西方公據二卷　（清）彭際清集　清光緒四年（1878）金陵刻經處刻本　一冊

420000－2341－0004766　C/232.07/1124

大方廣圓覺經大疏十六卷　（唐）釋宗密撰（唐）裴休述　清宣統元年（1909）金陵刻經處刻本　四冊

420000－2341－0004767　C/232.07/1712

首楞嚴經疏二十卷　（宋）釋子璿集　清光緒三十二年（1906）揚州藏經院刻本　八冊

420000－2341－0004768　C/232.07/1773

折疑論集註二卷　（元）釋子成撰　（明）釋師子註　清光緒三十四年（1908）揚州藏經院刻本　一冊

420000－2341－0004769　C/232.07/2236

佛說孔雀王呪經二卷　（南朝梁）僧伽婆羅譯　清宣統二年（1910）常州天寧寺刻本　一冊

420000－2341－0004770　C/232.07/2236

佛說大孔雀王雜神呪經一卷　（晉）帛尸黎蜜多羅譯　清宣統二年（1910）常州天寧寺刻本　與 420000－2341－0004769、4771 至 4772 合一冊

420000－2341－0004771　C/232.07/2236

大金色孔雀王呪經一卷　（後秦）鳩摩羅什譯　清宣統二年（1910）常州天寧寺刻本　與 420000－2341－0004769 至 4770、4772 合一冊

420000－2341－0004772　C/232.07/2236

佛說大孔雀王神呪經一卷　（晉）帛尸黎蜜多羅譯　清宣統二年（1910）刻本　與 420000－2341－0004769 至 4771 合一冊

420000－2341－0004773　C/232.07/2243

善住意天子所問經三卷　（東魏）毗目智仙

（東魏）流支譯　清光緒六年（1880）常熟刻經處刻本　一冊

420000－2341－0004774　C/232.07/2435

大佛頂首楞嚴經通議十卷　（明）釋德清述　清光緒二十年（1894）金陵刻經處刻本　六冊

420000－2341－0004775　C/232.07/2435.1

性相通說一卷　（明）釋德清撰　清同治十二年（1873）金陵刻經處刻本　一冊

420000－2341－0004776　C/232.07/2573

大方廣圓覺修多羅了義經二卷　（唐）佛陀多羅譯　清同治八年（1869）南京金陵刻經處刻本　一冊

420000－2341－0004777　C/232.07/2616

佛說阿彌陀經義疏一卷　（宋）釋元照述　清光緒二十四年（1898）金陵刻經處刻本　一冊

420000－2341－0004778　C/232.07/2624

楞伽阿跋多羅寶經義疏四卷　（南朝宋）求那跋陀羅譯　（清）釋智旭疏　清宣統元年（1909）常州天寧寺刻本　五冊

420000－2341－0004779　C/232.07/2646

占察善惡業報經疏二卷　（清）釋智旭撰　清同治七年（1868）刻本　二冊

420000－2341－0004780　C/232.07/2753

大佛頂首楞嚴經纂註十卷　（唐）般刺密諦譯　清光緒三十四年（1908）金陵刻經處刻本　五冊

420000－2341－0004781　C/232.07/2767

觀佛三昧海經十卷　（晉）佛陀跋陀羅譯　清光緒十七年（1891）金陵刻經處刻本　二冊

420000－2341－0004782　C/232.07/3231

佛說盂蘭盆經疏一卷　（唐）釋宗密述　（宋）釋淨源疏　清光緒三十二年（1906）金陵刻經處刻本　一冊

420000－2341－0004783　C/232.07/3413

楞嚴經指掌疏十卷　（清）釋通理撰　清光緒二十七年（1901）維揚藏經院刻本　十二冊

420000－2341－0004784　C/232.07/3530

佛說阿彌陀經疏鈔四卷事義一卷問辯一卷答問一卷疑辯一卷　（明）釋袾宏述　佛說阿彌陀經不分卷　（後秦）鳩摩羅什譯　清光緒十八年（1892）金陵刻經處刻本　五冊

420000－2341－0004785　C/232.07/3530C1

佛說阿彌陀經疏鈔三卷事義一卷問辯一卷答問一卷疑辯一卷　（明）釋袾宏述　清光緒三十年（1904）長沙刻本　四冊

420000－2341－0004786　A/411.1/7714C4 壹

六書音均表五卷　（清）段玉裁撰　清同治十一年（1872）湖北崇文書局刻本　二冊

420000－2341－0004787　C/232.07/3716

圓覺經析義疏四卷　（清）釋通理撰　清光緒三十三年（1907）刻本　四冊

420000－2341－0004788　C/232.07/4000

立世阿毗曇論十卷　（南朝陳）釋眞諦譯　清宣統二年（1910）常州天寧寺刻本　三冊

420000－2341－0004789　C/232.07/4062

佛頂放無垢光明入普門觀察一切如來心陀羅尼經二卷　（宋）釋施護譯　清宣統元年（1909）刻本　一冊

420000－2341－0004790　C/232.07/4062

佛說樓閣正法甘露鼓經一卷　（宋）天息災譯　清宣統元年（1909）刻本　與 420000－2341－0004789、4791 至 4802 合一冊

420000－2341－0004791　C/232.07/4062

聖虛空藏菩薩陀羅尼經一卷　（宋）釋法天譯　清宣統元年（1909）刻本　與 420000－2341－0004789 至 4790、4792 至 4802 合一冊

420000－2341－0004792　C/232.07/4062

佛說大護明大陀羅尼經一卷　（宋）釋法天譯　清宣統元年（1909）刻本　與 420000－2341－0004789 至 4791、4793 至 4802 合一冊

420000－2341－0004793　C/232.07/4062

佛說無能勝旛王如來莊嚴陀羅尼經一卷　（宋）釋施護譯　清宣統元年（1909）刻本　與 420000－2341－0004789 至 4792、4794 至 4802

合一冊

420000－2341－0004794　C/232.07/4062

最勝佛頂陀羅尼經一卷　（宋）釋法天譯　清宣統元年（1909）刻本　與 420000－2341－0004789 至 4793、4795 至 4802 合一冊

420000－2341－0004795　C/232.07/4062

聖佛母小字般若波羅蜜多經一卷　（宋）天息災譯　清宣統元年（1909）刻本　與 420000－2341－0004789 至 4794、4796 至 4802 合一冊

420000－2341－0004796　C/232.07/4062

消除一切閃電障難隨求如意陀羅尼經一卷　（宋）釋施護譯　清宣統元年（1909）刻本　與 420000－2341－0004789 至 4795、4797 至 4802 合一冊

420000－2341－0004797　C/232.07/4062

聖最上燈明如來陀羅尼經一卷　（宋）釋施護譯　清宣統元年（1909）刻本　與 420000－2341－0004789 至 4796、4798 至 4802 合一冊

420000－2341－0004798　C/232.07/4062

大寒林聖難拏陀羅尼經一卷　（宋）釋法天譯　清宣統元年（1909）刻本　與 420000－2341－0004789 至 4797、4799 至 4802 合一冊

420000－2341－0004799　C/232.07/4062

佛說諸行有為經一卷　（宋）釋法天譯　清宣統元年（1909）刻本　與 420000－2341－0004789 至 4798、4800 至 4802 合一冊

420000－2341－0004800　C/232.07/4062

息除中夭陀羅尼經一卷　（宋）釋施護譯　清宣統元年（1909）刻本　與 420000－2341－0004789 至 4799、4801 至 4802 合一冊

420000－2341－0004801　C/232.07/4062

一切如來正法秘密篋印心陀羅尼經一卷　（宋）釋施護譯　清宣統元年（1909）刻本　與 420000－2341－0004789 至 4800、4802 合一冊

420000－2341－0004802　C/232.07/4062

佛說大乘善見變化文殊師利問法經一卷　（宋）天息災譯　清宣統元年（1909）刻本　與

420000－2341－0004789 至 4801 合一冊

420000－2341－0004803　C/232.07/4062.1
中論六卷　（後秦）鳩摩羅什譯　清光緒三十三年(1907)刻本　二冊

420000－2341－0004804　C/232.07/4316.1
勝鬘師子吼一乘大方便方廣經一卷　（南朝宋）求那跋陀羅譯　清光緒二十二年(1896)金陵刻經處刻本　一冊

420000－2341－0004805　C/232.07/4316.1
勝鬘夫人會一卷　（唐）菩提流志譯　清光緒二十二年(1896)金陵刻經處刻本　與420000－2341－0004804 合一冊

420000－2341－0004806　C/232.07/4706
佛遺教經論疏節要一卷　（後秦）鳩摩羅什譯　（宋）釋淨源節要　（明）釋袾宏補註　清光緒二十四年(1898)金陵刻經處刻本　一冊

420000－2341－0004807　C/232.07/5534
佛說無量壽經義疏六卷　（三國魏）康僧鎧譯　（隋）釋慧遠疏　清光緒二十年(1894)金陵刻經處刻本　二冊

420000－2341－0004808　C/232.07/8037
佛說大孔雀呪王經三卷　（唐）釋義淨譯　清宣統二年(1910)常州天寧寺刻本　一冊

420000－2341－0004809　C/232.07/8038
佛說觀無量壽佛經疏四卷　（南朝宋）畺良耶舍譯　（唐）釋善導集記　清光緒二十年(1894)金陵刻經處刻本　二冊

420000－2341－0004810　C/232.07/8366
入法界體性經一卷　（隋）闍那崛多譯　清光緒四年(1878)金陵刻經處刻本　一冊

420000－2341－0004811　C/232.07/8366
佛說如來智印經一卷　（南朝梁）釋僧祐錄　清光緒四年(1878)金陵刻經處刻本　與420000－2341－0004810 合一冊

420000－2341－0004812　C/232.07/8646
楞伽阿跋多羅寶經義疏九卷　（南朝宋）求那跋陀羅譯　（清）釋智旭疏　清宣統元年(1909)刻本　五冊

420000－2341－0004813　C/232.07/8646
楞伽阿跋多羅寶經玄義一卷　（清）釋智旭撰　清宣統元年(1909)刻本　與420000－2341－0004812 合五冊

420000－2341－0004814　C/232.07/8646.1
楞伽阿跋多羅寶經四卷　（南朝宋）求那跋陀羅譯　清同治九年(1870)金陵刻經處刻本　二冊

420000－2341－0004815　C/232.08/3243
註心賦四卷附音釋　（宋）釋延壽撰　清光緒三年(1877)金陵刻經處刻本　四冊

420000－2341－0004816　C/232.08/8646
法海觀瀾五卷　（清）釋智旭輯　清光緒二十三年(1897)揚州藏經禪院刻本　二冊

420000－2341－0004817　C/232.085/3044.2
因明入正理論疏八卷　（唐）釋窺基撰　清光緒二十二年(1896)金陵刻經處刻本　二冊

420000－2341－0004818　C/232.087/3530
自知錄二卷　（明）釋袾宏編　清光緒二十五年(1899)金陵刻經處刻本　一冊

420000－2341－0004819　C/232.088/1000C1
一切經音義二十五卷　（唐）釋元應撰　（清）莊炘　（清）錢坫　（清）孫星衍校正　**補訂新譯大方廣佛華嚴經音義二卷**　（唐）釋慧苑撰　清同治八年(1869)武林張氏寶晉齋刻本　四冊

420000－2341－0004820　C/232.088/1020C1 壹
一切經音義二十五卷　（唐）釋元應撰　（清）莊炘　（清）錢坫　（清）孫星衍校正　**補訂新譯大方廣佛華嚴經音義二卷**　（唐）釋慧苑撰　清同治八年(1869)武林張氏寶晉齋刻本　四冊

420000－2341－0004821　C/232.088/3796
憨山老人夢遊集五十五卷　（明）釋德清述　（明）釋福善目錄　（明）釋通炯編　（清）劉起相重校　清光緒五年(1879)江北刻經處刻

本　二十冊

420000－2341－0004822　C/232.088/4062

維摩詰所說經三卷　（後秦）鳩摩羅什注　清同治九年（1870）金陵刻經處刻本　一冊

420000－2341－0004823　C/232.088/4062.1

維摩詰所說經註八卷　（後秦）鳩摩羅什譯（後秦）釋僧肇註　清光緒十三年（1887）金陵刻經處刻本　二冊

420000－2341－0004824　C/232.089/2631

破邪論一卷　（唐）釋法琳撰　清光緒三十四年（1908）揚州藏經院刻本　一冊

420000－2341－0004825　C/232.089/3077

勸發菩提心文不分卷　（清）釋實賢撰　普勸僧俗發菩提心文　（唐）裴休撰　清末刻本　一冊

420000－2341－0004826　C/232.089/3406

菜根譚　（明）洪應明撰　清光緒十三年（1887）揚州藏經禪院刻本　一冊

420000－2341－0004827　C/232.089/3500

禪關策進二集　（明）釋袾宏輯　清光緒二十四年（1898）金陵刻經處刻本　一冊

420000－2341－0004828　C/232.089/3674

揞黑豆集八卷　（清）心圓居士輯　清乾隆五十九年（1794）刻本　四冊

420000－2341－0004829　C/232.089/4037

黃檗傳心法要二卷　（唐）釋希運撰　（唐）裴休集　清光緒十年（1884）金陵刻經處刻本　一冊

420000－2341－0004830　C/232.089/8072

金剛三昧經二卷　（□）□□撰　清同治十二年（1873）金陵刻經處刻本　一冊

420000－2341－0004831　C/232.089/8830

佛昇忉利天爲母說法經三卷　（晉）竺法護譯　清宣統元年（1909）揚州藏經院刻本　一冊

420000－2341－0004832　C/232.089/9041

西方確指一卷　（清）釋常攝集　清光緒五年（1879）刻本　一冊

420000－2341－0004833　C/232.089/9177

淨業知津一卷　（清）釋悟開撰　清同治十三年（1874）金陵刻經處刻本　一冊

420000－2341－0004834　C/232.099/1051

龐居士語錄三卷　（唐）龐蘊述　（唐）于頔編　清咸豐元年（1851）刻本　一冊

420000－2341－0004835　C/232.1/4000

大方等如來藏經八經同本　（清）□□編　清光緒金陵刻經處刻本　一冊

420000－2341－0004836　C/232.1/5364

受持佛說阿彌陀經行願儀　（清）釋成時輯　清同治九年（1870）如皋刻經處刻本　一冊

420000－2341－0004837　C/232.2/4273

一乘決疑論　（清）彭際清撰　清同治八年（1869）如皋刻經處刻本　二冊

420000－2341－0004838　C/232.23/4316

雜阿含經五十卷　（南朝宋）求那跋陀羅譯　清光緒七年（1881）常熟刻經處刻本　十二冊

420000－2341－0004839　C/232.24/6004

增壹阿含經五十卷　（前秦）曇摩難提譯　清光緒十二年（1886）江北刻經處刻本　十二冊

420000－2341－0004840　C/232.3/0024

大乘阿毗達磨雜集論十六卷　（唐）釋玄奘譯　清宣統三年（1911）常州天寧寺刻本　三冊

420000－2341－0004841　C/232.3/1030

大乘密嚴經三卷　（唐）釋不空譯　清光緒二十三年（1897）金陵刻經處刻本　一冊

420000－2341－0004842　C/232.3/2624

閱藏知津四十四卷　（清）釋智旭輯　清光緒十八年（1892）金陵刻經處刻本　二十冊

420000－2341－0004843　C/232.3/2643

巨力長者所問大乘經三卷　（南朝宋）釋智吉祥譯　清光緒元年（1875）江北刻經處刻本　一冊

420000－2341－0004844　C/232.3/3044

大乘入楞伽經七卷　（唐）實叉難陀譯　清光緒三十四年（1908）金陵刻經處刻本　二冊

420000－2341－0004845　C/232.3/3044.1

大乘起信論　（唐）實叉難陀譯　清光緒二十四年（1898）金陵刻經處刻本　一冊

420000－2341－0004846　C/232.3/3054

大乘中觀釋論十卷　（印度）安慧撰　（宋）釋惟淨譯　清光緒三十四年（1908）金陵刻經處刻本　四冊

420000－2341－0004847　C/232.3/3467

佛說大乘無量壽莊嚴經一卷　（宋）釋法賢譯　清光緒十年（1884）金陵刻經處刻本　一冊

420000－2341－0004848　C/232.3/7164.2

大乘起信論疏記會本六卷　（唐）釋元曉疏　清光緒二十五年（1899）金陵刻經處刻本　二冊

420000－2341－0004849　C/232.31/3444

般若波羅蜜多心經略疏不分卷　（唐）釋法藏述　清光緒二年（1876）長沙刻經處刻本　一冊

420000－2341－0004850　C/232.32/2623

妙法蓮華經通義二十卷　（明）釋德清撰　清光緒三十四年（1908）金陵刻經處刻本　五冊

420000－2341－0004851　C/232.32/4254

法華文句記三十卷　（隋）釋智顗述　（唐）釋湛然記　清光緒七年（1881）姑蘇刻經處刻本　三十冊

420000－2341－0004852　C/232.32/4254.2

妙法蓮華經七卷　（後秦）鳩摩羅什譯　清同治十年（1871）金陵刻經處刻本　三冊

420000－2341－0004853　C/232.32/7542

法華經安樂行義一卷　（南朝陳）釋慧思撰　清光緒二十三年（1897）金陵刻經處刻本　一冊

420000－2341－0004854　C/232.32/8638

妙法蓮華經授手十卷　（清）釋智祥集　清光緒二十三年（1897）衡州大羅漢寺刻本　十一冊

420000－2341－0004855　C/232.32/8640

妙法蓮華經玄義釋籤四十卷　（隋）釋智顗述　（唐）釋湛然集釋　清光緒二十七年（1901）慧空經房刻本　二十冊

420000－2341－0004856　C/232.33/3044C1

大方廣佛華嚴經八十卷　（唐）實叉難陀譯　清光緒四年（1878）廬山歸宗寺刻本　二十二冊

420000－2341－0004857　C/232.33/3074

大方廣佛新華嚴經合論一百二十卷　（唐）實叉難陀譯　（唐）李通玄造論　（唐）釋志寧合論　清同治十一年（1872）金陵刻經處刻本　三十冊

420000－2341－0004858　C/232.33/3074.1

大方廣佛華嚴經疏鈔二百二十卷　（唐）實叉難陀譯　（唐）釋澄觀撰　清光緒二十二年（1896）金陵刻經處刻本　五十冊

420000－2341－0004859　C/232.33/3246

大方廣佛華嚴經疏鈔懸談　（唐）釋澄觀撰　清光緒三十三年（1907）金陵刻經處刻本　八冊

420000－2341－0004860　C/232.33/3246C1

大方廣佛華嚴經疏演義鈔六十八卷　（唐）釋澄觀撰　清刻本　八冊

420000－2341－0004861　C/232.33/7676

大方廣佛華嚴經六十卷　（晉）佛陀跋陀羅譯　清光緒七年（1881）常熟刻經處刻本　十六冊

420000－2341－0004862　C/232.35/6080.1

悲華經十卷　（北涼）曇無讖譯　清光緒四年（1878）金陵刻經處刻本　三冊

420000－2341－0004863　C/232.36/1734

大方等大集月藏經十卷　（北齊）那連提耶舍譯　清光緒八年（1882）常熟刻經處刻本　三冊

420000－2341－0004864　C/232.36/6080

大方等大集經三十卷　（北涼）曇無讖譯　清光緒七年（1881）常熟刻經處刻本　八冊

420000－2341－0004865　C/232.36/7717

大方等大集賢護經五卷　（隋）闍那崛多等譯
清同治十二年（1873）江北刻經處刻本
一冊

420000－2341－0004866　C/232.37/7712

佛本行集經六十卷　（隋）闍那崛多譯　清光
緒三十年（1904）南昌刻經處刻本　　六冊

420000－2341－0004867　C/232.38/0024

解深密經五卷　（唐）釋玄奘譯　清同治十年
（1871）金陵刻經處刻本　　一冊

420000－2341－0004868　C/232.38/2744

大乘理趣六波羅密多經十卷　（唐）釋般若譯
　清光緒十九年（1893）金陵刻經處刻本
二冊

420000－2341－0004869　C/232.7/2435

肇論略注六卷　（明）釋德清述　清光緒十四
年（1888）金陵刻經處刻本　　二冊

420000－2341－0004870　C/232.7/3087

菩提資糧論六卷　（隋）達摩笈多譯　清宣統
三年（1911）常州天寧寺刻本　　一冊

420000－2341－0004871　C/232.7/7164

大宗地玄文本論略註四卷　（清）楊文會撰
清光緒三十二年（1906）金陵刻經處刻本
一冊

420000－2341－0004872　C/232/8032

金光明最勝王經五卷　（唐）釋義净譯　清同
治十年（1871）常熟刻經處刻本　　二冊

420000－2341－0004873　C/233.6/3530

諸經日誦　（明）釋袾宏輯　清光緒二十四年
（1898）金陵刻經處刻本　　一冊

420000－2341－0004874　C/235.4/0017

毗尼珍敬錄二卷　（明）釋廣承輯　清光緒二
年（1876）揚州藏經禪院刻本　　二冊

420000－2341－0004875　C/239.14/1004

相宗八要解八種　（明）釋明昱撰　清光緒二
十八年（1902）金陵刻經處刻本　　三冊

420000－2341－0004876　C/239.14/8646

相宗八要直解八卷　（清）釋智旭解　清光緒
八年（1882）長沙刻經處刻本　　二冊

420000－2341－0004877　C/239.15/1062

龍舒净土文十卷　（宋）王日休撰　清光緒九
年（1883）金陵刻經處刻本　　一冊

420000－2341－0004878　C/239.15/1062C1

龍舒净土文十卷　（宋）王日休撰　清咸豐十
一年（1861）宗鏡堂刻本　　一冊

420000－2341－0004879　C/239.15/7740

西歸直指四卷首一卷　（清）周思仁輯　清光
緒十二年（1886）金陵刻經處刻本　　一冊

420000－2341－0004880　C/239.15/7740 壹

西歸直指四卷首一卷　（清）周思仁輯　清光
緒十二年（1886）金陵刻經處刻本　　一冊

420000－2341－0004881　C/239.162/4062

佛說觀彌勒菩薩上生兜率陀天經一卷　（南
朝宋）沮渠京聲譯　清光緒三年（1877）金陵
刻經處刻本　　一冊

420000－2341－0004882　C/239.162/4062

佛說觀彌勒下生經一卷　（後秦）鳩摩羅什譯
　清光緒三年（1877）金陵刻經處刻本　　與
420000－2341－0004881 合一冊

420000－2341－0004883　C/239.5/2672

釋氏稽古略四卷續集三卷　（元）釋覺岸撰
清光緒十二年（1886）刻本　　十冊

420000－2341－0004884　C/239.5/3242

八宗綱要二卷附禪净二宗　（日本）釋凝然大
德撰　清宣統三年（1911）揚州藏經院刻本
一冊

420000－2341－0004885　C/239.5/3449

續原教論二卷　（明）沈士榮撰　清光緒元年
（1875）金陵刻經處刻本　　一冊

420000－2341－0004886　C/239.5/3449 壹

續原教論二卷　（明）沈士榮撰　清光緒元年
（1875）金陵刻經處刻本　　一冊

420000－2341－0004887　C/239.5/3731

萬法歸心錄三卷　（清）釋祖源撰　清光緒三

十四年(1908)揚州刻本　一冊

420000－2341－0004888　C/239.5/7722
釋氏稽古略四卷續集三卷　（元）釋覺岸撰
（明）釋大聞續　清光緒十二年(1886)刻本
五冊

420000－2341－0004889　C/239.5/7722 壹
釋氏稽古略四卷續集三卷　（元）釋覺岸撰
（明）釋大聞續　清光緒十二年(1886)刻本
五冊

420000－2341－0004890　C/239.5/8090
佛祖歷代通載三十六卷　（元）釋念常集　清
宣統元年(1909)江北刻經處刻本　七冊

420000－2341－0004891　C/239.52/0024
成唯識論十卷　（唐）釋玄奘譯　清光緒二十
二年(1896)金陵刻經處刻本　二冊

420000－2341－0004892　C/239.52/0024.1
阿毗達磨俱舍論三十卷　（唐）釋玄奘譯　清
宣統三年(1911)常州天寧寺刻本　六冊

420000－2341－0004893　C/239.52/0024 壹
成唯識論十卷　（唐）釋玄奘譯　清光緒二十
二年(1896)金陵刻經處刻本　二冊

420000－2341－0004894　C/239.52/1027
唯識開蒙問答二卷　（元）釋雲峰集　清宣統
三年(1911)揚州藏經院刻本　二冊

420000－2341－0004895　C/239.52/3044.3
成唯識論述記六十卷　（唐）釋窺基撰　清光
緒二十七年(1901)金陵刻經處刻本　二十冊

420000－2341－0004896　C/239.52/3044.3 貳
成唯識論述記六十卷　（唐）釋窺基撰　清光
緒二十七年(1901)金陵刻經處刻本　二十冊

420000－2341－0004897　C/239.52/3044.3 叄
成唯識論述記六十卷　（唐）釋窺基撰　清光
緒二十七年(1901)金陵刻經處刻本　二十冊

420000－2341－0004898　C/239.52/3044.3 肆
成唯識論述記六十卷　（唐）釋窺基撰　清光
緒二十七年(1901)金陵刻經處刻本　二十冊

420000－2341－0004899　C/239.52/3044.3 壹
成唯識論述記六十卷　（唐）釋窺基撰　清光
緒二十七年(1901)金陵刻經處刻本　二十冊

420000－2341－0004900　C/239.52/3044.4
唯識二十論述記二卷　（唐）釋窺基撰　唯識
二十論一卷　（唐）釋玄奘譯　清宣統二年
(1910)江西刻經處刻本　一冊

420000－2341－0004901　C/239.52/8646
成唯識論觀心法要十卷　（清）釋智旭撰　清
光緒二十六年(1900)江蘇揚州藏經院刻本
十冊　存五卷(二至四、七、九)

420000－2341－0004902　C/239.53/8646
教觀綱宗一卷　（清）釋智旭撰　教觀綱宗釋
義一卷　清末刻本　一冊

420000－2341－0004903　C/239.55/4437
天台四教儀集註十卷　（元）釋蒙潤註　清光
緒三十四年(1908)揚州藏經院刻本　四冊

420000－2341－0004904　C/239.56/1024
續指月錄二十卷首一卷　（清）聶先編　（清）
江湘參訂　續指月錄尊宿集一卷　清光緒十
二年(1886)金陵刻經處刻本　六冊

420000－2341－0004905　C/239.58/2188
淨土警語一卷　（清）釋行策撰　清光緒六年
(1880)常熟刻經處刻本　一冊

420000－2341－0004906　C/239.58/2631
淨土四經四卷　（清）魏源輯　清同治五年
(1866)金陵書局刻本　一冊

420000－2341－0004907　C/239.58/8732
修西定課一卷　（清）鄭澄德　（清）鄭澄源撰
清光緒二十四年(1898)金陵刻經處刻本
一冊

420000－2341－0004908　C/239/3084
宗鏡大綱二十卷　（清）世宗胤禛選　清刻本
五冊

420000－2341－0004909　C/239/8320
宗範八卷　（清）錢伊庵編　清光緒十二年
(1886)金陵刻經處刻本　三冊

420000－2341－0004910　C/241.2/5577

賢愚因緣經十三卷附音釋　（北魏）釋慧覺譯　清刻本　四冊

420000－2341－0004911　C/310.1/4233

羣學肄言十六卷　（英國）斯賓塞爾撰　嚴復譯　清光緒二十九年至三十年（1903－1904）樂羣社活字印本　四冊

420000－2341－0004912　C/311.3/3193

學治臆說二卷續說一卷附學治說贅一卷佐治藥言一卷續佐治藥言一卷　（清）汪輝祖纂　清同治元年（1862）望三益齋刻本　二冊

420000－2341－0004913　C/311.3/3193C1

學治續說一卷　（清）汪輝祖纂　清同治七年（1868）湖北崇文書局刻本　一冊

420000－2341－0004914　C/311.3/3193C1

學治臆說二卷　（清）汪輝祖纂　清同治七年（1868）湖北崇文書局刻本　一冊

420000－2341－0004915　C/311.3/3193C1 貳

學治臆說二卷　（清）汪輝祖纂　清同治七年（1868）湖北崇文書局刻本　一冊

420000－2341－0004916　C/311.3/3193C1 壹

學治續說一卷　（清）汪輝祖纂　清同治七年（1868）湖北崇文書局刻本　一冊

420000－2341－0004917　C/311.3/3193C1 壹

學治臆說二卷　（清）汪輝祖纂　清同治七年（1868）湖北崇文書局刻本　一冊

420000－2341－0004918　C/311.3/3193C2

學治臆說二卷　（清）汪輝祖纂　清同治五年（1866）刻本　一冊

420000－2341－0004919　C/312.8/3144

校邠廬抗議二卷　（清）馮桂芬撰　清光緒二十六年（1900）麻城吳氏屠守齋刻本　二冊

420000－2341－0004920　C/313.6/0143

鄉黨類纂三卷　（清）譚孝達輯　（清）譚兆燕　（清）譚兆鯤編校　清咸豐元年（1851）益園刻本　二冊　存二卷（一至二）

420000－2341－0004921　C/319.2/8064

曾文正公家訓二卷　（清）曾國藩撰　清光緒五年（1879）傳忠書局刻本　二冊

420000－2341－0004922　C/319.2/8064C1

曾文正公家訓二卷　（清）曾國藩撰　清光緒三十二年（1906）商務印書館鉛印本　一冊

420000－2341－0004923　C/350/3462

富國策三卷　（英國）法思德撰　（清）汪鳳藻譯　清光緒八年（1882）美華書館鉛印本　三冊

420000－2341－0004924　C/350/4231

原富　（英國）斯密亞丹撰　嚴復譯　清光緒二十八年（1902）南洋公學譯書院鉛印本　八冊

420000－2341－0004925　C/350/4231C1

原富　（英國）斯密亞丹撰　嚴復譯　清光緒二十八年（1902）南洋公學譯書院刻本　八冊

420000－2341－0004926　C/350/4231C1 貳

原富　（英國）斯密亞丹撰　嚴復譯　清光緒二十八年（1902）南洋公學譯書院刻本　一冊　存一冊（一）

420000－2341－0004927　C/350/4231C1 壹

原富　（英國）斯密亞丹撰　嚴復譯　清光緒二十八年（1902）南洋公學譯書院刻本　八冊

420000－2341－0004928　C/350/4231 貳

原富　（英國）斯密亞丹撰　嚴復譯　清光緒二十八年（1902）南洋公學譯書院鉛印本　八冊

420000－2341－0004929　C/350/4231 參

原富　（英國）斯密亞丹撰　嚴復譯　清光緒二十八年（1902）南洋公學譯書院鉛印本　五冊　缺三冊（三至五）

420000－2341－0004930　C/350/4231 壹

原富　（英國）斯密亞丹撰　嚴復譯　清光緒二十八年（1902）南洋公學譯書院鉛印本　八冊

420000－2341－0004931　C/350/7593

續富國策四卷　（清）瑤林館主撰　清光緒二

十二年（1896）刻本　四冊

420000 – 2341 – 0004932　C/361.1/4042C1
保富述要不分卷　（英國）布來德撰　（英國）傅蘭雅口譯　徐家寶筆述　清同治四年（1865）至清末江南製造總局刻本　二冊

420000 – 2341 – 0004933　C/361.1/4042C1 壹
保富述要不分卷　（英國）布來德撰　（英國）傅蘭雅口譯　徐家寶筆述　清同治四年（1865）至清末江南製造總局刻本　二冊

420000 – 2341 – 0004934　C/370.1/0814
倚廬罪言五卷　（清）許鄧起樞撰　清光緒二十七年（1901）刻本　一冊

420000 – 2341 – 0004935　C/379.019/4027C1
金湯借箸十二籌十二卷　（明）李盤撰　清來鹿堂刻本　八冊

420000 – 2341 – 0004936　C/379.019/4027C2
金湯借箸十二籌十二卷　（明）李盤撰　清咸豐刻本　十二冊

420000 – 2341 – 0004937　C/379.07/4042
訓練操法詳晰圖說　袁世凱纂　清光緒二十八年（1902）昌言報館石印本　十二冊

420000 – 2341 – 0004938　C/379.08/0000
從征圖記不分卷　（清）唐訓方撰　清同治六年（1867）西山草堂刻本　一冊

420000 – 2341 – 0004939　C/379.09/4741
讀史兵略四十六卷　（清）胡林翼纂　清咸豐十一年（1861）武昌節署刻本　二十四冊

420000 – 2341 – 0004940　C/379.09/4741C3
讀史兵略續編十卷　（清）胡林翼纂　清光緒二十八年（1902）湘省學堂刻本　十冊

420000 – 2341 – 0004941　C/379.09/4741 壹
讀史兵略四十六卷　（清）胡林翼纂　清咸豐十一年（1861）武昌節署刻本　二十冊

420000 – 2341 – 0004942　C/379.097/2141
何博士備論三卷　（宋）何去非撰　清光緒元年（1875）湖北崇文書局刻子書百家本　一冊

420000 – 2341 – 0004943　C/379.11/0803
武備輯要六卷　（清）福珠隆阿輯　清道光十二年（1832）刻本　二冊

420000 – 2341 – 0004944　C/379.11/1080
兵書三種　（清）王鑫編　清光緒二十一年（1895）湖北官書處刻本　一冊

420000 – 2341 – 0004945　C/379.11/5556
孫子十家註十三卷附遺說一卷敘錄一卷　（春秋）孫武撰　（宋）吉天保輯　清光緒三年（1877）浙江書局刻本　六冊

420000 – 2341 – 0004946　C/379.36/3556
行軍測繪十卷首一卷　（英國）連提撰　（英國）傅蘭雅口譯　（清）趙元益筆述　清同治四年（1865）至清末江南製造局刻本　二冊

420000 – 2341 – 0004947　C/379.36/3556 壹
行軍測繪十卷首一卷　（英國）連提撰　（英國）傅蘭雅口譯　（清）趙元益筆述　清同治四年（1865）至清末江南製造局刻本　二冊

420000 – 2341 – 0004948　C/379.375/0011
礮法昂度子落高低遠近畫譜不分卷　（清）丁乃文撰　清光緒十四年（1888）江南製造局鉛印本　一冊

420000 – 2341 – 0004949　C/379.375/0126
洋鎗淺言不分卷　（清）顏邦固撰　清光緒十一年（1885）江南機器製造總局刻本　一冊

420000 – 2341 – 0004950　C/379.375/0126 壹
洋鎗淺言不分卷　（清）顏邦固撰　清光緒十一年（1885）江南機器製造總局刻本　一冊

420000 – 2341 – 0004951　C/379.4/4025
前敵須知四卷附圖　（英國）克利賴撰　舒高第　（清）鄭昌棪譯　清同治四年（1865）至清末江南製造總局鉛印本　五冊

420000 – 2341 – 0004952　C/379.4/4025 壹
前敵須知四卷附圖　（英國）克利賴撰　舒高第　（清）鄭昌棪譯　清同治四年（1865）至清末江南製造總局鉛印本　四冊

420000 – 2341 – 0004953　C/379.4/4064

臨陣管見九卷　（德國）斯拉弗司撰　（美國）金楷理口譯　（清）趙元益筆述　清同治四年(1865)至清末江南製造總局刻本　四冊

420000－2341－0004954　C/379.4/4064 壹

臨陣管見九卷　（德國）斯拉弗司撰　（美國）金楷理口譯　（清）趙元益筆述　清同治四年(1865)至清末江南製造總局刻本　四冊

420000－2341－0004955　C/379.4/5043

洴澼百金方十四卷首一卷　（清）袁宮桂編次　清道光二十年(1840)陳階平刻本　五冊

420000－2341－0004956　C/379.4/5043 壹

洴澼百金方十四卷首一卷　（清）袁宮桂編次　清道光二十年(1840)陳階平刻本　四冊

420000－2341－0004957　C/379.4/6830

行軍指要六卷附圖　（英國）哈密撰　（美國）金楷理口譯　（清）趙元益筆述　清光緒二十七年(1901)上海製造局刻本　六冊

420000－2341－0004958　C/379.57/2448

格林礮操法一卷　（美國）傅蘭克令撰　（英國）傅蘭雅口譯　（清）徐建寅筆述　清同治四年(1865)至清末江南製造總局刻本　一冊

420000－2341－0004959　C/379.57/2448 壹

格林礮操法一卷　（美國）傅蘭克令撰　（英國）傅蘭雅口譯　（清）徐建寅筆述　清同治四年(1865)至清末江南製造總局刻本　一冊

420000－2341－0004960　C/379.57/8041

攻守礮法不分卷　（美國）金楷理口譯　（清）李鳳苞筆述　清同治四年(1865)至清末江南製造總局刻本　一冊

420000－2341－0004961　C/379.57/8041.2

克虜伯礮說操法八卷附克虜伯礮表八卷　（德國）軍政局原書　（美國）金楷理口譯　（清）李鳳苞筆述　清同治四年(1865)至清末江南製造總局刻本　一冊

420000－2341－0004962　C/379.57/8041.2 壹

克虜伯礮說操法八卷附克虜伯礮表八卷　（德國）軍政局原書　（美國）金楷理口譯

（清）李鳳苞筆述　清同治四年(1865)至清末江南製造總局刻本　一冊

420000－2341－0004963　C/379.57/8041.3

克虜伯礮準心法不分卷圖表一卷　（德國）軍政局原書　（美國）金楷理口譯　（清）李鳳苞筆述　清同治四年(1865)至清末江南製造總局刻本　二冊

420000－2341－0004964　C/379.57/8041 壹

攻守礮法不分卷　（美國）金楷理口譯　（清）李鳳苞筆述　清同治四年(1865)至清末江南製造總局刻本　一冊

420000－2341－0004965　C/379.57/8708

礮乘新法三卷首一卷附圖　（英國）製造官局撰　舒高第口譯　（清）鄭昌棪筆述　清同治四年(1865)至清末江南製造局鉛印本　六冊

420000－2341－0004966　C/379.57/8708 壹

礮乘新法三卷首一卷附圖　（英國）製造官局撰　舒高第口譯　（清）鄭昌棪筆述　清同治四年(1865)至清末江南製造局鉛印本　五冊

420000－2341－0004967　C/379.58/2261

營壘圖說不分卷　（比利時）伯里牙芒撰　（美國）金楷理口譯　（清）李鳳苞筆述　清同治四年(1865)至清末江南製造局刻本　一冊

420000－2341－0004968　C/379.58/2347

營工要覽四卷　（英國）傅蘭雅　汪振聲譯　清同治四年(1865)至清末江南製造總局鉛印本　二冊

420000－2341－0004969　C/379.58/2347 壹

營工要覽四卷　（英國）傅蘭雅　汪振聲譯　清同治四年(1865)至清末江南製造總局鉛印本　二冊

420000－2341－0004970　C/379.58/2402

營城揭要二卷　（英國）儲意比撰　（英國）傅蘭雅口譯　（清）徐壽筆述　清同治四年(1865)至清末江南製造總局刻本　二冊

420000－2341－0004971　C/379.63/4745

海軍調度要言三卷　（英國）拏核甫撰　舒高

第 （清）鄭昌棪譯 清同治四年(1865)至清末江南機器製造總局刻本 二冊

420000－2341－0004972 C/379.63/4745 壹
海軍調度要言三卷 （英國）掔核甫撰 舒高第 （清）鄭昌棪譯 清同治四年(1865)至清末江南機器製造總局刻本 二冊

420000－2341－0004973 C/379.64/2347
水師操練十八卷首一卷附一卷 （英國）戰船部撰 （英國）傅蘭雅口譯 （清）徐建寅筆述 清同治四年(1865)至清末江南機器製造總局刻本 三冊

420000－2341－0004974 C/379.64/2347 壹
水師操練十八卷首一卷附一卷 （英國）戰船部撰 （英國）傅蘭雅口譯 （清）徐建寅筆述 清同治四年(1865)至清末江南機器製造總局刻本 三冊

420000－2341－0004975 C/379.64/4467
水師保身法不分卷 （法國）勒羅阿撰 （英國）伯克雷譯 （清）程鑾 （清）趙元益重譯 清同治四年(1865)至清末江南機器製造總局刻本 一冊

420000－2341－0004976 C/379.64/4467 壹
水師保身法不分卷 （法國）勒羅阿撰 （英國）伯克雷譯 （清）程鑾 （清）趙元益重譯 清同治四年(1865)至清末江南機器製造總局刻本 一冊

420000－2341－0004977 C/379.658/2717
魚雷圖說問答九節 （清）黎晉繪纂 清光緒十六年(1890)石印本 二冊

420000－2341－0004978 C/379.667/8041
兵船礮法六卷 （美國）水師書院原書 （美國）金楷理口譯 （清）朱恩錫筆述 （清）李鳳苞刪潤 清同治四年(1865)至清末江南製造局刻本 三冊

420000－2341－0004979 C/379.667/8041 壹
兵船礮法六卷 （美國）水師書院原書 （美國）金楷理口譯 （清）朱恩錫筆述 （清）李鳳苞刪潤 清同治四年(1865)至清末江南製造局刻本 三冊

420000－2341－0004980 C/379.94/3198
射書四卷首一卷 （明）顧煜集 清光緒十四年(1888)貽經書屋刻本 四冊

420000－2341－0004981 C/379/5329
紀效新書十八卷首一卷 （明）戚繼光撰 清末邵綏名刻本 四冊

420000－2341－0004982 C/379/7424
尉繚子二卷 （□）□□撰 清光緒元年(1875)湖北崇文書局刻子書百家本 一冊

420000－2341－0004983 C/380.1/0049
覺顛冥齋內言四卷 （清）唐才常撰 清光緒二十四年(1898)刻本 四冊

420000－2341－0004984 C/411.13/0422
虛字闡義讀書說約合編六卷 （清）謝鼎卿撰 清光緒元年(1875)善成堂刻本 二冊

420000－2341－0004985 C/411.17/4742
證俗文十九卷 （清）郝懿行撰 清光緒十年(1884)東路廳署刻本 六冊

420000－2341－0004986 C/413/4206
偏旁舉略一卷 （清）姚文田輯 清乾隆二十三年(1758)至清末朱氏抱經堂刻本 一冊

420000－2341－0004987 C/414.3/4031
李氏音鑑六卷 （清）李汝珍撰 清同治七年(1868)刻本 四冊

420000－2341－0004988 C/414/3130
重訂空谷傳聲不分卷 （清）汪鋆撰 清光緒八年(1882)李光明莊刻本 一冊

420000－2341－0004989 C/500/6044
格致啓蒙四卷 （英國）羅斯古撰 （美國）林樂知 （清）鄭昌棪譯 清同治五年(1866)至清末江南機器製造總局刻本 四冊

420000－2341－0004990 C/510.08/1015
白芙堂算學叢書二十三種 （清）丁取忠編輯 清同治十一年至光緒三年(1872－1877)荷池精舍刻本 三十二冊

420000－2341－0004991　C/510.08/2540

藝學叢考一百二十卷　（清）朱大文編輯
（清）凌廥颺參訂　（清）陳輔相參校　清光緒
二十八年(1902)鴻文書局石印本　二十四冊

420000－2341－0004992　C/510.08/2548

四元玉鑑細草三卷附四元釋例　（元）朱世傑
撰　（清）羅士琳補草　清光緒十八年(1892)
成都志古堂刻本　十二冊

420000－2341－0004993　C/510.08/3149

九數外錄一卷　（清）顧觀光撰　**顧尚之別傳**
（清）張文虎撰　清同治四年(1865)至清末
江南機器製造總局刻本　一冊

420000－2341－0004994　C/510.08/3149 壹

九數外錄一卷　（清）顧觀光撰　**顧尚之別傳**
（清）張文虎撰　清同治四年(1865)至清
末江南機器製造總局刻本　一冊

420000－2341－0004995　C/510.08/4802

梅氏叢書輯要六十二卷　（清）梅文鼎撰　清
同治十三年(1874)梅纘高刻本　二十六冊

420000－2341－0004996　C/510.08/4802 壹

梅氏叢書輯要六十二卷　（清）梅文鼎撰　清
同治十三年(1874)梅纘高刻本　二十八冊

420000－2341－0004997　C/510.2/1022

繙譯弦切對數表四卷附對數表說不分卷
（清）賈步緯譯　（清）火榮業校對　清光緒二
十六年(1900)江南製造局鉛印本暨刻本
八冊

420000－2341－0004998　C/510.2/1022.2

對數表不分卷　（清）賈步緯編　（清）火榮業
校述　清光緒三十年(1904)江南製造局鉛印
本暨刻本　四冊

420000－2341－0004999　C/510.2/1022.2 壹

對數表不分卷　（清）賈步緯編　（清）火榮業
校述　清光緒三十年(1904)江南製造局鉛印
本暨刻本　四冊

420000－2341－0005000　C/510.2/1022.3

開方表一卷　（清）賈步緯譯　清同治四年

(1865)至清末江南機器製造局鉛印本暨刻本
一冊

420000－2341－0005001　C/510.2/1022.3 壹

開方表一卷　（清）賈步緯譯　清同治四年
(1865)至清末江南機器製造局鉛印本暨刻本
一冊

420000－2341－0005002　C/510.2/1022 壹

繙譯弦切對數表四卷附對數表說不分卷
（清）賈步緯譯　（清）火榮業校對　清光緒二
十六年(1900)江南製造局鉛印本暨刻本
八冊

420000－2341－0005003　C/510.23/1022

八綫簡表一卷　（清）賈步緯編　清光緒二十
九年(1903)至清末江南機器製造總局鉛印本
暨刻本　一冊

420000－2341－0005004　C/510.23/1022.2

八線對數表不分卷　（清）賈步緯編　清光緒
二十八年(1902)江南製造總局刻本　一冊

420000－2341－0005005　C/510.23/1022.2 壹

八線對數表不分卷　（清）賈步緯編　清光緒
二十八年(1902)江南製造總局刻本　一冊

420000－2341－0005006　C/510.23/1022 壹

八綫簡表一卷　（清）賈步緯編　清光緒二十
九年(1903)至清末江南機器製造總局鉛印本
暨刻本　一冊

420000－2341－0005007　C/510.6/6814

算式集要四卷　（英國）哈司韋輯　（英國）傅
蘭雅口譯　（清）江衡筆述　清同治四年
(1865)至清末江南製造總局刻本　二冊

420000－2341－0005008　C/510.6/6814 壹

算式集要四卷　（英國）哈司韋輯　（英國）傅
蘭雅口譯　（清）江衡筆述　清同治四年
(1865)至清末江南製造總局刻本　二冊

420000－2341－0005009　C/510.8/4710

算式解法十四卷　（美國）好敦司　（美國）開
奈利撰　（英國）傅蘭雅口譯　（清）華蘅芳筆
述　清光緒二十五年(1899)江南製造總局刻

本 二冊

420000－2341－0005010　C/510.8/4710 壹

算式解法十四卷 （美國）好敦司 （美國）開奈利撰 （英國）傅蘭雅口譯 （清）華蘅芳筆述 清光緒二十五年（1899）江南製造總局刻本 二冊

420000－2341－0005011　C/510/1123

勾股六術一卷 （清）項名達撰 清同治十一年（1872）江南機器製造總局刻本 一冊

420000－2341－0005012　C/510/1123 壹

勾股六術一卷 （清）項名達撰 清同治十一年（1872）江南機器製造總局刻本 一冊

420000－2341－0005013　C/510/1223

算經十書三十七卷 （清）孔繼涵輯 清咸豐九年（1859）至清末刻本 十五冊

420000－2341－0005014　C/510/2642

增刪算法統宗十一卷首一卷附校算記 （明）程大位編集 （清）梅穀成增刪 （清）賈步緯校 清光緒三年（1877）江南機器製造局刻本 四冊

420000－2341－0005015　C/510/3149

九數存古九卷 （清）顧觀光撰 清光緒十八年（1892）江蘇書局刻本 四冊

420000－2341－0005016　C/510/3149 壹

九數存古九卷 （清）顧觀光撰 清光緒十八年（1892）江蘇書局刻本 一冊

420000－2341－0005017　C/510/4034

九章算術細草圖說九卷附海島算經細草圖說 （三國魏）劉徽注 （唐）李淳風注釋 （清）李潢撰 清嘉慶二十五年（1820）語鴻堂刻本 十冊

420000－2341－0005018　C/510/4084

則古昔齋算學十三種 （清）李善蘭撰 清同治六年（1867）李善蘭刻本 六冊

420000－2341－0005019　C/510/7222

簡易庵算稿四卷 （清）劉彝程撰 清光緒二十六年（1900）江南製造局刻本 四冊

420000－2341－0005020　C/510/7222 壹

簡易庵算稿四卷 （清）劉彝程撰 清光緒二十六年（1900）江南製造局刻本 四冊

420000－2341－0005021　C/511.1/4504

數學理九卷附卷一卷 （英國）棣麼甘撰 （英國）傅蘭雅口譯 （清）趙元益筆述 清同治四年（1865）至清末江南製造總局刻本 四冊

420000－2341－0005022　C/511.1/4504 壹

數學理九卷附卷一卷 （英國）棣麼甘撰 （英國）傅蘭雅口譯 （清）趙元益筆述 清同治四年（1865）至清末江南製造總局刻本 一冊 存四卷（一至四）

420000－2341－0005023　C/511.2/0432

謝穀堂算學三種 （清）謝家禾撰 清道光十七年（1837）至清末刻本 一冊

420000－2341－0005024　C/511.2/0432 壹

謝穀堂算學三種 （清）謝家禾撰 清道光十七年（1837）至清末刻本 一冊

420000－2341－0005025　C/511.2/3123

衍元筆算今式二卷 （清）汪香祖學 清光緒二十三年（1897）江蘇書局刻本 二冊

420000－2341－0005026　C/511.2/4036

籌算津梁三卷 （清）李沺纂 清光緒二十年（1894）刻本 一冊

420000－2341－0005027　C/511/2542C2

新編筭學啓蒙三卷總括一卷望海島術一卷識誤一卷後記一卷 （元）朱世傑編撰 清同治四年（1865）至清末江南機器製造總局刻本 二冊

420000－2341－0005028　C/511/2542C2 壹

新編筭學啓蒙三卷總括一卷望海島術一卷識誤一卷後記一卷 （元）朱世傑編撰 清同治四年（1865）至清末江南機器製造總局刻本 二冊

420000－2341－0005029　C/511/2542C3

新編筭學啓蒙三卷總括一卷望海島術一卷識

誤一卷後記一卷　（元）朱世傑編撰　清道光十九年（1839）維揚羅士琳刻本　三冊

420000－2341－0005030　C/512.2/4460

代數術補式二十六卷首一卷　（英國）華里司輯　（英國）傅蘭雅口譯　（清）華蘅芳筆述（清）解崇輝校補　清光緒二十六年（1900）順成書局石印本　八冊

420000－2341－0005031　C/512.2/4461

代數術二十五卷首一卷　（英國）華里司輯（英國）傅蘭雅口譯　（清）華蘅芳筆述（清）劉彝程校算　清同治十二年（1873）江南製造局刻本　六冊

420000－2341－0005032　C/512.2/4461 貳

代數術二十五卷首一卷　（英國）華里司輯（英國）傅蘭雅口譯　（清）華蘅芳筆述（清）劉彝程校算　清同治十二年（1873）江南製造局刻本　六冊

420000－2341－0005033　C/512.2/4461 壹

代數術二十五卷首一卷　（英國）華里司輯（英國）傅蘭雅口譯　（清）華蘅芳筆述（清）劉彝程校算　清同治十二年（1873）江南製造局刻本　六冊

420000－2341－0005034　C/512.4/7781

數學精詳十一卷首一卷末一卷　（清）屈曾發輯　清光緒八年（1882）蜀南黃氏刻本　八冊

420000－2341－0005035　C/512.41/4498

象數難題細草一集　薛光錡撰　清光緒二十九年（1903）文明書局刻本　一冊

420000－2341－0005036　C/512.8/2824

代數難題解法十六卷　（英國）倫德編輯（英國）傅蘭雅口譯　（清）華蘅芳筆述　清同治四年（1865）至清末江南製造總局刻本六冊

420000－2341－0005037　C/512.8/2824 貳

代數難題解法十六卷　（英國）倫德編輯（英國）傅蘭雅口譯　（清）華蘅芳筆述　清同治四年（1865）至清末江南製造總局刻本六冊

420000－2341－0005038　C/512.8/2824 壹

代數難題解法十六卷　（英國）倫德編輯（英國）傅蘭雅口譯　（清）華蘅芳筆述　清同治四年（1865）至清末江南製造總局刻本六冊

420000－2341－0005039　C/512/2827

普通新代數教科書六卷　（清）徐虎臣選譯清光緒三十一年（1905）京師大學堂石印本六冊

420000－2341－0005040　C/512/3733

代數備旨詳草不分卷　（美國）狄考文選譯清光緒三十一年（1905）科學書局石印本二冊

420000－2341－0005041　C/512/4423

合數述二卷　（清）林紹清撰　清光緒十四年（1888）林紹清刻本　二冊

420000－2341－0005042　C/512/4940

代數備旨十三章附總答　（美國）狄考文選譯（清）鄒立文　（清）生福維筆述　清光緒二十八年（1902）美華書館鉛印本　一冊

420000－2341－0005043　C/515/4461

微積溯源八卷　（英國）華里司輯　（英國）傅蘭雅口譯　（清）華蘅芳筆述　（清）劉彝程校算　清同治四年（1865）至清末江南機器製造總局刻本　六冊

420000－2341－0005044　C/515/4461 貳

微積溯源八卷　（英國）華里司輯　（英國）傅蘭雅口譯　（清）華蘅芳筆述　（清）劉彝程校算　清同治四年（1865）至清末江南機器製造總局刻本　六冊

420000－2341－0005045　C/515/4461 壹

微積溯源八卷　（英國）華里司輯　（英國）傅蘭雅口譯　（清）華蘅芳筆述　（清）劉彝程校算　清同治四年（1865）至清末江南機器製造總局刻本　六冊

420000－2341－0005046　C/515/6034

代微積拾級十八卷　（美國）羅密士撰　（英國）偉烈亞力口譯　（清）李善蘭筆述　清咸

豐九年(1859)墨海書館刻本　三冊

420000－2341－0005047　C/515/7744
代微積拾級詳草三卷　（清）周藩撰　清光緒
三十一年(1905)金匱周氏石印本　二冊

420000－2341－0005048　C/517.1/2213
幾何原本十五卷　（意大利）利瑪竇　（英國）
偉烈亞力口譯　（明）徐光啟　（清）李善蘭筆
受　清同治四年(1865)刻本　八冊

420000－2341－0005049　C/517.1/4948
形學備旨十卷　（美國）狄考文選譯　（清）鄒
立文筆述　（清）劉永錫參閱　清光緒二十八
年(1902)美華書館鉛印本　二冊

420000－2341－0005050　C/517.1/5041
形學備旨全草十卷首一卷　（美國）狄考文選
譯　（清）鄒立文筆述　（清）壽孝天衍補　清
光緒三十一年(1905)上海會文學社石印本
五冊

420000－2341－0005051　C/517.1/5819
御製數理精蘊不分卷　（清）何國宗　（清）梅
毅成彙編　清光緒十九年(1893)江南機器製
造總局鉛印本　三冊

420000－2341－0005052　C/517.1/5819C1
御製數理精蘊上編五卷下編四十卷表八卷
(清)聖祖玄燁撰　清光緒八年(1882)江甯藩
署刻本　四十冊

420000－2341－0005053　C/517.1/5819 貳
御製數理精蘊不分卷　（清）何國宗　（清）梅
毅成彙編　清光緒十九年(1893)江南機器製
造總局鉛印本　三冊

420000－2341－0005054　C/517.1/5819 壹
御製數理精蘊不分卷　（清）何國宗　（清）梅
毅成彙編　清光緒十九年(1893)江南機器製
造總局鉛印本　三冊

420000－2341－0005055　C/517.34/4421
圓錐曲線說三卷　（英國）艾約瑟口譯　（清）
李善蘭筆述　清同治至清末刻本　一冊

420000－2341－0005056　C/517.4/4430C1

董方立遺書五種　（清）董祐誠撰　清道光三
十年(1850)刻本　一冊

420000－2341－0005057　C/517.4/4430C1 壹
董方立遺書五種　（清）董祐誠撰　清道光三
十年(1850)刻本　一冊

420000－2341－0005058　C/517.4/4430C2
董方立遺書五種　（清）董祐誠撰　清同治四
年(1865)至清末江南製造總局刻本　一冊

420000－2341－0005059　C/517/1086
勾股演代五卷　（清）王錫恩撰　清光緒二十
九年(1903)美華書館鉛印本　一冊

420000－2341－0005060　C/517/2642
運規約指三卷　（英國）白起德輯　（英國）傅
蘭雅口譯　（清）徐建寅筆述　清光緒二十六
年(1900)香港文運書局石印本　一冊

420000－2341－0005061　C/517/6043
代形合參三卷　（美國）羅密士原撰　（美國）
潘慎文譯文　謝洪賚筆述　清光緒二十九年
(1903)上海美華書館鉛印本　一冊

420000－2341－0005062　C/518.1/6034
八線備旨四卷附八線學總習問　（美國）羅密
士撰　（美國）潘慎文選譯　謝洪賚校錄　清
光緒二十九年(1903)上海美華書館刻本
一冊

420000－2341－0005063　C/518.1/6034 壹
八線備旨四卷附八線學總習問　（美國）羅密
士撰　（美國）潘慎文選譯　謝洪賚校錄　清
光緒二十九年(1903)上海美華書館刻本
一冊

420000－2341－0005064　C/518.2/1212
弧三角舉要圖解四卷　（清）盛鍾聖撰　清末
抄本　四冊

420000－2341－0005065　C/518.8/4498
新三角問題正解十一編　薛光錡編撰　薛光
鐸增補　清光緒二十九年(1903)文明書局刻
本　四冊

420000－2341－0005066　C/518/3804

三角數理十二卷 （英國）海麻士輯 （英國）傅蘭雅口譯 （清）華蘅芳筆述 清同治四年（1865）至清末江南製造總局刻本 六冊

420000－2341－0005067 C/518/3804 貳

三角數理十二卷 （英國）海麻士輯 （英國）傅蘭雅口譯 （清）華蘅芳筆述 清同治四年（1865）至清末江南製造總局刻本 六冊

420000－2341－0005068 C/518/3804 叁

三角數理十二卷 （英國）海麻士輯 （英國）傅蘭雅口譯 （清）華蘅芳筆述 清同治四年（1865）至清末江南製造總局刻本 一冊

420000－2341－0005069 C/518/3804 壹

三角數理十二卷 （英國）海麻士輯 （英國）傅蘭雅口譯 （清）華蘅芳筆述 清同治四年（1865）至清末江南製造總局刻本 六冊

420000－2341－0005070 C/518/4790

句股邊角圖說不分卷 （清）胡炳文撰 清光緒二十四年（1898）陳集賢齋刻本 一冊

420000－2341－0005071 C/518/6750

割圓密率捷法四卷附跋 （清）明安圖撰 （清）陳際新續 清道光十九年（1839）石梁岑氏刻本 三冊

420000－2341－0005072 C/520/2842

高厚蒙求四集 （清）徐朝俊纂 清嘉慶二十年（1815）至清末徐氏刻本 四冊

420000－2341－0005073 C/520/4036

天文管窺三卷附擬罪言一卷 （清）李泗纂 清光緒二十年（1894）刻游萩錄本 三冊

420000－2341－0005074 C/522.8/8041

繪地法原一卷 （美國）金楷理口譯 （清）王德均筆述 清同治四年（1865）至清末江南機器製造局刻本 一冊

420000－2341－0005075 C/522.8/8041 壹

繪地法原一卷 （美國）金楷理口譯 （清）王德均筆述 清同治四年（1865）至清末江南機器製造局刻本 一冊

420000－2341－0005076 C/522.9/8041

測候叢談四卷 （美國）金楷理口譯 （清）華蘅芳筆述 清同治四年（1865）至清末江南製造總局刻本 二冊

420000－2341－0005077 C/522.9/8041 貳

測候叢談四卷 （美國）金楷理口譯 （清）華蘅芳筆述 清同治四年（1865）至清末江南製造總局刻本 二冊

420000－2341－0005078 C/522.9/8041 壹

測候叢談四卷 （美國）金楷理口譯 （清）華蘅芳筆述 清同治四年（1865）至清末江南製造總局刻本 二冊

420000－2341－0005079 C/523.38/1022

交食引蒙不分卷 （清）賈步緯撰 清同治四年（1865）至清末江南製造總局刻本暨鉛印本 一冊

420000－2341－0005080 C/523.38/1022 壹

交食引蒙不分卷 （清）賈步緯撰 清同治四年（1865）至清末江南製造總局刻本暨鉛印本 一冊

420000－2341－0005081 C/523/2724

談天十八卷首一卷附表 （英國）侯失勒撰 （英國）偉烈亞力口譯 （清）李善蘭刪述 清咸豐九年（1859）活字印本 三冊

420000－2341－0005082 C/523/2724C1

談天十八卷首一卷附表 （英國）侯失勒撰 （英國）偉烈亞力口譯 （清）李善蘭刪述 （清）徐建寅續述 清同治四年（1865）至清末江南製造總局刻本 四冊

420000－2341－0005083 C/523/2724C1 壹

談天十八卷首一卷附表 （英國）侯失勒撰 （英國）偉烈亞力口譯 （清）李善蘭刪述 （清）徐建寅續述 清同治四年（1865）至清末江南製造總局刻本 四冊

420000－2341－0005084 C/523/7110

圜天圖說續編二卷首一卷 （清）李明徹述 （清）阮元鑒定 清道光元年（1821）松梅軒刻本 二冊

420000－2341－0005085　C/523/7110
圜天圖説三卷　（清）李明徹述　（清）阮元鑒定　清嘉慶二十四年（1819）松梅軒刻本　三冊

420000－2341－0005086　C/524/7700
談天條辨二卷　（清）周廣詢撰　清光緒二十九年（1903）湘鄉周氏刻本　一冊

420000－2341－0005087　C/526/3061
測地繪圖十一卷附一卷表一卷　（英國）富路瑪撰　（英國）傅蘭雅口譯　（清）徐壽筆述　清同治四年（1865）至清末江南製造總局刻本　四冊

420000－2341－0005088　C/526/3061C3
測地繪圖十一卷附一卷表一卷　（英國）富路瑪撰　（英國）傅蘭雅口譯　（清）徐壽筆述　清末刻本　四冊

420000－2341－0005089　C/528.1/1022
躔離引蒙不分卷　（清）賈步緯編　清光緒十八年（1892）江南機器製造總局刻本暨鉛印本　二冊

420000－2341－0005090　C/528.1/1022.1
上元甲子恒星表不分卷　（清）賈步緯撰　（清）火榮業重校算　清光緒二十八年（1902）江南機器製造總局刻本暨鉛印本　一冊

420000－2341－0005091　C/528.5/8346
三統術衍三卷附三統術鈐一卷　（清）錢大昕撰　清嘉慶十二年（1807）江寧吳仕達刻本　三冊

420000－2341－0005092　C/528.5/8346C1
三統術衍三卷附三統術鈐一卷　（清）錢大昕撰　清光緒十年（1884）龍氏家塾刻本　二冊

420000－2341－0005093　C/528/2163
御製厤象考成上編十六卷下編十卷　（清）何國宗　（清）梅毅成彙編　清光緒二十一年（1895）湖北官書處刻本　十五冊

420000－2341－0005094　C/528/2163壹
御製厤象考成上編十六卷下編十卷　（清）何國宗　（清）梅毅成彙編　清光緒二十一年（1895）湖北官書處刻本　十四冊

420000－2341－0005095　C/529.3/2612
御風要術三卷　（英國）白爾特撰　（美國）金楷理口譯　（清）華蘅芳筆述　清同治十二年（1873）江南製造局刻本　二冊

420000－2341－0005096　C/529.3/2612壹
御風要術三卷　（英國）白爾特撰　（美國）金楷理口譯　（清）華蘅芳筆述　清同治十二年（1873）江南製造局刻本　二冊

420000－2341－0005097　C/529/1073
古經天象考十二卷圖説一卷　（清）雷學淇撰　清道光五年（1825）至清末刻本　六冊

420000－2341－0005098　C/530/1063
物理學算法八卷　（美國）丁韙良撰　清光緒三十年（1904）石印本　八冊

420000－2341－0005099　C/530/8553
物理學上編四卷中編四卷下編四卷　（日本）飯盛挺造編纂　（日本）丹波敬二　（日本）柴田承桂校補　（日本）藤田豐八譯　王季烈重編　清光緒二十六年（1900）江南製造局刻本　十二冊

420000－2341－0005100　C/530/8553壹
物理學上編四卷中編四卷下編四卷　（日本）飯盛挺造編纂　（日本）丹波敬三　（日本）柴田承桂校補　（日本）藤田豐八譯　王季烈重編　清光緒二十六年（1900）江南製造局刻本　十一冊

420000－2341－0005101　C/534/6046
聲學八卷　（英國）田大里撰　（英國）傅蘭雅口譯　（清）徐建寅筆述　清同治四年（1865）至清末江南製造總局刻本　二冊

420000－2341－0005102　C/534/6046壹
聲學八卷　（英國）田大里撰　（英國）傅蘭雅口譯　（清）徐建寅筆述　清同治四年（1865）至清末江南製造總局刻本　二冊

420000－2341－0005103　C/535.1/4411

通物電光四卷 （美國）莫耳登撰 （英國）傅蘭雅口譯 王季烈筆述 清光緒二十五年(1899)江南製造局刻本 一冊

420000 – 2341 – 0005104　C/535.1/4411 壹
通物電光四卷 （美國）莫耳登撰 （英國）傅蘭雅口譯 王季烈筆述 清光緒二十五年(1899)江南製造局刻本 一冊

420000 – 2341 – 0005105　C/535/6046
光學二卷附視學諸器圖説 （英國）田大里輯 （美國）金楷理口譯 （清）趙元益筆述 清同治四年(1865)至清末江南機器製造總局刻本 二冊

420000 – 2341 – 0005106　C/535/6046 壹
光學二卷附視學諸器圖説 （英國）田大里輯 （美國）金楷理口譯 （清）趙元益筆述 清同治四年(1865)至清末江南機器製造總局刻本 二冊

420000 – 2341 – 0005107　C/536.11/1024
物體遇熱改易記四卷 （英國）瓦特斯輯 （英國）傅蘭雅口譯 （清）徐壽筆述 （清）趙元益校録 清光緒二十五年(1899)江南製造局刻本 二冊

420000 – 2341 – 0005108　C/536.11/1024 壹
物體遇熱改易記四卷 （英國）瓦特斯輯 （英國）傅蘭雅口譯 （清）徐壽筆述 （清）趙元益校録 清光緒二十五年(1899)江南製造局刻本 二冊

420000 – 2341 – 0005109　C/537.01/2347
電學圖説五卷 （英國）傅蘭雅譯 清光緒十三年(1887)益智書會刻本 一冊

420000 – 2341 – 0005110　C/537.07/6046
電學綱目不分卷 （英國）田大里輯 （英國）傅蘭雅口譯 （清）周郁筆述 清同治四年(1865)至清末江南製造總局刻本 一冊

420000 – 2341 – 0005111　C/537.07/6046 壹
電學綱目不分卷 （英國）田大里輯 （英國）傅蘭雅口譯 （清）周郁筆述 清同治四年(1865)至清末江南製造總局刻本 一冊

420000 – 2341 – 0005112　C/537.143/2832
電學測算十一章 （清）徐兆熊譯述 清光緒鉛印本 一冊

420000 – 2341 – 0005113　C/537.143/2832 壹
電學測算十一章 （清）徐兆熊譯述 清光緒鉛印本 一冊

420000 – 2341 – 0005114　C/537/1252
電學十卷首一卷 （英國）瑙挨德撰 （英國）傅蘭雅口譯 （清）徐建寅筆述 清同治四年(1865)至清末上海江南機器製造總局刻本 六冊

420000 – 2341 – 0005115　C/537/1252 壹
電學十卷首一卷 （英國）瑙挨德撰 （英國）傅蘭雅口譯 （清）徐建寅筆述 清同治四年(1865)至清末上海江南機器製造總局刻本 六冊

420000 – 2341 – 0005116　C/540.09/0071
化學源流論四卷 （英國）方尼司撰 （清）王汝馳譯 清光緒二十六年(1900)江南製造總局鉛印本 一冊

420000 – 2341 – 0005117　C/540/2475
化學指南十卷 （法國）畢利幹撰 （美國）丁韙良譯 清同治十二年(1873)鉛印本 八冊 存五卷(六至十)

420000 – 2341 – 0005118　C/541.02/3061
化學考質八卷附表 （德國）富里西尼烏司撰 （英國）傅蘭雅口譯 （清）徐壽筆述 清同治四年(1865)至清末江南製造總局刻本 六冊

420000 – 2341 – 0005119　C/541/4011
化學鑑原六卷 （英國）韋而司撰 （英國）傅蘭雅口譯 （清）徐壽筆述 清同治四年(1865)至清末江南製造總局刻本 四冊

420000 – 2341 – 0005120　C/541/4011.1
化學鑑原補編六卷附一卷 （英國）傅蘭雅口譯 （清）徐壽筆述 清同治四年(1865)至清末江南製造總局刻本 六冊

420000－2341－0005121　　C/542/4472

化學分原八卷　　（英國）蒲陸山撰　　（英國）傅蘭雅口譯　　（清）徐建寅筆述　　清同治四年（1865）至清末江南製造總局刻本　　二冊

420000－2341－0005122　　C/546/1217

無機化學教科書三卷　　（英國）瓊司原撰　　（清）徐兆熊譯述　　清光緒三十四年（1908）江南機器製造總局刻本　　三冊

420000－2341－0005123　　C/546/1217 壹

無機化學教科書三卷　　（英國）瓊司原撰　　（清）徐兆熊譯述　　清光緒三十四年（1908）江南機器製造總局刻本　　三冊

420000－2341－0005124　　C/548.07/2138

化學材料中西名目表不分卷　　（清）上海製造局翻譯館編譯　　清光緒十年（1884）江南製造總局鉛印本　　一冊

420000－2341－0005125　　C/550/1027

地學淺釋三十八卷　　（英國）雷俠兒撰　　（英國）瑪高溫口譯　　（清）華蘅芳筆述　　清同治十二年（1873）江南製造局刻本　　八冊

420000－2341－0005126　　C/550/1027 貳

地學淺釋三十八卷　　（英國）雷俠兒撰　　（英國）瑪高溫口譯　　（清）華蘅芳筆述　　清同治十二年（1873）江南製造局刻本　　八冊

420000－2341－0005127　　C/550/1027 壹

地學淺釋三十八卷　　（英國）雷俠兒撰　　（英國）瑪高溫口譯　　（清）華蘅芳筆述　　清同治十二年（1873）江南製造局刻本　　八冊

420000－2341－0005128　　C/550/4427

地質學簡易教科書五編　　（日本）橫山又次郎編次　　虞和欽　虞和寅譯述　　清光緒二十八年（1902）上海廣智書局鉛印本　　一冊

420000－2341－0005129　　C/563/4412

天演論二卷　　（英國）赫胥黎撰　　嚴復譯　　清光緒二十九年（1903）同文社鉛印本　　二冊

420000－2341－0005130　　C/570.08/2643

植物名實圖考三十八卷　　（清）吳其濬撰　　清同治五年（1866）山西太原府刻本　　三十八冊

420000－2341－0005131　　C/570.08/2643

植物名實圖考長編二十二卷　　（清）吳其濬撰　　清同治五年（1866）山西太原府刻本　　二十二冊

420000－2341－0005132　　C/590.01/0011

鍼灸大成十卷　　（清）章廷珪重修　　清光緒三十四年（1908）上海章福記石印本　　六冊

420000－2341－0005133　　C/590.01/0011C1

鍼灸大成十卷　　（清）章廷珪重修　　清順治十四年（1657）至清末紫文閣刻本　　十冊

420000－2341－0005134　　C/590.01/0044

黃帝內經素問九卷　　（清）高世栻註解　　清光緒十三年（1887）浙江書局刻本　　八冊

420000－2341－0005135　　C/590.01/1032

重廣補註黃帝內經素問二十四卷附黃帝內經素問遺篇　　（唐）王冰註　　（宋）林億校正　　（宋）孫兆重改誤　　清光緒十年（1884）文成堂刻本　　六冊

420000－2341－0005136　　C/590.01/1032C1

黃帝內經靈樞十二卷　　（□）□□撰　　清光緒至清末上海錦章書局石印本　　一冊

420000－2341－0005137　　C/590.01/1032C1

補注黃帝內經素問二十四卷附黃帝內經素問遺篇　　（唐）王冰注　　（宋）林億校正　　（宋）孫兆重改誤　　清光緒至清末上海錦章書局石印本　　三冊

420000－2341－0005138　　C/590.01/1032C2

黃帝內經靈樞十二卷　　（□）□□撰　　清光緒三年（1877）浙江書局刻本　　二冊

420000－2341－0005139　　C/590.01/1032C2

補注黃帝內經素問二十四卷附黃帝內經素問遺篇　　（唐）王冰注　　（宋）林億校正　　（宋）孫兆重改誤　　清光緒三年（1877）浙江書局刻本　　九冊

420000－2341－0005140　　C/590.01/1032C2 壹

補注黃帝內經素問二十四卷附黃帝內經素問

遺篇 （唐）王冰注 （宋）林億校正 （宋）孫兆重改誤 清光緒三年(1877)浙江書局刻本 八冊

420000 – 2341 – 0005141 C/590.01/1141

黃帝內經靈樞十卷 （清）張志聰集註 （清）張文啟条訂 （清）張兆璜校正 清光緒三年(1877)柳村刻本 十冊

420000 – 2341 – 0005142 C/590.01/1141

黃帝內經素問九卷 （清）張志聰集註 （清）莫承藝条訂 （清）朱景韓校正 清琉璃廠刻本 十冊

420000 – 2341 – 0005143 C/590.01/1141C1

黃帝內經靈樞十卷 （清）張志聰集註 （清）張文啟条訂 （清）張兆璜校正 清光緒十六年(1890)浙江書局刻本 八冊

420000 – 2341 – 0005144 C/590.01/1141C2

黃帝內經素問靈樞合編素問十卷靈樞十卷附補遺 （清）張志聰 （清）馬元臺註 （清）高世栻參訂 清宣統二年(1910)上海掃葉山房石印本 十六冊

420000 – 2341 – 0005145 C/590.01/4412

靈樞懸解九卷 （清）黃元御解 清光緒六年(1880)陽湖馮氏刻本 四冊

420000 – 2341 – 0005146 C/590.01/4412

難經懸解二卷 （清）黃元御解 清同治十一年(1872)陽湖馮氏刻本 一冊

420000 – 2341 – 0005147 C/590.01/4412

素問懸解十三卷附校餘偶識 （清）黃元御解 清同治十一年(1872)陽湖馮氏刻本 七冊

420000 – 2341 – 0005148 C/590.01/4427

黃帝內經靈樞十二卷 （□）□□撰 清光緒刻本 三冊

420000 – 2341 – 0005149 C/590.08/4042

編註醫學入門七卷首一卷 （明）李梴撰 清光緒二十年(1894)宏道堂刻本 十八冊

420000 – 2341 – 0005150 C/590.08/4232

黃帝八十一難經疏證二卷 （日本）丹波元胤

學 清光緒十年(1884)楊守敬後印聿脩堂醫學叢書本 二冊

420000 – 2341 – 0005151 C/590.08/4232

金匱玉函要略方論輯義六卷 （日本）丹波元簡撰 清光緒十年(1884)楊守敬後印聿脩堂醫學叢書本 六冊

420000 – 2341 – 0005152 C/590.08/4232

金匱玉函要略述義三卷 （日本）丹波元堅撰 清光緒十年(1884)楊守敬後印聿脩堂醫學叢書本 二冊

420000 – 2341 – 0005153 C/590.08/4232

經穴篹要五卷 （日本）小阪営昇篹輯 清光緒十年(1884)楊守敬後印聿脩堂醫學叢書本 二冊

420000 – 2341 – 0005154 C/590.08/4232

救急選方二卷 （日本）丹波元簡撰 清光緒十年(1884)楊守敬後印聿脩堂醫學叢書本 二冊

420000 – 2341 – 0005155 C/590.08/4232

脈學輯要三卷 （日本）丹波元簡撰 清光緒十年(1884)楊守敬後印聿脩堂醫學叢書本 一冊

420000 – 2341 – 0005156 C/590.08/4232

傷寒廣要十二卷 （日本）丹波元堅撰 清光緒十年(1884)楊守敬後印聿脩堂醫學叢書本 四冊

420000 – 2341 – 0005157 C/590.08/4232

傷寒論輯義七卷 （日本）丹波元簡撰 清光緒十年(1884)楊守敬後印聿脩堂醫學叢書本 七冊

420000 – 2341 – 0005158 C/590.08/4232

傷寒論述義五卷 （日本）丹波元堅撰 清光緒十年(1884)楊守敬後印聿脩堂醫學叢書本 一冊

420000 – 2341 – 0005159 C/590.08/4232

素問識八卷 （日本）丹波元簡撰 清光緒十年(1884)楊守敬後印聿脩堂醫學叢書本

八冊

420000－2341－0005160　C/590.08/4232
藥治通義十二卷　（日本）丹波元堅撰　清光緒十年(1884)楊守敬後印聿脩堂醫學叢書本　三冊

420000－2341－0005161　C/590.08/4232
醫賸三卷附錄一卷　（日本）丹波元簡撰　清光緒十年(1884)楊守敬後印聿脩堂醫學叢書本　二冊

420000－2341－0005162　C/590.08/4232　壹
傷寒論述義五卷　（日本）丹波元堅撰　清光緒十年(1884)楊守敬後印聿脩堂醫學叢書本　一冊

420000－2341－0005163　C/590.08/4232　壹
傷寒廣要十二卷　（日本）丹波元堅撰　清光緒十年(1884)楊守敬後印聿脩堂醫學叢書本　四冊

420000－2341－0005164　C/590.08/4232　壹
金匱玉函要略述義三卷　（日本）丹波元堅撰　清光緒十年(1884)楊守敬後印聿脩堂醫學叢書本　二冊

420000－2341－0005165　C/590.08/4232　壹
藥治通義十二卷　（日本）丹波元堅撰　清光緒十年(1884)楊守敬後印聿脩堂醫學叢書本　三冊

420000－2341－0005166　C/590.08/4232　壹
素問識八卷　（日本）丹波元簡撰　清光緒十年(1884)楊守敬後印聿脩堂醫學叢書本　八冊

420000－2341－0005167　C/590.08/4232　壹
傷寒論輯義七卷　（日本）丹波元簡撰　清光緒十年(1884)楊守敬後印聿脩堂醫學叢書本　六冊

420000－2341－0005168　C/590.08/4232　壹
救急選方二卷　（日本）丹波元簡撰　清光緒十年(1884)楊守敬後印聿脩堂醫學叢書本　二冊

420000－2341－0005169　C/590.08/4232　壹
黃帝八十一難經疏證二卷　（日本）丹波元胤學　清光緒十年(1884)楊守敬後印聿脩堂醫學叢書本　二冊

420000－2341－0005170　C/590.08/4232　壹
醫賸三卷附錄一卷　（日本）丹波元簡撰　清光緒十年(1884)楊守敬後印聿脩堂醫學叢書本　二冊

420000－2341－0005171　C/590.08/4232　壹
經穴纂要五卷　（日本）小阪營昇纂輯　清光緒十年(1884)楊守敬後印聿脩堂醫學叢書本　二冊

420000－2341－0005172　C/590.085/0053
法律醫學二十四卷首一卷附一卷　（英國）該惠連　（英國）弗里愛撰　（英國）傅蘭雅口譯　（清）徐壽筆述　（清）趙元益校錄　清光緒二十五年(1899)江南製造局刻本　十冊

420000－2341－0005173　C/590.085/0053　貳
法律醫學二十四卷首一卷附一卷　（英國）該惠連　（英國）弗里愛撰　（英國）傅蘭雅口譯　（清）徐壽筆述　（清）趙元益校錄　清光緒二十五年(1899)江南製造局刻本　十冊

420000－2341－0005174　C/590.085/0053　壹
法律醫學二十四卷首一卷附一卷　（英國）該惠連　（英國）弗里愛撰　（英國）傅蘭雅口譯　（清）徐壽筆述　（清）趙元益校錄　清光緒二十五年(1899)江南製造局刻本　十冊

420000－2341－0005175　C/590.1/1112
儒門事親十五卷目錄一卷　（金）張子和撰　清宣統二年(1910)上海國學扶輪社石印本　六冊

420000－2341－0005176　C/590.3/4050
西藥大成十卷首一卷　（英國）來拉　（英國）海得蘭撰　（英國）傅蘭雅口譯　（清）趙元益筆述　清光緒十年(1884)江南機器製造總局刻本　十六冊

420000－2341－0005177　C/590.3/6840
西藥大成補編六卷首一卷　（英國）哈來撰

（英國）傅蘭雅口譯　（清）趙元益筆述　清光緒三十年（1904）江南機器製造總局刻本六冊

420000－2341－0005178　C/590.3/6840 壹
西藥大成補編六卷首一卷　（英國）哈來撰（英國）傅蘭雅口譯　（清）趙元益筆述　清光緒三十年（1904）江南機器製造總局刻本六冊

420000－2341－0005179　C/590/3824
儒門醫學三卷附一卷　（英國）海得蘭撰（英國）傅蘭雅口譯　（清）趙元益筆述　清同治四年（1865）至清末江南製造總局刻本四冊

420000－2341－0005180　C/590/3824 壹
儒門醫學三卷附一卷　（英國）海得蘭撰（英國）傅蘭雅口譯　（清）趙元益筆述　清同治四年（1865）至清末江南製造總局刻本四冊

420000－2341－0005181　C/591/4133
全體闡微三卷　（美國）柯為良譯　清光緒十五年（1889）福州聖教醫舘刻二十四年（1898）後印本　三冊

420000－2341－0005182　C/593.1/0030
弦雪居重訂遵生八牋十九卷　（明）高濂撰（明）鍾惺校閱　清光緒十年（1884）刻本　十三冊

420000－2341－0005183　C/593.1/4474
保全生命論一卷附一卷　（英國）古蘭肥勒撰（英國）秀耀春口譯　（清）趙元益筆述　清光緒二十七年（1901）上海製造局刻本　一冊

420000－2341－0005184　C/593.1/4474 壹
保全生命論一卷附一卷　（英國）古蘭肥勒撰（英國）秀耀春口譯　（清）趙元益筆述　清光緒二十七年（1901）上海製造局刻本　一冊

420000－2341－0005185　C/593.4/8020
濟急法不分卷　（英國）舍白辣撰　（英國）秀耀春口譯　（清）趙元益筆述　清光緒二十九年（1903）江南製造局刻本　一冊

420000－2341－0005186　C/593.4/8020 壹
濟急法不分卷　（英國）舍白辣撰　（英國）秀耀春口譯　（清）趙元益筆述　清光緒二十九年（1903）江南製造局刻本　一冊

420000－2341－0005187　C/594.91/0216
痘科要略一卷　（清）□□撰　清光緒三十一年（1905）邵星森刻本　一冊

420000－2341－0005188　C/594.91/2574
痘疹定論二卷　（清）朱純嘏編輯　清康熙五十二年（1713）至清末兩儀堂刻本　一冊

420000－2341－0005189　C/594.931/1421
洞主仙師白喉治法忌表抉微不分卷　（清）耐修子錄并注　清光緒十七年（1891）刻本　一冊

420000－2341－0005190　C/594.931/1421C1
洞主仙師白喉治法忌表抉微不分卷　（清）耐修子錄并注　清光緒十八年（1892）湖北官書處刻本　一冊

420000－2341－0005191　C/595.4/1022
脈經十卷　（晉）王叔和撰　清光緒二十二年（1896）三昧堂刻本　四冊

420000－2341－0005192　C/595.7/1045
簡明中西匯參醫學圖說二編　（清）王有忠編輯　清光緒三十二年（1906）石印本　三冊

420000－2341－0005193　C/595.7/2574
增注類證活人書二十二卷附辨誤一卷釋音一卷藥性一卷　（宋）朱肱　（宋）李子建撰（明）吳勉學校　清光緒十年（1884）江南製造總局刻本　四冊

420000－2341－0005194　C/595.7/2574 壹
增注類證活人書二十二卷附辨誤一卷釋音一卷藥性一卷　（宋）朱肱　（宋）李子建撰（明）吳勉學校　清光緒十年（1884）江南製造總局刻本　四冊

420000－2341－0005195　C/595.7/3482
增補醫方一盤珠全集十卷首一卷　（清）洪金鼎纂　清光緒二十四年（1898）澹雅書局刻本

四冊

420000－2341－0005196　C/596.1/2422

集驗簡易良方四卷　（清）德豐撰　（清）莫樹蕃校訂　清道光七年（1827）刻本　一冊　存二卷（三至四）

420000－2341－0005197　C/596.13/0092

經史證類大觀本草三十一卷　（宋）唐慎微纂　清光緒三十年（1904）柯逢時刻本　十六冊

420000－2341－0005198　C/596.13/0092

本草衍義二十卷附校記　（宋）寇宗奭編撰　清宣統二年（1910）武昌醫館刻本　二冊

420000－2341－0005199　C/596.13/4054

唐卷子本新修本草十卷補輯一卷　（唐）李勣撰　清光緒十五年（1889）德清傅氏刻本　二冊

420000－2341－0005200　C/596.13/4061C1

本草綱目五十二卷　（明）李時珍撰　清光緒三十三年（1907）鴻寶齋石印本　十七冊　缺二卷（一至二）

420000－2341－0005201　C/596.13/4061C1

本草萬方鍼線八卷　（清）蔡烈先輯　清光緒三十三年（1907）至清末鴻寶齋石印本　一冊　存三卷（六至八）

420000－2341－0005202　C/596.13/4061C1

本草綱目拾遺十卷　（清）趙學敏輯　清宣統元年（1909）鴻寶齋石印本　二冊

420000－2341－0005203　C/596.13/4061C2

本草綱目五十二卷目錄一卷　（明）李時珍撰　（清）吳毓昌校訂　清宣統元年（1909）上海經香閣石印本　十冊

420000－2341－0005204　C/596.13/4061C2

本草萬方鍼線八卷　（清）蔡烈先輯　清宣統元年（1909）上海經香閣石印本　一冊

420000－2341－0005205　C/596.13/4061C2

本草綱目拾遺十卷　（清）趙學敏輯　清宣統元年（1909）上海經香閣石印本　一冊

420000－2341－0005206　C/596.3/4054

雷公炮製藥性解六卷　（明）李中梓編輯　（清）王子接重訂　清光緒十年（1884）至清末圖書集成局鉛印本　一冊

420000－2341－0005207　C/597.598/1250C1

御纂醫宗金鑑七十四卷首一卷　（清）吳謙輯　清光緒二十九年（1903）經香閣石印本　十六冊

420000－2341－0005208　C/597.598/1250C2

醫宗金鑑七十四卷首一卷　（清）吳謙輯　清光緒三十二年（1906）錦章書局石印本　二十冊

420000－2341－0005209　C/597/2126

內科理法二十三卷　（英國）虎伯撰　（英國）茄合　（英國）哈來糸訂　舒高第口譯　（清）趙元益筆述　清同治四年（1865）至清末江南製造總局刻本　十二冊

420000－2341－0005210　C/597/2126 貳

內科理法二十三卷　（英國）虎伯撰　（英國）茄合　（英國）哈來糸訂　舒高第口譯　（清）趙元益筆述　清同治四年（1865）至清末江南製造總局刻本　十一冊

420000－2341－0005211　C/597/2126 壹

內科理法二十三卷　（英國）虎伯撰　（英國）茄合　（英國）哈來糸訂　舒高第口譯　（清）趙元益筆述　清同治四年（1865）至清末江南製造總局刻本　十二冊

420000－2341－0005212　C/597/2748

西醫內科全書六卷　（美國）約翰校正　（清）孔慶高筆譯　清光緒八年（1882）博濟醫局刻本　三冊

420000－2341－0005213　C/598.15/4024

割症全書七卷　（美國）嘉約翰譯　清光緒十六年（1890）博濟醫局刻本　七冊

420000－2341－0005214　C/598.164/4678

臨陣傷科捷要四卷附圖一卷　（英國）帕脫編　舒高第　（清）鄭昌棪譯　清同治四年（1865）至清末江南機器製造局鉛印本　四冊

420000－2341－0005215　C/598.164/4678 壹
臨陣傷科捷要四卷附圖一卷　（英國）帕脫編
舒高第　（清）鄭昌棪譯　清同治四年
(1865)至清末江南機器製造局鉛印本　四冊

420000－2341－0005216　C/598.3/2323
傅氏眼科審視瑤函六卷首一卷　（明）傅仁宇
纂輯　（清）林長生較補　（清）傅維藩編集
清宣統元年(1909)會文書局石印本　六冊

420000－2341－0005217　C/598.7/3644
婦科五十二章附中西文對照名目表　（美國）
湯麥斯撰　舒高第　（清）鄭昌棪譯　清光緒
二十六年(1900)製造局鉛印本　六冊

420000－2341－0005218　C/598.7/3644 壹
婦科五十二章附中西文對照名目表　（美國）
湯麥斯撰　舒高第　（清）鄭昌棪譯　清光緒
二十六年(1900)製造局鉛印本　五冊　缺一
冊(六)

420000－2341－0005219　C/598.723/4442
女科經綸八卷　（清）蕭壎纂撰　清光緒十六
年(1890)掃葉山房刻本　四冊

420000－2341－0005220　C/598.8/1074
達生編不分卷　（清）亟齋居士撰　清光緒三
十一年(1905)張瀚刻本　一冊

420000－2341－0005221　C/598.8/3010
產科七十二章附產科圖　（英國）密爾纂　舒
高第口譯　（清）鄭昌棪筆述　清同治四年
(1865)至清末江南機器製造總局鉛印本
四冊

420000－2341－0005222　C/598.8/3010 壹
產科七十二章附產科圖　（英國）密爾纂　舒
高第口譯　（清）鄭昌棪筆述　清同治四年
(1865)至清末江南機器製造總局鉛印本
四冊

420000－2341－0005223　C/600.1/1760
工業與國政相關論二卷　（英國）司旦離遮風
司撰　（美國）衛理　（清）王汝駒譯　清光緒
二十六年(1900)江南製造局鉛印本　二冊

420000－2341－0005224　C/610.3/2893
農政全書六十卷附徐文定公傳　（明）徐光啓
撰　清道光二十三年(1843)曙海樓刻本　十
六冊

420000－2341－0005225　C/610.3/2893C1
農政全書六十卷　（明）徐光啓纂集　清同治
十三年(1874)山東書局刻本　二十冊

420000－2341－0005226　C/610.3/2893C3
農政全書六十卷　（明）徐光啓撰　清宣統元
年(1909)求學齋局石印本　八冊

420000－2341－0005227　C/610.3/2893C3 壹
農政全書六十卷　（明）徐光啓撰　清宣統元
年(1909)求學齋局石印本　八冊

420000－2341－0005228　C/610.3/2893 壹
農政全書六十卷附徐文定公傳　（明）徐光啓
撰　清道光二十三年(1843)曙海樓刻本　十
六冊

420000－2341－0005229　C/611.1/6715
欽定授時通考七十八卷　（清）鄂爾泰　（清）
張廷玉撰　清道光六年(1826)戴三錫等刻本
二十四冊

420000－2341－0005230　C/611.1/6715 壹
欽定授時通考七十八卷　（清）鄂爾泰　（清）
張廷玉撰　清道光六年(1826)戴三錫等刻本
一冊　存一卷(五十二)

420000－2341－0005231　C/611.3/8034
農務土質論三卷　（美國）金福蘭格令希蘭撰
（美國）衛理口譯　（清）范熙庸筆述　清光
緒二十六年(1900)江南製造局刻本　三冊

420000－2341－0005232　C/611.3/8034 壹
農務土質論三卷　（美國）金福蘭格令希蘭撰
（美國）衛理口譯　（清）范熙庸筆述　清光
緒二十六年(1900)江南製造局刻本　三冊

420000－2341－0005233　C/611.31/2540
農務化學問答二卷　（英國）仲斯敦撰　（英
國）秀耀春口譯　（清）范熙庸筆述　清光緒
二十五年(1899)江南製造總局刻本　二冊

420000－2341－0005234　C/611.31/2540 貳

農務化學問答二卷　（英國）仲斯敦撰　（英國）秀耀春口譯　（清）范熙庸筆述　清光緒二十五年(1899)江南製造總局刻本　一冊存一卷(一)

420000－2341－0005235　C/611.31/2540 壹

農務化學問答二卷　（英國）仲斯敦撰　（英國）秀耀春口譯　（清）范熙庸筆述　清光緒二十五年(1899)江南製造總局刻本　二冊

420000－2341－0005236　C/611.31/6042

農務化學簡法三卷　（美國）固來納撰　（英國）傅蘭雅口譯　（清）王樹善筆述　清光緒二十九年(1903)江南製造局刻本　一冊

420000－2341－0005237　C/611.31/6042 壹

農務化學簡法三卷　（美國）固來納撰　（英國）傅蘭雅口譯　（清）王樹善筆述　清光緒二十九年(1903)江南製造局刻本　一冊

420000－2341－0005238　C/611.4/9163

農學津梁一卷　（英國）恒里湯納耳撰　（美國）衛理譯　汪振聲述　清光緒二十八年(1902)江南製造局刻本　一冊

420000－2341－0005239　C/611.4/9163 壹

農學津梁一卷　（英國）恒里湯納耳撰　（美國）衛理譯　汪振聲述　清光緒二十八年(1902)江南製造局刻本　一冊

420000－2341－0005240　C/611.7/6019

農學初級不分卷　（英國）旦爾恆理撰　（英國）秀耀春口譯　（清）范熙庸筆述　清光緒二十四年(1898)製造局刻本　一冊

420000－2341－0005241　C/611/0822

農務全書上編十六卷　（美國）施妥縷撰　舒高第口譯　趙詒琛筆述　清光緒三十三年(1907)江南機器製造總局刻本　八冊

420000－2341－0005242　C/611/0822

農務全書下編十六卷　（美國）施妥縷撰　舒高第口譯　趙詒琛筆述　清光緒四年(1878)至清末江南製造局刻本　八冊

420000－2341－0005243　C/611/0822

農務全書中編十六卷　（美國）施妥縷撰　舒高第口譯　趙詒琛筆述　清宣統元年(1909)江南製造局刻本　八冊

420000－2341－0005244　C/611/0822 壹

農務全書上編十六卷　（美國）施妥縷撰　舒高第口譯　趙詒琛筆述　清光緒三十三年(1907)江南機器製造總局刻本　七冊

420000－2341－0005245　C/611/0822 壹

農務全書下編十六卷　（美國）施妥縷撰　舒高第口譯　趙詒琛筆述　清光緒四年(1878)至清末江南製造局刻本　八冊

420000－2341－0005246　C/611/0822 壹

農務全書中編十六卷　（美國）施妥縷撰　舒高第口譯　趙詒琛筆述　清宣統元年(1909)江南製造局刻本　八冊

420000－2341－0005247　C/612.5/4044

桑麻水利族學彙存四卷　（清）李有棻撰　清光緒十三年(1887)武昌府署刻本　一冊

420000－2341－0005248　C/612/1064

齊民要術十卷　（北魏）賈思勰撰　清光緒元年(1875)湖北崇文書局刻本　四冊

420000－2341－0005249　C/612/2648

撫郡農產攷略不分卷附種田雜說跋　（清）何剛德纂輯　清光緒二十九年(1903)撫郡學堂木活字印本　二冊

420000－2341－0005250　C/612/2648 壹

撫郡農產攷略不分卷附種田雜說跋　（清）何剛德纂輯　清光緒二十九年(1903)撫郡學堂木活字印本　二冊

420000－2341－0005251　C/655.13/2644

器象顯真四卷　（英國）白力蓋輯　（英國）傅蘭雅口譯　（清）徐建寅筆述　清同治四年(1865)至清末江南製造總局刻本　二冊

420000－2341－0005252　C/727/1034

汲古堂印譜十二卷　（清）王潤翰輯　清王潤翰鈐印本　一冊　存一卷(□□)

420000－2341－0005253　C/727/1072

安吳論書一卷　（清）包世臣撰　清光緒九年(1883)歸安姚氏刻咫進齋叢書本　一冊

420000－2341－0005254　C/727/1072

三十五舉一卷　（元）吾丘衍撰　**三十五舉校勘記一卷**（清）姚覲元撰　**續三十五舉一卷**（清）桂馥撰　**再續三十五舉一卷**（清）姚晏撰　清光緒九年(1883)歸安姚氏刻咫進齋叢書本　與420000－2341－0005253 合一冊

420000－2341－0005255　C/730.1/1748

澄蘭室古緣萃錄十八卷　邵松年輯　清光緒三十年(1904)上海鴻文書局石印本　六冊

420000－2341－0005256　C/730.1/4432

墨林今話十八卷續編一卷　（清）蔣寶齡撰　（清）蔣茞生續編　清咸豐二年(1852)刻本　六冊

420000－2341－0005257　C/739.176/3160

東坡遺意一卷　（明）顧杲　（明）鄒德□書　清賞奇軒刻本　一冊

420000－2341－0005258　C/813.39/7280

世說新語六卷　（南朝宋）劉義慶撰　（南朝梁）劉孝標注　清光緒十七年(1891)思賢講舍刻本　七冊

420000－2341－0005259　C/814.5/7765

對聯匯海十四卷目錄一卷　（清）邱日釭編輯　清光緒二十一年(1895)養雲山房刻本　四冊

420000－2341－0005260　C/818.9/3024

春渚紀聞十卷　（宋）何薳撰　清嘉慶十六年(1811)祝氏留香室刻本　一冊

420000－2341－0005261　D/0001

文選六十卷　（南朝梁）蕭統選　（唐）李善注　（清）何焯評　清乾隆三十七年(1772)長洲葉氏海錄軒刻朱墨套印本　十二冊

420000－2341－0005262　D/0002

昭明文選六臣匯注疏解十九卷　（清）顧施禎纂輯　清康熙二十五年(1686)心耕堂刻本

四冊

420000－2341－0005263　D/0003

文選音義八卷　（清）余蕭客撰　清乾隆二十三年(1758)靜勝堂刻本　八冊

420000－2341－0005264　D/0004

文苑英華一千卷目錄一卷　（宋）李昉輯　明隆慶元年(1567)胡維新、戚繼光等刻本　一百一冊

420000－2341－0005265　D/0005

文苑英華選六十卷　（清）宮夢仁編　清康熙四十三年(1704)刻本　二十四冊

420000－2341－0005266　D/0006

六臣注文選六十卷目錄一卷　（南朝梁）蕭統輯　明萬曆二年(1574)崔孔昕刻本　三十冊

420000－2341－0005267　D/0007

六臣注文選六十卷目錄一卷　（南朝梁）蕭統輯　明萬曆六年(1578)徐成位刻本　四十冊

420000－2341－0005268　D/0008

玉臺文苑八卷　（明）江元禧編　明天啓二年(1622)刻本　四冊

420000－2341－0005269　D/0009

名世文宗三十卷談藪一卷　（明）胡時化輯　明崇禎元年(1628)刻本　四十冊

420000－2341－0005270　D/0010

名世文宗二十二卷　（明）王世貞輯　（明）鍾惺增定　明刻本　二十四冊

420000－2341－0005271　D/0011

永懷堂評選唐宋元二十家文　（明）葛鼎選輯　明崇禎九年(1636)葉聚、周交刻本　十一冊

420000－2341－0005272　D/0012

葛氏八種八卷　（明）葛鼎選輯　明崇禎九年(1636)浮佛寺刻本　六冊

420000－2341－0005273　D/0013

古文品外錄二十四卷　（明）陳繼儒輯　明末刻本　十冊

420000－2341－0005274　D/0014

古文品外錄二十四卷　(明)陳繼儒輯　明末刻本　六冊

420000－2341－0005275　D/0015

詩所五十六卷歷代名氏爵里一卷目錄一卷　(明)臧懋循編　明萬曆雕蟲館刻本　十二冊

420000－2341－0005276　D/0016

尺牘清裁六十卷補遺一卷　(明)王世貞編　明刻本　十二冊

420000－2341－0005277　D/0018

文選瀹注三十卷　(明)閔齊華編　明烏程閔齊華刻清康熙二十年(1681)柯維楨重修本　二十四冊

420000－2341－0005278　D/0018a

昭明文選六十卷　(南朝梁)蕭統撰　清乾隆三十七年(1772)葉氏海錄軒刻本　十六冊

420000－2341－0005279　D/0018b

文選六十卷　(南朝梁)蕭統選　(唐)李善注　(清)何焯評　清乾隆三十七年(1772)長洲葉氏海錄軒刻朱墨套印本　十二冊

420000－2341－0005280　D/0018c

重訂文選集評十五卷首一卷末一卷　(清)于光華編次　清乾隆四十三年(1778)梓潼會刻本　十六冊

420000－2341－0005281　D/0026

玉臺新詠十卷　(南朝陳)徐陵編　明萬曆刻本　十冊

420000－2341－0005282　D/0027

廣文選六十卷　(明)劉節輯　明嘉靖十六年(1537)陳蕙刻本　十八冊

420000－2341－0005283　D/0028

詩紀一百五十六卷目錄三十六卷　(明)馮惟訥編　明萬曆十四年(1586)徐智督刻本　十八冊

420000－2341－0005284　D/0029

詩紀一百五十六卷目錄三十六卷　(明)馮惟訥編　明萬曆十四年(1586)文樞堂刻本　六十冊

420000－2341－0005285　D/0030

古詩歸十五卷　(明)鍾惺　(明)譚元春選定　明萬曆四十五年(1617)刻本　三冊

420000－2341－0005286　D/0031/1

東方朔集一卷　(漢)東方朔撰　(明)張溥閱　**褚先生集一卷**　(漢)褚少孫撰　(明)張溥閱　**王諫議集一卷**　(漢)王褒撰　(明)張溥閱　明婁東張氏刻漢魏六朝一百三家集本　一冊

420000－2341－0005287　D/0031/1

賈長沙集一卷　(漢)賈誼撰　(明)張溥閱　**司馬文園集一卷**　(漢)司馬相如撰　(明)張溥閱　**董膠西集一卷**　(漢)董仲舒撰　(明)張溥閱　明婁東張氏刻漢魏六朝一百三家集本　一冊

420000－2341－0005288　D/0031/1

漢劉中壘集一卷　(漢)劉向撰　(明)張溥閱　**揚侍郎集一卷**　(漢)揚雄撰　(明)張溥閱　**漢劉子駿集一卷**　(漢)劉歆撰　(明)張溥閱　明婁東張氏刻漢魏六朝一百三家集本　一冊

420000－2341－0005289　D/0031/10

陸太常集一卷　(南朝梁)陸倕撰　(明)張溥閱　**劉戶曹集一卷**　(南朝梁)劉峻撰　(明)張溥閱　**王詹事集一卷**　(南朝梁)王筠撰　(明)張溥閱　**劉秘書集一卷**　(南朝梁)劉孝綽撰　(明)張溥閱　**劉豫章集一卷**　(南朝梁)劉潛撰　(明)張溥閱　**劉庶子集一卷**　(南朝梁)劉孝威撰　(明)張溥閱　明婁東張氏刻漢魏六朝一百三家集本　一冊

420000－2341－0005290　D/0031/10

陶隱居集一卷　(南朝梁)陶弘景撰　(明)張溥閱　**梁丘司空集一卷**　(南朝梁)丘遲撰　(明)張溥閱　**任中丞集一卷**　(南朝梁)任昉撰　(明)張溥閱　**王左丞集一卷**　(南朝梁)王僧孺撰　(明)張溥閱　明婁東張氏刻漢魏六朝一百三家集本　一冊

420000－2341－0005291　D/0031/10

庾度支集一卷　（南朝梁）庾肩吾撰　（明）張
溥閱　何記室集一卷　（南朝梁）何遜撰
（明）張溥閱　吳朝請集一卷　（南朝梁）吳均
撰　（明）張溥閱　明婁東張氏刻漢魏六朝一
百三家集本　一冊

420000－2341－0005292　D/0031/11

陳後主集一卷　（南朝陳）後主陳叔寶撰
（明）張溥閱　徐僕射集一卷　（南朝陳）徐陵
撰　（明）張溥閱　明婁東張氏刻漢魏六朝一
百三家集本　一冊

420000－2341－0005293　D/0031/11

高令公集一卷　（北魏）高允撰　（明）張溥閱
　溫侍讀集一卷　（北魏）溫子昇撰　（明）張
溥閱　邢特進集一卷　（北齊）邢邵撰　（明）
張溥閱　魏特進集一卷　（北齊）魏收撰
（明）張溥閱　明婁東張氏刻漢魏六朝一百三
家集本　一冊

420000－2341－0005294　D/0031/11

沈侍中集一卷　（南朝陳）沈炯撰　（明）張溥
閱　江令君集一卷　（南朝陳）江總撰　（明）
張溥閱　南朝陳張散騎集一卷　（南朝陳）張
正見撰　（明）張溥閱　明婁東張氏刻漢魏六
朝一百三家集本　一冊

420000－2341－0005295　D/0031/12

隋煬帝集一卷　（隋）煬帝楊廣撰　（明）張溥
閱　盧武陽集一卷　（隋）盧思道撰　（明）張
溥閱　李懷州集一卷　（隋）李德林撰　（明）
張溥閱　牛奇章集一卷　（隋）牛弘撰　（明）
張溥閱　薛司隸集一卷　（隋）薛道衡撰
（明）張溥閱　明婁東張氏刻漢魏六朝一百三
家集本　一冊

420000－2341－0005296　D/0031/12

庾開府集二卷　（北周）庾信撰　（明）張溥閱
　王司空集一卷　（北周）王褒撰　（明）張溥
閱　明婁東張氏刻漢魏六朝一百三家集本
二冊

420000－2341－0005297　D/0031/2

漢蘭臺令李伯仁集一卷　（漢）李尤撰　（明）

張溥閱　東漢馬季長集一卷　（漢）馬融撰
（明）張溥閱　東漢荀侍中集一卷　（漢）荀悅
撰　（明）張溥閱　蔡中郎集二卷　（漢）蔡邕
撰　（明）張溥閱　明婁東張氏刻漢魏六朝一
百三家集本　一冊

420000－2341－0005298　D/0031/2

張河間集二卷　（漢）張衡撰　（明）張溥閱
東漢崔亭伯集一卷　（漢）崔駰撰　（明）張溥
閱　班蘭臺集一卷　（漢）班固撰　（明）張溥
閱　馮曲陽集一卷　（漢）馮衍撰　（明）張溥
閱　明婁東張氏刻漢魏六朝一百三家集本
一冊

420000－2341－0005299　D/0031/2

諸葛丞相集一卷　（三國蜀）諸葛亮撰　（明）
張溥閱　孔少府集一卷　（漢）孔融撰　（明）
張溥閱　東漢王叔師集一卷　（漢）王逸撰
（明）張溥閱　明婁東張氏刻漢魏六朝一百三
家集本　一冊

420000－2341－0005300　D/0031/3

陳思王集二卷　（三國魏）曹植撰　（明）張溥
閱　陳記室集一卷　（三國魏）陳琳撰　（明）
張溥閱　明婁東張氏刻漢魏六朝一百三家集
本　一冊

420000－2341－0005301　D/0031/3

嵇中散集一卷　（三國魏）嵇康撰　（明）張溥
閱　魏鍾司徒集一卷　（三國魏）鍾會撰
（明）張溥閱　明婁東張氏刻漢魏六朝一百三
家集本　一冊

420000－2341－0005302　D/0031/3

王侍中集一卷　（三國魏）王粲撰　（明）張溥
閱　魏阮元瑜集一卷　（三國魏）阮瑀撰
（明）張溥閱　魏劉公幹集一卷　（三國魏）劉
楨撰　（明）張溥閱　魏應德璉集一卷　（三
國魏）應瑒撰　（明）張溥閱　魏應休璉集一
卷　（三國魏）應璩撰　（明）張溥閱　阮步兵
集一卷　（三國魏）阮籍撰　（明）張溥閱　明
婁東張氏刻漢魏六朝一百三家集本　一冊

420000－2341－0005303　D/0031/3

魏武帝集一卷　（三國魏）武帝曹操撰　（明）

張溥閱　**魏文帝集二卷**　（三國魏）文帝曹丕撰　（明）張溥閱　明婁東張氏刻漢魏六朝一百三家集本　一冊

420000－2341－0005304　D/0031/4
晉杜征南集一卷　（晉）杜預撰　（明）張溥閱　**魏荀公曾集一卷**　（三國魏）荀勗撰　（明）張溥閱　**傅鶉觚集一卷**　（晉）傅玄撰　（明）張溥閱　明婁東張氏刻漢魏六朝一百三家集本　一冊

420000－2341－0005305　D/0031/4
晉張司空集一卷　（晉）張華撰　（明）張溥閱　**孫馮翊集一卷**　（晉）孫楚撰　（明）張溥閱　**晉摯太常集一卷**　（晉）摯虞撰　（明）張溥閱　**晉束廣微集一卷**　（晉）束皙撰　（明）張溥閱　明婁東張氏刻漢魏六朝一百三家集本　一冊

420000－2341－0005306　D/0031/4
夏侯常侍集一卷　（晉）夏侯湛撰　（明）張溥閱　**潘黃門集一卷**　（晉）潘岳撰　（明）張溥閱　**傅中丞集一卷**　（晉）傅咸撰　（明）張溥閱　**潘太常集一卷**　（晉）潘尼撰　（明）張溥閱　明婁東張氏刻漢魏六朝一百三家集本　一冊

420000－2341－0005307　D/0031/5
晉成公子安集一卷　（晉）成公綏撰　（明）張溥閱　**晉張孟陽集一卷**　（晉）張載撰　（明）張溥閱　**晉張景陽集一卷**　（晉）張協撰　(明)張溥閱　**晉劉越石集一卷**　（晉）劉琨撰　（明）張溥閱　**郭弘農集二卷**　（晉）郭璞撰　（明）張溥閱　明婁東張氏刻漢魏六朝一百三家集本　一冊

420000－2341－0005308　D/0031/5
晉王右軍集二卷　（晉）王羲之撰　（明）張溥閱　**晉王大令集一卷**　（晉）王獻之撰　（明）張溥閱　明婁東張氏刻漢魏六朝一百三家集本　一冊

420000－2341－0005309　D/0031/5
陸平原集二卷　（晉）陸機撰　（明）張溥閱　**陸清河集二卷**　（晉）陸雲撰　（明）張溥閱

明婁東張氏刻漢魏六朝一百三家集本　一冊

420000－2341－0005310　D/0031/5
孫廷尉集一卷　（晉）孫綽撰　（明）張溥閱　**陶彭澤集一卷**　（晉）陶淵明撰　（明）張溥閱　明婁東張氏刻漢魏六朝一百三家集本　一冊

420000－2341－0005311　D/0031/6
宋何衡陽集一卷　（南朝宋）何承天撰　（明）張溥閱　**宋傅光祿集一卷**　（南朝宋）傅亮撰　（明）張溥閱　**謝康樂集二卷**　（南朝宋）謝靈運撰　（明）張溥閱　明婁東張氏刻漢魏六朝一百三家集本　一冊

420000－2341－0005312　D/0031/6
宋袁陽源集一卷　（南朝宋）袁淑撰　（明）張溥閱　**謝法曹集一卷**　（南朝宋）謝惠連撰　（明）張溥閱　**謝光祿集一卷**　（南朝宋）謝莊撰　（明）張溥閱　明婁東張氏刻漢魏六朝一百三家集本　一冊

420000－2341－0005313　D/0031/6
顏光祿集一卷　（南朝宋）顏延之撰　（明）張溥閱　**鮑參軍集二卷**　（南朝宋）鮑照撰　（明）張溥閱　明婁東張氏刻漢魏六朝一百三家集本　一冊

420000－2341－0005314　D/0031/7
南齊竟陵王集二卷　（南朝齊）蕭子良撰　（明）張溥閱　**王文憲集一卷**　（南朝齊）王儉撰　（明）張溥閱　明婁東張氏刻漢魏六朝一百三家集本　一冊

420000－2341－0005315　D/0031/7
王寧朔集一卷　（南朝齊）王融撰　（明）張溥閱　**謝宣城集一卷**　（南朝齊）謝朓撰　（明）張溥閱　**齊張長史集一卷**　（南朝齊）張融撰　（明）張溥閱　**南齊孔詹事集一卷**　（南朝齊）孔稚珪撰　（明）張溥閱　明婁東張氏刻漢魏六朝一百三家集本　一冊

420000－2341－0005316　D/0031/8
梁簡文帝御製集二卷　（南朝梁）簡文帝蕭綱撰　（明）張溥閱　明婁東張氏刻漢魏六朝一

百三家集本　一册

420000－2341－0005317　D/0031/8

梁武帝御製集二卷　（南朝梁）武帝蕭衍撰
（明）張溥閱　明婁東張氏刻漢魏六朝一百三
家集本　一册

420000－2341－0005318　D/0031/8

梁昭明太子集一卷　（南朝梁）蕭統撰　（明）
張溥閱　**梁元帝集一卷**　（南朝梁）元帝蕭繹
撰　（明）張溥閱　明婁東張氏刻漢魏六朝一
百三家集本　一册

420000－2341－0005319　D/0031/9

江醴陵集二卷　（南朝梁）江淹撰　（明）張溥
閱　明婁東張氏刻漢魏六朝一百三家集本
一册

420000－2341－0005320　D/0031/9

沈隱侯集二卷　（南朝梁）沈約撰　（明）張溥
閱　明婁東張氏刻漢魏六朝一百三家集本
一册

420000－2341－0005321　D/0032/1－2

三國文二十卷　（明）張采輯　（明）徐孚遠
（明）陳子龍鑒定　明崇禎十年至十七年
（1637－1644）金閭五雲居刻本（卷四係抄配）
　十册

420000－2341－0005322　D/0033

眾妙集一卷　（宋）趙師秀編　明末毛氏汲古
閣刻本　三册

420000－2341－0005323　D/0034

唐宋八大家文鈔一百四十四卷　（明）茅坤編
　明萬曆七年（1579）茅一桂刻本　六十册

420000－2341－0005324　D/0035

宋洪魏公進萬首唐人絕句四十卷目錄四卷
（宋）洪邁編　明萬曆三十五年（1607）趙宧光
刻本　二十册

420000－2341－0005325　D/0036

唐人選唐詩八種二十三卷　（明）毛晉輯　明
崇禎元年（1628）毛氏汲古閣刻本　八册

420000－2341－0005326　D/0037

唐詩歸三十六卷　（明）鍾惺　（明）譚元春選
定　明萬曆四十五年（1617）刻本　二十四册

420000－2341－0005327　D/0038

唐雅三卷　（明）胡纘宗輯　明嘉靖二十八年
（1549）文斗山堂刻本　二册

420000－2341－0005328　D/0038

唐音戊籤二百一卷　（明）胡震亨編　清康熙
二十六年（1687）刻本　十八册

420000－2341－0005329　D/0038

唐音戊籤餘閏六十三卷　（明）胡震亨編　清
康熙二十六年（1687）刻本　六册

420000－2341－0005330　D/0039

唐音審體二十卷　（清）錢良擇編　清康熙四
十三年（1704）昭質堂刻本　六册

420000－2341－0005331　D/0040

唐詩紀一百七十卷目錄三十四卷　（明）吳琯
編　明萬曆十三年（1585）吳琯刻本　六十册

420000－2341－0005332　D/0041

才調集十卷　（五代）韋縠編　清康熙四十三
年（1704）垂雲堂刻本　四册

420000－2341－0005333　D/0042

唐詩觀瀾集二十四卷唐人小傳一卷　（清）李
因培選評　（清）凌應曾編注　清乾隆二十四
年（1759）江蘇學使署刻本　八册

420000－2341－0005334　D/0043

**唐詩品匯九十卷拾遺十卷詩人爵里詳節一卷
總目一卷**　（明）高棅編　明汪宗尼刻本　四
十册

420000－2341－0005335　D/0044

十家唐詩二十二種二十三卷　（明）華效欽輯
　明萬曆二十年（1592）華懋謙刻本　二十册

420000－2341－0005336　D/0045

而庵說唐詩二十二卷　（清）徐增撰　清康熙
九誥堂刻本　十册

420000－2341－0005337　D/0046

晚邨先生八家古文精選不分卷　（清）呂留良
輯　清康熙四十三年（1704）呂氏家塾刻本

四冊

420000－2341－0005338　D/0047

新雕宋朝文鑒一百五十卷　（宋）呂祖謙編
明天順八年(1464)嚴州府刻弘治十七年
(1504)胡韶補刻本　二十四冊

420000－2341－0005339　D/0048

宋詩鈔初集不分卷　（清）吳之振編　清康熙
十年(1671)吳氏鑒古堂刻本　二十四冊

420000－2341－0005340　D/0049

蘇門四學士文粹四種四十四卷　（□）□□撰
明崇禎六年(1633)新安胡氏刻本　八冊

420000－2341－0005341　D/0050

新喻三劉文集六卷首一卷　（清）劉啟昆編
清乾隆十五年(1750)劉氏刻本　六冊

420000－2341－0005342　D/0051

宋百家詩存一百種二十卷　（清）曹廷棟編
清乾隆六年(1741)曹氏二六書堂刻本　二
十冊

420000－2341－0005343　D/0052

三蘇先生文粹七十卷　（宋）蘇洵　（宋）蘇軾
（宋）蘇轍撰　明嘉靖刻本　十冊

420000－2341－0005344　D/0053

新鐫增訂皇明史館名公經世宏辭十四集
（明）施潔　（明）凌稚隆輯　（明）項鳴秋增
訂　明萬曆刻本　五冊

420000－2341－0005345　D/0054

明詩別裁集十二卷　（清）沈德潛　（清）周準
輯　清乾隆四年(1739)刻本　六冊

420000－2341－0005346　D/0055

感舊集十六卷附小傳補遺　（清）王士禎編
（清）盧見曾補編　清乾隆十七年(1752)刻本
十六冊

420000－2341－0005347　D/0056

中州集十卷首一卷附中州樂府一卷　（金）元
好問撰　明末毛氏汲古閣刻本　十冊

420000－2341－0005348　D/0057

吳都文粹十卷　（宋）鄭虎臣編　清康熙六十

年(1721)活字印本　八冊

420000－2341－0005349　D/0058

新安文獻志一百卷先賢事略二卷目錄二卷
（明）程敏政輯　明弘治十年(1497)祁司員、
彭哲等刻本　十四冊

420000－2341－0005350　D/0059

王漁洋全集三十九種　（清）王士禎撰　清刻
本　一百冊

420000－2341－0005351　D/0060

楚辭章句十七卷附錄一卷　（漢）劉向編集
（漢）王逸章句　明萬曆十四年(1586)觀妙齋
馮紹祖刻本　六冊

420000－2341－0005352　D/0061

七十二家評注楚辭十九卷讀楚辭語一卷楚辭
雜論一卷　（明）陸時雍撰　屈原傳一卷
（漢）司馬遷撰　清康熙四十四年(1705)有文
堂刻本　四冊

420000－2341－0005353　D/0062

楚辭集解十六卷蒙引離騷二卷考異一卷大序
一卷小序一卷　（明）汪瑗輯　明萬曆四十三
年(1615)汪文英刻本　十二冊

420000－2341－0005354　D/0063

楚辭述注五卷　（漢）王逸章句　（宋）朱熹集
注　（明）來欽之述注　九歌圖一卷　（清）陳
洪綬繪　明崇禎十一年(1638)來氏刻本
三冊

420000－2341－0005355　D/0064

楚辭節注六卷　（清）姚培謙撰　清乾隆六年
(1741)姚氏刻本　四冊

420000－2341－0005356　D/0064a

楚辭叶音一卷　（清）劉維謙撰　清乾隆六年
(1741)刻本　二冊

420000－2341－0005357　D/0065

山帶閣注楚辭六卷首一卷附楚辭餘論二卷楚
辭說韻一卷　（戰國）屈原撰　（清）蔣驥注
清雍正五年(1727)蔣氏山帶閣刻本　六冊

420000－2341－0005358　D/0066

265

陳伯玉文集十卷　（唐）陳子昂撰　清抄本
八冊

420000－2341－0005359　D/0066a

顏魯公文集十五卷　（唐）顏真卿撰　明萬曆
二十四年(1596)刻本　二冊

420000－2341－0005360　D/0067

張燕公集二十五卷　（唐）張說撰　清乾隆武
英殿木活字印本　六冊

420000－2341－0005361　D/0068

分類補注李太白詩二十五卷年譜一卷　（唐）
李白撰　（宋）楊齊賢集注　（元）蕭士贇補注
明嘉靖二十五年(1546)玉几山人刻本　二
十冊

420000－2341－0005362　D/0069

分類補注李太白詩二十五卷年譜一卷　（唐）
李白撰　明萬曆三十年(1602)許自昌刻本
十二冊

420000－2341－0005363　D/0070

分類補注李太白詩二十五卷年譜一卷　（唐）
李白撰　（宋）楊齊賢集注　（元）蕭士贇補注
明嘉靖六經堂刻本　十冊

420000－2341－0005364　D/0071

李太白文集三十六卷　（唐）李白撰　（清）王
琦輯注　清乾隆二十四年(1759)刻本　七冊

420000－2341－0005365　D/0072

李詩通二十一卷杜詩通四十卷　（明）胡震亨
撰　清順治七年(1650)胡夏客、朱茂時刻本
十冊

420000－2341－0005366　D/0072a

李太白文集三十六卷並附錄　（唐）李白撰
清乾隆刻本　十六冊

420000－2341－0005367　D/0073

杜工部詩通十六卷　（明）張綖撰　明隆慶六
年(1572)張守中刻本　六冊

420000－2341－0005368　D/0074

杜工部詩集注解二十卷文集注解二卷編年詩
史譜目一卷　（清）張溍撰　清康熙三十七年

(1698)張氏讀書堂刻本　十二冊

420000－2341－0005369　D/0075

王右丞集二十八卷首一卷末一卷　（唐）王維
撰　清乾隆二年(1737)趙氏刻本　四冊

420000－2341－0005370　D/0075a

王右丞集二十八卷首一卷末一卷　（唐）王維
撰　清乾隆趙殿成刻本　十二冊

420000－2341－0005371　D/0076

唐劉隨州詩集十一卷外集一卷　（唐）劉長卿
撰　明嘉靖二十九年(1550)蔣孝刻廣十二家
唐詩本　二冊

420000－2341－0005372　D/0077

唐陸宣公集二十四卷　（唐）陸贄撰　明嘉靖
二十七年(1548)沈伯威西清書舍刻本　四冊

420000－2341－0005373　D/0079

昌黎先生集四十卷外集十卷遺文一卷朱子校
昌黎先生集傳一卷　（唐）韓愈撰　（唐）李漢
編　（宋）朱熹考異　明萬曆東吳徐時泰東雅
堂刻本　十六冊

420000－2341－0005374　D/0080

韓昌黎詩集編年箋注十二卷　（清）方世舉考
訂　清乾隆二十三年(1758)雅雨堂刻本　十
二冊

420000－2341－0005375　D/0082

唐劉賓客詩集六卷拾遺一卷　（唐）劉禹錫撰
明嘉靖二十九年(1550)蔣孝刻廣十二家唐
詩本　二冊

420000－2341－0005376　D/0083

箋注評點李長吉歌詩四卷外集一卷　（唐）李
賀撰　（宋）吳正子箋注　（宋）劉辰翁評點
明刻本　四冊

420000－2341－0005377　D/0084

禪月集二十五卷補遺一卷　（唐）釋貫休撰
明末毛氏汲古閣刻本　二冊

420000－2341－0005378　D/0085

浣花集十卷　（唐）韋莊撰　補遺一卷　（明）
毛晉輯　明末毛氏汲古閣刻本　四冊

420000－2341－0005379　D/0086

鐔津文集十九卷　（宋）釋契嵩撰　鐔津明教大師行業記　（宋）陳舜俞撰　明萬曆三十五年(1607)刻本　四冊

420000－2341－0005380　D/0087

公是集五十四卷　（宋）劉敞撰　清乾隆三十九年(1774)武英殿木活字印本　二十四冊

420000－2341－0005381　D/0088

彭城集四十卷　（宋）劉攽撰　清乾隆武英殿木活字印本　二十冊

420000－2341－0005382　D/0089

陳眉公先生訂正丹淵集四十卷拾遺二卷　（宋）文同撰　石室先生年譜一卷　（宋）文誠之編　丹淵集附錄諸公書翰詩文一卷　（明）李應魁纂　明萬曆三十八年(1610)吳一標刻本　六冊

420000－2341－0005383　D/0090

元豐類藁五十卷附錄一卷　（宋）曾鞏撰　清康熙五十六年(1717)顧崧齡刻本　十冊

420000－2341－0005384　D/0091

南豐曾先生文粹十卷　（宋）曾鞏撰　明嘉靖二十八年(1549)安如石刻本　八冊

420000－2341－0005385　D/0092

宛陵先生文集六十卷附拾遺一卷　（宋）梅堯臣撰　清康熙四十一年(1702)徐氏白華書屋刻本　八冊

420000－2341－0005386　D/0093

南豐曾文昭公遺集二卷首一卷遺錄一卷　（宋）曾肇撰　清抄本　四冊

420000－2341－0005387　D/0094

歐陽文忠公全集一百三十五卷　（宋）歐陽修撰　明嘉靖三十四年(1555)陳珊刻本　三十二冊

420000－2341－0005388　D/0095

新刻臨川王介甫先生詩文集一百卷序一卷目錄一卷　（宋）王安石撰　明萬曆四十年(1612)王鳳翔光啟堂刻本　二十冊

420000－2341－0005389　D/0096

施註蘇詩四十二卷首一卷總目二卷蘇詩續補遺二卷　（宋）蘇軾撰　（宋）施元之注　清康熙三十八年(1699)宋犖刻本　二十冊

420000－2341－0005390　D/0097

東坡先生詩集注三十二卷　（宋）蘇軾撰　（宋）王十朋注　明崇禎王永積刻本　十六冊

420000－2341－0005391　D/0098

東坡文選二十卷　（宋）蘇軾撰　（明）鍾惺輯並評　明泰昌元年(1620)刻本　十二冊

420000－2341－0005392　D/0099

豫章黃先生文集三十卷外集十四卷別集二十卷簡尺二卷詞一卷　（宋）黃庭堅撰　明弘治葉天爵刻嘉靖六年(1527)喬遷、余載仕補刻本　一冊　存一卷(山谷詞一卷)

420000－2341－0005393　D/0100

石門文字禪三十卷　（宋）釋德洪撰　（宋）釋覺慈編　清康熙刻徑山藏本　六冊

420000－2341－0005394　D/0101

北山小集四十卷　（宋）程俱撰　清抄本　十冊

420000－2341－0005395　D/0102

雪山集十六卷　（宋）王質撰　清乾隆武英殿木活字印本　六冊

420000－2341－0005396　D/0103

梅溪先生廷試策一卷奏議四卷文集二十卷後集二十九卷附錄一卷　（宋）王十朋撰　明正統五年(1440)劉謙、何濬刻天順六年(1462)補刻本　二十四冊

420000－2341－0005397　D/0104

攻媿集一百十二卷　（宋）樓鑰撰　清乾隆四十五年(1780)武英殿木活字印本　二十冊

420000－2341－0005398　D/0105

石湖居士詩集三十四卷　（宋）范成大撰　清康熙二十七年(1688)顧氏秀野草堂刻本　六冊

420000－2341－0005399　D/0106

龍川文集三十卷　（宋）陳亮撰　附刻一卷
明萬曆四十四年（1616）陳氏聚星堂刻本
六冊

420000－2341－0005400　D/0107
西山先生真文忠公文集五十五卷目錄二卷
（宋）真德秀撰　明崇禎十一年（1638）刻本
二十一冊

420000－2341－0005401　D/0108
蒙齋集二十卷　（宋）袁甫撰　清乾隆三十九
年（1774）武英殿木活字印本　十六冊

420000－2341－0005402　D/0109
象山先生全集三十六卷　（宋）陸九淵撰　明
嘉靖四十年（1561）刻清補修本　八冊

420000－2341－0005403　D/0111
宋學士徐文惠公存稿四卷　（宋）徐經孫撰
清抄本　四冊

420000－2341－0005404　D/0112
玉楮詩藁八卷　（宋）岳珂撰　清抄本　四冊

420000－2341－0005405　D/0113
文山先生文集十七卷指南文集三卷別集一卷
遺墨一卷　（宋）文天祥撰　明正德九年
（1514）張祥刻本　六冊

420000－2341－0005406　D/0114
牧庵集三十六卷年譜一卷　（元）姚燧撰　清
乾隆三十九年（1774）武英殿木活字印本　十
二冊

420000－2341－0005407　D/0115
貢禮部玩齋集十卷拾遺一卷首一卷　（元）貢
師泰撰　明天順七年（1463）沈性刻嘉靖十四
年（1535）徐萬璧補刻本　五冊

420000－2341－0005408　D/0116
師山先生文集八卷遺文五卷　（元）鄭玉撰
附錄一卷濟美錄四卷　（明）鄭燭撰　明嘉靖
十四年（1535）鄭氏家塾刻清補刻本　三冊

420000－2341－0005409　D/0117
九靈山房集三十卷首一卷末一卷　（元）戴良
撰　清乾隆三十七年（1772）戴殿江傳經堂刻

本　十二冊

420000－2341－0005410　D/0118
楊鐵崖文集五卷　（元）楊維禎撰　楊鐵崖香
奩集一卷　明陳子京漱雲樓刻本　一冊

420000－2341－0005411　D/0118
楊鐵崖史義拾遺二卷　（元）楊維禎撰　西湖
竹枝詞一卷　明陳子京漱雲樓刻本　一冊

420000－2341－0005412　D/0118
鐵崖詠史注八卷　（元）楊維禎撰　清乾隆三
十九年（1774）聯桂堂刻本　一冊

420000－2341－0005413　D/0118
鐵厓逸編註八卷　（元）楊維禎撰　清乾隆三
十九年（1774）聯桂堂刻本　一冊

420000－2341－0005414　D/0119
誠意伯劉文成公文集二十卷附明經序目
（明）劉基撰　明隆慶六年（1572）謝廷傑、陳
烈刻本　十冊

420000－2341－0005415　D/0120
陶學士先生文集二十卷事蹟一卷　（明）陶安
撰　明弘治十三年（1500）項經刻本　十冊

420000－2341－0005416　D/0121
清江貝先生詩集十卷文集三十卷　（明）貝瓊
撰　（清）金檀編　清康熙五十八年（1719）婁
東金檀燕翼堂刻本　六冊

420000－2341－0005417　D/0122
重刻張來儀靜居集四卷　（明）張羽撰　明萬
曆陳邦瞻、汪汝淳刻本　四冊

420000－2341－0005418　D/0123
海叟詩集四卷集外詩一卷　（明）袁凱撰　附
錄一卷　（清）曹炳曾輯　清康熙六十一年
（1722）曹炳曾城書室刻本　四冊

420000－2341－0005419　D/0124
方正學先生遜志齋集二十四卷序目一卷
（明）方孝孺撰　明萬曆四十年（1612）丁賓等
刻本　二十四冊

420000－2341－0005420　D/0125
文清公薛先生文集十卷目錄一卷　（明）薛瑄

撰 （明）張鼎編 明萬曆四十二年(1614)刻本 六冊

420000－2341－0005421 D/0126
白沙先生遺詩補集五卷 （明）陳獻章撰 （明）袁奎編 （明）蕭端升輯 **附白沙先生行狀銘表** （明）袁奎編 明萬曆十二年(1584)刻本 六冊

420000－2341－0005422 D/0127
蔡文莊公集八卷附艾庵密箴一卷太極圖說一卷河洛私見一卷 （明）蔡清撰 清乾隆七年(1742)遜敏齋刻本 八冊

420000－2341－0005423 D/0128
翰林羅圭峯先生文集十八卷 （明）羅玘撰 明嘉靖刻本 十六冊

420000－2341－0005424 D/0129
王文成公全書三十八卷 （明）王守仁撰 明隆慶二年(1568)謝廷傑刻萬曆三十五年(1607)左宗郢等重修本 三十二冊

420000－2341－0005425 D/0130
康對山先生全集四十六卷序目一卷 （明）康海撰 明萬曆十年(1582)潘允哲刻本 十冊

420000－2341－0005426 D/0131
渼陂集十六卷續集三卷 （明）王九思撰 明嘉靖二十五年(1546)翁萬達刻本 十冊

420000－2341－0005427 D/0132
何氏集二十六卷 （明）何景明撰 明嘉靖十年(1531)義陽書院刻本 八冊

420000－2341－0005428 D/0133
徐迪功集六卷附談藝錄一卷 （明）徐禎卿撰 清乾隆二十五年(1760)鞠坤皋刻本 一冊

420000－2341－0005429 D/0134
鳥鼠山人小集十六卷後集二卷擬古樂府二卷擬漢樂府八卷附錄二卷唐雅八卷 （明）胡纘宗撰輯 明嘉靖刻清順治十三年(1656)周盛時補刻本 十四冊

420000－2341－0005430 D/0135
招搖池館集十卷 （明）詹萊撰 明福建書坊

詹佛美木活字印本 四冊

420000－2341－0005431 D/0136
遵巖先生文集四十卷 （明）王慎中撰 明隆慶五年(1571)邵廉刻本 二十冊

420000－2341－0005432 D/0137
重刊荊川先生文集十七卷外集三卷 （明）唐順之撰 明萬曆元年(1573)純白齋刻本 二十冊

420000－2341－0005433 D/0138
滄溟先生集三十卷 （明）李攀龍撰 **附錄一卷** （明）陳升編 明萬曆三十四年(1606)陳升刻本 十冊

420000－2341－0005434 D/0139
弇州山人四部稿一百七十四卷目錄十二卷 （明）王世貞撰 明萬曆五年(1577)王氏世經堂刻本 四十八冊

420000－2341－0005435 D/0140
王弇州先生集二十卷 （明）王世貞撰 （清）張汝瑚編 清康熙二十一年(1682)鄧雪書林刻本 十冊

420000－2341－0005436 D/0141
新刻張太岳先生全集四十六卷目錄一卷 （明）張居正撰 （明）張嗣修編 **太師張文忠公行實一卷** （明）張敬修撰 明萬曆四十年(1612)刻本 八冊

420000－2341－0005437 D/0142
甔甀洞稿五十四卷目錄二卷 （明）吳國倫撰 清初吳騰、吳棟元刻本 二十冊

420000－2341－0005438 D/0143
馮琢庵先生北海集五十八卷 （明）馮琦撰 明萬曆三十七年(1609)陳一元刻本 十冊

420000－2341－0005439 D/0144
玉茗堂全集四十四卷 （明）湯顯祖撰 清康熙三十三年(1694)竹林堂刻本 八冊

420000－2341－0005440 D/0145
鹿忠節公集二十一卷年譜二卷 （明）鹿善繼撰 清康熙六年(1667)刻本 八冊

420000－2341－0005441　D/0146

玉罄山房遺稿八卷序目一卷　（明）王毓宗撰
　（明）王世鴻輯　明天啓四年（1624）溫皋
謨、詹爾達刻本　六冊

420000－2341－0005442　D/0147

范文忠公初集十二卷　（明）范景文撰　范文
忠公年譜一卷　（清）王孫錫撰　清康熙范氏
思仁堂家刻本　四冊

420000－2341－0005443　D/0148

黃陶庵先生全集二十二卷首一卷末一卷
（明）黃淳耀撰　（清）陶應鯤補輯　清乾隆二
十六年（1761）陶應鯤刻本　十二冊

420000－2341－0005444　D/0149

蒼谷先生全集十二卷　（明）王尚炯撰　（明）
王綖編　附錄一卷　（清）王純輯　清乾隆二
十三年（1758）王純密止堂刻本　六冊

420000－2341－0005445　D/0150

峴泉集六卷　（明）張宇初撰　清乾隆十九年
（1754）張昭麟刻本　六冊

420000－2341－0005446　D/0151

湯子遺書十卷　（清）湯斌撰　附錄一卷
（清）王廷燦編　清康熙四十二年（1703）愛日
堂刻本　四冊

420000－2341－0005447　D/0152

帶經堂集九十二卷　（清）王士禛撰　（清）程
哲編　清康熙五十一年（1712）七略書堂刻本
　二十冊

420000－2341－0005448　D/0153

漁洋山人詩集二十二卷　（清）王士禛撰　清
康熙八年（1669）吳郡沂詠堂刻本　六冊

420000－2341－0005449　D/0154

漁洋山人精華錄十卷　（清）王士禛撰　（清）
林佶編　清康熙林佶寫刻本　四冊

420000－2341－0005450　D/0155

堯峰文鈔四十卷詩十卷　（清）汪琬撰　（清）
林佶輯　清康熙三十二年（1693）林佶寫刻本
　十冊

420000－2341－0005451　D/0156

午亭文編五十卷　（清）陳廷敬撰　清康熙四
十七年（1708）林佶寫刻本　十四冊

420000－2341－0005452　D/0156

午亭山人第二集三卷　（清）陳廷敬撰　清乾
隆七年（1742）于大梃刻本　三冊

420000－2341－0005453　D/0157

經義齋集十八卷　（清）熊賜履撰　清康熙二
十九年（1690）退補齋刻本　十冊

420000－2341－0005454　D/0158

于清端公政書八卷外集一卷　（清）于成龍撰
　首編一卷　（清）于準錄　續集一卷　（清）
金岳撰　清乾隆二十六年（1761）刻本　十冊

420000－2341－0005455　D/0159

青箱堂詩集三十三卷　（清）王崇簡撰　清康
熙十四年（1675）刻本　八冊

420000－2341－0005456　D/0160

抱犢山房集六卷首一卷　（清）嵇永仁撰　清
雍正元年（1723）嵇曾筠刻本　六冊

420000－2341－0005457　D/0161

西陂類稿五十卷　（清）宋犖撰　（清）周龍藻
（清）宋之犖編　清康熙五十年（1711）刻本
十六冊

420000－2341－0005458　D/0162

善卷堂四六十卷　（清）陸繁弨撰　（清）吳自
高注　清乾隆三十五年（1770）亦園刻本
四冊

420000－2341－0005459　D/0163

樓邨詩集三十五卷　（清）王式丹撰　清雍正
四年（1726）王懋訥刻本　四冊

420000－2341－0005460　D/0164

張文貞公集十二卷　（清）張玉書撰　清乾隆
五十七年（1792）張護松蔭堂刻本　四冊

420000－2341－0005461　D/0165

中山文鈔四種十五卷　（清）郝浴撰　清康熙
刻本　八冊

420000－2341－0005462　D/0166

南華山房詩鈔十六卷賜詩賡和集六卷　（清）
張鵬翀撰　清乾隆十年(1745)家刻本　十
二冊

420000－2341－0005463　D/0167

穆堂別稿五十卷　（清）李紱撰　清乾隆十二
年(1747)奉國堂刻本　十二冊

420000－2341－0005464　D/0167a

皋軒文編五卷附離騷經注不分卷　（清）李光
坡撰　清乾隆三十二年(1767)清白堂刻本
三冊

420000－2341－0005465　D/0168

樊榭山房文集八卷詩集十卷續集十卷　（清）
厲鶚撰　清乾隆四十三年(1778)刻本　三冊

420000－2341－0005466　D/0169

邵子湘全集三十卷　（清）邵長蘅撰　清康熙
三十二年(1693)青門草堂刻本　八冊

420000－2341－0005467　D/0170

有懷堂全集詩藁六卷文藁二十二卷　（清）韓
菼撰　清康熙四十二年(1703)刻本　八冊

420000－2341－0005468　D/0171

憺園文集三十六卷　（清）徐乾學撰　清雍正
刻本　二十冊

420000－2341－0005469　D/0172

沈德潛手錄不分卷　（清）沈德潛錄　清乾隆
四十二年(1777)沈德潛抄本　二冊

420000－2341－0005470　D/0173

玉照亭詩鈔二十卷　（清）陳大章撰　（清）陳
師晉編　清乾隆九年(1744)玉照亭刻黃岡二
家詩鈔本　四冊

420000－2341－0005471　D/0174

銅鼓書堂遺藁三十二卷　（清）查禮撰　清乾
隆五十七年(1792)刻本　八冊

420000－2341－0005472　D/0175

求闕齋隨筆家訓不分卷　（清）曾國藩撰　清
光緒十二年(1886)宜昌趙氏抄本　二冊

420000－2341－0005473　D/0176

御選歷代詩餘一百二十卷　（清）聖祖玄燁選

（清）沈辰垣　（清）王奕清輯　清康熙四十
六年(1707)內府刻本　四十冊

420000－2341－0005474　D/0177

花草粹編十二卷　（明）陳耀文編　樂府指迷
一卷　（宋）沈義父撰　明萬曆十一年(1583)
刻本　二十四冊

420000－2341－0005475　D/0178

山中白雲詞八卷附錄一卷　（宋）張炎撰　清
雍正四年(1726)曹炳曾城書室刻本　四冊

420000－2341－0005476　D/0179

鼎鐫西廂記二卷　（元）王德信　（元）關漢卿
撰　（明）陳繼儒評　明萬曆書林蕭騰鴻刻本
二冊

420000－2341－0005477　D/0180

吳吳山三婦合評牡丹亭還魂記二卷　（明）湯
顯祖撰　（清）陳同　（清）談則評點　（清）
錢宜參評　清康熙三十三年(1694)綠野山房
刻本　四冊

420000－2341－0005478　D/0181

玉茗堂還魂記二卷　（明）湯顯祖撰　清乾隆
五十年(1785)冰絲館刻本　六冊

420000－2341－0005479　D/0182

空青石傳奇二卷　（清）萬樹撰　（清）吳棠禎
評　清康熙二十五年(1686)粲花別墅刻本
二冊

420000－2341－0005480　D/0183

念八翻傳奇二卷　（清）萬樹撰　（清）呂洪烈
評　清康熙二十五年(1686)粲花別墅刻本
二冊

420000－2341－0005481　D/0184

異方便淨土傳燈歸元鏡三祖實錄二卷附錄一
卷　（清）釋智達撰　清康熙三十八年(1699)
雲棲寺刻本　四冊

420000－2341－0005482　D/0185

太古傳宗琵琶調西廂記曲譜二卷宮詞曲譜二
卷　（清）湯斯質　（清）顧俊德編　（清）徐
興華　（清）朱廷鏐　（清）朱廷璋重訂　清乾

隆十四年(1749)允祿刻本　九冊

420000－2341－0005483　D/0185

絃索調時劇新譜二卷　（清）朱廷鏐　（清）朱廷璋編　（清）鄒金生　（清）徐興華審定　清乾隆十四年(1749)允祿刻本　三冊

420000－2341－0005484　D/0186

曲譜十二卷首一卷末一卷　（清）王奕清撰　清光緒十四年(1888)楊氏清白書屋抄本　二十冊

420000－2341－0005485　D/0187

新鐫楊家府世代忠勇演義志傳八卷　（明）秦淮墨客校閱　清刻本　八冊

420000－2341－0005486　D/0188

文心雕龍十卷　（南朝梁）劉勰撰　（明）楊慎批點　（清）張松孫輯注　清乾隆五十六年(1791)張氏刻本　六冊

420000－2341－0005487　D/0189

文心雕龍十卷　（南朝梁）劉勰撰　（清）黃叔琳輯注　清乾隆六年(1741)黃氏養素堂刻本　四冊

420000－2341－0005488　D/0190

漁隱叢話前集六十卷後集四十卷　（宋）胡仔輯　清乾隆六年(1741)楊佑啟耘經樓刻本　十六冊

420000－2341－0005489　D/0191

本事詩前後集十二卷　（清）徐釚編　清乾隆二十二年(1757)汪肯堂半松書屋刻本　四冊

420000－2341－0005490　D/0192

宋詩紀事一百卷　（清）厲鶚撰　清乾隆十一年(1746)厲鶚樊榭山房刻本　三十二冊

420000－2341－0005491　D/0193

文心雕龍十卷　（南朝梁）劉勰撰　（明）楊慎批點　明天啓二年(1622)刻本　二冊

420000－2341－0005492　D/0194

文心雕龍十卷　（南朝梁）劉勰撰　（清）黃叔琳輯注　清乾隆六年(1741)姚培謙刻本　四冊

420000－2341－0005493　D/0195

明刻文心雕龍十卷　（南朝梁）劉勰撰　明刻本　二冊

420000－2341－0005494　D/0196

山曉閣全集五十二卷　（清）孫琭選評　清康熙五十四年(1715)刻本　三十六冊

420000－2341－0005495　D/0197

古文淵鑒六十四卷　（清）徐乾學撰　清康熙二十四年(1685)內府刻本　四十八冊

420000－2341－0005496　D/0198

文苑英華選六十卷　（清）宮夢仁選訂　清康熙三十六年至四十一年(1697－1702)刻本　二十四冊

420000－2341－0005497　D/0199

文選六十卷　（南朝梁）蕭統輯　清康熙二十五年(1686)錢士謐刻本　十二冊

420000－2341－0005498　D/0200

六臣注文選六十卷　（南朝梁）蕭統輯　（唐）李善注　明末梅墅石渠閣刻本　三十二冊

420000－2341－0005499　D/0201

梁昭明文選三十卷　（南朝梁）蕭統撰　（明）張鳳翼纂注　明末刻本　十二冊

420000－2341－0005500　D/0202

近光集二十八卷　（清）汪士鋐編纂　清康熙五十八年(1719)保德堂刻本　十冊

420000－2341－0005501　D/0203

皇明五先生文雋敘目不分卷　（明）蘇文韓輯　明天啓四年(1624)蘇氏刻本　一冊

420000－2341－0005502　D/0205

聽嚶堂四種四十三卷　（清）黃始輯　清康熙刻本　二十四冊

420000－2341－0005503　D/0206

文定集二十四卷　（宋）汪應辰撰　（清）彭紹觀校　清康熙四十五年(1706)武英殿木活字印本　六冊

420000－2341－0005504　D/0207

文恭集四十卷　（宋）胡宿撰　清乾隆三十九

年(1774)武英殿木活字印本　八冊

420000－2341－0005505　D/0208

司馬溫公文集八十二卷首一卷　（宋）司馬光
撰　明崇禎元年(1628)吳時亮刻清康熙四十
七年(1708)蔣起龍補刻本　二十四冊

420000－2341－0005506　D/0209

宋黃文節公正集三十二卷別集十九卷外集二
十四卷首四卷　（宋）黃庭堅撰　伐檀集二卷
　（宋）黃庶撰　清乾隆三十年(1765)緝香堂
刻本　二十三冊

420000－2341－0005507　D/0210

范忠宣公全集二十卷奏議二卷遺文一卷補編
一卷附錄一卷　（宋）范純仁撰　清康熙四十
六年(1707)歲寒堂刻本　六冊

420000－2341－0005508　D/0211

淨德集三十八卷　（宋）呂陶撰　清乾隆武英
殿木活字印本　八冊

420000－2341－0005509　D/0212

廬陵宋丞相信國公文忠烈先生全集十六卷遺
墨一卷　（宋）文天祥撰　清雍正三年(1725)
文有煥、文從偉五桂堂刻本　八冊

420000－2341－0005510　D/0213

安陽集家傳十卷別錄三卷文集五十卷遺事一
卷　（宋）韓琦撰　（清）黃邦寧重修　清乾隆
刻本　十冊

420000－2341－0005511　D/0214

高文襄公文集存八十卷　（明）高拱撰　清康
熙高有聞刻乾隆十六年(1751)高玉生補修本
　二十二冊

420000－2341－0005512　D/0215

青箱堂文集十二卷遺稿續刻一卷年譜一卷
（清）王崇簡撰　清康熙刻本　六冊

420000－2341－0005513　D/0216

剡山堂稿十二卷　（明）戴士琳撰　明刻本
四冊

420000－2341－0005514　D/0217

來復堂集二十五卷　（明）曾維倫撰　清乾隆

九年(1744)曾廷試刻本　十二冊

420000－2341－0005515　D/0218

清吟堂全集十六種七十八卷　（清）高士奇撰
　清康熙刻本　八冊

420000－2341－0005516　D/0219

隨輦集十卷續集一卷松亭行記二卷扈從東巡
日錄二卷附錄一卷扈從西巡日錄一卷塞北小
鈔一卷　（清）高士奇撰　清康熙刻本　八冊

420000－2341－0005517　D/0220

五公山人集十六卷　（清）王餘佑撰　（清）李
興祖編　清康熙三十四年(1695)刻本　四冊

420000－2341－0005518　D/0221

正誼堂續集八卷　（清）張伯行撰　（清）張朱
霖編　清乾隆刻本　四冊

420000－2341－0005519　D/0222

鵝湖書院講略二卷外集一卷　（清）詹如錫輯
　清康熙四十六年(1707)刻本　二冊

420000－2341－0005520　D/0223

寒松堂全集十二卷　（清）魏象樞撰　清乾隆
刻本　十二冊

420000－2341－0005521　D/0224

柴村全集五種二十一卷　（清）邱志廣撰　清
雍正四年(1726)刻本　十二冊

420000－2341－0005522　D/0225

安雅堂全集七種十九卷　（清）宋琬撰　清順
治至乾隆刻本　十六冊

420000－2341－0005523　D/0226

尊道堂詩鈔八卷別集六卷　（清）王材任撰
清乾隆四年(1739)玉照亭刻本　四冊

420000－2341－0005524　D/0227

唐詩正聲二十二卷　（明）高棅輯　明刻本
四冊

420000－2341－0005525　D/0228

全唐詩九百卷目錄十二卷　（清）曹寅輯　清
康熙四十六年(1707)揚州詩局刻本　一百二
十冊

420000－2341－0005526　D/0229

唐詩鼓吹十卷　（元）郝天挺注　（元）廖文炳解　清順治十六年（1659）敬儀堂刻本　十冊

420000－2341－0005527　D/0230

唐雅同聲五十卷目錄二卷　（明）毛懋宗輯　明崇禎六年（1633）刻本　十八冊

420000－2341－0005528　D/0231

網師園唐詩箋十八卷　（清）宋宗元輯　清乾隆三十二年（1767）尚絅堂刻本　八冊

420000－2341－0005529　D/0232

唐詩英華十四卷　（清）顧有孝編　清順治十四年（1657）寧遠堂刻本　四冊

420000－2341－0005530　D/0233

草堂詩餘別集四卷　（明）沈際飛選評　（明）秦士奇訂　明末刻本　四冊

420000－2341－0005531　D/0234

唐詩貫珠六十卷　（清）胡以梅箋注　清康熙五十四年（1715）素心堂刻本　二十四冊

420000－2341－0005532　D/0235

御選唐宋詩醇四十七卷　（清）梁詩正等編　清乾隆十六年（1751）內府刻四色套印本　八冊

420000－2341－0005533　D/0236

元詩選六卷補遺一卷　（清）顧奎光選輯　清乾隆刻本　八冊

420000－2341－0005534　D/0237

元詩選十卷首一卷　（清）顧嗣立輯　清康熙三十三年（1694）顧氏秀野草堂刻本　六十八冊

420000－2341－0005535　D/0238

南宋襍事詩七卷　（清）沈嘉轍撰　清康熙武林芹香齋刻本　四冊

420000－2341－0005536　D/0239

南宋雜事詩七卷　（清）沈嘉轍撰　清道光九年（1829）扶荔山房刻本　四冊

420000－2341－0005537　D/0240

佩文齋詠物詩選四百八十六卷　（清）高興編

清康熙四十六年（1707）內府刻本　三十二冊

420000－2341－0005538　D/0241

國朝山左詩鈔六十卷　（清）盧見曾纂　清乾隆二十三年（1758）雅雨堂刻本　二十冊

420000－2341－0005539　D/0242

復堂詩鈔二卷　（清）譚獻撰　越縵堂詩鈔二卷　（清）李慈銘撰　清宣統三年（1911）周貞亮抄本　一冊

420000－2341－0005540　A/411.1/7714C4 貳

汲古閣說文訂一卷　（清）段玉裁撰　清同治十一年（1872）湖北崇文書局刻本　一冊

420000－2341－0005541　D/0243

重建滕王閣彙集不分卷　（清）蔡士英輯　清順治刻本　二冊

420000－2341－0005542　D/0244

分類補注李太白詩二十五卷　（宋）楊齊賢集注　明末長洲許自昌刻本　九冊

420000－2341－0005543　D/0245

杜工部詩集二十卷　（唐）杜甫撰　（清）朱鶴齡輯注　清康熙金陵三多齋刻本　十五冊

420000－2341－0005544　D/0246

杜詩論文五十六卷　（唐）杜甫撰　清康熙十一年（1672）常州岱淵堂刻本　十六冊

420000－2341－0005545　D/0247

杜詩論文五十六卷　（唐）杜甫撰　（清）吳見思注　清康熙十一年（1672）常州岱淵堂刻本　八冊

420000－2341－0005546　D/0248

杜詩集說十卷　（唐）杜甫撰　（清）江浩然纂輯　清乾隆刻本　六冊

420000－2341－0005547　D/0249

讀杜心解六卷首一卷　（清）浦起龍編　清雍正三年（1725）浦氏寧我齋刻本　八冊

420000－2341－0005548　D/0250

讀杜心解六卷首一卷　（清）浦起龍編　清雍正三年（1725）浦氏寧我齋刻本　十二冊

420000 – 2341 – 0005549　D/0251

杜詩偶評四卷　（清）沈德潛纂　清乾隆十二
年(1747)潘承松賦閑草堂刻本　四冊

420000 – 2341 – 0005550　D/0252

杜詩偶評四卷　（清）沈德潛纂　清乾隆十二
年(1747)潘承松賦閑草堂刻本　四冊

420000 – 2341 – 0005551　D/0253

杜律通解四卷　（清）李文煒箋釋　清雍正刻
本　四冊

420000 – 2341 – 0005552　D/0254

白香山詩長慶集二十卷後集十七卷別集一卷
補遺二卷　（唐）白居易撰　年譜二卷　（清）
汪立名撰　年譜舊本一卷　（宋）陳振孫撰
清康熙四十一年至四十二年(1702 – 1703)汪
立名一隅草堂刻本　十二冊

420000 – 2341 – 0005553　D/0255

重訂李義山詩集箋注三卷集外詩箋注一卷
（唐）李商隱撰　（清）朱鶴齡箋注　重訂李義
山年譜一卷詩話一卷　（清）程夢星輯　清乾
隆八年至九年(1743 – 1744)東柯草堂刻本
二冊

420000 – 2341 – 0005554　D/0256

重訂李義山詩集箋注三卷集外詩箋注一卷
（唐）李商隱撰　（清）朱鶴齡箋注　重訂李義
山年譜一卷詩話一卷　（清）程夢星輯　清乾
隆八年至九年(1743 – 1744)東柯草堂刻本
四冊

420000 – 2341 – 0005555　D/0257

李義山詩集十六卷　（唐）李商隱撰　清乾隆
五年(1740)讀書堂刻本　二冊

420000 – 2341 – 0005556　D/0258

李長吉昌谷集句解定本四卷　（唐）李賀撰
（清）姚佺箋　清丘象隨西軒刻梅邨書屋印本
二冊

420000 – 2341 – 0005557　D/0259

蘇文忠詩合注五十卷首一卷　（清）馮應榴輯
清乾隆刻本　二十冊

420000 – 2341 – 0005558　D/0260

東坡先生編年詩補注五十卷年表一卷　（清）
查慎行補注　清乾隆二十六年(1761)查開香
雨齋刻本　二十冊

420000 – 2341 – 0005559　D/0261

黃楊集三卷附補遺附錄　（元）華幼武撰　明
崇禎十一年(1638)刻本　四冊

420000 – 2341 – 0005560　D/0262

高季迪先生大全集十八卷　（明）高啟撰　清
康熙三十四年(1695)竹素園刻本　十二冊

420000 – 2341 – 0005561　D/0263

復庵集三集十卷四集十二卷　（清）孫錫蕃撰
清康熙麓樵居刻本　六冊

420000 – 2341 – 0005562　D/0264

受祺堂詩集三十五卷　（清）李因篤撰　清康
熙三十八年(1699)田氏刻本　十二冊

420000 – 2341 – 0005563　D/0265

香屑集十八卷　（清）黃之雋撰　清雍正十二
年(1734)遂初園刻本　二冊

420000 – 2341 – 0005564　D/0266

漁洋山人精華錄訓纂十卷補注一卷年譜二卷
附錄一卷　（清）王士禛撰　（清）惠棟注　清
惠氏紅豆齋刻本　十二冊

420000 – 2341 – 0005565　D/0267

漁洋山人精華錄箋注十二卷補一卷　（清）王
士禛撰　（清）金榮箋注　清金氏鳳翿堂刻本
十二冊

420000 – 2341 – 0005566　D/0268

沈歸愚文鈔二十卷餘集八卷　（清）沈德潛撰
清乾隆刻本　二十二冊

420000 – 2341 – 0005567　D/0268

沈歸愚詩鈔二十卷餘集八卷　（清）沈德潛撰
清乾隆刻本　二十二冊

420000 – 2341 – 0005568　D/0269

棲雲閣詩十六卷　（清）高珩撰　清乾隆五十
六年(1791)趙氏刻本　六冊

420000 – 2341 – 0005569　D/0270

拜經樓全集四種三十七卷　（清）吳騫撰　清
嘉慶刻本　十八冊

420000－2341－0005570　D/0270a

吳詩集覽二十卷　（清）吳偉業撰　（清）靳榮
藩注　談藪二卷拾遺一卷　（清）靳榮藩輯
清乾隆四十年(1775)靳榮藩凌雲亭刻本　二
十四冊

420000－2341－0005571　D/0271

耘圃詩鈔十二卷　（清）李繩勉撰　清乾隆五
十九年(1794)芸業齋刻本　四冊

420000－2341－0005572　D/0272

李長吉歌詩四卷附外集　（唐）李賀撰　（清）
王琦彙解　清乾隆王氏寶笏樓刻本　四冊

420000－2341－0005573　D/0273

忠雅堂詩集二十七卷補遺二卷詞集二卷
（清）蔣士銓撰　清嘉慶三年(1798)刻本
八冊

420000－2341－0005574　D/0274

蘇文忠公生日設祀詩一卷　（清）畢沅輯　清
乾隆四十九年(1784)青門節院刻本　一冊

420000－2341－0005575　D/0275

本朝館閣詩二十卷附二卷　（清）阮學浩編
清乾隆二十三年(1758)困學書屋刻本　十
二冊

420000－2341－0005576　D/0276

道榮堂全集詩十卷文六卷　（清）陳鵬年撰
清乾隆二十七年(1762)刻本　十四冊

420000－2341－0005577　D/0277

弢甫集十四卷附旌門錄　（清）桑調元撰　清
乾隆七年(1742)蘭陔草堂刻本　二冊

420000－2341－0005578　D/0278

貫華堂選批唐才子詩八卷　（清）金人瑞撰
清順治十七年(1660)刻本　十二冊

420000－2341－0005579　D/0279

香樹齋詩集十八卷　（清）錢陳群撰　清乾隆
十六年(1751)刻本　六冊

420000－2341－0005580　D/0280

味餘書室全集定本四十卷隨筆二卷　（清）慶
桂編　清嘉慶五年(1800)內府刻本　三十
二冊

420000－2341－0005581　D/0281

大谷山堂集六卷　（清）夢麟撰　（清）嚴長明
編　清刻本　一冊

420000－2341－0005582　D/0282

賦鈔箋略十五卷　（清）雷琳箋　清乾隆三十
一年(1766)刻本　四冊

420000－2341－0005583　D/0283

屈騷心印五卷首一卷　（清）夏大霖疏證　清
乾隆刻本　四冊

420000－2341－0005584　D/0284

味蘭軒百篇賦鈔四卷　（清）張世燾編　清乾
隆三十八年(1773)刻本　四冊

420000－2341－0005585　D/0285

御定歷代賦匯一百四十卷外集二十卷逸句二
卷補遺二十二卷　（清）陳元龍編　清康熙四
十五年(1706)刻本　七十四冊

420000－2341－0005586　D/0286

楚騷綺語六卷　（明）張之象輯　明萬曆四年
(1576)刻本　二冊

420000－2341－0005587　D/0287

楚辭燈四卷　（清）林雲銘撰　清康熙三十六
年(1697)挹奎樓刻本　四冊

420000－2341－0005588　D/0288

楚辭新注八卷末一卷　（清）屈復注　清乾隆
屈氏刻本　四冊

420000－2341－0005589　D/0289

七十二家評注楚辭十九卷讀楚辭語一卷楚辭
雜論一卷　（明）陸時雍撰　屈原傳一卷
(漢)司馬遷撰　清康熙四十四年(1705)有文
堂刻本　四冊

420000－2341－0005590　D/0290

樂府傳聲不分卷　（清）徐大椿撰　清乾隆豐
草亭刻本　一冊

420000－2341－0005591　D/0291

詞林紀事二十二卷 （清）張宗櫹輯 樂府指迷一卷 （宋）張炎撰 詞旨一卷 （元）陸輔之撰 詞韻考略一卷 （清）許昂霄輯 清乾隆四十四年（1779）張氏刻嘉慶三年（1798）陳敬銘後印本 六冊

420000－2341－0005592 D/0292

詞律二十卷 （清）萬樹撰 清康熙二十六年（1687）萬樹堆絮園刻本 六冊

420000－2341－0005593 D/0293

詞律二十卷 （清）萬樹撰 清康熙二十六年（1687）萬樹堆絮園刻本 十二冊

420000－2341－0005594 D/0294

詞苑英華七種 （明）毛晉輯 清乾隆十七年（1752）因樹樓刻本 十四冊

420000－2341－0005595 D/0295

閒情偶寄十六卷 （清）李漁撰 清康熙刻本 四冊

420000－2341－0005596 D/0297

金瓶梅一百回 （清）李笠翁撰 清康熙三十四年（1695）刻本 二十四冊

420000－2341－0005597 D/0298

昌黎先生集四十卷外集十卷遺文一卷朱子校昌黎先生集傳一卷 （唐）韓愈撰 （唐）李漢編 （宋）朱熹考異 明萬曆東吳徐時泰東雅堂刻本 八冊

420000－2341－0005598 D/0299

三蘇文纂五卷 （明）馮汝弼輯 明嘉靖二十一年（1542）刻本 五冊

420000－2341－0005599 D/0300

隆平集二十卷 （宋）曾鞏撰 清康熙四十年（1701）彭期七葉堂刻本 六冊

420000－2341－0005600 D/0301

曾文定公全集二十卷首一卷末一卷 （宋）曾鞏撰 清康熙三十二年（1693）彭期刻三十六年（1697）補刻本 十二冊

420000－2341－0005601 D/0302

曾文定公全集二十卷首一卷末一卷 （宋）曾鞏撰 清康熙三十二年（1693）彭期刻三十六年（1697）補刻本 十四冊

420000－2341－0005602 D/0303

象山先生全集三十六卷附錄一卷 （宋）陸九淵撰 清康熙刻本 八冊

420000－2341－0005603 D/0304

宋王忠文公文集五十卷年譜一卷目錄四卷 （宋）王十朋撰 清雍正七年（1729）刻本 十六冊

420000－2341－0005604 D/0305

水南灌叟遺稿六卷 （清）羅暹春撰 清乾隆四十八年（1783）二畝園刻本 六冊

420000－2341－0005605 D/0306

雲臺編三卷拾遺一卷 （唐）鄭谷撰 明末清初刻本 一冊

420000－2341－0005606 D/0307

訥谿先生詩文集十卷 （明）周怡撰 明萬曆二年（1574）燕翼堂刻本 四冊

420000－2341－0005607 D/0308

邱海二公合集十六卷 （清）賈棠 （清）焦映漢 （清）王贄選定 清康熙四十七年（1708）賈棠刻乾隆十八年（1753）黨維世補刻本 十冊

420000－2341－0005608 D/0309

同人集十二卷 （清）冒襄輯 清咸豐九年（1859）冒溶活字印本 十二冊

420000－2341－0005609 D/0311

吳吳山三婦合評牡丹亭還魂記二卷 （明）湯顯祖撰 （清）陳同 （清）談則評點 （清）錢宜參評 清康熙三十三年（1694）夢園刻本 二冊

420000－2341－0005610 D/0311 壹

吳吳山三婦合評牡丹亭還魂記二卷 （明）湯顯祖撰 （清）陳同 （清）談則評點 （清）錢宜參評 清康熙三十三年（1694）夢園刻本 二冊

420000－2341－0005611 D/0313/1

新鎸古今大雅南宮詞紀六卷　（明）陳所聞選
　（明）陳邦泰輯次　明萬曆三十三年(1605)
刻本　十二冊

420000－2341－0005612　D/0313/2
新鎸古今大雅北宮詞紀六卷　（明）陳所聞選
　（明）陳邦泰輯次　明萬曆三十三年(1605)
刻本　十二冊

420000－2341－0005613　D/0314
御製文二集四十四卷目錄二卷　（清）高宗弘
曆撰　（清）梁國治編　清乾隆五十一年
(1786)武英殿刻本　十二冊

420000－2341－0005614　D/0316
二十四詩品一卷　（唐）司空圖撰　**樂府指迷
一卷**　（宋）沈義父撰　**詞旨一卷**　（元）陸輔
之撰　清乾隆二十七年(1762)姚氏草草巢刻
硯北偶鈔本　一冊

420000－2341－0005615　D/0316
佩觿三卷　（宋）郭忠恕撰　清乾隆二十七年
(1762)姚氏草草巢刻硯北偶鈔本　二冊

420000－2341－0005616　D/0316
書品一卷　（南朝梁）庾肩吾撰　**古畫品錄一
卷**　（南朝齊）謝赫撰　**後畫品錄一卷**　（南
朝陳）姚最撰　**端溪硯譜一卷**　（宋）葉一樾
撰　清乾隆二十七年(1762)姚氏草草巢刻硯
北偶鈔本　一冊

420000－2341－0005617　D/0316
文章緣始一卷　（南朝梁）任昉撰　**續文章緣
起一卷**　（明）陳懋仁撰　**詩品三卷**　（南朝
梁）鍾嶸撰　清乾隆二十七年(1762)姚氏草
草巢刻硯北偶鈔本　一冊

420000－2341－0005618　D/0316
樂府古題要解二卷　（唐）吳兢撰　清乾隆二
十七年(1762)姚氏草草巢刻硯北偶鈔本
一冊

420000－2341－0005619　D/0317
陳同甫集三十卷　（宋）陳亮撰　清道光二十
九年(1849)壽經堂錫活字印本　八冊

420000－2341－0005620　D/080.17/1014
三場一貫大成不分卷目錄一卷　（清）王子芹
輯　清光緒十四年(1888)積山局石印本　十
六冊

420000－2341－0005621　D/810.01/3708
制義叢話二十四卷　（清）梁章鉅撰　清咸豐
九年(1859)知足知不足齋刻本　六冊

420000－2341－0005622　D/810.04/7246C17
文心雕龍十卷　（南朝梁）劉勰撰　（清）黃叔
琳注　（清）紀昀評　清光緒二十二年(1896)
三味堂刻本　四冊

420000－2341－0005623　D/810.04/7246C23
文心雕龍十卷　（南朝梁）劉勰撰　（明）楊慎
批點　（清）張松孫輯註　清道光二十二年
(1842)讀味齋刻本　四冊

420000－2341－0005624　D/810.04/7246C6
文心雕龍十卷　（南朝梁）劉勰撰　（清）黃叔
琳注　（清）紀昀評　清道光十三年(1833)兩
廣節署刻朱墨套印本　四冊

420000－2341－0005625　D/810.04/7246C6 貳
文心雕龍十卷　（南朝梁）劉勰撰　（清）黃叔
琳注　（清）紀昀評　清道光十三年(1833)兩
廣節署刻朱墨套印本　四冊

420000－2341－0005626　D/810.04/7246C6 叄
文心雕龍十卷　（南朝梁）劉勰撰　（清）黃叔
琳注　（清）紀昀評　清道光十三年(1833)兩
廣節署刻朱墨套印本　二冊

420000－2341－0005627　D/810.04/7246C6 壹
文心雕龍十卷　（南朝梁）劉勰撰　（清）黃叔
琳注　（清）紀昀評　清道光十三年(1833)兩
廣節署刻朱墨套印本　四冊

420000－2341－0005628　D/810.04/7246C8
文心雕龍十卷　（南朝梁）劉勰撰　（清）黃叔
琳注　（清）紀昀評　清光緒二十一年(1895)
學庫山房刻本　四冊

420000－2341－0005629　D/810.04/7246C8 壹
文心雕龍十卷　（南朝梁）劉勰撰　（清）黃叔

琳注 （清）紀昀評 清光緒二十一年（1895）學庫山房刻本 四冊

420000－2341－0005630　D/810.08/0027
制義約鈔四種 （清）齊長庚編次 清同治二年（1863）刻本 八冊

420000－2341－0005631　D/810.08/0040
古文苑二十一卷 （宋）章樵註 清光緒十二年（1886）江蘇書局刻本 四冊

420000－2341－0005632　D/810.08/0040.1
古文苑九卷 （宋）韓元吉編 清光緒至清末楊氏刻本 二冊

420000－2341－0005633　D/810.08/0440
楊忠愍公集五卷首一卷末一卷 （明）楊繼盛撰 （清）章鈺輯 清康熙三十七年（1698）章鈺敬一齋刻同治七年（1868）楚醴景萊書室重修四忠遺集本 三冊

420000－2341－0005634　D/810.08/0440
諸葛武侯集四卷首一卷 （三國蜀）諸葛亮撰 （清）朱璘輯 清康熙朱璘萬卷堂刻同治七年（1868）楚醴景萊書室重修四忠遺集本 四冊

420000－2341－0005635　D/810.08/0440
史忠正公集四卷首一卷末一卷 （明）史可法撰 清同治七年（1868）楚醴景萊書室刻四忠遺集本 二冊

420000－2341－0005636　D/810.08/0440
文信國公集二十卷首一卷 （宋）文天祥撰 清同治七年（1868）楚醴景萊書室刻四忠遺集本 十一冊

420000－2341－0005637　D/810.08/1262
續古文苑二十卷 （清）孫星衍撰 清光緒九年（1883）江蘇書局刻本 六冊

420000－2341－0005638　D/810.08/2427
國語選八卷 （清）儲欣評 清乾隆五十年（1785）二南堂刻本 二冊

420000－2341－0005639　D/810.08/2427
史記選六卷 （清）儲欣評 清乾隆五十年（1785）二南堂刻本 五冊

420000－2341－0005640　D/810.08/2427
西漢文選四卷 （清）儲欣評 清乾隆五十年（1785）二南堂刻本 三冊

420000－2341－0005641　D/810.08/2427
公羊傳選二卷 （清）儲欣評 清乾隆五十年（1785）二南堂刻本 一冊

420000－2341－0005642　D/810.08/2427
穀梁傳選二卷 （清）儲欣評 清乾隆五十年（1785）二南堂刻本 一冊

420000－2341－0005643　D/810.08/2427
左傳選十四卷 （清）儲欣評 清乾隆五十年（1785）二南堂刻本 八冊

420000－2341－0005644　D/810.08/2427
戰國策選四卷 （清）儲欣評 清乾隆五十年（1785）二南堂刻本 四冊

420000－2341－0005645　D/810.08/2427
唐宋八大家類選十四卷 （清）儲欣評 清乾隆五十年（1785）二南堂刻本 八冊

420000－2341－0005646　D/810.08/2674
古文觀止十二卷 （清）吳乘權 （清）吳大職編 清光緒十九年（1893）古香閣魏氏刻本 四冊 存八卷（一至六、九至十）

420000－2341－0005647　D/810.08/2706.1
續古文辭類纂二十八卷目錄一卷 （清）黎庶昌纂 清光緒十五年（1889）昌福公司鉛印本 十冊

420000－2341－0005648　D/810.08/2814
誦芬詠烈編八十卷首二十五卷 徐琪輯 清光緒十七年（1891）徐琪刻本 二十冊

420000－2341－0005649　D/810.08/2847C2
古文淵鑒六十四卷 （清）徐乾學編注 清同治十二年（1873）浙江書局刻本 三十二冊

420000－2341－0005650　D/810.08/2847C3
古文淵鑒六十四卷 （清）徐乾學編注 清康熙二十四年（1685）至清末淵鑑齋刻本 三十冊

420000 - 2341 - 0005651　D/810.08/3124

文選考異四卷　(清)孫志祖輯　清光緒十五年(1889)刻本　二冊

420000 - 2341 - 0005652　D/810.08/3124

文選李注補正四卷　(清)孫志祖輯　清光緒十五年(1889)刻本　二冊

420000 - 2341 - 0005653　D/810.08/3124

文選理學權輿八卷　(清)汪師韓撰　清光緒十五年(1889)刻本　四冊

420000 - 2341 - 0005654　D/810.08/3423

唐宋八家文讀本三十卷　(清)沈德潛評點　清光緒二十四年(1898)江左書林石印本　六冊

420000 - 2341 - 0005655　D/810.08/4005

滇南文略四十七卷首一卷　(清)袁文揆(清)張登瀛纂　清光緒二十六年(1900)五華書院刻本　十二冊

420000 - 2341 - 0005656　D/810.08/4022

續文章正宗復刻十二卷　(宋)真德秀輯　清乾隆三十三年(1768)楊觀察使刻本　八冊

420000 - 2341 - 0005657　D/810.08/4022C1

文章正宗復刻三十卷目錄一卷　(宋)真德秀編　清同治三年(1864)刻本　二十冊

420000 - 2341 - 0005658　D/810.08/4022C1

續文章正宗復刻十二卷　(宋)真德秀編　清同治三年(1864)刻本　十冊

420000 - 2341 - 0005659　D/810.08/4037

虞道園先生文選八卷　(元)虞集撰　(清)李祖陶評點　清道光二十五年(1845)李襄平刻金元明八大家文選本　三冊

420000 - 2341 - 0005660　D/810.08/4037

歸震川先生文選六卷　(明)歸有光撰　(清)李祖陶評點　清道光二十五年(1845)劉珪刻金元明八大家文選本　三冊

420000 - 2341 - 0005661　D/810.08/4037

宋景濂先生文選七卷　(明)宋濂撰　清道光二十五年(1845)刻金元明八大家文選本三冊

420000 - 2341 - 0005662　D/810.08/4037

唐荊川先生文選七卷　(明)唐順之撰　清道光二十五年(1845)刻金元明八大家文選本二冊

420000 - 2341 - 0005663　D/810.08/4037

王陽明先生文選七卷　(明)王守仁撰　清道光二十五年(1845)刻金元明八大家文選本三冊

420000 - 2341 - 0005664　D/810.08/4037

吳草廬先生文選六卷　(元)吳澄撰　清道光二十五年(1845)刻金元明八大家文選本三冊

420000 - 2341 - 0005665　D/810.08/4037

姚牧菴先生文選五卷　(元)姚燧撰　清道光二十五年(1845)刻金元明八大家文選本二冊

420000 - 2341 - 0005666　D/810.08/4037

元遺山先生文選七卷　(金)元好問撰　清道光二十五年(1845)刻金元明八大家文選本二冊

420000 - 2341 - 0005667　D/810.08/4037 貳

虞道園先生文選八卷　(元)虞集撰　(清)李祖陶評點　清道光二十五年(1845)李襄平刻金元明八大家文選本　二冊　存四卷(一至四)

420000 - 2341 - 0005668　D/810.08/4037 貳

歸震川先生文選六卷　(明)歸有光撰　(清)李祖陶評點　清道光二十五年(1845)劉珪刻金元明八大家文選本　二冊

420000 - 2341 - 0005669　D/810.08/4037 貳

吳草廬先生文選六卷　(元)吳澄撰　清道光二十五年(1845)刻金元明八大家文選本　二冊　缺二卷(一至二)

420000 - 2341 - 0005670　D/810.08/4037 壹

虞道園先生文選八卷　(元)虞集撰　(清)李祖陶評點　清道光二十五年(1845)李襄平刻

金元明八大家文選本　三冊

420000－2341－0005671　D/810.08/4037壹
歸震川先生文選六卷　（明）歸有光撰　（清）
李祖陶評點　清道光二十五年（1845）劉珪刻
金元明八大家文選本　三冊

420000－2341－0005672　D/810.08/4037壹
宋景濂先生文選七卷　（明）宋濂撰　清道光
二十五年（1845）刻金元明八大家文選本
三冊

420000－2341－0005673　D/810.08/4037壹
唐荊川先生文選七卷　（明）唐順之撰　清道
光二十五年（1845）刻金元明八大家文選本
三冊

420000－2341－0005674　D/810.08/4037壹
王陽明先生文選七卷　（明）王守仁撰　清道
光二十五年（1845）刻金元明八大家文選本
三冊

420000－2341－0005675　D/810.08/4037壹
吳草廬先生文選六卷　（元）吳澄撰　清道光
二十五年（1845）刻金元明八大家文選本
三冊

420000－2341－0005676　D/810.08/4037壹
姚牧菴先生文選五卷　（元）姚燧撰　清道光
二十五年（1845）刻金元明八大家文選本
二冊

420000－2341－0005677　D/810.08/4037壹
元遺山先生文選七卷　（金）元好問撰　清道
光二十五年（1845）刻金元明八大家文選本
三冊

420000－2341－0005678　D/810.08/4044C3
重刊李扶九原選古文筆法百篇二十卷首一卷
　（清）李扶九選　（清）黃仁黼纂定　清光緒
八年（1882）黃仁黼刻本　二冊　存十一卷
（四至十四）

420000－2341－0005679　D/810.08/4094
榕村講授三編　（清）李光地輯　清刻本
三冊

420000－2341－0005680　D/810.08/4217
古文辭類纂七十五卷　（清）姚鼐纂　（清）吳
汝綸輯　清宣統二年（1910）張剛刻本　二
十冊

420000－2341－0005681　D/810.08/4217
姚選古文真本五色標記表十五卷首一卷
（清）張剛編纂　清宣統二年（1910）張剛刻本
　四冊

420000－2341－0005682　D/810.08/4217.3
古文辭類纂七十四卷　（清）姚鼐纂集　清光
緒三十三年（1907）商務印書館鉛印本　八冊

420000－2341－0005683　D/810.08/4217.3
續古文辭類纂三十四卷　王先謙纂　清光緒
十八年（1892）掃葉山房刻本　六冊

420000－2341－0005684　D/810.08/4217.3C1
續古文辭類纂三十四卷　王先謙纂　清光緒
三十三年（1907）商務印書館鉛印本　四冊

420000－2341－0005685　D/810.08/4217C2
續古文辭類纂三十四卷　王先謙纂　清光緒
八年（1882）虛受堂刻本　八冊

420000－2341－0005686　D/810.08/4217C2壹
續古文辭類纂三十四卷　王先謙纂　清光緒
八年（1882）虛受堂刻本　八冊

420000－2341－0005687　D/810.08/4217C3
古文辭類纂七十四卷　（清）姚鼐纂集　清
光緒三十三年（1907）商務印書館鉛印本　六
冊　缺十七卷（十一至二十、六十一至六十
七）

420000－2341－0005688　D/810.08/4217C3
續古文辭類纂三十四卷　王先謙纂　清光緒
三十三年（1907）商務印書館鉛印本　一冊
存七卷（十七至二十三）

420000－2341－0005689　D/810.08/4217C3壹
古文辭類纂七十四卷　（清）姚鼐纂集　清光
緒十九年（1893）思賢講舍刻本　十二冊

420000－2341－0005690　D/810.08/4217C3壹
古文辭類纂七十四卷　（清）姚鼐纂　清嘉慶

二十五年(1820)合河康氏刻本　十一冊　缺七卷(六至十二)

420000－2341－0005691　D/810.08/4217C8
古文辭類纂七十四卷　(清)姚鼐纂集　清光緒十九年(1893)思賢講舍刻本　十二冊

420000－2341－0005692　D/810.08/4217C8
古文辭類纂七十四卷　(清)姚鼐纂　清光緒十年至十八年(1884－1892)掃葉山房刻本　十冊

420000－2341－0005693　D/810.08/4217壹
古文辭類纂七十五卷　(清)姚鼐纂　(清)吳汝綸編輯　清宣統二年(1910)張剛刻本　十八冊

420000－2341－0005694　D/810.08/4217壹
姚選古文真本五色標記表十五卷首一卷　(清)張剛編纂　清宣統二年(1910)張剛刻本　二冊

420000－2341－0005695　D/810.08/4418C1
古文析義六卷　(清)林雲銘評註　清康熙五十五年(1716)至清末經國堂刻本　五冊　存五卷(二至六)

420000－2341－0005696　D/810.08/4418C1
古文析義二編八卷　(清)林雲銘評註　清康熙五十五年(1716)至清末經元堂刻本　八冊

420000－2341－0005697　D/810.08/4420
文選六十卷　(南朝梁)蕭統選　(唐)李善注　(清)何焯評　清乾隆三十七年(1772)長洲葉氏海錄軒刻朱墨套印本　十六冊

420000－2341－0005698　D/810.08/4420C11
景唐刊卷子本陶文一卷　(晉)陶淵明撰　**景日本延喜刻本文選一卷**　清光緒十五年(1889)傅雲龍刻本　一冊

420000－2341－0005699　D/810.08/4420C12
增訂昭明文選集成詳註六十卷首二卷　(清)方廷珪評點　(清)陳雲程補訂　(清)于光華評註　清乾隆四十六年至六十年(1781－1795)福州龍江書屋刻本　二十四冊

420000－2341－0005700　D/810.08/4420C14
文選六十卷　(南朝梁)蕭統選　(唐)李善注　清嘉慶十四年(1809)鄱陽胡氏刻本　十四冊　存四十三卷(十八至六十)

420000－2341－0005701　D/810.08/4420C14
文選考異十卷　(清)胡克家撰　清嘉慶十四年(1809)鄱陽胡氏刻本　四冊

420000－2341－0005702　D/810.08/4420C17
文選六十卷附文選考異十卷　(南朝梁)蕭統選　(唐)李善注　(清)胡克家考異　清同治八年(1869)湖北崇文書局刻本　二十四冊

420000－2341－0005703　D/810.08/4420C17貳
文選六十卷附文選考異十卷　(南朝梁)蕭統選　(唐)李善注　(清)胡克家考異　清同治八年(1869)湖北崇文書局刻本　二十四冊

420000－2341－0005704　D/810.08/4420C17壹
文選六十卷附文選考異十卷　(南朝梁)蕭統選　(唐)李善注　(清)胡克家考異　清同治八年(1869)湖北崇文書局刻本　二十四冊

420000－2341－0005705　D/810.08/4420C18
文選六十卷　(南朝梁)蕭統選　(唐)李善注　(清)葉樹藩參訂　清光緒元年(1875)尊經書院刻本　十二冊

420000－2341－0005706　D/810.08/4420C22
文選六十卷　(南朝梁)蕭統選　(唐)李善注　清同治八年(1869)金陵書局刻本　十冊

420000－2341－0005707　D/810.08/4420C23
重訂文選集評十五卷首一卷末一卷　(清)于光華編次　清同治九年(1870)刻本　十六冊

420000－2341－0005708　D/810.08/4420C25
重訂文選集評十五卷首一卷末一卷　(清)于光華編次　清乾隆四十五年至六十年(1780－1795)天祿閣刻本　十六冊

420000－2341－0005709　D/810.08/4420C27
文選六十卷目錄一卷附文選考異十卷　(南朝梁)蕭統撰　(唐)李善注　(清)胡克家考異　清光緒二十一年(1895)同文書局刻本

二十四冊

420000－2341－0005710　D/810.08/4420C7
文選六十卷　（南朝梁）蕭統撰　（唐）李善注
（清）何焯評點　（清）葉樹藩參訂　清刻本
十二冊

420000－2341－0005711　D/810.08/4420C7 貳
文選六十卷　（南朝梁）蕭統撰　（唐）李善注
（清）何焯評點　（清）葉樹藩參訂　清刻本
十六冊

420000－2341－0005712　D/810.08/4420C7 壹
文選六十卷　（南朝梁）蕭統撰　（唐）李善注
（清）何焯評點　（清）葉樹藩參訂　清刻本
十二冊

420000－2341－0005713　D/810.08/4443
古文雅正十四卷　（清）蔡世遠選評　清同治
七年(1868)曾氏刻本　六冊

420000－2341－0005714　D/810.08/4742
三方文合編不分卷　（清）胡韞川評選　清道
光二十三年(1843)筆花堂刻本　四冊

420000－2341－0005715　D/810.08/6706
明文明不分卷　（清）路德輯評　清同治二年
(1863)懷德堂刻本　四冊

420000－2341－0005716　D/810.08/8064.1
古文四象四卷　（清）曾國藩纂輯　（清）趙衡
勘定　清光緒三十四年(1908)北新書局趙衡
活字印本　四冊

420000－2341－0005717　D/810.0827/1035
皇朝蓄艾文編八十卷　（清）于寶軒輯　清光
緒二十九年(1903)上海官書局鉛印本　四
十冊

420000－2341－0005718　D/810.0827/2134
皇朝經世文四編五十二卷　（清）何良棟輯
清光緒二十八年(1902)上海書局石印本　十
二冊

420000－2341－0005719　D/810.0827/3038
皇朝經濟文新編六十一卷　（清）宜今室主人
輯　清光緒二十七年(1901)宜今室石印本

十二冊

420000－2341－0005720　D/810.0827/4024
皇朝經世文新編二十一卷　麥仲華輯　清光
緒二十四年(1898)至清末石印本　十六冊

420000－2341－0005721　D/810.0827/4024C1
皇朝經世文新編三十二卷　麥仲華輯　清光
緒二十七年(1901)上海書局石印本　十六冊

420000－2341－0005722　D/810.0827/4024C2
皇朝經世文新編二十一卷　麥仲華輯　清光
緒二十八年(1902)瑤林書館石印本　十六冊

420000－2341－0005723　D/810.0827/4024C3
皇朝經世文新編二十一卷　麥仲華輯　清光
緒二十四年(1898)上海譯書局石印本　五冊

420000－2341－0005724　D/810.0827/4443
皇朝經世文續編一百二十卷　（清）葛士濬輯
　清光緒十四年(1888)圖書集成局鉛印本
二十冊

420000－2341－0005725　D/810.0827/4443C1
皇朝經世文續編一百二十卷　（清）葛士濬輯
　清光緒二十八年(1902)崇新書局石印本
十六冊

420000－2341－0005726　D/810.0827/4443 貳
皇朝經世文續編一百二十卷　（清）葛士濬輯
　清光緒十四年(1888)圖書集成局鉛印本
三十二冊

420000－2341－0005727　D/810.0827/4443 壹
皇朝經世文續編一百二十卷　（清）葛士濬輯
　清光緒十四年(1888)圖書集成局鉛印本
三十一冊

420000－2341－0005728　D/810.0827/4446
皇朝經世文新編續集二十一卷總目一卷
（清）甘韓輯　清光緒二十八年(1902)商絳雪
齋書局石印本　十八冊

420000－2341－0005729　D/810.0827/4672C1
皇朝經世文編一百二十卷姓名總目二卷
（清）賀長齡輯　清道光七年(1827)曹堉刻本
八十冊

420000－2341－0005730　D/810.0827/4672C2

皇朝經世文編一百二十卷姓名總目二卷生存姓名一卷　（清）賀長齡輯　（清）魏源編次　清同治十二年（1873）雙峰書屋刻本　七十八冊

420000－2341－0005731　D/810.0827/4672C3

皇朝經世文編一百二十卷姓名總目二卷生存姓名一卷　（清）賀長齡輯　清光緒九年（1883）江右翠筠山房刻本　七十八冊

420000－2341－0005732　D/810.0827/4672C4

皇朝經世文編一百二十卷姓名總目二卷生存姓名一卷　（清）賀長齡輯　清光緒二十九年（1903）石印本　十七冊　缺十二卷（三十五至四十、五十至五十五）

420000－2341－0005733　D/810.0827/7552

皇朝經世文三編八十卷　（清）陳忠倚輯　清光緒二十八年（1902）龍文書局石印本　十六冊

420000－2341－0005734　D/810.0827/8415

皇朝經世文編續集一百二十卷姓名總目一卷　（清）饒玉成編　清光緒九年（1883）江右翠筠山房刻本　二十二冊

420000－2341－0005735　D/810.083/0103

蜀秀集九卷　（清）譚宗浚撰　清光緒五年（1879）成都試院刻本　八冊

420000－2341－0005736　D/810.083/6614

全上古三代秦漢三國六朝文七百六十六卷　（清）嚴可均校輯　清光緒二十年（1894）黃岡王毓藻刻本　一百冊

420000－2341－0005737　D/810.083/6614貳

全上古三代秦漢三國六朝文七百六十六卷　（清）嚴可均校輯　清光緒二十年（1894）黃岡王毓藻刻本　一百冊

420000－2341－0005738　D/810.083/6614叁

全上古三代秦漢三國六朝文七百六十六卷　（清）嚴可均校輯　清光緒二十年（1894）黃岡王毓藻刻本　一百冊

420000－2341－0005739　D/810.083/6614壹

全上古三代秦漢三國六朝文七百六十六卷　（清）嚴可均校輯　清光緒二十年（1894）黃岡王毓藻刻本　一百冊

420000－2341－0005740　D/810.084/0700

唐文粹補遺二十六卷目錄一卷　（清）郭麔纂　（清）金勇校　清光緒十一年（1885）江蘇書局刻本　四冊

420000－2341－0005741　D/810.084/3179

孫可之文集十卷　（唐）孫樵撰　清光緒二年（1876）讀有用書齋刻三唐人集本　一冊

420000－2341－0005742　D/810.084/3179

皇甫持正文集六卷附補遺　（唐）皇甫湜撰　清光緒二年（1876）馮煥光讀有用書齋刻三唐人集本　一冊

420000－2341－0005743　D/810.084/3179

李文公集十八卷補遺一卷附錄一卷　（唐）李翶撰　清光緒元年（1875）馮煥光刻三唐人集本　四冊

420000－2341－0005744　D/810.084/4280

唐文粹一百卷　（宋）姚鉉纂　清光緒九年（1883）江蘇書局刻本　十六冊

420000－2341－0005745　D/810.084/4480

御選唐宋文醇五十八卷目錄一卷　（清）高宗弘曆選　清光緒二十三年（1897）經綸元記刻本　二十冊

420000－2341－0005746　D/810.084/7433

唐文拾遺七十二卷目錄八卷　（清）陸心源輯　清光緒十四年（1888）至清末刻本　二十四冊

420000－2341－0005747　D/810.085/0472

謝疊山先生文章軌範七卷　（宋）謝枋得輯注　清光緒二十一年（1895）湖北官書處刻多色套印本　一冊

420000－2341－0005748　D/810.085/3128

芳蘭軒集一卷　（宋）徐照撰　（清）顧修輯

二薇亭集一卷　（宋）徐璣撰　（清）顧修輯

清嘉慶六年（1801）顧氏讀畫齋刻南宋群賢小集本　一冊

420000－2341－0005749　D/810.085/3128
葛無懷小集一卷　（宋）葛天民撰　（清）顧修輯　漁溪詩藁二卷　（宋）俞桂撰　（清）顧修輯　漁溪乙藁一卷　（宋）俞桂撰　（清）顧修輯　小山集一卷　（宋）劉翰撰　（清）顧修輯　雪牕小集一卷　（宋）張良臣撰　（清）顧修輯　清嘉慶六年（1801）顧氏讀畫齋刻南宋群賢小集本　一冊

420000－2341－0005750　D/810.085/3128
瓜廬詩一卷附錄一卷　（宋）薛師石撰　（清）顧修輯　清嘉慶六年（1801）顧氏讀畫齋刻南宋群賢小集本　一冊

420000－2341－0005751　D/810.085/3128
采芝集一卷續集一卷　（宋）釋斯植撰　（清）顧修輯　雲泉詩集一卷　（宋）釋永頤撰　（清）顧修輯　芸居乙藁一卷　（宋）陳起撰　（清）顧修輯　清嘉慶六年（1801）顧氏讀畫齋刻南宋群賢小集本　一冊

420000－2341－0005752　D/810.085/3128
斗野藁支卷一卷　（宋）張蘊撰　（清）顧修輯　露香拾藁一卷　（宋）黃大受撰　（清）顧修輯　竹溪十一藁詩選一卷　（宋）林希逸撰　（清）顧修輯　清嘉慶六年（1801）顧氏讀畫齋刻南宋群賢小集本　一冊

420000－2341－0005753　1220
[光緒]當陽縣補續志四卷首一卷　（清）李元才修　（清）李葆貞纂　清光緒十五年（1889）刻本　四冊

420000－2341－0005754　D/810.085/3128
林同孝詩一卷　（宋）林同撰　（清）顧修輯　清嘉慶六年（1801）顧氏讀畫齋刻南宋群賢小集本　一冊

420000－2341－0005755　D/810.085/3128
龍洲道人詩集一卷　（宋）劉過撰　（清）顧修輯　白石道人詩集一卷附錄諸賢酬贈詩　（宋）姜夔撰　（清）顧修輯　清嘉慶六年

（1801）顧氏讀畫齋刻南宋群賢小集本　一冊

420000－2341－0005756　D/810.085/3128
梅花衲一卷　（宋）李龏集句　（清）顧修輯　剪綃集二卷　（宋）李龏集　（清）顧修輯　清嘉慶六年（1801）顧氏讀畫齋刻南宋群賢小集本　一冊

420000－2341－0005757　D/810.085/3128
蒙泉詩藁一卷　（宋）李濤撰　（清）顧修輯　方泉先生詩集三卷　（宋）周文璞撰　（清）顧修輯　清嘉慶六年（1801）顧氏讀畫齋刻南宋群賢小集本　一冊

420000－2341－0005758　D/810.085/3128
前賢小集拾遺五卷　（宋）陳起編　（清）顧修輯　清嘉慶六年（1801）顧氏讀畫齋刻南宋群賢小集本　一冊

420000－2341－0005759　D/810.085/3128
順適堂吟藁五卷　（宋）葉茵撰　（清）顧修輯　清嘉慶六年（1801）顧氏讀畫齋刻南宋群賢小集本　一冊

420000－2341－0005760　D/810.085/3128
臞翁詩集二卷　（宋）敖陶孫撰　（清）顧修輯　靜佳乙藁一卷　（宋）朱繼芳撰　（清）顧修輯　靜佳龍尋藁一卷　（宋）朱繼芳撰　（清）顧修輯　清嘉慶六年（1801）顧氏讀畫齋刻南宋群賢小集本　一冊

420000－2341－0005761　D/810.085/3128
羣賢小集補遺一卷　（清）鮑廷博輯　清嘉慶六年（1801）顧氏讀畫齋刻南宋群賢小集本　一冊

420000－2341－0005762　D/810.085/3128
山居存藁一卷　（宋）陳必復撰　（清）顧修輯　端隱吟藁一卷　（宋）林尚仁撰　（清）顧修輯　雪蓬藁一卷　（宋）姚鏞撰　（清）顧修輯　心游摘藁一卷　（宋）劉翼撰　（清）顧修輯　清嘉慶六年（1801）顧氏讀畫齋刻南宋群賢小集本　一冊

420000－2341－0005763　D/810.085/3128
葦碧軒集一卷　（宋）翁卷撰　（清）顧修輯

清苑齋集一卷　（宋）趙師秀撰　（清）顧修輯
清嘉慶六年(1801)顧氏讀畫齋刻南宋群賢
小集本　一冊

420000－2341－0005764　D/810.085/3128
汶陽端平詩雋四卷　（宋）周弼撰　（宋）李龏
選　（清）顧修輯　清嘉慶六年(1801)顧氏讀
畫齋刻南宋群賢小集本　一冊

420000－2341－0005765　D/810.085/3128
雪磯叢稿五卷　（宋）樂雷發撰　（清）顧修輯
　退菴先生遺集二卷　（宋）吳淵撰　（清）顧
修輯　清嘉慶六年(1801)顧氏讀畫齋刻南宋
群賢小集本　一冊

420000－2341－0005766　D/810.085/3128
雪巖吟草一卷　（宋）宋伯仁撰　（清）顧修輯
　石屏續集四卷　（宋）戴復古撰　（清）顧修
輯　清嘉慶六年(1801)顧氏讀畫齋刻南宋群
賢小集本　一冊

420000－2341－0005767　D/810.085/3128
亞愚江浙紀行集句詩七卷　（宋）釋紹嵩撰
（清）顧修輯　清嘉慶六年(1801)顧氏讀畫齋
刻南宋群賢小集本　一冊

420000－2341－0005768　D/810.085/3128
野谷詩稿六卷　（宋）趙汝鐩撰　（清）顧修輯
　清嘉慶六年(1801)顧氏讀畫齋刻南宋群賢
小集本　一冊

420000－2341－0005769　D/810.085/3128
雲泉詩一卷　（宋）薛嵎撰　（清）顧修輯　清
嘉慶六年(1801)顧氏讀畫齋刻南宋群賢小集
本　一冊

420000－2341－0005770　D/810.085/3128
增廣聖宋高僧詩選前集一卷後集三卷續集一
卷附補遺　（宋）陳起編　（清）顧修輯　清嘉
慶六年(1801)顧氏讀畫齋刻南宋群賢小集本
　一冊

420000－2341－0005771　D/810.085/3128
中興羣公吟稿戊集七卷　（宋）陳起　（清）顧
修輯　清嘉慶六年(1801)顧氏讀畫齋刻南宋
群賢小集本　二冊

420000－2341－0005772　D/810.085/4420
南宋文範七十卷外編四卷作者考二卷　（清）
莊仲方編　清光緒十四年(1888)江蘇書局刻
本　十六冊

420000－2341－0005773　D/810.085/4432
南宋文錄錄二十四卷　（清）董兆熊輯　清光
緒十七年(1891)蘇州書局刻本　六冊

420000－2341－0005774　D/810.085/4432 壹
南宋文錄錄二十四卷　（清）董兆熊輯　清光
緒十七年(1891)蘇州書局刻本　十六冊

420000－2341－0005775　D/810.085/6030.1
東萊先生左氏博議二十五卷目錄一卷　（宋）
呂祖謙撰　清同治七年(1868)退補齋刻本
六冊

420000－2341－0005776　D/810.085/6030.3
東萊博議四卷附東萊先生傳略　（宋）呂祖謙
撰　清光緒二十八年(1902)經元書局刻本
四冊

420000－2341－0005777　D/810.085/6030C1
宋文鑑一百五十卷目錄三卷　（宋）呂祖謙銓
次　清光緒十二年(1886)江蘇書局刻本　二
十四冊

420000－2341－0005778　D/810.0858/1181
金文最六十卷　（清）張金吾輯　清光緒二十
一年(1895)江蘇書局刻本　十六冊

420000－2341－0005779　D/810.0858/7482
拙軒集六卷　（金）王寂撰　補遺一卷　清光
緒二十年(1894)刻石蓮盦彙刻九金人集本
二冊

420000－2341－0005780　D/810.0858/7482
二妙集八卷逸文一卷摭遺一卷　（金）段成己
　（金）段克己撰　清光緒三十二年(1906)繆
荃孫刻石蓮盦彙刻九金人集本　二冊

420000－2341－0005781　D/810.0858/7482
蕭閑老人明秀集注三卷補遺一卷　（金）蔡松
年撰　（金）魏道明注解　清光緒三十年
(1904)刻石蓮盦彙刻九金人集本　一冊

420000－2341－0005782　D/810.0858/7482

天籟集二卷　（元）白樸撰　清光緒三十一年
（1905）繆荃孫刻石蓮盦彙刻九金人集本
一冊

420000－2341－0005783　D/810.0858/7482

閑閑老人滏水集二十卷札記二卷附錄一卷
（金）趙秉文撰　清光緒三十一年（1905）楊守
敬刻石蓮盦彙刻九金人集本　六冊

420000－2341－0005784　D/810.0858/7482

**元遺山先生集四十卷附錄一卷補載一卷年譜
三種四卷續夷堅志四卷新樂府四卷首一卷目
錄一卷**　（金）元好問撰　（元）張德輝類次
清光緒三十一年（1905）楊守敬刻石蓮盦彙刻
九金人集本　十二冊

420000－2341－0005785　D/810.0858/7482

滹南遺老王先生文集四十五卷續編一卷
（金）王若虛撰　清光緒十二年（1886）吳重憙
刻石蓮盦彙刻九金人集本　四冊

420000－2341－0005786　D/810.0858/7482

莊靖先生文遺集十卷目錄一卷　（金）李俊民
撰　清光緒十六年（1890）刻石蓮盦彙刻九金
人集本　四冊

420000－2341－0005787　D/810.0859/4412

元文類七十卷目錄三卷　（元）蘇天爵編　清
光緒十五年（1889）江蘇書局刻本　十冊

420000－2341－0005788　D/810.086/4299

中復堂全集九十八卷　（清）姚瑩撰　清同治
六年（1867）姚濬昌刻本　三十二冊

420000－2341－0005789　D/810.086/4477

明文在一百卷　（清）薛熙纂　（清）何潔輯
清光緒十五年（1889）江蘇書局刻本　十冊

420000－2341－0005790　D/810.086/7243

貴池二妙集五十一卷目錄一卷　劉世珩編次
清光緒二十七年（1901）劉世珩刻三十四年
（1908）陶子麟補刻本　十冊

420000－2341－0005791　D/810.087/0131

江西試牘四卷目錄一卷　（清）龍湛霖選　清

光緒十七年（1891）刻本　八冊

420000－2341－0005792　D/810.087/1036

湖海文傳七十五卷　（清）王昶輯　清道光十
七年（1837）經訓堂刻同治五年（1866）後印本
十六冊

420000－2341－0005793　D/810.087/1041

淵雅堂全集五十六卷　（清）王芑孫等撰　清
嘉慶二十年（1815）王氏本家刻本　二十冊

420000－2341－0005794　D/810.087/1131

包孝肅奏議十卷　（宋）包拯撰　清光緒元年
（1875）張氏毓秀堂刻廬陽三賢集本　二冊

420000－2341－0005795　D/810.087/1131

青陽山房集五卷　（元）余闕撰　清光緒元年
（1875）張氏毓秀堂刻廬陽三賢集本　一冊

420000－2341－0005796　D/810.087/1131

周給事垂光集不分卷　（明）周璽撰　清光緒
元年（1875）張氏毓秀堂刻廬陽三賢集本
一冊

420000－2341－0005797　D/810.087/2114

粵十三家集一百七十五卷　（清）伍元薇編
清道光二十年（1840）伍元薇刻本　四十八冊

420000－2341－0005798　D/810.087/2706

慕耕草堂詩鈔四卷　（清）黎庶燾撰　**琴洲詞
二卷**　清光緒十四年（1888）日本使署刻黎氏
家集本　一冊

420000－2341－0005799　D/810.087/2706

悅坳遺詩一卷　（清）鄭珊撰　**瑟廬遺詩一卷**
（清）章永康撰　**昭覺丈雪醉禪師語錄一卷**
（清）釋通醉撰　（清）釋徹綱等編　清光緒
十四年（1888）日本使署刻黎氏家集本　一冊

420000－2341－0005800　D/810.087/2706

丁亥入都紀程二卷　（清）黎庶昌撰　清光緒
十四年（1888）日本使署鉛印黎氏家集本
一冊

420000－2341－0005801　D/810.087/2706

葑煙亭詞四卷　（清）黎兆勳撰　清光緒十五
年（1889）日本使署刻黎氏家集本　一冊

420000－2341－0005802　D/810.087/2706

椒園詩鈔七卷　（清）黎庶蕃撰　雪鴻詞二卷
清光緒十五年(1889)日本使署刻黎氏家集
本　二冊

420000－2341－0005803　D/810.087/2706

蛉石齋詩鈔四卷　（清）黎恂撰　清光緒十五
年(1889)日本使署刻黎氏家集本　一冊

420000－2341－0005804　D/810.087/2706

夢餘筆談一卷　（清）黎安理撰　長山公年譜
一卷　石頭山人遺稿一卷　（清）黎愷撰　清
光緒十五年(1889)日本使署刻黎氏家集本
一冊

420000－2341－0005805　D/810.087/2706

青田山廬詩鈔二卷　（清）莫庭芝撰　青田山
廬詞鈔一卷　清光緒十五年(1889)日本使署
刻黎氏家集本　一冊

420000－2341－0005806　D/810.087/2706

侍雪堂詩鈔六卷　（清）黎兆勳撰　蒓煙亭詞
四卷　清光緒十五年(1889)日本使署刻黎氏
家集本　二冊

420000－2341－0005807　D/810.087/2706

千家詩注二卷　（清）黎恂編輯　清光緒十五
年(1889)日本使署鉛印黎氏家集本　一冊

420000－2341－0005808　D/810.087/3126

雙樹生詩草一卷　（清）林鎬撰　思適齋集十
八卷　（清）顧廣圻撰　清道光二十九年
(1849)至同治徐氏刻本　四冊

420000－2341－0005809　D/810.087/3131

清尊集十六卷　（清）汪遠孫輯　清道光十九
年(1839)振綺堂刻本　四冊

420000－2341－0005810　D/810.087/3641

天崇合鈔不分卷　（清）祝松雲輯　清光緒十
七年(1891)崇德書局刻本　六冊

420000－2341－0005811　D/810.087/4024

慕萊堂詩文徵存十卷　（清）李維翰撰　清光
緒二十三年(1897)李氏刻本　二冊

420000－2341－0005812　D/810.087/4037

國朝文錄八十二卷　（清）李祖陶評點　清道
光十九年(1839)鳳儀書院刻本　二十八冊

420000－2341－0005813　D/810.087/4037.2

國朝文錄續編六十五卷附邁堂文畧四卷
（清）李祖陶評點　清同治七年(1868)李氏刻
本　二十四冊

420000－2341－0005814　D/810.087/4037.2壹

國朝文錄續編六十五卷附邁堂文畧四卷
（清）李祖陶評點　清同治七年(1868)李氏刻
本　十三冊　存二十八卷(集虛齋文錄一卷、
歸愚文錄一卷、雙桂堂文錄二、松泉文錄一
卷、趙忠毅公文錄二卷、白田草堂文錄一卷、
可儀堂文錄一卷、改亭文錄二至三、白茅堂文
錄二卷、砥齋文錄一卷、香國集文錄一卷、小
倉山房文錄一卷、尊聞居士集二、叢桂堂文錄
一卷、海厓文錄一卷、切問齋文錄二卷、經韻
樓文錄一卷、鑑止水齋文錄一卷、雀硯齋文錄
一卷、左海文集二卷、存吾文集錄二卷、邃雅
堂文錄一卷)

420000－2341－0005815　D/810.087/4037壹

國朝文錄八十二卷　（清）李祖陶評點　清道
光十九年(1839)鳳儀書院刻本　二十八冊

420000－2341－0005816　D/810.087/4245

國朝文錄八十二卷　（清）姚椿輯　清咸豐元
年(1851)終南山舘刻本　三十二冊

420000－2341－0005817　D/810.087/4245壹

國朝文錄八十二卷　（清）姚椿輯　清咸豐元
年(1851)終南山舘刻本　三十二冊

420000－2341－0005818　D/810.087/4337

學仕錄十六卷　（清）戴肇辰輯　清同治六年
(1867)廉州官廨刻本　八冊

420000－2341－0005819　D/810.087/4497

黃忠端公[尊素]年譜二卷忠端公年譜舊本一
卷　（清）黃炳垕編輯　清光緒二十五年
(1899)黃氏留書種閣刻本　一冊

420000－2341－0005820　D/810.087/4497

黃梨洲先生[宗羲]年譜三卷　（清）黃炳垕編
輯　清光緒十八年(1892)黃維瀚刻本　一冊

420000－2341－0005821　D/810.087/4497

餘姚黃忠端公集六卷　（明）黃尊素撰　清光緒十三年(1887)正氣堂刻本　三冊

420000－2341－0005822　D/810.087/4497

五緯捷算四卷　（清）黃炳垕撰　清光緒四年(1878)胡士培刻本　一冊

420000－2341－0005823　D/810.087/4497

誦芬詩畧三卷　（清）黃炳垕撰　清同治八年(1869)刻九年(1870)黃炳垕重修本　一冊

420000－2341－0005824　D/810.087/4497

測地志要四卷　（清）黃炳垕撰　清同治六年(1867)陶雲升刻本　一冊

420000－2341－0005825　D/810.087/6020

羅豫章先生集十二卷首一卷末一卷　（宋）羅從彥撰　清光緒九年(1883)張國正刻本　六冊

420000－2341－0005826　D/810.087/6039

湖南文徵一百九十卷首一卷姓氏傳四卷目錄六卷　（清）羅汝懷編輯　清同治十年(1871)羅汝懷刻本　一百冊

420000－2341－0005827　D/810.087/6042

國朝名人著述叢編十三種　（清）□□輯　清光緒五年(1879)淞隱閣鉛印本　六冊

420000－2341－0005828　D/810.087/7734

黈江古文存四卷　（清）陶必銓撰　（清）秦瀛評　清道光九年(1829)吳儀刻本　一冊

420000－2341－0005829　D/810.087/7734

禱河冰譜十二齣　（清）羅小隱填詞　（清）汪少海正拍　清道光九年(1829)吳儀刻本　一冊

420000－2341－0005830　D/810.087/7734

皇華草箋注三卷　（清）陶澍撰　（清）鄭際昌箋　（清）謝元淮補注　（清）趙宜梅補箋　清道光九年(1829)吳儀刻本　一冊

420000－2341－0005831　D/810.087/7734

漕河禱冰圖詩錄四卷首一卷　（清）陶澍輯　清道光九年(1829)吳儀刻本　一冊

420000－2341－0005832　D/810.087/7734 壹

漕河禱冰圖詩錄四卷首一卷　（清）陶澍輯　清道光九年(1829)吳儀刻本　一冊

420000－2341－0005833　D/810.087/7734 壹

禱河冰譜十二齣　（清）羅小隱填詞　（清）汪少海正拍　清道光九年(1829)吳儀刻本　一冊

420000－2341－0005834　D/810.087/9044

海陵文徵二十卷　（清）夏荃輯　清道光二十三年(1843)夏子猷刻本　十冊

420000－2341－0005835　D/810.092/6001

韓退之文約選不分卷　（唐）韓愈撰　（清）允禮選　清同治八年(1869)四川總督署刻本　二冊

420000－2341－0005836　D/810.092/6001

曾子固文約選不分卷　（宋）曾鞏撰　（清）允禮選　清同治八年(1869)四川總督署刻本　一冊

420000－2341－0005837　D/810.092/6001

柳子厚文約選不分卷　（唐）柳宗元撰　（清）允禮選　清同治八年(1869)四川總督署刻本　一冊

420000－2341－0005838　D/810.092/6001

歐陽永叔文約選不分卷　（宋）歐陽修　（清）允禮選　清同治八年(1869)四川總督署刻本　二冊

420000－2341－0005839　D/810.092/6001

蘇明允文約選不分卷　（宋）蘇洵撰　（清）允禮選　清同治八年(1869)四川總督署刻本　一冊

420000－2341－0005840　D/810.092/6001

蘇子由文約選不分卷　（宋）蘇轍撰　（清）允禮選　清同治八年(1869)四川總督署刻本　一冊

420000－2341－0005841　D/810.092/6001

蘇子瞻文約選不分卷　（宋）蘇軾撰　（清）允禮選　清同治八年(1869)四川總督署刻本

二冊

420000－2341－0005842　D/810.092/6001
王介甫文約選不分卷　（宋）王安石撰　（清）
允禮選　清同治八年(1869)四川總督署刻本
一冊

420000－2341－0005843　D/810.092/6001
西漢文約選不分卷目錄一卷附東漢文約選後
漢文約選　（清）允禮選　清同治八年(1869)
四川總督署刻本　三冊

420000－2341－0005844　D/810.108/4000
欽定全唐文一千卷目錄三卷姓氏韻編一卷
（清）董誥輯　清嘉慶十九年(1814)刻本　六
百冊

420000－2341－0005845　D/810.1084/0060C2
瀛奎律髓刊誤四十九卷　（宋）方虛谷選
（清）紀昀批點　清嘉慶五年(1800)刻清來堂
吳後印本　十冊

420000－2341－0005846　D/810.2/4422
蔡中郎集十卷外紀一卷外集四卷末一卷
（漢）蔡邕撰　清咸豐二年(1852)海源閣刻本
四冊

420000－2341－0005847　D/810.21/0440
諸葛忠武侯行兵遁甲金函玉鏡海底眼六卷首
一卷忠武侯諸葛孔明先生火攻一卷　（清）張
澍編輯　清嘉慶十七年(1812)至清末刻本
三冊

420000－2341－0005848　D/810.21/0440
諸葛忠武侯故事五卷　（清）張澍纂輯　清同
治、光緒刻本　三冊

420000－2341－0005849　D/810.21/0440
諸葛忠武侯兵法六卷首一卷　（清）張澍編輯
清同治至清末刻本　三冊

420000－2341－0005850　D/810.21/0440
諸葛忠武侯文集　（宋）張栻等撰　清同治至
清末刻本　一冊

420000－2341－0005851　D/810.32/2300
傅鶉觚集五卷　（晉）傅玄撰　（清）方濬師校

集　清光緒三年(1877)廣州書局刻本　二冊

420000－2341－0005852　D/810.36/2874
徐孝穆集箋注六卷　（南朝陳）徐陵撰　（清）
吳兆宜注　清經濟書堂刻本　四冊

420000－2341－0005853　D/810.37/0020
庾子山集十六卷首附庾子山年譜庾氏世系圖
庾信本傳　（北周）庾信撰　（清）倪璠註釋
清道光十九年(1839)大文堂刻本　十二冊

420000－2341－0005854　D/810.37/0020　壹
庾子山集十六卷首附庾子山年譜庾氏世系圖
庾信本傳　（北周）庾信撰　（清）倪璠註釋
清道光十九年(1839)大文堂刻本　十冊

420000－2341－0005855　D/810.4/4023
李衛公集會昌一品制集二十卷別集十卷外集
四卷補遺一卷附唐書本傳　（唐）李德裕撰
清光緒十六年(1890)常懺懺齋刻本　六冊

420000－2341－0005856　D/810.41/1044
王子安集註二十卷首一卷末一卷　（唐）王勃
撰　（清）蔣清翊註　清光緒九年(1883)蔣氏
雙唐碑館刻本　四冊

420000－2341－0005857　D/810.41/1044C1
王子安集十六卷　（唐）王勃撰　清光緒五年
(1879)醉經堂刻本　四冊

420000－2341－0005858　D/810.41/1044　壹
王子安集註二十卷首一卷末一卷　（唐）王勃
撰　（清）蔣清翊註　清光緒九年(1883)蔣氏
雙唐碑館刻本　八冊

420000－2341－0005859　D/810.41/7516
陳子昂先生全集文集三卷詩集二卷附錄一卷
　（唐）陳子昂撰　清道光二十二年(1842)春
林柯道麟刻本　二冊

420000－2341－0005860　D/810.42/0142
文忠集十六卷補遺四卷　（唐）顏真卿撰　清
光緒至清末刻本　四冊

420000－2341－0005861　D/810.45/7447
唐陸宣公集二十二卷首附唐名臣陸宣公傳陸
宣公年譜輯畧　（唐）陸贄撰　清同治五年

（1866）楊氏問竹軒家塾刻本 八冊

420000－2341－0005862 D/810.45/7447C1
唐陸宣公集二十二卷 （唐）陸贄撰 （清）年
羹堯重訂 清光緒二十四年（1898）著易堂石
印本 四冊

420000－2341－0005863 D/810.45/7447 壹
唐陸宣公集二十二卷首附唐名臣陸宣公傳陸
宣公年譜輯畧 （唐）陸贄撰 清同治五年
（1866）楊氏問竹軒家塾刻本 八冊

420000－2341－0005864 D/810.48/4007
樊南文集詳註八卷 （唐）李商隱撰 （清）馮
浩編訂 清乾隆刻同治七年（1868）憓聚堂馮
寶圻補修本 四冊

420000－2341－0005865 D/810.48/4007.2
樊南文集補編十二卷附錄一卷 （唐）李商隱
撰 （清）錢振倫箋 （清）錢振常注 清同治
五年（1866）望三益齋刻本 四冊

420000－2341－0005866 D/810.48/4007.3
李義山文集十集 （唐）李商隱撰 （清）徐樹
穀箋 （清）徐炯註 清康熙四十七年（1708）
徐氏花谿草堂刻本 四冊

420000－2341－0005867 D/810.48/4007.4
玉谿生詩詳註三卷首一卷 （唐）李商隱撰
（清）馮浩編訂 清乾隆四十五年（1780）馮氏
德聚堂刻嘉慶元年（1796）補刻本 四冊

420000－2341－0005868 D/810.48/4007.4 壹
玉谿生詩詳註三卷首一卷 （唐）李商隱撰
（清）馮浩編訂 （清）胡重參校 清乾隆四十
五年（1780）馮氏德聚堂刻嘉慶元年（1796）補
刻本 四冊

420000－2341－0005869 D/810.48/4428C2
樊川文集二十卷外集一卷別集一卷 （唐）杜
牧撰 清光緒二十二年（1896）景蘇園刻本
四冊

420000－2341－0005870 D/810.48/4428C2 貳
樊川文集二十卷外集一卷別集一卷 （唐）杜
牧撰 清光緒二十二年（1896）景蘇園刻本

四冊

420000－2341－0005871 D/810.48/4428C2 壹
樊川文集二十卷外集一卷別集一卷 （唐）杜
牧撰 清光緒二十二年（1896）景蘇園刻本
四冊

420000－2341－0005872 D/810.485/4062
唐皮日休文藪十卷 （唐）皮日休撰 清光緒
二十一年（1895）李氏蘭雪堂刻本 二冊

420000－2341－0005873 D/810.49/6072
羅昭諫集八卷附吳越備史羅隱本傳 （唐）羅
隱撰 清道光四年（1824）吳墦刻本 二冊

420000－2341－0005874 D/810.5/0015
河東先生集十五卷末附百戶柳公行狀 （宋）
柳開撰 （宋）張景編 清光緒七年（1881）方
氏碧琳瑯館刻三宋人集本 二冊

420000－2341－0005875 D/810.5/0015
河南先生文集二十七卷附錄一卷 （宋）尹洙
撰 清光緒七年（1881）方氏碧琳瑯館刻三宋
人集本 三冊

420000－2341－0005876 D/810.5/0015
穆參軍集三卷附河南穆公集遺事 （宋）穆修
撰 （宋）祖無擇編 清光緒七年（1881）方氏
碧琳瑯館刻三宋人集本 一冊

420000－2341－0005877 D/810.5/2880
徐騎省集三十卷附補遺 （宋）徐鉉撰 清光
緒十七年（1891）刻十九年（1893）黔南李氏後
印本 八冊

420000－2341－0005878 D/810.5/7211
屏山先生文集二十卷 （宋）劉子翬撰 （宋）
朱熹校正 清光緒十二年（1886）新安佩三堂
刻本 四冊

420000－2341－0005879 D/810.5/8724
西塘先生文集九卷 （宋）鄭俠撰 清光緒十
年（1884）公善堂刻本 四冊

420000－2341－0005880 D/810.51/1103
乖崖先生文集十二卷末一卷 （宋）張詠撰
清光緒八年（1882）獨山莫氏刻本 二冊

420000－2341－0005881　D/810.51/1700

宋邵康節先生伊川擊壤集十卷三世名賢一卷
皇極經世書外篇一卷　(宋)邵雍撰　(明)吳
瀚摘注　(明)吳泰增注　清道光刻本　十冊

420000－2341－0005882　D/810.51/1735

河南先生文集二十七卷附錄一卷　(宋)尹洙
撰　清光緒六年(1880)韓江官署刻本　三冊

420000－2341－0005883　D/810.51/1779C1

司馬溫公文集十四卷首一卷　(宋)司馬光撰
(清)張伯行重訂　清光緒七年(1881)紅杏
山房刻本　六冊

420000－2341－0005884　D/810.51/4423

范文正公集四十八卷　(宋)范仲淹撰　清康
熙四十六年(1707)歲寒堂刻道光十年(1830)
吳郡義莊後印本　十二冊

420000－2341－0005885　D/810.51/6077

淨德集三十八卷　(宋)呂陶撰　清乾隆四十
二年(1777)至清末刻本　八冊

420000－2341－0005886　D/810.51/7523

後山先生集二十四卷首一卷　(宋)陳師道撰
清光緒十一年(1885)萃文堂刻本　六冊

420000－2341－0005887　D/810.57/0013

文信國公集二十卷首一卷　(宋)文天祥撰
清光緒二十三年(1897)湘南書局刻四忠遺集
本　六冊　存九卷(一至九)

420000－2341－0005888　D/810.57/1130

毗陵集十六卷　(宋)張守撰　清光緒十八年
至二十一年(1892－1895)刻本　五冊

420000－2341－0005889　D/810.57/2017

岳忠武王集八卷首一卷末一卷　(宋)岳飛撰
(清)黃邦甯編　清同治三年(1864)唐昭儉
刻本　四冊

420000－2341－0005890　D/810.57/3424

鄱陽集四卷首一卷末一卷　(宋)洪皓撰　清
同治九年(1870)三瑞堂刻本　一冊

420000－2341－0005891　D/810.57/3818

游定夫先生集六卷首一卷末一卷　(宋)游酢

撰　清同治六年(1867)和州官舍刻本　二冊

420000－2341－0005892　D/810.57/4027

梁溪先生文集一百八十卷附錄一卷　(宋)李
綱撰　清順治至道光刻本　二十四冊

420000－2341－0005893　D/810.57/4099

絜齋集二十四卷從祀錄六卷　(宋)袁燮撰
清同治十一年(1872)袁氏進脩堂刻朱墨套印
本　八冊

420000－2341－0005894　D/810.57/4400

宋端明殿學士蔡忠惠公文集三十六卷首一卷
宋蔡忠惠公別集補遺二卷　(宋)蔡襄撰　清
雍正十二年至乾隆五年(1734－1740)蔡氏遜
敏齋刻本　十冊

420000－2341－0005895　D/810.57/4442

巖下放言三卷　(宋)葉夢得撰　玉澗襟書一
卷　清光緒三十年(1904)葉氏觀古堂刻石林
遺書本　一冊

420000－2341－0005896　D/810.57/4442

石林詩話三卷拾遺一卷拾遺補一卷附錄一卷
(宋)葉夢得撰　清光緒三十四年(1908)葉
氏觀古堂刻石林遺書本　一冊

420000－2341－0005897　D/810.57/4442

避暑錄話二卷　(宋)葉夢得撰　清宣統元年
(1909)葉氏觀古堂刻石林遺書本　二冊

420000－2341－0005898　D/810.57/4442

老子解二卷　(宋)葉夢得撰　清宣統元年
(1909)葉氏觀古堂刻石林遺書本　一冊

420000－2341－0005899　D/810.57/4442

禮記解四卷　(宋)葉夢得撰　葉德輝輯錄
清宣統元年(1909)葉氏觀古堂刻石林遺書本
二冊

420000－2341－0005900　D/810.57/4481

蘇魏公文集七十二卷目錄二卷附錄一卷
(宋)蘇頌撰　清道光二十三年(1843)蘇廷玉
刻本　二十冊

420000－2341－0005901　D/810.57/4488

杜清獻公集十九卷首一卷補遺一卷附錄一卷

校注一卷年譜一卷　（宋）杜範撰　清光緒六年(1880)孫氏九峰書院刻本　六冊

420000－2341－0005902　D/810.57/4646

楊文節公文集四十二卷末一卷　（宋）楊萬里撰　（清）彭淑校訂　清乾隆五十九年(1794)楊振鱗刻本　十四冊

420000－2341－0005903　D/810.57/4664

楊龜山先生集四十二卷首一卷末一卷　（宋）楊時撰　清光緒九年(1883)張國正刻本　十冊

420000－2341－0005904　D/810.57/6011

羅鄂州小集六卷附遺文　（宋）羅願撰　（清）程哲輯錄　清光緒十九年(1893)黟縣李氏刻本　二冊

420000－2341－0005905　D/810.57/6011 貳

羅鄂州小集六卷附遺文　（宋）羅願撰　清光緒十九年(1893)黟縣李氏刻本　三冊

420000－2341－0005906　D/810.57/6011 壹

羅鄂州小集六卷附遺文　（宋）羅願撰　（清）程哲輯錄　清光緒十九年(1893)黟縣李氏刻本　二冊

420000－2341－0005907　D/810.57/7734

盧陵周益國文忠公集二百卷附錄五卷首一卷末一卷　（宋）周必大撰　清道光二十八年至咸豐元年(1848－1851)歐陽棨刻本　四十八冊

420000－2341－0005908　D/810.57/7773

巽齋文集二十七卷巽齋文集附存　（宋）歐陽守道撰　清咸豐十一年(1861)盧陵書局刻本　六冊

420000－2341－0005909　D/810.58/1022

西夏文綴二卷附西夏藝文志一卷　王仁俊輯　遼文萃七卷遼史藝文志補證一卷　清光緒三十年(1904)籀鄦誃刻本　一冊

420000－2341－0005910　D/810.58/2741

遼文存六卷附錄二卷　繆荃孫輯　清光緒二十二年(1896)雲自在龕刻本　二冊

420000－2341－0005911　D/810.58/4420

金文雅十六卷　（清）莊仲方編　清光緒十七年(1891)江蘇書局刻本　四冊

420000－2341－0005912　D/810.59/0844

魯齋遺書十四卷　（元）許衡撰　（明）江學詩（明）怡愉編輯　明萬曆二十四年(1596)江學詩、怡愉刻清初補刻本　五冊　存五卷(一至五)

420000－2341－0005913　D/810.59/4721C2

郝文忠公陵川文集三十九卷　（元）郝經撰（清）王鏐編訂　清乾隆三年(1738)王鏐刻本　十冊

420000－2341－0005914　D/810.59/4721C2 壹

郝文忠公陵川文集三十九卷　（元）郝經撰（清）王鏐編訂　清乾隆三年(1738)王鏐刻本　十冊

420000－2341－0005915　D/810.59/7771

歐陽文公圭齋集十五卷首一卷附錄一卷（元）歐陽玄撰　清道光十四年(1834)棣餘山房刻本　六冊

420000－2341－0005916　D/810.6/0026

甫田集三十六卷　（明）文徵明撰　明萬曆文然刻清重修本　四冊

420000－2341－0005917　D/810.6/0030C2

六如居士全集七卷　（明）唐寅撰　（清）唐仲冕編　清嘉慶六年(1801)果克山房刻本　六冊

420000－2341－0005918　D/810.6/0040

高子遺書十二卷附錄一卷年譜一卷　（明）高攀龍撰　清光緒二年(1876)東林書窟刻本　十冊

420000－2341－0005919　D/810.6/0100

綸扉全集四十七卷首一卷　（明）龍膺撰　清光緒十三年(1887)九芝室刻本　十四冊

420000－2341－0005920　D/810.6/0710

青螺公遺書合編三十五卷首一卷　（明）郭子章撰　（清）郭仁編輯　清光緒八年(1882)三

樂堂刻三十一年（1905）郭志仁補刻本　十四冊

420000－2341－0005921　D/810.6/1002

龍溪王先生全集二十二卷附龍溪先生終事記
（明）王畿撰　（明）丁賓編　清光緒八年（1882）刻本　十二冊

420000－2341－0005922　D/810.6/1022

夏節愍全集十卷首一卷末一卷補遺二卷
（明）夏完淳撰　（清）莊師洛輯　清光緒二十九年（1903）吳衡騫刻本　四冊

420000－2341－0005923　D/810.6/1032C1

王文成公全集十六卷　（明）王守仁撰　清道光六年（1826）王文德刻本　十九冊

420000－2341－0005924　D/810.6/1032C1 壹

王文成公全集十六卷　（明）王守仁撰　清道光六年（1826）王文德刻本　二十冊

420000－2341－0005925　D/810.6/1034

王忠文公集二十卷　（明）王禕撰　清同治九年（1870）胡鳳丹退補齋刻本　十冊

420000－2341－0005926　D/810.6/1213

高陽太傅孫文正公[承宗]年譜五卷　（明）孫銓編　（清）孫奇逢訂正　清乾隆孫爾然師儉堂刻本　四冊

420000－2341－0005927　D/810.6/1213

高陽集二十卷　（明）孫承宗撰　清順治十二年（1655）孫之澇刻嘉慶重修本　六冊

420000－2341－0005928　D/810.6/2107C1

熊襄愍公尺牘四卷　（明）熊廷弼撰　（清）洪良品　（清）饒登達校　清光緒三十四年（1908）璞園刻本　四冊

420000－2341－0005929　D/810.6/2107C1

熊襄愍公集十卷首一卷末一卷　（明）熊廷弼撰　清光緒三十四年（1908）璞園刻本　十冊

420000－2341－0005930　D/810.6/2107C2

熊襄愍公集十卷首一卷末一卷　（明）熊廷弼撰　清同治三年（1864）熊氏祠堂刻本　十冊

420000－2341－0005931　D/810.6/2137

南沙先生文集八卷　（明）熊過撰　清光緒七年（1881）釜江書局刻本　四冊

420000－2341－0005932　D/810.6/2442

陽秋館集二十三卷　（明）帥機撰　（明）湯顯祖　（明）費元祿選　清乾隆四年（1739）日新堂、脩獻堂刻本　五冊

420000－2341－0005933　D/810.6/2510

兩厓集十一卷首一卷　（明）朱廷立撰　清道光元年（1821）炯然亭刻本　八冊

420000－2341－0005934　D/810.6/2637

寧都三魏全集四十八卷首一卷　（清）魏際瑞　（清）魏禧　（清）魏禮撰　清道光二十五年（1845）謝庭綏綏園書塾刻本　五十冊

420000－2341－0005935　D/810.6/2721

達觀樓集二十四卷　（明）鄒維璉撰　清道光二十六年（1846）四始堂刻本　十冊

420000－2341－0005936　D/810.6/2731

重編瓊臺會稿詩文集二十四卷首一卷　（明）丘濬撰　清光緒五年（1879）雁峰書院刻本　十二冊

420000－2341－0005937　D/810.6/2821

解文毅公集十六卷附錄一卷後集六卷　（明）解縉撰　清乾隆三十二年（1767）敦仁堂刻本　六冊

420000－2341－0005938　D/810.6/2893

增訂徐文定公集六卷首一卷　（明）徐光啟撰　（清）李問漁輯　（清）徐允希增訂　清宣統元年（1909）上海慈母堂鉛印本　四冊

420000－2341－0005939　D/810.6/4074

李文莊公全集十卷　（明）李騰芳箸　清光緒二年（1876）李恩溥刻本　十冊

420000－2341－0005940　D/810.6/4093

左忠毅公集二卷　（明）左光斗撰　清道光二十五年（1845）左輝春刻本　二冊

420000－2341－0005941　D/810.6/4424

碩藹園集十卷　（明）蒲秉權撰　清光緒元年（1875）守拙齋刻本　四冊

420000－2341－0005942　D/810.6/4428C2

堵文忠公集十卷年譜一卷附錄一卷 （明）堵
允錫撰　清光緒十三年(1887)刻本　六冊

420000－2341－0005943　D/810.6/4428C2 壹

堵文忠公集十卷年譜一卷附錄一卷 （明）堵
允錫撰　清光緒十三年(1887)刻本　四冊

420000－2341－0005944　D/810.6/4433

蔡忠烈公遺集四卷 （明）蔡道憲撰　清光緒
六年(1880)蓬萊山房刻本　四冊

420000－2341－0005945　D/810.6/4454

苑洛集二十二卷 （明）韓邦奇撰　清道光八
年(1828)河西書院刻本　十冊

420000－2341－0005946　D/810.6/4635

楊忠烈公文集十卷首一卷末一卷表忠錄一卷
（明）楊漣撰　清同治四年(1865)世美堂刻
本　十二冊

420000－2341－0005947　D/810.6/4694

太史升菴全集八十一卷目錄二卷 （明）楊慎
撰　清乾隆六十年(1795)養拙山房刻本　六
十冊

420000－2341－0005948　D/810.6/4740

**衡廬精舍藏稿三十卷續稿十一卷附困學記與
唐仁卿書一卷** （明）胡直撰　清光緒二十九
年(1903)齊思書塾刻本　十二冊

420000－2341－0005949　D/810.6/7211

劉坦齋先生文集十五卷補編一卷 （明）劉三
吾撰　清道光七年(1827)石溪留畊堂刻本
四冊

420000－2341－0005950　D/810.6/7233

劉文安公文集十五卷首一卷 （明）劉定之撰
清咸豐三年(1853)培桂堂刻本　八冊

420000－2341－0005951　D/810.6/7237

劉蕺山文粹二卷 （明）劉宗周撰　清光緒二
十一年(1895)海天旭日研齋刻本　二冊

420000－2341－0005952　D/810.6/7523

應叩鳴四卷一粒芥一卷 （明）陳仁近撰　清
道光十四年(1834)刻本　四冊

420000－2341－0005953　D/810.6/7541

古俗字略七卷 （明）陳士元撰　清道光十三
年(1833)應城吳毓梅刻歸雲別集本　三冊

420000－2341－0005954　D/810.6/7541

論語類考二十卷 （明）陳士元撰　清道光十
三年(1833)應城吳毓梅刻歸雲別集本　三冊

420000－2341－0005955　D/810.6/7541

孟子雜記四卷 （明）陳士元撰　清道光十三
年(1833)應城吳毓梅刻歸雲別集本　二冊

420000－2341－0005956　D/810.6/7541

夢占逸旨八卷 （明）陳士元撰　清道光十三
年(1833)應城吳毓梅刻歸雲別集本　二冊

420000－2341－0005957　D/810.6/7541

名疑集四卷 （明）陳士元撰　清道光十三年
(1833)應城吳毓梅刻歸雲別集本　二冊

420000－2341－0005958　D/810.6/7541

五經異文十一卷 （明）陳士元撰　清道光十
三年(1833)應城吳毓梅刻歸雲別集本　三冊

420000－2341－0005959　D/810.6/7541

姓匯四卷 （明）陳士元撰　清道光十三年
(1833)應城吳毓梅刻歸雲別集本　一冊

420000－2341－0005960　D/810.6/7541

姓觿十卷附錄 （明）陳士元撰　清道光十三
年(1833)應城吳毓梅刻歸雲別集本　二冊

420000－2341－0005961　D/810.6/7541

易象鈎解四卷 （明）陳士元撰　**易象彙解二
卷**　清道光十三年(1833)應城吳毓梅刻歸雲
別集本　二冊

420000－2341－0005962　D/810.6/7730

陶文憲公全集二十卷 （明）陶安撰　清道光
九年(1829)洗月軒刻本　八冊

420000－2341－0005963　D/810.6/8023

晚聞堂集十三卷 （明）余紹祉撰　清道光十
七年(1837)單氏刻本　四冊

420000－2341－0005964　D/810.64/1171

明張文忠公全集四十八卷 （明）張居正撰
清光緒二十七年(1901)紅藤碧樹山館刻本

十六冊

420000－2341－0005965　D/810.67/4033

梨雲館類定袁中郎先生全集二十四卷　（明）
袁宏道撰　清道光九年(1829)袁憲健刻本
十六冊

420000－2341－0005966　D/810.69/4444

重刻天傭子全集十卷首一卷末一卷　（明）艾
南英撰　清道光十六年(1836)艾舟刻本
十冊

420000－2341－0005967　D/810.7/0002

世宗憲皇帝御製文集三十卷目錄四卷　（清）
世宗胤禛撰　（清）奕訢編　清光緒五年
(1879)鉛印本　十六冊

420000－2341－0005968　D/810.7/0002

味餘書室全集定本四十卷目錄四卷　（清）仁
宗顒琰撰　（清）奕訢編　清光緒五年(1879)
鉛印本　三十冊

420000－2341－0005969　D/810.7/0002

味餘書室隨筆二卷　（清）仁宗顒琰撰　（清）
奕訢編　清光緒五年(1879)鉛印本　二冊

420000－2341－0005970　D/810.7/0002

御製文二集五十卷目錄六卷　（清）聖祖玄燁
撰　（清）奕訢編　清光緒五年(1879)鉛印本
十二冊

420000－2341－0005971　D/810.7/0002

御製文三集五十卷目錄六卷　（清）聖祖玄燁
撰　（清）奕訢編　清光緒五年(1879)鉛印本
十二冊

420000－2341－0005972　D/810.7/0002

御製文四集三十六卷目錄四卷　（清）聖祖玄
燁撰　（清）奕訢編　清光緒五年(1879)鉛印
本　十冊

420000－2341－0005973　D/810.7/0002

御製文初集四十卷　（清）聖祖玄燁撰　（清）
奕訢編　清光緒五年(1879)鉛印本　十冊

420000－2341－0005974　D/810.7/0002

養正書屋全集定本四十卷　（清）宣宗旻寧撰

清光緒五年(1879)奕訢鉛印本　二十四冊

420000－2341－0005975　D/810.7/0002

御製詩初集二十四卷　（清）宣宗旻寧撰　清
光緒五年(1879)奕訢鉛印本　十六冊

420000－2341－0005976　D/810.7/0002

御製詩初集四十八卷　（清）仁宗顒琰撰　清
光緒五年(1879)奕訢鉛印本　三十冊

420000－2341－0005977　D/810.7/0002

御製詩初集四十四卷目錄四卷　（清）高宗弘
曆撰　清光緒五年(1879)奕訢鉛印本　二
十冊

420000－2341－0005978　D/810.7/0002

御製詩二集九十卷目錄十卷　（清）高宗弘曆
撰　清光緒五年(1879)奕訢鉛印本　四十冊

420000－2341－0005979　D/810.7/0002

御製詩二集六十四卷　（清）仁宗顒琰撰　清
光緒五年(1879)奕訢鉛印本　三十六冊

420000－2341－0005980　D/810.7/0002

御製詩集八卷　（清）文宗奕詝撰　清光緒五
年(1879)奕訢鉛印本　四冊

420000－2341－0005981　D/810.7/0002

御製詩三集六十四卷　（清）仁宗顒琰撰　清
光緒五年(1879)奕訢鉛印本　三十六冊

420000－2341－0005982　D/810.7/0002

御製詩三集一百卷目錄十二卷　（清）高宗弘
曆撰　清光緒五年(1879)奕訢鉛印本　四
十冊

420000－2341－0005983　D/810.7/0002

御製詩四集一百卷目錄十二卷　（清）高宗弘
曆撰　清光緒五年(1879)奕訢鉛印本　六十
二冊

420000－2341－0005984　D/810.7/0002

御製詩五集一百卷目錄十二卷　（清）高宗弘
曆撰　清光緒五年(1879)奕訢鉛印本　五十
六冊

420000－2341－0005985　D/810.7/0002

御製詩餘集六卷　（清）仁宗顒琰撰　清光緒

五年(1879)奕訢鉛印本　四冊

420000－2341－0005986　D/810.7/0002
御製詩餘集十二卷　（清）宣宗旻寧撰　清光緒五年(1879)奕訢鉛印本　四冊

420000－2341－0005987　D/810.7/0002
御製文初集三十卷　（清）高宗弘曆撰　清光緒五年(1879)奕訢鉛印本　八冊

420000－2341－0005988　D/810.7/0002
御製文初集十卷　（清）仁宗顒琰撰　清光緒五年(1879)奕訢鉛印本　四冊

420000－2341－0005989　D/810.7/0002
御製文初集十卷　（清）宣宗旻寧撰　清光緒五年(1879)奕訢鉛印本　四冊

420000－2341－0005990　D/810.7/0002
御製文二集十四卷　（清）仁宗顒琰撰　清光緒五年(1879)奕訢鉛印本　十二冊

420000－2341－0005991　D/810.7/0002
御製文二集四十四卷　（清）高宗弘曆撰　清光緒五年(1879)奕訢鉛印本　八冊

420000－2341－0005992　D/810.7/0002
御製文集二卷　（清）文宗奕詝撰　清光緒五年(1879)奕訢鉛印本　二冊

420000－2341－0005993　D/810.7/0002
御製文三集十六卷　（清）高宗弘曆撰　清光緒五年(1879)奕訢鉛印本　八冊

420000－2341－0005994　D/810.7/0002
御製文餘集二卷　（清）高宗弘曆撰　清光緒五年(1879)奕訢鉛印本　二冊

420000－2341－0005995　D/810.7/0002
御製文餘集二卷　（清）仁宗顒琰撰　清光緒五年(1879)奕訢鉛印本　二冊

420000－2341－0005996　D/810.7/0002
御製文餘集六卷　（清）宣宗旻寧撰　清光緒五年(1879)奕訢鉛印本　四冊

420000－2341－0005997　D/810.7/0002
樂善堂全集定本三十卷　（清）高宗弘曆撰

清光緒五年(1879)奕訢鉛印本　十二冊

420000－2341－0005998　D/810.7/0002
御製詩餘集二十二卷　（清）高宗弘曆撰　清光緒五年(1879)奕訢鉛印本　十二冊

420000－2341－0005999　D/810.7/0044
志壑堂文集八卷　（清）唐夢賚撰　清西湖書林刻本　四冊

420000－2341－0006000　D/810.7/2514
知足齋進呈文稾二卷　（清）朱珪撰　清嘉慶十年(1805)刻本　一冊

420000－2341－0006001　D/810.7/2514
知足齋詩續集四卷　（清）朱珪撰　清嘉慶十年(1805)刻本　二冊

420000－2341－0006002　D/810.7/2514
知足齋文集六卷　（清）朱珪撰　清嘉慶十年(1805)刻本　四冊

420000－2341－0006003　D/810.7/3453
鋈山賸稿二卷附殉難事畧　（清）沈世昌撰　清光緒十二年(1886)沈申祐刻沈氏三代家言本　二冊

420000－2341－0006004　D/810.7/3453
讀經心解四卷　（清）沈楳撰　**兼山堂文集一卷**　清光緒十二年(1886)沈申祐刻沈氏三代家言本　一冊

420000－2341－0006005　D/810.7/3453
兼山堂詩集三卷　（清）沈楳撰　**湘夢詞一卷**　清光緒十二年(1886)沈申祐刻沈氏三代家言本　一冊

420000－2341－0006006　D/810.7/3453
借箸雜爼四卷　（清）沈清旭撰　清光緒十二年(1886)沈申祐刻沈氏三代家言本　四冊

420000－2341－0006007　D/810.7/4432
變雅堂遺集二十卷　（清）杜濬撰　清光緒二十年(1894)沈自申刻本　六冊

420000－2341－0006008　D/810.71/0870
施愚山先生別集四卷　（清）施閏章撰　**施愚山先生外集二卷**　清乾隆三十年(1765)刻施

愚山先生全集本　二冊

420000－2341－0006009　D/810.71/0870

施愚山先生［閏章］年譜四卷　（清）施念曾編
清乾隆三十年(1765)刻施愚山先生全集本
一冊

420000－2341－0006010　D/810.71/0870

施愚山先生學餘詩集五十卷　（清）施閏章撰
清乾隆三十年(1765)刻施愚山先生全集本
九冊

420000－2341－0006011　D/810.71/0870

施愚山先生學餘文集二十八卷　（清）施閏章
撰　清乾隆三十年(1765)刻施愚山先生全集
本　七冊

420000－2341－0006012　D/810.71/0870

隨村先生遺集六卷　（清）施瑮撰　清乾隆三
十年(1765)刻施愚山先生全集本　二冊

420000－2341－0006013　D/810.71/4023.2

穆堂初稾五十卷　（清）李紱撰　清乾隆五年
(1740)無怒軒刻本　十六冊

420000－2341－0006014　D/810.72/1012

湖山堂集十六卷　（清）干建邦撰　（清）干運
昌　（清）干運昱編校　清康熙五十六年
(1717)至清末五柳齋刻本　六冊

420000－2341－0006015　D/810.72/1116

來青園全集文集一卷詩集一卷　（清）張三異
撰　（清）張伯琮編輯　（清）張仲璜校閱　清
康熙四十九年(1710)至清末刻本　二冊

420000－2341－0006016　D/810.72/2623

梅村集四十卷目錄二卷　（清）吳偉業撰　清
康熙七年(1668)至清末刻本　十冊

420000－2341－0006017　D/810.72/2704

壯悔堂集十六卷　（清）侯方域撰　（清）賈開
宗等評點　清光緒四年(1878)舊學山房刻本
八冊

420000－2341－0006018　D/810.72/2820

憺園全集三十六卷　（清）徐乾學撰　清光緒
九年(1883)鉬月吟館刻本　十二冊

420000－2341－0006019　D/810.72/3603

潛菴先生全集五卷　（清）湯斌撰　（清）閻興
邦評　清同治十年(1871)趙承恩刻本　六冊

420000－2341－0006020　D/810.72/4037

李笠翁全集十六卷　（清）李漁撰　（清）沈心
友　（清）李將舒訂　清雍正八年(1730)至清
末刻本　十二冊

420000－2341－0006021　D/810.72/4464

葉忠節公遺稿十二卷　（清）葉映榴撰　（清）
葉芳輯錄　清同治五年(1866)刻本　四冊

420000－2341－0006022　D/810.72/7104C1

竹巖文集三卷　（清）阮文茂撰　（清）吳熊
(清)舒峻極參訂　竹巖詩稿四卷　清康熙三
十八年(1699)至清末刻本　四冊

420000－2341－0006023　D/810.72/7104C2

不倦堂崇正錄二卷　（清）阮文茂撰　（清）王
開泰閱　（清）阮鳳昌　（清）阮勳訂　清光緒
二十四年(1898)親睦堂刻本　一冊

420000－2341－0006024　D/810.72/7104C2

不倦堂家訓不分卷　（清）阮文茂撰　清光緒
二十四年(1898)親睦堂刻本　一冊

420000－2341－0006025　D/810.72/7104C2

竹巖詩稿三卷　（清）阮文茂撰　（清）吳熊
(清)舒峻極參訂　清光緒二十四年(1898)親
睦堂刻本　一冊

420000－2341－0006026　D/810.72/7104C2

竹巖文集三卷　（清）阮文茂撰　（清）吳熊
(清)舒峻極參訂　清光緒二十四年(1898)親
睦堂刻本　三冊

420000－2341－0006027　D/810.72/7531

定齋先生猶存集八卷　（清）陳法撰　（清）陳
若疇編次　（清）褚龍祥校　清道光十六年
(1836)陳氏刻本　四冊

420000－2341－0006028　D/810.75/0014

寶綸堂文鈔八卷　（清）齊召南撰　（清）秦瀛
校　清嘉慶二年(1797)至清末刻本　四冊

420000－2341－0006029　D/810.75/0121

涉園詩集不分卷　（清）譚紹琬撰　清乾隆十三年（1748）奎聚堂刻本　四冊

420000－2341－0006030　D/810.75/0121
涉園文集四卷　（清）譚紹琬撰　清乾隆十三年（1748）奎聚堂刻本　四冊

420000－2341－0006031　D/810.75/1013
環溪草堂文集四卷　（清）聶燾撰　清乾隆六十年（1795）至清末光裕書林刻本　四冊

420000－2341－0006032　D/810.75/1025
已山先生文集十卷別集四卷　（清）王步青撰　清乾隆十七年至六十年（1752－1795）敦復堂刻本　四冊

420000－2341－0006033　D/810.75/1034
豐川續集三十四卷　（清）王心敬撰　清光緒十三年（1887）刻本　三十冊

420000－2341－0006034　D/810.75/1074
詩禮堂古文五卷　（清）王又樸撰　清乾隆十九年（1754）至清末刻本　四冊

420000－2341－0006035　D/810.75/1074
介山古今雜體詩不分卷　（清）王又樸撰　清乾隆十九年（1754）至清末詩禮堂刻本　二冊

420000－2341－0006036　D/810.75/2564
畬經堂詩集六卷　（清）朱景英撰　清乾隆二十九年（1764）至清末刻本　二冊

420000－2341－0006037　D/810.75/2564
海東札記四卷　（清）朱景英撰　清乾隆三十八年（1773）至清末刻本　一冊

420000－2341－0006038　D/810.75/2564
畬經堂詩續集四卷　（清）朱景英撰　清乾隆三十九年（1774）至清末刻本　一冊

420000－2341－0006039　D/810.75/2564
畬經堂文集八卷　（清）朱景英撰　清乾隆四十二年（1777）至清末刻本　五冊

420000－2341－0006040　D/810.75/2564
畬經堂詩三集五卷　（清）朱景英撰　清乾隆四十四年（1779）至清末刻本　一冊

420000－2341－0006041　D/810.75/2698
白華前稿六十卷　（清）吳省欽撰　清乾隆四十八年至六十年（1783－1795）吳省欽刻本　十冊

420000－2341－0006042　D/810.75/3036
不易居齋集不分卷　（清）宋湘撰　豐湖漫草一卷續草一卷　紅杏山房詩鈔十一卷　清嘉慶七年（1802）刻本　三冊

420000－2341－0006043　D/810.75/3133C1
介亭全集二十七卷　（清）江潘源撰　清嘉慶十三年（1808）友善堂刻本　六冊

420000－2341－0006044　D/810.75/3472
果堂集十二卷　（清）沈彤撰　清乾隆十九年至六十年（1754－1795）刻本　六冊

420000－2341－0006045　D/810.75/3503
樂善堂全集四十卷目録四卷　（清）高宗弘曆撰　清乾隆二年（1737）內府刻本　十冊　存二十卷（一至二十）

420000－2341－0006046　D/810.75/4006
恬齋文集十二卷　（清）李文炤撰　（清）李芳華評選　清乾隆三年（1738）善化李氏四為堂刻本　四冊

420000－2341－0006047　D/810.75/4006
周易本義拾遺六卷　（清）李文炤撰　清乾隆三年（1738）至清末善化李氏四為堂刻本　四冊

420000－2341－0006048　D/810.75/4033
養一齋文集二十卷　（清）李兆洛撰　清光緒四年（1878）湯成烈等刻本　八冊

420000－2341－0006049　D/810.75/4033 壹
養一齋文集二十卷　（清）李兆洛撰　清光緒四年（1878）湯成烈等刻本　八冊

420000－2341－0006050　D/810.75/4048
袁文箋正十六卷　（清）袁枚撰　（清）石韞玉箋　清光緒八年（1882）汗青簃刻本　八冊

420000－2341－0006051　D/810.75/4048C2
袁文箋正十六卷　（清）袁枚撰　（清）石韞玉

箋　清嘉慶十七年（1812）鶴壽山房刻本
六冊

420000－2341－0006052　D/810.75/4096

西漚全集十卷外集八卷　（清）李惺撰　清同
治七年（1868）李氏刻本　十六冊

420000－2341－0006053　D/810.75/4362

裘文達公詩集十八卷　（清）裘曰修撰　清同
治十一年（1872）裘輔刻本　二冊

420000－2341－0006054　D/810.75/4362

裘文達公文集六卷附補遺　（清）裘曰修撰
清同治十一年（1872）裘輔刻本　三冊

420000－2341－0006055　D/810.75/4362

裘文達公奏議不分卷　（清）裘曰修撰　清同
治十一年（1872）裘輔刻本　一冊

420000－2341－0006056　D/810.75/4443

二希堂文集十一卷首一卷　（清）蔡世遠撰
清雍正八年（1730）刻本　六冊

420000－2341－0006057　D/810.75/4443C2

二希堂文集十一卷首一卷　（清）蔡世遠撰
清道光十七年（1837）蔡弼成等刻本　十冊

420000－2341－0006058　D/810.75/6084

峒嶁鑑撮四卷　（清）曠敏本編　清乾隆四十
年（1775）澄滓山房刻本　四冊

420000－2341－0006059　D/810.75/6084

聲韻訂訛一卷　（清）曠敏本撰　清乾隆四十
年（1775）澄滓山房刻本　一冊

420000－2341－0006060　D/810.75/6084

峒嶁刪餘詩草一卷　（清）曠敏本撰　清乾隆
四十年（1775）定性山房刻本　一冊

420000－2341－0006061　D/810.75/6084

峒嶁刪餘文草一卷　（清）曠敏本撰　清乾隆
四十年（1775）定性山房刻本　一冊

420000－2341－0006062　D/810.75/6084

峒嶁仿古一卷　（清）曠敏本撰　清乾隆四十
年（1775）刻本　一冊

420000－2341－0006063　D/810.75/6084

峒嶁文草雜著一卷　（清）曠敏本撰　清乾隆
四十年（1775）刻本　一冊

420000－2341－0006064　D/810.75/6084

峒嶁韻語一卷　（清）曠敏本撰　清乾隆四十
三年（1778）澄滓山房刻本　一冊

420000－2341－0006065　D/810.75/6686

瀨園詩初集三卷　（清）嚴首昇撰　清乾隆十
九年（1754）嚴克照刻本　一冊

420000－2341－0006066　D/810.75/6686

瀨園詩後集不分卷　（清）嚴首昇撰　清乾隆
十九年（1754）嚴克照刻本　一冊

420000－2341－0006067　D/810.75/6686

瀨園談史六卷　（清）嚴首昇撰　清乾隆十九
年（1754）嚴克照刻本　二冊

420000－2341－0006068　D/810.75/6686

瀨園文集二十卷　（清）嚴首昇撰　清乾隆十
九年（1754）嚴克照刻本　六冊

420000－2341－0006069　D/810.75/6686

瀨園遺集十二卷　（清）嚴首昇撰　清乾隆十
九年（1754）嚴克照刻本　二冊

420000－2341－0006070　D/810.75/7223

九畹古文十卷目錄一卷　（清）劉紹攽稿　清
乾隆八年（1743）樹蕙居刻本　九冊

420000－2341－0006071　D/810.75/7228

九畹詩集四卷　（清）劉紹攽撰　清乾隆八年
（1743）樹蕙居刻本　二冊

420000－2341－0006072　D/810.75/7263

長沙劉文恪公詩集四卷　（清）劉權之撰　清
光緒五年（1879）映藜書屋刻本　四冊

420000－2341－0006073　D/810.75/7263

斯馨堂古文初集二卷　（清）劉暐澤撰　清光
緒五年（1879）映藜書屋刻本　二冊

420000－2341－0006074　D/810.75/7263

斯馨堂詩集二卷　（清）劉暐澤撰　清光緒五
年（1879）映藜書屋刻本　二冊

420000－2341－0006075　D/810.75/7497

切問齋文鈔三十卷 （清）陸燿輯 清道光三年至七年（1823－1827）楊國楨刻本 十二冊

420000－2341－0006076 D/810.75/7537

島孫集鈔十二卷 （清）陳之駔撰 （清）陳杰編 清乾隆四十一年（1776）至清末刻本 五冊

420000－2341－0006077 D/810.75/8335

錢南園先生遺集五卷 （清）錢灃撰 清同治十一年（1872）湖南書局刻本 二冊

420000－2341－0006078 D/810.78/0121

龔定盦全集不分卷 （清）龔自珍撰 清宣統元年（1909）國學扶輪社鉛印本 六冊

420000－2341－0006079 D/810.78/0121C3

龔定盦全集不分卷 （清）龔自珍撰 清光緒二十三年（1897）萬本書堂刻本 六冊

420000－2341－0006080 D/810.78/0121 壹

龔定盦全集不分卷 （清）龔自珍撰 清宣統元年（1909）國學扶輪社鉛印本 八冊

420000－2341－0006081 D/810.78/1010

宦拾錄十九卷 （清）王子音撰 清嘉慶十一年至十五年（1806－1810）京師琉璃廠文會堂、穆春園刻本 八冊

420000－2341－0006082 D/810.78/1022

省齋全集十二卷 （清）牛樹梅撰 清同治十三年（1874）徐氏刻本 六冊

420000－2341－0006083 D/810.78/1023

政餘書屋文鈔二十卷 （清）王泉之撰 清道光十年（1830）刻本 十冊

420000－2341－0006084 D/810.78/1043

百柱堂全集五十三卷 （清）王柏心撰 彤雲閣遺稿二卷 （清）王家仕撰 清光緒二十四年（1898）成山唐氏刻本 十六冊

420000－2341－0006085 D/810.78/1044

艮山文集八卷續集三卷 （清）賈聲槐撰 清道光十年（1830）刻本 四冊

420000－2341－0006086 D/810.78/1090

槐陰書屋詩艸二卷試帖二卷制藝一卷 （清）

聶光鑾撰 清光緒十年至十一年（1884－1885）汗青簃刻本 四冊

420000－2341－0006087 D/810.78/1107

閏楣先生集三十卷 （清）張望撰 清嘉慶十六年（1811）王子音刻本 十冊

420000－2341－0006088 D/810.78/2616

海日堂集七卷附補遺 （清）程可則撰 清道光五年（1825）程士偉刻本 四冊

420000－2341－0006089 D/810.78/2736

讀書偶識十卷 （清）鄒漢勛撰 清光緒九年（1883）左宗棠刻本 四冊

420000－2341－0006090 D/810.78/2736

敦藝齋詩存二卷附詩餘外集 （清）鄒漢勛撰 清光緒九年（1883）左宗棠刻本 二冊

420000－2341－0006091 D/810.78/2736

敦藝齋文存八卷 （清）鄒漢勛撰 清光緒九年（1883）左宗棠刻本 三冊

420000－2341－0006092 D/810.78/3021

官石谿文集初刻三卷 （清）官獻瑤撰 清道光二十五年（1845）蘇廷玉刻本 二冊

420000－2341－0006093 D/810.78/3021

尚書講稿思問錄二卷 （清）官獻瑤撰 清道光二十五年（1845）蘇廷玉刻本 二冊

420000－2341－0006094 D/810.78/3021

石谿讀周官六卷 （清）官獻瑤撰 清道光二十五年（1845）蘇廷玉刻本 六冊

420000－2341－0006095 D/810.78/3027

躬恥齋詩鈔後編七卷 （清）宗稷辰撰 清同治越峴山館刻本 一冊

420000－2341－0006096 D/810.78/3027

躬恥齋詩鈔十四卷首一卷 （清）宗稷辰撰 清咸豐九年（1859）枌杜軒刻本 七冊

420000－2341－0006097 D/810.78/3027

躬恥齋文鈔二十卷首一卷後編一卷 （清）宗稷辰撰 清咸豐元年（1851）越峴山館刻本 十六冊

301

420000－2341－0006098　D/810.78/3153

江忠烈公遺集二卷首一卷附錄一卷　(清)江忠源撰　清同治十二年(1873)郭芾生刻本　三冊

420000－2341－0006099　D/810.78/3404

更生齋文甲集四卷　(清)洪亮吉撰　清光緒三年(1877)授經堂刻本　一冊

420000－2341－0006100　D/810.78/3404

更生齋文乙集四卷　(清)洪亮吉撰　清光緒三年(1877)授經堂刻本　一冊

420000－2341－0006101　D/810.78/3404

更生齋文續集二卷　(清)洪亮吉撰　清光緒四年(1878)授經堂刻本　一冊

420000－2341－0006102　D/810.78/3404 壹

更生齋文續集二卷　(清)洪亮吉撰　清光緒四年(1878)授經堂刻本　一冊

420000－2341－0006103　D/810.78/3444

讀經心解四卷　(清)沈楳撰　清道光二十一年(1841)至清末刻本　一冊

420000－2341－0006104　D/810.78/4023

李忠武公書牘二卷　(清)李續賓撰　清光緒十七年(1891)甌江巡署刻本　二冊

420000－2341－0006105　D/810.78/4023

李忠武公奏疏不分卷　(清)李續賓撰　清光緒十七年(1891)甌江巡署刻本　一冊

420000－2341－0006106　D/810.78/4023

哀節錄不分卷　(清)□□撰　清光緒十七年(1891)甌江巡署刻本　一冊

420000－2341－0006107　D/810.78/4023 壹

哀節錄不分卷　(清)□□撰　清光緒十七年(1891)甌江巡署刻本　一冊

420000－2341－0006108　D/810.78/4023 壹

李忠武公書牘二卷　(清)李續賓撰　清光緒十七年(1891)甌江巡署刻本　二冊

420000－2341－0006109　D/810.78/4023 壹

李忠武公奏疏不分卷　(清)李續賓撰　清光緒十七年(1891)甌江巡署刻本　一冊

420000－2341－0006110　D/810.78/4042

寒支初集十卷　(清)李世熊撰　清道光二年(1822)卜榮恩活字印本　八冊

420000－2341－0006111　D/810.78/4047

道古堂集外文不分卷　(清)杭世駿撰　**道古堂集外詩不分卷附軼事**　清光緒十四年(1888)錢塘汪氏振綺堂刻本　一冊

420000－2341－0006112　D/810.78/4047

道古堂詩集二十六卷　(清)杭世駿撰　清光緒十四年(1888)錢塘汪氏振綺堂刻本　五冊

420000－2341－0006113　D/810.78/4047

道古堂文集四十八卷　(清)杭世駿撰　清光緒十四年(1888)錢塘汪氏振綺堂刻本　十冊

420000－2341－0006114　D/810.78/4047 壹

道古堂文集四十八卷　(清)杭世駿撰　清光緒十四年(1888)錢唐汪氏振綺堂刻本　九冊

420000－2341－0006115　D/810.78/4047 壹

道古堂詩集二十六卷　(清)杭世駿撰　清光緒十四年(1888)錢唐汪氏振綺堂刻本　四冊

420000－2341－0006116　D/810.78/4047 壹

道古堂集外文不分卷　(清)杭世駿撰　**道古堂集外詩不分卷附軼事**　清光緒十四年(1888)錢塘汪氏振綺堂刻本　一冊

420000－2341－0006117　D/810.78/4063

李文恭公詩集八卷　(清)李星沅撰　(清)李榛　(清)李概　(清)李桓　(清)李梡編次　清同治四年(1865)刻李文恭公遺集本　三冊

420000－2341－0006118　D/810.78/4063

李文恭公文集十六卷　(清)李星沅撰　(清)李榛　(清)李概　(清)李桓　(清)李梡編次　清同治四年(1865)刻李文恭公遺集本　四冊

420000－2341－0006119　D/810.78/4063

李文恭公奏議二十二卷　(清)李星沅撰　(清)李榛　(清)李概　(清)李桓　(清)李梡編次　清同治四年(1865)刻李文恭公遺集

本　二十三冊

420000－2341－0006120　D/810.78/4063

皇清誥授榮祿大夫大臣太子太保前兵部尚書
兼都察院右都御史兩江總督諭賜祭葬予謚文
恭先府君［李星沅］行述一卷　（清）李概撰
清同治四年(1865)刻李文恭公遺集本　一冊

420000－2341－0006121　D/810.78/4235C2

古香山館存槀十五卷　（清）彭洋中撰　清同
治十三年(1874)彭思詒堂刻本　六冊

420000－2341－0006122　D/810.78/4299

東溟文集六卷外集四卷　（清）姚瑩撰　清道
光十三年(1833)刻本　二冊

420000－2341－0006123　D/810.78/4301

戴簡恪公遺集八卷　（清）戴敦元撰　清同治
十一年(1872)湖北崇文書局刻本　四冊

420000－2341－0006124　D/810.78/4407

正誼堂詩集十卷　（清）董詔撰　（清）謝玉珩
編次　清道光四年(1824)刻本　三冊

420000－2341－0006125　D/810.78/4407

正誼堂文集二十二卷　（清）董詔撰　（清）謝
玉珩編次　清道光四年(1824)刻本　六冊

420000－2341－0006126　D/810.78/4413

瑞蕚堂詩集二卷　（清）蔣雲寬撰　清道光二
十二年(1842)刻本　二冊

420000－2341－0006127　D/810.78/4413

瑞蕚堂文集不分卷　（清）蔣雲寬撰　清道光
二十六年(1846)刻本　一冊

420000－2341－0006128　D/810.78/4413

蔣給諫奏稿一卷　（清）蔣雲寬撰　清道光二
十三年(1843)刻本　一冊

420000－2341－0006129　D/810.78/4417

思不辱齋全集十五卷　（清）萬承風撰　清嘉
慶二十一年(1816)刻道光後印本　十一冊

420000－2341－0006130　D/810.78/4442

二思堂遺集六卷　（清）葉世倬撰　（清）張鵬
翂　（清）趙炳編次　清末刻本　六冊

420000－2341－0006131　D/810.78/5001

詒晉齋集八卷後集一卷隨筆一卷　（清）永瑆
撰　清道光二十八年(1848)載銳刻本　五冊

420000－2341－0006132　D/810.78/6025

蜀槎小草二卷　（清）羅繞典撰　清道光二十
六年(1846)思補山房刻本　二冊

420000－2341－0006133　D/810.78/6025

知養恬齋賦鈔四卷　（清）羅繞典撰　清道光
二十六年(1846)思補山房刻本　三冊

420000－2341－0006134　D/810.78/6025

知養恬齋時文鈔不分卷　（清）羅繞典撰　清
道光二十六年(1846)思補山房刻本　四冊

420000－2341－0006135　D/810.78/6025

知養恬齋試帖二卷　（清）羅繞典撰　清道光
二十六年(1846)思補山房刻本　二冊

420000－2341－0006136　D/810.78/6025

知養恬齋試帖詩集三十卷　（清）羅繞典撰
清道光二十六年(1846)思補山房刻本　三冊

420000－2341－0006137　D/810.78/6025

知養恬齋題解一卷　（清）羅繞典撰　清道光
二十六年(1846)思補山房刻本　一冊

420000－2341－0006138　D/810.78/6080

嶺南集七卷　（清）羅含章撰　清嘉慶十九年
(1814)刻本　六冊

420000－2341－0006139　D/810.78/7110

揅經室集五十四卷　（清）阮元撰　清道光三
年(1823)至清末刻本　三十冊

420000－2341－0006140　D/810.78/7230

雲中集文一卷詞一卷詩一卷　（清）劉湞撰
（清）劉蒂華重訂　清光緒九年(1883)李綽裕
堂刻本　六冊

420000－2341－0006141　D/810.78/7270

存悔齋集二十八卷外集四卷　（清）劉鳳誥撰
清道光十七年(1837)劉元喜、楊文蓀刻本
八冊

420000－2341－0006142　D/810.78/7482

寶奎堂集十二卷　（清）陸錫熊撰　清道光二

303

十九年（1849）陸成沅刻本　四冊

420000－2341－0006143　D/810.78/7493
雙白燕堂外集八卷　（清）陸耀遹撰　清光緒
四年（1878）陸祐勤刻本　三冊

420000－2341－0006144　D/810.78/7493
雙白燕堂文集二卷　（清）陸耀遹撰　清光緒
四年（1878）陸祐勤刻本　一冊

420000－2341－0006145　D/810.78/7493壹
雙白燕堂外集八卷　（清）陸耀遹撰　清光緒
四年（1878）陸祐勤刻本　三冊

420000－2341－0006146　D/810.78/7493壹
雙白燕堂文集二卷　（清）陸耀遹撰　清光緒
四年（1878）陸祐勤刻本　一冊

420000－2341－0006147　D/810.78/7503
秣陵集六卷　（清）陳文述撰　清道光三年
（1823）刻本　四冊

420000－2341－0006148　D/810.78/7503C1
秣陵集六卷　（清）陳文述撰　清光緒十年
（1884）淮南書局刻本　三冊

420000－2341－0006149　D/810.78/7535
東甌先正文録十五卷　（清）陳遇春編輯
（清）金璋參訂　（清）陳六經校正　清道光十
四年（1834）梧竹山房刻本　十六冊

420000－2341－0006150　D/810.78/7548
求志居集三十六卷外集一卷　（清）陳世鎔撰
　清道光二十五年（1845）獨秀山莊刻本
八冊

420000－2341－0006151　D/810.78/7548
求志居經說二十四卷　（清）陳世鎔撰　（清）
黃慶光校　清道光至清末刻本　六冊

420000－2341－0006152　D/810.78/7727
劉孟塗集四十四卷　（清）劉開撰　清道光七
年（1827）姚氏檗山草堂刻本　八冊

420000－2341－0006153　D/810.78/7734
陶文毅公全集六十四卷首一卷末一卷　（清）
陶澍撰　清道光二十年（1840）淮北士民刻本
　二十四冊

420000－2341－0006154　D/810.78/8019
癸巳存稿十五卷　（清）俞正燮撰　清道光二
十九年（1849）靈石楊氏刻本　六冊

420000－2341－0006155　D/810.78/8034
西溟文鈔四卷　（清）姜宸英撰　清光緒十五
年（1889）毋自欺齋馮氏刻姜先生全集本
二冊

420000－2341－0006156　D/810.78/8034
湛園藏稿四卷　（清）姜宸英撰　清光緒十五
年（1889）毋自欺齋馮氏刻姜先生全集本
二冊

420000－2341－0006157　D/810.78/8034
湛園詩稿三卷　（清）姜宸英撰　**詩詞拾遺一
卷**　清光緒十五年（1889）毋自欺齋馮氏刻姜
先生全集本　一冊

420000－2341－0006158　D/810.78/8034
湛園題跋一卷　（清）姜宸英撰　**葦間詩集五
卷**　清光緒十五年（1889）毋自欺齋馮氏刻姜
先生全集本　四冊

420000－2341－0006159　D/810.78/8034
湛園未定稿十卷首一卷　（清）姜宸英撰　清
光緒十五年（1889）毋自欺齋馮氏刻姜先生全
集本　七冊

420000－2341－0006160　D/810.78/8034
湛園札記四卷　（清）姜宸英撰　清光緒十五
年（1889）毋自欺齋馮氏刻姜先生全集本
二冊

420000－2341－0006161　D/810.78/8034
真意堂佚稿一卷　（清）姜宸英撰　清光緒十
五年（1889）毋自欺齋馮氏刻姜先生全集本
與420000－2341－0006155合二冊

420000－2341－0006162　D/810.78/8324
衎石齋記事稿十卷　（清）錢儀吉撰　清道光
十四年（1834）刻本　四冊

420000－2341－0006163　D/810.78/8718
巢經巢遺文五卷　（清）鄭珍撰　清光緒十九
年至二十年（1893－1894）貴筑高氏刻本

四冊

420000－2341－0006164 D/810.78/8720
吞松閣集四十卷 （清）鄭虎文撰 清嘉慶十
四年（1809）鄭師亮、鄭師靖、鄭師愈刻本 二
十冊

420000－2341－0006165 D/810.79/0000
唐中丞遺集二十卷首一卷 （清）唐訓方撰
清光緒十七年（1891）刻本 十六冊

420000－2341－0006166 D/810.79/0034
童溫處公遺書六卷 （清）童兆蓉撰 清光緒
十九年（1893）至清末童氏柂陰書屋刻本
六冊

420000－2341－0006167 D/810.79/0047
生齋讀易日識六卷首一卷 （清）方坰撰 清
光緒元年（1875）武昌藩署刻方學博全集本
二冊

420000－2341－0006168 D/810.79/0047
生齋詩稿九卷 （清）方坰撰 清光緒元年
（1875）武昌藩署刻方學博全集本 三冊

420000－2341－0006169 D/810.79/0047
生齋文薫八卷附寅甫日記一卷寅甫小薫一卷
（清）方坰撰 清光緒元年（1875）武昌藩署
刻方學博全集本 二冊

420000－2341－0006170 D/810.79/0047
生齋自知錄三卷 （清）方坰撰 **生齋日識一
卷續一卷** 清光緒元年（1875）武昌藩署刻方
學博全集本 一冊

420000－2341－0006171 D/810.79/0123
**復堂日記六卷（清同治二年五月至光緒十一
年）** （清）譚獻撰 清光緒十四年（1888）刻
本 二冊

420000－2341－0006172 D/810.79/0123
復堂類集詞集二卷 （清）譚獻撰 清光緒十
一年（1885）刻本 四冊

420000－2341－0006173 D/810.79/0123
復堂類集詩集九卷 （清）譚獻撰 清光緒十
一年（1885）刻本 四冊

420000－2341－0006174 D/810.79/0123
復堂類集文集四卷 （清）譚獻撰 清光緒十
一年（1885）刻本 四冊

420000－2341－0006175 D/810.79/0163
澹靜齋邶風說二卷 （清）龔景瀚撰 清同治
八年（1869）龔易圖濟南郡署刻本 一冊

420000－2341－0006176 D/810.79/0163
澹靜齋祭儀攷四卷 （清）龔景瀚撰 清同治
八年（1869）龔易圖濟南郡署刻本 一冊

420000－2341－0006177 D/810.79/0163
澹靜齋離騷箋二卷 （清）龔景瀚撰 清同治
八年（1869）龔易圖濟南郡署刻本 一冊

420000－2341－0006178 D/810.79/0163
澹靜齋全集十四卷 （清）龔景瀚撰 清同治
八年（1869）龔易圖濟南郡署刻本 八冊

420000－2341－0006179 D/810.79/0163
澹靜齋說裸二卷 （清）龔景瀚撰 清同治八
年（1869）龔易圖濟南郡署刻本 一冊

420000－2341－0006180 D/810.79/0163
積石山房四書文三編 （清）龔海峯撰 清同
治九年（1870）龔易圖刻本 三冊

420000－2341－0006181 D/810.79/0199
樂志堂詩略二卷 （清）譚瑩撰 清光緒元年
（1875）譚宗浚刻本 一冊

420000－2341－0006182 D/810.79/0199
樂志堂文略四卷 （清）譚瑩撰 清光緒元年
（1875）譚宗浚刻本 二冊

420000－2341－0006183 D/810.79/0411
醉白堂文集四卷 （清）謝良琦撰 清光緒十
九年（1893）臨桂王鵬運刻本 二冊

420000－2341－0006184 D/810.79/0411
醉白堂文集四卷續集一卷 （清）謝良琦撰
清光緒十九年（1893）臨桂王鵬運刻本 四冊

420000－2341－0006185 D/810.79/0442
晞鑄堂文鈔十六卷 （清）謝甘盤撰 清宣統
二年（1910）刻本 八冊

420000－2341－0006186　D/810.79/0442

青芙山館詩鈔十二卷　（清）謝甘盤撰　清宣統元年（1909）刻本　二冊

420000－2341－0006187　D/810.79/0724

養知書屋詩集十五卷　（清）郭嵩燾撰　清光緒十八年（1892）刻本　四冊

420000－2341－0006188　D/810.79/0724

養知書屋文集二十八卷　（清）郭嵩燾撰　清光緒十八年（1892）王先謙刻本　十二冊

420000－2341－0006189　D/810.79/0724.1

蘿華山館遺集五卷　（清）郭崙燾撰　清光緒十年（1884）刻本　四冊

420000－2341－0006190　D/810.79/0839

選樓集句二卷首一卷　（清）許祥光集　清道光二十年（1840）刻本　一冊

420000－2341－0006191　D/810.79/1011

實事求是齋遺稿四卷續集一卷　（清）汪廷珍撰　清光緒八年（1882）刻本　六冊

420000－2341－0006192　D/810.79/1036

春融堂集六十八卷目錄一卷附年譜二卷褉記八種　（清）王昶撰　清光緒十八年（1892）文彬齋刻本　二十四冊

420000－2341－0006193　D/810.79/1042

湖船錄不分卷　（清）厲鶚輯　西湖修禊詩不分卷　（清）鄂敏編　南屏百詠不分卷　（清）張炳編　清光緒九年（1883）丁氏嘉惠堂刻西湖集覽本　一冊

420000－2341－0006194　D/810.79/1042

湖山敘遊不分卷　（明）劉遑述　西湖韻事不分卷　（明）汪汝謙撰　不繫園集不分卷（明）汪汝謙撰　隨喜庵集不分卷（明）汪汝謙撰　清光緒九年（1883）丁氏嘉惠堂刻西湖集覽本　一冊

420000－2341－0006195　D/810.79/1042

金牛湖漁唱不分卷　（清）張雲璈撰　西湖遊記不分卷　（清）查人渶撰　西湖雜詩不分卷（清）蔣坦撰　湖船續錄不分卷首一卷

（清）丁午輯　清光緒九年（1883）丁氏嘉惠堂刻西湖集覽本　一冊

420000－2341－0006196　D/810.79/1042

錢塘湖山勝槩詩文一卷湖山百詠一卷　（明）夏時撰　西湖月觀紀不分卷　（明）陳仁錫撰　遊明聖湖日記不分卷　（明）浦祊撰　清光緒九年（1883）丁氏嘉惠堂刻西湖集覽本　一冊

420000－2341－0006197　D/810.79/1042

錢塘西湖百詠一卷　（宋）郭祥正撰　西湖百詠二卷　（宋）董嗣杲作　（明）陳贄和　清光緒九年（1883）丁氏嘉惠堂刻西湖集覽本　一冊

420000－2341－0006198　D/810.79/1042

西湖百詠二卷　（清）柴杰撰　清光緒九年（1883）丁氏嘉惠堂刻西湖集覽本　一冊

420000－2341－0006199　D/810.79/1042

西湖紀述一卷　（明）袁宏道撰　西湖臥遊圖題跋一卷　（明）李流芳撰　西湖八社詩帖一卷　（明）祝時泰撰　清光緒九年（1883）丁氏嘉惠堂刻西湖集覽本　一冊

420000－2341－0006200　D/810.79/1042

西湖夢尋五卷　（清）張岱撰　清光緒九年（1883）丁氏嘉惠堂刻西湖集覽本　二冊

420000－2341－0006201　D/810.79/1042

西湖竹枝集不分卷　（元）楊維禎編　清光緒九年（1883）丁氏嘉惠堂刻西湖集覽本　一冊

420000－2341－0006202　D/810.79/1042.1

哀生閣集七卷　（清）王大經撰　清光緒十一年（1885）王銘吉、王銘貴刻本　六冊

420000－2341－0006203　D/810.79/1053

王船山先生經史論八種　（清）王夫之撰　清光緒二十五年（1899）公記書莊石印本　十六冊

420000－2341－0006204　D/810.79/1054

王文直公遺集六卷首一卷　（清）王東槐撰　清光緒七年（1881）刻本　四冊

420000－2341－0006205　D/810.79/1080

王壯武公遺集二十四卷首二卷　（清）王鑫撰
清光緒十八年(1892)王氏刻本　十二冊

420000－2341－0006206　D/810.79/1102

舒藝室詩存七卷附索笑詞二卷　（清）張文虎
撰　清光緒七年(1881)刻覆瓿集本　二冊

420000－2341－0006207　D/810.79/1102

夢因錄一卷　（清）張文虎撰　清光緒十三年
(1887)刻覆瓿集本　一冊

420000－2341－0006208　D/810.79/1102

鼠壤餘蔬一卷　（清）張文虎撰　清光緒十三
年(1887)刻覆瓿集本　一冊

420000－2341－0006209　D/810.79/1102

舒藝室續筆一卷　（清）張文虎撰　清光緒五
年(1879)刻覆瓿集本　一冊

420000－2341－0006210　D/810.79/1102

舒藝室雜箸甲編二卷乙編二卷　（清）張文虎
撰　清光緒五年(1879)刻覆瓿集本　二冊

420000－2341－0006211　D/810.79/1102

舒藝室隨筆六卷　（清）張文虎撰　清同治十
三年(1874)刻覆瓿集本　二冊

420000－2341－0006212　D/810.79/1102

舒藝室餘筆三卷　（清）張文虎撰　清光緒七
年(1881)刻覆瓿集本　與 420000－2341－
0006209 合一冊

420000－2341－0006213　D/810.79/1102

撰聯偶記一卷　（清）張文虎撰　清光緒十九
年(1893)刻覆瓿集本　與 420000－2341－
0006207、6214 至 6215 合一冊

420000－2341－0006214　D/810.79/1102

懷舊襍記三卷　（清）張文虎撰　清光緒十九
年(1893)刻覆瓿集本　與 420000－2341－
0006207、6213、6215 合一冊

420000－2341－0006215　D/810.79/1102

舒藝室雜存四卷附行狀　（清）張文虎撰　清
光緒十三年(1887)刻十五年(1889)彙印覆瓿
集本　與 420000－2341－0006207、6213 至

6214 合一冊

420000－2341－0006216　D/810.79/1102

舒藝室詩續存一卷　（清）張文虎撰　清光緒
十三年(1887)刻覆瓿集本　與 420000－2341－
0006208、6217 至 6220 合一冊

420000－2341－0006217　D/810.79/1102

舒藝室尺牘偶存一卷　（清）張文虎撰　清光
緒十五年(1889)刻覆瓿集本　與 420000－2341－
0006208、6216、6218 至 6220 合一冊

420000－2341－0006218　D/810.79/1102

湖樓校書記一卷餘記一卷　（清）張文虎撰
清光緒十五年(1889)刻覆瓿集本　與 420000－
2341－0006208、6216 至 6217、6219 至 6220 合
一冊

420000－2341－0006219　D/810.79/1102

西泠續記一卷　（清）張文虎撰　清光緒十五
年(1889)刻覆瓿集本　與 420000－2341－
0006208、6216 至 6218、6220 合一冊

420000－2341－0006220　D/810.79/1102

蓮龕尋夢記一卷　（清）張文虎撰　清光緒十
五年(1889)刻覆瓿集本　與 420000－2341－
0006208、6216 至 6219 合一冊

420000－2341－0006221　D/810.79/1102

舒藝室雜箸賸稾一卷　（清）張文虎撰　清光
緒七年(1881)刻覆瓿集本　與 420000－2341－
0006210 合二冊

420000－2341－0006222　D/810.79/1103

敬齋存稿二十卷　（清）張諧之撰　清光緒二
十二年(1896)為已精舍刻本　八冊

420000－2341－0006223　D/810.79/1103

困學錄四卷　（清）張諧之撰　清光緒二十二
年(1896)為已精舍刻本　二冊

420000－2341－0006224　D/810.79/1103

陶淵明述酒詩解不分卷　（清）張諧之撰　東
明紀行不分卷　清光緒二十二年(1896)為已
精舍刻本　一冊

420000－2341－0006225　D/810.79/1112

嵩菴集三卷附拾遺　（清）張爾岐撰　清光緒
十五年（1889）山東書局刻本　二冊

420000－2341－0006226　D/810.79/1112

嵩菴閒話二卷　（清）張爾岐撰　清光緒十五
年（1889）山東書局刻本　一冊

420000－2341－0006227　D/810.79/1122

庸書二十卷目錄一卷　（清）張貞生撰　清康
熙講學山房刻本　十冊

420000－2341－0006228　D/810.79/1126

月齋文集八卷詩集四卷　（清）張穆撰　清咸
豐八年（1858）壽陽祁氏刻本　四冊

420000－2341－0006229　D/810.79/1144

篤素堂文集三卷　（清）張英撰　清同治十一
年（1872）守素堂刻本　一冊

420000－2341－0006230　D/810.79/1144.1

存誠堂詩集二十五卷　（清）張英撰　清光緒
二十三年（1897）桐城張氏刻張文瑞集本
六冊

420000－2341－0006231　D/810.79/1144.1

存誠堂應制詩五卷　（清）張英撰　清光緒二
十三年（1897）桐城張氏刻張文瑞集本　二冊

420000－2341－0006232　D/810.79/1144.1

篤素堂詩集七卷　（清）張英撰　清光緒二十
三年（1897）桐城張氏刻張文瑞集本　二冊

420000－2341－0006233　D/810.79/1144.1

篤素堂文集十六卷　（清）張英撰　清光緒二
十三年（1897）桐城張氏刻張文瑞集本　七冊

420000－2341－0006234　D/810.79/1144.1

書經衷論四卷　（清）張英撰　清光緒二十三
年（1897）桐城張氏刻張文瑞集本　二冊

420000－2341－0006235　D/810.79/1144.1

易經衷論二卷　（清）張英撰　清光緒二十三
年（1897）桐城張氏刻張文瑞集本　一冊

420000－2341－0006236　D/810.79/1173C1

楊園先生全集五十四卷年譜一卷　（清）張履
祥撰　（清）姚璉輯　（清）萬斛泉編次　清同
治十年（1871）江蘇書局刻本　十六冊

420000－2341－0006237　D/810.79/1173C2

楊園先生全集不分卷　（清）張履祥纂　清光
緒三十年（1904）呂氏刻本　六冊

420000－2341－0006238　D/810.79/1233

片玉山房花箋錄二十卷　（清）孫兆溎輯　清
咸豐二年（1852）刻本　八冊

420000－2341－0006239　D/810.79/1747

半巖廬遺集不分卷　（清）邵懿辰撰　清光緒
三十四年（1908）刻本　一冊

420000－2341－0006240　D/810.79/2221

倭文端公遺書八卷首一卷末一卷　（清）倭仁
撰　清光緒元年（1875）求我齋刻本　四冊

420000－2341－0006241　D/810.79/2585

題鳳館稿五卷詞稿一卷文稿一卷　（清）朱鑑
成撰　清同治十一年（1872）顧復初刻本
六冊

420000－2341－0006242　D/810.79/2610

攜雪堂文集四卷　（清）吳可讀撰　（清）楊慶
生箋注　清光緒二十六年（1900）浙江書局刻
本　四冊

420000－2341－0006243　D/810.79/2613

也居山房文集八卷　（清）魏承祝撰　清同治
九年（1870）茹古齋刻本　二冊

420000－2341－0006244　D/810.79/2613

也居山房詩集十卷補錄一卷　（清）魏承祝撰
清同治九年（1870）魏承楫刻本　二冊

420000－2341－0006245　D/810.79/2630

夏小正集說四卷　（清）程鴻詔撰　清同治十
一年（1872）汪啟蘭刻有恆心齋集本　一冊

420000－2341－0006246　D/810.79/2630

有恆心齋駢體文六卷　（清）程鴻詔撰　清同
治十一年（1872）吳文楷刻有恆心齋集本
二冊

420000－2341－0006247　D/810.79/2630

有恆心齋詩七卷　（清）程鴻詔撰　清同治十
一年（1872）吳文楷刻有恆心齋集本　二冊

420000－2341－0006248　D/810.79/2630

有恆心齋外集二卷　（清）程鴻詔撰　有恆心齋詩餘二卷　有恆心齋詞餘一卷　清同治十一年(1872)吳文楷刻有恆心齋集本　一冊

420000－2341－0006249　D/810.79/2630

有恆心齋文十一卷附前集一卷　（清）程鴻詔撰　清同治十一年(1872)吳文楷刻有恆心齋集本　四冊

420000－2341－0006250　D/810.79/2632

吳摯甫詩集不分卷　（清）吳汝綸撰　清宣統二年(1910)國學扶輪社石印本　一冊

420000－2341－0006251　D/810.79/2632

吳摯甫文集四卷附深州風土記四篇　（清）吳汝綸撰　清宣統二年(1910)國學扶輪社石印本　五冊

420000－2341－0006252　D/810.79/2636

時墨采真不分卷　（清）吳鴻恩選評　清光緒二年(1876)同文堂刻本　四冊

420000－2341－0006253　D/810.79/2643

求自得之室文鈔十二卷　（清）吳嘉賓撰　清同治五年(1866)廣州富文齋刻木　五冊

420000－2341－0006254　D/810.79/2645

在山堂集三十卷　（清）程大中撰　（清）吳毓梅編次　清光緒九年(1883)敦德堂刻本　八冊

420000－2341－0006255　D/810.79/2667

流香一覽不分卷　（清）釋明開輯撰　（清）朱宗文校閱　清光緒刻本　一冊

420000－2341－0006256　D/810.79/2703

翰香閣詩草一卷　（清）殷文宜撰　蔭柏軒詩草一卷　凝翠軒詩草一卷　清光緒二十四年(1898)刻本　一冊

420000－2341－0006257　D/810.79/2703

閩遊集一卷　（清）殷文宜撰　哀鳴集一卷續集一卷　繡餘吟詞草一卷　清光緒二十四年(1898)刻本　一冊

420000－2341－0006258　D/810.79/2740

繆武烈公遺集六卷首一卷　（清）繆梓撰　清

光緒七年(1881)小岯山館刻本　四冊

420000－2341－0006259　D/810.79/2744

黔軺紀程不分卷　（清）黎培敬撰　求補拙齋文略二卷詩略二卷　清光緒十七年至十八年(1891－1892)湘潭黎氏刻黎文肅公遺書本　一冊

420000－2341－0006260　D/810.79/2744

黎文肅公公牘十卷　（清）黎培敬撰　清光緒十七年至十八年(1891－1892)湘潭黎氏刻黎文肅公遺書本　二冊

420000－2341－0006261　D/810.79/2744

黎文肅公奏議十六卷　（清）黎培敬撰　清光緒十七年至十八年(1891－1892)湘潭黎氏刻黎文肅公遺書本　三冊

420000－2341－0006262　D/810.79/2744

求補拙齋外集四卷　（清）黎培敬撰　清光緒十七年至十八年(1891－1892)湘潭黎氏刻黎文肅公遺書本　一冊

420000－2341－0006263　D/810.79/2744

竹閒道人自述年譜一卷首一卷　（清）黎培敬撰　清光緒十七年至十八年(1891－1892)湘潭黎氏刻黎文肅公遺書本　一冊

420000－2341－0006264　D/810.79/3420

怡雲堂全集不分卷　（清）沈保靖撰　清宣統元年(1909)莊綸裔刻本　六冊

420000－2341－0006265　D/810.79/3431

沈文忠公集十卷　（清）沈兆霖撰　清同治八年(1869)楊鴻典刻本　四冊

420000－2341－0006266　D/810.79/3474

棠谿文鈔八卷　（清）沈用增撰　清光緒四年(1878)刻本　四冊

420000－2341－0006267　D/810.79/4010

天岳山館文鈔四十卷　（清）李元度撰　清光緒六年(1880)爽谿精舍刻本　二十冊

420000－2341－0006268　D/810.79/4034

慎盦文鈔二卷　（清）左宗植撰　清光緒元年(1875)王加敏刻本　二冊

420000－2341－0006269　D/810.79/4041

寶韋齋類稿八十二卷　（清）李桓撰　清光緒
六年(1880)趙寶墨齋刻本　十六冊

420000－2341－0006270　D/810.79/4082

含薰室詩集二卷　（清）吉鍾穎撰　清同治六
年(1867)吉正常刻本　一冊

420000－2341－0006271　D/810.79/4082

含薰室文集五卷附錄一卷　（清）吉鍾穎撰
清同治十二年(1873)吉正常刻本　三冊

420000－2341－0006272　D/810.79/4240

歸樸龕叢稿十一卷續編四卷年譜一卷　（清）
彭蘊章撰　清同治刻彭文敬公全集本　五冊

420000－2341－0006273　D/810.79/4240

鶴和樓制義二卷補編一卷　（清）彭蘊章撰
清同治刻彭文敬公全集本　二冊

420000－2341－0006274　D/810.79/4240

松風閣詩鈔二十六卷　（清）彭蘊章撰　清同
治刻彭文敬公全集本　八冊

420000－2341－0006275　D/810.79/4332

潛虛先生文集十四卷　（清）戴名世撰　（清）
尤雲鶚編次　清光緒十一年(1885)活字印本
八冊

420000－2341－0006276　D/810.79/4409

葛中翰遺集十二卷首一卷　（明）葛麟撰　清
光緒十六年(1890)敦本堂刻本　六冊

420000－2341－0006277　D/810.79/4410

范忠貞公全集五卷首一卷附錄一卷補遺一卷
（清）范承謨撰　（清）范時崇校　清光緒二
十一年(1895)龍錫慶刻本　四冊

420000－2341－0006278　D/810.79/4421C1

東征集六卷　（清）藍鼎元撰　（清）王者輔評
清光緒五年(1879)藍謙修補刻鹿洲全集本
三冊

420000－2341－0006279　D/810.79/4421C1

鹿洲初集二十卷　（清）藍鼎元撰　（清）曠敏
本評　清光緒五年(1879)藍謙修補刻鹿洲全
集本　九冊

420000－2341－0006280　D/810.79/4421C1

鹿洲公案二卷　（清）藍鼎元撰　（清）曠敏本
評　清光緒五年(1879)藍謙修補刻鹿洲全集
本　二冊

420000－2341－0006281　D/810.79/4421C1

鹿洲奏疏一卷　（清）藍鼎元撰　清光緒五年
(1879)藍謙修補刻鹿洲全集本　一冊

420000－2341－0006282　D/810.79/4421C1

棉陽學準五卷　（清）藍鼎元撰　清光緒五年
(1879)藍謙修補刻鹿洲全集本　二冊

420000－2341－0006283　D/810.79/4421C1

女學六卷　（清）藍鼎元編　清光緒五年
(1879)藍謙修補刻鹿洲全集本　四冊

420000－2341－0006284　D/810.79/4421C1

平臺紀略一卷　（清）藍鼎元撰　（清）王者輔
評　清光緒五年(1879)藍謙修補刻鹿洲全集
本　一冊

420000－2341－0006285　D/810.79/4421C1

脩史試筆二卷　（清）藍鼎元撰　（清）曠敏本
評　清光緒五年(1879)藍謙修補刻鹿洲全集
本　二冊

420000－2341－0006286　D/810.79/4421C1 壹

鹿洲初集二十卷　（清）藍鼎元撰　（清）曠敏
本評　清光緒五年(1879)藍謙修補刻鹿洲全
集本　八冊

420000－2341－0006287　D/810.79/4421C1 壹

平臺紀略一卷　（清）藍鼎元撰　（清）王者輔
評　清光緒五年(1879)藍謙修補刻鹿洲全集
本　一冊

420000－2341－0006288　D/810.79/4421C1 壹

東征集六卷　（清）藍鼎元撰　（清）王者輔評
清光緒五年(1879)藍謙修補刻鹿洲全集本
三冊

420000－2341－0006289　D/810.79/4421C1 壹

鹿洲公案二卷　（清）藍鼎元撰　（清）曠敏本
評　清光緒五年(1879)藍謙修補刻鹿洲全集
本　二冊

420000－2341－0006290　D/810.79/4421C1 壹

脩史試筆二卷　（清）藍鼎元撰　（清）曠敏本評　清光緒五年(1879)藍謙修補刻鹿洲全集本　二冊

420000－2341－0006291　D/810.79/4421C1 壹

棉陽學準五卷　（清）藍鼎元撰　清光緒五年(1879)藍謙修補刻鹿洲全集本　二冊

420000－2341－0006292　D/810.79/4421C1 壹

女學六卷　（清）藍鼎元編　清光緒五年(1879)藍謙修補刻鹿洲全集本　四冊

420000－2341－0006293　D/810.79/4421C1 壹

鹿洲奏疏一卷　（清）藍鼎元撰　清光緒五年(1879)藍謙修補刻鹿洲全集本　一冊

420000－2341－0006294　D/810.79/4427

醉山草堂文集二卷　（清）黃仲騏撰　清光緒六年(1880)潙寧學署刻本　二冊

420000－2341－0006295　D/810.79/4427

醉山草堂詩集二卷　（清）黃仲騏撰　清光緒三年(1877)潙寧學署刻本　二冊

420000－2341－0006296　D/810.79/4443

樊山公牘三卷　樊增祥撰　清光緒二十八年(1902)西安臬署刻樊山集本　三冊

420000－2341－0006297　D/810.79/4443

樊山批判十四卷附一卷　樊增祥撰　清光緒二十八年(1902)西安臬署刻樊山集本　七冊

420000－2341－0006298　D/810.79/4443

樊山續集二十二卷　樊增祥撰　清光緒二十八年(1902)西安臬署刻樊山集本　六冊

420000－2341－0006299　D/810.79/4443

樊山集二十八卷　樊增祥撰　清光緒十九年(1893)渭南縣署刻樊山集本　八冊

420000－2341－0006300　D/810.79/4457

赤城集十八卷　（宋）林表民輯　清嘉慶二十三年(1818)宋世犖刻本　四冊

420000－2341－0006301　D/810.79/4474

江左校士錄不分卷　（清）黃體芳鑒定　清光緒十一年(1885)江陰節署刻本　六冊

420000－2341－0006302　D/810.79/4634

晦明軒稿不分卷　楊守敬撰　清光緒二十七年(1901)鄰蘇園刻本　一冊

420000－2341－0006303　D/810.79/4672

耐菴公牘存稿四卷　（清）賀長齡撰　清光緒八年(1882)賀克繩、賀克恭刻本　二冊

420000－2341－0006304　D/810.79/4672

耐菴詩存三卷　（清）賀長齡撰　清光緒八年(1882)賀克繩、賀克恭刻本　一冊

420000－2341－0006305　D/810.79/4672

耐菴文存六卷　（清）賀長齡撰　清光緒八年(1882)賀克繩、賀克恭刻本　二冊

420000－2341－0006306　D/810.79/4672

耐菴奏議存稿十二卷首一卷　（清）賀長齡撰　清光緒八年(1882)賀克繩、賀克恭刻本　七冊

420000－2341－0006307　D/810.79/4672 壹

耐菴公牘存稿四卷　（清）賀長齡撰　清光緒八年(1882)賀克繩、賀克恭刻本　二冊

420000－2341－0006308　D/810.79/4672 壹

耐菴詩存三卷　（清）賀長齡撰　清光緒八年(1882)賀克繩、賀克恭刻本　一冊

420000－2341－0006309　D/810.79/4672 壹

耐菴文存六卷　（清）賀長齡撰　清光緒八年(1882)賀克繩、賀克恭刻本　二冊

420000－2341－0006310　D/810.79/4672 壹

耐菴奏議存稿十二卷首一卷　（清）賀長齡撰　清光緒八年(1882)賀克繩、賀克恭刻本　七冊

420000－2341－0006311　D/810.79/4688

八旗文經六十卷　（清）盛昱輯　清光緒二十七年(1901)武昌刻本　十二冊

420000－2341－0006312　D/810.79/4934

豹隱堂詩集二卷　（清）趙蓮城撰　清同治九年(1870)至清末刻本　二冊

420000－2341－0006313　D/810.79/4934

豹隱堂文集二卷　（清）趙蓮城撰　清咸豐八

年(1858)至清末刻本　二冊

420000－2341－0006314　D/810.79/4944
郁鄔山房詩存八卷　（清）趙樹吉撰　清光緒
汗青簃刻本　二冊

420000－2341－0006315　D/810.79/4944
郁鄔山房疏草二卷　（清）趙樹吉撰　清光緒
十年(1884)汗青簃刻本　一冊

420000－2341－0006316　D/810.79/4944
郁鄔山房文略二卷　（清）趙樹吉撰　清光緒
十一年(1885)汗青簃刻本　一冊

420000－2341－0006317　D/810.79/6022
湘社集四卷　易順鼎　程頌萬編　清光緒十
七年(1891)刻本　二冊

420000－2341－0006318　D/810.79/7112
馬徵君遺集六卷首一卷　（清）馬三俊撰　清
同治三年(1864)刻本　二冊

420000－2341－0006319　D/810.79/7203
青溪舊屋文集十一卷　（清）劉文淇撰　清光
緒九年(1883)刻本　二冊

420000－2341－0006320　D/810.79/7230
劉禮部集十二卷　（清）劉逢祿撰　清光緒十
八年(1892)延暉承慶堂刻本　六冊

420000－2341－0006321　D/810.79/7230 壹
劉禮部集十二卷　（清）劉逢祿撰　清光緒十
八年(1892)延暉承慶堂刻本　三冊

420000－2341－0006322　D/810.79/7231
槐軒雜著四卷　（清）劉沅撰　清同治七年
(1868)致福樓刻本　四冊

420000－2341－0006323　D/810.79/7244
海峰詩集十一卷　（清）劉大櫆撰　清同治十
三年(1874)劉繼刻本　二冊

420000－2341－0006324　D/810.79/7244
海峰文集八卷　（清）劉大櫆撰　清同治十三
年(1874)劉繼刻本　五冊

420000－2341－0006325　D/810.79/7244.1
養晦堂詩集二卷　（清）劉蓉撰　清光緒三年

(1877)思賢講舍刻本　一冊

420000－2341－0006326　D/810.79/7244.1
思辨錄疑義不分卷　（清）劉蓉撰　清光緒三
年(1877)思賢講舍刻本　一冊

420000－2341－0006327　D/810.79/7244.1
養晦堂文集十卷　（清）劉蓉撰　清光緒三年
(1877)思賢講舍刻本　五冊

420000－2341－0006328　D/810.79/7244.1
劉中丞奏議二十卷　（清）劉蓉撰　清光緒十
一年(1885)思賢講舍刻本　十冊

420000－2341－0006329　D/810.79/7273C1
劉武慎公遺書奏稿十六卷稟牘四卷尺牘二卷
札諭營規一卷雜文詩劄記一卷年譜三卷
（清）劉長佑撰　清光緒二十六年(1900)刻本
二十八冊

420000－2341－0006330　D/810.79/7273C1 壹
劉武慎公遺書奏稿十六卷稟牘四卷尺牘二卷
札諭營規一卷雜文詩劄記一卷年譜三卷
（清）劉長佑撰　清光緒二十六年(1900)刻本
二十八冊

420000－2341－0006331　D/810.79/7433
儀顧堂集二十卷　（清）陸心源撰　清光緒二
十四年(1898)刻本　六冊

420000－2341－0006332　D/810.79/7474
三魚堂外集六卷附錄一卷　（清）陸隴其撰
清光緒至清末老掃葉山房刻本　三冊

420000－2341－0006333　D/810.79/7474
三魚堂文集十二卷附錄一卷　（清）陸隴其撰
清光緒至清末老掃葉山房刻本　五冊

420000－2341－0006334　D/810.79/7474.2
讀禮志疑不分卷　（清）陸隴其撰　清嘉慶二
十一年(1816)張應時刻本　一冊

420000－2341－0006335　D/810.79/7474.2
三魚堂日記十卷(清康熙五年至三十一年)
（清）陸隴其撰　清同治九年(1870)浙江書局
刻本　四冊

420000－2341－0006336　D/810.79/7474.2

陸清獻公[隴其]年譜一卷附本傳　（清）吳光
西編次　清同治七年（1868）武林薇署刻本
一冊

420000－2341－0006337　D/810.79/7474.2
三魚堂賸言十二卷附傳略　（清）陸隴其撰
（清）陳濟編校　清同治七年（1868）武林薇署
刻本　一冊

420000－2341－0006338　D/810.79/7474.2
三魚堂外集六卷附錄一卷　（清）陸隴其撰
清同治七年（1868）武林薇署刻本　二冊

420000－2341－0006339　D/810.79/7474.2
三魚堂文集十二卷附錄一卷　（清）陸隴其撰
　清同治七年（1868）武林薇署刻本　三冊

420000－2341－0006340　D/810.79/7497
切問齋集十二卷　（清）陸耀撰　清光緒十八
年（1892）江蘇書局刻本　四冊

420000－2341－0006341　D/810.79/7534
倚雲閣詩詞存不分卷　（清）張友書撰　清光
緒十二年（1886）刻本　一冊

420000－2341－0006342　D/810.79/7534
養志居僅存槀十八卷首一卷　（清）陳宗起撰
　（清）陳克劭輯次　清光緒十一年（1885）陳
氏刻本　八冊

420000－2341－0006343　D/810.79/7542
萍蓬類稿不分卷　（清）陳克劭撰　清光緒十
九年（1893）陳氏刻本　一冊

420000－2341－0006344　D/810.79/7542
知悔齋文二卷　（清）陳克劭撰　清光緒十九
年（1893）陳氏刻本　二冊

420000－2341－0006345　D/810.79/7542
紅豆簾琴意不分卷　（清）陳克劭撰　清光緒
十三年（1887）陳氏刻本　一冊

420000－2341－0006346　D/810.79/7542
晴漪閣詩六卷　（清）陳克劭撰　清光緒十三
年（1887）陳氏刻本　二冊

420000－2341－0006347　D/810.79/7542
藤花館詩二卷附藤花館詩餘　（清）陳克劭撰

清光緒十三年（1887）陳氏刻本　一冊

420000－2341－0006348　D/810.79/7581
天全石錄不分卷附洪度集不分卷翰林學士集
不分卷　陳矩撰　清光緒二十九年（1903）刻
靈峯草堂叢書本　一冊

420000－2341－0006349　D/810.79/8071
蓼莪子集四卷　（清）俞興瑞撰　清咸豐六年
（1856）三德堂刻本　二冊

420000－2341－0006350　D/810.8/0434
謝梅莊先生雜著十二卷　（清）謝濟世撰　清
光緒十年（1884）寄生艸堂刻本　四冊

420000－2341－0006351　D/810.8/2741
藝風堂文集七卷外篇一卷　繆荃孫撰　清光
緒二十六年至二十七年（1900－1901）刻本
四冊

420000－2341－0006352　D/810.8/2741壹
藝風堂文集七卷外篇一卷　繆荃孫撰　清光
緒二十六年至二十七年（1900－1901）刻本
八冊

420000－2341－0006353　D/810.98/4432
國朝中州文徵五十四卷首一卷　（清）蘇源生
編　清道光二十三年至二十五年（1843－
1845）蘇源生刻本　二十八冊

420000－2341－0006354　D/811.08/1020
詩義標準一百十四卷　（清）王錫光撰集　清
宣統虛受堂刻本　三十冊

420000－2341－0006355　D/811.08/1028
惺齋五種十卷續編二卷　（清）夏綸撰　（清）
徐夢元評　清乾隆十六年（1751）夏綸世光堂
刻本　十冊

420000－2341－0006356　D/811.097/1030
湖北詩徵傳略四十卷　（清）丁宿章輯　清光
緒七年（1881）丁氏涇北艸堂刻本　二十冊

420000－2341－0006357　D/811.097/1127
國朝詩人徵略六十卷　（清）張維屏輯　清道
光十年（1830）張維屏刻本　十冊

420000－2341－0006358　D/811.097/7214

313

詩人考世二卷　（明）劉一相輯　明萬曆三十六年(1608)至明末刻本　四冊

420000－2341－0006359　D/811.101/4942

聲調譜不分卷　（清）趙執信纂　清光緒十六年(1890)蔣氏求實齋刻本　一冊

420000－2341－0006360　D/811.103/1734

賞音編六卷首一卷　（清）孟永萘撰　清乾隆二十四年(1759)刻本　四冊

420000－2341－0006361　D/811.103/2520

佩文詩韻釋要五卷　（清）朱蘭輯　清光緒元年(1875)湖北崇文書局刻本　一冊

420000－2341－0006362　D/811.103/2634

佩文詩韻釋要五卷附辨正　（清）周兆基輯（清）吳寶恕錄　清光緒三年(1877)粵東使署刻本　二冊

420000－2341－0006363　D/811.103/3104

杜韓詩句集韻三卷　（清）汪文柏輯　清光緒八年(1882)姑蘇來青閣刻本　四冊

420000－2341－0006364　D/811.103/4403

聲調四譜圖說十二卷首一卷末一卷　（清）董文煥編輯　清同治三年(1864)洪洞董氏刻本　六冊

420000－2341－0006365　D/811.104/1043

帶經堂詩話三十卷首一卷　（清）王士禎撰　清同治十二年(1873)藏修堂刻本　十冊

420000－2341－0006366　D/811.104/2231

詩古微三編十九卷首一卷　（清）魏源輯　清道光魏氏刻光緒十三年(1887)席威掃葉山房補刻本　八冊

420000－2341－0006367　D/811.104/2528

靜志居詩話二十四卷　（清）朱彝尊撰　清嘉慶二十四年(1819)扶荔山房刻本　十四冊

420000－2341－0006368　D/811.104/2603

詩人玉屑二十卷　（宋）魏慶之撰　清康熙古松堂刻本　六冊

420000－2341－0006369　D/811.104/3072

柳亭詩話三十卷　（清）宋長白纂　清光緒八年(1882)刻本　十冊

420000－2341－0006370　D/811.104/3404

北江詩話六卷　（清）洪亮吉撰　清光緒三年(1877)授經堂刻本　一冊

420000－2341－0006371　D/811.104/4048

隨園詩話十六卷補遺十卷　（清）袁枚撰　清乾隆刻本　十二冊

420000－2341－0006372　D/811.104/4428

碧溪詩話十卷　（宋）黃徹撰　清乾隆三十九年(1774)至清末刻本　二冊

420000－2341－0006373　D/811.104/4462

射鷹樓詩話二十四卷　（清）林昌彝輯　清咸豐元年(1851)沈葆楨刻本　八冊

420000－2341－0006374　D/811.104/4661

詩筏二卷　（清）賀貽孫撰　清光緒至清末刻本　二冊

420000－2341－0006375　D/811.107/2801

彙纂詩法度鍼三十三卷　（清）徐文弻編輯　清乾隆二十四年(1759)得月樓刻本　八冊

420000－2341－0006376　D/811.108/0077

歷朝詩約選九十三卷　（清）劉大櫆纂　清光緒二十三年(1897)文徵閣刻本　二十二冊

420000－2341－0006377　D/811.108/0077 壹

歷朝詩約選九十三卷　（清）劉大櫆纂　清光緒二十三年(1897)文徵閣刻本　二十二冊

420000－2341－0006378　D/811.108/1000

東武詩存十卷　（清）王賡言纂　清嘉慶二十五年(1820)化香閣刻本　十冊

420000－2341－0006379　D/811.108/1033

談藝珠叢四十四卷　（清）王啟原輯　清光緒十一年(1885)玉尺山房刻本　七冊

420000－2341－0006380　D/811.108/1043

古詩箋三十二卷　（清）王士禎選　（清）聞人倓箋　清乾隆三十一年(1766)芷蘭堂刻本　十四冊

420000－2341－0006381　D/811.108/1046

增補重訂千家詩註解四卷　（清）任來吉選（清）王相註　清康熙至清末文苑閣刻本一冊

420000－2341－0006382　D/811.108/1073

八代詩選二十卷　王闓運撰　清光緒至清末章氏經濟堂刻本　十冊

420000－2341－0006383　D/811.108/1073C1

八代詩選二十卷　王闓運撰　清光緒七年（1881）尊經書局刻本　八冊

420000－2341－0006384　D/811.108/1114

宛鄰書屋古詩錄十二卷　（清）張琦輯　清道光十年至十二年（1830－1832）宛鄰書屋刻本　六冊

420000－2341－0006385　D/811.108/1742

桃花潭文徵六卷　（清）翟大程編輯　清光緒三十年（1904）翟大程刻本　六冊

420000－2341－0006386　D/811.108/2732

歷朝二十五家詩錄三十七卷　（清）鄒湘倜輯　清光緒元年（1875）鄒氏得頤堂刻本　三十冊

420000－2341－0006387　D/811.108/3144

詩倫二卷　（清）汪薇輯　清康熙五十六年（1717）寒木堂刻本　二冊

420000－2341－0006388　D/811.108/3423

重訂唐詩別裁集二十卷　（清）沈德潛選　清乾隆二十八年（1763）至清末元聚堂刻本十冊

420000－2341－0006389　D/811.108/3423

明詩別裁集十二卷　（清）沈德潛（清）周準輯　清乾隆二十八年（1763）至清末元聚堂刻本　六冊

420000－2341－0006390　D/811.108/3423

宋詩別裁集八卷　（清）張景星（清）姚培謙（清）王永祺點閱　清乾隆二十八年（1763）至清末元聚堂刻本　四冊

420000－2341－0006391　D/811.108/3423

欽定國朝詩別裁集三十二卷　（清）沈德潛纂評　清乾隆二十八年（1763）至清末元聚堂刻本　十六冊

420000－2341－0006392　D/811.108/3423

元詩別裁集八卷補遺一卷　（清）張景星（清）姚培謙（清）王永祺點閱　清乾隆二十八年（1763）至清末元聚堂刻本　四冊

420000－2341－0006393　D/811.108/3423.1C1

古詩源十四卷　（清）沈德潛選　清光緒十七年（1891）湖南思賢書局刻本　二冊

420000－2341－0006394　D/811.108/3423C1

重訂唐詩別裁集二十卷　（清）沈德潛選　清乾隆二十八年（1763）至清末刻本　八冊

420000－2341－0006395　D/811.108/3423C1

元詩別裁集八卷補遺一卷　（清）張景星（清）姚培謙（清）王永祺點閱　清乾隆二十九年（1764）至清末務本堂刻本　二冊

420000－2341－0006396　D/811.108/3423C1

宋詩別裁集八卷　（清）張景星（清）姚培謙（清）王永祺點閱　清乾隆二十六年（1761）全清末務本堂刻本　二冊

420000－2341－0006397　D/811.108/3423C1

明詩別裁集十二卷　（清）沈德潛（清）周準輯　清乾隆四年（1739）至清末務本堂刻本二冊

420000－2341－0006398　D/811.108/3423C1

欽定國朝詩別裁集三十二卷　（清）沈德潛纂評　清乾隆至清末刻本　十六冊

420000－2341－0006399　D/811.108/4096

七家詩選箋註七卷　（清）張熙宇輯評（清）張昶註釋　清道光十五年（1835）至清末忠信堂刻朱墨套印本　一冊

420000－2341－0006400　D/811.108/4647

鄉詩摭譚正集十卷續集十卷　（清）楊希閔撰　清宣統二年（1910）夏敬莊刻本　六冊

420000－2341－0006401　D/811.108/6092

集義軒詠史詩鈔六十卷　（清）羅惇衍撰　清光緒三年（1877）刻本　十二冊

420000－2341－0006402　D/811.108/7536

采薇堂古詩選三十八卷補遺四卷 （清）陳祚明評選　清乾隆十三年（1748）刻本　十六冊

420000－2341－0006403　D/811.108/8064C5

十八家詩鈔二十八卷目錄一卷 （清）曾國藩纂　（清）李鴻章審訂　清光緒二十九年（1903）鴻寶書局石印本　八冊

420000－2341－0006404　D/811.1083/8097

江西詩徵九十四卷補遺一卷 （清）曾燠編輯　清嘉慶九年（1804）賞雨茅屋刻本　六十四冊

420000－2341－0006405　1227

［光緒］施南府志續編十卷 （清）王庭楨（清）李謙修　（清）雷春沼　（清）尹壽衡纂　清光緒十年（1884）施南府新舊志合編本　二冊

420000－2341－0006406　D/811.1084/0033C2

耿拾遺詩集不分卷 （唐）耿湋撰　**李君虞詩集二卷** （唐）李益撰　清康熙四十一年（1702）席氏琴川書屋刻光緒八年（1882）席素威後印唐詩百名家全集本　一冊

420000－2341－0006407　D/811.1084/0033C2

許琳詩集不分卷 （唐）許琳撰　**邵謁詩集不分卷** （唐）邵謁撰　**周見素詩集不分卷** （唐）周朴撰　**司空表聖詩三卷** （唐）司空圖撰　清康熙四十一年（1702）席氏琴川書屋刻光緒八年（1882）席素威後印唐詩百名家全集本　一冊

420000－2341－0006408　D/811.1084/0033C2

浣花集十卷 （唐）韋莊撰　清康熙四十一年（1702）席氏琴川書屋刻光緒八年（1882）席素威後印唐詩百名家全集本　一冊

420000－2341－0006409　D/811.1084/0033C2

黃滔詩集二卷 （唐）黃滔撰　**林寬詩集不分卷** （唐）林寬撰　**曹松詩集二卷附補遺**（唐）曹松撰　**李丞相詩集二卷** （唐）李建勳撰　清康熙四十一年（1702）席氏琴川書屋刻光緒八年（1882）席素威後印唐詩百名家全集

本　一冊

420000－2341－0006410　D/811.1084/0033C2

甲乙集十卷補遺一卷 （唐）羅隱撰　清康熙四十一年（1702）席氏琴川書屋刻光緒八年（1882）席素威後印唐詩百名家全集本　一冊

420000－2341－0006411　D/811.1084/0033C2

賈浪仙長江集十卷 （唐）賈島撰　清康熙四十一年（1702）席氏琴川書屋刻光緒八年（1882）席素威後印唐詩百名家全集本　一冊

420000－2341－0006412　D/811.1084/0033C2

鮑溶詩集六卷 （唐）鮑溶撰　**呂衡州詩集二卷** （唐）呂溫撰　清康熙四十一年（1702）席氏琴川書屋刻光緒八年（1882）席素威後印唐詩百名家全集本　一冊

420000－2341－0006413　D/811.1084/0033C2

碧雲集三卷 （唐）李中撰　**伍喬詩集不分卷** （唐）伍喬撰　**王周詩集不分卷** （唐）王周撰　清康熙四十一年（1702）席氏琴川書屋刻光緒八年（1882）席素威後印唐詩百名家全集本　一冊

420000－2341－0006414　D/811.1084/0033C2

曹祠部詩集二卷附補遺 （唐）曹鄴撰　**儲嗣宗詩集不分卷** （唐）儲嗣宗撰　**司馬扎先輩詩集不分卷** （唐）司馬扎撰　**鹿門詩集三卷拾遺一卷續補一卷** （唐）唐彥謙撰　清康熙四十一年（1702）席氏琴川書屋刻光緒八年（1882）席素威後印唐詩百名家全集本　一冊

420000－2341－0006415　D/811.1084/0033C2

昌黎先生詩集十卷外集遺詩一卷 （唐）韓愈撰　（唐）李漢編　清康熙四十一年（1702）席氏琴川書屋刻光緒八年（1882）席素威後印唐詩百名家全集本　二冊

420000－2341－0006416　D/811.1084/0033C2

陳嵩伯詩集不分卷 （唐）陳陶撰　**李昌符詩集不分卷** （唐）李昌符撰　**張喬詩集四卷**（唐）張喬撰　**羅鄴詩集不分卷** （唐）羅鄴撰　清康熙四十一年（1702）席氏琴川書屋刻光緒八年（1882）席素威後印唐詩百名家全集本

一冊

420000－2341－0006417　D/811.1084/0033C2

戴叔倫詩集二卷補遺一卷　（唐）戴叔倫撰
唐司空文明詩集三卷　（唐）司空曙撰　**陳羽
詩集不分卷**　（唐）陳羽撰　清康熙四十一年
（1702）席氏琴川書屋刻光緒八年（1882）席素
威後印唐詩百名家全集本　一冊

420000－2341－0006418　D/811.1084/0033C2

杜荀鶴文集三卷　（唐）杜荀鶴撰　清康熙四
十一年（1702）席氏琴川書屋刻光緒八年
（1882）席素威後印唐詩百名家全集本　一冊

420000－2341－0006419　D/811.1084/0033C2

樊川集六卷補遺一卷　（唐）杜牧撰　清康熙
四十一年（1702）席氏琴川書屋刻光緒八年
（1882）席素威後印唐詩百名家全集本　一冊

420000－2341－0006420　D/811.1084/0033C2

郎刺史詩集一卷首一卷補遺一卷　（唐）郎士
元撰　**秦公緒詩集不分卷**　（唐）秦系撰　**嚴
正文詩集不分卷**　（唐）嚴維撰　**顧逋翁詩集
四卷**　（唐）顧況撰　清康熙四十一年（1702）
席氏琴川書屋刻光緒八年（1882）席素威後印
唐詩百名家全集本　一冊

420000－2341－0006421　D/811.1084/0033C2

李才江詩集三卷　（唐）李洞撰　**韓內翰香奩
集三卷**　（唐）韓偓撰　清康熙四十一年
（1702）席氏琴川書屋刻光緒八年（1882）席素
威後印唐詩百名家全集本　一冊

420000－2341－0006422　D/811.1084/0033C2

李商隱詩集三卷　（唐）李商隱撰　清康熙四
十一年（1702）席氏琴川書屋刻光緒八年
（1882）席素威後印唐詩百名家全集本　二冊

420000－2341－0006423　D/811.1084/0033C2

李衛公詩集不分卷　（唐）李德裕撰　**追昔遊
詩集三卷**　（唐）李紳撰　清康熙四十一年
（1702）席氏琴川書屋刻光緒八年（1882）席素
威後印唐詩百名家全集本　一冊

420000－2341－0006424　D/811.1084/0033C2

李遠詩集不分卷　（唐）李遠撰　**丁卯詩集二**

卷續集一卷續補一卷集外遺詩一卷　（唐）許
渾撰　清康熙四十一年（1702）席氏琴川書屋
刻光緒八年（1882）席素威後印唐詩百名家全
集本　二冊

420000－2341－0006425　D/811.1084/0033C2

臨淮詩集二卷　（唐）武元衡撰　**楊凝詩集不
分卷**　（唐）楊凝撰　**羊士諤詩集不分卷**
（唐）羊士諤撰　清康熙四十一年（1702）席氏
琴川書屋刻光緒八年（1882）席素威後印唐詩
百名家全集本　一冊

420000－2341－0006426　D/811.1084/0033C2

劉隨州詩十卷補遺一卷　（唐）劉長卿撰　清
康熙四十一年（1702）席氏琴川書屋刻光緒八
年（1882）席素威後印唐詩百名家全集本
二冊

420000－2341－0006427　D/811.1084/0033C2

柳河東先生詩集三卷　（唐）柳宗元撰　清康
熙四十一年（1702）席氏琴川書屋刻光緒八年
（1882）席素威後印唐詩百名家全集本　一冊

420000－2341－0006428　D/811.1084/0033C2

盧戶部詩集十卷　（唐）盧綸撰　清康熙四十
一年（1702）席氏琴川書屋刻光緒八年（1882）
席素威後印唐詩百名家全集本　一冊

420000－2341－0006429　D/811.1084/0033C2

孟東野詩集十卷　（唐）孟郊撰　清康熙四十
一年（1702）席氏琴川書屋刻光緒八年（1882）
席素威後印唐詩百名家全集本　二冊

420000－2341－0006430　D/811.1084/0033C2

錢考功詩集十卷附補遺　（唐）錢起撰　**包刑
侍詩集不分卷**　（唐）包何撰　**包祕監詩集不
分卷**　（唐）包佶撰　清康熙四十一年（1702）
席氏琴川書屋刻光緒八年（1882）席素威後印
唐詩百名家全集本　二冊

420000－2341－0006431　D/811.1084/0033C2

權文公詩集十卷　（唐）權德輿撰　清康熙四
十一年（1702）席氏琴川書屋刻光緒八年
（1882）席素威後印唐詩百名家全集本　二冊

420000－2341－0006432　D/811.1084/0033C2

戎昱詩集不分卷 （唐）戎昱撰　**劉虞部詩集四卷** （唐）劉商撰　清康熙四十一年（1702）席氏琴川書屋刻光緒八年（1882）席素威後印唐詩百名家全集本　一冊

420000－2341－0006433　D/811.1084/0033C2

臺閣集不分卷 （唐）李嘉祐撰　**韓君平詩集不分卷附卷首補遺** （唐）韓翃撰　清康熙四十一年（1702）席氏琴川書屋刻光緒八年（1882）席素威後印唐詩百名家全集本　一冊

420000－2341－0006434　D/811.1084/0033C2

唐隱居詩不分卷 （唐）唐求撰　**李羣玉詩集三卷後集五卷附補遺** （唐）李羣玉撰　清康熙四十一年（1702）席氏琴川書屋刻光緒八年（1882）席素威後印唐詩百名家全集本　一冊

420000－2341－0006435　D/811.1084/0033C2

唐英歌詩三卷 （唐）吳融撰　清康熙四十一年（1702）席氏琴川書屋刻光緒八年（1882）席素威後印唐詩百名家全集本　一冊

420000－2341－0006436　D/811.1084/0033C2

王建詩集十卷 （唐）王建撰　清康熙四十一年（1702）席氏琴川書屋刻光緒八年（1882）席素威後印唐詩百名家全集本　一冊

420000－2341－0006437　D/811.1084/0033C2

韋蘇州集十卷附拾遺補遺 （唐）韋應物撰　清康熙四十一年（1702）席氏琴川書屋刻光緒八年（1882）席素威後印唐詩百名家全集本　二冊

420000－2341－0006438　D/811.1084/0033C2

渭南詩集二卷 （唐）趙嘏撰　**會昌進士詩集不分卷附補遺** （唐）馬戴撰　清康熙四十一年（1702）席氏琴川書屋刻光緒八年（1882）席素威後印唐詩百名家全集本　一冊

420000－2341－0006439　D/811.1084/0033C2

溫庭筠詩集七卷集外詩一卷別集一卷 （唐）溫庭筠撰　清康熙四十一年（1702）席氏琴川書屋刻光緒八年（1882）席素威後印唐詩百名家全集本　一冊

420000－2341－0006440　D/811.1084/0033C2

項斯詩集一卷 （唐）項斯撰　**段成式詩不分卷** （唐）段成式撰　**顧非熊詩集不分卷** （唐）顧非熊撰　**唐鄭嵎詩不分卷** （唐）鄭嵎撰　清康熙四十一年（1702）席氏琴川書屋刻光緒八年（1882）席素威後印唐詩百名家全集本　一冊

420000－2341－0006441　D/811.1084/0033C2

徐昭夢詩集三卷 （唐）徐寅撰　清康熙四十一年（1702）席氏琴川書屋刻光緒八年（1882）席素威後印唐詩百名家全集本　一冊

420000－2341－0006442　D/811.1084/0033C2

于鵠詩集不分卷 （唐）于鵠撰　**楊少尹詩集不分卷** （唐）楊巨源撰　**歐陽助教詩集不分卷** （唐）歐陽詹撰　清康熙四十一年（1702）席氏琴川書屋刻光緒八年（1882）席素威後印唐詩百名家全集本　一冊

420000－2341－0006443　D/811.1084/0033C2

于鄴詩集不分卷 （唐）于鄴撰　**于濆詩集不分卷** （唐）于濆撰　**文化集不分卷** （唐）許棠撰　**曹從事詩集不分卷** （唐）曹唐撰　**李山甫詩集不分卷** （唐）李山甫撰　清康熙四十一年（1702）席氏琴川書屋刻光緒八年（1882）席素威後印唐詩百名家全集本　一冊

420000－2341－0006444　D/811.1084/0033C2

喻鳧詩集不分卷附補遺 （唐）喻鳧撰　**唐姚鵠詩集不分卷** （唐）姚鵠撰　**梨岳集不分卷** （唐）李頻撰　清康熙四十一年（1702）席氏琴川書屋刻光緒八年（1882）席素威後印唐詩百名家全集本　一冊

420000－2341－0006445　D/811.1084/0033C2

元英先生詩集十卷 （唐）方干撰　清康熙四十一年（1702）席氏琴川書屋刻光緒八年（1882）席素威後印唐詩百名家全集本　一冊

420000－2341－0006446　D/811.1084/0033C2

章碣詩集不分卷 （唐）章碣撰　**秦韜玉詩集不分卷** （唐）秦韜玉撰　**雲臺編三卷** （唐）鄭谷撰　清康熙四十一年（1702）席氏琴川書屋刻光緒八年（1882）席素威後印唐詩百名家全集本　一冊

420000－2341－0006447　D/811.1084/0033C2
張祠部詩集不分卷首一卷　（唐）張繼撰　皇甫補闕詩集二卷附卷首補遺　（唐）皇甫冉撰　皇甫御史詩集不分卷　（唐）皇甫曾撰　毘陵集三卷　（唐）獨孤及撰　清康熙四十一年(1702)席氏琴川書屋刻光緒八年(1882)席素威後印唐詩百名家全集本　一冊

420000－2341－0006448　D/811.1084/0033C2
張祜詩集二卷　（唐）張祜撰　清康熙四十一年(1702)席氏琴川書屋刻光緒八年(1882)席素威後印唐詩百名家全集本　一冊

420000－2341－0006449　D/811.1084/0033C2
張蠙詩集不分卷　（唐）張蠙撰　翁拾遺詩集不分卷　（唐）翁承贊撰　唐任藩詩小集不分卷　（唐）任藩撰　孟一之詩集不分卷　（唐）孟貫撰　唐李推官披沙集六卷　（唐）李咸用撰　清康熙四十一年(1702)席氏琴川書屋刻光緒八年(1882)席素威後印唐詩百名家全集本　一冊

420000－2341－0006450　D/811.1084/0033C2
張司業詩集八卷目錄一卷　（唐）張籍撰　清康熙四十一年(1702)席氏琴川書屋刻光緒八年(1882)席素威後印唐詩百名家全集本　二冊

420000－2341－0006451　D/811.1084/0033C2
朱慶餘詩集一卷首一卷　（唐）朱慶餘撰　姚少監詩集十卷　（唐）姚合撰　清康熙四十一年(1702)席氏琴川書屋刻光緒八年(1882)席素威後印唐詩百名家全集本　二冊

420000－2341－0006452　D/811.1084/0077C2
全唐詩九百卷目錄十二卷　（清）曹寅　（清）彭定求輯　清光緒元年(1875)饒玉成雙峰書屋刻本　一百二十冊

420000－2341－0006453　D/811.1084/0081
耿湋詩集一卷　（唐）耿湋撰　（清）江標編　嚴維詩集一卷　（唐）嚴維撰　（清）江標編　唐靈一詩集一卷　（唐）釋靈一撰　（宋）李龏（清）江標編　清光緒二十一年(1895)湖南靈鶼閣刻唐人五十家小集本　一冊

420000－2341－0006454　D/811.1084/0081
會昌進士詩集一卷　（唐）馬戴撰　（清）江標編　林寬詩集一卷　（唐）林寬撰　（清）江標編　羅鄴詩集一卷　（唐）羅鄴撰　（清）江標編　秦韜玉詩集一卷　（唐）秦韜玉撰　（清）江標編　清光緒二十一年(1895)湖南靈鶼閣刻唐人五十家小集本　一冊

420000－2341－0006455　D/811.1084/0081
戴叔倫集二卷　（唐）戴叔倫撰　（清）江標編　權德輿集二卷　（唐）權德輿撰　（清）江標編　清光緒二十一年(1895)湖南靈鶼閣刻唐人五十家小集本　一冊

420000－2341－0006456　D/811.1084/0081
李端詩集三卷　（唐）李端撰　（清）江標編　清光緒二十一年(1895)湖南靈鶼閣刻唐人五十家小集本　一冊

420000－2341－0006457　D/811.1084/0081
劉駕詩集一卷　（唐）劉駕撰　（清）江標編　唐李推官披沙集六卷　（唐）李咸用　（清）江標撰　清光緒二十一年(1895)湖南靈鶼閣刻唐人五十家小集本　一冊

420000－2341－0006458　D/811.1084/0081
劉兼詩集一卷　（唐）劉兼撰　（清）江標編　王周詩集一卷　（唐）王周撰　（清）江標編　儲嗣宗詩集一卷　（唐）儲嗣宗撰　（清）江標編　章碣詩集一卷　（唐）章碣撰　（清）江標編　李遠詩集一卷　（唐）李遠撰　（清）江標編　清光緒二十一年(1895)湖南靈鶼閣刻唐人五十家小集本　一冊

420000－2341－0006459　D/811.1084/0081
劉乂詩集三卷　（唐）劉乂撰　（清）江標編　蘇拯詩集一卷　（唐）蘇拯撰　（清）江標編　章孝標詩集一卷　（唐）章孝標撰　（清）江標編　于濆詩集一卷　（唐）于濆撰　（清）江標編　李丞相詩集二卷　（唐）李建勳撰　（清）江標編　清光緒二十一年(1895)湖南靈鶼閣刻唐人五十家小集本　一冊

420000－2341－0006460　D/811.1084/0081
盧仝詩集二卷外集一卷　（唐）盧仝撰　（清）

江標編　**喻鳧詩集一卷**　(唐)喻鳧撰　(清)江標編　**項斯詩集一卷**　(唐)項斯撰　(清)江標編　清光緒二十一年(1895)湖南靈鶼閣刻唐人五十家小集本　一冊

420000－2341－0006461　D/811.1084/0081
唐皎然詩集一卷　(唐)釋皎然撰　(宋)李龏　(清)江標編　**華陽眞逸詩二卷**　(唐)顧況撰　(清)江標編　**戎昱詩集一卷**　(唐)戎昱撰　(清)江標編　清光緒二十一年(1895)湖南靈鶼閣刻唐人五十家小集本　一冊

420000－2341－0006462　D/811.1084/0081
唐女郎魚玄機詩集一卷　(唐)魚玄機撰　(清)江標編　**唐貫休詩集一卷**　(唐)釋貫休撰　(宋)李龏　(清)江標編　**唐齊己詩集一卷**　(唐)釋齊己撰　(宋)李龏　(清)江標編　**僧無可詩集二卷**　(唐)釋無可撰　(清)江標編　清光緒二十一年(1895)湖南靈鶼閣刻唐人五十家小集本　一冊

420000－2341－0006463　D/811.1084/0081
唐求詩集一卷　(唐)唐求撰　(清)江標編　**祠部郎曹鄴詩集二卷**　(唐)曹鄴撰　(清)江標編　**崔塗詩集一卷**　(唐)崔塗撰　(清)江標編　**張蠙詩集一卷**　(唐)張蠙撰　(清)江標編　清光緒二十一年(1895)湖南靈鶼閣刻唐人五十家小集本　一冊

420000－2341－0006464　D/811.1084/0081
王勃集二卷　(唐)王勃撰　(清)江標編　**楊炯集二卷**　(唐)楊炯撰　(清)江標編　**盧照鄰集二卷**　(唐)盧照鄰撰　(清)江標編　清光緒二十一年(1895)湖南靈鶼閣刻唐人五十家小集本　一冊

420000－2341－0006465　D/811.1084/0081
駱賓王集二卷　(唐)駱賓王撰　(清)江標編　**唐司空文明詩集二卷**　(唐)司空曙撰　(清)江標編　清光緒二十一年(1895)湖南靈鶼閣刻唐人五十家小集本　一冊

420000－2341－0006466　D/811.1084/0081
羊士諤詩集一卷　(唐)羊士諤撰　(清)江標編　**呂衡州詩集一卷**　(唐)呂溫撰　(清)江標編　清光緒二十一年(1895)湖南靈鶼閣刻唐人五十家小集本　一冊

420000－2341－0006467　D/811.1084/0081
殷文珪詩集一卷　(唐)殷文珪撰　(清)江標編　**唐尚顏詩集一卷**　(唐)釋尚顏撰　(宋)李龏　(清)江標編　**于武陵詩集一卷**　(唐)于武陵撰　(清)江標編　**無名氏詩集**　(唐)□□撰　(清)江標編　**張司業樂府集一卷**　(唐)張籍撰　(清)江標編　清光緒二十一年(1895)湖南靈鶼閣刻唐人五十家小集本　一冊

420000－2341－0006468　D/811.1084/0081
朱慶餘詩集一卷　(唐)朱慶餘撰　(清)江標編　**劉滄詩集一卷**　(唐)劉滄撰　(清)江標編　清光緒二十一年(1895)湖南靈鶼閣刻唐人五十家小集本　一冊

420000－2341－0006469　D/811.1084/0081 壹
耿湋詩集一卷　(唐)耿湋撰　(清)江標編　**嚴維詩集一卷**　(唐)嚴維撰　(清)江標編　**唐靈一詩集一卷**　(唐)釋靈一撰　(宋)李龏　(清)江標編　清光緒二十一年(1895)湖南靈鶼閣刻唐人五十家小集本　一冊

420000－2341－0006470　D/811.1084/0081 壹
會昌進士詩集一卷　(唐)馬戴撰　(清)江標編　**林寬詩集一卷**　(唐)林寬撰　(清)江標編　**羅鄴詩集一卷**　(唐)羅鄴撰　(唐)江標編　**秦韜玉詩集一卷**　(唐)秦韜玉撰　(清)江標編　清光緒二十一年(1895)湖南靈鶼閣刻唐人五十家小集本　一冊

420000－2341－0006471　D/811.1084/0081 壹
戴叔倫集二卷　(唐)戴叔倫撰　(清)江標編　**權德輿集二卷**　(唐)權德輿撰　(清)江標編　清光緒二十一年(1895)湖南靈鶼閣刻唐人五十家小集本　一冊

420000－2341－0006472　D/811.1084/0081 壹
李端詩集三卷　(唐)李端撰　(清)江標編　清光緒二十一年(1895)湖南靈鶼閣刻唐人五十家小集本　一冊

420000－2341－0006473　D/811.1084/0081 壹
劉駕詩集一卷　(唐)劉駕撰　(清)江標編
唐李推官披沙集六卷　(唐)李咸用　(清)江標撰　清光緒二十一年(1895)湖南靈鶼閣刻唐人五十家小集本　一冊

420000－2341－0006474　D/811.1084/0081 壹
劉兼詩集一卷　(唐)劉兼撰　(清)江標編
王周詩集一卷　(唐)王周撰　(清)江標編
儲嗣宗詩集一卷　(唐)儲嗣宗撰　(清)江標編　**章碣詩集一卷**　(唐)章碣撰　(清)江標編　**李遠詩集一卷**　(唐)李遠撰　(清)江標編　清光緒二十一年(1895)湖南靈鶼閣刻唐人五十家小集本　一冊

420000－2341－0006475　D/811.1084/0081 壹
劉义詩集三卷　(唐)劉义撰　(清)江標編
蘇拯詩集一卷　(唐)蘇拯撰　(清)江標編
章孝標詩集一卷　(唐)章孝標撰　(清)江標編　**于濆詩集一卷**　(唐)于濆撰　(清)江標編　**李丞相詩集二卷**　(唐)李建勳撰　(清)江標編　清光緒二十一年(1895)湖南靈鶼閣刻唐人五十家小集本　一冊

420000－2341－0006476　D/811.1084/0081 壹
盧仝詩集二卷外集一卷　(唐)盧仝撰　(清)江標編　**喻鳧詩集一卷**　(唐)喻鳧撰　(清)江標編　**項斯詩集一卷**　(唐)項斯撰　(清)江標編　清光緒二十一年(1895)湖南靈鶼閣刻唐人五十家小集本　一冊

420000－2341－0006477　D/811.1084/0081 壹
唐皎然詩集一卷　(唐)釋皎然撰　(宋)李龏(清)江標編　**華陽眞逸詩二卷**　(唐)顧況撰　(清)江標編　**戎昱詩集一卷**　(唐)戎昱撰　(清)江標編　清光緒二十一年(1895)湖南靈鶼閣刻唐人五十家小集本　一冊

420000－2341－0006478　D/811.1084/0081 壹
唐女郎魚玄機詩集一卷　(唐)魚玄機撰(清)江標編　**唐貫休詩集一卷**　(唐)釋貫休撰　(宋)李龏　(清)江標編　**唐齊己詩集一卷**　(唐)釋齊己撰　(宋)李龏　(清)江標編　**僧無可詩集二卷**　(唐)釋無可撰　(清)

江標編　清光緒二十一年(1895)湖南靈鶼閣刻唐人五十家小集本　一冊

420000－2341－0006479　D/811.1084/0081 壹
唐求詩集一卷　(唐)唐求撰　(清)江標編
祠部郎曹鄴詩集二卷　(唐)曹鄴撰　(清)江標編　**崔塗詩集一卷**　(唐)崔塗撰　(清)江標編　**張蠙詩集一卷**　(唐)張蠙撰　(清)江標編　清光緒二十一年(1895)湖南靈鶼閣刻唐人五十家小集本　一冊

420000－2341－0006480　D/811.1084/0081 壹
王勃集二卷　(唐)王勃撰　(清)江標編　**楊炯集二卷**　(唐)楊炯撰　(清)江標編　**盧照鄰集二卷**　(唐)盧照鄰撰　(清)江標編　清光緒二十一年(1895)湖南靈鶼閣刻唐人五十家小集本　一冊

420000－2341－0006481　D/811.1084/0081 壹
駱賓王集二卷　(唐)駱賓王撰　(清)江標編　**唐司空文明詩集二卷**　(唐)司空曙撰　(清)江標編　清光緒二十一年(1895)湖南靈鶼閣刻唐人五十家小集本　一冊

420000－2341－0006482　D/811.1084/0081 壹
羊士諤詩集一卷　(唐)羊士諤撰　(清)江標編　**呂衡州詩集一卷**　(唐)呂溫撰　(清)江標編　清光緒二十一年(1895)湖南靈鶼閣刻唐人五十家小集本　一冊

420000－2341－0006483　D/811.1084/0081 壹
殷文珪詩集一卷　(唐)殷文珪撰　(清)江標編　**唐尚顏詩集一卷**　(唐)釋尚顏撰　(宋)李龏　(清)江標編　**于武陵詩集一卷**　(唐)于武陵撰　(清)江標編　**無名氏詩集**　(唐)□□撰　(清)江標編　**張司業樂府集一卷**　(唐)張籍撰　(清)江標編　清光緒二十一年(1895)湖南靈鶼閣刻唐人五十家小集本　一冊

420000－2341－0006484　D/811.1084/0081 壹
朱慶餘詩集一卷　(唐)朱慶餘撰　(清)江標編　**劉滄詩集一卷**　(唐)劉滄撰　(清)江標編　清光緒二十一年(1895)湖南靈鶼閣刻唐人五十家小集本　一冊

420000－2341－0006485　D/811.1084/1001

唐詩三百首續選不分卷　（清）于慶元編　清光緒十一年(1885)文昌書局刻本　一冊

420000－2341－0006486　D/811.1084/1043

河嶽英靈集選一卷　（唐）殷璠撰　（清）王士禎刪纂　清乾隆至清末刻本　一冊

420000－2341－0006487　D/811.1084/1043

極玄集選一卷　（唐）姚合撰　（清）王士禎纂　**又玄集選一卷**　（唐）韋莊撰　（清）王士禎纂　清乾隆至清末刻本　一冊

420000－2341－0006488　D/811.1084/1043

篋中集選一卷　（唐）元結撰　（清）王士禎刪纂　**搜玉集選一卷**　（唐）□□撰　（清）王士禎刪纂　**御覽詩集選一卷**　（唐）令狐楚撰　（清）王士禎刪纂　清乾隆至清末刻本　一冊

420000－2341－0006489　D/811.1084/1043

唐文粹詩選六卷　（宋）姚鉉編　（清）王士禎刪纂　清乾隆至清末刻本　四冊

420000－2341－0006490　D/811.1084/1043

中興閒氣集選一卷　（唐）高仲武撰　（清）王士禎刪纂　**國秀集選一卷**　（唐）芮挺章撰　（清）王士禎刪纂　清乾隆至清末刻本　一冊

420000－2341－0006491　D/811.1084/1073

唐詩選六卷　王闓運選　清光緒二年(1876)尊經書局刻本　六冊

420000－2341－0006492　D/811.1084/1235

註釋唐詩三百首不分卷　（清）蘅塘退士手編　清乾隆二十八年(1763)至清末李光明莊刻本　二冊

420000－2341－0006493　D/811.1084/1235C1

唐詩三百首註疏六卷續選一卷　（清）蘅塘退士手編　（清）章燮註　（清）孫孝根校正　清道光十五年(1835)文餘堂刻本　四冊

420000－2341－0006494　D/811.1084/1235C2

唐詩三百首註疏六卷續選一卷　（清）蘅塘退士手編　（清）章燮註　（清）孫孝根校正　清道光十五年(1835)三益堂刻本　六冊

420000－2341－0006495　D/811.1084/1235C3

唐詩三百首註釋六卷　（清）蘅塘退士手編　（清）章燮註　（清）孫孝根校正　清光緒十年(1884)至清末刻本　二冊

420000－2341－0006496　D/811.1084/1235C4

唐詩三百首註釋六卷　（清）蘅塘退士手編　（清）章燮註　清光緒十一年(1885)文昌書局刻本　三冊

420000－2341－0006497　D/811.1084/2320

應試唐詩類釋十九卷備考一卷　（清）臧岳編次　清乾隆二十八年(1763)三樂齋刻本　六冊

420000－2341－0006498　D/811.1084/2652

全唐詩鈔八十卷補遺十六卷　（清）吳成儀編次　清嘉慶元和吳氏刻本　二十冊

420000－2341－0006499　D/811.1084/2821

御定全唐詩錄一百卷詩人年表一卷　（清）徐倬編　清康熙四十五年(1706)徐倬、徐元正刻本　二十冊

420000－2341－0006500　D/811.1084/3423C2

重訂唐詩別裁集二十卷　（清）沈德潛選　清乾隆二十八年(1763)至清末務本堂刻本　十冊

420000－2341－0006501　D/811.1084/3498

全唐近體詩鈔五卷　（清）沈裳錦選　清光緒十二年(1886)但氏刻本　二冊

420000－2341－0006502　D/811.1084/3498壹

全唐近體詩鈔五卷　（清）沈裳錦選　清光緒十二年(1886)但氏刻本　一冊

420000－2341－0006503　D/811.1084/4001

全五代詩一百卷　（清）李調元編　清乾隆三十六年至六十年(1771－1795)刻本　二十冊

420000－2341－0006504　D/811.1084/4001壹

全五代詩一百卷　（清）李調元編　清乾隆三十六年至六十年(1771－1795)刻本　二十二冊

420000－2341－0006505　D/811.1084/4777

採輯歷朝詩話一卷唐四家詩集辨譌考異四卷
（清）胡鳳丹纂輯　清同治九年（1870）退補
齋刻唐四家詩集本　一冊

420000－2341－0006506　D/811.1084/4777
柳柳州集四卷　（唐）柳宗元撰　（清）胡鳳丹
輯　清同治九年（1870）退補齋刻唐四家詩集
本　一冊

420000－2341－0006507　D/811.1084/4777
孟襄陽集二卷　（唐）孟浩然撰　（清）胡鳳丹
輯　清同治九年（1870）退補齋刻唐四家詩集
本　一冊

420000－2341－0006508　D/811.1084/4777
王右丞集四卷　（唐）王維撰　（清）胡鳳丹輯
清同治九年（1870）退補齋刻唐四家詩集本
一冊

420000－2341－0006509　D/811.1084/4777
韋蘇州集十卷　（唐）韋應物撰　（清）胡鳳丹
輯　清同治九年（1870）退補齋刻唐四家詩集
本　二冊

420000－2341－0006510　D/811.1084/4777C2
唐四家詩集二十卷拾補一卷　（清）胡鳳丹輯
清光緒十三年（1887）湖北官書處刻本
六冊

420000－2341－0006511　D/811.1084/4878
御選唐宋詩醇四十七卷目錄二卷　（清）高宗
弘曆選　清光緒七年（1881）浙江書局刻本
二十冊

420000－2341－0006512　D/811.1084/7728
唐詩成法十二卷　（清）屈復撰　（清）梁善長
重閱　清嘉慶七年（1802）桐蔭草堂刻本
三冊

420000－2341－0006513　D/811.1084/8848
讀雪山房唐詩三十四卷　（清）管世銘選　清
光緒十二年（1886）湖北官書處刻本　十二冊

420000－2341－0006514　D/811.1085/2519
金華詩錄六十卷外集六卷　（清）朱琰編　清
光緒九年（1883）退補齋刻本　十六冊

420000－2341－0006515　D/811.1085/2526
柘浦詩鈔四卷　（清）朱秉鑑　（清）朱秉錞輯
清嘉慶十六年（1811）茹古堂刻本　二冊

420000－2341－0006516　D/811.1085/2526
柘浦文鈔四卷　（清）朱秉鑑　（清）朱秉錞輯
清嘉慶十六年（1811）茹古堂刻本　二冊

420000－2341－0006517　D/811.1085/3021
宋代五十六家詩集不分卷　（清）坐春書塾選
輯　清宣統二年（1910）龍文閣石印本　一冊

420000－2341－0006518　D/811.1085/7746
回文類聚四卷　（宋）桑世昌纂次　清麟玉堂
刻本　一冊

420000－2341－0006519　D/811.1085/7746
回文類聚續編十卷　（清）朱象賢集　清麟玉
堂刻本　三冊

420000－2341－0006520　D/811.1086/1047
廣濟耆舊詩集十二卷　（清）夏槐輯　清光緒
十三年（1887）金山縣署刻本　六冊

420000－2341－0006521　D/811.1086/1171
新刻張太岳先生詩集六卷　（明）張居正撰
清宣統湖南官書報局鉛印本　一冊

420000－2341－0006522　D/811.1086/1764
資江耆舊集六十卷　（清）鄧顯鶴編輯　（清）
歐陽紹洛訂　（清）陶澍補　資江盛事一卷
（清）鄧顯鶴編輯　（清）歐陽紹洛訂　（清）
陶澍補　清道光二十年（1840）金陵兩江節署
刻本　十六冊

420000－2341－0006523　D/811.1086/2528
明詩綜一百卷家數一卷　（清）朱彝尊錄
（清）汪森輯評　清康熙刻本　三十二冊

420000－2341－0006524　D/811.1086/2528 壹
明詩綜一百卷家數一卷　（清）朱彝尊錄
（清）汪森輯評　清康熙刻本　三十二冊

420000－2341－0006525　D/811.1086/3423
明詩別裁集十二卷　（清）沈德潛　（清）周準
輯　清乾隆四年（1739）至清末刻本　四冊

420000－2341－0006526　D/811.1086/4424

南園後五先生詩二十五卷首一卷附南園花信詩一卷　（清）檀萃輯　清同治九年（1870）南海陳氏刻本　六冊

420000－2341－0006527　D/811.1086/4424

南園前五先生詩五卷首一卷　（明）葛徵奇輯　（明）趙介撰　清同治九年（1870）南海陳氏刻本　二冊

420000－2341－0006528　D/811.1086/7560

明詩紀事十籤一百八十七卷　陳田輯　清光緒二十五年（1899）至清末聽詩齋刻本　三十八冊

420000－2341－0006529　D/811.1086/8308

列朝詩集八十一卷　（清）錢謙益選　清宣統二年（1910）鉛印本　五十六冊

420000－2341－0006530　D/811.1086/8308 壹

列朝詩集八十一卷　（清）錢謙益選　清宣統二年（1910）鉛印本　五十六冊

420000－2341－0006531　D/811.1087/0048

黔詩紀略三十三卷　（清）唐樹義審例　（清）黎兆勳採詩　（清）莫友芝傳證　清同治十二年（1873）唐氏夢研齋刻本　八冊

420000－2341－0006532　D/811.1087/1024

嶺南三大家詩選二十四卷　（清）王隼選　清康熙七年（1668）至清末刻本　六冊

420000－2341－0006533　D/811.1087/1036

湖海詩傳四十六卷　（清）王昶輯　清嘉慶八年（1803）刻本　十六冊

420000－2341－0006534　D/811.1087/1036C2

湖海詩傳四十六卷　（清）王昶輯　清同治四年（1865）刻本　八冊

420000－2341－0006535　D/811.1087/1036C3

湖海詩傳四十六卷　（清）王昶輯　清同治四年（1865）綠蔭堂刻本　十六冊

420000－2341－0006536　D/811.1087/1064

國初十大家詩鈔七十五卷　（清）王相編　清道光十年（1830）信芳閣刻本　十八冊

420000－2341－0006537　D/811.1087/2531

清河五先生詩選八卷續補二卷　（清）朱為弼（清）徐申錫選錄　（清）丁泰參訂　清道光八年（1828）至清末刻本　二冊

420000－2341－0006538　D/811.1087/2661

國朝杭郡詩續輯四十六卷　（清）吳振棫編清光緒二年（1876）丁氏刻本　十六冊

420000－2341－0006539　D/811.1087/2661

國朝杭郡詩三輯一百卷　（清）丁申　（清）丁丙編　清光緒十九年（1893）丁氏刻本　四十冊

420000－2341－0006540　D/811.1087/2661

國朝杭郡詩輯三十二卷　（清）吳顥編　（清）吳振棫重編　清同治十三年（1874）丁氏刻本　十二冊

420000－2341－0006541　D/811.1087/2734

起雲閣詩鈔四卷　（清）鮑之蘭撰　清光緒八年（1882）丹徒戴氏嘉禾刻京江鮑氏三女史詩鈔合刻本　二冊

420000－2341－0006542　D/811.1087/2734

清娛閣詩鈔六卷　（清）鮑之蕙撰　清光緒八年（1882）丹徒戴氏嘉禾刻京江鮑氏三女史詩鈔合刻本　二冊

420000－2341－0006543　D/811.1087/2734

三秀齋詩鈔二卷　（清）鮑之芬撰　清光緒八年（1882）丹徒戴氏嘉禾刻京江鮑氏三女史詩鈔合刻本　一冊

420000－2341－0006544　D/811.1087/3224

兩浙輶軒續錄五十四卷補遺六卷　（清）潘衍桐訂　清光緒十七年（1891）浙江書局刻本四十冊

420000－2341－0006545　D/811.1087/3224 壹

兩浙輶軒續錄五十四卷補遺六卷　（清）潘衍桐訂　清光緒十七年（1891）浙江書局刻本三十冊

420000－2341－0006546　D/811.1087/3423

欽定國朝詩別裁集三十二卷　（清）沈德潛纂評　清乾隆二十六年（1761）至清末刻本　十

二冊

420000－2341－0006547　D/811.1087/4041

符江詩存不分卷　（清）李超瓊輯　清光緒二十二年(1896)李超瓊活字印本　一冊

420000－2341－0006548　D/811.1087/4461

津門徵獻詩八卷　（清）華鼎元撰　清光緒十二年(1886)刻本　四冊

420000－2341－0006549　D/811.1087/4623

攸輿詩鈔不分卷　（清）賀德宗輯　清道光十年(1830)養雲吟榭刻本　四冊

420000－2341－0006550　D/811.1087/5033

西泠酬倡二集五卷　（清）□□編　清光緒十年(1884)刻本　二冊

420000－2341－0006551　D/811.1087/5033

西泠酬倡集五卷　（清）□□編　清光緒十年(1884)刻本　二冊

420000－2341－0006552　D/811.1087/5033

西泠酬倡三集五卷　（清）□□編　清光緒十年(1884)刻本　二冊

420000－2341－0006553　D/811.1087/7110

兩浙輶軒錄四十卷補遺十卷　（清）阮元訂　清光緒十六年(1890)浙江書局刻本　十六冊

420000－2341－0006554　D/811.1087/7110 壹

兩浙輶軒錄四十卷補遺十卷　（清）阮元訂　清光緒十六年(1890)浙江書局刻本　三十二冊

420000－2341－0006555　D/811.109/0436

樹經堂詠史詩八卷　（清）謝啟昆編　清嘉慶樹經堂刻本　二冊

420000－2341－0006556　D/811.1327/2630

陶靖節先生詩四卷　（晉）陶淵明撰　（宋）湯漢注　清同治刻本　一冊

420000－2341－0006557　D/811.137/0020

庾子山全集十卷　（北周）庾信撰　（清）吳兆宜箋注　清貴文堂刻本　四冊

420000－2341－0006558　D/811.137/0020C2

庾子山全集十六卷　（北周）庾信撰　（清）倪璠箋注　清金閶書業堂刻本　十二冊

420000－2341－0006559　D/811.137/0020C2 壹

庾子山全集十六卷　（北周）庾信撰　（清）倪璠箋注　清金閶書業堂刻本　十冊

420000－2341－0006560　D/811.14/3423

唐詩別裁集引典備註二十卷　（清）沈德潛選　（清）俞汝昌增註　清道光十八年(1838)至清末資善堂刻本　十二冊

420000－2341－0006561　D/811.14/4234

全唐詩三十二卷　（清）彭定求編　清光緒十三年(1887)同文書局石印本　三十二冊

420000－2341－0006562　D/811.14/4234 壹

全唐詩三十二卷　（清）彭定求編　清光緒十三年(1887)同文書局石印本　三十二冊

420000－2341－0006563　D/811.141/1042

古唐詩合解唐詩十二卷古詩四卷　（清）王堯衢註　（清）李模　（清）李桓校　清雍正十年(1732)至清末大文堂刻本　六冊

420000－2341－0006564　D/811.141/1042.1

古唐詩合解唐詩十二卷古詩四卷　（清）王堯衢註　（清）李模　（清）李桓校　清光緒十八年(1892)兩儀堂刻本　五冊

420000－2341－0006565　D/811.141/1042.3

古唐詩合解十二卷　（清）王堯衢註　（清）李模　（清）李桓校　清光緒二十一年(1895)味經堂刻本　一冊　存二卷(一至二)

420000－2341－0006566　D/811.1413/1034

駱丞集四卷　（唐）駱賓王撰　清同治鄒氏叢雅居刻初唐四傑文集本　一冊

420000－2341－0006567　D/811.1413/1034

盧昇之集七卷　（唐）盧照鄰撰　清同治鄒氏叢雅居刻初唐四傑文集本　一冊

420000－2341－0006568　D/811.1413/1034

王子安集十六卷　（唐）王勃撰　清同治鄒氏叢雅居刻初唐四傑文集本　三冊

420000－2341－0006569　D/811.1413/1034

楊盈川集十卷 （唐）楊炯撰 清同治鄒氏叢雅居刻初唐四傑文集本 三冊

420000－2341－0006570 D/811.142/1020

王摩詰集六卷 （唐）王維撰 清乾隆二十五年至咸豐六年(1760－1856)尚友山房刻本 一冊

420000－2341－0006571 D/811.142/1020.1

王孟詩評九卷 （宋）劉辰翁 （清）顧璘評 清光緒五年至六年(1879－1880)碧琳琅館刻朱墨套印本 三冊

420000－2341－0006572 D/811.142/4975C2

王右丞集二十八卷首一卷末一卷 （唐）王維撰 （清）趙殿成箋註 清乾隆趙殿成刻本 二十四冊

420000－2341－0006573 D/811.143/4026

李太白文集三十六卷 （唐）李白撰 （清）王琦輯注 清乾隆二十四年(1759)至清末聚錦堂刻本 十六冊

420000－2341－0006574 D/811.143/4026.1

李詩凌雲讀本四卷 （唐）李白撰 （清）席樹馨選 清光緒二年(1876)刻本 一冊

420000－2341－0006575 D/811.144/0838

杜詩註釋二十四卷首一卷 （唐）杜甫撰 (清)許寶善編輯 清嘉慶七年(1802)自怡軒刻本 十二冊

420000－2341－0006576 D/811.144/2502

杜工部文集二卷 （唐）杜甫撰 （清）朱鶴齡輯註 清刻本 一冊

420000－2341－0006577 D/811.144/2528

朱竹垞先生杜詩評本二十四卷 （唐）杜甫撰 （清）朱彝尊評 清道光十一年(1831)望雲軒刻本 五冊

420000－2341－0006578 D/811.144/3131

樹人堂讀杜詩二十五卷首一卷 （唐）杜甫撰 （清）汪灝輯 （清）胡履亨讀 清道光十二年(1832)麥浪園刻本 八冊

420000－2341－0006579 D/811.144/4447

黃氏集千家註杜工部詩史補遺十卷附集註草堂杜工部詩外集一卷 （宋）黃鶴集註 （宋）蔡夢弼校正 清光緒十年(1884)黎庶昌刻本 二冊

420000－2341－0006580 D/811.144/4451

歲寒堂讀杜二十卷目錄一卷 （清）范蘢雲輯 清道光二十四年(1844)范氏刻本 八冊

420000－2341－0006581 D/811.144/4453

杜工部集二十卷首一卷 （唐）杜甫撰 （明）王世貞評 清光緒二年(1876)粵東翰墨園刻多色套印本 十冊

420000－2341－0006582 D/811.144/4453.1

杜詩詳註二十五卷首一卷附錄二卷 （唐）杜甫撰 （清）仇兆鰲輯註 清康熙三十二年(1693)至清末善成堂刻本 二十八冊

420000－2341－0006583 D/811.144/4453.1C2

杜詩詳註二十五卷首一卷 （唐）杜甫撰 (清)仇兆鰲輯註 清道光芸生堂刻本 二十六冊

420000－2341－0006584 D/811.144/4453C1

杜工部集二十卷 （唐）杜甫撰 （清）錢謙益箋註 清康熙六年(1667)至清末刻本 六冊

420000－2341－0006585 D/811.144/4453 貳

杜工部集二十卷首一卷 （唐）杜甫撰 （明）王世貞評 清光緒二年(1876)粵東翰墨園刻多色套印本 十冊

420000－2341－0006586 D/811.144/4453 壹

杜工部集二十卷首一卷 （唐）杜甫撰 （明）王世貞評 清光緒二年(1876)粵東翰墨園刻多色套印本 十冊

420000－2341－0006587 D/811.144/4628

杜詩鏡銓二十卷 （唐）杜甫撰 （清）楊倫編輯 清光緒十八年(1892)著易堂鉛印本 五冊 缺四卷(七至十)

420000－2341－0006588 D/811.144/4628C5

杜詩鏡銓二十卷首一卷附錄二卷 （唐）杜甫撰 （清）楊倫編輯 清同治十一年(1872)望

三益齋刻本　十冊

420000－2341－0006589　D/811.144/4628C5 貳
杜詩鏡銓二十卷首一卷附錄二卷　（唐）杜甫
撰　（清）楊倫編輯　清同治十一年(1872)望
三益齋刻本　十冊

420000－2341－0006590　D/811.144/4628C5 壹
杜詩鏡銓二十卷首一卷附錄二卷　（唐）杜甫
撰　（清）楊倫編輯　清同治十一年(1872)望
三益齋刻本　十冊

420000－2341－0006591　D/811.144/4628 壹
杜詩鏡銓二十卷　（唐）杜甫撰　（清）楊倫編
輯　清光緒十八年(1892)著易堂鉛印本　四
冊　缺八卷(三至十)

420000－2341－0006592　D/811.14404/7231
杜詩集評十五卷首一卷目錄一卷　（唐）杜甫
撰　（清）劉濬輯　清嘉慶九年(1804)黎照堂
刻本　十六冊

420000－2341－0006593　D/811.145/4407
中晚唐詩叩彈集十二卷　（清）杜詔　（清）杜
庭珠集　清康熙四十三年(1704)采山亭刻本
七冊

420000－2341－0006594　D/811.145/4407
中晚唐詩叩彈續集三卷　（清）杜詔　（清）杜
庭珠集　清康熙四十三年(1704)采山亭刻本
一冊

420000－2341－0006595　D/811.1454/2528.5
昌黎先生詩集注十一卷　（唐）韓愈撰　（清）
顧嗣立注　清光緒九年(1883)翰墨園刻三色
套印本　四冊

420000－2341－0006596　D/811.1454/2528.5C1
昌黎先生詩集注十一卷　（唐）韓愈撰　（清）
顧嗣立刪補　清道光十六年(1836)膺德堂刻
朱墨套印本　一冊　存四卷(五至八)

420000－2341－0006597　D/811.1454/2528.5 壹
昌黎先生詩集注十一卷　（唐）韓愈撰　（清）
顧嗣立注　清光緒九年(1883)翰墨園刻三色
套印本　四冊

420000－2341－0006598　D/811.1454/4483
昌黎先生詩增注證訛十一卷　（唐）韓愈撰
（清）黃鉞增注證訛　清咸豐七年(1857)二客
軒刻本　三冊

420000－2341－0006599　D/811.1458/5504
香山詩選六卷　（唐）白居易撰　（清）曹文埴
訂　清光緒十七年(1891)金陵書局刻本
二冊

420000－2341－0006600　D/811.1481/4428
樊川詩集注四卷補遺一卷別集一卷外集一卷
　（唐）杜牧撰　（清）馮集梧注　清光緒十六
年(1890)湘南書局刻本　四冊

420000－2341－0006601　D/811.1481/4428.1C2
杜樊川詩注詩集四卷外集一卷別集一卷詩補
遺一卷　（唐）杜牧撰　（清）馮集梧注　清嘉
慶六年(1801)德裕堂刻本　八冊

420000－2341－0006602　D/811.1482/8080
溫飛卿詩集箋注九卷　（唐）溫庭筠撰　（明）
曾益原注　（清）顧予咸補注　（清）顧嗣立續
注　清宣統二年(1910)石印本　四冊

420000－2341－0006603　D/811.1483/2646C2
重訂李義山詩集箋注三卷集外詩箋注一卷詩
話一卷　（唐）李商隱撰　（清）朱鶴齡箋注
（清）程夢星刪補　清乾隆八年至同治十三年
(1743－1874)舊學山房刻本　四冊

420000－2341－0006604　D/811.1483/2646C3
重訂李義山詩集箋注三卷集外詩箋注一卷
（唐）李商隱撰　（清）朱鶴齡箋注　重訂李義
山年譜一卷詩話一卷　（清）程夢星輯　清乾
隆八年至九年(1743－1744)東柯草堂刻本
四冊

420000－2341－0006605　D/811.1483/4007
玉溪生詩意八卷　（唐）李商隱撰　（清）屈復
箋注　清道光十年(1830)弱水草堂刻本
四冊

420000－2341－0006606　D/811.1483/4007.4
李義山詩集三卷首一卷　（唐）李商隱撰
（清）朱鶴齡箋注　（清）沈厚塽輯評　清同治

九年(1870)廣州倅署刻朱藍墨三色套印本 四冊

420000－2341－0006607　D/811.15/1103
乖崖集存六卷　(宋)張詠撰　清光緒十五年(1889)李嘉績鉛印本　一冊

420000－2341－0006608　D/811.15/4433.1
林和靖詩集四卷附拾遺　(宋)林逋撰　清同治十二年(1873)朱氏刻本　二冊

420000－2341－0006609　D/811.15/7523
後山詩十二卷目錄一卷　(宋)陳師道撰　(宋)任淵注　清乾隆四十一年(1776)至清末活字印本　三冊

420000－2341－0006610　D/811.15/7523 壹
後山詩十二卷目錄一卷　(宋)陳師道撰　(宋)任淵注　清乾隆四十一年(1776)至清末活字印本　四冊

420000－2341－0006611　D/811.151/4060
影北宋本二李唱和集一卷　(宋)李昉　(宋)李至撰　清光緒十五年(1889)陳榘石印本　一冊

420000－2341－0006612　D/811.151/4847C1
宛陵先生文集六十卷　(宋)梅堯臣撰　清宣統二年(1910)石印本　二冊

420000－2341－0006613　D/811.153/0813
施註蘇詩四十二卷首一卷總目二卷　(宋)蘇軾撰　(宋)施元之註　(清)顧嗣立　(清)邵長蘅　(清)宋至刪補　清康熙三十八年(1699)至清末步月樓刻本　十四冊

420000－2341－0006614　D/811.153/0813C2
施註蘇詩四十二卷首一卷總目二卷　(宋)蘇軾撰　(宋)施元之註　(清)顧嗣立　(清)邵長蘅　(清)宋至刪補　清康熙三十九年(1700)至清末刻本　十四冊

420000－2341－0006615　D/811.153/0813C2
蘇詩續補遺二卷　(宋)蘇軾撰　(宋)施元之註　(清)馮景補註　清康熙三十九年(1700)至清末刻本　二冊

420000－2341－0006616　D/811.153/1000
蘇文忠公詩編注集成四十五卷首一卷目錄一卷附雜綴酬存一卷蘇海識餘四卷牋詩圖一卷　(宋)蘇軾撰　(清)王文誥編注　清嘉慶二十四年(1819)王氏韻山堂刻本　二十四冊

420000－2341－0006617　D/811.153/2767
蘇文忠公詩集五十卷目錄二卷　(宋)蘇軾撰　(清)紀昀評點　清道光十四年(1834)盧坤刻朱墨套印本　十二冊

420000－2341－0006618　D/811.153/2767C4
蘇文忠公詩集五十卷目錄二卷　(宋)蘇軾撰　(清)紀昀評點　清同治八年(1869)韞玉山房刻朱墨套印本　十二冊

420000－2341－0006619　D/811.153/2767C4 貳
蘇文忠公詩集五十卷目錄二卷　(宋)蘇軾撰　(清)紀昀評點　清同治八年(1869)韞玉山房刻朱墨套印本　十二冊

420000－2341－0006620　D/811.153/2767C4 壹
蘇文忠公詩集五十卷目錄二卷　(宋)蘇軾撰　(清)紀昀評點　清同治八年(1869)韞玉山房刻朱墨套印本　十二冊

420000－2341－0006621　D/811.153/3104
蘇文忠詩合註五十卷首一卷　(宋)蘇軾撰　(清)馮應榴輯訂　清乾隆六十年(1795)踵息齋刻本　二十冊

420000－2341－0006622　D/811.153/3104C2
蘇文忠詩合註五十卷首一卷　(宋)蘇軾撰　(清)馮應榴輯訂　清乾隆五十八年(1793)刻本　十五冊

420000－2341－0006623　D/811.153/4453.2
角山樓蘇詩評註彙鈔二十卷附錄三卷　(宋)蘇軾撰　(清)趙克宜輯訂　清咸豐二年(1852)角山樓刻本　八冊

420000－2341－0006624　D/811.154/4407C1
山谷詩注內集二十卷外集十七卷別集二卷目錄一卷　(宋)黃庭堅撰　(宋)任淵注　清乾隆四十七年(1782)至清末刻本　十二冊

420000－2341－0006625　D/811.154/4407C2

山谷詩集注二十卷外集十七卷別集二卷目錄一卷　(宋)黃庭堅撰　(宋)任淵注　清光緒二十一年至二十五年(1895－1899)雙井祠堂刻本　十二冊

420000－2341－0006626　D/811.156/5044

淮海集十七卷後集二卷詞一卷補遺一卷附攷證　(宋)秦觀撰　清道光二十一年(1841)王敬之刻本　六冊　存七卷(一至七)

420000－2341－0006627　D/811.156/5044 壹

淮海集十七卷後集二卷詞一卷補遺一卷附攷證　(宋)秦觀撰　清道光二十一年(1841)王敬之刻本　六冊　存七卷(一至七)

420000－2341－0006628　D/811.1574/4646

誠齋詩集十六卷目錄一卷　(宋)楊萬里撰　(清)徐達源校　清嘉慶七年(1802)徐達源刻本　八冊

420000－2341－0006629　D/811.16/4421

藍山詩集六卷　(明)藍仁撰　清光緒十六年(1890)宣敬熙刻本　二冊

420000－2341－0006630　D/811.161/7244

太師誠意伯劉文成公集二十卷首一卷　(明)劉基撰　清光緒二十六年(1900)浙江書局刻本　十冊

420000－2341－0006631　D/811.164/1137

何大復詩集二十六卷目錄一卷　(明)何景明撰　清光緒二十一年(1895)張氏湘雨樓刻弘正四傑詩集本　六冊

420000－2341－0006632　D/811.164/1137

邊華泉詩集七卷目錄一卷　(明)邊貢撰　清光緒二十一年(1895)張氏湘雨樓刻弘正四傑詩集本　五冊

420000－2341－0006633　D/811.164/1137

李空同詩集三十三卷　(明)李夢陽撰　清光緒二十一年(1895)張氏湘雨樓刻弘正四傑詩集本　八冊

420000－2341－0006634　D/811.164/1137

徐迪功詩集四卷外集三卷附談藝錄　(明)徐禎卿撰　清光緒二十一年(1895)張氏湘雨樓刻弘正四傑詩集本　一冊

420000－2341－0006635　D/811.167/1003

疑雨集四卷　(清)王彥泓撰　清宣統元年(1909)著易堂石印本　二冊

420000－2341－0006636　D/811.168/1760

石臼後集七卷　(明)邢昉撰　清光緒十八年(1892)刻本　二冊

420000－2341－0006637　D/811.168/1760

石臼前集九卷年譜一卷　(明)邢昉撰　清光緒十八年(1892)刻本　四冊

420000－2341－0006638　D/811.168/2147

竟陵詩選十四卷補遺一卷附竟陵詩話一卷　(清)熊士鵬輯　清道光三年(1823)刻瘦羊錄本　四冊

420000－2341－0006639　D/811.168/2147

鵠山小隱詩集十六卷補遺一卷附詩話一卷　(清)熊士鵬撰　清道光十六年(1836)刻瘦羊錄本　五冊

420000－2341－0006640　D/811.168/2147

荊湖知舊詩抄二卷　(清)熊士鵬輯　清道光十六年(1836)刻瘦羊錄本　四冊

420000－2341－0006641　D/811.168/2147

竟陵文選三卷　(清)熊士鵬輯　清道光十六年(1836)刻瘦羊錄本　三冊

420000－2341－0006642　D/811.168/2147

耄學集一卷續刻一卷　(清)熊士鵬撰　清道光十六年(1836)刻瘦羊錄本　一冊

420000－2341－0006643　D/811.168/2147

鵠山小隱文集十卷　(清)熊士鵬撰　清嘉慶至道光刻瘦羊錄本　四冊

420000－2341－0006644　D/811.168/2147

桐芭雜著一卷　(清)熊士鵬撰　清嘉慶至道光刻瘦羊錄本　一冊

420000－2341－0006645　D/811.168/2147

吾同山館改課一卷　(清)熊士鵬撰　清嘉慶

至道光刻瘦羊錄本　二冊

420000－2341－0006646　D/811.168/2147

壯遊草一卷天門書院雜著一卷　（清）熊士鵬
撰　清嘉慶至道光刻瘦羊錄本　一冊

420000－2341－0006647　D/811.168/2147

東坡詩集一卷　（清）熊士鵬撰　清道光六年
（1826）刻瘦羊錄本　一冊

420000－2341－0006648　D/811.168/2147

東坡文集一卷　（清）熊士鵬撰　清道光六年
（1826）刻瘦羊錄本　一冊

420000－2341－0006649　D/811.168/2147

耄學詩集一卷續刻一卷　（清）熊士鵬撰　清
道光十六年（1836）鵠山小隱刻瘦羊錄本
一冊

420000－2341－0006650　D/811.169/7532

寶綸堂集十卷首一卷拾遺一卷　（清）陳洪綬
撰　清光緒十四年（1888）董氏取斯堂木活字
印本　八冊

420000－2341－0006651　D/811.17/0027

陶山詩錄二十八卷　（清）唐仲冕撰　清嘉慶
十六年（1811）酌民言堂刻本　三冊　存五卷
（一至五）

420000－2341－0006652　D/811.17/0027

陶山詩前錄二卷　（清）唐仲冕撰　清嘉慶十
六年（1811）酌民言堂刻本　一冊

420000－2341－0006653　D/811.17/8053

道咸同光四朝詩史甲集八卷首一卷　孫雄輯
清宣統二年（1910）刻本　一冊

420000－2341－0006654　D/811.172/0701

鯤溟先生詩集四卷附奏疏　（明）郭諫臣撰
（明）韓世能　（明）郭元夔校　清嘉慶七年
（1802）刻本　二冊

420000－2341－0006655　D/811.172/0870

愚山詩鈔八卷　（清）施閏章撰　（清）陸伯焜
（清）屠德修輯　清道光十三年（1833）刻本
二冊

420000－2341－0006656　D/811.172/1111

澄懷園詩選十二卷　（清）張廷玉撰　清光緒
刻本　一冊

420000－2341－0006657　D/811.172/2528

曝書亭集詩注二十二卷　（清）朱彝尊撰
（清）楊謙纂　清乾隆楊謙刻本　八冊

420000－2341－0006658　D/811.172/2528C1

曝書亭集外稿八卷　（清）朱彝尊撰　（清）馮
登府　（清）朱墨林輯　清嘉慶二十二年
（1817）潘采堂刻本　四冊

420000－2341－0006659　D/811.172/2528C2

竹垞詩鈔六卷　（清）朱彝尊撰　（清）周日溡
（清）屠德修輯　清道光十三年（1833）刻本
二冊

420000－2341－0006660　D/811.172/2608

兼濟堂文集選二十卷　（清）魏裔介撰　（清）
魏荔彤編輯　清康熙刻光緒龍江書院補刻本
十冊

420000－2341－0006661　D/811.172/2623

梅村詩集箋注十八卷　（清）吳偉業撰　（清）
吳翌鳳箋注　清光緒十年（1884）湖北官書局
刻本　十二冊

420000－2341－0006662　D/811.172/2623.1

吳詩集覽二十卷　（清）吳偉業撰　（清）靳榮
藩輯注　清乾隆四十年（1775）靳榮藩凌雲亭
刻本　十六冊

420000－2341－0006663　D/811.172/2635

黃葉邨莊詩集八卷續集一卷後集一卷　（清）
吳之振撰　清光緒四年（1878）吳康壽刻本
四冊

420000－2341－0006664　D/811.172/5581

掣鯨堂詩選九卷　（清）費錫璜撰　清道光古
棠書屋刻本　二冊

420000－2341－0006665　D/811.172/7241

國朝六家詩鈔八卷　（清）劉執玉選　（清）許
庭堅　（清）鄒容成參閱　清乾隆三十二年
（1767）詒燕樓刻本　六冊

420000－2341－0006666　D/811.172/8080

溫飛卿詩集九卷 （唐）溫庭筠撰 （明）曾益
原注 （清）顧予咸補注 （清）顧嗣立重校
清光緒八年（1882）泉唐汪氏刻本 四冊

420000－2341－0006667 D/811.172/8080 壹
溫飛卿詩集九卷 （唐）溫庭筠撰 （明）曾益
原注 （清）顧予咸補注 （清）顧嗣立重校
清光緒八年（1882）泉唐汪氏刻本 二冊

420000－2341－0006668 D/811.172/8385
保素堂稿十卷 （清）錢金甫撰 清嘉慶六年
（1801）大中堂刻本 四冊

420000－2341－0006669 D/811.172/8720
缾水齋詩集十七卷別集二卷詩話一卷 （清）
舒位撰 清光緒十二年（1886）宗山、邊保樞
等刻本 八冊

420000－2341－0006670 D/811.173/1043.3
漁洋山人古詩選八卷 （清）王士禎選 清同
治七年（1868）曾氏刻本 八冊

420000－2341－0006671 D/811.173/1043.4 貳
漁洋山人精華錄訓纂十卷補注一卷年譜二卷
附錄一卷 （清）王士禎撰 （清）惠棟注 清
雍正紅豆齋刻本 一冊 存一卷（五）

420000－2341－0006672 D/811.175/1036
述菴詩鈔十二卷 （清）王昶撰 清乾隆五十
五年（1790）刻本 四冊

420000－2341－0006673 D/811.175/1111
簡松草堂詩集二十卷 （清）張雲璈撰 清嘉
慶十二年（1807）張雲璈刻本 七冊

420000－2341－0006674 D/811.175/1111
三影閣箏語三卷 （清）張雲璈撰 清嘉慶十
二年（1807）張雲璈刻本 一冊

420000－2341－0006675 D/811.175/1121
黐嘯詩集十卷 （清）張叔珽撰 清乾隆刻本
二冊

420000－2341－0006676 D/811.175/1121
黐嘯文集二卷 （清）張叔珽撰 清乾隆刻本
二冊

420000－2341－0006677 D/811.175/2722

留春草堂詩鈔七卷 （清）伊秉綬撰 清光緒
六年（1880）伊清阿刻本 二冊

420000－2341－0006678 D/811.175/2833
星橋遺草一卷 （清）徐必達撰 竹香齋遺草
一卷 （清）顧金墀撰 清乾隆九年（1744）刻
本 一冊

420000－2341－0006679 D/811.175/3404
附鮚軒詩八卷 （清）洪亮吉撰 清光緒三年
（1877）授經堂刻本 一冊 存四卷（一至四）

420000－2341－0006680 D/811.175/4023
韋廬詩內集四卷首一卷末一卷 （清）李秉禮
撰 清光緒十三年（1887）江陽官舍刻本
二冊

420000－2341－0006681 D/811.175/4023
韋廬詩外集四卷末一卷 （清）李秉禮撰 清
光緒十三年（1887）江陽官舍刻本 二冊

420000－2341－0006682 D/811.175/4023.2
韋廬初集一卷 （清）李秉禮撰 清嘉慶三年
（1798）抄本 一冊

420000－2341－0006683 D/811.175/4023.2
韋廬近集一卷 （清）李秉禮撰 清嘉慶三年
（1798）抄本 一冊

420000－2341－0006684 D/811.175/4033
李養一先生詩集四卷附錄一卷 （清）李兆洛
撰 清光緒八年（1882）曹佳刻本 二冊

420000－2341－0006685 D/811.175/4044
鐵如意庵詩稿六卷 （清）袁鴻撰 瑤華仙館
詩鈔謄稿一卷 （清）王蕙芳撰 清宣統元年
（1909）袁蕊刻本 二冊

420000－2341－0006686 D/811.175/4044
小桐廬詩草十卷 （清）袁景輅撰 清宣統元
年（1909）袁蕊刻本 二冊

420000－2341－0006687 D/811.175/4448
忠雅堂文集詩二十七卷詞二卷南北雜曲一卷
（清）蔣士銓撰 清乾隆二十七年（1762）至
道光藏園刻本 六冊

420000－2341－0006688 D/811.175/6031

吳會英才集二十卷　（清）畢沅輯　清嘉慶畢
沅刻本　八冊

420000－2341－0006689　D/811.175/7167C2
松聲池館詩存四卷　（清）汪璐撰　清光緒十
五年（1889）汪曾唯、汪加年、汪康年刻本
一冊

420000－2341－0006690　D/811.175/7167C2
樊榭山房全集八種　（清）厲鶚撰　清光緒十
五年（1889）汪曾唯、汪加年、汪康年刻本
十冊

420000－2341－0006691　D/811.175/7167C2
振綺堂詩存不分卷　（清）汪憲撰　清光緒十
五年（1889）汪曾唯、汪加年、汪康年刻本
一冊

420000－2341－0006692　D/811.177/2654
花宜館文略一卷　（清）吳振棫撰　清光緒二
十六年（1900）刻本　一冊

420000－2341－0006693　D/811.177/2654
花宜館詩鈔十六卷　（清）吳振棫撰　花宜館
詩鈔續存一卷　無腔村笛二卷　清同治四年
（1865）吳文堮刻本　六冊

420000－2341－0006694　D/811.177/2654
黔語二卷　（清）吳振棫纂　清咸豐四年
（1854）刻本　一冊

420000－2341－0006695　D/811.177/4462
兩當軒集二十二卷附錄四卷考異二卷　（清）
黃景仁撰　清光緒二年（1876）黃氏家塾刻本
六冊

420000－2341－0006696　D/811.178/0037
二知軒詩續鈔八卷　（清）方濬頤撰　清同治
八年（1869）刻本　四冊

420000－2341－0006697　D/811.178/0037
二知軒詩鈔十四卷　（清）方濬頤撰　清同治
五年（1866）刻本　六冊

420000－2341－0006698　D/811.178/0061
嘯劍山房詩鈔十三卷　（清）文星瑞撰　清同
治九年（1870）刻本　四冊

420000－2341－0006699　D/811.178/0246
大鶴山人集十三卷　（清）端木國瑚撰　清道
光二十年（1840）胡坤刻本　六冊

420000－2341－0006700　D/811.178/1024
綠雪堂遺集二十卷　（清）王衍梅撰　清道光
二十年（1840）汪云任刻本　六冊

420000－2341－0006701　D/811.178/1040
金陵雜詠不分卷　（清）王友亮撰　清嘉慶九
年（1804）雙佩齋刻本　一冊

420000－2341－0006702　D/811.178/1123
白雲山房集詩集三卷文集六卷考工釋車一卷
離騷經章句義疏一卷等韻簡明指掌圖一卷
（清）張象津撰　清道光十六年（1836）拜經堂
刻本　四冊　存九卷（詩集三卷、文集六卷）

420000－2341－0006703　D/811.178/1133
小重山房詩續錄十二卷　（清）張祥河撰　清
光緒元年（1875）張氏刻本　四冊

420000－2341－0006704　D/811.178/1134
紫硯山房詩稿初集一卷續集一卷　（清）張瀷
撰　清道光三十年（1850）廣州張瀷刻本
二冊

420000－2341－0006705　D/811.178/1148
陶園文集八卷　（清）張九鉞撰　清道光二十
三年（1843）刻本　二冊

420000－2341－0006706　D/811.178/1148
六如亭二卷　（清）張九鉞撰　（清）雲門山樵
評點　（清）羅浮花農填詞　（清）吹鐵簫人正
譜　清道光二十三年（1843）刻本　二冊

420000－2341－0006707　D/811.178/1148
陶園詩集二十四卷　（清）張九鉞撰　陶園詩
餘二卷　清道光二十三年（1843）刻本　六冊

420000－2341－0006708　D/811.178/1148 壹
六如亭二卷　（清）張九鉞撰　（清）雲門山樵
評點　（清）羅浮花農填詞　（清）吹鐵簫人正
譜　清道光二十三年（1843）刻本　二冊

420000－2341－0006709　D/811.178/1148 壹
陶園詩集二十四卷　（清）張九鉞撰　陶園詩

餘二卷　清道光二十三年(1843)刻本　六冊

420000－2341－0006710　D/811.178/1148 壹
陶園文集八卷　(清)張九鉞撰　清道光二十三年(1843)刻本　二冊

420000－2341－0006711　D/811.178/1273
長真閣詩餘一卷　(清)席佩蘭撰　長真閣集七卷　清嘉慶十七年(1812)刻本　一冊

420000－2341－0006712　D/811.178/1273
天真閣集五十四卷　(清)孫原湘撰　清嘉慶五年(1800)孫原湘刻本　十一冊

420000－2341－0006713　D/811.178/1764
南邨草堂詩鈔二十四卷　(清)鄧顯鶴撰　清道光九年(1829)刻本　六冊

420000－2341－0006714　D/811.178/1764
南村草堂文鈔二十卷　(清)鄧顯鶴撰　清咸豐元年(1851)刻本　六冊

420000－2341－0006715　D/811.178/2126
汲古堂集二十八卷　(明)何白撰　清道光十六年(1836)梅嶼守直堂刻本　十冊

420000－2341－0006716　D/811.178/2154
柳汁吟舫賦草一卷　(清)何盛斯撰　清咸豐元年(1851)敍樂園刻本　一冊

420000－2341－0006717　D/811.178/2154
柳汁吟舫古文不分卷　(清)何盛斯撰　(清)李德揚校　清咸豐元年(1851)敍樂園刻本　一冊

420000－2341－0006718　D/811.178/2154
柳汁吟舫詩草十四卷　(清)何盛斯撰　(清)李德揚校　清咸豐元年(1851)敍樂園刻本　四冊

420000－2341－0006719　D/811.178/2643
香蘇山館古體詩鈔十七卷　(清)吳嵩梁撰　清咸豐三年(1853)木犀軒刻本　六冊

420000－2341－0006720　D/811.178/2643
香蘇山館今體詩鈔十九卷　(清)吳嵩梁撰　清咸豐三年(1853)木犀軒刻本　六冊

420000－2341－0006721　D/811.178/2738
論山詩選十五卷　(清)鮑之鍾撰　清道光十二年(1832)詠真堂刻本　二冊

420000－2341－0006722　D/811.178/2767
紀文達公文集十六卷首一卷　(清)紀昀撰　(清)紀樹馨編校　清道光三十年(1850)小嫏嬛山館刻本　十六冊

420000－2341－0006723　D/811.178/2788
五百四峯堂詩鈔二十五卷　(清)黎簡撰　清同治十三年(1874)陳氏刻本　六冊

420000－2341－0006724　D/811.178/2808
悟雪樓詩存三十四卷　(清)徐謙撰　清道光二十九年(1849)刻本　八冊

420000－2341－0006725　D/811.178/2831
靈洲山人詩錄六卷　(清)徐灝撰　清同治三年(1864)萃文堂刻本　二冊

420000－2341－0006726　D/811.178/3061
心鐵石齋存稿四十卷附聯句詩一卷年譜一卷　(清)宋鳴琦撰　清道光十二年(1832)誦梅堂刻本　八冊

420000－2341－0006727　D/811.178/3107
子良詩存二十二卷　(清)馮詢撰　子良試帖　(清)馮詢撰　清同治十年(1871)刻本　十一冊

420000－2341－0006728　D/811.178/3136
伏敔堂詩續錄四卷　(清)江湜撰　清同治二年(1863)江氏刻本　一冊

420000－2341－0006729　D/811.178/3136
伏敔堂詩錄十五卷首一卷　(清)江湜撰　清同治元年(1862)吳玉田刻字鋪刻本　三冊

420000－2341－0006730　D/811.178/3404
更生齋詩餘二卷　(清)洪亮吉撰　清光緒三年(1877)授經堂刻本　一冊

420000－2341－0006731　D/811.178/3404
更生齋詩續集十卷　(清)洪亮吉撰　清光緒四年(1878)授經堂刻本　五冊

420000－2341－0006732　D/811.178/3734

饅飿亭後集十二卷 （清）祁寯藻撰 清咸豐
七年(1857)祁氏刻本 二冊

420000－2341－0006733 D/811.178/3734

饅飿亭集三十二卷 （清）祁寯藻撰 清咸豐
七年(1857)祁氏刻本 四冊

420000－2341－0006734 D/811.178/4024

聽花吟館詩稿五十二卷附遊鑾華山詩草
（清）李德揚撰 清咸豐八年(1858)刻本 二
十四冊

420000－2341－0006735 D/811.178/4064

石琴詩鈔十二卷 （清）李映棻撰 清同治三
年(1864)天香堂刻本 六冊

420000－2341－0006736 D/811.178/4074

詠史詩鈔不分卷 （清）李辰垣撰 清道光二
十三年(1843)京都文采齋刻本 一冊

420000－2341－0006737 D/811.178/4074

紫亭詩鈔四卷 （清）李辰垣撰 清道光二十
三年(1843)京都文采齋刻本 二冊

420000－2341－0006738 D/811.178/4074

紫亭詩續鈔 （清）李辰垣撰 清道光二十三
年(1843)京都文采齋刻本 一冊

420000－2341－0006739 D/811.178/4433

息耕草堂詩集十六卷 （清）黃安濤撰 清道
光二十四年(1844)黃梓孫、黃松孫刻本
四冊

420000－2341－0006740 D/811.178/4434

莫如樓詩選合刻六卷 （清）蔣湘培撰 清同
治六年(1867)金谷園刻本 四冊

420000－2341－0006741 D/811.178/4434

莫如樓時義合稿不分卷 （清）蔣湘培撰 清
同治五年(1866)粵東撫署富文齋刻本 六冊

420000－2341－0006742 D/811.178/4444

挹青閣詩集六卷 （清）茅潤之撰 清道光九
年(1829)木蘭花館刻本 二冊

420000－2341－0006743 D/811.178/4713

石笥山房集二十三卷 （清）胡天游撰 清咸
豐二年(1852)胡學醇刻本 十冊

420000－2341－0006744 D/811.178/4991

亦有生齋集詞五卷 （清）趙懷玉撰 清嘉慶
二十二年(1817)刻本 一冊

420000－2341－0006745 D/811.178/4991

亦有生齋集文二十卷 （清）趙懷玉撰 清嘉
慶二十二年(1817)刻本 七冊

420000－2341－0006746 D/811.178/6800

春草園詩集三卷 （清）喻文鑾撰 清同治十
年(1871)喻樹侁等刻本 二冊

420000－2341－0006747 D/811.178/7241

三湖漁人全集八卷 （清）劉士璋撰 清道光
二年(1822)劉經裕刻本 三冊

420000－2341－0006748 D/811.178/7277

孟塗初集十卷 （清）劉開撰 清嘉慶刻本
四冊

420000－2341－0006749 D/811.178/7514

太乙舟古今體詩鈔十三卷 （清）陳用光撰
清咸豐四年(1854)孝友堂刻本 八冊

420000－2341－0006750 D/811.178/7524

繼雅堂詩集三十四卷 （清）陳僅撰 清道光
二十七年(1847)刻本 六冊

420000－2341－0006751 D/811.178/7548

梅湖詩鈔一卷 （清）汪之順撰 枳六齋詩鈔
一卷 （清）余鵬年撰 七峯詩稿二卷 （清）
江爾維撰 清同治十三年(1874)江潮刻本
一冊

420000－2341－0006752 D/811.178/7744

瓶城山館詩鈔十卷 （清）周劼撰 清咸豐十
年(1860)至同治守素堂刻本 五冊

420000－2341－0006753 D/811.178/7775

碻東詩鈔十卷 （清）歐陽輅撰 清光緒二十
二年(1896)三味堂刻本 二冊

420000－2341－0006754 D/811.179/0018

老子證義二卷 （清）高延第撰 清光緒十四
年(1888)刻涌翠山房集本 一冊

420000－2341－0006755 D/811.179/0018

涌翠山房詩集四卷 （清）高延第撰 清光緒

十四年(1888)刻涌翠山房集本　二冊

420000－2341－0006756　D/811.179/0018

涌翠山房文集四卷　(清)高延第撰　清光緒
十四年(1888)刻涌翠山房集本　二冊

420000－2341－0006757　D/811.179/0038

陶堂遺文一卷　(清)高心夔箸　清光緒八年
(1882)平湖朱氏經注經齋刻高陶堂遺集本
一冊

420000－2341－0006758　D/811.179/0038

陶堂志微錄五卷　(清)高心夔自編　清光緒
八年(1882)平湖朱氏經注經齋刻高陶堂遺集
本　二冊

420000－2341－0006759　D/811.179/0038

怬誦一卷　(清)高心夔箸　**形景盦三漢碑趺**
一卷　清光緒八年(1882)平湖朱氏經注經齋
刻高陶堂遺集本　一冊

420000－2341－0006760　D/811.179/0133

四照堂詩集十五卷　(清)譚溥撰　清同治三
年(1864)刻本　四冊

420000－2341－0006761　D/811.179/0724

雲臥山莊家訓二卷末一卷　(清)郭崑燾撰
清光緒十一年(1885)郭氏岵瞻堂刻本　一冊

420000－2341－0006762　D/811.179/0724

雲臥山莊詩集八卷首一卷末一卷　(清)郭崑
燾撰　清光緒十一年(1885)郭氏岵瞻堂刻本
四冊

420000－2341－0006763　D/811.179/0822

通雅堂詩鈔十卷　(清)施山撰　清光緒元年
(1875)刻本　二冊

420000－2341－0006764　D/811.179/0823

江上吟六卷附許蓮峯先生傳略　(清)許紹沅
撰　清光緒三十四年(1908)王俊刻本　二冊

420000－2341－0006765　D/811.179/0834

澤雅堂詩集六卷　(清)施補華撰　清同治十
一年(1872)刻本　二冊

420000－2341－0006766　D/811.179/1010

松夢寮詩稿六卷　(清)丁丙撰　清光緒二十

五年(1899)丁立中刻本　三冊

420000－2341－0006767　D/811.179/1033

養拙齋詩十四卷　(清)王必達撰　清光緒十
六年至十九年(1890－1893)王維翰等刻本
四冊

420000－2341－0006768　D/811.179/1034

小初詩稿三十卷　(清)王之藩撰　清光緒十
二年(1886)刻本　四冊

420000－2341－0006769　D/811.179/1062

琳齋詩稿七卷　(清)王景彝撰　清光緒十六
年(1890)寶善書屋刻本　六冊

420000－2341－0006770　D/811.179/1062 壹

琳齋詩稿七卷　(清)王景彝撰　清光緒十六
年(1890)寶善書屋刻本　六冊

420000－2341－0006771　D/811.179/1073

湘綺樓全集三十卷　王闓運撰　清光緒三十
三年(1907)墨莊劉氏刻本　十六冊

420000－2341－0006772　D/811.179/1073.1

湘綺樓詩十四卷　王闓運撰　清光緒二十三
年(1907)東洲講舍刻本　六冊

420000－2341－0006773　D/811.179/1073 壹

湘綺樓全集三十卷　王闓運撰　清光緒三十
三年(1907)墨莊劉氏刻本　九冊　存二十三
卷(湘綺樓文集一至四、湘綺樓詩集一至十
四、湘綺樓箋啟一至五)

420000－2341－0006774　D/811.179/1122

守丹山房古詩摘鈔一卷附海南詩鈔不分卷
(清)張經贊撰　清同治五年(1866)守丹山房
刻本　一冊

420000－2341－0006775　D/811.179/1124

悔廬詩鈔四卷　(清)張崇蘭撰　清光緒二十
三年(1897)陳克劬刻本　二冊

420000－2341－0006776　D/811.179/1124

悔廬文鈔五卷首一卷　(清)張崇蘭撰　清光
緒二十三年(1897)陳克劬刻本　三冊

420000－2341－0006777　D/811.179/1701

願學堂詩存二十二卷　(清)邵亨豫撰　清光

335

緒十年(1884)刻本　四冊

420000－2341－0006778　D/811.179/2012

抱沖齋詩集三十六卷附眠琴僊館詞　(清)斌良撰　清光緒五年(1879)湘南薇垣官署刻本　十二冊

420000－2341－0006779　D/811.179/2123

潛穎詩十卷　何維棣撰　清光緒二十七年(1901)何氏刻本　二冊

420000－2341－0006780　D/811.179/2192

讀書延年堂古今體詩十六卷　(清)熊少牧撰　清咸豐七年(1857)刻本　四冊

420000－2341－0006781　D/811.179/2533

雙清閣袖中詩本二卷　(清)朱福清撰　**擁翠詞稿一卷**　清光緒十九年(1893)江蘇局刻本　一冊

420000－2341－0006782　D/811.179/2534

新安先集二十卷　(清)朱之榛輯　清同治十三年(1874)朱之榛刻本　六冊

420000－2341－0006783　D/811.179/2600

都昌詠古不分卷　(清)吳鶯撰　清嘉慶二十三年(1818)刻本　一冊

420000－2341－0006784　D/811.179/2612

修月山房詩鈔四卷　(清)吳麗生撰　清光緒二十二年(1896)刻本　一冊

420000－2341－0006785　D/811.179/2634

維周詩鈔十六卷　(清)程之楨撰　清同治十一年(1872)刻本　四冊

420000－2341－0006786　D/811.179/2684

楚望閣集六卷　程頌萬撰　清光緒十一年(1885)竢園刻本　二冊

420000－2341－0006787　D/811.179/3010

水流雲在館詩鈔六卷　(清)宋晉撰　(清)宋頤編次　清光緒十二年(1886)宋頤刻本　二冊

420000－2341－0006788　D/811.179/3010

水流雲在館奏議二卷　(清)宋晉撰　清光緒十三年(1887)宋頤刻本　二冊

420000－2341－0006789　D/811.179/3018

思無邪齋文存六卷　(清)宮爾鐸撰　清光緒十四年(1888)馮詡刻本　二冊

420000－2341－0006790　D/811.179/3018

思無邪齋詩存八卷　(清)宮爾鐸撰　清光緒十五年(1889)馮詡刻本　二冊

420000－2341－0006791　D/811.179/3177

浩然堂詩集六卷　(清)江開撰　清道光刻本　三冊

420000－2341－0006792　D/811.179/3177

雙忠研齋詩餘一卷　(清)江開撰　清咸豐十一年(1861)刻本　一冊

420000－2341－0006793　D/811.179/3202

三松堂集三十卷　(清)潘奕雋撰　清同治九年至十一年(1870－1872)刻本　十冊

420000－2341－0006794　D/811.179/3444

玉笙樓詩錄十二卷　(清)沈壽榕撰　清光緒九年(1883)宏文堂刻本　六冊

420000－2341－0006795　D/811.179/3677

海秋詩集二十六卷後集一卷　(清)湯鵬撰　清同治十二年(1873)湯壽銘刻本　十冊

420000－2341－0006796　D/811.179/3887

藏園詩鈔一卷　(清)游智開撰　清光緒二十五年(1899)刻本　一冊

420000－2341－0006797　D/811.179/4001

童山詩集四十二卷附錄二卷　(清)李調元撰　清嘉慶四年(1799)刻本　八冊

420000－2341－0006798　D/811.179/4001

童山文集二十卷補遺二卷　(清)李調元撰　清嘉慶四年(1799)刻本　四冊

420000－2341－0006799　D/811.179/4022

左庵詩餘四卷　(清)李佳撰　清光緒刻本　四冊

420000－2341－0006800　D/811.179/4036

袁忠節公遺詩三卷　(清)西溪老漚撰　清宣統元年(1909)鉛印本　一冊

420000－2341－0006801　D/811.179/4043

梅華小隱廬詩一卷　(清)李希鄴撰　清光緒
十二年(1886)石印本　一冊

420000－2341－0006802　D/811.179/4224

小謨觴館詩續集注二卷　(清)孫元培纂輯
清光緒二十年(1894)汪氏刻本　二冊

420000－2341－0006803　D/811.179/4224

小謨觴館文集注四卷　(清)孫元培纂輯　清
光緒二十年(1894)汪氏刻本　二冊

420000－2341－0006804　D/811.179/4224

小謨觴館文續集注二卷　(清)孫元培纂輯
清光緒二十年(1894)汪氏刻本　二冊

420000－2341－0006805　D/811.179/4224

小謨觴館詩集注八卷　(清)孫元培纂輯　清
光緒十九年(1893)汪氏刻本　八冊

420000－2341－0006806　D/811.179/4236

適龕詩集十四卷　(清)彭湘撰　清光緒元年
(1875)安徽學院署西齋刻本　四冊

420000－2341－0006807　D/811.179/4284

自怡軒詩草二卷　(清)姚錫䮛撰　清同治十
年(1871)鉛印本　二冊

420000－2341－0006808　D/811.179/4402

嘯古堂詩集八卷　(清)蔣敦復撰　(清)王韜
編　清光緒十一年(1885)王韜淞隱廬刻本
二冊

420000－2341－0006809　D/811.179/4410

古峯詩草十卷首一卷　(清)萬瑞旒撰　清光
緒三十一年(1905)刻本　四冊

420000－2341－0006810　D/811.179/4412

實其文齋詩鈔六卷附亦園七詠　(清)黃雲鵠
撰　清光緒刻本　二冊

420000－2341－0006811　D/811.179/4412

實其文齋文鈔八卷　(清)黃雲鵠撰　清光緒
五年(1879)刻本　六冊

420000－2341－0006812　D/811.179/4423

敦夙好齋詩初編十二卷首一卷　(清)葉名灃
撰　清光緒十六年(1890)葉兆綱刻本　四冊

420000－2341－0006813　D/811.179/4423

敦夙好齋詩續編十一卷　(清)葉名灃撰　清
光緒十六年(1890)葉兆綱刻本　四冊

420000－2341－0006814　D/811.179/4443

浬陽詩集十卷　(清)董榕撰　清咸豐三年
(1853)繁露樓刻光緒五年(1879)後印本
二冊

420000－2341－0006815　D/811.179/4446

黃鵠山人詩初鈔十八卷　(清)林壽圖撰　清
光緒八年(1882)刻本　六冊

420000－2341－0006816　D/811.179/4452

琴海集二卷　(清)陳玉鄰箸　(清)宗德懋正
字　清光緒二十一年(1895)刻徐州二遺民集
本　一冊

420000－2341－0006817　D/811.179/4452

白耷山人集六卷　(清)閻爾梅撰　清光緒十
九年(1893)刻徐州二遺民集本　三冊

420000－2341－0006818　D/811.179/4452

隰西草堂集四卷　(清)萬壽祺撰　清光緒十
九年(1893)刻徐州二遺民集本　二冊

420000－2341－0006819　D/811.179/4474

自知齋詩集九卷　(清)黃長森撰　清同治十
二年(1873)刻本　二冊

420000－2341－0006820　D/811.179/4483

泛漿錄二卷　(清)黃鉞撰　清光緒七年
(1881)黃安謹刻本　一冊

420000－2341－0006821　D/811.179/4483

過庭小稟一卷　(清)黃富民撰　清光緒七年
(1881)黃安謹刻本　一冊

420000－2341－0006822　D/811.179/4483

律賦賸稟一卷　(清)黃富民撰　試帖賸稟一
卷　清光緒七年(1881)黃安謹刻本　一冊

420000－2341－0006823　D/811.179/4483

萍軒小草二卷附萍軒詞草　(清)黃富民撰
清光緒七年(1881)黃安謹刻本　一冊

420000－2341－0006824　D/811.179/4483

誓墓餘稟不分卷　(清)黃富民撰　避弋小草

二卷　清光緒七年(1881)黃安謹刻本　一冊

420000－2341－0006825　D/811.179/4483

蕭湯二老遺詩合編　(清)黃鉞輯　清光緒七年(1881)黃安謹刻本　一冊

420000－2341－0006826　D/811.179/4483

壹齋集四十卷附年譜　(清)黃鉞撰　清光緒七年(1881)黃安謹刻本　九冊

420000－2341－0006827　D/811.179/4483

奏御集二卷　(清)黃鉞撰　清光緒七年(1881)黃安謹刻本　一冊

420000－2341－0006828　D/811.179/4486

藍澗詩集六卷　(明)藍智撰　(明)程嗣祖編集　清光緒十六年(1890)宣敬熙刻本　二冊

420000－2341－0006829　D/811.179/4493

倚晴樓詩續集四卷　(清)黃燮清著　(清)宗景藩校　清同治九年(1870)刻倚晴樓集本　一冊

420000－2341－0006830　D/811.179/4493

倚晴樓詩餘四卷　(清)黃燮清撰　清同治六年(1867)宗景藩刻倚晴樓集本　與420000－2341－0006829合一冊

420000－2341－0006831　D/811.179/4493

倚晴樓詩集十二卷　(清)黃燮清撰　清同治十一年(1872)刻倚晴樓集本　二冊

420000－2341－0006832　D/811.179/4648

怡雲山館詩存八卷　(清)楊柄錕撰　清光緒九年(1883)刻本　四冊

420000－2341－0006833　D/811.179/4735

尊聞堂古今體詩十六卷　(清)胡兆春撰　清同治六年(1867)刻本　六冊

420000－2341－0006834　D/811.179/6013

瀋居集詠一卷　(清)裕瑞撰　清末石印本　一冊

420000－2341－0006835　D/811.179/6013

東行吟鈔一卷　(清)裕瑞撰　清末石印本　一冊

420000－2341－0006836　D/811.179/6013

再刻棗窗文稿一卷　(清)裕瑞撰　清末石印本　一冊

420000－2341－0006837　D/811.179/6024

和州集一卷附和州公紀年錄　(清)羅錫疇撰　清光緒十八年(1892)刻本　一冊

420000－2341－0006838　D/811.179/6024

養屙思過盦筆記一卷　(清)澹空道人撰　清光緒十八年(1892)刻本　一冊

420000－2341－0006839　D/811.179/6024

陶龕詩鈔八卷　(清)羅信南撰　清光緒十八年(1892)羅長祷刻本　四冊

420000－2341－0006840　D/811.179/6026

摩園閣詩二卷詞二卷　易順鼎撰　清光緒八年(1882)刻本　一冊

420000－2341－0006841　D/811.179/6026

琹臺夢語一卷　易順鼎撰　清光緒九年(1883)刻本　一冊

420000－2341－0006842　D/811.179/6026

楚頌亭詞弟四集二卷　易順鼎撰　清光緒十年(1884)刻本　與420000－2341－0006841合一冊

420000－2341－0006843　D/811.179/6044

蓼花齋詩存四卷　(清)羅萱撰　蓼花齋詩餘一卷　蓼花齋試帖二卷　清光緒三年(1877)荷花精舍刻本　二冊

420000－2341－0006844　D/811.179/6724

路詩全十卷　(清)路德撰　清咸豐元年(1851)竹香堂刻本　六冊

420000－2341－0006845　D/811.179/6812

高辛研齋雜稿一卷　(清)俞承德撰　高辛研齋詩稿一卷　清咸豐六年(1856)三德堂刻本　一冊

420000－2341－0006846　D/811.179/6812

客窗閒話二卷　(清)吳晴符撰　清咸豐六年(1856)三德堂刻本　一冊

420000－2341－0006847　D/811.179/7270

存悔齋集杜注三卷 （清）劉鳳誥撰 清道光
十九年(1839)黃奭、黃右原刻本 二冊

420000－2341－0006848 D/811.179/7493

雙白燕堂集唐詩二卷 （清）陸耀遹編 清同
治六年(1867)陸子受刻本 一冊

420000－2341－0006849 D/811.179/7493

雙白燕堂詩八卷 （清）陸耀遹撰 清同治六
年(1867)陸子受刻本 三冊

420000－2341－0006850 D/811.179/7586

補勤詩存二十四卷首一卷 （清）陳錦撰 清
光緒三年(1877)橘蔭軒刻本 八冊

420000－2341－0006851 D/811.179/7588

袌碧齋七言律詩一卷 （清）陳銳撰 袌碧齋
詞一卷 袌碧齋襍文一卷 清光緒三十一年
(1905)刻本 一冊

420000－2341－0006852 D/811.179/7588

袌碧齋詩四卷 （清）陳銳撰 清光緒三十一
年(1905)刻本 二冊

420000－2341－0006853 D/811.179/7710

水流雲在館集杜詩存不分卷 （清）周天麟輯
清光緒十七年(1891)石印本 一冊

420000－2341－0006854 D/811.179/7710

水流雲在館集蘇詩存不分卷 （清）周天麟輯
清光緒十七年(1891)石印本 一冊

420000－2341－0006855 D/811.179/7743

桐埜詩集四卷 （清）周起渭撰 清咸豐二年
(1852)陳煥煃世恩堂刻本 二冊

420000－2341－0006856 D/811.179/8749

容讀齋詩鈔四卷首一卷 （清）鄭世焌撰 清
光緒三十一年(1905)刻本 二冊

420000－2341－0006857 D/811.179/8749

容讀齋詩鈔續一卷 （清）鄭世焌撰 清光緒
三十一年(1905)刻本 一冊

420000－2341－0006858 D/811.18/7521

石遺室詩集五卷 陳衍撰 清光緒三十一年
(1905)刻本 三冊

420000－2341－0006859 D/811.187/9947

綠雲山房詩草二卷首一卷末一卷 （清）勞蓉
君撰 清光緒四年(1878)橘蔭軒刻本 二冊

420000－2341－0006860 D/811.2/7530

詩比興箋四卷 （清）陳沆撰 清光緒九年
(1883)至清末刻本 四冊

420000－2341－0006861 D/811.3/0163C1

離騷箋二卷 （清）龔景瀚撰 清光緒三年
(1877)湖北崇文書局刻本 一冊

420000－2341－0006862 D/811.3/0163C1 貳

離騷箋二卷 （清）龔景瀚撰 清光緒三年
(1877)湖北崇文書局刻本 一冊

420000－2341－0006863 D/811.3/0163C1 壹

離騷箋二卷 （清）龔景瀚撰 清光緒三年
(1877)湖北崇文書局刻本 一冊

420000－2341－0006864 D/811.3/1022

離騷彙訂不分卷 （清）王邦采撰 清光緒二
十六年(1900)廣雅書局刻廣雅書局叢書本
二冊

420000－2341－0006865 D/811.3/1150

七十家賦鈔六卷 （清）張惠言輯 清道光元
年(1821)合河康紹鏞刻本 四冊

420000－2341－0006866 D/811.3/1150.1

茗柯文編初編一卷二編二卷三編一卷四編一
卷 （清）張惠言撰 清光緒七年(1881)刻本
二冊

420000－2341－0006867 D/811.3/1150C1

七十家賦鈔六卷 （清）張惠言輯 清光緒四
年(1878)宏達堂刻本 四冊

420000－2341－0006868 D/811.3/2622

離騷草木疏四卷 （宋）吳仁傑撰 清光緒元
年(1875)湖北崇文書局刻本 一冊

420000－2341－0006869 D/811.3/2622C2

離騷草木疏四卷 （宋）吳仁傑撰 清光緒至
清末刻本 一冊

420000－2341－0006870 D/811.3/2622C2 壹

離騷草木疏四卷 （宋）吳仁傑撰 清光緒至

清末刻本　一冊

420000-2341-0006871　D/811.3/7771

離騷九歌釋不分卷　（清）畢大琛撰　清光緒十八年（1892）補學齋刻本　一冊

420000-2341-0006872　D/811.3/1022

屈子雜文箋略不分卷　（清）王邦采撰　清光緒二十六年（1900）廣雅書局刻廣雅書局叢書本　一冊

420000-2341-0006873　D/811.31/1037C1

楚辭十七卷　（漢）王逸章句　（宋）洪興祖補注　清同治十一年（1872）金陵書局刻本　四冊

420000-2341-0006874　D/811.31/1037C2

楚辭十七卷　（漢）王逸章句　清同治二年（1863）至清末存古書局刻本　二冊

420000-2341-0006875　D/811.31/1037C3

楚辭十七卷　（漢）王逸章句　（宋）洪興祖補注　清光緒九年（1883）書堂山館刻本　四冊

420000-2341-0006876　D/811.31/1037C4

楚辭十七卷　（漢）王逸章句　（宋）洪興祖補注　清光緒二十一年（1895）昭陵經畬主人經畬堂刻本　六冊

420000-2341-0006877　D/811.31/1037C4 貳

楚辭十七卷　（漢）王逸章句　（宋）洪興祖補注　清光緒二十一年（1895）昭陵經畬主人經畬堂刻本　五冊　缺二卷（二至三）

420000-2341-0006878　D/811.31/1037C4 壹

楚辭十七卷　（漢）王逸章句　（宋）洪興祖補注　清光緒二十一年（1895）昭陵經畬主人經畬堂刻本　六冊

420000-2341-0006879　D/811.31/1044

離騷注不分卷　王樹枏撰　清光緒文莫室石印本　一冊

420000-2341-0006880　D/811.31/1046

楚辭評注十卷　（清）王萌評注　（清）王遠玫音　清乾隆二年（1737）至清末刻本　四冊

420000-2341-0006881　D/811.31/1060

楚辭天問箋一卷　（清）丁晏撰　清光緒十二年（1886）至清末廣雅書局刻廣雅書局叢書本　一冊

420000-2341-0006882　D/811.31/2540

楚辭辯證二卷　（宋）朱熹撰　清光緒元年（1875）湖北崇文書局刻本　一冊

420000-2341-0006883　D/811.31/2540

楚辭集注八卷首一卷　（宋）朱熹集注　清光緒元年（1875）湖北崇文書局刻本　二冊

420000-2341-0006884　D/811.31/2540C1

楚辭集注八卷首一卷　（宋）朱熹集注　清光緒三年（1877）湖北崇文書局刻本　二冊

420000-2341-0006885　D/811.31/2540C3

楚辭辯證二卷　（宋）朱熹撰　清光緒八年（1882）江蘇書局刻本　一冊

420000-2341-0006886　D/811.31/2540C3

楚辭後語六卷　（宋）朱熹撰　清光緒八年（1882）江蘇書局刻本　三冊

420000-2341-0006887　D/811.31/2540C3

楚辭集注八卷　（宋）朱熹集注　清光緒八年（1882）江蘇書局刻本　四冊

420000-2341-0006888　D/811.31/2540 貳

楚辭辯證二卷　（宋）朱熹撰　清光緒元年（1875）湖北崇文書局刻本　一冊

420000-2341-0006889　D/811.31/2540 壹

楚辭辯證二卷　（宋）朱熹撰　清光緒元年（1875）湖北崇文書局刻本　一冊

420000-2341-0006890　D/811.31/2540 壹

楚辭集注八卷首一卷　（宋）朱熹集注　清光緒元年（1875）湖北崇文書局刻本　二冊

420000-2341-0006891　D/811.31/4418

楚辭燈四卷　（清）林雲銘撰　（清）林沅較　清康熙三十六年（1697）至清末刻本　四冊

420000-2341-0006892　D/811.153/0813

蘇詩續補遺二卷　（宋）蘇軾撰　（宋）施元之註　（清）馮景補註　清康熙三十八年（1699）至清末步月樓刻本　二冊

420000－2341－0006893　　D/811.31/4418 壹
楚辭燈四卷　（清）林雲銘撰　（清）林沅較
清康熙三十六年(1697)至清末刻本　四冊

420000－2341－0006894　　D/811.31/8363C3
離騷集傳一卷　（戰國）屈原撰　（宋）錢杲之
訂傳　清光緒元年(1875)湖北崇文書局刻本
一冊

420000－2341－0006895　　D/811.31/8363C3 壹
離騷集傳一卷　（戰國）屈原撰　（宋）錢杲之
訂傳　清光緒元年(1875)湖北崇文書局刻本
一冊

420000－2341－0006896　　D/811.311/7710
賈太傅文不分卷　（漢）賈誼撰　清光緒三年
(1877)刻屈賈文合編本　一冊

420000－2341－0006897　　D/811.311/7710
賈子新書十卷　（漢）賈誼撰　清光緒三年
(1877)刻屈賈文合編本　二冊

420000－2341－0006898　　D/811.311/7710
屈大夫文八卷　（戰國）屈原撰　清光緒三年
(1877)刻屈賈文合編本　三冊

420000－2341－0006899　　D/811.33/7120
六朝唐賦讀本不分卷　（清）馬傳庚選注　清
光緒二年(1876)松竹齋刻本　二冊

420000－2341－0006900　　D/811.33/7120 壹
六朝唐賦讀本不分卷　（清）馬傳庚選注　清
光緒二年(1876)松竹齋刻本　二冊

420000－2341－0006901　　D/811.37/2129
西湖賦不分卷　（清）柴紹炳撰　（清）柴杰箋
清道光至光緒洽禮堂活字印本　二冊

420000－2341－0006902　　D/811.37/3432
常州賦不分卷　（清）褚邦慶編註　清光緒世
綵堂刻本　三冊

420000－2341－0006903　　D/811.5/0104
明紀事樂府不分卷　（清）龍文彬撰　清光緒
十一年(1885)永懷堂刻本　二冊

420000－2341－0006904　　D/811.5/0742
樂府詩集一百卷目錄二卷　（宋）郭茂倩編

清刻本　十六冊

420000－2341－0006905　　D/811.5/0742.1
樂府詩集一百卷目錄二卷　（宋）郭茂倩編
清光緒元年(1875)湖北崇文書局刻本　十
六冊

420000－2341－0006906　　D/811.51/3026
宋宗忠簡公集七卷　（宋）宗澤撰　清同治四
年(1865)刻本　二冊

420000－2341－0006907　　D/811.7/4403
詞律校勘記二十卷　（清）杜文瀾撰　清咸豐
十一年(1861)曼陀羅華閣刻本　二冊

420000－2341－0006908　　D/811.7/7532
鄆中酬唱集四卷　（清）謝朝徵輯　清光緒元
年(1875)雲海樓刻本　二冊

420000－2341－0006909　　D/811.703/1114
宋四家詞選不分卷　（清）周濟輯注　清道光
刻本　一冊

420000－2341－0006910　　D/811.703/1114 壹
宋四家詞選不分卷　（清）周濟輯注　清道光
刻本　一冊

420000－2341－0006911　　D/811.703/4024
詞韻二卷附古韻通略一卷　（清）仲恆編次
（清）王又華補切　清乾隆十一年(1746)至清
末世德堂刻詞學全書本　二冊

420000－2341－0006912　　D/811.703/4024
填詞名解四卷　（清）毛先舒撰　**古今詞論一
卷**　（清）王又華撰　清乾隆十一年(1746)至
清末世德堂刻詞學全書本　二冊

420000－2341－0006913　　D/811.703/4024
填詞圖譜六卷續集一卷　（清）賴以邠撰
（清）查繼超增輯　清乾隆十一年(1746)至清
末世德堂刻詞學全書本　六冊

420000－2341－0006914　　D/811.703/4444
詞律二十卷首一卷　（清）萬樹撰　清光緒二
年(1876)石印本　八冊

420000－2341－0006915　　D/811.703/4444
詞律拾遺八卷　（清）徐本立纂　**詞律補遺一**

341

卷 （清）杜文瀾編　清光緒二年（1876）石印本　四冊

420000－2341－0006916　D/811.708/1073
花外集一卷 （宋）王沂孫撰　漱玉詞一卷
（宋）李清照撰　清光緒十四年（1888）四印齋刻四印齋所刻詞本　一冊

420000－2341－0006917　D/811.708/1073
白石道人詞集三卷別集一卷 （宋）姜夔撰
山中白雲詞二卷補二卷續補一卷 （宋）張炎撰　詞旨一卷 （元）陸輔之撰　清光緒十四年（1888）四印齋刻四印齋所刻詞本　一冊

420000－2341－0006918　D/811.708/1073
詞林正韻三卷發凡一卷 （清）戈載輯　清光緒十四年（1888）四印齋刻四印齋所刻詞本　一冊

420000－2341－0006919　D/811.708/1073
東坡樂府二卷 （宋）蘇軾撰　清光緒十四年（1888）四印齋刻四印齋所刻詞本　一冊

420000－2341－0006920　D/811.708/1073
稼軒長短句十二卷 （宋）辛棄疾撰　清光緒十四年（1888）四印齋刻四印齋所刻詞本　二冊

420000－2341－0006921　D/811.708/1114
詞源二卷 （宋）張炎編　詞旨一卷 （元）陸輔之述　樂府指迷一卷 （宋）沈義父撰　清道光八年（1828）刻本　一冊

420000－2341－0006922　D/811.708/1114
唐五代詞選三卷 （清）成肇麐輯　清光緒十三年（1887）刻本　一冊

420000－2341－0006923　D/811.708/2624
二鄉亭詞三卷 （清）宋琬撰　竹西詞一卷 （清）楊通佺撰　志壑堂詞一卷 （清）唐夢賚撰　清光緒二十七年（1901）吳氏石蓮庵刻山左人詞本　一冊

420000－2341－0006924　D/811.708/2624
姑溪詞三卷 （宋）李之儀撰　琴趣外篇六卷 （宋）晁補之撰　清光緒二十七年（1901）吳

氏石蓮庵刻山左人詞本　一冊

420000－2341－0006925　D/811.708/2624
草窗詞二卷補遺二卷 （宋）周密撰　漱玉詞一卷附錄補遺 （宋）李清照撰　清光緒二十七年（1901）吳氏石蓮庵刻山左人詞本　一冊

420000－2341－0006926　D/811.708/2624
炊聞詞二卷 （清）王士祿撰　衍波詞二卷 （清）王士正撰　清光緒二十七年（1901）吳氏石蓮庵刻山左人詞本　一冊

420000－2341－0006927　D/811.708/2624
稼軒詞十二卷 （宋）辛棄疾撰　清光緒二十七年（1901）吳氏石蓮庵刻山左人詞本　二冊

420000－2341－0006928　D/811.708/2624
珂雪詞二卷附補遺 （清）曹貞吉撰　清光緒二十七年（1901）吳氏石蓮庵刻山左人詞本　一冊

420000－2341－0006929　D/811.708/2624
審齋詞一卷 （宋）王千秋撰　孏窟詞一卷 （宋）侯寘撰　拙庵詞一卷 （宋）趙磻老撰　清光緒二十七年（1901）吳氏石蓮庵刻山左人詞本　一冊

420000－2341－0006930　D/811.708/2624
飴山詩餘一卷 （清）趙執信撰　晚香詞三卷附西圃詞說一卷 （清）田同之製　清光緒二十七年（1901）吳氏石蓮庵刻山左人詞本　一冊

420000－2341－0006931　D/811.708/2624
樂章集一卷附校勘記一卷 （宋）柳永撰　清光緒二十七年（1901）吳氏石蓮庵刻山左人詞本　一冊

420000－2341－0006932　D/811.708/2741
洞簫詞一卷 （清）宋翔鳳撰　碧雲盦詞二卷 （清）宋翔鳳撰　柳下詞一卷 （清）周青撰　萬善花室詞一卷 （清）方履籛撰　清光緒十四年（1888）至清末刻名家詞本　一冊

420000－2341－0006933　D/811.708/2741
立山詞一卷 （清）張琦撰　竹鄰詞一卷

(清)金式玉撰　**齊物論齋詞一卷**　(清)董士
錫撰　**香草詞二卷**　(清)宋翔鳳撰　清光緒
十四年(1888)至清末刻名家詞本　一冊

420000－2341－0006934　D/811.708/2741
水雲樓詞二卷附續一卷賸藁一卷　(清)蔣春
霖撰　**蘭紉詞一卷**　(清)陸志淵撰　**瓠落詞
一卷**　(清)陸志淵撰　清光緒十四年(1888)
至清末刻名家詞本　一冊

420000－2341－0006935　D/811.708/2741
金梁夢月詞二卷附懷夢詞一卷　(清)周之琦
撰　**三十六陂漁唱一卷**　(清)王敬之撰　**冰
蠶詞一卷**　(清)承齡撰　**汀鷺詩餘一卷**
(清)楊傳第撰　**湖海草堂詞一卷**　(清)樊景
升撰　清光緒十四年(1888)至清末刻名家詞
本　一冊

420000－2341－0006936　D/811.708/5044
全史宮詞二十卷首一卷　(清)史夢蘭編　清
咸豐五年(1855)刻本　六冊

420000－2341－0006937　D/811.71/4222
測海集六卷　(清)彭紹升輯　清光緒二年
(1876)孫毓棻刻本　二冊

420000－2341－0006938　D/811.72/3141
宋元名家詞不分卷　(清)江標輯　清光緒二
十一年(1895)湖南思賢書局刻本　二冊

420000－2341－0006939　D/811.73/2010
宋名家詞八十九卷　(明)毛晉輯　清光緒十
四年(1888)汪氏刻本　二十三冊

420000－2341－0006940　D/811.737/7785
清真集二卷補遺一卷清真詞校後錄要一卷
(宋)周邦彥撰　清光緒二十六年(1900)陶子
麟刻本　二冊

420000－2341－0006941　D/811.739/7730
絕妙好詞箋七卷　(宋)周密輯　(清)查為仁
(清)厲鶚箋　清道光八年(1828)徐楙刻本
五冊

420000－2341－0006942　D/811.739/7730
絕妙好詞續鈔一卷　(宋)周密輯　(清)余集

鈔撮　**絕妙好詞續鈔不分卷**　(宋)周密輯
(清)徐楙補錄　清道光八年(1828)徐楙刻本
　一冊

420000－2341－0006943　D/811.7397/8044
白石道人詩集二卷　(宋)姜夔撰　清光緒十
年(1884)許增娛園刻本　一冊

420000－2341－0006944　D/811.75/1177
船山詩草二十卷補遺六卷　(清)張問陶撰
清道光二十九年(1849)張立軒刻本　八冊

420000－2341－0006945　D/811.758/1047
元遺山詩集箋注十四卷首一卷末一卷　(元)
張德輝編　清道光七年(1827)醉六堂刻本
六冊

420000－2341－0006946　D/811.77/0060
過存詩畧聚紅榭吟卷二卷　(清)李應庚撰
清同治二年(1863)吳玉田刻本　一冊

420000－2341－0006947　D/811.77/0060
聚紅榭雅集詞六卷　(清)高思齊撰　清咸豐
六年(1856)刻本　三冊

420000－2341－0006948　D/811.77/0060
遊石鼓詩錄聚紅榭吟卷一卷　(清)謝章鋌撰
　清咸豐十一年(1861)刻本　一冊

420000－2341－0006949　D/811.77/0700
納蘭詞五卷補遺一卷　(清)納蘭性德撰　清
光緒六年(1880)許增娛園刻本　二冊

420000－2341－0006950　D/811.77/0700
靈芬館詞七卷　(清)郭麐箸　清光緒五年
(1879)許增娛園刻本　二冊

420000－2341－0006951　D/811.77/0887
茯苓仙一卷　(清)玉泉樵子填詞　清光緒九
年(1883)碧聲吟館刻碧聲吟館叢書本　一冊

420000－2341－0006952　D/811.77/0887
風雲會傳奇二卷　(清)玉泉樵子填詞　(清)
梅谿逸叟訂譜　清光緒三年(1877)碧聲吟館
刻碧聲吟館叢書本　二冊

420000－2341－0006953　D/811.77/0887
瘞雲巖傳奇二卷　(清)玉泉樵子填詞　(清)

343

停雲逸客評點　清光緒三年（1877）碧聲吟館刻碧聲吟館叢書本　一冊

420000－2341－0006954　D/811.77/0887

臙脂獄一卷　（清）玉泉樵子填詞　清光緒十年（1884）碧聲吟館刻碧聲吟館叢書本　一冊

420000－2341－0006955　D/811.77/0887

靈媧石一卷　（清）玉泉樵子填詞　清光緒十一年（1885）碧聲吟館刻碧聲吟館叢書本　一冊

420000－2341－0006956　D/811.77/0887

神山引一卷　（清）玉泉樵子填詞　清光緒十一年（1885）碧聲吟館刻碧聲吟館叢書本　一冊

420000－2341－0006957　D/811.77/0887

香銷酒醒曲一卷　（清）趙慶熺撰　香銷酒醒詞一卷　清光緒十一年（1885）碧聲吟館刻碧聲吟館叢書本　一冊

420000－2341－0006958　D/811.77/0887

碧聲唅館談塵四卷　（清）許善長纂　清光緒四年（1878）碧聲吟館刻碧聲吟館叢書本　四冊

420000－2341－0006959　D/811.77/1085

茂陵秋雨詞四卷　（清）王錫振撰　清咸豐九年（1859）王錫振刻本　一冊

420000－2341－0006960　D/811.77/1718

清足居集不分卷　（清）鄧瑜撰　蕉窗詞不分卷　清光緒二十二年（1896）泉唐諸氏刻本　一冊

420000－2341－0006961　D/811.77/2684

美人長壽盦詞六卷　程頌萬撰　清光緒二十六年（1900）刻本　二冊

420000－2341－0006962　D/811.77/2741

國朝常州詞錄三十卷　繆荃孫校輯　清光緒二十二年（1896）雲自在龕刻本　十二冊

420000－2341－0006963　D/811.77/2816

蘇漱玉詞一卷　（清）許德蘋撰　澗南詞一卷　（清）許德蘋撰　瀘月軒詩餘一卷　（清）趙

菜撰　月廎琴語一卷　（清）蕭恆貞撰　倩影廎遺詞一卷　（清）陸蒨撰　寫均廎詞一卷　（清）吳尚憙撰　清光緒二十一年至二十二年（1895－1896）徐乃昌刻小檀欒室彙刻閨秀詞本　一冊

420000－2341－0006964　D/811.77/2816

花簾詞一卷　（清）吳藻撰　香南雪北詞一卷　清光緒二十一年至二十二年（1895－1896）徐乃昌刻小檀欒室彙刻閨秀詞本　一冊

420000－2341－0006965　D/811.77/2816

浣紗詞一卷　（清）沈纕撰　青藜閣詞一卷　（清）江珠撰　碧桃館詞一卷　（清）趙我佩撰　松籟閣詩餘一卷　（清）沈榛撰　鮮潔亭詩餘一卷　（清）蔣紉蘭撰　澹音閣詞一卷　（清）趙友蘭撰　寫廎廎詞一卷　（清）陳嘉撰　清光緒二十一年至二十二年（1895－1896）徐乃昌刻小檀欒室彙刻閨秀詞本　一冊

420000－2341－0006966　D/811.77/2816

澹僊詞四卷　（清）熊璉撰　有誠堂詩餘一卷　（清）方彥珍撰　玉簫詞一卷　（清）殷秉璣撰　芷衫詩餘一卷　（清）高佩華撰　菊籬詞一卷　（清）陶淑撰　哦月廎詩餘一卷　（清）儲慧撰　清光緒二十一年至二十二年（1895－1896）徐乃昌刻小檀欒室彙刻閨秀詞本　一冊

420000－2341－0006967　D/811.77/2816

栖香閣詞二卷　（清）顧貞立撰　蠹窗詩餘一卷　（清）張令儀撰　絳雪詞一卷　（清）薛瓊撰　清光緒二十一年至二十二年（1895－1896）徐乃昌刻小檀欒室彙刻閨秀詞本　一冊

420000－2341－0006968　D/811.77/2816

琴清閣詞一卷　（清）楊芸撰　生香館詞一卷　（清）李佩金撰　茝香詞一卷　（清）顧翎撰　清光緒二十一年至二十二年（1895－1896）徐乃昌刻小檀欒室彙刻閨秀詞本　一冊

420000－2341－0006969　D/811.77/2816

妖笛詞一卷　（清）呂采芝撰　聞妙香室詞一卷　（清）陸珊撰　長真閣詩餘一卷　（清）席

佩蘭撰　烀瘦閣詞一卷　(清)唐輼貞撰　綠
㼆軒遺詞一卷　(清)錢湘撰　賦鶯庼詞一卷
(清)陳珍瑤撰　光霽庼詞一卷　(清)陸蓉
佩撰　翠螺閣詞一卷　(清)凌祉媛撰　彈綠
詞一卷　(清)濮文綺撰　清光緒二十一年至
二十二年(1895－1896)徐乃昌刻小檀欒室彙
刻閨秀詞本　一冊

420000－2341－0006970　D/811.77/2816

烀水軒詞一卷　(清)莊盤珠撰　雨花盦詩餘
一卷　(清)錢斐仲撰　㼆影庼詞一卷　(清)
關鍈撰　澹蘜軒詞一卷　(清)張紉英撰　緯
青詞一卷　(清)張紃英撰　清光緒二十一年
至二十二年(1895－1896)徐乃昌刻小檀欒室
彙刻閨秀詞本　一冊

420000－2341－0006971　D/811.77/2816

聽雨庼詞二卷　(清)孫雲鶴撰　瑤華閣詞一
卷附補遺一卷　(清)袁綬撰　九疑僊館詞一
卷　(清)談印梅撰　金粟詞一卷　(清)朱璵
撰　清光緒二十一年至二十二年(1895－
1896)徐乃昌刻小檀欒室彙刻閨秀詞本
一冊

420000－2341－0006972　D/811.77/2816

拙政園詩餘三卷　(清)徐燦撰　槑花園詩餘
一卷　(清)鍾韞撰　玉窗詩餘一卷　(清)葛
宜撰　貯素庼詞一卷　(清)蘇穆撰　綠月庼
詞一卷　(清)江瑛撰　清光緒二十一年至二
十二年(1895－1896)徐乃昌刻小檀欒室彙刻
閨秀詞本　一冊

420000－2341－0006973　D/811.77/2816

靜一齋詩餘一卷　(清)周詒繁撰　冷香齋詩
餘一卷　(清)周翼杬撰　㼆湘庼詞一卷
(清)宗婉撰　繡餘詞一卷　(清)錢念生撰
簪華閣詩餘一卷　(清)翁端恩撰　清光緒二
十一年至二十二年(1895－1896)徐乃昌刻小
檀欒室彙刻閨秀詞本　一冊

420000－2341－0006974　D/811.77/2816

衍波詞一卷　(清)孫蓀意撰　鴻雪庼詞一卷
(清)沈善寶撰　玉雨詞一卷　(清)曹慎儀
撰　古春軒詞一卷　(清)梁德繩撰　洞簫庼

詞一卷　(清)王倩撰　聽雪詞一卷　(清)歸
懋儀撰　古雪詩餘一卷　(清)楊繼端撰　清
光緒二十一年至二十二年(1895－1896)徐乃
昌刻小檀欒室彙刻閨秀詞本　一冊

420000－2341－0006975　D/811.77/3031

兩晉南北史樂府二卷　(清)洪亮吉撰　唐宋
小樂府不分卷　清光緒十二年(1886)懺花盦
刻四家詠史樂府本　一冊

420000－2341－0006976　D/811.77/3031

明史樂府不分卷　(清)尤侗撰　清光緒十二
年(1886)懺花盦刻四家詠史樂府本　一冊

420000－2341－0006977　D/811.77/3031

鐵厓詠史八卷　(元)楊維禎撰　(清)宋澤元
校訂　鐵厓小樂府一卷　清光緒十二年
(1886)懺花盦刻四家詠史樂府本　三冊

420000－2341－0006978　D/811.77/3031

西涯樂府二卷　(明)李東陽撰　清光緒十二
年(1886)懺花盦刻四家詠史樂府本　一冊

420000－2341－0006979　D/811.77/3123

蜀桐絃詞不分卷　(清)顧復初撰　清咸豐六
年(1856)刻本　一冊

420000－2341－0006980　D/811.77/3141

紅蕉詞不分卷　(清)江標撰　鶴緣詞不分卷
(清)呂耀斗撰　清光緒十四年(1888)師鄦
室石印本　一冊

420000－2341－0006981　D/811.77/3672

粵西詞見二卷　況周儀撰　清光緒二十二年
(1896)刻二十三年(1897)聚文齋印本　一冊

420000－2341－0006982　D/811.77/3736

倚蘿山館詞鈔五卷　(清)梁祚昌撰　清宣統
元年(1909)馥莊精舍刻本　一冊

420000－2341－0006983　D/811.77/4001

蜀雅二十卷　(清)李調元選　清乾隆四十六
年(1781)至清末億書樓石印本　四冊

420000－2341－0006984　D/811.77/4001.1

榜樣錄二卷　(清)李調元撰　清末石印本
一冊

420000－2341－0006985　D/811.77/4001.1

新搜神記十二卷　（清）李調元撰　清末石印本　二冊

420000－2341－0006986　D/811.77/4001.1

雨村詩話十六卷　（清）李調元撰　清末石印本　四冊

420000－2341－0006987　D/811.77/4001.1

雨村詩話補遺四卷　（清）李調元撰　清末石印本　一冊

420000－2341－0006988　D/811.77/4031

曝書亭集詞注七卷　（清）朱彝尊撰　（清）李富孫纂　清道光九年（1829）校經廎刻本　四冊

420000－2341－0006989　D/811.77/4327

外國竹枝詞一卷　（清）尤侗撰　百末詞六卷　清康熙二十年（1681）至清末刻本　一冊

420000－2341－0006990　D/811.77/4443

五十麝齋詞賡三卷　樊增祥撰　清光緒二十八年（1902）上海會文堂石印本　一冊

420000－2341－0006991　D/811.77/4443

霞川花隱詞二卷　（清）李慈銘撰　清光緒二十八年（1902）上海會文堂石印本　一冊

420000－2341－0006992　D/811.77/4451

水雲樓詞二卷附續一卷　（清）蔣春霖撰　蘭紉詞一卷　（清）陸志淵撰　瓠落詞一卷　（清）陸志淵撰　清同治十二年（1873）宗源瀚刻本　一冊

420000－2341－0006993　D/811.77/4493

國朝詞綜續編二十四卷　（清）黃燮清編纂　（清）徐慶銓編次　（清）張炳垄增訂　（清）諸可寶校勘　清同治十二年（1873）宗景藩刻倚晴樓集本　八冊

420000－2341－0006994　D/811.77/4493 壹

國朝詞綜續編二十四卷　（清）黃燮清編纂　清同治十二年（1873）宗景藩刻倚晴樓集本　六冊

420000－2341－0006995　D/811.77/4712

苾芻館詞集不分卷　（清）胡延撰　清光緒二十九年（1903）糧儲道廨刻朱印本　四冊

420000－2341－0006996　D/811.77/4712.2

長安宮詞一卷　（清）胡延撰　清光緒二十八年（1902）刻本　一冊

420000－2341－0006997　D/811.77/7262

箏船詞不分卷　（清）劉嗣綰撰　清乾隆十四年（1749）至清末隨園刻本　一冊

420000－2341－0006998　D/811.77/7522

湖海樓詞集二十卷　（清）陳維崧撰　清康熙二十八年（1689）至清末刻本　五冊

420000－2341－0006999　D/811.77/7728

都梁草二卷附補遺唱和集　（清）于養源撰　清光緒二十六年（1900）于樹滋刻本　一冊

420000－2341－0007000　D/811.77/7728

都梁草題詞不分卷　（清）周伯義撰　清光緒二十六年（1900）于樹滋刻本　一冊

420000－2341－0007001　D/811.77/7731

珠巢存課二卷　（清）周之琦撰　心日齋十六家詞錄二卷　（清）周之琦撰　鴻雪詞二卷　（清）周之琦撰　退葊詞一卷　（清）周之琦撰　清道光二十四年（1844）周之琦刻本　七冊

420000－2341－0007002　D/811.77/7750

柳下詞不分卷　（清）周青撰　萬善花室詞不分卷　（清）方履籛撰　清道光三年（1823）周濟刻本　一冊

420000－2341－0007003　D/811.79/1764

沅湘耆舊集二百卷　（清）鄧顯鶴編輯　（清）沈道寬校訂　清道光二十三年（1843）鄧氏南邨艸堂刻本　六十冊

420000－2341－0007004　D/811.79/1764C1

沅湘耆舊集前編四十卷　（清）鄧顯鶴審編　（清）鄧琮輯　清道光二十四年（1844）鄧氏小九華山樓刻本　十冊

420000－2341－0007005　D/811.79/2714

經韵樓集十二卷　（清）段玉裁輯　清光緒十年（1884）秋樹根齋刻本　六冊

420000－2341－0007006　D/811.79/7532

江表忠略二十卷　陳澹然撰　清光緒二十八年(1902)長沙徐崇立刻陳澹然三種本　四冊

420000－2341－0007007　D/811.79/7532

權制八卷　陳澹然述　清光緒二十八年(1902)長沙徐崇立刻陳澹然三種本　二冊

420000－2341－0007008　D/811.79/7532

寤言二卷　陳澹然撰　清光緒二十八年(1902)長沙徐崇立刻陳澹然三種本　二冊

420000－2341－0007009　D/811.79/7532 壹

江表忠略二十卷　陳澹然撰　清光緒二十八年(1902)長沙徐崇立刻陳澹然三種本　六冊

420000－2341－0007010　D/811/1001

函雅堂集四十卷　王詠霓撰　清光緒二十二年(1896)刻本　八冊　存二十四卷(一至二十四)

420000－2341－0007011　D/811/2143

江風集五卷　(清)何栻撰　(清)袁翼評　清咸豐八年(1858)刻本　二冊

420000－2341－0007012　D/811/2143.1

悔餘菴集二十一卷　(清)何栻撰　清同治四年(1865)鳩江半畝園刻本　十二冊

420000－2341－0007013　D/811/2664

益神智室詩二卷　(清)程秉格撰　清光緒九年(1883)程氏補讀書齋刻金山姚程三先生遺集本　一冊

420000－2341－0007014　D/811/2664

絃詩塾詩六卷　(清)姚清華撰　清光緒六年(1880)程氏補讀書齋刻金山姚程三先生遺集本　二冊

420000－2341－0007015　D/811/2664

賜墨齋詩詞集三卷　(清)姚念曾撰　清光緒七年(1881)程氏補讀書齋刻金山姚程三先生遺集本　一冊

420000－2341－0007016　D/811/3118

園圖分題不分卷　(清)汪承鏞輯　清同治十二年(1873)刻本　二冊

420000－2341－0007017　D/811/3118

園圖總題不分卷　(清)汪承鏞輯　清同治十二年(1873)刻本　一冊

420000－2341－0007018　D/811/3118

文園唱和不分卷　(清)汪承鏞輯　**綠淨園唱和不分卷**　清同治十二年(1873)刻本　一冊

420000－2341－0007019　D/811/3123

樂餘靜廉齋詩稿三集二卷　(清)顧復初撰　清光緒二年(1876)顧復初刻本　二冊

420000－2341－0007020　D/811/3123

梅影盦詞集四卷　(清)顧復初撰　清光緒六年(1880)刻本　二冊

420000－2341－0007021　D/811/3123

樂餘靜廉齋詩稿續集一卷　(清)顧復初撰　清光緒四年(1878)顧復初刻本　二冊

420000－2341－0007022　D/811/3123

樂餘靜廉齋詩稿初集一卷　(清)顧復初撰　清同治六年(1867)顧復初刻本　一冊

420000－2341－0007023　D/811/3123

樂餘靜廉齋詩稿二集一卷　(清)顧復初撰　清同治六年(1867)顧復初刻本　一冊

420000－2341－0007024　D/811/3123

樂餘靜廉齋文稿一卷　(清)顧復初撰　清同治六年(1867)顧復初刻本　一冊

420000－2341－0007025　D/811/3166

白茅堂集四十六卷　(清)顧景星撰　**耳提錄不分卷**　清光緒二十八年(1902)白茅堂刻本　二十冊

420000－2341－0007026　D/811/3166 壹

白茅堂集四十六卷　(清)顧景星撰　**耳提錄不分卷**　清光緒二十八年(1902)白茅堂刻本　二十一冊

420000－2341－0007027　D/811/3180

城北草堂詩鈔四卷　(清)顧燮撰　清光緒十四年(1888)刻本　一冊

420000－2341－0007028　D/811/3180

城北草堂詩餘二卷　(清)顧燮撰　**城北草堂**

詞餘不分卷　清光緒十四年（1888）刻本
一册

420000 – 2341 – 0007029　D/811/3283

功甫小集十一卷　（清）潘曾沂撰　清同治八
年（1869）潘儀鳳刻本　二册

420000 – 2341 – 0007030　D/811/4434

東萊集註類編觀瀾文集七十卷　（宋）林之奇
編　（宋）呂祖謙集註　清光緒十年（1884）碧
琳瑯館刻本　十二册

420000 – 2341 – 0007031　D/811/4913

趙文敏公松雪齋全集十卷外集一卷續集一卷
　（元）趙孟頫撰　（清）曹培廉校　清光緒八
年（1882）洞庭楊氏刻本　四册

420000 – 2341 – 0007032　D/811/7110

定香亭筆談四卷　（清）阮元記　（清）吳文溥
錄　清光緒二十五年（1899）浙江書局刻本
四册

420000 – 2341 – 0007033　D/811/7262

尚絅堂駢體文二卷　（清）劉嗣綰撰　清同治
九年（1870）劉曾撰刻本　一册

420000 – 2341 – 0007034　D/811/7262

尚絅堂詩集五十二卷　（清）劉嗣綰撰　清同
治九年（1870）劉曾撰刻本　八册

420000 – 2341 – 0007035　D/811/7262

尚絅堂詞集二卷　（清）劉嗣綰撰　清同治九
年（1870）劉曾撰刻本　一册

420000 – 2341 – 0007036　D/811/7264

學易集八卷　（宋）劉跂撰　清乾隆四十一年
（1776）至清末活字印本　二册

420000 – 2341 – 0007037　D/811/7298

公是集五十四卷　（宋）劉敞撰　清光緒三年
（1877）劉氏刻本　十四册

420000 – 2341 – 0007038　D/811/7423

重刊校正笠澤叢書四卷補遺一卷續補遺一卷
　（唐）陸龜蒙撰　清道光二十三年（1843）至
清末姚覲元大疊山房刻本　二册

420000 – 2341 – 0007039　D/811/7534

生香書屋文集四卷　（清）陳浩撰　清乾隆三
十五年至六十年（1770 – 1795）刻本　二册

420000 – 2341 – 0007040　D/811/7534

恩光集一卷　（清）陳浩撰　清乾隆至清末刻
本　一册

420000 – 2341 – 0007041　D/811/7534

生香書屋詩集七卷　（清）陳浩撰　清乾隆至
清末刻本　三册

420000 – 2341 – 0007042　D/811/8013

擊缽吟偶存二卷二集二卷三集二卷四集二卷
五集二卷六集二卷七集二卷　（清）楊慶琛撰
　清道光二十五年（1845）刻本　十二册

420000 – 2341 – 0007043　D/811/8757

蓮漪詞二卷　（清）鄭由熙撰　清光緒二十四
年（1898）靖安縣署刻晚學齋集本　一册

420000 – 2341 – 0007044　D/811/8757

晚學齋詩初集二卷　（清）鄭由熙撰　清光緒
二十四年（1898）靖安縣署刻晚學齋集本
一册

420000 – 2341 – 0007045　D/811/8757

晚學齋詩二集十卷續集一卷　（清）鄭由熙撰
　清光緒二十四年（1898）靖安衙齋刻晚學齋
集本　四册

420000 – 2341 – 0007046　D/811/8757

晚學齋外集四卷　（清）鄭由熙撰　清光緒二
十四年（1898）靖安衙齋刻晚學齋集本　一册

420000 – 2341 – 0007047　D/811/8757

晚學齋文集二卷　（清）鄭由熙撰　清光緒二
十四年（1898）靖安衙齋刻晚學齋集本　二册

420000 – 2341 – 0007048　D/811/8757

木樨香十齣　（清）鄭由熙填詞　（清）湖上醉
漁評訂　清光緒十六年（1890）暗香樓刻晚學
齋集本　一册

420000 – 2341 – 0007049　D/811/8757

霧中人十六齣　（清）鄭由熙填詞　（清）湖上
醉漁正譜　（清）志道人評訂　清光緒十六年
（1890）暗香樓刻晚學齋集本　一册

420000－2341－0007050　D/811/8757

鴈鳴霜八齣　（清）鄭由熙填詞　（清）湖上醉漁正譜　（清）心香居士評訂　清光緒十六年（1890）暗香樓刻晚學齋集本　一冊

420000－2341－0007051　D/810.79/1103

讀書記疑四卷　（清）張諧之撰　清光緒二十二年（1896）為己精舍刻本　一冊

420000－2341－0007052　D/812.03/1082

遏雲閣曲譜不分卷　（清）王錫純輯　（清）李秀雲拍正　清光緒十九年（1893）著易堂活字印本　八冊

420000－2341－0007053　D/812.03/4490

納書楹邯鄲記全譜二卷　（清）葉堂訂譜（清）王文治參訂　清道光二十八年（1848）刻本　二冊

420000－2341－0007054　D/812.03/4490

納書楹南柯記全譜二卷　（清）葉堂訂譜（清）王文治參訂　清道光二十八年（1848）刻本　二冊

420000－2341－0007055　D/812.03/4490

納書楹曲譜補遺四卷　（清）葉堂訂譜　（清）王文治參訂　清道光二十八年（1848）刻本　四冊

420000－2341－0007056　D/812.03/4490

納書楹曲譜外集二卷　（清）葉堂訂譜　（清）王文治參訂　清道光二十八年（1848）刻本　二冊

420000－2341－0007057　D/812.03/4490

納書楹曲譜續集四卷　（清）葉堂訂譜　（清）王文治參訂　清道光二十八年（1848）刻本　四冊

420000－2341－0007058　D/812.03/4490

納書楹曲譜正集四卷　（清）葉堂訂譜　（清）王文治參訂　清道光二十八年（1848）刻本　四冊

420000－2341－0007059　D/812.03/4490

納書楹紫釵記全譜二卷　　（清）葉堂訂譜

（清）王文治參訂　清道光二十八年（1848）刻本　二冊

420000－2341－0007060　D/812.08/3424

太霞新奏不分卷　（明）馮夢龍輯　清末刻本　六冊

420000－2341－0007061　D/812.08/3424　壹

太霞新奏不分卷　（明）馮夢龍輯　清末刻本　六冊

420000－2341－0007062　D/812.08/3747/10－1

灌園記二卷　（明）張鳳翼撰　明末毛氏汲古閣刻六十種曲本　一冊

420000－2341－0007063　D/812.08/3747/10－2

種玉記二卷　（明）汪廷訥撰　明末毛氏汲古閣刻六十種曲本　一冊

420000－2341－0007064　D/812.08/3747/10－3

雙烈記二卷　（明）張四維撰　明末毛氏汲古閣刻六十種曲本　一冊

420000－2341－0007065　D/812.08/3747/10－4

獅吼記二卷　（明）汪廷訥撰　明末毛氏汲古閣刻六十種曲本　一冊

420000－2341－0007066　D/812.08/3747/10－5

義俠記二卷　（明）沈璟撰　明末毛氏汲古閣刻六十種曲本　一冊

420000－2341－0007067　D/812.08/3747/1－1

雙珠記二卷　（明）沈鯨撰　明末毛氏汲古閣刻六十種曲本　一冊

420000－2341－0007068　D/812.08/3747/11－1

千金記二卷　（明）沈采撰　明末毛氏汲古閣刻六十種曲本　一冊

420000－2341－0007069　D/812.08/3747/11－2

殺狗記二卷　（明）徐䳝撰　（明）馮夢龍訂定　明末毛氏汲古閣刻六十種曲本　一冊

420000－2341－0007070　D/812.08/3747/11－3

玉環記二卷　（明）□□撰　明末毛氏汲古閣刻六十種曲本　一冊

420000－2341－0007071　D/812.08/3747/11－4

349

龍膏記二卷 （明）楊珽撰　明末毛氏汲古閣
刻六十種曲本　一冊

420000－2341－0007072　D/812.08/3747/11－5
贈書記二卷 （□）□□撰　明末毛氏汲古閣
刻六十種曲本　一冊

420000－2341－0007073　D/812.08/3747/1－2
尋親記二卷 （明）范受益撰　明末毛氏汲古
閣刻六十種曲本　一冊

420000－2341－0007074　D/812.08/3747/12－1
曇花記二卷 （明）屠隆撰　明末毛氏汲古閣
刻六十種曲本(目錄、葉一係抄配)　一冊

420000－2341－0007075　D/812.08/3747/12－2
白兔記二卷 （□）□□撰　明末毛氏汲古閣
刻六十種曲本　一冊

420000－2341－0007076　D/812.08/3747/12－3
香囊記二卷 （明）邵璨撰　明末毛氏汲古閣
刻六十種曲本　一冊

420000－2341－0007077　D/812.08/3747/12－4
四賢記二卷 （明）□□撰　明末毛氏汲古閣
刻六十種曲本　一冊

420000－2341－0007078　D/812.08/3747/12－5
節俠記二卷 （明）□□撰　明末毛氏汲古閣
刻六十種曲本　一冊

420000－2341－0007079　D/812.08/3747/1－3
東郭記二卷 （明）孫仁孺撰　明末毛氏汲古
閣刻六十種曲本　一冊

420000－2341－0007080　D/812.08/3747/1－4
金雀記二卷 （明）□□撰　明末毛氏汲古閣
刻六十種曲本　一冊

420000－2341－0007081　D/812.08/3747/1－5
焚香記二卷 （明）王玉峯撰　明末毛氏汲古
閣刻六十種曲本　一冊

420000－2341－0007082　D/812.08/3747/2－1
荊釵記二卷 （明）朱權撰　明末毛氏汲古閣
刻六十種曲本　一冊

420000－2341－0007083　D/812.08/3747/2－2

尋親記二卷 （明）范受益撰　明末毛氏汲古
閣刻六十種曲本　一冊

420000－2341－0007084　D/812.08/3747/2－3
精忠記二卷 （明）姚茂良撰　明末毛氏汲古
閣刻六十種曲本　一冊

420000－2341－0007085　D/812.08/3747/2－4
浣紗記二卷 （明）梁辰魚撰　明末毛氏汲古
閣刻六十種曲本　一冊

420000－2341－0007086　D/812.08/3747/2－5
琵琶記二卷 （元）高明撰　明末毛氏汲古閣
刻六十種曲本　一冊

420000－2341－0007087　D/812.08/3747/3－1
西廂記二卷 （明）梁辰魚撰　明末毛氏汲古
閣刻六十種曲本　一冊

420000－2341－0007088　D/812.08/3747/3－2
幽閨記二卷 （元）施惠撰　明末毛氏汲古閣
刻六十種曲本　一冊

420000－2341－0007089　D/812.08/3747/3－3
明珠記二卷 （明）陸采撰　明末毛氏汲古閣
刻六十種曲本　一冊

420000－2341－0007090　D/812.08/3747/3－5
紅拂記二卷 （明）張鳳翼撰　明末毛氏汲古
閣刻六十種曲本　一冊

420000－2341－0007091　D/812.08/3747/4－1
還魂記二卷 （明）湯顯祖撰　明末毛氏汲古
閣刻六十種曲本　一冊

420000－2341－0007092　D/812.08/3747/4－2
紫釵記二卷 （明）湯顯祖撰　明末毛氏汲古
閣刻六十種曲本　一冊

420000－2341－0007093　D/812.08/3747/4－3
邯鄲記二卷 （明）湯顯祖撰　明末毛氏汲古
閣刻六十種曲本　一冊

420000－2341－0007094　D/812.08/3747/4－4
南柯記二卷 （明）湯顯祖撰　明末毛氏汲古
閣刻六十種曲本　一冊

420000－2341－0007095　D/812.08/3747/4－5

西廂記二卷 （元）王實甫撰 明末毛氏汲古閣刻六十種曲本 一冊

420000－2341－0007096 D/812.08/3747/5－1

春蕪記二卷 （明）汪錂撰 明末毛氏汲古閣刻六十種曲本 一冊

420000－2341－0007097 D/812.08/3747/5－2

琴心記二卷 （明）孫柚撰 明末毛氏汲古閣刻六十種曲本 一冊

420000－2341－0007098 D/812.08/3747/5－3

綵毫記二卷 （明）屠隆撰 明末毛氏汲古閣刻六十種曲本 一冊

420000－2341－0007099 D/812.08/3747/6－1

運甓記二卷 （明）吾丘端撰 明末毛氏汲古閣刻六十種曲本 一冊

420000－2341－0007100 D/812.08/3747/6－2

鸞鎞記二卷 （明）葉憲祖撰 明末毛氏汲古閣刻六十種曲本 一冊

420000－2341－0007101 D/812.08/3747/6－3

玉合記二卷 （明）梅鼎祚撰 明末毛氏汲古閣刻六十種曲本 一冊

420000－2341－0007102 D/812.08/3747/7－1

三元記二卷 （明）沈受先撰 明末毛氏汲古閣刻六十種曲本 一冊

420000－2341－0007103 D/812.08/3747/7－2

投梭記二卷 （明）徐復祚撰 明末毛氏汲古閣刻六十種曲本 一冊

420000－2341－0007104 D/812.08/3747/7－3

鳴鳳記二卷 （明）王世貞撰 明末毛氏汲古閣刻六十種曲本 一冊

420000－2341－0007105 D/812.08/3747/7－4

飛丸記二卷 （明）□□撰 明末毛氏汲古閣刻六十種曲本 一冊

420000－2341－0007106 D/812.08/3747/7－5

紅梨記二卷 （明）徐復祚撰 明末毛氏汲古閣刻六十種曲本 一冊

420000－2341－0007107 D/812.08/3747/8－1

八義記二卷 （明）徐元撰 明末毛氏汲古閣刻六十種曲本 一冊

420000－2341－0007108 D/812.08/3747/8－2

西樓記二卷 （明）袁于令撰 明末毛氏汲古閣刻六十種曲本 一冊

420000－2341－0007109 D/812.08/3747/8－3

繡襦記二卷 （明）徐霖撰 明末毛氏汲古閣刻六十種曲本 一冊

420000－2341－0007110 D/812.08/3747/8－4

青衫記二卷 （明）顧大典撰 明末毛氏汲古閣刻六十種曲本 一冊

420000－2341－0007111 D/812.08/3747/9－1

錦箋記二卷 （明）周履靖撰 明末毛氏汲古閣刻六十種曲本 一冊

420000－2341－0007112 D/812.08/3747/9－2

蕉帕記二卷 （明）單本撰 明末毛氏汲古閣刻六十種曲本 一冊

420000－2341－0007113 D/812.08/3747/9－3

水滸記二卷 （明）許自昌撰 明末毛氏汲古閣刻六十種曲本 一冊

420000－2341－0007114 D/812.08/3747/9－4

玉玦記二卷 （明）郭若庸撰 明末毛氏汲古閣刻六十種曲本 一冊

420000－2341－0007115 D/812.087/8033

庶幾堂今樂初集十六種二集十二種 （清）余治撰 清光緒六年(1880)鄭官應刻本 十冊

420000－2341－0007116 D/812.1/8044

白石道人歌曲六卷別集一卷附錄一卷 （宋）姜夔撰 清宣統二年(1910)沈寐叟刻本 一冊

420000－2341－0007117 D/812.2/0065

繪風亭評第七才子書琵琶記六卷 （元）高明撰 （清）陳方平輯 清末映秀堂刻本 三冊

420000－2341－0007118 D/812.2/4037

奈何天傳奇二卷三十回 （清）李漁編次 （清）徐士俊批評 清康熙至乾隆刻本 二冊

420000－2341－0007119　D/812.32/1035.2

增像第六才子書五卷首一卷　（元）王實甫撰
（清）金聖歎批點　清光緒二十五年(1899)
鴻寶齋石印本　六冊

420000－2341－0007120　D/812.32/1035.3

懷人堂繪像第六才子書八卷　（元）王實甫撰
（清）金聖歎評　清光緒十一年(1885)汲修
山館刻朱墨套印本　六冊

420000－2341－0007121　D/812.6/1745

繡像歌林拾翠一集　（明）□□編　明末清初
書林奎壁齋刻本　八冊

420000－2341－0007122　D/812.6/7148

批點燕子箋二卷　（明）百子山樵撰　清宣統
二年(1910)暖紅室、夢鳳樓刻本　二冊

420000－2341－0007123　D/812.6/7217

嘯夢軒新演楊狀元進諫謫滇南雜劇不分卷
（清）劉覃填詞　（清）方廷熹批評　清乾隆三
十六年(1771)刻本　一冊

420000－2341－0007124　D/812.7/1177

懷沙記二卷　（清）張堅填詞　（清）沈大成評
點　清乾隆十六年(1751)至清末刻玉燕堂四
種曲本　二冊

420000－2341－0007125　D/812.7/1177

玉獅墜二卷　（清）張堅填詞　（清）張龍輔評
點　清乾隆十六年(1751)至清末刻玉燕堂四
種曲本　二冊

420000－2341－0007126　D/812.7/1177

梅花簪二卷　（清）張堅填詞　（清）柴次山評
點　清乾隆十六年(1751)至清末刻玉燕堂四
種曲本　二冊

420000－2341－0007127　D/812.7/1292

桃花扇傳奇二卷四十齣　（清）孔尚任編　清
康熙四十二年至六十一年(1703－1722)西園
刻本　五冊

420000－2341－0007128　D/812.7/2356

揚州夢二卷三十二齣　（清）嵇永仁填詞　清
同治十一年(1872)刻本　二冊

420000－2341－0007129　D/812.7/3082

乘龍佳話八齣　（清）何鏞撰　清光緒十七年
(1891)石印本　一冊

420000－2341－0007130　D/812.7/4428

後四聲猿四卷　（清）桂馥填詞　清道光二十
九年(1849)憐芳居士刻本　一冊

420000－2341－0007131　D/812.7/4448

桂林霜二卷　（清）張三禮評文　（清）蔣士銓
填詞　（清）楊迎鶴正譜　清乾隆三十九年
(1774)至同治經綸堂刻本　一冊

420000－2341－0007132　D/812.7/4448

冬青樹二卷　（清）蔣士銓撰　清乾隆三十九
年(1774)至同治經綸堂刻本　一冊

420000－2341－0007133　D/812.7/4448

空谷香傳奇二卷　（清）蔣士銓撰　（清）高東
井題評　清乾隆三十九年(1774)至同治經綸
堂刻本　一冊

420000－2341－0007134　D/812.7/4448

臨川夢二卷　（清）明新正譜　（清）蔣士銓填
詞　（清）錢世錫評校　清乾隆三十九年
(1774)至同治經綸堂刻本　一冊

420000－2341－0007135　D/812.7/4448

四絃秋不分卷　（清）鶴亭居士正拍　（清）蔣
士銓填詞　（清）夢樓居士題評　清乾隆三十
九年(1774)至同治經綸堂刻本　一冊

420000－2341－0007136　D/812.7/4448

香祖樓二卷　（清）羅聘評文　（清）蔣士銓填
詞　（清）陳守詒訂譜　清乾隆三十九年
(1774)至同治經綸堂刻本　二冊

420000－2341－0007137　D/812.7/4448

雪中人不分卷　（清）蔣士銓撰　（清）李士珠
正譜　（清）錢世錫評點　清乾隆三十九年
(1774)至同治經綸堂刻本　一冊

420000－2341－0007138　D/812.7/4448

一片石不分卷　（清）蔣士銓撰　（清）吳承緒
正譜　清乾隆三十九年(1774)至同治經綸堂
刻本　一冊

420000－2341－0007139　D/812.7/4448

第二碑一卷　（清）蔣士銓填詞　（清）見亭外史正譜　清乾隆三十九年(1774)至同治經綸堂刻本　一冊

420000－2341－0007140　D/812.7/4448C1

桂林霜二卷　（清）張三禮評文　（清）蔣士銓填詞　（清）楊迎鶴正譜　清乾隆三十九年(1774)至清末立達堂刻本　二冊

420000－2341－0007141　D/812.7/4448C1

第二碑不分卷　（清）見亭外史正譜　（清）蔣士銓填詞　（清）蒼厓老人評校　清乾隆三十九年(1774)至清末立達堂刻本　一冊

420000－2341－0007142　D/812.7/4448C1

冬青樹二卷　（清）蔣士銓撰　清乾隆三十九年(1774)至清末立達堂刻本　一冊

420000－2341－0007143　D/812.7/4448C1

空谷香傳奇二卷　（清）蔣士銓撰　（清）高東井題評　清乾隆三十九年(1774)至清末立達堂刻本　二冊

420000－2341－0007144　D/812.7/4448C1

四絃秋不分卷　（清）鶴亭居士正拍　（清）蔣士銓填詞　（清）夢樓居士題評　**一片石不分卷**　（清）蔣士銓填詞　（清）吳承緒正譜　（清）王興吾評定　清乾隆三十九年(1774)至清末立達堂刻本　一冊

420000－2341－0007145　D/812.7/4448C1

香祖樓二卷　（清）羅聘評文　（清）蔣士銓填詞　（清）陳守詒訂譜　清乾隆三十九年(1774)至清末立達堂刻本　二冊

420000－2341－0007146　D/812.7/4448C1

雪中人不分卷　（清）蔣士銓撰　（清）李士珠正譜　（清）錢世錫評點　清乾隆三十九年(1774)至清末立達堂刻本　一冊

420000－2341－0007147　D/812.7/4448C1

臨川夢二卷　（清）蔣士銓填詞　（清）明新正譜　清乾隆三十九年(1774)至清末立達堂刻本　二冊

420000－2341－0007148　D/812.7/4448C3

桂林霜二卷　（清）張三禮評文　（清）蔣士銓填詞　（清）楊迎鶴正譜　清乾隆紅雪樓刻紅雪樓九種曲本　一冊

420000－2341－0007149　D/812.7/4448C3

第二碑不分卷　（清）見亭外史正譜　（清）蔣士銓填詞　（清）蒼厓老人評校　清乾隆紅雪樓刻紅雪樓九種曲本　一冊

420000－2341－0007150　D/812.7/4448C3

冬青樹二卷　（清）蔣士銓撰　清乾隆紅雪樓刻紅雪樓九種曲本　一冊

420000－2341－0007151　D/812.7/4448C3

空谷香傳奇二卷　（清）蔣士銓撰　（清）高東井題評　清乾隆紅雪樓刻紅雪樓九種曲本　二冊

420000－2341－0007152　D/812.7/4448C3

臨川夢二卷　（清）明新正譜　（清）蔣士銓填詞　（清）錢世錫評校　清乾隆紅雪樓刻紅雪樓九種曲本　二冊

420000－2341－0007153　D/812.7/4448C3

四絃秋不分卷　（清）鶴亭居士正拍　（清）蔣士銓填詞　（清）夢樓居士題評　清乾隆紅雪樓刻紅雪樓九種曲本　一冊

420000－2341－0007154　D/812.7/4448C3

香祖樓二卷　（清）羅聘評文　（清）蔣士銓填詞　（清）陳守詒訂譜　清乾隆紅雪樓刻紅雪樓九種曲本　二冊

420000－2341－0007155　D/812.7/4448C3

雪中人不分卷　（清）蔣士銓撰　（清）李士珠正譜　（清）錢世錫評點　清乾隆紅雪樓刻紅雪樓九種曲本　與420000－2341－0007153合一冊

420000－2341－0007156　D/812.7/4448C3

一片石不分卷　（清）蔣士銓撰　（清）吳承緒正譜　（清）王興吾評定　清乾隆紅雪樓刻紅雪樓九種曲本　與420000－2341－0007149合一冊

420000－2341－0007157　D/812.7/4448C4

清容外集十三卷　（清）蔣士銓撰　清乾隆三
十六年至五十年(1771－1785)蔣士銓紅雪樓
刻本　八冊

420000－2341－0007158　D/812.7/4493

脊令原二卷　（清）黃爕清填詞　鴛鴦鏡不分
卷　（清）黃爕清填詞　（清）查仲誥正譜　清
道光至光緒刻倚晴樓七種曲本　一冊

420000－2341－0007159　D/812.7/4493

帝女花二卷　（清）黃爕清填詞　（清）查仲誥
正譜　（清）孫福海重校　清道光至光緒刻倚
晴樓七種曲本　一冊

420000－2341－0007160　D/812.7/4493

居官鑑二卷　（清）黃爕清填詞　清道光至光
緒刻倚晴樓七種曲本　一冊

420000－2341－0007161　D/812.7/4493

凌波影一卷　（清）黃爕清填詞　桃谿雪二卷
　（清）黃爕清填詞　（清）李光溥評文
（清）瞿傳鼎　（清）余炘正譜　清道光至光緒
刻倚晴樓七種曲本　一冊

420000－2341－0007162　D/812.7/4493

茂陵絃二卷　（清）黃爕清填詞　（清）瞿世瑛
評文　（清）李光溥訂譜　清道光至光緒刻倚
晴樓七種曲本　一冊

420000－2341－0007163　D/812.7/4493C1

脊令原二卷　（清）黃爕清填詞　清光緒七年
(1881)柯蓀安、翁式如刻倚晴樓七種曲本
一冊

420000－2341－0007164　D/812.7/4493C1

帝女花二卷　（清）黃爕清填詞　（清）查仲誥
正譜　（清）孫福海重校　清光緒七年(1881)
柯蓀安、翁式如刻倚晴樓七種曲本　一冊

420000－2341－0007165　D/812.7/4493C1

居官鑑二卷　（清）黃爕清填詞　清光緒七年
(1881)柯蓀安、翁式如刻倚晴樓七種曲本
一冊

420000－2341－0007166　D/812.7/4493C1

茂陵絃二卷　（清）黃爕清填詞　（清）瞿世瑛
評文　（清）李光溥訂譜　清光緒七年(1881)
柯蓀安、翁式如刻倚晴樓七種曲本　一冊

420000－2341－0007167　D/812.7/4493C1

桃谿雪二卷　（清）黃爕清填詞　（清）李光溥
評文　（清）瞿傳鼎　（清）余炘正譜　清光緒
七年(1881)柯蓀安、翁式如刻倚晴樓七種曲
本　一冊

420000－2341－0007168　D/812.7/4493C1

鴛鴦鏡不分卷　（清）黃爕清填詞　（清）查仲
誥訂譜　凌波影不分卷　（清）黃爕清填詞
清光緒七年(1881)柯蓀安、翁式如刻倚晴樓
七種曲本　一冊

420000－2341－0007169　D/812/6041

註釋拜月亭記幽閨記二卷附音釋　（元）施惠
撰　（明）羅懋登註釋　清宣統元年(1909)暖
紅室、夢鳳樓刻本　二冊

420000－2341－0007170　D/813.08/8044

繪圖續今古奇觀六卷三十回　（□）□□編
清光緒二十年(1894)石印本　六冊

420000－2341－0007171　D/813.09/2002

四大奇書第一種十九卷首一卷　（明）羅貫中
編次　（清）毛宗崗評　清乾隆至清末刻本
二十冊

420000－2341－0007172　D/813.25/5514.4

紅樓夢一百二十回　（清）曹雪芹　（清）高鶚
撰　（清）王希廉評　清道光十二年(1832)雙
清仙館刻本　三十二冊

420000－2341－0007173　D/813.4/2331

御覽闕史二卷　（唐）高彥休編次　清光緒元
年(1875)湖北崇文書局刻本　一冊

420000－2341－0007174　D/813.4/4630

新刻異說南唐演義全傳十卷一百回　（清）如
蓮居士編次　清末刻本　十冊

420000－2341－0007175　D/813.5/6050

鐫玉茗堂批點殘唐五代史演義傳二卷　（明）
羅本編輯　（明）湯顯祖批評　清善成堂刻本

四冊

420000－2341－0007176　D/813.51/1112
新鐫玉茗堂批評按鑑參補南宋志傳十卷五十回　（清）熊大木撰　清文立堂刻本　十冊

420000－2341－0007177　D/813.7/3931C1
繪圖後紅樓夢六卷三十二回　（清）逍遙子撰　清宣統二年(1910)章福記石印本　五冊

420000－2341－0007178　D/813.73/4442.2
詳注聊齋志異圖詠十六卷　（清）蒲松齡撰　（清）呂湛恩注　清光緒二十七年(1901)至清末錦章圖書局石印本　四冊

420000－2341－0007179　D/813.74/2044.2
增補齊省堂儒林外史六十回　（清）吳敬梓撰　清光緒三十一年(1905)慎記書莊石印本　八冊

420000－2341－0007180　D/813.75/1072
繡像醒世姻緣傳一百回　（清）西周生輯撰　清光緒二十年(1894)上海書局石印本　十冊

420000－2341－0007181　D/813.75/5514
紅樓夢一百二十回　（清）曹雪芹　（清）高鶚撰　（清）王希廉評　清光緒二年(1876)聚珍堂書坊木活字印本　二十四冊

420000－2341－0007182　D/813.75/5514.7
增評補圖大觀瑣錄一百二十卷　（清）曹雪芹　（清）高鶚撰　（清）王希廉　（清）姚燮評　清光緒十二年(1886)石印本　十六冊

420000－2341－0007183　D/813.79/0000
兒女英雄傳評話三十九卷　（清）文康撰　清光緒十八年(1892)馬從善石印本　二十冊

420000－2341－0007184　D/813.79/0206
繪圖安邦誌八卷　（□）□□編　清宣統二年(1910)章福記書局石印本　八冊

420000－2341－0007185　D/813.79/0206
繪圖定國誌八卷　（□）□□編　清宣統二年(1910)章福記書局石印本　八冊

420000－2341－0007186　D/813.79/0206 壹
繪圖安邦誌八卷　（□）□□編　清宣統二年

(1910)章福記書局石印本　八冊

420000－2341－0007187　D/813.79/1044
快心編初集五卷十回　（清）天花才子編輯　（清）四橋居士評點　清光緒元年(1875)申報館活字印本　三冊

420000－2341－0007188　D/813.79/1044
快心編傳奇二集五卷十回　（清）天花才子編輯　（清）四橋居士評點　清光緒元年(1875)申報館活字印本　三冊

420000－2341－0007189　D/813.79/1044
快心編傳奇三集六卷十二回　（清）天花才子編輯　（清）四橋居士評點　清光緒元年(1875)申報館活字印本　四冊

420000－2341－0007190　D/813.79/1044C1
快心編初集五卷十回　（清）天花才子編輯　（清）四橋居士評點　清末課花書屋刻本　六冊

420000－2341－0007191　D/813.79/1044C1
快心編傳奇二集五卷十回　（清）天花才子編輯　（清）四橋居士評點　清末課花書屋刻本　六冊

420000－2341－0007192　D/813.79/1044C1
快心編傳奇三集六卷十二回　（清）天花才子編輯　（清）四橋居士評點　清末課花書屋刻本　八冊

420000－2341－0007193　D/813.79/4041.1
繪圖鏡花緣一百回　（清）李汝珍撰　清光緒十四年(1888)點石齋石印本　六冊

420000－2341－0007194　D/813.79/7502
再生緣全傳二十卷　（清）陳端生撰　清咸豐二年(1852)經畲堂石印本　二十三冊

420000－2341－0007195　D/813.79/7502C1
再生緣全傳二十卷　（清）陳端生撰　清道光三十年(1850)善成堂石印本　二十冊

420000－2341－0007196　D/813.79/7502C2
再生緣全傳二十卷　（清）陳端生撰　清光緒十七年(1891)學庫山房石印本　四十冊

420000－2341－0007197　D/813.79/7534

綉像義妖全傳二十八卷五十四回 （清）陳遇乾原稿　（清）陳士奇　（清）俞秀山評定　清光緒二年(1876)石印本　十二冊

420000－2341－0007198　D/813.79/7729

天雨花三十回 （清）陶貞懷撰　清光緒十七年(1891)學庫山房石印本　三十冊

420000－2341－0007199　D/813.79/7729C1

繪圖天雨花二十卷六十回 （清）陶貞懷撰　清光緒二十二年(1896)上海書局石印本　二十冊

420000－2341－0007200　D/813.79/7777

繪圖鳳凰山十卷七十二回 （□）□□撰　清宣統二年(1910)章福記書局石印本　十冊

420000－2341－0007201　D/813.79/7777.2

鳳凰山七十二卷七十二回 （清）□□撰　清海陵軒石印本　三十六冊

420000－2341－0007202　D/813.79/7777.2 壹

鳳凰山七十二卷七十二回 （清）□□撰　清海陵軒石印本　三十六冊

420000－2341－0007203　D/813.79/9478

新刻增刪二度梅奇說六卷 （清）惜陰堂主人（清）繡虎堂主人編輯　清同治元年(1862)文成堂刻本　六冊

420000－2341－0007204　D/814.2/2184

治家教子歌不分卷 （□）□□撰　清宣統二年(1910)刻本　一冊

420000－2341－0007205　D/814.2/8322

增訂精忠演義說本全傳二十卷 （清）錢彩編次　（清）金豐增訂　清同治三年(1864)大文堂刻本　二十冊

420000－2341－0007206　D/814.4/2074

雙鳳奇緣傳二十卷 （清）雪樵主人編　清道光二十三年(1843)刻本　五冊

420000－2341－0007207　D/814.4/2540

新刻綉像綉鞋記警貴新書全本不分卷 （清）粵省無名氏編　（清）清閒主人訂　清光緒十八年(1892)蝴蝶樓石印本　一冊

420000－2341－0007208　D/814.4/3006

繡像永慶昇平二十四卷 （清）郭廣瑞撰（清）姜振名　（清）哈輔源演說　清光緒十八年(1892)寶文堂刻本　六冊

420000－2341－0007209　D/814.4/3060

定國志安邦中集二十卷 （清）□□撰　清咸豐十年(1860)至清末刻本　二十冊

420000－2341－0007210　D/814.4/3460

長生殿傳奇四卷 （清）洪昇填詞　（清）吳人論文　清光緒十六年(1890)文瑞樓石印本　二冊

420000－2341－0007211　D/814.4/3460 壹

長生殿傳奇四卷 （清）洪昇填詞　（清）吳人論文　清光緒十六年(1890)文瑞樓石印本　二冊

420000－2341－0007212　D/814.4/4443

滄桑豔二卷 丁傳靖填詞　（清）游毅之論文（清）石凌漢正拍　（清）樊樊山　（清）繆藝風鑒定　清光緒三十四年(1908)石印本　一冊

420000－2341－0007213　D/814.5/3643

新刊繡像彭公案二十三卷一百回 （清）貪夢道人撰　清光緒二十年(1894)民安堂石印本　十二冊

420000－2341－0007214　D/814.7/4468

庚子國變彈詞四十回 （清）世界繁華報館編　清光緒二十九年(1903)世界繁華報館石印本　六冊

420000－2341－0007215　D/814.7/7147C2

馬如飛先生南詞小引初集二卷 （清）馬如飛撰　清光緒十二年(1886)春申浦石印本　二冊

420000－2341－0007216　D/815.9/4038

李氏蒙求八卷附補注 （唐）李瀚撰　（清）楊迦懌集注　（清）尹竹農鑒定　清道光十四年(1834)楊迦懌刻本　六冊

420000－2341－0007217　D/816.7/4407

桃花扇傳奇後序詳注四卷首一卷　（清）吳穆撰　（清）花庭聞客編輯　清嘉慶二十一年（1816）至清末刻本　六冊

420000－2341－0007218　D/817.04/4448

忠雅堂評選四六法海八卷　（清）蔣士銓評選　清同治十年（1871）蔣立昂、方濬師刻朱墨套印本　八冊

420000－2341－0007219　D/817.04/4448 壹

忠雅堂評選四六法海八卷　（清）蔣士銓評選　清同治十年（1871）蔣立昂、方濬師刻朱墨套印本　八冊

420000－2341－0007220　D/817.07/8200C2

駢體文略二十九卷　（清）楊鍾廣輯　清光緒十四年（1888）刻本　二冊

420000－2341－0007221　D/817.07/8200C2 壹

駢體文略二十九卷　（清）楊鍾廣輯　清光緒十四年（1888）刻本　二冊

420000－2341－0007222　D/817.08/1248

四六叢話三十三卷　（清）孫梅輯　**選詩叢話一卷**　清光緒七年（1881）許應鑅等刻本　十二冊

420000－2341－0007223　D/817.08/1248 貳

四六叢話三十三卷　（清）孫梅輯　**選詩叢話一卷**　清光緒七年（1881）許應鑅等刻本　八冊

420000－2341－0007224　D/817.08/1248 壹

四六叢話三十三卷　（清）孫梅輯　**選詩叢話一卷**　清光緒七年（1881）許應鑅等刻本　十二冊

420000－2341－0007225　D/817.08/3286

乾坤正氣集五百七十四卷　（清）姚瑩輯　（清）顧沅補　（清）潘錫恩輯　清道光二十八年（1848）求是齋刻本　一百五十九冊

420000－2341－0007226　D/817.08/3286C2

乾坤正氣集選鈔九十七卷　（清）吳煥采選　清光緒十三年（1887）古蓮花池刻本　三十

一冊

420000－2341－0007227　D/817.08/7386

江止庵遺集八卷　（明）江天一撰　（清）潘錫恩校　清道光二十八年（1848）求是齋刻本　三冊

420000－2341－0007228　D/817.084/7547

唐駢體文鈔十七卷　（清）陳均緝　清同治十二年（1873）陳古樵刻本　四冊

420000－2341－0007229　D/817.085/5553

宋四六選二十四卷　（清）曹振鏞編　清宣統二年（1910）鉛印本　十冊

420000－2341－0007230　D/817.087/1020

駢文類纂四十六卷　王先謙編　清光緒二十八年（1902）湖南思賢書局刻本　二十三冊缺一冊（一）

420000－2341－0007231　D/817.087/1020.1

國朝十家四六文鈔　（清）劉開等撰　王先謙編選　清光緒十五年（1889）長沙王氏刻本　四冊

420000－2341－0007232　D/817.087/1020.1C1

國朝十家四六文鈔　（清）劉開等撰　王先謙編選　清光緒十五年（1889）至清末刻本　四冊

420000－2341－0007233　D/817.087/2640

國朝八家四六文鈔不分卷　（清）吳鼒緝　清光緒五年（1879）紫文閣刻本　四冊

420000－2341－0007234　D/817.087/3124

駢體南鍼十六卷　（清）汪傳懿編輯　清同治五年（1866）汪蓮生刻本　八冊

420000－2341－0007235　D/817.087/4299

皇朝駢文類苑十四卷首一卷　（清）姚燮選　清光緒十二年（1886）張壽榮刻本　二十冊

420000－2341－0007236　D/817.087/7542

陳太僕批選八家文抄不分卷　（清）陳兆崙輯　清光緒二十六年（1900）天津文美齋石印本　六冊

420000－2341－0007237　D/817.087/7730

國朝常州駢體文錄三十一卷附結一宦駢體文一卷　屠寄編選　清光緒十六年(1890)至清末石印本　六冊

420000－2341－0007238　D/817.32/7731.5
陶淵明文集十卷　(晉)陶淵明撰　清光緒十三年(1887)石印本　二冊

420000－2341－0007239　D/817.36/2874
徐孝穆全集六卷　(南朝陳)徐陵撰　(清)吳兆宜注　清光緒二年(1876)翰墨園石印本　六冊

420000－2341－0007240　D/817.37/0070
章實齋先生遺書六卷　(清)章學誠撰　清宣統二年(1910)鉛印本　三冊

420000－2341－0007241　D/817.37/0070
章實齋先生原定湖北通志凡例一卷　(清)章學誠撰　清宣統二年(1910)鉛印本　一冊

420000－2341－0007242　D/817.37/7731C3
靖節先生集十卷　(晉)陶淵明撰　(清)陶澍集注　清道光二十一年(1841)周詒樸刻本　四冊

420000－2341－0007243　D/817.4/7445C1
唐陸宣公翰苑集二十四卷　(唐)陸贄撰　(清)張佩芳注　清乾隆張氏希音堂刻光緒五年(1879)李氏師竹堂後印本　九冊　存二十三卷(二至二十四)

420000－2341－0007244　D/817.46/4480
重刊五百家註音辯昌黎先生文集四十卷目錄一卷　(唐)韓愈撰　清末刻本　十六冊

420000－2341－0007245　D/817.46/4480C1
朱文公校昌黎先生文集四十卷外集十卷遺文一卷傳一卷附考異音釋　(唐)韓愈撰　(唐)李漢編集　(宋)朱熹考異　(宋)王伯大音釋　(明)朱吾弼重編　明萬曆三十三年(1605)朱崇沐天德堂刻本　十四冊

420000－2341－0007246　D/817.46/4480C2
昌黎先生集四十卷外集十卷遺文一卷朱子校昌黎先生集傳一卷　(唐)韓愈撰　(唐)李漢

編　(宋)朱熹考異　清宣統二年(1910)掃葉山房石印本　十一冊　缺五卷(二十至二十四)

420000－2341－0007247　D/817.46/4480C3
重刊五百家註音辯昌黎先生文集四十卷目錄一卷　(唐)韓愈撰　清末善成堂書局刻本　十一冊　缺四卷(九至十二)

420000－2341－0007248　D/817.46/4480C4
昌黎先生集四十卷外集十卷遺文一卷朱子校昌黎先生集傳一卷　(唐)韓愈撰　(唐)李漢編　(宋)朱熹考異　清同治八年(1869)江蘇書局刻本　八冊　缺九卷(十三至二十一)

420000－2341－0007249　D/817.46/4480C7
昌黎先生集四十卷外集十卷遺文一卷朱子校昌黎先生集傳一卷　(唐)韓愈撰　(唐)李漢編　(宋)朱熹考異　清宣統三年(1911)石印本　十冊

420000－2341－0007250　D/817.46/4480 貳
重刊五百家註音辯昌黎先生文集四十卷目錄一卷　(唐)韓愈撰　清末刻本　十六冊

420000－2341－0007251　D/817.46/4480 壹
重刊五百家註音辯昌黎先生文集四十卷目錄一卷　(唐)韓愈撰　清末刻本　十六冊

420000－2341－0007252　D/817.47/4731C1
柳文四十三卷別集二卷外集二卷附錄一卷　(唐)柳宗元撰　(唐)劉禹錫編　清同治七年(1868)刻本　十冊

420000－2341－0007253　D/817.47/4731C1 貳
柳文四十三卷別集二卷外集二卷附錄一卷　(唐)柳宗元撰　(唐)劉禹錫編　清同治七年(1868)刻本　八冊

420000－2341－0007254　D/817.47/4731C1 壹
柳文四十三卷別集二卷外集二卷附錄一卷　(唐)柳宗元撰　(唐)劉禹錫編　清同治七年(1868)刻本　十冊

420000－2341－0007255　D/817.513/4437.1
三蘇策論十二卷　(宋)蘇洵　(宋)蘇軾

（宋）蘇轍撰　清光緒二十七年（1901）鴻文書局石印本　二冊　存六卷（一至二、六至九）

420000－2341－0007256　D/817.513/4437C1
欒城第三集十卷　（宋）蘇轍撰　清道光十二年（1832）弓翊清補刻三蘇全集本　二冊

420000－2341－0007257　D/817.513/4437C1
嘉祐集二十卷　（宋）蘇洵撰　清道光十二年至十三年（1832－1833）弓翊清補刻三蘇全集本　四冊

420000－2341－0007258　D/817.513/4437C1
欒城後集二十四卷　（宋）蘇轍撰　清道光十二年至十三年（1832－1833）弓翊清補刻三蘇全集本　六冊

420000－2341－0007259　D/817.513/4437C1
欒城應詔集十二卷　（宋）蘇轍撰　清道光十二年至十三年（1832－1833）弓翊清補刻三蘇全集本　二冊

420000－2341－0007260　D/817.513/4437C1
斜川集六卷　（宋）蘇過撰　清道光十二年至十三年（1832－1833）弓翊清補刻二蘇全集本　三冊

420000－2341－0007261　D/817.513/4437C1 壹
欒城第三集十卷　（宋）蘇轍撰　清道光十二年（1832）弓翊清補刻三蘇全集本　二冊

420000－2341－0007262　D/817.513/4437C1 壹
嘉祐集二十卷　（宋）蘇洵撰　清道光十二年至十三年（1832－1833）弓翊清補刻三蘇全集本　四冊

420000－2341－0007263　D/817.513/4437C1 壹
斜川集六卷　（宋）蘇過撰　清道光十二年至十三年（1832－1833）弓翊清補刻三蘇全集本　二冊

420000－2341－0007264　D/817.513/4437C1 壹
欒城後集二十四卷　（宋）蘇轍撰　清道光十二年至十三年（1832－1833）弓翊清補刻三蘇全集本　六冊

420000－2341－0007265　D/817.513/4437C1 壹

欒城應詔集十二卷　（宋）蘇轍撰　清道光十二年至十三年（1832－1833）弓翊清補刻三蘇全集本　二冊

420000－2341－0007266　D/817.516/8017
元豐類棄五十卷首一卷　（宋）曾鞏撰　清光緒十六年（1890）漁浦書院刻本　十二冊

420000－2341－0007267　D/817.516/8017 貳
元豐類棄五十卷首一卷　（宋）曾鞏撰　清光緒十六年（1890）漁浦書院刻本　十冊

420000－2341－0007268　D/817.516/8017 壹
元豐類棄五十卷首一卷　（宋）曾鞏撰　清光緒十六年（1890）漁浦書院刻本　十冊

420000－2341－0007269　D/817.517/1031
王臨川全集一百卷目錄二卷　（宋）王安石撰　清光緒九年（1883）刻本　十六冊

420000－2341－0007270　D/817.517/1031 壹
王臨川全集一百卷目錄二卷　（宋）王安石撰　清光緒九年（1883）刻本　二十冊

420000－2341－0007271　D/817.519/1031 貳
王臨川全集一百卷目錄二卷　（宋）王安石撰　清光緒九年（1883）刻本　十五冊

420000－2341－0007272　D/817.572/7443C2
陸象山先生文集三十六卷附錄一卷　（宋）陸九淵撰　（清）李紱點次　（清）周毓齡重校　清光緒七年（1881）刻本　十二冊

420000－2341－0007273　D/817.575/7500
龍川文集辨訛考異二卷　（清）胡鳳丹撰　清光緒元年（1875）湖北崇文書局刻本　一冊

420000－2341－0007274　D/817.575/7500
龍川文集三十卷首一卷附錄二卷　（宋）陳亮撰　清光緒元年（1875）湖北崇文書局刻本　九冊

420000－2341－0007275　D/817.575/7500.1
龍川文集辨訛考異二卷　（清）胡鳳丹撰　清光緒元年（1875）湖北崇文書局刻本　一冊

420000－2341－0007276　D/817.575/7500 壹
龍川文集三十卷首一卷附錄二卷　（宋）陳亮

撰　清光緒元年(1875)湖北崇文書局刻本
九冊

420000－2341－0007277　D/817.578/4022.1
西山先生真文忠公文集五十五卷目錄二卷
(宋)真德秀撰　(明)楊鸝重修　清同治四年
(1865)拱極堂刻本　三十冊

420000－2341－0007278　D/817.579/7438.2
劍南詩稿八十五卷　(宋)陸游撰　清虞山詩
禮堂張氏刻本　二十八冊

420000－2341－0007279　D/817.579/7438.2
南唐書十八卷　(宋)陸游撰　清虞山詩禮堂
張氏刻本　二冊

420000－2341－0007280　D/817.579/7438.2
渭南文集五十卷　(宋)陸游撰　清虞山詩禮
堂張氏刻本　八冊

420000－2341－0007281　D/817.597/2120
陽明先生集要三編年譜一卷理學集四卷經濟
集七卷文章集四卷　(明)王守仁撰　(明)施
四明評緝　清光緒五年(1879)賀縣林等刻本
九冊

420000－2341－0007282　D/817.6/1968
吳疎山先生遺集十二卷　(明)吳悌撰　清同
治九年(1870)吳星聚刻本　四冊

420000－2341－0007283　D/817.6/8047
金忠節公文集八卷首一卷　(明)金聲撰　清
光緒十四年(1888)李宗煦刻本　四冊

420000－2341－0007284　D/817.6/8047C1
金忠節公文集不分卷　(明)金聲撰　清光緒
三年(1877)檜蔭山房刻本　四冊

420000－2341－0007285　D/817.65/2749
增刻震川大全集餘集八卷　(明)歸有光撰
(清)歸朝煦編　清劉光德局刻本　二冊

420000－2341－0007286　D/817.65/2749
震川大全集十八卷　(明)歸有光撰　清劉光
德局刻本　六冊

420000－2341－0007287　D/817.65/2749
震川大全集別集十卷　(明)歸有光撰　清劉

光德局刻本　三冊

420000－2341－0007288　D/817.65/2749
震川大全集補集八卷　(明)歸有光撰　(明)
王樗訂　(明)張雲章較　清劉光德局刻本
一冊

420000－2341－0007289　D/817.65/2749C2
震川先生別集十卷　(明)歸有光撰　(清)歸
玠編輯　清光緒元年(1875)常熟歸氏刻本
五冊

420000－2341－0007290　D/817.65/2749C2
震川先生集三十卷首一卷　(明)歸有光撰
(清)歸玠編輯　清光緒元年(1875)常熟歸氏
刻本　十一冊

420000－2341－0007291　D/817.66/0023
唐荊川先生文集十八卷目錄一卷補遺一卷附
錄一卷　(明)唐順之撰　清光緒二十一年
(1895)武進盛氏思惠齋朱印本　八冊

420000－2341－0007292　D/817.69/3140
炳燭齋文集初刻一卷　(明)顧大韶撰　清宣
統元年(1909)國學扶輪社鉛印本　一冊

420000－2341－0007293　D/817.69/3140
炳燭齋文集續刻一卷　(明)顧大韶撰　清宣
統元年(1909)國學扶輪社鉛印本　一冊

420000－2341－0007294　D/817.69/3140壹
炳燭齋文集初刻一卷　(明)顧大韶撰　清宣
統元年(1909)國學扶輪社鉛印本　一冊

420000－2341－0007295　D/817.69/3140壹
炳燭齋文集續刻一卷　(明)顧大韶撰　清宣
統元年(1909)國學扶輪社鉛印本　一冊

420000－2341－0007296　D/817.7/4081
師伏堂駢文不分卷　(清)皮錫瑞撰　清光緒
二十一年(1895)師伏堂刻本　二冊

420000－2341－0007297　D/817.711/8308
牧齋初學集一百十卷目錄一卷　(清)錢謙益
撰　(清)錢曾箋注　清宣統二年(1910)邃漢
齋鉛印本　二十四冊

420000－2341－0007298　D/817.711/8308

牧齋有學集五十卷目錄一卷　（清）錢謙益撰
（清）錢曾箋注　清宣統二年（1910）邃漢齋
鉛印本　十六冊

420000－2341－0007299　D/817.713/3191

亭林文集六卷詩集五卷　（清）顧炎武撰　清
宣統元年（1909）埽葉山房石印本　四冊

420000－2341－0007300　D/817.72/7522

陳檢討集二十卷　（清）陳維崧撰　（清）程師
恭注　清同治十三年（1874）大文堂刻本
六冊

420000－2341－0007301　D/817.726/1284

曝書亭集箋註二十三卷　（清）朱彝尊撰
（清）孫銀槎輯註　清嘉慶九年（1804）孫銀槎
刻本　十二冊

420000－2341－0007302　D/817.726/2528

曝書亭集八十卷　（清）朱彝尊撰　（清）朱稻
孫校　清光緒十五年（1889）陶闓寒梅舘刻本
十六冊

420000－2341－0007303　D/817.727/4327

西堂雜組一集八卷二集八卷三集八卷　（清）
尤侗撰　清刻本　八冊

420000－2341－0007304　D/817.73/3404

卷施閣集甲集十卷補遺一卷乙集八卷續編一
卷詩二十卷　（清）洪亮吉撰　清光緒三年至
五年（1877－1879）授經堂刻本　十四冊

420000－2341－0007305　D/817.73/4046

二水樓詩集十八卷　（清）李茹旻撰　清光緒
十七年（1891）李鳴梧味憇廬刻本　五冊

420000－2341－0007306　D/817.73/4046

二水樓文集二十卷首一卷　（清）李茹旻撰
清光緒十七年（1891）李鳴梧味憇廬刻本
五冊

420000－2341－0007307　D/817.733/8030

鮚埼亭集外編五十卷　（清）全祖望撰　清嘉
慶九年（1804）刻同治十一年（1872）後印本
十六冊

420000－2341－0007308　D/817.733/8030

全謝山先生經史問答十卷　（清）全祖望撰
（清）史夢蛟校　清嘉慶九年（1804）刻同治十
一年（1872）後印本　三冊

420000－2341－0007309　D/817.733/8030

鮚埼亭集三十八卷首一卷　（清）全祖望撰
清嘉慶九年（1804）刻同治十一年（1872）後印
本　十三冊

420000－2341－0007310　D/817.733/8030.2

全謝山文鈔十六卷　（清）全祖望撰　清宣統
二年（1910）國學扶輪社鉛印本　八冊

420000－2341－0007311　D/817.733/8030 壹

鮚埼亭集外編五十卷　（清）全祖望撰　清嘉
慶九年（1804）刻同治十一年（1872）後印本
十六冊

420000－2341－0007312　D/817.733/8030 壹

鮚埼亭集三十八卷首一卷　（清）全祖望撰
（清）史夢蛟校　清嘉慶九年（1804）刻同治十
一年（1872）後印本　十一冊

420000－2341－0007313　D/817.733/8030 壹

全謝山先生經史問答十卷　（清）全祖望撰
（清）史夢蛟校　清嘉慶九年（1804）刻同治十
一年（1872）後印本　三冊

420000－2341－0007314　D/817.734/4310

戴東原集十二卷　（清）戴震撰　清宣統二年
（1910）渭南嚴氏孝義家塾刻本　五冊

420000－2341－0007315　D/817.734/4310

戴東原先生［震］年譜一卷　（清）段玉裁編
清宣統二年（1910）渭南嚴氏孝義家塾刻本
一冊

420000－2341－0007316　D/817.734/4310 壹

戴東原集十二卷　（清）戴震撰　清宣統二年
（1910）渭南嚴氏孝義家塾刻本　五冊

420000－2341－0007317　D/817.734/4310 壹

戴東原先生［震］年譜一卷　（清）段玉裁編
清宣統二年（1910）渭南嚴氏孝義家塾刻本
一冊

420000－2341－0007318　D/817.739/3150

述學內篇三卷外篇一卷補遺一卷別錄一卷
（清）汪中撰　清同治八年（1869）揚州書局刻
本　二冊

420000－2341－0007319　D/817.739/3150 壹

述學內篇三卷外篇一卷補遺一卷別錄一卷
（清）汪中撰　清同治八年（1869）揚州書局刻
本　二冊

420000－2341－0007320　D/817.741/0044

方望溪先生［苞］年譜一卷　（清）蘇惇元輯
清咸豐至清末刻本　一冊

420000－2341－0007321　D/817.741/0044

望溪先生集外文十卷目錄一卷　（清）方苞撰
清咸豐至清末刻本　六冊

420000－2341－0007322　D/817.741/0044

望溪先生集外文補遺二卷　（清）方苞撰　清
咸豐至清末刻本　一冊

420000－2341－0007323　D/817.741/0044

望溪先生文集十八卷目錄一卷　（清）方苞撰
清咸豐至清末刻本　八冊

420000－2341－0007324　D/817.741/0044C2

方望溪先生［苞］年譜一卷　（清）蘇惇元輯
清咸豐至清末刻本　一冊

420000－2341－0007325　D/817.741/0044C2

望溪先生集外文十卷目錄一卷　（清）方苞撰
清咸豐至清末刻本　四冊

420000－2341－0007326　D/817.741/0044C2

望溪先生集外文補遺二卷　（清）方苞撰　清
咸豐至清末刻本　一冊

420000－2341－0007327　D/817.741/0044C2

望溪先生文集十八卷目錄一卷　（清）方苞撰
清咸豐至清末刻本　五冊　缺二卷（一至
二）

420000－2341－0007328　D/817.743/4217.2

惜抱先生尺牘補編二卷　（清）姚鼐撰　清光
緒五年（1879）桐城徐宗亮集刻惜抱軒遺書本
一冊

420000－2341－0007329　D/817.743/4217.2

惜抱軒書錄四卷　（清）姚鼐撰　清光緒五年
（1879）桐城徐宗亮集刻惜抱軒遺書本　一冊

420000－2341－0007330　D/817.743/4217.2

莊子章義五卷　（清）姚鼐撰　清光緒五年
（1879）桐城徐宗亮集刻惜抱軒遺書本　二冊

420000－2341－0007331　D/817.743/4217.3

惜抱軒文集十六卷　（清）姚鼐撰　惜抱軒文
後集十卷　清光緒九年（1883）桐城徐宗亮刻
本　四冊

420000－2341－0007332　D/817.743/4218

惜抱軒全集十種　（清）姚鼐傳　清同治五年
（1866）省心閣刻本　十九冊　缺五種（惜抱
軒法帖題跋、左傳補注、國語補注、公羊傳補
注、穀梁傳補注）

420000－2341－0007333　D/817.751/9748

大雲山房文稾二集四卷　（清）惲敬撰　清光
緒十四年（1888）刻本　四冊

420000－2341－0007334　D/817.751/9748

大雲山房文稾初集四卷　（清）惲敬撰　清光
緒十四年（1888）刻本　四冊

420000－2341－0007335　D/817.751/9748.1

惲子居文鈔四卷　（清）惲敬撰　清宣統二年
（1910）國學扶輪社石印本　四冊

420000－2341－0007336　D/817.751/9748 貳

大雲山房文稾二集四卷　（清）惲敬撰　清光
緒十四年（1888）刻本　四冊

420000－2341－0007337　D/817.751/9748 壹

大雲山房文稾初集四卷　（清）惲敬撰　清光
緒十四年（1888）刻本　四冊

420000－2341－0007338　D/817.751/9748 壹

大雲山房文稾二集四卷　（清）惲敬撰　清光
緒十四年（1888）刻本　四冊

420000－2341－0007339　D/817.76/0824

八家四六文注八卷首一卷　（清）孫星衍撰
（清）許貞幹注　清光緒十七年（1891）許貞幹
刻本　八冊

420000－2341－0007340　D/817.765/2680

有正味齋詞集八卷 （清）吳錫麒撰 清嘉慶
十三年(1808)至清末刻本 二冊

420000－2341－0007341 D/817.765/2680

有正味齋駢體文二十四卷 （清）吳錫麒撰
清嘉慶十三年(1808)至清末刻本 六冊

420000－2341－0007342 D/817.765/2680

有正味齋詩集十六卷 （清）吳錫麒撰 清嘉
慶十三年(1808)至清末刻本 六冊

420000－2341－0007343 D/817.765/2680

有正味齋外集五卷 （清）吳錫麒撰 清嘉慶
十三年(1808)至清末刻本 二冊

420000－2341－0007344 D/817.766/1262

濟上停雲集一卷 （清）孫星衍撰 租船詠史
集一卷 冶城絜養集二卷 清光緒十一年
(1885)王先豫刻二十年(1894)湖南思賢書局
後印本 一冊

420000－2341－0007345 D/817.766/1262

澄清堂詩稿二卷 （清）孫星衍撰 澄清堂續
稿一卷 清光緒十一年(1885)王先豫刻二十
年(1894)湖南思賢書局後印本 一冊

420000－2341－0007346 D/817.766/1262

岱南閣集二卷 （清）孫星衍撰 清光緒十一
年(1885)王先豫刻二十年(1894)湖南思賢書
局後印本 一冊

420000－2341－0007347 D/817.766/1262

平津館文稿二卷 （清）孫星衍撰 清光緒十
一年(1885)王先豫刻二十年(1894)湖南思賢
書局後印本 二冊

420000－2341－0007348 D/817.766/1262

問字堂集六卷 （清）孫星衍撰 清光緒十
一年(1885)王先豫刻二十年(1894)湖南思賢
書局後印本 三冊

420000－2341－0007349 D/817.766/1262

五松園文稿一卷 （清）孫星衍撰 嘉穀堂集
一卷 清光緒十一年(1885)王先豫刻二十年
(1894)湖南思賢書局後印本 一冊

420000－2341－0007350 D/817.766/1262

冶城遺集一卷 （清）孫星衍撰 冶城集補遺
一卷 長離閣集一卷 （清）王采薇撰 清光
緒十一年(1885)王先豫刻二十年(1894)湖南
思賢書局後印本 一冊

420000－2341－0007351 D/817.766/1262 壹

濟上停雲集一卷 （清）孫星衍撰 租船詠史
集一卷 冶城絜養集二卷 清光緒十一年
(1885)王先豫刻二十年(1894)湖南思賢書局
後印本 一冊

420000－2341－0007352 D/817.766/1262 壹

澄清堂詩稿二卷 （清）孫星衍撰 澄清堂續
稿一卷 清光緒十一年(1885)王先豫刻二十
年(1894)湖南思賢書局後印本 一冊

420000－2341－0007353 D/817.766/1262 壹

岱南閣集二卷 （清）孫星衍撰 清光緒十一
年(1885)王先豫刻二十年(1894)湖南思賢書
局後印本 一冊

420000－2341－0007354 D/817.766/1262 壹

冶城遺集一卷 （清）孫星衍撰 冶城集補遺
一卷 長離閣集一卷 （清）王采薇撰 清光
緒十一年(1885)王先豫刻二十年(1894)湖南
思賢書局後印本 一冊

420000－2341－0007355 D/817.766/1262 壹

問字堂集六卷 （清）孫星衍撰 清光緒十一
年(1885)王先豫刻二十年(1894)湖南思賢書
局後印本 三冊

420000－2341－0007356 D/817.766/1262 壹

平津館文稿二卷 （清）孫星衍撰 清光緒十
一年(1885)王先豫刻二十年(1894)湖南思賢
書局後印本 二冊

420000－2341－0007357 D/817.766/1262 壹

五松園文稿一卷 （清）孫星衍撰 嘉穀堂集
一卷 清光緒十一年(1885)王先豫刻二十年
(1894)湖南思賢書局後印本 一冊

420000－2341－0007358 D/817.78/1060

煙霞萬古樓文集六卷 （清）王仲瞿撰 清道
光二十年(1840)吳門書局刻本 二冊

420000-2341-0007359　D/817.78/3603

湯子遺書節編十八卷　（清）湯斌撰　清光緒二十六年（1900）求實書院刻本　六冊

420000-2341-0007360　D/817.78/4880

柏梘山房詩集十卷　（清）梅曾亮撰　清咸豐六年（1856）石印本　二冊

420000-2341-0007361　D/817.78/4880

柏梘山房文集十六卷　（清）梅曾亮撰　清咸豐六年（1856）石印本　四冊

420000-2341-0007362　D/817.783/1033

曾文正公大事記四卷　（清）王定安撰　（清）李鴻章　（清）曾國荃審定　清光緒二年（1876）傳忠書局刻本　二冊

420000-2341-0007363　D/817.783/8064C1

曾文正公[國藩]年譜十二卷　（清）李瀚章編輯　清光緒二年（1876）傳忠書局刻曾文正公全集本　五冊

420000-2341-0007364　D/817.783/8064C1

曾文正公批牘六卷　（清）曾國藩撰　清光緒二年（1876）傳忠書局刻曾文正公全集本　六冊

420000-2341-0007365　D/817.783/8064C1

曾文正公書札三十三卷　（清）曾國藩撰　清光緒二年（1876）傳忠書局刻曾文正公全集本　十六冊

420000-2341-0007366　D/817.783/8064C1

曾文正公文集四卷　（清）曾國藩撰　清光緒二年（1876）傳忠書局刻曾文正公全集本　四冊

420000-2341-0007367　D/817.783/8064C1

曾文正公奏稿三十卷　（清）曾國藩撰　（清）李瀚章編錄　清光緒二年（1876）傳忠書局刻曾文正公全集本　三十冊

420000-2341-0007368　D/817.783/8064C1

經史百家雜鈔二十六卷　（清）曾國藩纂　清光緒二年（1876）傳忠書局刻曾文正公全集本　十四冊

420000-2341-0007369　D/817.783/8064C1

求闕齋讀書錄十卷　（清）曾國藩撰　（清）王啟原編輯　清光緒二年（1876）傳忠書局刻曾文正公全集本　四冊

420000-2341-0007370　D/817.783/8064C1

求闕齋日記類鈔二卷　（清）曾國藩撰　（清）王啟原校編　清光緒二年（1876）傳忠書局刻曾文正公全集本　二冊

420000-2341-0007371　D/817.783/8064C1

鳴原堂論文二卷　（清）曾國藩撰　（清）曾國荃審訂　清同治十二年（1873）勵志齋刻曾文正公全集本　一冊

420000-2341-0007372　D/817.783/8064C1

曾文正公詩集四卷　（清）曾國藩撰　清同治十三年（1874）傳忠書局刻曾文正公全集本　一冊

420000-2341-0007373　D/817.783/8064C1

曾文正公雜著四卷　（清）曾國藩撰　（清）李瀚章編次　清同治十三年（1874）傳忠書局刻曾文正公全集本　二冊

420000-2341-0007374　D/817.783/8064C1

經史百家簡編二卷　（清）曾國藩纂　（清）曾國荃審訂　清同治十三年（1874）傳忠書局刻曾文正公全集本　二冊

420000-2341-0007375　D/817.783/8064C1

十八家詩鈔二十八卷目錄一卷　（清）曾國藩纂　（清）李鴻章審訂　（清）王定安校　清同治十三年（1874）傳忠書局刻曾文正公全集本　十四冊

420000-2341-0007376　D/817.783/8064C1　壹

曾文正公文集四卷　（清）曾國藩撰　清光緒二年（1876）傳忠書局刻曾文正公全集本　四冊

420000-2341-0007377　D/817.783/8064C1　壹

曾文正公奏稿三十卷　（清）曾國藩撰　（清）李瀚章編錄　清光緒二年（1876）傳忠書局刻曾文正公全集本　三十一冊

曾忠襄公批牘五卷 （清）曾國荃撰 蕭榮爵編輯 清光緒二十九年(1903)刻曾忠襄公全集本 五冊

420000－2341－0007397 D/817.789/8064C1

曾忠襄公榮哀錄二卷 蕭榮爵編輯 清光緒二十九年(1903)刻曾忠襄公全集本 二冊

420000－2341－0007398 D/817.789/8064C1

曾忠襄公書札二十二卷 （清）曾國荃撰 蕭榮爵編輯 清光緒二十九年(1903)刻曾忠襄公全集本 二十二冊

420000－2341－0007399 D/817.789/8064C1

曾忠襄公文集二卷 （清）曾國荃撰 蕭榮爵編輯 清光緒二十九年(1903)刻曾忠襄公全集本 二冊

420000－2341－0007400 D/817.789/8064C1

曾忠襄公奏議三十二卷 （清）曾國荃撰 蕭榮爵編輯 清光緒二十九年(1903)刻曾忠襄公全集本 三十二冊

420000－2341－0007401 D/817.789/8064C1 壹

曾忠襄公[國荃]年譜四卷 （清）王定安初稿 蕭榮爵增訂 清光緒二十九年(1903)刻曾忠襄公全集本 二冊

420000－2341－0007402 D/817.789/8064C1 壹

曾忠襄公批牘五卷 （清）曾國荃撰 蕭榮爵編輯 清光緒二十九年(1903)刻曾忠襄公全集本 四冊

420000－2341－0007403 D/817.789/8064C1 壹

曾忠襄公文集二卷 （清）曾國荃撰 蕭榮爵編輯 清光緒二十九年(1903)刻曾忠襄公全集本 二冊

420000－2341－0007404 D/817.789/8064C1 壹

曾忠襄公奏議三十二卷 （清）曾國荃撰 蕭榮爵編輯 清光緒二十九年(1903)刻曾忠襄公全集本 三十一冊 缺一卷(一)

420000－2341－0007405 D/817.789/8064C1 壹

曾忠襄公榮哀錄二卷 蕭榮爵編輯 清光緒二十九年(1903)刻曾忠襄公全集本 二冊

420000－2341－0007406 D/817.789/8064C1 壹

曾忠襄公書札二十二卷 （清）曾國荃撰 蕭榮爵編輯 清光緒二十九年(1903)刻曾忠襄公全集本 二十二冊

420000－2341－0007407 D/817.79/0131

堅白齋集八卷 （清）龍汝霖撰 清光緒七年(1881)至清末龍霱生等刻本 四冊

420000－2341－0007408 D/817.79/1148

笙雅堂文集四卷 （清）張九鐔撰 （清）張世濂編次 清光緒十三年(1887)刻本 四冊

420000－2341－0007409 D/817.79/1149

舫廬文存四卷首一卷附錄二卷 （清）張壽榮撰 清光緒九年(1883)蛟川張氏秋樹根齋刻本 四冊

420000－2341－0007410 D/817.79/2292

讀書延年堂試帖輯註四卷 （清）熊少牧撰 （清）楊家善註 清道光二十一年(1841)洞泉艸堂刻本 三冊

420000－2341－0007411 D/817.79/2292

讀書延年堂古今體詩三十卷 （清）熊少牧纂 小影珠吟館詩餘一卷 清同治十年(1871)洞泉艸堂刻本 九冊

420000－2341－0007412 D/817.79/2292

讀書延年堂賦存一卷 （清）熊少牧撰 讀書延年堂駢體文存二卷 清同治五年(1866)洞泉艸堂刻本 一冊

420000－2341－0007413 D/817.79/2292

讀書延年堂文鈔十卷 （清）熊少牧撰 清同治五年(1866)洞泉艸堂刻本 五冊

420000－2341－0007414 D/817.79/2644

湘輶叢刻十三卷 （清）吳樹梅撰 清光緒二十六年(1900)長沙節署刻本 六冊

420000－2341－0007415 D/817.79/3436

沈端恪公遺書四卷 （清）沈近思撰 清同治十二年(1873)浙江書局刻本 二冊

420000－2341－0007416 D/817.79/4032

駢體文鈔三十一卷 （清）李兆洛輯 清光緒

三十四年（1908）蘇州振新書社刻本 八冊

420000－2341－0007417 D/817.79/4210
彭剛直公詩集八卷 （清）彭玉麟纂 （清）俞樾輯 清光緒十七年（1891）俞樾刻本 二冊

420000－2341－0007418 D/817.79/4210
彭剛直公奏稿八卷 （清）彭玉麟纂 （清）俞樾輯 清光緒十七年（1891）俞樾刻本 六冊

420000－2341－0007419 D/817.79/4210 壹
彭剛直公奏稿八卷 （清）彭玉麟纂 （清）俞樾輯 清光緒十七年（1891）俞樾刻本 六冊

420000－2341－0007420 D/817.79/4210 壹
彭剛直公詩集八卷 （清）彭玉麟纂 （清）俞樾輯 清光緒十七年（1891）俞樾刻本 二冊

420000－2341－0007421 D/817.79/4432
歸盦文稾八卷 （清）葉裕仁撰 清光緒八年（1882）蔣銘勳刻本 四冊

420000－2341－0007422 D/817.79/4435
庸盦全集二十一卷 （清）薛福成撰 清光緒二十三年（1897）醉六堂石印庸盦全集本 六冊 存十卷（庸庵文編四卷、續編二卷、外編四卷）

420000－2341－0007423 D/817.79/4435C1
庸盦海外文編四卷 （清）薛福成撰 清光緒二十二年（1896）醉六堂石印庸盦全集本 二冊

420000－2341－0007424 D/817.79/4435C1
庸庵文編四卷 （清）薛福成撰 清光緒二十三年（1897）醉六堂石印庸盦全集本 二冊

420000－2341－0007425 D/817.79/4435C1
庸庵文續編二卷 （清）薛福成撰 清光緒二十三年（1897）醉六堂石印庸盦全集本 一冊

420000－2341－0007426 D/817.79/4435C1
庸庵文外編四卷 （清）薛福成撰 清光緒二十三年（1897）醉六堂石印庸盦全集本 二冊

420000－2341－0007427 D/817.79/4435C1
籌洋芻議一卷 （清）薛福成撰 清光緒二十三年（1897）醉六堂石印庸盦全集本 一冊

420000－2341－0007428 D/817.79/4435C1
出使英法義比四國日記六卷（清光緒十六年正月十一日至十七年二月三十日） （清）薛福成撰 清光緒十八年（1892）醉六堂石印庸盦全集本 三冊

420000－2341－0007429 D/817.79/4435C2
庸盦全集二十一卷 （清）薛福成撰 清光緒二十三年（1897）醉六堂石印本 九冊 缺二卷（海外文編四、籌洋芻議一卷）

420000－2341－0007430 D/817.79/4435C3
出使奏疏二卷 （清）薛福成撰 清光緒二十年（1894）無錫薛氏刻庸盦全集本 二冊

420000－2341－0007431 D/817.79/4435C3
出使公牘十卷 （清）薛福成撰 清光緒二十四年（1898）無錫薛氏刻庸盦全集本 十冊

420000－2341－0007432 D/817.79/4435C3
出使日記續刻十卷（清光緒十七年三月朔至二十年五月二十日） （清）薛福成撰 清光緒二十四年（1898）無錫薛氏刻庸盦全集本 十冊

420000－2341－0007433 D/817.79/4435C3
庸盦海外文編四卷 （清）薛福成撰 清光緒二十一年（1895）無錫薛氏刻庸盦全集本 四冊

420000－2341－0007434 D/817.79/4435C3
庸庵文外編四卷 （清）薛福成撰 清光緒十九年（1893）無錫薛氏刻庸盦全集本 四冊

420000－2341－0007435 D/817.79/4435C3
籌洋芻議一卷 （清）薛福成撰 清光緒十年（1884）無錫薛氏刻庸盦全集本 一冊

420000－2341－0007436 D/817.79/4435C3
出使英法義比四國日記六卷（清光緒十六年正月十一日至十七年二月三十日） （清）薛福成撰 清光緒十七年（1891）無錫薛氏刻庸盦全集本 六冊

420000－2341－0007437 D/817.79/4435C3
庸庵文編四卷 （清）薛福成撰 清光緒十三

年(1887)無錫薛氏刻庸盦全集本　四冊

420000－2341－0007438　D/817.79/4435C3

浙東籌防錄四卷　(清)薛福成撰　清光緒十三年(1887)無錫薛氏刻庸盦全集本　五冊

420000－2341－0007439　D/817.79/4435C3

庸庵文續編二卷　(清)薛福成撰　清光緒十五年(1889)無錫薛氏刻庸盦全集本　二冊

420000－2341－0007440　D/817.79/6082

下學寮彙稿四卷　(清)羅鎮嵩撰　清光緒三十三年(1907)羅鎮嵩刻本　二冊

420000－2341－0007441　D/817.79/7728

鼎吉堂文鈔初編八卷　(清)尹繼美撰　清光緒四年(1878)有鄰書舍刻本　二冊

420000－2341－0007442　D/817.79/8877

因寄軒文初集十卷　(清)管同撰　(清)鄧嘉緝校　清光緒五年(1879)張士珩刻九年(1883)管炳奎後印本　二冊

420000－2341－0007443　D/817.79/8877

因寄軒文二集六卷補遺一卷　(清)管同撰　張士珩校　清光緒五年(1879)張士珩刻九年(1883)管炳奎後印本　二冊

420000－2341－0007444　D/817.79/8877 壹

因寄軒文初集十卷　(清)管同撰　(清)鄧嘉緝校　清光緒五年(1879)張士珩刻九年(1883)管炳奎後印本　二冊

420000－2341－0007445　D/817.79/8877 壹

因寄軒文二集六卷　(清)管同撰　張士珩校　**因寄軒文集補遺不分卷**　清光緒五年(1879)張士珩刻九年(1883)管炳奎後印本　二冊

420000－2341－0007446　D/817.796/4030

李文忠公全集一百六十五卷首一卷　(清)李鴻章撰　(清)吳汝綸編錄　清光緒三十一年至三十四年(1905－1908)刻本　一百冊

420000－2341－0007447　D/817.799/4741

胡文忠公遺集八十六卷首一卷目錄一卷　(清)胡林翼撰　(清)鄭敦謹　(清)曾國荃

編輯　清同治六年(1867)李憂刻本　三十一冊　缺三卷(二至四)

420000－2341－0007448　D/817.799/4741.1

胡文忠公遺集十卷首一卷　(清)胡林翼撰　清同治五年(1866)顧悅廷刻本　八冊

420000－2341－0007449　D/817.799/4741.2

胡文忠公政書十四卷目錄一卷　(清)胡林翼撰　(清)但湘良編輯　清光緒二十五年(1899)湖南糧儲道署刻本　十六冊

420000－2341－0007450　D/817.799/4741C2

胡文忠公遺集八十六卷首一卷目錄一卷　(清)胡林翼撰　(清)鄭敦謹　(清)曾國荃編輯　清光緒元年(1875)湖北崇文書局刻本　三十二冊

420000－2341－0007451　D/817.799/4741C2 壹

胡文忠公遺集八十六卷首一卷目錄一卷　(清)胡林翼撰　(清)鄭敦謹　(清)曾國荃編輯　清光緒元年(1875)湖北崇文書局刻本　三十二冊

420000－2341－0007452　D/817.799/4741C3

胡文忠公遺集八十六卷目錄一卷　(清)胡林翼撰　(清)鄭敦謹　(清)曾國荃編輯　清光緒十四年(1888)著易堂鉛印本　八冊

420000－2341－0007453　D/817.799/4741C3 壹

胡文忠公遺集八十六卷目錄一卷　(清)胡林翼撰　(清)鄭敦謹　(清)曾國荃編輯　清光緒十四年(1888)著易堂鉛印本　八冊

420000－2341－0007454　D/817.799/4741C4

胡文忠公遺集八十六卷目錄一卷　(清)胡林翼撰　(清)曾國荃纂輯　(清)胡鳳丹重編　清光緒二十七年(1901)上海圖書集成印書局鉛印本　八冊

420000－2341－0007455　D/817.799/4741C5

胡文忠公遺集八十六卷首一卷目錄一卷　(清)胡林翼撰　(清)鄭敦謹　(清)曾國荃編輯　清同治三年(1864)武昌節署刻本　二十八冊

420000－2341－0007456　D/817.799/7211

劉忠誠公遺集六十六卷首一卷附錄一卷
（清）劉坤一撰　清宣統元年（1909）刻本　六十四冊

420000－2341－0007457　D/817.799/7230

雲中集六卷　（清）劉淳撰　清光緒七年（1881）李綽裕堂刻本　六冊

420000－2341－0007458　D/817.799/8023

曾惠敏公遺集十七卷　（清）曾紀鴻撰　清光緒十九年（1893）江南製造總局刻本　八冊

420000－2341－0007459　D/817.799/8023C3

曾惠敏公全集十七卷　（清）曾紀鴻撰　清光緒二十七年（1901）石印本　四冊

420000－2341－0007460　D/817.799/8023壹

曾惠敏公遺集十七卷　（清）曾紀鴻撰　清光緒十九年（1893）江南製造總局刻本　八冊

420000－2341－0007461　D/817.879/4039

左文襄公全集六十六卷首一卷目錄一卷
（清）左宗棠撰　清光緒十六年（1890）刻本　六十八冊

420000－2341－0007462　D/817.879/4039

駱文忠公奏稿十卷　（清）駱秉章撰　清光緒十七年（1891）刻本　十冊

420000－2341－0007463　D/817.879/4039

張大司馬奏稿四卷　（清）張亮基撰　清光緒十七年（1891）刻本　四冊

420000－2341－0007464　D/818.1/0202

新文牘二卷（實業之部）　（清）學部編輯　清光緒三十四年（1908）石印本　二冊

420000－2341－0007465　D/818.1/0202

新文牘一卷（財政軍政之部）　（清）學部編輯　清光緒三十四年（1908）石印本　一冊

420000－2341－0007466　D/818.1/0202

新文牘二卷（外交之部）　（清）學部編輯　清光緒三十四年（1908）石印本　二冊

420000－2341－0007467　D/818.1/0202

新文牘一卷（政治之部）　（清）學部編輯　清光緒三十四年（1908）石印本　一冊

420000－2341－0007468　D/818.1/2632

李文忠公朋僚函稿二十四卷　（清）李鴻章撰（清）吳汝綸編輯　清光緒二十八年（1902）蓮池書社鉛印本　十二冊

420000－2341－0007469　D/818.1/4048

音註小倉山房尺牘八卷補遺一卷　（清）袁枚撰　（清）胡光斗箋釋　清光緒十二年（1886）掃葉山房刻朱墨套印本　二冊

420000－2341－0007470　D/818.1/4048.1

小倉山房尺牘六卷　（清）袁枚撰　清光緒十八年（1892）圖書集成印書局鉛印本　一冊

420000－2341－0007471　D/818.1/4474

采菽堂書牘二卷　杜俞撰　清光緒二十六年（1900）申江鉛印海嶽軒叢刻本　一冊

420000－2341－0007472　D/818.1/7530

培遠堂手札節存三卷　（清）陳宏謀撰　清光緒二十五年（1899）浙江書局刻朱墨套印本　三冊

420000－2341－0007473　D/818.1/7712

周文忠公尺牘二卷　（清）周天爵撰　清咸豐十一年（1861）黃瑤圃刻本　一冊

420000－2341－0007474　D/818.1/7712壹

周文忠公尺牘二卷　（清）周天爵撰　清咸豐十一年（1861）黃瑤圃刻本　一冊

420000－2341－0007475　D/818.1/8064C4

曾文正公家書三卷　（清）曾國藩撰　清光緒十四年（1888）鴻文書局活字印本　一冊

420000－2341－0007476　D/818.1/8064C6

曾文正公書札三十三卷　（清）曾國藩撰　清光緒至清末刻本　十六冊

420000－2341－0007477　D/818.1/8296

黃山谷尺牘選四卷　（宋）黃庭堅撰　（明）鍾惺（明）譚元春選　明萬曆十四年（1586）至清末安雅堂刻本　二冊

420000－2341－0007478　D/818.1/8296

蘇長公表選一卷　（宋）蘇軾撰　（明）鍾惺選

明萬曆十四年(1586)至清末安雅堂刻本
二冊

420000－2341－0007479　D/818.1/8296
蘇長公尺牘選二卷　(宋)蘇軾撰　(明)鍾惺
選　明萬曆十四年(1586)至清末安雅堂刻本
四冊

420000－2341－0007480　D/818.1/8296
蘇長公啟選二卷　(宋)蘇軾撰　(明)鍾惺選
明萬曆十四年(1586)至清末安雅堂刻本
二冊

420000－2341－0007481　D/818.3/8317
增訂安樂銘箴便讀二卷　(清)徐鐵珊撰　清
光緒十三年(1887)刻本　一冊

420000－2341－0007482　D/818.5/1138
濂亭文集八卷　(清)張裕釗撰　(清)查燕緒
編次　清光緒八年(1882)查氏木漸齋刻本
二冊

420000－2341－0007483　D/818.5/2826
吳學士詩集二卷　(清)吳蕭撰　(清)梁肇煌
(清)薛時雨編訂　清光緒八年(1882)江寧
藩署刻本　二冊

420000－2341－0007484　D/818.5/2826
吳學士文集四卷　(清)吳蕭撰　(清)梁肇煌
(清)薛時雨編訂　清光緒八年(1882)江寧
藩署刻本　四冊

420000－2341－0007485　D/818.5/3144
顯志堂稿十二卷　(清)馮桂芬撰　清光緒二
年(1876)校邠廬刻本　五冊

420000－2341－0007486　D/818.5/3708
退菴金石書畫跋二十卷　(清)梁章鉅撰　清
道光二十五年(1845)刻本　十冊

420000－2341－0007487　D/818.5/8354
甘泉鄉人稿二十四卷　(清)錢泰吉撰　清同
治三年(1864)嘉興錢氏刻本　五冊

420000－2341－0007488　D/818.5/8354
甘泉鄉人稿餘二卷　(清)錢泰吉撰　清同治
三年(1864)嘉興錢氏刻本　一冊

420000－2341－0007489　D/818.53/0124
定山堂古文補遺三卷　(清)龔鼎孳撰　清光
緒十二年(1886)龔永孚刻本　三冊

420000－2341－0007490　D/818.53/0124
定山堂古文小品二卷　(清)龔鼎孳撰　清光
緒十二年(1886)龔永孚刻本　二冊

420000－2341－0007491　D/818.53/0124
定山堂小品續集一卷　(清)龔鼎孳撰　清光
緒十二年(1886)龔永孚刻本　一冊

420000－2341－0007492　D/818.7/2628
昭代名人尺牘小傳二十四卷　(清)吳修輯
清嘉慶十九年至道光六年(1814－1826)海鹽
吳修刻本　二冊

420000－2341－0007493　D/818.7/4427
畏廬文集不分卷　林紓撰　清宣統二年
(1910)商務印書館鉛印本　一冊

420000－2341－0007494　D/818.7/5056
東軒詅社畫像不分卷　(清)費丹旭繪　(清)
黃士珣記　(清)諸可寶傳　清光緒二年
(1876)泉唐汪氏振綺堂刻本　一冊

420000－2341－0007495　D/818.73/1138
張勇烈公神道碑不分卷　(清)張裕釗書　清
宣統元年(1909)湖北官書局石印本　一冊

420000－2341－0007496　D/818.73/4492
重刊芝龕記樂府六卷首一卷　(清)董榕撰
清光緒十五年(1889)道州署董氏刻本　四冊

420000－2341－0007497　D/818.73/4492　壹
重刊芝龕記樂府六卷首一卷　(清)董榕撰
清光緒十五年(1889)道州署董氏刻本　四冊

420000－2341－0007498　D/818.75/4033
皇朝文典七十四卷　(清)李兆洛編　清嘉慶
二十年(1815)李淦恭刻本　三十二冊

420000－2341－0007499　D/818.8/0062
得一山房詩集二卷　(清)唐懋功撰　清光緒
十九年(1893)臺灣布政使署刻得一山房四種
本　一冊

420000－2341－0007500　D/818.8/0062

請纓日記十卷（清光緒八年七月初九至十二年九月二十二日）　（清）唐景崧撰　清光緒十九年(1893)臺灣布政使署刻得一山房四種本　四冊

420000－2341－0007501　D/818.8/1033

學古堂日記初編不分卷　（清）雷浚撰　（清）吳履剛編次　清光緒十六年(1890)學古堂刻本　二冊

420000－2341－0007502　D/818.8/3430

張文襄幕府紀聞二卷　（清）辜鴻銘撰　清宣統二年(1910)鉛印本　二冊

420000－2341－0007503　D/818.8/4403

灤陽消夏錄六卷　（清）紀昀撰　清乾隆五十五年(1790)至清末刻本　六冊

420000－2341－0007504　D/818.8/4427

繪圖上海雜記十卷首一卷　（清）蔡牀臥讀生編輯　清光緒三十一年(1905)文寶書局石印本　二冊　存四卷(六至八、首一卷)

420000－2341－0007505　D/818.8/5538

曹寅谷先生全稿不分卷　（清）曹之升撰　清光緒十九年(1893)上海書局石印本　二冊

420000－2341－0007506　D/818.8/8064

曾文正公家書不分卷　（清）曾國藩撰　清光緒五年(1879)傳忠書局刻本　十冊

420000－2341－0007507　D/818.8/8064C5

曾文正公手書日記不分卷（清道光二十一年正月至同治十一年二月初三）　（清）曾國藩撰　清宣統元年(1909)中國圖書公司石印本　四十冊

420000－2341－0007508　D/818.9/1114

問心齋學治雜錄二卷　（清）張聯桂撰　清光緒十一年(1885)刻本　二冊

420000－2341－0007509　D/818.9/1123

無邪堂答問五卷　（清）朱一新撰　清光緒二十二年(1896)上海書局鴻寶齋石印本　五冊

420000－2341－0007510　D/818.9/2128

紅杏山房聞見隨筆二十八卷　（清）盧秉鈞纂

述　清光緒十八年(1892)盧氏家塾刻本　六冊

420000－2341－0007511　D/818.9/3122

灕江雜記不分卷　金武祥撰　灕江游草不分卷　清光緒二十三年(1897)江陰金氏刻粟香室叢書本　一冊

420000－2341－0007512　D/818.9/3122

陶廬雜憶不分卷　金武祥撰　陶廬雜憶續詠不分卷　清光緒二十四年(1898)江陰金氏刻粟香室叢書本　一冊

420000－2341－0007513　D/818.9/3404

遣戍伊犁日記不分卷（清嘉慶四年八月二十日至五年二月初十）　（清）洪亮吉撰　天山客話不分卷　外家紀聞不分卷　清光緒三年(1877)陽湖洪用懃授經堂刻本　一冊

420000－2341－0007514　D/818.9/3722

兩般秋雨盦隨筆八卷　（清）梁紹壬纂　清道光十七年(1837)錢唐汪氏振綺堂刻本　十六冊

420000－2341－0007515　D/818.9/4026C1

棣懷堂隨筆十一卷附錄二卷　（清）李象鵾撰　清道光二十五年(1845)文瑞樓刻本　八冊

420000－2341－0007516　D/818.9/4026C2

棣懷堂隨筆十一卷首一卷末一卷　（清）李象鵾撰　清同治十三年(1874)李家驊、李家驄刻本　六冊

420000－2341－0007517　D/818.9/4409

焚餘偶錄二卷　（清）林慶炳輯　清光緒八年(1882)廣州林慶炳刻本　一冊

420000－2341－0007518　D/818.9/4409

周易述聞不分卷　（清）林慶炳撰　清光緒八年(1882)廣州林慶炳刻本　一冊

420000－2341－0007519　D/818.9/4409

東關紀略二卷　（清）林慶炳輯　清光緒九年(1883)廣州林慶炳刻本　一冊

420000－2341－0007520　D/818.9/4409

東陽隨筆不分卷　（清）林慶炳輯　清光緒十

一年(1885)廣州林慶炳刻本　一冊

420000－2341－0007521　D/818.9/4409

四書註解撮要二卷　(清)林慶炳輯　清光緒
十一年(1885)廣州林慶炳刻本　二冊

420000－2341－0007522　D/818.9/4409

說文字辨十四卷　(清)林慶炳輯　清同治四
年(1865)廣州林慶炳刻本　四冊

420000－2341－0007523　D/818.9/4435

庸盦筆記六卷　(清)薛福成撰　清光緒二十
四年(1898)廣益書局石印本　四冊

420000－2341－0007524　D/818.9/5364

西齋偶得三卷　(清)博明撰　清光緒二十六
年(1900)楊鍾羲刻留垞叢刻本　一冊

420000－2341－0007525　D/818.9/7231

槐軒雜著外編四卷　(清)劉沅撰　清同治七
年(1868)劉咸炘刻本　四冊

420000－2341－0007526　D/818.9/7414

老學庵筆記十卷　(宋)陸游撰　清光緒元年
(1875)湖北崇文書局刻本　二冊

420000－2341－0007527　D/818.9/7414C1

老學庵筆記十卷　(宋)陸游撰　清光緒三年
(1877)湖北崇文書局刻本　二冊

420000－2341－0007528　D/818.917/8214

皇朝瑣屑錄四十四卷　(清)鍾琦撰　清光緒
二十三年(1897)鍾琦刻本　九冊　存四十一
卷(一至四十一)

420000－2341－0007529　D/818/2041

潛莊文鈔六卷　(清)卜起元撰　清光緒五年
(1879)卜起元刻本　二冊

420000－2341－0007530　D/818/2704

壯悔堂文集十卷　(清)侯方域撰　(清)賈開
宗等評點　清光緒四年(1878)舊學山房刻本
六冊

420000－2341－0007531　D/818/4037

邁堂文畧二卷　(清)李祖陶撰　清同治七年
(1868)敖陽尚友樓刻本　二冊

420000－2341－0007532　D/818/4037C1

邁堂文畧不分卷　(清)李祖陶撰　清道光十
五年(1835)鷺洲書院刻本　一冊

420000－2341－0007533　D/818/4426

敬孚類藳十六卷　(清)蕭穆撰　清光緒三十
二年至三十三年(1906－1907)沈子培等刻本
四冊

420000－2341－0007534　D/818/6014

采唐集三卷　呂珮芬編　清光緒三十一年
(1905)石印本　三冊

420000－2341－0007535　D/818/7751

心白日齋集六卷　(清)尹耕雲撰　清光緒二
十一年(1895)刻本　四冊

420000－2341－0007536　D/980.72/5339

愚齋東游日記不分卷(清光緒三十四年八月
初七至十一月初二)　盛宣懷撰　清光緒二
十六年(1900)至清末武進盛氏刻本　一冊

420000－2341－0007537　E/0001

津逮秘書十五集一百四十一種　(明)毛晉編
明崇禎毛氏汲古閣刻本　一百五十二冊

420000－2341－0007538　E/0002

金石三例十五卷　(清)盧見曾輯　清乾隆二
十年(1755)盧氏雅雨堂刻本　二冊

420000－2341－0007539　E/0003

百家類纂四十卷　(明)沈津纂集　明隆慶元
年(1567)含山縣儒學刻本　三十八冊

420000－2341－0007540　E/0004

稗野彙編十三種十四卷　(清)□□編　清順
治四年(1647)抄本　六冊

420000－2341－0007541　E/0005

二十家子書二十種二十九卷　(明)謝汝韶輯
明萬曆六年(1578)吉藩崇德書院刻本　十
六冊

420000－2341－0007542　E/0006

中都四子集六十四卷　(明)朱東光輯　(明)
張登雲補參　明萬曆七年(1579)臨川朱東光
刻本　四十冊

420000 – 2341 – 0007543　E/0007

二十子全集二十種一百六十八卷　（明）吳勉學輯　明萬曆吳勉學刻本　三十二冊

420000 – 2341 – 0007544　E/0008

顧氏文房小說四十種五十六卷　（明）顧元慶編　明嘉靖元年（1522）埭川顧氏刻本　十六冊

420000 – 2341 – 0007545　E/0009

少室山房筆叢正集三十二卷續集十六卷　（明）胡應麟撰　明萬曆十七年（1589）少室山房刻本　八冊

420000 – 2341 – 0007546　E/0010

廣理學備考四十六卷首一卷　（清）范鄗鼎編　清康熙三十八年（1699）五經堂刻本　一百冊

420000 – 2341 – 0007547　E/0011

理學備考三十四卷　（清）范鄗鼎編　清康熙二十年（1681）五經堂刻本　二十冊

420000 – 2341 – 0007548　E/0012

漢魏別解十六卷　（明）黃澍　（明）葉紹泰選輯　明崇禎十一年（1638）香谷山房刻本　十六冊

420000 – 2341 – 0007549　E/0013

唐宋叢書九十種三百三十卷　（明）鍾人傑編　明末鍾氏刻本　一百冊

420000 – 2341 – 0007550　E/0014

德州田氏叢書一百十一卷　（清）田雯撰　清康熙至乾隆德州田氏刻本　二十八冊

420000 – 2341 – 0007551　E/0015

稗海四十八種二百八十八卷續二十二種一百六十一卷　（明）商濬輯　明萬曆刻清康熙補刻本　一百冊

420000 – 2341 – 0007552　E/0016

鏡煙堂十種二十九卷　（清）紀昀等纂　清乾隆嵩山書院刻本　十二冊

420000 – 2341 – 0007553　E/0017

說郛一百二十卷續說郛四十六卷目錄二卷　（明）陶宗儀輯　（明）陶珽重校　清順治三年（1646）宛委山堂刻本　一百六十冊

420000 – 2341 – 0007554　E/0018

檀几叢書五十卷二集五十卷　（清）王晫輯　清康熙三十四年至三十六年（1695 – 1697）吳氏刻本　十冊

420000 – 2341 – 0007555　E/0019

雅雨堂叢書十三種一百三十八卷　（清）盧見曾輯　清乾隆二十一年至二十五年（1756 – 1760）德州盧氏刻本　二十二冊

420000 – 2341 – 0007556　E/0020

春秋世族譜一卷　（清）陳厚耀撰　清光緒二十五年（1899）兩湖書院正學堂刻朱印本　一冊

420000 – 2341 – 0007557　E/0021

棟亭藏書十二種六十六卷　（清）曹寅輯　清康熙四十五年（1706）揚州詩局刻本　二十六冊

420000 – 2341 – 0007558　E/0022

研雲叢刻十六種五十卷　（清）金忠淳輯　清乾隆四十年至四十三年（1775 – 1778）研雲書屋刻本　六冊

420000 – 2341 – 0007559　E/0023

古逸叢書二十六種　（清）黎庶昌輯　清光緒十年（1884）遵義黎氏日本東京使署刻本　五十冊

420000 – 2341 – 0007560　E/0024

西河合集一百二十種四百九十七卷　（清）毛奇齡撰　清乾隆三十五年（1770）刻本　一百二冊

420000 – 2341 – 0007561　E/081.17/0012

續知不足齋叢書十七種　（清）高承勳輯　清渤海高氏刻本　十六冊

420000 – 2341 – 0007562　E/081.17/0040

式訓堂叢書三十六種　（清）章壽康輯　清光緒會稽章氏刻本　五十六冊

420000 – 2341 – 0007563　E/081.17/0040 壹

式訓堂叢書三十六種　（清）章壽康輯　清光緒會稽章氏刻本　三十二冊

420000－2341－0007564　E/081.17/0123
半厂叢書初編八種　（清）譚獻輯　清光緒仁和譚氏刻本　二十冊

420000－2341－0007565　E/081.17/0178
知服齋叢書二十五種　（清）龍鳳鑣輯　清光緒順德龍氏刻本　二十冊　缺六種（元儒考略、楊忠愍公集、元親征錄、谷簾學吟、崇禎五十宰相傳、崇禎內閣行略附閣臣表）

420000－2341－0007566　E/081.17/1020
南菁書院叢書四十一種　王先謙　繆荃孫輯　清光緒十四年（1888）江陰南菁書院刻本　二十八冊

420000－2341－0007567　E/081.17/1026
西漢四大家書六種八卷　（清）王謨輯　清乾隆五十四年（1789）金谿王氏校刻本　十三冊

420000－2341－0007568　E/081.17/1031
畿輔叢書一百二十六種　（清）王灝輯　清光緒五年（1879）定州王氏謙德堂刻本　四百十冊

420000－2341－0007569　E/081.17/1031.1
李恕谷遺書十二種　（清）李塨撰　清光緒五年（1879）定州王氏謙德堂刻本　十四冊

420000－2341－0007570　E/081.17/1031.2
顏習齋遺書四種　（清）顏元撰　清光緒五年（1879）定州王氏謙德堂刻本　十冊

420000－2341－0007571　E/081.17/1035
月河精舍叢鈔四種　（清）丁寶書輯　清光緒六年（1880）苕溪丁氏刻本　十冊

420000－2341－0007572　E/081.17/1060
頤志齋叢書二十一種　（清）丁晏撰　清咸豐山陽丁氏六藝堂刻同治元年（1862）匯印本　二十冊

420000－2341－0007573　E/081.17/1117
便蒙叢書十七種　（清）張一鵬編　清光緒二十八年（1902）蘇州開智書室刻本　十冊

420000－2341－0007574　E/081.17/1122C1
正誼堂全書六十八種　（清）張伯行輯　（清）楊浚重輯　清同治五年（1866）福州正誼書院刻八年至九年（1869－1870）、光緒十三年（1887）續刻本　一百二十四冊　缺五十九冊（二十一至二十八、五十至七十六、一百三十至一百三十四、一百五十二至一百七十）

420000－2341－0007575　E/081.17/1122C1 壹
正誼堂全書六十八種　（清）張伯行輯　（清）楊浚重輯　清同治五年（1866）福州正誼書院刻八年至九年（1869－1870）、光緒十三年（1887）續刻本　一百六十冊

420000－2341－0007576　E/081.17/1122
正誼堂全書六十六種　（清）張伯行輯　（清）楊浚重輯　清同治五年（1866）福州正誼書院刻八年至九年（1869－1870）續刻本　二百冊

420000－2341－0007577　E/081.17/1133
廣雅書局叢書九十九種　（清）廣雅書局輯　清光緒廣雅書局刻本　三百二十冊

420000－2341－0007578　E/081.17/1134
二酉堂叢書二十一種　（清）張澍輯　清道光元年（1821）武威張氏二酉堂刻本　十二冊

420000－2341－0007579　E/081.17/1231
問經堂叢書十六種　（清）孫馮翼輯　清嘉慶七年（1802）承德孫氏刻本　十冊

420000－2341－0007580　E/081.17/1244
古棠書屋叢書十九種　（清）孫澍　（清）孫錤輯　清道光十四年（1834）鵝溪孫氏刻本　四十冊

420000－2341－0007581　E/081.17/1262
平津館叢書三十八種　（清）孫星衍輯　清光緒十一年（1885）吳縣朱氏槐廬家塾刻本　四十七冊

420000－2341－0007582　E/081.17/1262 壹
平津館叢書三十八種　（清）孫星衍輯　清光緒十一年（1885）吳縣朱氏槐廬家塾刻本　四十八冊

420000－2341－0007583　E/081.17/1347C1

武英殿聚珍版書一百四十八種　（清）□□編
清乾隆四十二年（1777）福建刻道光、同治
遞修光緒二十一年（1895）增刻本　八百三
十冊

420000－2341－0007584　E/081.17/1347C2

武英殿聚珍版書一百四十八種　（清）□□編
清同治十三年（1874）江西書局刻本　一百
二十二冊

420000－2341－0007585　E/081.17/1347C2 壹

武英殿聚珍版書一百四十八種　（清）□□編
清同治十三年（1874）江西書局刻本　一百
二十六冊

420000－2341－0007586　E/081.17/2007

古香齋袖珍十種　（清）□□編　清同治、光
緒南海孔氏刻本　三百十八冊

420000－2341－0007587　E/081.17/2024

香艷叢書二十集　（清）國學扶輪社輯　清宣
統國學扶輪社鉛印本　七十九冊

420000－2341－0007588　E/081.17/2126

粵雅堂叢書三編三十集　（清）伍崇曜輯　清
道光至光緒南海伍氏刻本　三百四十冊

420000－2341－0007589　E/081.17/2126 貳

粵雅堂叢書三編三十集　（清）伍崇曜輯　清
道光至光緒南海伍氏刻本　三百二十冊

420000－2341－0007590　E/081.17/2126 壹

粵雅堂叢書三編三十集　（清）伍崇曜輯　清
道光至光緒南海伍氏刻本　三百三十六冊

420000－2341－0007591　E/081.17/2205

崇文書局彙刻書三十三種　（清）湖北崇文書
局輯　清光緒元年（1875）湖北崇文書局刻本
八十冊

420000－2341－0007592　E/081.17/2205 壹

崇文書局彙刻書三十三種　（清）湖北崇文書
局輯　清光緒元年（1875）湖北崇文書局刻本
七十七冊

420000－2341－0007593　E/081.17/2509

槐廬叢書四十六種　（清）朱記榮輯　清光緒
吳縣朱氏槐廬家塾刻本　七十八冊

420000－2341－0007594　E/081.17/2553

朱文端公藏書十三種　（清）朱軾撰　清光緒
二十三年（1897）朱衡刻本　八十冊

420000－2341－0007595　E/081.17/2610C1

說鈴前集三十三種　（清）吳震方輯　清康熙
四十一年（1702）刻本　八冊

420000－2341－0007596　E/081.17/2610C2

說鈴五十三種　（清）吳震方輯　清道光五年
（1825）聚秀堂刻本　三十二冊

420000－2341－0007597　E/081.17/2630C2

重刊拜經樓叢書七種　（清）吳騫輯　清光緒
十一年（1885）會稽章氏鄂渚刻本　六冊

420000－2341－0007598　E/081.17/2694

藝海珠塵八集一百六十四種　（清）吳省蘭輯
（清）錢熙輔增輯　清嘉慶南匯吳氏聽彝堂
刻本　六十八冊

420000－2341－0007599　E/081.17/2712

後知不足齋叢書四十七種　（清）鮑廷爵輯
清光緒常熟鮑氏刻本　三十冊

420000－2341－0007600　E/081.17/2714C2

知不足齋叢書三十集　（清）鮑廷博輯　（清）
鮑志祖續輯　清乾隆至道光長塘鮑氏刻本
二百四十冊

420000－2341－0007601　E/081.17/2714C2 貳

知不足齋叢書三十集　（清）鮑廷博輯　（清）
鮑志祖續輯　清乾隆至道光長塘鮑氏刻本
二百五十五冊

420000－2341－0007602　E/081.17/2714C2 壹

知不足齋叢書三十集　（清）鮑廷博輯　（清）
鮑志祖續輯　清乾隆至道光長塘鮑氏刻本
二十六冊

420000－2341－0007603　E/081.17/2741

藕香零拾三十九種　繆荃孫輯　清光緒至清
末刻本　三十二冊

420000－2341－0007604　E/081.17/2741.2

雲自在龕叢書五集三十五種　繆荃孫輯　清
光緒江陰繆氏刻本　二十六冊

420000－2341－0007605　E/081.17/2747
安吳四種　（清）包世臣撰　清同治十一年
(1872)包誠刻光緒十四年(1888)後印本　十
六冊

420000－2341－0007606　E/081.17/2747貳
安吳四種　（清）包世臣撰　清同治十一年
(1872)包誠刻光緒十四年(1888)後印本　十
六冊

420000－2341－0007607　E/081.17/2747壹
安吳四種　（清）包世臣撰　清同治十一年
(1872)包誠刻光緒十四年(1888)後印本　十
六冊

420000－2341－0007608　E/081.17/2816.2
鄦齋叢書二十種　徐乃昌輯　清光緒二十六
年(1900)南陵徐氏刻本　十二冊

420000－2341－0007609　E/081.17/2816.3
積學齋叢書二十種　徐乃昌輯　清光緒南陵
徐氏刻本　十六冊

420000－2341－0007610　E/081.17/2832
春暉堂叢書十二種　（清）徐渭仁輯　清道光
至咸豐上海徐氏刻同治補刻本　十二冊

420000－2341－0007611　E/081.17/2832壹
春暉堂叢書十二種　（清）徐渭仁輯　清道光
至咸豐上海徐氏刻同治補刻本　十冊

420000－2341－0007612　E/081.17/2848
邵武徐氏叢書初刻十五種二集八種　（清）徐
榦輯　清光緒邵武徐氏刻本　四十冊

420000－2341－0007613　E/081.17/2849
觀自得齋叢書二十九種　（清）徐士愷輯　清
光緒石埭徐氏刻本　十八冊

420000－2341－0007614　E/081.17/3108
振綺堂叢書二十二種　（清）汪康年輯　清光
緒至清末錢塘汪氏刻本　八冊　存十二種
（中興正要、克復諒山大略、烈女傳、明史分稿
殘編、己庚編、西藏紀述、章谷屯志略、萬象一

原、埃及碑釋、木剌夷補傳稿、轉徙餘生記、奉
使英倫記）

420000－2341－0007615　E/081.17/3125
正誼齋叢書十種　（清）汪昌序輯　清道光二
十年(1840)儀徵汪氏刻本　三十二冊

420000－2341－0007616　E/081.17/3128
讀畫齋叢書四十六種　（清）顧修輯　清嘉慶
四年(1799)桐川顧氏刻本　六十四冊

420000－2341－0007617　E/081.17/3128壹
讀畫齋叢書四十六種　（清）顧修輯　清嘉慶
四年(1799)桐川顧氏刻本　六十冊

420000－2341－0007618　E/081.17/3136
小石山房叢書三十八種　（清）顧湘輯　清同
治十三年(1874)虞山顧氏刻本　十六冊

420000－2341－0007619　E/081.17/3136壹
小石山房叢書三十八種　（清）顧湘輯　清同
治十三年(1874)虞山顧氏刻本　十六冊

420000－2341－0007620　E/081.17/3137
古愚老人消夏錄十七種　（清）汪汲撰　清乾
隆至道光長塘鮑氏刻本　二十四冊

420000－2341－0007621　E/081.17/3141
靈鶼閣叢書五十六種　（清）江標輯　清光緒
元和江氏湖南使院刻本　二十四冊

420000－2341－0007622　E/081.17/3214
漸西村舍彙刊四十四種　（清）袁昶輯　清光
緒桐廬袁氏刻本　七十一冊

420000－2341－0007623　E/081.17/3225
海山仙館叢書五十六種　（清）潘仕成輯　清
道光至咸豐番禺潘氏刻光緒補刻本　一百二
十冊

420000－2341－0007624　E/081.17/3225壹
海山仙館叢書五十六種　（清）潘仕成輯　清
道光至咸豐番禺潘氏刻光緒補刻本　一百二
十冊

420000－2341－0007625　E/081.17/3234
功順堂叢書十八種　（清）潘祖蔭輯　清光緒
吳縣潘氏刻本　二十四冊

420000－2341－0007626　E/081.17/3234.2

潘刻五種　（清）恩壽輯　清光緒二十九年
（1903）北京翰文齋刻本　六冊

420000－2341－0007627　E/081.17/3234C1

滂喜齋叢書五十四種　（清）潘祖蔭輯　清同
治、光緒吳縣潘氏京師刻本　三十四冊

420000－2341－0007628　E/081.17/3234C1 壹

滂喜齋叢書五十四種　（清）潘祖蔭輯　清同
治、光緒吳縣潘氏京師刻本　三十二冊

420000－2341－0007629　E/081.17/3436

晨風閣叢書二十六種　沈宗畸輯　清宣統元
年（1909）番禺沈氏刻本　七冊

420000－2341－0007630　E/081.17/3436 壹

晨風閣叢書二十六種　沈宗畸輯　清宣統元
年（1909）番禺沈氏刻本　十六冊

420000－2341－0007631　E/081.17/4001

函海一百六十三種　（清）李調元輯　清道光
五年（1825）李朝夔補刻本　一百五十二冊

420000－2341－0007632　E/081.17/4001 壹

函海一百六十三種　（清）李調元輯　清道光
五年（1825）李朝夔補刻本　四十八冊

420000－2341－0007633　E/081.17/4015

青照堂叢書三編八十五種　（清）李元春輯
清道光十五年（1835）朝邑劉際清等刻本　二
十七冊

420000－2341－0007634　E/081.17/4058

木犀軒叢書二十七種　李盛鐸輯　清光緒德
化李氏木犀軒刻本　二十六冊

420000－2341－0007635　E/081.17/4082

惜陰軒叢書三十四種續編一種　（清）李錫齡
輯　清光緒二十二年（1896）長沙刻本　一百
二十冊

420000－2341－0007636　E/081.17/4082 壹

惜陰軒叢書三十四種續編一種　（清）李錫齡
輯　清光緒二十二年（1896）長沙刻本　一百
九冊

420000－2341－0007637　E/081.17/4241

咫進齋叢書三集三十七種　（清）姚覲元輯
清光緒九年（1883）歸安姚氏刻本　二十四冊

420000－2341－0007638　E/081.17/4410

長恩書室叢書十九種　（清）莊肇麟輯　清咸
豐四年（1854）新昌莊氏過客軒刻本　十六冊

420000－2341－0007639　E/081.17/4411C3

士禮居黃氏叢書十九種附四種　（清）黃丕烈
輯　清光緒十三年（1887）上海蜚英館影印本
三十冊

420000－2341－0007640　E/081.17/4416

嘯園叢書五十八種　（清）葛元煦輯　清光緒
九年（1883）仁和葛氏刻本　三十六冊

420000－2341－0007641　E/081.17/4428

求實齋叢書十五種　蔣德鈞輯　清光緒湘鄉
蔣氏龍安郡署刻本　二十四冊

420000－2341－0007642　E/081.17/4434

十種古逸書十種　（清）茆泮林輯　清道光十
四年（1834）梅瑞軒刻本　四冊

420000－2341－0007643　E/081.17/4440

漢學堂叢書二百十五種　（清）黃奭輯　清道
光甘泉黃氏刻光緒印本　六十六冊

420000－2341－0007644　E/081.17/4447

三長物齋叢書二十六種　（清）黃本驥輯　清
道光湘陰蔣瓖刻光緒四年（1878）古香書閣印
本　八十冊

420000－2341－0007645　E/081.17/4474.2

鐵華館叢書六種　（清）蔣鳳藻輯　清光緒長
洲蔣氏景刻本　六冊

420000－2341－0007646　E/081.17/4690

連筠簃叢書十二種　（清）楊尚文輯　清道光
二十八年（1848）靈石楊氏刻本　三十六冊

420000－2341－0007647　E/081.17/4690 壹

連筠簃叢書十二種　（清）楊尚文輯　清道光
二十八年（1848）靈石楊氏刻本　三十冊

420000－2341－0007648　E/081.17/4711

琳瑯秘室叢書三十種　（清）胡珽輯　（清）董
金鑑校　清光緒十四年（1888）會稽董氏取斯

堂木活字印本　二十四冊

420000－2341－0007649　E/081.17/4748

宜稼堂叢書七種　（清）郁松年輯　清道光上海郁氏刻本　六十四冊

420000－2341－0007650　E/081.17/4918

新陽趙氏叢刊九種　（清）趙元益輯　清光緒新陽趙氏刻本　八冊　缺二種(資治通鑑刊本識誤、得一齋雜著)

420000－2341－0007651　E/081.17/4930

仰視千七百二十九鶴齋叢書六集　（清）趙之謙輯　清光緒會稽趙氏刻本　三十冊

420000－2341－0007652　E/081.17/6031

經訓堂叢書二十三種　（清）畢沅輯　清乾隆鎮洋畢氏刻本　四十冊

420000－2341－0007653　E/081.17/7269

述古叢鈔二十六種　（清）劉晚榮輯　清同治、光緒古岡劉氏藏修書屋刻本　三十二冊

420000－2341－0007654　E/081.17/7433

十萬卷樓叢書三編五十一種　（清）陸心源輯　清光緒歸安陸氏刻本　四十八冊

420000－2341－0007655　E/081.17/7550

湖海樓叢書十二種　（清）陳春輯　清嘉慶湖海樓刻本　三十冊

420000－2341－0007656　E/081.17/7550 壹

湖海樓叢書十二種　（清）陳春輯　清嘉慶湖海樓刻本　三十二冊

420000－2341－0007657　E/081.17/7738

貸園叢書初集十二種　（清）周永年輯　清乾隆五十四年(1789)歷城周氏竹西書屋刻本　十五冊

420000－2341－0007658　E/081.17/7738 壹

貸園叢書初集十二種　（清）周永年輯　清乾隆五十四年(1789)歷城周氏竹西書屋刻本　十六冊

420000－2341－0007659　E/081.17/8075

詒經堂藏書七種　（清）金長春輯　清嘉慶十八年(1813)當塗金氏刻本　六冊

420000－2341－0007660　E/081.17/9977

得月簃叢書初刻十種次刻十種　（清）榮譽輯　清道光長白榮氏刻本　十五冊

420000－2341－0007661　E/081.18/4429.3

麗廔叢書九種　葉德輝輯　清光緒長沙葉氏刻本　八冊

420000－2341－0007662　E/081.18/4429.4

雙楳景闇叢書十六種　葉德輝輯　清光緒至清末長沙葉氏郋園刻本　五冊

420000－2341－0007663　E/081.18/4429.4 壹

雙楳景闇叢書十六種　葉德輝輯　清光緒至清末長沙葉氏郋園刻本　五冊

420000－2341－0007664　E/081.18/6051.2

宸翰樓叢書八種　羅振玉輯　清宣統三年(1911)上虞羅氏刻五種本　五冊

420000－2341－0007665　E/081.2/4087

鄭氏佚書二十三種　（清）袁鈞輯　清光緒十四年(1888)浙江書局刻本　十冊

420000－2341－0007666　E/081.2/7164

玉函山房輯佚書六百三十四種　（清）馬國翰輯　清光緒九年(1883)長沙娜嬛館刻本　一百七冊

420000－2341－0007667　E/081.3/0023

唐代叢書一百六十四種　（清）王文誥輯　清嘉慶十一年(1806)刻本　十二冊

420000－2341－0007668　E/081.3/1137

昭代叢書五百六十種　（清）張潮（清）張漸輯　（清）楊復吉　（清）沈楙惪續輯　清道光吳江沈氏世楷堂刻本　一百七十一冊

420000－2341－0007669　E/081.3/2189

增訂漢魏叢書九十二種　（清）王謨輯　清乾隆五十六年(1791)金谿王氏刻本　一百六十冊

420000－2341－0007670　E/081.3/2189 壹

增訂漢魏叢書九十二種　（清）王謨輯　清乾隆五十六年(1791)金谿王氏刻本　一百六十冊

420000－2341－0007671　E/081.3/7547C1

唐人說薈二十卷　（清）陳世熙輯　清乾隆五
十七年(1792)挹秀軒刻本　十九冊　缺一卷
（九）

420000－2341－0007672　E/081.3/7547C2

唐人說薈二十卷　（清）陳世熙輯　清道光二
十三年(1843)刻本　二十冊

420000－2341－0007673　E/081.473/4895

湖北叢書三十種　（清）趙尚輔輯　清光緒十
七年(1891)三餘草堂刻本　一百冊

420000－2341－0007674　E/081.473/4895 壹

湖北叢書三十種　（清）趙尚輔輯　清光緒十
七年(1891)三餘草堂刻本　一百冊

420000－2341－0007675　E/081.477/3141

金陵叢刻十五種　（清）傅官春輯　清光緒江
寧傅氏晦齋刻本　十二冊

420000－2341－0007676　E/081.477/5339

常州先哲遺書初集四十種附三種　盛宣懷輯
　清光緒武進盛氏刻本　六十四冊

420000－2341－0007677　E/081.477/5339 壹

常州先哲遺書初集四十種附三種　盛宣懷輯
　清光緒武進盛氏刻本　六十四冊

420000－2341－0007678　E/081.478/1010

武林往哲遺箸初編五十六種後編十種　（清）
丁丙輯　清光緒錢唐丁氏嘉惠堂刻本　九十
六冊

420000－2341－0007679　E/081.478/1010.2

武林掌故叢編二十六集　（清）丁丙輯　清光
緒錢塘丁氏嘉惠堂刻本　二百八冊

420000－2341－0007680　E/081.478/1200

永嘉叢書十二種　（清）孫衣言輯　清同治、
光緒瑞安孫氏詒善祠塾刻本　三十八冊

420000－2341－0007681　E/081.478/2844

紹興先正遺書四集十五種　（清）徐友蘭輯
清光緒會稽徐氏鑄學齋刻本　四十八冊

420000－2341－0007682　E/081.478/3049

台州叢書七種　（清）宋世犖輯　清嘉慶至道
光臨海宋氏刻本　二十四冊

420000－2341－0007683　E/081.478/3748

湖州叢書十二種　（清）陸心源輯　清光緒湖
城義塾刻本　二十四冊

420000－2341－0007684　0920 貳

[同治]萍鄉縣志十卷首一卷　（清）錫榮
（清）王明璠纂修　清同治十一年(1872)尊經
堂刻本　四冊　存七卷(三至九)

420000－2341－0007685　E/081.483/2114

嶺南遺書五十九種　（清）伍元薇　（清）伍崇
曜輯　清道光至同治南海伍氏粵雅堂文字歡
娛室刻本　九十五冊

420000－2341－0007686　E/081.5/0030

柏堂遺書八種附一種　（清）方宗誠撰　清光
緒桐城方氏刻本　十二冊

420000－2341－0007687　E/081.5/0031

毋不敬齋全書十八種　（清）方潛撰　清光緒
十五年(1889)方敦吉濟南刻本　十五冊

420000－2341－0007688　E/081.5/0037

孝經鄭氏注一卷　（漢）鄭玄撰　（清）嚴可均
輯　清光緒二十九年(1903)成都大關唐氏刻
怡蘭堂叢書本　一冊

420000－2341－0007689　E/081.5/0037

聖賢高士傳一卷　（三國魏）嵇康撰　（清）嚴
可均校輯　清光緒二十七年(1901)成都大關
唐氏刻怡蘭堂叢書本　一冊

420000－2341－0007690　E/081.5/0044

抗希堂十六種　（清）方苞撰　清康熙至嘉慶
桐城方氏抗希堂刻本　七十四冊

420000－2341－0007691　E/081.5/0083

許松滨先生全集四十三卷　（清）許錫祺撰
清光緒十九年(1893)劉汝錫等刻本　八冊

420000－2341－0007692　E/081.5/1011

富陽夏氏叢刻八種　夏震武　夏鼎武撰　清
光緒刻本　四冊

420000－2341－0007693　E/081.5/1053

船山遺書五十七種　（清）王夫之撰　清同治

四年(1865)湘鄉曾國荃金陵刻本　九十九冊

420000－2341－0007694　E/081.5/1053 貳
船山遺書五十七種　(清)王夫之撰　清同治
四年(1865)湘鄉曾國荃金陵刻本　五十九冊

420000－2341－0007695　E/081.5/1053 叄
船山遺書五十七種　(清)王夫之撰　清同治
四年(1865)湘鄉曾國荃金陵刻本　四十九冊

420000－2341－0007696　E/081.5/1053 肆
船山遺書五十七種　(清)王夫之撰　清同治
四年(1865)湘鄉曾國荃金陵刻本　一百九冊

420000－2341－0007697　E/081.5/1053 壹
船山遺書五十七種　(清)王夫之撰　清同治
四年(1865)湘鄉曾國荃金陵刻本　一百冊

420000－2341－0007698　E/081.5/1092
景紫堂全書十七種　(清)夏炘撰　清咸豐、
同治刻同治元年(1862)王光甲等彙印本　二
十二冊

420000－2341－0007699　E/081.5/1150
張皋文箋易詮全集十六種　(清)張惠言撰
清嘉慶至道光刻本　三十二冊

420000－2341－0007700　E/081.5/1204
顨軒孔氏所著書七種　(清)孔廣森撰　清嘉
慶二十二年(1817)曲阜孔氏儀鄭堂刻本　二
十冊

420000－2341－0007701　E/081.5/1205
孫文恭公遺書七種　(明)孫應鰲撰　清光緒
六年(1880)獨山莫氏刻本　六冊

420000－2341－0007702　E/081.5/2022
焦氏叢書二十三種　(清)焦循撰　清光緒二
年(1876)衡陽魏氏刻本　四十冊

420000－2341－0007703　E/081.5/2509
朱慎甫先生遺集四種　(清)朱文烺撰　清光
緒十五年(1889)甘肅藩署刻本　三冊

420000－2341－0007704　E/081.5/2574
朱氏群書六種　(清)朱駿聲撰　清光緒八年
(1882)臨嘯閣刻本　六冊

420000－2341－0007705　E/081.5/2688
魏稼孫全集四種　(清)魏錫曾撰　清光緒九
年(1883)刻本　十四冊

420000－2341－0007706　E/081.5/2714
經韻樓叢書八種　(清)段玉裁撰　清乾隆至
道光金壇段氏刻本　二十四冊

420000－2341－0007707　E/081.5/2744
紀慎齋先生全集十二種續集七種　(清)紀大
奎撰　清嘉慶、咸豐刻本　四十冊

420000－2341－0007708　E/081.5/2744 壹
紀慎齋先生全集十二種續集七種　(清)紀大
奎撰　清嘉慶、咸豐刻本　四十冊

420000－2341－0007709　E/081.5/2800
徐位山六種　(清)徐文靖撰　清光緒二年
(1876)刻本　二十四冊

420000－2341－0007710　E/081.5/3122
小石山房叢書三十八種　(清)顧湘輯　清同
治十三年(1874)虞山顧氏刻本　十六冊

420000－2341－0007711　E/081.5/3191
顧亭林先生遺書十種　(清)顧炎武撰　清蓬
萊閣刻吳縣朱記榮增刻光緒三十二年(1906)
彙印本　二十冊

420000－2341－0007712　E/081.5/3191 壹
顧亭林先生遺書十種　(清)顧炎武撰　清蓬
萊閣刻吳縣朱記榮增刻光緒三十二年(1906)
彙印本　十冊

420000－2341－0007713　E/081.5/3246
希鄭堂叢書七種　潘任撰　清光緒二十年
(1894)木活字印本　五十冊

420000－2341－0007714　E/081.5/3281
香禪精舍集十五種　(清)潘鍾瑞撰　清光緒
長沙潘氏香禪精舍刻本　十六冊

420000－2341－0007715　E/081.5/3281 壹
香禪精舍集十五種　(清)潘鍾瑞撰　清光緒
長沙潘氏香禪精舍刻本　十六冊

420000－2341－0007716　E/081.5/3404
洪北江全集三十三種　(清)洪亮吉撰　清光

緒洪用懃授經堂刻本　　八十四冊

420000－2341－0007717　E/081.5/3404 壹
洪北江全集三十三種　（清）洪亮吉撰　清光
緒洪用懃授經堂刻本　　八十四冊

420000－2341－0007718　E/081.5/3466
蜚雲閣凌氏叢書六種　（清）凌曙撰　清嘉慶
至道光江都凌氏蜚雲閣刻本　　十二冊

420000－2341－0007719　E/081.5/3708
二思堂叢書六種　（清）梁章鉅撰　清光緒元
年(1875)福州梁氏刻本　　十六冊

420000－2341－0007720　E/081.5/3712
清白士集六種附一種　（清）梁玉繩撰　清嘉
慶至道光刻本　　二十四冊

420000－2341－0007721　E/081.5/4004
石泉書屋全集十三種　（清）李佐賢撰　清同
治利津李氏刻本　　四十四冊

420000－2341－0007722　E/081.5/4047
杭大宗七種叢書　（清）杭世駿撰　清咸豐元
年(1851)長沙小嫏嬛山館刻本　　六冊

420000－2341－0007723　E/081.5/4047 壹
杭大宗七種叢書　（清）杭世駿撰　清咸豐元
年(1851)長沙小嫏嬛山館刻本　　四冊

420000－2341－0007724　E/081.5/4081
師伏堂叢書十五種　（清）皮錫瑞撰　清光緒
善化皮氏刻本　　三十八冊

420000－2341－0007725　E/081.5/4081 壹
師伏堂叢書十五種　（清）皮錫瑞撰　清光緒
善化皮氏刻本　　四十冊

420000－2341－0007726　E/081.5/4094
榕村全書四十二種　（清）李光地撰　清道光
九年(1829)李維迪刻本　　七十八冊

420000－2341－0007727　E/081.5/4204.2
滇南四種　姚文棟撰　清光緒刻本　　五冊

420000－2341－0007728　E/081.5/4217
惜抱軒遺書三種　（清）姚鼐撰　清光緒五年
(1879)桐城徐宗亮刻本　　四冊

420000－2341－0007729　E/081.5/4310
戴氏遺書十三種　（清）戴震撰　清乾隆曲阜
孔氏刻本　　三十六冊

420000－2341－0007730　E/081.5/4412
海嶽軒叢刻十種　杜俞撰　清光緒二十六年
(1900)申江鉛印本　　八冊

420000－2341－0007731　E/081.5/4429
觀古堂所著書十六種　葉德輝撰　清光緒長
沙葉氏刻本　　十六冊

420000－2341－0007732　E/081.5/4444
影山草堂六種　（清）莫友芝撰　清咸豐至光
緒刻本　　十冊

420000－2341－0007733　E/081.5/4453
竹柏山房十五種附刻四種　（清）林春溥撰
清嘉慶至咸豐刻本　　二十六冊

420000－2341－0007734　E/081.5/4454
桐華閣叢書六種　（清）杜貴墀撰　清光緒刻
本　　十二冊

420000－2341－0007735　E/081.5/4601
水田居全集七種　（清）賀貽孫撰　清道光至
同治敕書樓刻本　　二十四冊

420000－2341－0007736　E/081.5/4917
甌北全集七種　（清）趙翼撰　清光緒三年
(1877)刻本　　六十冊

420000－2341－0007737　E/081.5/4924
清獻堂全編八種　（清）趙佑撰　清乾隆五十
二年(1787)刻本　　二十冊

420000－2341－0007738　E/081.5/6020
觀象廬叢書二十八種　（清）呂調陽撰　清光
緒十四年(1888)葉長高刻本　　四十四冊

420000－2341－0007739　E/081.5/6034
羅忠節公遺集七種　（清）羅澤南撰　清咸豐
至同治刻本　　八冊

420000－2341－0007740　E/081.5/6045
楚蒙山房集八種　（清）晏斯盛撰　清乾隆七
年(1742)新喻晏氏刻本　　十二冊

420000－2341－0007741　E/081.5/7433

潛園總集十七種　（清）陸心源撰　清同治、光緒刻本　七十五冊

420000－2341－0007742　E/081.5/7533

麓山精舍叢書九十種　陳運溶輯　清光緒至清末湘西陳氏刻本　六冊

420000－2341－0007743　E/081.5/7535

番禺陳氏東塾叢書五種　（清）陳澧撰　清咸豐至光緒刻本　八冊

420000－2341－0007744　E/081.5/7543

左海全集十種　（清）陳壽祺撰　清嘉慶至道光刻陳紹墉補刻本　二十四冊

420000－2341－0007745　E/081.5/7543.2

江都陳氏叢書七種　（清）陳本禮　（清）陳逢衡撰　清嘉慶至道光刻本　六冊

420000－2341－0007746　E/081.5/7757

周孟侯先生全書六種　（明）周拱辰撰　清道光二十七年（1847）刻光緒元年（1875）補刻本　十二冊

420000－2341－0007747　E/081.5/8043

春在堂全書三十四種　（清）俞樾撰　清光緒二十五年（1899）刻本　一百六十冊

420000－2341－0007748　E/081.5/8043 壹

春在堂全書三十四種　（清）俞樾撰　清光緒二十五年（1899）刻本　三十二冊

420000－2341－0007749　E/081.5/8047

古歡室全集四種　（清）曾懿撰　清光緒刻本　六冊

420000－2341－0007750　E/081.5/8346

嘉定錢氏潛研堂全書二十二種　（清）錢大昕撰　清光緒十年（1884）長沙龍氏家塾刻本　八十冊

420000－2341－0007751　E/081.6/3132

汪雙池先生叢書二十種　（清）汪紱撰　清道光至光緒刻光緒二十三年（1897）長安趙舒翹等匯印本　一百四十四冊

420000－2341－0007752　E/081.6/4742

郝氏遺書三十三種　（清）郝懿行撰　清嘉慶至光緒刻本　五十四冊

420000－2341－0007753　E/081.81/2200

子書百家一百種　（清）湖北崇文書局輯　清光緒元年（1875）湖北崇文書局刻本　一百二十七冊

420000－2341－0007754　E/081.81/2200 壹

子書百家一百種　（清）湖北崇文書局輯　清光緒元年（1875）湖北崇文書局刻本　一百十冊

420000－2341－0007755　E/081.81/3231

二十二子二十二種　（清）浙江書局輯　清光緒浙江書局刻本　八十三冊

420000－2341－0007756　E/081.81/3231 壹

二十二子二十二種　（清）浙江書局輯　清光緒浙江書局刻本　八十三冊

420000－2341－0007757　E/081.85/4802

兼濟堂纂刻梅勿菴先生曆算全書二十九種　（清）梅文鼎撰　清雍正元年（1723）魏荔彤刻乾隆十四年（1749）梅汝培重修咸豐九年（1859）梅體萱補修本　三十二冊

420000－2341－0007758　E/081.87/0848

娛園叢刻十種　（清）許增輯　清光緒十五年（1889）刻本　八冊

420000－2341－0007759　E/081.89/7533

荊駝逸史五十一種　（清）陳湖逸士輯　清道光古槐山房木活字印本　三十二冊

420000－2341－0007760　E/081/6051

玉簡齋叢書初集十四種二集八種　羅振玉輯　清宣統二年（1910）上虞羅氏刻本　二十冊

420000－2341－0007761　E092/Y1

防海輯要十八卷首一卷　（清）俞昌會撰　清光緒十一年（1885）星沙明遠書局刻本　十冊

420000－2341－0007762　E892/Z265

登壇必究四十卷　（明）王鳴鶴編　清刻本　一冊　存二卷（二十六至二十七）

420000－2341－0007763　G409.203/Ch1

養正遺規二卷補編一卷　（清）陳宏謀編輯
清光緒二十一年（1895）浙江書局刻五種遺規
本　二冊

420000－2341－0007764　G409.203/Ch1

教女遺規三卷　（清）陳宏謀編輯　清光緒二
十一年（1895）浙江書局刻五種遺規本　一冊

420000－2341－0007765　G409.203/Ch1

訓俗遺規四卷補編一卷　（清）陳宏謀編輯
清光緒二十一年（1895）浙江書局刻五種遺規
本　三冊

420000－2341－0007766　G409.203/Ch1

從政遺規二卷　（清）陳宏謀編輯　清光緒二
十一年（1895）浙江書局刻五種遺規本　二冊

420000－2341－0007767　G409.203/Ch1

在官法戒錄四卷　（清）陳宏謀編輯　清光緒
二十一年（1895）浙江書局刻五種遺規本
二冊

420000－2341－0007768　G891.3/F1

桃花泉奕譜二卷　（清）范世勳撰　清乾隆三
十年（1765）刻本　一冊

420000－2341－0007769　H113/G1T14

音學五書五種　（清）顧炎武撰　清光緒十一
年（1885）四明觀稼樓刻本　十二冊

420000－2341－0007770　H114/L1T1

音韻須知二卷　（清）李書雲輯　（清）朱素臣
較　清康熙二十九年（1690）孝經堂刻本
一冊

420000－2341－0007771　H114/L1T2

問奇一覽二卷　（清）李書雲輯　（清）朱素臣
較　清康熙二十九年（1690）孝經堂刻乾隆三
十一年（1766）重修本　一冊

420000－2341－0007772　I211/Zh1T1

文選六十卷　（南朝梁）蕭統選　（唐）李善注
清嘉慶十四年（1809）鄱陽胡氏刻本　十
六冊

420000－2341－0007773　I212/B1

白田風雅二十四卷　（清）朱彬輯　清光緒十

二年（1886）金陵刻本　一冊　存五卷（二十
至二十四）

420000－2341－0007774　I213.7/T1

陶淵明集八卷首一卷末一卷　（晉）陶淵明撰
清光緒五年（1879）廣州翰墨園刻朱墨套印
本　二冊

420000－2341－0007775　I214.2/H1

昌黎先生集四十卷外集十卷遺文一卷朱子校
昌黎先生集傳一卷　（唐）韓愈撰　（唐）李漢
編　（宋）朱熹考異　清同治八年（1869）江蘇
書局刻本　六冊

420000－2341－0007776　I214.9/Y1

西堂全集十七種附一種　（清）尤侗撰　清康
熙二十三年（1684）至清末刻本　十冊　存十
三種三十四卷（西堂小草一卷、論語詩一卷、
右北平集一卷、看雲草堂集八卷、述祖詩一
卷、于京集五卷、哀絃集二卷、擬明史樂府一
卷、外國竹枝詞一卷、百末詞五卷詞餘一卷、
性理吟一卷、後性理吟一卷、湘中草六卷）

420000－2341－0007777　I214.9/Zh1

板橋集六編　（清）鄭燮撰　清刻本　二冊

420000－2341－0007778　I222.5/Zh1

桂之華軒文集九卷　（清）朱銘盤撰　清光緒
三十二年（1906）南通州翰墨林書局鉛印本
二冊

420000－2341－0007779　I222.742/D1T1

杜詩鏡銓二十卷首一卷附錄二卷　（唐）杜甫
撰　（清）楊倫編輯　清同治十一年（1872）望
三益齋刻本　十二冊

420000－2341－0007780　I222/S1

雁門集六卷遺一卷附一卷　（元）薩都剌撰
清宣統二年（1910）刻本　二冊

420000－2341－0007781　I222/W1

漁洋山人古詩選五言詩十七卷七言詩十五卷
（清）王士禎選　清同治五年（1866）金陵書
局刻本　八冊

420000－2341－0007782　I262.49/Q1

鮚埼亭集外編五十卷 （清）全祖望撰 清嘉慶十六年（1811）餘姚史夢蛟刻同治十一年（1872）姚江借樹山房後印本 十二冊

420000－2341－0007783　I262.5/Y1

癸巳類稿十五卷 （清）俞正燮撰 清光緒十四年（1888）枕碧山館刻本 十冊

420000－2341－0007784　K204.1/W1

十七史商榷一百卷目錄一卷 （清）王鳴盛撰 清乾隆五十二年（1787）洞涇艸堂刻本 十二冊

420000－2341－0007785　K204.2/L1T2

史記志疑三十六卷 （清）梁玉繩撰 清光緒十三年（1887）廣雅書局刻廣雅書局叢書本 十四冊

420000－2341－0007786　K204.2/W1

史記三書正譌三卷 （清）王元啟撰 清光緒十六年（1890）廣雅書局刻廣雅書局叢書本 一冊

420000－2341－0007787　K204.3/L1

續資治通鑑長編五百二十卷 （宋）李燾撰 清光緒七年（1881）浙江書局刻本 十二冊

420000－2341－0007788　K204.3/W1

重訂王鳳洲先生綱鑑會纂四十六卷 （明）王世貞纂 （明）陳仁錫訂 清光緒九年（1883）汝東寶仁堂刻本 四十八冊

420000－2341－0007789　K204.3/W2

御批通鑑輯覽分類纂新五十八卷 （清）丁申 （清）丁丙編 清光緒二十九年（1903）上海鴻文書局石印本 八冊

420000－2341－0007790　K204.4/M1T1

繹史一百六十卷附世系圖一卷年表一卷 （清）馬驌撰 清康熙九年（1670）刻本 三十冊

420000－2341－0007791　K204.4/Y1T1

通鑑紀事本末二百三十九卷 （宋）袁樞編輯 （明）張溥論正 明崇禎張溥刻清康熙六年（1667）、二十四年（1685）張氏遞修本 六十

四冊

420000－2341－0007792　K204.4/Y2

御批歷代通鑑輯覽一百二十卷 （清）傅恒等編 清光緒二十八年（1902）上海文林書局石印本 二十冊

420000－2341－0007793　K204.5/M1

東京夢華錄十卷 （宋）孟元老撰 （明）胡震亨 （明）毛晉訂 明崇禎毛氏汲古閣刻津逮秘書本 一冊

420000－2341－0007794　K204.5/Z1

經史百家雜鈔二十六卷 （清）曾國藩纂 清光緒三十二年（1906）上海商務印書館鉛印本 十二冊

420000－2341－0007795　K204.5/Zh1

六朝事迹編類十四卷 （宋）張敦頤撰 清光緒十三年（1887）寶章閣刻本 四冊

420000－2341－0007796　K206.3/P1T1

欽定戶部漕運全書九十二卷首一卷 （清）潘世恩主修 （清）董醇總纂 清道光二十四年（1844）刻本 四十六冊

420000－2341－0007797　K206.4/S1

沈文肅公政書七卷首一卷 （清）沈葆楨撰 清光緒六年（1880）吳門節署刻本 十二冊

420000－2341－0007798　K206.4/W2

五代會要三十卷 （宋）王溥撰 清光緒十二年（1886）江蘇書局刻本 六冊

420000－2341－0007799　K206.4/W3

廣陵通典十卷 （清）汪中撰 清同治八年（1869）揚州書局刻本 二冊

420000－2341－0007800　K206.4/X2

西漢會要七十卷 （宋）徐天麟撰 清光緒五年（1879）嶺南學海堂刻本 十冊

420000－2341－0007801　K206.4/X3

東漢會要四十卷 （宋）徐天麟撰 清光緒五年（1879）嶺南學海堂刻本 八冊

420000－2341－0007802　K206.4/ZH1

南皮張宮保政書奏議初編十二卷 （清）張之

洞撰　清光緒二十七年（1901）上海圖書集成印書局鉛印本　三冊

420000－2341－0007803　K206.5/Ch1

歷代名臣奏議三百二十卷　（明）張溥輯　明崇禎八年（1635）張溥刻清後印本　八十冊

420000－2341－0007804　K206.5/Y1

硃批諭旨不分卷　（清）世宗胤禛批　清光緒十三年（1887）上海點石齋石印朱墨套印本　六十冊

420000－2341－0007805　K224.4/W1T1

尚書後案三十卷後辨一卷　（清）王鳴盛撰　清乾隆四十五年（1780）東吳王氏禮堂刻清頤志堂後印本　八冊

420000－2341－0007806　K232.2/Sh1

後漢書注又補一卷　（清）沈銘彝撰　清光緒十四年（1888）廣雅書局刻廣雅書局叢書本　一冊

420000－2341－0007807　K234.2/Q1

後漢書辨疑十一卷　（清）錢大昭撰　清光緒十四年（1888）廣雅書局刻廣雅書局叢書本　二冊

420000－2341－0007808　K234.2/Z1

補後漢書藝文志攷十卷首一卷　（清）曾樸纂　清光緒二十一年（1895）錫山文苑閣木活字印本　六冊

420000－2341－0007809　K234/Zh1

漢書注校補五十六卷　（清）周壽昌撰　清光緒十年（1884）小對竹軒刻本　十六冊

420000－2341－0007810　K236/H1

三國志補註續一卷　（清）矦康撰　清光緒十七年（1891）廣雅書局刻廣雅書局叢書本　一冊

420000－2341－0007811　K236/Y1

續後漢書四十二卷首一卷附義例一卷音義四卷　（宋）蕭常撰　清道光二十一年（1841）上海郁氏刻宜稼堂叢書本　四冊

420000－2341－0007812　K242/Zh1

新舊唐書互證二十卷　（清）趙紹祖撰　清嘉慶十八年（1813）古墨齋刻本　六冊

420000－2341－0007813　K243.2/Q1

吳越備史四卷補遺一卷雜考一卷　（宋）范坰（宋）林禹撰　清光緒二十一年（1895）丁氏嘉惠堂刻本　二冊

420000－2341－0007814　K244/F1

宋史紀事本末一百九卷　（明）馮琦編　（明）陳邦瞻纂輯　（明）張溥論正　明末張溥刻本　十五冊

420000－2341－0007815　K244/F2

元史紀事本末二十七卷　（明）陳邦瞻編（明）臧懋循補輯　（明）張溥論正　明末張溥刻本　三冊

420000－2341－0007816　K246.2/Zh1

西夏紀事本末三十六卷首二卷　（清）張鑑撰　清光緒十一年（1885）金陵刻本　三冊

420000－2341－0007817　K247/H1

元史譯文證補三十卷　（清）洪鈞撰　清光緒二十三年（1897）刻本　四冊

420000－2341－0007818　K247/L1

元史譯文證補三十卷　（清）洪鈞撰　清光緒至清末石印本　四冊

420000－2341－0007819　K247/L2

元朝秘史十五卷　（清）李文田注　清光緒至清末石印本　四冊

420000－2341－0007820　K248.53/J1

明季北略二十四卷　（清）計六奇編輯　清道光至清末刻本　十二冊

420000－2341－0007821　K248.54/J1

明季南畧十八卷　（清）計六奇編輯　清道光至清末刻本　十冊

420000－2341－0007822　K249/W1

東華續錄一百卷（天命至康熙、同治）　王先謙編　清光緒二十五年（1899）公記書莊石印本　二十四冊

420000－2341－0007823　K249/W1

東華錄四十五卷(康熙至雍正)　王先謙編

東華續錄七十五卷(乾隆至道光)　清光緒十年(1884)至清末石印本　六十冊

420000－2341－0007824　K290.49/H1

大清一統志五百卷　(清)和珅纂　清光緒二十八年(1902)上海寶善齋石印本　六十冊

420000－2341－0007825　K294.7/Y1

太平寰宇記二百卷目錄二卷　(宋)樂史撰　清乾隆五十八年至嘉慶八年(1793－1803)南昌萬廷蘭刻本　四十冊

420000－2341－0007826　K295.34/Zh1

[元豐]吳郡圖經續記三卷附校勘記　(宋)朱長文撰　清同治十二年(1873)江蘇書局刻本　一冊

420000－2341－0007827　K295.5/L1

西湖志四十八卷　(清)李衛　(清)程元章總裁　(清)傅王露纂修　清雍正十三年(1735)刻本　二十四冊

420000－2341－0007828　K296.3/L1

漢上叢談四卷　(清)劉士璋撰　清道光十九年(1839)江陵劉氏刻本　一冊

420000－2341－0007829　K297.1/Zh1

蜀典十二卷　(清)張澍編輯　清光緒二年(1876)四川尊經書院刻本　四冊

420000－2341－0007830　K298.6/Zh1

支那疆域沿革略說一卷　(日本)重野安繹(日本)河田羆撰　清光緒至清末輿地學會刻本　一冊

420000－2341－0007831　K827.49/L2

鴻雪因緣圖記三集　(清)麟慶撰　清光緒十二年(1886)上海同文書局石印本　三冊

420000－2341－0007832　K827.49/W1

顧亭林先生[炎武]年譜一卷　(清)吳映奎輯　清光緒四年(1878)金吳瀾刻本　一冊

420000－2341－0007833　K92.65/Ch1

運瀆橋道小志一卷　陳作霖編　清光緒十一年(1885)刻本　一冊

420000－2341－0007834　K928.4/P173

讀水經注小識四卷　(清)龐鴻書訂　清光緒三十年(1904)石印本　二冊

420000－2341－0007835　K928.5/Ch4

漢書地理志水道圖說七卷附禹貢圖　(清)陳澧撰　清同治廣州富文齋刻番禺陳氏東塾叢書本　二冊

420000－2341－0007836　K928.5/Zh1

蒙古遊牧記十六卷　(清)張穆撰　(清)何秋濤補　清同治六年(1867)壽陽祁氏刻本　四冊

420000－2341－0007837　K928.6/H1

湖州府屬水道總圖不分卷　(清)□□編　清刻試印本　一冊

420000－2341－0007838　K928.633/G1

山海經箋疏十八卷　(晉)郭璞注　(清)郝懿行箋疏　山海經圖讚一卷　山海經訂譌一卷　(清)郝懿行撰　山海經敘錄一卷　清嘉慶十四年(1809)阮氏小琅環仙館刻本　四冊

420000－2341－0007839　K928.634/L1

楚漢諸侯疆域志三卷　(清)劉文淇撰　清光緒二年(1876)江寧汪氏金陵刻本　一冊

420000－2341－0007840　K928.634/W1

漢書地理志二卷　(清)汪遠孫撰　清同治十年(1871)永康胡鳳丹退補齋刻本　一冊

420000－2341－0007841　K928.637/H1

東晉疆域志四卷　(清)洪亮吉撰　清光緒四年(1878)洪用懃授經堂刻本　二冊

420000－2341－0007842　K928.644/W1

元豐九域志十卷　(宋)王存撰　清光緒八年(1882)金陵書局刻本　四冊

420000－2341－0007843　K928.646/L1

遼史地理志考五卷　(清)李慎儒撰　清光緒二十八年(1902)丹徒李氏刻本　二冊

420000－2341－0007844　K928.649/C1

廣輿記二十四卷　(明)陸應陽撰　(清)蔡方炳增輯　清嘉慶七年(1802)聚文堂刻本　八冊

420000－2341－0007845　K928.649/F1

皇朝輿地畧一卷　（清）六承如編繪　**皇朝內府輿地圖縮摹本一卷**　**皇朝輿地韻編一卷**　清咸豐十年(1860)長沙刻本　一冊

420000－2341－0007846　K928.649/G1

讀史方輿紀要一百三十卷　（清）顧祖禹撰　清光緒二十七年(1901)圖書集成局鉛印本　三十二冊

420000－2341－0007847　K928.649/G1a

讀史方輿紀要十卷　（清）顧祖禹撰　清光緒二十二年(1896)澹雅書局刻本　十冊

420000－2341－0007848　K928.649/H3

禹貢錐指二十卷　（清）胡渭撰　清康熙四十四年(1705)漱六軒刻本　八冊

420000－2341－0007849　K928.649/H3 壹

禹貢錐指二十卷　（清）胡渭撰　清康熙四十四年(1705)漱六軒刻本　七冊

420000－2341－0007850　K928.649/H3 壹

禹貢註節讀不分卷　（清）馬俊良撰　清乾隆五十四年(1789)端溪書院刻本　一冊

420000－2341－0007851　K928.649/H4

漢志水道疏證四卷　（清）洪頤煊撰　清光緒十四年(1888)心矩齋刻本　二冊

420000－2341－0007852　K928.649/H6

今水經一卷　（清）黃宗羲撰　清光緒三年(1877)湖北崇文書局刻崇文書局叢書三十三種本　一冊

420000－2341－0007853　K928.649/L1

皇朝輿地畧一卷　（清）李兆洛撰　（清）六承如輯　**皇朝輿地韻編一卷**　**皇朝內府輿地圖縮摹本一卷**　清道光二十一年(1841)辨志書塾刻本　二冊

420000－2341－0007854　K928.649/L2

歷代地理志韻編今釋二十卷附校勘記　（清）李兆洛輯　清光緒二十四年(1898)上海掃葉山房石印李氏五種本　五冊

420000－2341－0007855　K928.649/L2

皇朝輿地韻編二卷附校勘記　（清）李兆洛輯　清光緒二十四年(1898)上海掃葉山房石印李氏五種本　一冊

420000－2341－0007856　K928.649/L2

皇朝輿地圖一卷　（清）李兆洛輯　清光緒二十四年(1898)上海掃葉山房石印李氏五種本　一冊

420000－2341－0007857　K928.649/L2

紀元編三卷末一卷　（清）李兆洛編　清光緒二十四年(1898)上海掃葉山房石印李氏五種本　與420000－2341－0007856 合一冊

420000－2341－0007858　K928.649/L2

歷代地理沿革圖不分卷　（清）李兆洛輯　清光緒二十四年(1898)上海掃葉山房石印李氏五種本　一冊

420000－2341－0007859　K928.649/L3

水經注釋四十卷首一卷附錄二卷刊誤十二卷　（清）趙一清錄　清光緒六年(1880)張壽榮刻本　二十四冊

420000－2341－0007860　K928.649/L4

汪氏黃河考一卷　（清）汪份撰　（清）李元春評閱　清道光十五年(1835)朝邑劉氏刻青照堂叢書次編本　一冊

420000－2341－0007861　K928.649/Q1

水道提綱二十八卷　（清）齊召南編　清光緒四年(1878)徐士鑾霞城精舍刻本　八冊

420000－2341－0007862　K928.649/Q1a

水道提綱二十八卷附水道提綱天度刊誤　(清)齊召南編　清光緒二十四年(1898)新化三昧書室刻本　八冊

420000－2341－0007863　K928.649/W1

資治通鑑地理今釋十六卷　（清）吳熙載撰　清光緒八年(1882)江蘇書局刻本　三冊

420000－2341－0007864　K928.649/X1

西域水道記五卷　（清）徐松撰　清道光京都本立堂刻本　六冊

420000－2341－0007865　K928.649/X1

新疆賦一卷　（清）徐松撰　清道光京都本立堂刻本　一冊

420000－2341－0007866　K928.649/X1

漢書西域傳補註二卷　（清）徐松撰　清道光京都本立堂刻本　一冊

420000－2341－0007867　K928.649/X1a

西域水道記五卷　（清）徐松撰　清光緒至清末上海鴻文書局影印本　三冊

420000－2341－0007868　K928.649/X1a

漢書西域傳補註二卷　（清）徐松撰　清光緒至清末上海鴻文書局影印本　一冊

420000－2341－0007869　K928.649/X1a

新疆賦一卷　（清）徐松撰　清光緒至清末上海鴻文書局影印本　與 420000－2341－0007868 合一冊

420000－2341－0007870　K928.649/Y1

新編沿海險要圖說十六卷附新繪沿海長江險要圖二十七幅　（清）余宏淦撰　（清）陳篔校　清光緒二十八年（1902）上海鴻文書局石印本　五冊

420000－2341－0007871　K928.649/Y1

新編長江險要圖說五卷　（清）余宏淦撰　（清）陳篔校　清光緒二十八年（1902）上海鴻文書局石印本　一冊

420000－2341－0007872　K928.649/Y5

禹貢本義一卷　楊守敬撰　清光緒三十二年（1906）鄂城菊灣刻本　一冊

420000－2341－0007873　K928.649/Z1a

浙江全省輿圖並水陸道里記不分卷　（清）輿圖總局編輯　清光緒二十年（1894）石印本　二十冊

420000－2341－0007874　K928.649/Zh1

禹貢水道便覽一卷　（清）張先振輯　清同治六年（1867）漢陽張氏家塾刻本　一冊

420000－2341－0007875　K928.65/Ch2

蜀水攷四卷　（清）陳登龍述　（清）朱錫穀注　（清）陳一津疏　清光緒十六年（1890）成都試院刻本　四冊

420000－2341－0007876　K928.65/Ch3

水經注西南諸水考三卷　（清）陳澧撰　清道光二十七年（1847）至清末番禺陳氏刻本　一冊

420000－2341－0007877　K928.65/H1

朔方備乘六十八卷首十二卷　（清）何秋濤撰　清光緒七年（1881）至清末寶善書局石印本　八冊

420000－2341－0007878　K928.65/L1

禹貢易知編十二卷　（清）李慎儒輯　清光緒二十五年（1899）丹徒李氏刻本　四冊

420000－2341－0007879　K928.65/S1

括地志八卷　（唐）李泰等撰　（清）孫星衍輯　清光緒七年（1881）刻本　二冊

420000－2341－0007880　K928.65/Sh1

元秘史山川地名攷十二卷　（清）施世杰撰　清光緒二十三年（1897）鄬鄭學廬刻鄬鄭學廬地理叢刊本　二冊

420000－2341－0007881　K928.65/W3

水經注圖不分卷附錄一卷　（清）汪士鐸學　清同治元年（1862）刻本　一冊

420000－2341－0007882　K928.65/W3C1

水經注圖不分卷附錄一卷　（清）汪士鐸學　清咸豐十年（1860）刻本　一冊

420000－2341－0007883　K928.7/B1

孔子集語十七卷　（清）孫星衍撰　清光緒十年（1884）吳縣朱氏槐廬家塾刻平津館叢書本　一冊　存四卷（一至四）

420000－2341－0007884　K928.7/B1

三輔黃圖一卷　（漢）□□撰　清光緒十一年（1885）吳縣朱氏槐廬家塾刻平津館叢書本　與 420000－2341－0007883 合一冊

420000－2341－0007885　K928.7/B2

三輔黃圖六卷補遺一卷　（漢）□□撰　清光緒十七年（1891）思賢講舍刻本　一冊

420000－2341－0007886　K928.7/G1

白下瑣言十卷 （清）甘熙撰 清光緒十六年（1890）築野堂刻本 四冊

420000－2341－0007887 K928.945/P1
河海崑崙錄四卷 裴景福撰 清宣統元年（1909）鉛印本 四冊

420000－2341－0007888 K928.971/T1
蜀輶日記四卷（清嘉慶十五年五月二十九日至十一月二十一日） （清）陶澍撰 清光緒七年（1881）刻本 二冊

420000－2341－0007889 K929.649/H5
西徽水道一卷 （清）黃楙材撰 清光緒二十二年（1896）桐城江召棠刻得一齋雜著本 一冊

420000－2341－0007890 K992.55/L2
漢西域圖考七卷 （清）李光廷撰 （清）潘天章 （清）李承緒重繪 清同治九年（1870）上海鴻文書局石印本 四冊

420000－2341－0007891 K992.6/Y1
歷代輿地沿革險要圖不分卷 楊守敬 饒敦秩撰 清光緒五年（1879）饒氏刻朱墨套印本 十七冊

420000－2341－0007892 K992.649/L1
歷代地理沿革圖不分卷 （清）李兆洛輯 清同治十年（1871）金陵刻本 一冊

420000－2341－0007893 K992.649/M1
歷代地理沿革圖不分卷 （清）李兆洛輯 清光緒二十四年（1898）上海掃葉山房石印李氏五種本 一冊

420000－2341－0007894 K992.65/L1
漢西域圖考七卷首一卷 （清）李光廷撰 清同治九年（1870）富文齋刻本 四冊

420000－2341－0007895 K992.65/M1
長江圖說十二卷首一卷 （清）馬徵麟撰 清同治十年（1871）湖北崇文書局刻本 二冊

420000－2341－0007896 K992.65/M1a
長江圖說十二卷首一卷 （清）馬徵麟撰 清同治九年（1870）金陵提署刻本 十二冊

420000－2341－0007897 S－092.49/H1
欽定授時通考七十八卷 （清）鄂爾泰 （清）張廷玉撰 清乾隆七年（1742）至清末刻本 二十冊

420000－2341－0007898 S－092.5/W1
管子地員篇注四卷 （清）王紹蘭撰 清光緒十七年（1891）寄虹山館刻本 四冊

420000－2341－0007899 S－094.8/X1
農政全書六十卷 （明）徐光啓撰 清道光二十三年（1843）上海太原氏刻本 六冊

420000－2341－0007900 TV－092.48/Ch1
南湖考一卷 （明）陳幼學撰 （清）張大昌繪
　節錄餘杭縣南湖事略一卷 （清）□□輯
南湖誌考一卷 （明）陳善撰 清光緒五年（1879）浙江官書局刻本 一冊

420000－2341－0007901 TV－092.48/X1
水利荒政合刻二卷 （清）東皐居士輯 清道光二十五年（1845）東皐草堂刻本 一冊

420000－2341－0007902 TV 092.49/Ch1
芙蓉湖修堤錄八卷 （清）陳鎬等纂 清光緒三十四年（1908）木活字印本 六冊

420000－2341－0007903 TV－092.49/F1
行水金鑑一百七十五卷首一卷 （清）傅澤洪輯 清雍正三年（1725）淮揚官舍刻本 三十六冊

420000－2341－0007904 TV－092.49/L1
灌江備考一卷 （清）王廷玨輯 清乾隆八年（1743）王來通刻本 一冊

420000－2341－0007905 TV－092.49/L2
山東運河備覽十二卷 （清）陸耀纂 清乾隆四十一年（1776）刻本 六冊

420000－2341－0007906 TV－092.49/W1
浙西水利備考不分卷 （清）王鳳生撰 清道光四年（1824）江聲帆影閣刻本 四冊

420000－2341－0007907 TV－092.49/W1 壹
浙西水利備考不分卷 （清）王鳳生撰 清道光四年（1824）江聲帆影閣刻本 二冊

420000－2341－0007908　TV－092.49/X1

迴瀾紀要二卷　（清）徐端撰　清道光二十三年(1843)刻本　二冊

420000－2341－0007909　TV－092.49/X1

安瀾紀要二卷　（清）徐端撰　清道光二十三年(1843)刻本　二冊

420000－2341－0007910　TV－092.49/Zh1

居濟一得八卷　（清）張伯行撰　清嘉慶二十一年(1816)刻本　四冊

420000－2341－0007911　TV－092.49/Zh3

鶴陽新河紀略一卷　（清）朱洪章撰　清光緒十八年(1892)梓文閣刻本　一冊

420000－2341－0007912　TV－092.5/F1

淮揚水利圖說一卷　（清）馮道立撰　西園文鈔一卷　清道光十九年(1839)刻本　二冊

420000－2341－0007913　TV－092.5/L1

續水利本末三卷　（清）連蕙編　清光緒十年(1884)枕湖樓刻本　一冊

420000－2341－0007914　TV－092.5/L3

江蘇海塘新志八卷首一卷　（清）李慶雲總纂（清）蔣師轍編輯　清光緒十六年(1890)刻本　四冊

420000－2341－0007915　TV－092.5/L4

揚州水道記四卷　（清）劉文淇撰　清同治十一年(1872)淮南書局刻本　二冊

420000－2341－0007916　TV－092.5/N1

荊州萬城隄志十卷首一卷末一卷　（清）倪文蔚撰　清光緒二十一年(1895)荊州刻本　六冊

420000－2341－0007917　TV－092.5/N1 壹

荊州萬城隄志十卷首一卷末一卷　（清）倪文蔚撰　清光緒二十一年(1895)荊州刻本　六冊

420000－2341－0007918　TV－092.5/T1

江蘇水利圖說不分卷　（清）李慶雲輯　清宣統二年(1910)刻本　二冊

420000－2341－0007919　TV－092.5/T1 貳

江蘇水利圖說不分卷　（清）李慶雲輯　清宣統二年(1910)刻本　一冊　存一冊(二)

420000－2341－0007920　TV－092.5/T1 壹

江蘇水利圖說不分卷　（清）李慶雲輯　清宣統二年(1910)刻本　二冊

420000－2341－0007921　TV－092.5/X3

豫南水利厄言一卷　（清）徐壽茲撰　清光緒二十七年(1901)刻本　一冊

420000－2341－0007922　TV－092.5/X4

都台浦河工案牘不分卷　（清）謝源深　（清）朱日宣編校　清宣統元年(1909)浦東塘工善後局鉛印本　一冊

420000－2341－0007923　TV－092/Ch1

河工器具圖說四卷　（清）麟慶纂輯　清道光十六年(1836)雲蔭堂刻本　二冊

420000－2341－0007924　TV－092/J1

畿輔水利四案四卷附錄一卷　（清）潘錫恩輯　清道光三年(1823)北京潘氏求是齋刻本　五冊

420000－2341－0007925　TV－092/L1

畿輔水利議一卷　（清）林則徐撰　清光緒二年(1876)三山林氏刻本　一冊

420000－2341－0007926　TV－092/L1 壹

畿輔水利議一卷　（清）林則徐撰　清光緒二年(1876)三山林氏刻本　一冊

420000－2341－0007927　TV－092/W3

湖北安襄郧道水利集案二卷　（清）王槩輯　清乾隆十一年(1746)刻本　二冊

420000－2341－0007928　TV－094.9/Ch3

灌江定考一卷　（清）王來通輯　清嘉慶七年(1802)至清末刻本　一冊

420000－2341－0007929　TV－094.9/W1

浙西水利備考不分卷　（清）王鳳生撰　清光緒四年(1878)浙江書局刻本　四冊

420000－2341－0007930　TV－094.9/W1 貳

浙西水利備考不分卷　（清）王鳳生撰　清光緒四年(1878)浙江書局刻本　四冊

420000－2341－0007931　TV－094.9／W1 叁

浙西水利備考不分卷　（清）王鳳生撰　清光緒四年(1878)浙江書局刻本　一冊　存一冊（一）

420000－2341－0007932　TV－094.9／W1 壹

浙西水利備考不分卷　（清）王鳳生撰　清光緒四年(1878)浙江書局刻本　四冊

420000－2341－0007933　TV－095／J2

上虞五鄉水利紀實不分卷　（清）金鼎撰　清光緒三十四年(1908)上虞柯莊謙守齋刻本　一冊

420000－2341－0007934　TV－095／L2

塘工紀畧二卷續一卷三續一卷　（清）連仲愚纂　清光緒四年(1878)敬睦堂刻本　一冊

420000－2341－0007935　TV－095／N1

荊州萬城隄續志十卷首一卷末一卷　（清）倪文蔚撰　清光緒二十年(1894)荊州刻本　四冊

420000－2341－0007936　TV－095／X1

浙西橫橋堰水利記不分卷　（清）徐用福輯　清光緒二十四年(1898)刻本　一冊

420000－2341－0007937　U6－092／Sh1

海運芻言不分卷　（清）施彦士撰　清道光刻本　一冊

420000－2341－0007938　Z126.2／R1

皇清經解一百八十種　（清）阮元編　清光緒十三年(1887)上海書局石印本　四十八冊

420000－2341－0007939　Z221／O1

藝文類聚一百卷　（唐）歐陽詢撰　（明）王元貞校　清光緒五年(1879)華陽宏達堂刻本　三十二冊

420000－2341－0007940　Z221／X1

初學記三十卷　（唐）徐堅編　明萬曆二十六年(1598)陳大科刻本　六冊

420000－2341－0007941　Z222／L1

太平御覽一千卷引書目一卷目錄十五卷（宋）李昉纂　清嘉慶十二年至十七年(1807－

1812)歙縣鮑氏刻本　九十六冊

420000－2341－0007942　Z222／W1

事類賦三十卷　（宋）吳淑撰註　清康熙華氏劍光閣刻本　四冊

420000－2341－0007943　Z222／W2

玉海二百卷　（宋）王應麟撰　辭學指南四卷　元後至元六年(1340)刻至正十一年(1351)修補明正德元年至清乾隆三年(1506－1738)遞修本　一百冊

420000－2341－0007944　Z225／Ch1

淵鑑類函不分卷　（清）張英纂　清光緒九年(1883)點石齋石印本　八冊

420000－2341－0007945　Z225／Ch1 壹

淵鑑類函不分卷　（清）張英纂　清光緒九年(1883)點石齋石印本　十冊

420000－2341－0007946　Z225／H1

廣事類賦四十卷　（清）華希閔撰　清康熙華氏劍光閣刻本　八冊

420000－2341－0007947　Z429.37／G1

抱朴子內篇四卷外篇四卷　（晉）葛洪撰　清光緒元年(1875)湖北崇文書局刻本　三冊　存六卷(內篇四卷、外篇一至二)

420000－2341－0007948　Z429.49／H1

皇朝經世文編一百二十卷姓名總目二卷（清）賀長齡輯　清光緒二十二年(1896)上海掃葉山房鉛印本　二十四冊

420000－2341－0007949　Z429.49／H1a

皇朝經世文續編一百二十卷　（清）葛士濬輯　清光緒十四年(1888)圖書集成局鉛印本三十冊

420000－2341－0007950　Z429.49／H1b

皇朝經世文三編八十卷　（清）陳忠倚輯　清光緒二十四年(1898)浙省書局石印本　十六冊

420000－2341－0007951　Z429.49／H1c

皇朝經世文四編五十二卷　（清）何良棟輯　清光緒二十八年(1902)鴻寶書局石印本　六

冊　存二十七卷(一至二十七)

420000－2341－0007952　Z429.5/B1

安吳四種　(清)包世臣撰　清同治十一年(1872)包誠刻本　十冊

420000－2341－0007953　Z429.5/B1C1

安吳四種　(清)包世臣撰　清道光二十六年(1846)白門倦游閣木活字印本　十六冊

420000－2341－0007954　工史 0001

李肅毅伯奏議二十卷　(清)李鴻章撰　(清)章洪鈞　(清)吳汝綸編輯　清光緒二十五年(1899)鴻文書局石印本　二十冊

420000－2341－0007955　信史 0001

南齊書五十九卷　(南朝梁)蕭子顯撰　清光緒十四年(1888)上海圖書集成書局鉛印本　六冊

420000－2341－0007956　信史 0002

北齊書五十卷　(唐)李百藥撰　清光緒十四年(1888)上海圖書集成印書局鉛印本　六冊

420000－2341－0007957　信史 0003

梁書五十六卷　(唐)姚思廉撰　清光緒十四年(1888)上海圖書集成書局鉛印本　四冊

420000－2341－0007958　信史 0004

宋書一百卷　(南朝梁)沈約撰　清光緒十四年(1888)上海圖書集成書局鉛印本　十冊

420000－2341－0007959　信史 0005

晉書一百三十卷　(唐)房玄齡撰　清光緒十四年(1888)上海圖書集成書局鉛印本　十六冊

420000－2341－0007960　信史 0006

南史八十卷　(唐)李延壽撰　清光緒十四年(1888)上海圖書集成書局鉛印本　十冊

420000－2341－0007961　信史 0007

魏書一百十四卷　(北齊)魏收撰　清光緒十四年(1888)上海圖書集成書局鉛印本　十六冊

420000－2341－0007962　信史 0008

陳書三十六卷　(唐)姚思廉撰　清光緒十四

420000－2341－0007963　信史 0009

年(1888)上海圖書集成印書局鉛印本　四冊

五代史七十四卷　(宋)歐陽修撰　清光緒十四年(1888)上海圖書集成書局鉛印本　六冊

420000－2341－0007964　信史 0010

舊五代史一百五十卷　(宋)薛居正撰　清光緒三十三年(1907)上海華商集成圖書公司鉛印本　十二冊

420000－2341－0007965　信史 0011

新唐書二百二十五卷　(宋)歐陽修撰　清光緒三十三年(1907)上海華商集成圖書公司鉛印本　三十二冊

420000－2341－0007966　信史 0012

舊唐書二百卷　(後晉)劉昫撰　清光緒三十三年(1907)上海華商集成圖書公司鉛印本　三十冊

420000－2341－0007967　信史 0013

隋書八十五卷　(唐)魏徵撰　清光緒十四年(1888)上海圖書集成書局鉛印本　十二冊

420000－2341－0007968　信史 0014

周書五十卷　(唐)令狐德棻撰　清光緒十四年(1888)上海圖書集成書局鉛印本　四冊

420000－2341－0007969　信史 0015

北史一百卷　(唐)李延壽撰　清光緒十四年(1888)上海圖書集成印書局鉛印本　十六冊

420000－2341－0007970　信史 0016

明史三百三十二卷　(清)張廷玉撰　清光緒十四年(1888)上海圖書集成書局鉛印本　四十冊

420000－2341－0007971　信史 0017

元史二百十卷　(明)宋濂撰　清光緒十四年(1888)上海圖書集成書局鉛印本　二十四冊

420000－2341－0007972　信史 0018

金史一百三十五卷　(元)脫脫等修　清光緒十四年(1888)上海圖書集成書局鉛印本　十六冊

420000－2341－0007973　信史 0019

遼史一百十六卷　（元）脱脱等修　清光緒十四年（1888）上海圖書集成書局鉛印本　八冊

420000－2341－0007974　信史0020

宋史四百九十六卷　（元）脱脱等修　清光緒十四年（1888）上海圖書集成書局鉛印本　六十冊

420000－2341－0007975　信史0021

大清中樞備覽二卷　（清）榮寶齋編　清宣統三年（1911）京都榮寶齋刻本　二冊

420000－2341－0007976　信史0022

憲政最新搢紳全書不分卷　（清）榮寶齋編　清宣統三年（1911）京都榮寶齋刻本　四冊

420000－2341－0007977　信史0023

憲政增補最新職官全錄不分卷　（清）榮寶齋編　清宣統三年（1911）榮寶齋刻本　一冊

420000－2341－0007978　信史0024

皇朝直省地輿全圖不分卷　（清）漢鎮輿圖局編　清光緒五年（1879）上海點石齋石印本　一冊

420000－2341－0007979　信史0025

中外輿地全圖不分卷　（清）輿地學會編　清光緒二十九年（1903）武昌輿地學會刻本暨石印本　一冊

420000－2341－0007980　信史0026

[浙江紹興]會稽前村杜氏宗譜不分卷　（清）杜照編輯　（清）杜陶訂正　（清）杜墀較閱　清乾隆三十二年（1767）杜氏稿本　二冊

420000－2341－0007981　醫叢0001

子史精華一百六十卷　（清）吳襄纂脩　清雍正五年（1727）至清末内府刻本　三十二冊

420000－2341－0007982　醫集0001

熊襄愍公集十卷首一卷末一卷　（明）熊廷弼撰　（清）蔡新纂　清同治三年（1864）刻本　十冊

420000－2341－0007983　醫集0002

寶韋齋類稿九十卷　（清）李桓撰　清光緒六年（1880）趙寶墨齋刻十三年至十四年（1887－1888）長沙芋園續刻本　二十冊

420000－2341－0007984　醫集0003

皇朝經世文新編三十二卷　麥仲華輯　清光緒二十七年（1901）上海書局石印本　十六冊

420000－2341－0007985　醫集0004

皇朝經世文三編八十卷　（清）陳忠倚輯　清光緒二十七年（1901）上海書局石印本　十六冊

420000－2341－0007986　醫集0005

八旗文經六十卷　（清）盛昱輯　清光緒二十七年（1901）武昌刻本　十二冊

420000－2341－0007987　醫集0006

文信國公集二十卷首一卷　（宋）文天祥撰　清光緒二十三年（1897）湘南書局刻本　十二冊

420000－2341－0007988　醫集0007

胡文忠公遺集八十六卷首一卷　（清）胡林翼撰　（清）鄭敦謹　（清）曾國荃編輯　清同治六年（1867）武昌黃鶴樓刻本　三十二冊

420000－2341－0007989　醫集0008

東周列國全志二十三卷首一卷　（清）蔡昇評點　清乾隆十七年（1752）至清末大文堂刻本　五冊　存五卷（二至五、首一卷）

420000－2341－0007990　醫經0001

康熙字典三十六卷總目一卷檢字一卷辨似一卷等韻一卷補遺一卷備考一卷　（清）張玉書等編　（清）凌紹雯纂修　清道光七年（1827）刻本　四十二冊

420000－2341－0007991　醫史0001

平定粵匪紀略十八卷附記四卷　（清）杜文瀾撰　清同治十年（1871）刻本　八冊

420000－2341－0007992　醫史0002

聖武記十四卷　（清）魏源撰　清光緒七年（1881）粵垣榷署刻本　十二冊

420000－2341－0007993　醫史0003

讀史方輿紀要一百三十卷　（清）顧祖禹輯注　方輿全圖總說四卷　清光緒二十九年

（1903）上海益吾齋石印本　二十四冊

420000－2341－0007994　醫史 0004

天下郡國利病書一百二十卷　（清）顧炎武輯
　清光緒二十九年（1903）上海益吾齋石印本
　二十四冊

420000－2341－0007995　醫史 0005

新譯列國歲計政要不分卷　（清）傅運森譯纂
　（清）白作霖校正　清光緒二十七年（1901）
　海上譯社鉛印本　十二冊

420000－2341－0007996　醫史 0006

岡州公牘不分卷　（清）聶爾康撰　清同治六
年（1867）粵東高涼官廨刻本　六冊

420000－2341－0007997　醫史 0007

岡州再牘四卷　（清）聶爾康撰　清同治六年
（1867）粵東高涼官廨刻本　三冊　存三卷
（一至三）

420000－2341－0007998　醫史 0008

高涼公牘不分卷　（清）聶爾康撰　清同治六
年（1867）粵東高涼官廨刻本　一冊

420000－2341－0007999　醫史 0009

濂江公牘不分卷　（清）聶爾康撰　清同治六
年（1867）粵東高涼官廨刻本　二冊

420000－2341－0008000　醫史 0010

梅關公牘不分卷　（清）聶爾康撰　清同治六
年（1867）粵東高涼官廨刻本　二冊

420000－2341－0008001　醫史 0011

雍正上諭不分卷　（清）允祥等彙編　清雍正
七年（1729）至清末刻本　四十冊

420000－2341－0008002　醫史 0012

朔方備乘六十八卷首十二卷　（清）何秋濤撰
　清光緒七年（1881）至清末石印本　八冊

420000－2341－0008003　醫史 0013

[嘉慶]黑龍江外記八卷　（清）西清撰　清光
緒二十年（1894）漸西村舍刻本　二冊

420000－2341－0008004　醫史 0014

西巡大事本末記六卷　（日本）吉田良太郎譯
　（清）八詠樓主人錄　清光緒二十七年

（1901）上海書局石印本　五冊　缺一卷（二）

420000－2341－0008005　醫史 0015

國朝先正事略六十卷　（清）李元度纂　（清）
許時庚校　清光緒十三年（1887）上海廣百宋
齋鉛印本　十冊

420000－2341－0008006　醫史 0016

欽定戶部則例一百三十四卷　（清）惠祥纂修
　清同治十三年（1874）刻本　十九冊　存五
十三卷（一至十一、二十八至三十八、四十四
至七十四）

420000－2341－0008007　醫史 0017

歷代史論十二卷　（明）張溥撰　**宋史論三卷**
　元史論一卷　**明史論四卷**　（清）谷應泰撰
　左傳史論二卷　（清）高士奇撰　清光緒九
年（1883）蒼松山房刻本　八冊

420000－2341－0008008　醫史 0018

彭剛直公奏稿八卷　（清）彭玉麟撰　（清）俞
樾輯　清光緒十七年（1891）刻本　八冊

420000－2341－0008009　醫史 0019

中國歷史戰爭形勢圖說附論二卷　（清）盧彤
撰　清宣統二年（1910）集文印書館鉛印本
　一冊

420000－2341－0008010　醫史 0020

資治通鑑二百九十四卷　（宋）司馬光撰
（元）胡三省音注　清同治十年（1871）刻本
　三冊　存九卷（一至九）

420000－2341－0008011　醫史 0021

明史藳三百十卷　（清）王鴻緒編撰　清雍正
敬慎堂刻本　六十四冊

420000－2341－0008012　醫史 0022

欽定四庫全書總目二百卷首一卷　（清）紀昀
等纂　清宣統二年（1910）存古齋石印本　三
十二冊

420000－2341－0008013　醫新 0001

德意志刑法不分卷　清光緒三十三年（1907）
法律館鉛印本　一冊

420000－2341－0008014　醫新 0002

原富 （英國）斯密亞丹撰 嚴復譯 清光緒
二十八年（1902）南洋公學譯書院鉛印本
八冊

420000－2341－0008015 醫新0003
原富 （英國）斯密亞丹撰 嚴復譯 清光緒
二十八年（1902）南洋公學譯書院鉛印本
八冊

420000－2341－0008016 醫新0004
天演論二卷 （英國）赫胥黎撰 嚴復譯 清
光緒二十八年（1902）成都書局刻本 一冊

420000－2341－0008017 醫新0005
自強齋保富興國論初編六卷 （清）王韜撰
清光緒二十四年（1898）至清末刻本 六冊

420000－2341－0008018 醫新0006
時務通攷續編三十一卷 （清）點石齋主人輯
清光緒二十七年（1901）上海點石齋石印本
十六冊

420000－2341－0008019 醫子0001
新刊黃帝內經靈樞十二卷黃帝內經素問遺篇
一卷新刊素問入式運氣論奧三卷黃帝內經素
問靈樞運氣音釋補遺一卷素問運氣圖括定局
立成一卷 （明）田經校正 明嘉靖四年
（1525）山東布政使司刻本 六冊

420000－2341－0008020 醫子0002
荀子二十卷 （戰國）荀況撰 （唐）楊倞注
荀子校勘補遺一卷 清光緒二年（1876）浙江
書局刻本 六冊

420000－2341－0008021 醫子0003
葉氏醫書秘傳三卷附溫熱贅言不分卷 （清）
葉桂撰 清道光十二年（1832）宏道堂刻本
三冊

420000－2341－0008022 醫子0004
淮南子二十一卷 （漢）劉安撰 （漢）高誘注
清光緒二年（1876）浙江書局刻本 六冊

420000－2341－0008023 醫子0005
列子八卷 （晉）張湛注 清光緒二年（1876）
浙江書局刻本 二冊

420000－2341－0008024 醫子0006
墨子十五卷目錄一卷 （清）畢沅校注 清光
緒二年（1876）浙江書局刻本 四冊

420000－2341－0008025 醫子0007
莊子十卷 （戰國）莊周撰 （晉）郭象注
（唐）陸德明音義 清光緒二年（1876）浙江書
局刻本 三冊 存七卷（一至三、七至十）

420000－2341－0008026 D/811.173/1043.4
漁洋山人精華錄訓纂十卷補注一卷年譜二卷
附錄一卷 （清）王士禛 （清）惠棟撰 清雍
正紅豆齋刻本 二十四冊

420000－2341－0008027 D/811.173/1043.4 壹
漁洋山人精華錄訓纂十卷補注一卷年譜二卷
附錄一卷 （清）王士禛 （清）惠棟撰 清雍
正紅豆齋刻本 十二冊

420000－2341－0008028 62.31/ZST
本草萬方鍼線八卷 （清）蔡烈先輯 清光緒
十一年（1885）合肥張氏味古齋刻本 二冊

420000－2341－0008029 1429 壹
[道光]西延軼志十卷首一卷附補遺一卷
（清）程慶齡修 （清）蔣崧 （清）唐元纂
清光緒二十六年（1900）西延理苗州署刻本
一冊 存二卷（七至八）

420000－2341－0008030 A/0037
大明萬曆己丑重刊改併五音集韻十五卷
（金）韓道昭撰 明萬曆三年至二十一年
（1575－1593）釋如彩隆審寺刻本 五冊

420000－2341－0008031 C/590.01/1032
黃帝內經靈樞十二卷 （□）□□撰 清光緒
十年（1884）文成堂刻本 四冊

420000－2341－0008032 1088
重訂河渠紀畧一卷 （清）王世仕撰 清光緒
二十二年（1896）刻本 一冊

420000－2341－0008033 1088
鹿邑縣全圖十卷首一卷末一卷 （清）王壽仁
繪 清光緒二十二年（1896）刻本 一冊

書名筆畫字頭索引

五畫

六畫

七畫

400

九畫

十一畫

十三畫

十五畫

411

413

二十三畫

二十四畫

二十六畫

二十七畫

二十八畫

三十畫

書名筆畫索引

三畫

419

四畫

426

六畫

438

440

七畫

447

451

455

466

十畫

十一畫

478

十二畫

十三畫

499

十六畫

515

十七畫

518

十八畫

十九畫

二十畫

二十一畫

526

二十二畫